CRISIS
DE IDENTIDAD

ECC

Guion

Bob Rozakis
Gerry Conway
Jan Strnad
Brad Meltzer
Marc Andreyko
Geoff Johns
Dan Jolley
Allan Heinberg
Greg Rucka
Nunzio DeFilippis
Christina Weir

Dibujo

Mike Vosburg
Dick Dillin
Gil Kane
Rags Morales
Jesús Saiz
Howard Porter
ChrisCross
Chris Batista
Dave Gibbons
Tom Grummett
Mike McKone
Darryl Banks
Karl Kerschl
Adam DeKraker

Tinta

Bob Smith
Frank McLaughlin
Michael Bair
Jimmy Palmiotti
John Livesay
John Dell
Dan Green
Rob Stull
Keith Champagne
James Hodgkins
Nelson Conrad
Marlo Alquiza
Mark Farmer
Wayne Faucher
Cam Smith
Robin Riggs

Color

Carl Gafford
Jerry Serpe
Tom Ziuko
Alex Sinclair
Steve Buccellato
James Sinclair
Chris Sotomayor
John Kalisz
Jeromy Cox
David Baron
Tanya Horie
Richard Horie

CRISIS DE IDENTIDAD

ECC EDICIONES
Santa Tecla, 1. 08012, Barcelona.

Original U.S. editors: Jack C. Harris, Ross Andru, Alan Gold, Mike Carlin, Valerie D'Orazio, Joan Hilty, Harvey Richards, Joey Cavalieri, Michael Siglain, Peter Tomasi, Stephen Wacker, Rachel Gluckstern, Eddie Berganza, Tom Palmer Jr. and Jeanine Schaefer.

Traducción:
Jaime Valero Martínez, Felip Tobar Pastor, Francisco San Rafael Simó

Impreso en España
DL B 4957-2021
ISBN: 978-84-18660-43-6
Fecha de edición: Mayo 2021

ÍNDICE

CRISIS DE IDENTIDAD

De Joss Whedon

La naturaleza de la epifanía consiste en transformar el universo sin mover ni un solo pelo. Se ve con una luz nueva todo lo que se tiene delante. Es una luz tan reveladora que, a veces, duele. Y lo mismo sucede con los buenos guiones del cómic comercial. Los cómics comerciales (sobre todo los de los Dos Titanes, DC y el otro) son un universo que se establece y, con frecuencia, es tan insondable como el original. Una buena novela o una buena película nos llevan a un mundo nuevo, pero las series como ***Crisis de identidad*** poseen unas normas mucho más complejas. Deben hacernos sentir que estamos ante una cosa nueva sin destruir la original. No hay que matar a Superman. No hay que revelar que todo lo ocurrido desde 1972 ha sido un sueño. Proyectan la luz mencionada y nos muestran lo que deberíamos haber visto desde el principio: humanidad.

Brad Meltzer y **Rags Morales** estudian la humanidad. Verás a héroes estilizados y dinámicos, pero los lápices de Rags siempre los hacen parecer humanos y familiares. Es un estilo que evoca a los autores de los años cuarenta tanto como a los modernos, lo cual resulta perfecto para un libro destinado a arrojar luz sobre toda la historia del Universo DC. Vas a leer batallas épicas y misterios apasionantes, pero Brad Meltzer hace mucho más que mover las piezas del ajedrez con una precisión brillante (lo cual nos resulta bastante difícil a los demás). Los humaniza. Ve las peculiaridades más sutiles, las pasiones más oscuras, lo más claramente absurdo que, inevitablemente, hay en la vida de una persona con superpoderes.

Empiezas por el principio. Aunque hayas sido fan de DC toda la vida, es poco probable que el Hombre Elástico sea tu personaje preferido. Pero a mitad del primer número, ya era el mío. Brad y Rags pintan el retrato de un hombre (y un matrimonio) modesto y adorable, y resulta insoportable pensar que les suceda algo malo. Y es inevitable que les pase. A continuación se desarrolla un relato tan trágico que cambia el universo... por lo menos para unos cuantos personajes. Pero lo que hace que este libro sea estupendo (y lo es, por si no lo estaba dejando claro) es que la tragedia está arraigada en el pasado, en la estructura ya existente del Universo DC, en los actos horribles de unos grandes héroes. Unos actos que no solo es posible que realizaran, sino que, inevitablemente, debieron realizar. Este hecho estaba ahí esperando, en secreto y en silencio, hasta que se produjo este momento cegador de epifanía.

Pero no voy a decir en qué consiste. Para averiguarlo, tendrás que leer este libro. Y aunque ya sepas qué sucede, tienes que vivirlo. Tal es la sensación que aporta este libro: la de vivir con estas personas su dolor, su triunfo, su locura y ¿he mencionado ya el dolor? Al final, entenderás el mundo que te rodea de otra manera. Ya lo verás.

Joss Whedon ha recibido varios premios como guionista y creador de las series de televisión *Buffy Cazavampiros*, *Angel* y *Firefly*. También dirigió los largometrajes *Serenity*, *La cabaña en el bosque* y *Los Vengadores*.

EL BRUJO
PLANT-MASTER
ZAFIRO ESTELAR
BLOCKBUSTER
PROF. ZOOM
CONTRA
EL ÁTOMO
DR. MEDIANOCHE
AL IGUAL QUE TENEMOS LA LIGA DE LA JUSTICIA, LA SOCIEDAD DE LA JUSTICIA Y LA LEGIÓN DE SUPERHÉROES EN EL BANDO HEROICO, EXISTE UNA ORGANIZACIÓN QUE REÚNE A LAS AMENAZAS MÁS MORTÍFERAS QUE EL MUNDO HAYA CONOCIDO...
LA SOCIEDAD SECRETA DE... SUPERVILLANOS
BOB ROZAKIS (GUION)
MIKE VOSBURG Y BOB SMITH (DIBUJO)
CARL GAFFORD (COLOR)
JACK C. HARRIS (EDITOR)
¡NO, ESTA NO ES LA CIUDADELA SINIESTRA, LA SEDE SECRETA DE LOS SUPERVILLANOS DE TIERRA 1! ES, EN CAMBIO, SU CONTRAPARTIDA EN TIERRA 2, ¡EL CUARTEL GENERAL DE LA SOCIEDAD DE LA INJUSTICIA!
OS REPITO, AMIGOS MÍOS, QUE PARA ELIMINAR A LA SOCIEDAD DE LA JUSTICIA DEBEMOS IR POCO A POCO...
DE LOS PRESENTES, SOLO EL BRUJO ES MIEMBRO DE AMBOS GRUPOS. PERO HA RECLUTADO A SUS ESBIRROS DE TIERRA 1 PARA LUCHAR CONTRA SUS ENEMIGOS DE TIERRA 2 EN...
¡LA GUERRA DE LOS MUNDOS DEL BRUJO!

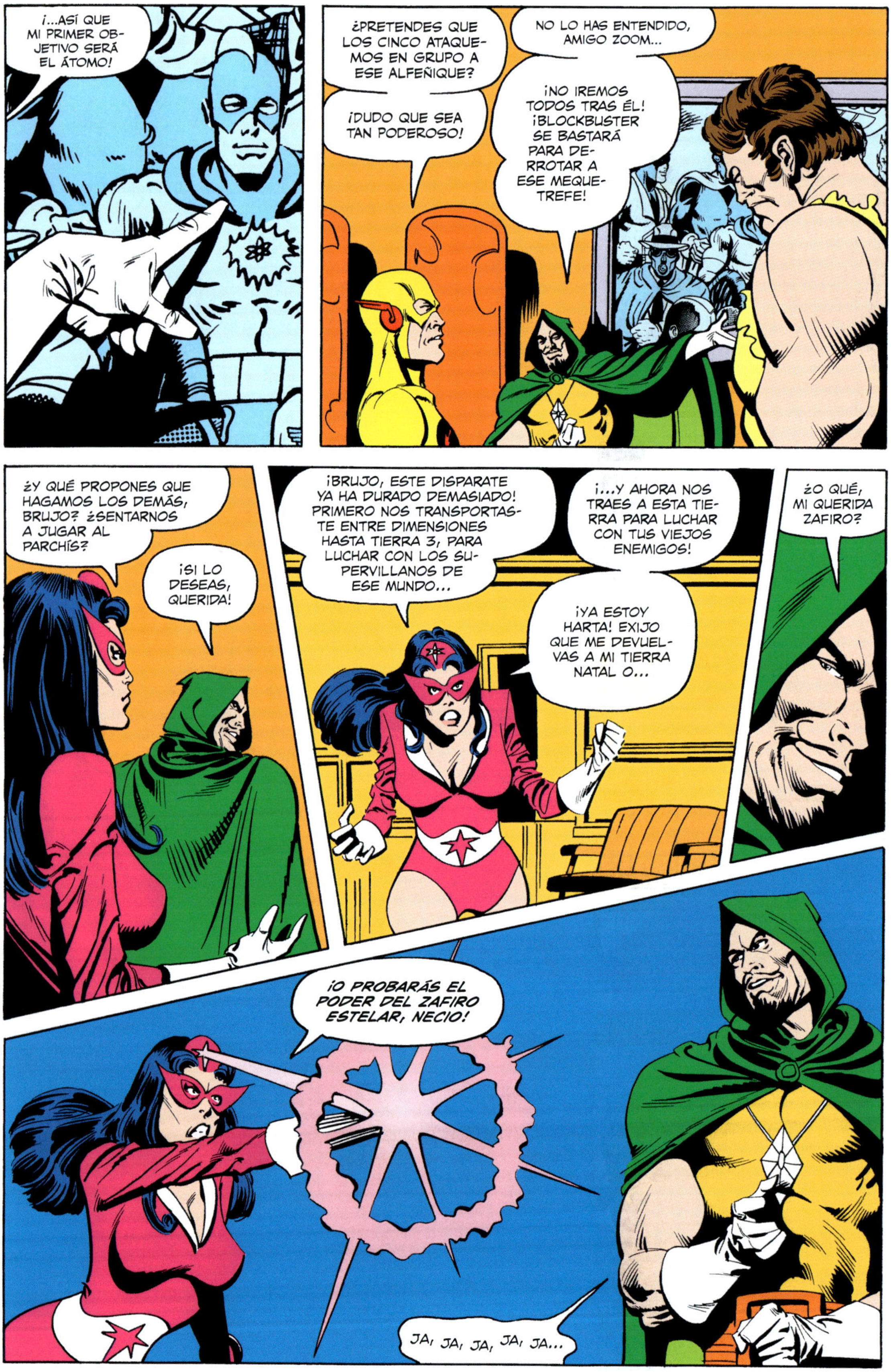
¡...ASÍ QUE MI PRIMER OBJETIVO SERÁ EL ÁTOMO!
¿PRETENDES QUE LOS CINCO ATAQUEMOS EN GRUPO A ESE ALFEÑIQUE?
¡DUDO QUE SEA TAN PODEROSO!
NO LO HAS ENTENDIDO, AMIGO ZOOM...
¡NO IREMOS TODOS TRAS ÉL! ¡BLOCKBUSTER SE BASTARÁ PARA DERROTAR A ESE MEQUETREFE!
¿Y QUÉ PROPONES QUE HAGAMOS LOS DEMÁS, BRUJO? ¿SENTARNOS A JUGAR AL PARCHÍS?
¡SI LO DESEAS, QUERIDA!
¡BRUJO, ESTE DISPARATE YA HA DURADO DEMASIADO! PRIMERO NOS TRANSPORTASTE ENTRE DIMENSIONES HASTA TIERRA 3, PARA LUCHAR CON LOS SUPERVILLANOS DE ESE MUNDO...
¡...Y AHORA NOS TRAES A ESTA TIERRA PARA LUCHAR CON TUS VIEJOS ENEMIGOS!
¡YA ESTOY HARTA! EXIJO QUE ME DEVUELVAS A MI TIERRA NATAL O...
¿O QUÉ, MI QUERIDA ZAFIRO?
¡O PROBARÁS EL PODER DEL ZAFIRO ESTELAR, NECIO!
JA, JA, JA, JA, JA...

OLVIDAS MI GEMA DE PODER, ZAFIRO...
...QUE REPELE CUANTA ENERGÍA SEA LANZADA CONTRA ELLA. Y LO HACE, QUERIDA, PARA QUE LA PERSONA QUE PRUEBE TU PODER...
¡...SEAS TÚ!
KSSSTT
¡ESO LA CONVENCERÁ DE QUE YO ESTOY AL MANDO!
CABALLEROS, SIN DUDA HALLARÉIS UN MODO DE ENTRETENEROS HASTA QUE REGRESEMOS... ¡VAMOS, BLOCKBUSTER!
¿DÓNDE BATMAN? ¡QUIERO MATAR BATMAN!
EL MOMENTO DE APLASTAR A BATMAN LLEGARÁ, AMIGO MÍO, ¡PERO AÚN NO!
OOOOHHH...
MMMMMFF... UNNHHHH...

¡HA SIDO UNA INSENSATEZ POR TU PARTE, JOVENCITA!
¡NO QUERRÍA ESTAR EN TU PELLEJO!
ESO ES PORQUE SOIS UNOS COBARDES... ¡OS DA MIEDO PLANTARLE CARA AL BRUJO!
NADA DE COBARDES, ZAFIRO ESTELAR. SOLO SOMOS GENTE SENSATA...
HEMOS VISTO EL RESULTADO DE TU ATAQUE Y COMPRENDIDO QUE SI INTENTÁRAMOS ALGO PARECIDO... ¡NO TENDRÍAMOS NADA QUE GANAR Y SÍ MUCHO QUE PERDER!
HAZ CASO DE LO QUE DICE, SEÑORITA. MIENTRAS ESTEMOS AQUÍ, EL BRUJO TIENE LA MEJOR BAZA...
...Y SI QUIERES VENCER, ¡TENDRÁS QUE VER SU APUESTA Y SEGUIR EN LA PARTIDA!
¡ESTO NO ES UN JUEGO, PROFESOR ZOOM! EL BRUJO PRETENDE PONERNOS A LUCHAR CONTRA TODOS ESOS HÉROES...
¿TE HAS PARADO A CALCULAR LAS PROBABILIDADES DE ÉXITO?
NO SEAS TAN PESIMISTA, JOVENCITA. AL ATACAR Y DERROTAR A LOS HÉROES UNO POR UNO, TENDREMOS MUCHAS POSIBILIDADES DE TRIUNFAR...
Y TENIENDO EN CUENTA LAS RIQUEZAS QUE NOS HA PROMETIDO EL BRUJO...
¡...EL RIESGO VALE LA PENA! VENGA, ¡VAMOS A FAMILIARIZARNOS CON LA NUEVA BASE DE OPERACIONES!

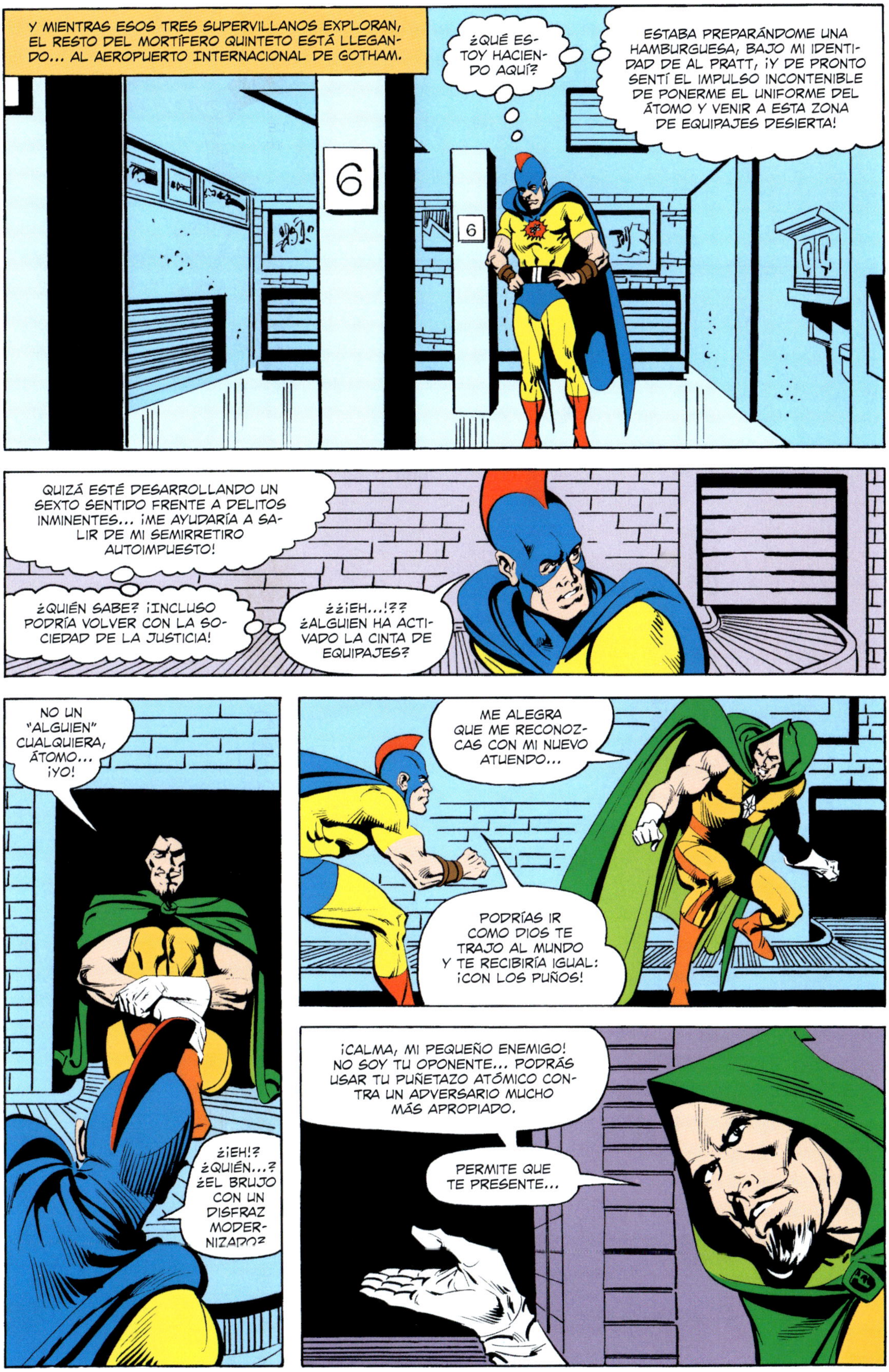

Y MIENTRAS ESOS TRES SUPERVILLANOS EXPLORAN, EL RESTO DEL MORTÍFERO QUINTETO ESTÁ LLEGANDO... AL AEROPUERTO INTERNACIONAL DE GOTHAM.
¿QUÉ ESTOY HACIENDO AQUÍ?
ESTABA PREPARÁNDOME UNA HAMBURGUESA, BAJO MI IDENTIDAD DE AL PRATT, ¡Y DE PRONTO SENTÍ EL IMPULSO INCONTENIBLE DE PONERME EL UNIFORME DEL ÁTOMO Y VENIR A ESTA ZONA DE EQUIPAJES DESIERTA!
QUIZÁ ESTÉ DESARROLLANDO UN SEXTO SENTIDO FRENTE A DELITOS INMINENTES... ¡ME AYUDARÍA A SALIR DE MI SEMIRRETIRO AUTOIMPUESTO!
¿QUIÉN SABE? ¡INCLUSO PODRÍA VOLVER CON LA SOCIEDAD DE LA JUSTICIA!
¿¿¡EH...!?? ¿ALGUIEN HA ACTIVADO LA CINTA DE EQUIPAJES?
NO UN "ALGUIEN" CUALQUIERA, ÁTOMO... ¡YO!
¿¡EH!? ¿QUIÉN...? ¿EL BRUJO CON UN DISFRAZ MODERNIZADO?
ME ALEGRA QUE ME RECONOZCAS CON MI NUEVO ATUENDO...
PODRÍAS IR COMO DIOS TE TRAJO AL MUNDO Y TE RECIBIRÍA IGUAL: ¡CON LOS PUÑOS!
¡CALMA, MI PEQUEÑO ENEMIGO! NO SOY TU OPONENTE... PODRÁS USAR TU PUÑETAZO ATÓMICO CONTRA UN ADVERSARIO MUCHO MÁS APROPIADO.
PERMITE QUE TE PRESENTE...

¡...A BLOCKBUSTER!
KABROOOOMMMN
¿DÓNDE BATMAN? ¡¡YO QUERER MATAR BATMAN!!
¡RAYOS! ES TAN GRANDE Y FUERTE COMO SOLOMON GRUNDY Y EL MONSTRUO DEL PANTANO...
¡...E IGUAL DE FEO!

NO PUEDO ESPERAR A QUE TOME LA INICIATIVA...
...HE DE DAR EL PRIMER GOLPE...
HOMBRECILLO, ¡YO MATAR TÚ IGUAL QUE MATAR BATMAN!
¡...PERO SOLO HE LOGRADO ENFURECERLO! ¡NI LO HA NOTADO!
OYE, GRANDULLÓN. CUANDO TERMINE CONTIGO... ¡YA SOLO PODRÁS MATAR A BATMAN CON TU CHISPEANTE CONVERSACIÓN!
¡HARÉ QUE SE ENFADE, QUE SIGA HABLANDO! ¡SI LO ENFUREZCO, QUIZÁ BAJE LA GUARDIA!
¡YO APLASTAR TÚ, HOMBRECILLO!
¡NO, SI SIGUES ASÍ, NO!
TOMA ESTO... ¡OMMGGFFF!
¡POW!

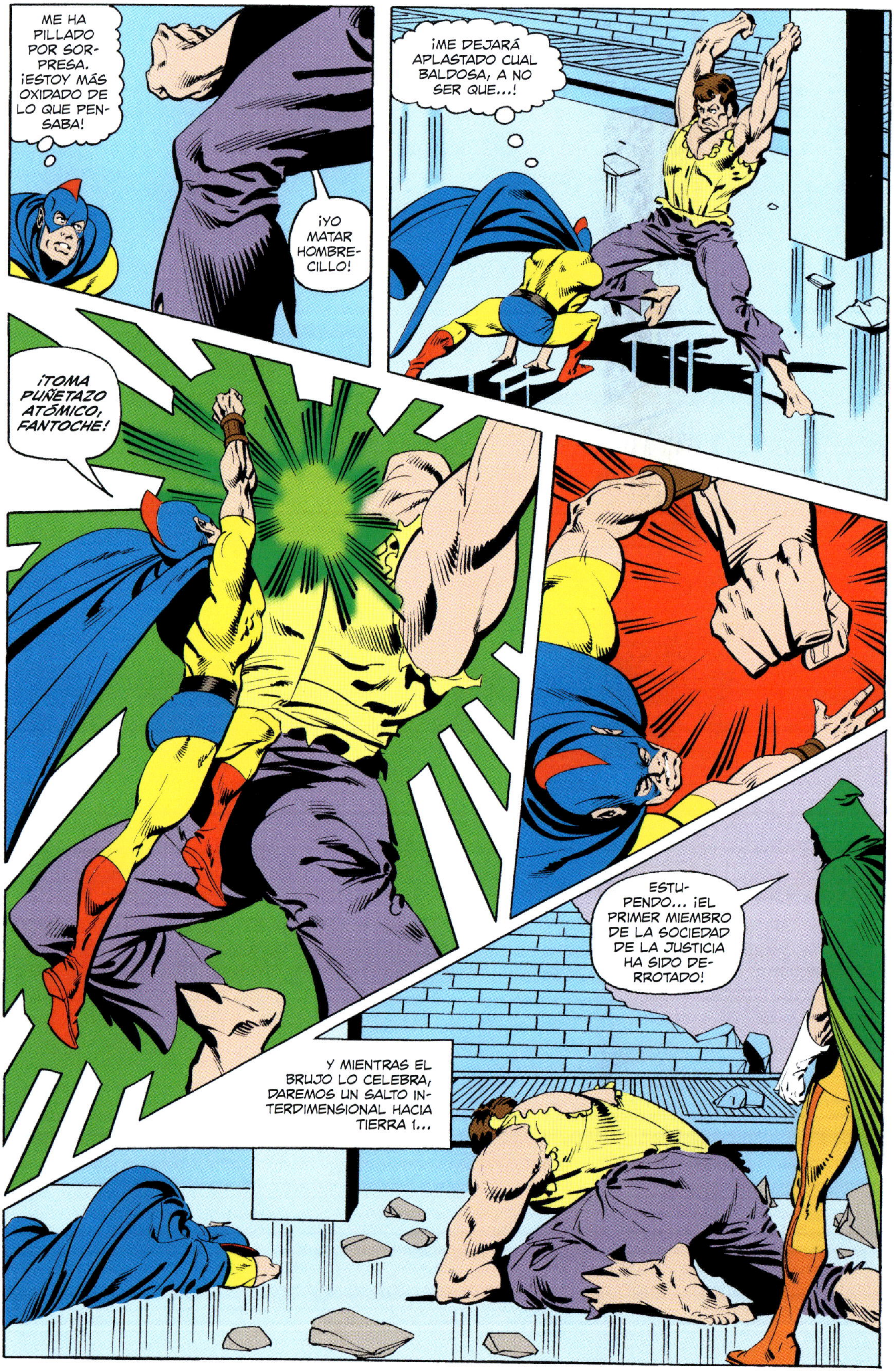
ME HA PILLADO POR SORPRESA. ¡ESTOY MÁS OXIDADO DE LO QUE PENSABA!
¡YO MATAR HOMBRECILLO!
¡ME DEJARÁ APLASTADO CUAL BALDOSA, A NO SER QUE...!
¡TOMA PUÑETAZO ATÓMICO, FANTOCHE!
ESTUPENDO... ¡EL PRIMER MIEMBRO DE LA SOCIEDAD DE LA JUSTICIA HA SIDO DERROTADO!
Y MIENTRAS EL BRUJO LO CELEBRA, DAREMOS UN SALTO INTERDIMENSIONAL HACIA TIERRA 1...

...A LA CIUDADELA SINIESTRA, CUARTEL GENERAL DE LA SOCIEDAD SECRETA...
¡CHSSST! ESTÁ OSCURO. PARECE QUE NO HAY NADIE DENTRO... ¡PERO PODRÍA SER UNA TRAMPA!
¿¿¡UNA TRAMPA!?? ¡ME DIJISTE QUE NADIE CONOCÍA LA UBICACIÓN DE ESTA NUEVA BASE, COPPERHEAD!
ASÍ ERA LA ÚLTIMA VEZ QUE ESTUVE AQUÍ, AMO DE LOS ESPEJOS. PERO HE ESTADO EN UNA CELDA, ¿RECUERDAS?
¡Y SEGUIRÍAS ALLÍ SI NO TE HUBIERA SACADO CUANDO ESCAPÉ! ¡NO LO OLVIDES!
¡Y A CAMBIO TE HE TRAÍDO AQUÍ! ¡ESTAMOS EN PAZ! Y AHORA, ¿VAS A EXPLICARME CUÁL ES EL CHANCHULLO?
MEJOR QUE ESO. ¡VOY A CONVERTIRTE EN MI SOCIO! ¡SI DECIDES AYUDARME!
¡DALO POR HECHO! ¡SIEMPRE TE LO HAS MONTADO BIEN! ¡ME APUNTO!
¡BIEN! HAY UN TIPO QUE LLEVA MESES INTENTANDO CONTACTAR CON LA SOCIEDAD SECRETA Y...
LE EXPLICA EL PLAN, Y POCO DESPUÉS...

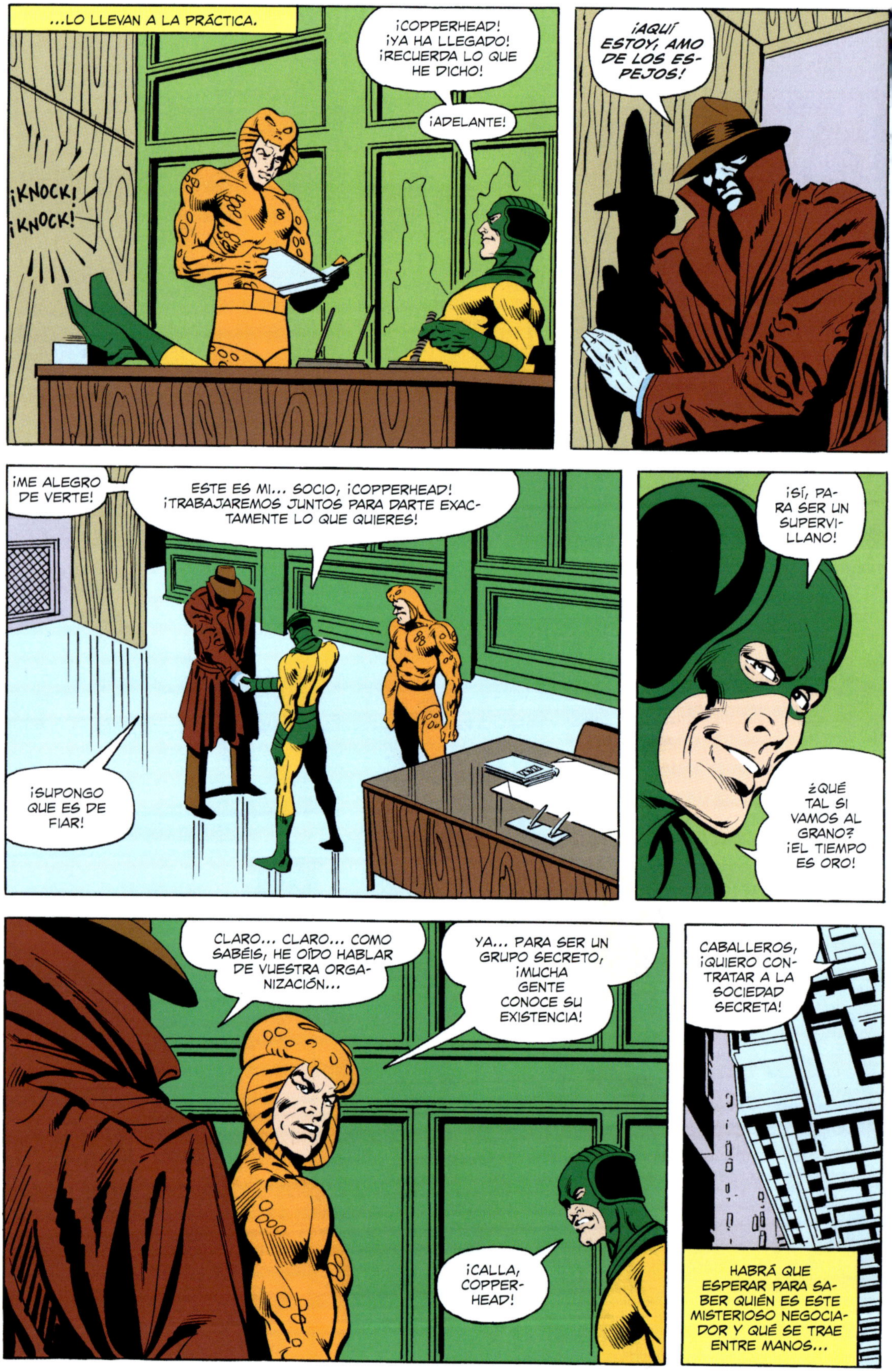
...LO LLEVAN A LA PRÁCTICA.
¡COPPERHEAD! ¡YA HA LLEGADO! ¡RECUERDA LO QUE HE DICHO!
¡ADELANTE!
¡KNOCK! ¡KNOCK!
¡AQUÍ ESTOY, AMO DE LOS ESPEJOS!
¡ME ALEGRO DE VERTE!
ESTE ES MI... SOCIO, ¡COPPERHEAD! ¡TRABAJAREMOS JUNTOS PARA DARTE EXACTAMENTE LO QUE QUIERES!
¡SUPONGO QUE ES DE FIAR!
¡SÍ, PARA SER UN SUPERVILLANO!
¿QUÉ TAL SI VAMOS AL GRANO? ¡EL TIEMPO ES ORO!
CLARO... CLARO... COMO SABÉIS, HE OÍDO HABLAR DE VUESTRA ORGANIZACIÓN...
YA... PARA SER UN GRUPO SECRETO, ¡MUCHA GENTE CONOCE SU EXISTENCIA!
¡CALLA, COPPERHEAD!
CABALLEROS, ¡QUIERO CONTRATAR A LA SOCIEDAD SECRETA!
HABRÁ QUE ESPERAR PARA SABER QUIÉN ES ESTE MISTERIOSO NEGOCIADOR Y QUÉ SE TRAE ENTRE MANOS...

...PARA VOLVER A LA SEDE DE LA SOCIEDAD DE LA INJUSTICIA EN TIERRA 2.
¿LO VEIS, AMIGOS? ¡ELIMINAREMOS AL EQUIPO DE UNO EN UNO Y ASÍ NO PODRÁN ACTUAR COMO REFUERZOS CUANDO ATAQUEMOS A LOS MIEMBROS MÁS FUERTES DE LA JSA!
ANTE NUESTRO PODER COMBINADO, HASTA SUPERMAN Y POWER GIRL NECESITARÁN CONTAR CON AYUDA...
¡...UNA AYUDA QUE NO PODRÁN PROPORCIONARLES!
¿QUIÉN ES EL SIGUIENTE DE LA LISTA, BRUJO? ¡ESTOY DESEANDO MEDIR MI VELOCIDAD CON EL FLASH DE ESTA TIERRA!
ENTRARÁS EN ACCIÓN ESTA VEZ, PROFESOR, ¡PERO NO CONTRA EL VELOCISTA ESCARLATA!
ESTA VEZ, PLANT-MASTER Y TÚ ATACARÉIS AL...
¡...DOCTOR MEDIANOCHE!
IGUAL QUE MIS ARTES MÍSTICAS ATRAJERON AL ÁTOMO A LA BATALLA, EL BUEN DOCTOR TAMBIÉN HA RECIBIDO UNA "LLAMADA" Y NOS ESTÁ ESPERANDO...

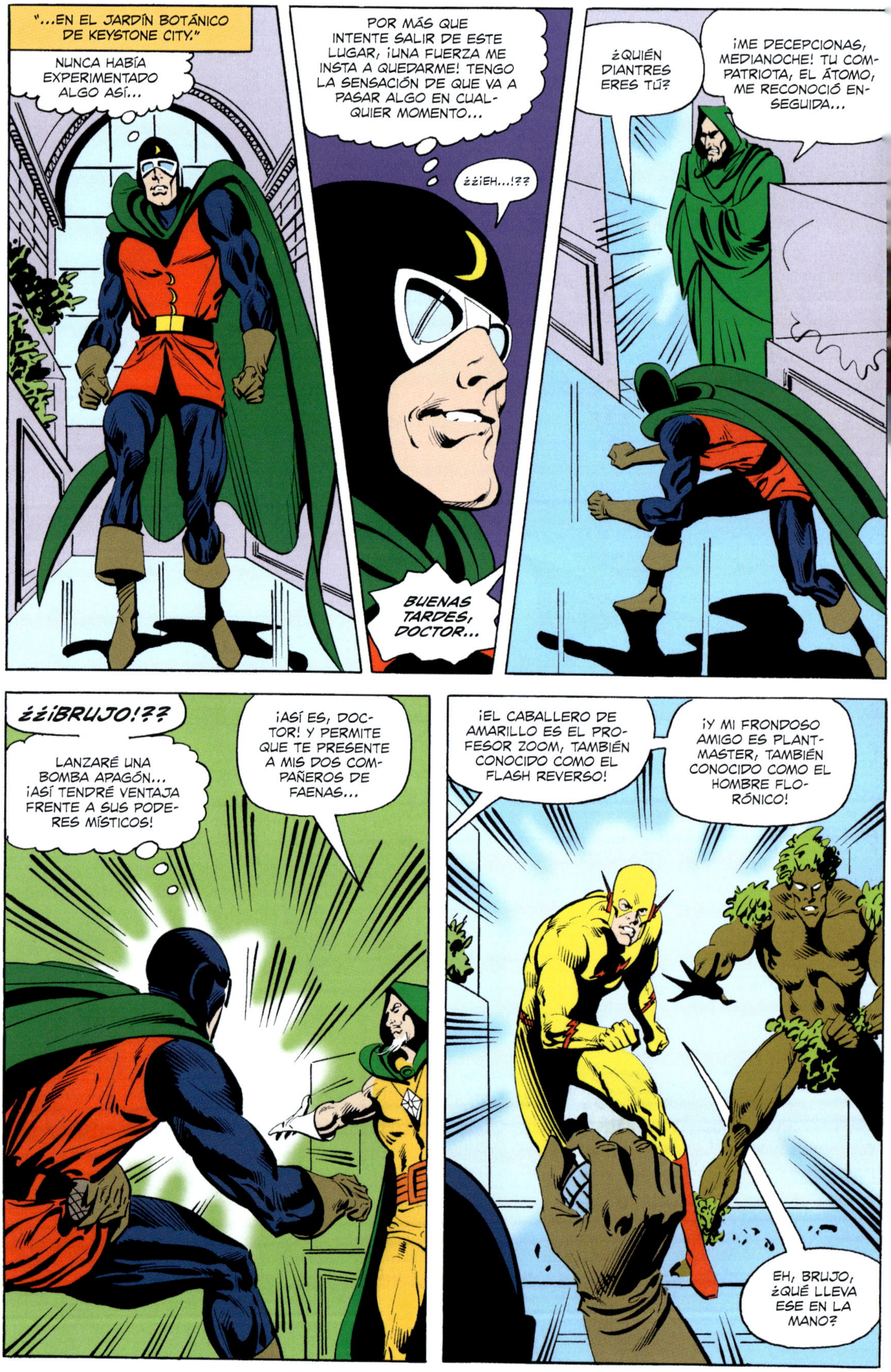
"...EN EL JARDÍN BOTÁNICO DE KEYSTONE CITY."
NUNCA HABÍA EXPERIMENTADO ALGO ASÍ...
POR MÁS QUE INTENTE SALIR DE ESTE LUGAR, ¡UNA FUERZA ME INSTA A QUEDARME! TENGO LA SENSACIÓN DE QUE VA A PASAR ALGO EN CUALQUIER MOMENTO...
¿¿¡EH...!??
BUENAS TARDES, DOCTOR...
¿QUIÉN DIANTRES ERES TÚ?
¡ME DECEPCIONAS, MEDIANOCHE! TU COMPATRIOTA, EL ÁTOMO, ME RECONOCIÓ ENSEGUIDA...
¿¿¡BRUJO!??
LANZARÉ UNA BOMBA APAGÓN... ¡ASÍ TENDRÉ VENTAJA FRENTE A SUS PODERES MÍSTICOS!
¡ASÍ ES, DOCTOR! Y PERMITE QUE TE PRESENTE A MIS DOS COMPAÑEROS DE FAENAS...
¡EL CABALLERO DE AMARILLO ES EL PROFESOR ZOOM, TAMBIÉN CONOCIDO COMO EL FLASH REVERSO!
¡Y MI FRONDOSO AMIGO ES PLANT-MASTER, TAMBIÉN CONOCIDO COMO EL HOMBRE FLORÓNICO!
EH, BRUJO, ¿QUÉ LLEVA ESE EN LA MANO?

ES LA BOMBA APAGÓN PATENTADA DEL BUEN DOCTOR. SERÍA BUENA IDEA DESPOJARLE DE ELLA...
¡ENSEGUIDA!
HECHO, BRUJO...
¡...ES HORA DEL...!
¡...SEGUNDO ASALTO!
SÍ, SÍ. PERO ANTES DEBO MARCHARME... ¡CON LA AYUDA DE MI CAPA DE INVISIBILIDAD!
MIENTRAS HACE SU NUMERITO DE LA DESAPARICIÓN, PROBARÉ ALGO DE MI COSECHA.
UN BUEN DOCTOR DEBE ESTAR PREPARADO PARA CUALQUIER EMERGENCIA...
¡...POR ESO SIEMPRE LLEVO ENCIMA MÁS DE UNA BOMBA APAGÓN!
DEJARÉ A OSCURAS A ESOS DOS...
¿¿¡EH...!?? ¿¿¡LA PLANTA CARNÍVORA!??

OTRA BOMBA... ¡PERO ESTA LA ATRAPARÉ COMO UNA CENTELLA!
¡EXCELENTE, PROFESOR! COMO PUEDES OBSERVAR, ¡MIS MASCOTAS HAN APRESADO A NUESTRO OPONENTE!
¡GLUBS! ¡A ESTAS PLANTAS LES GUSTA LA CARNE HUMANA!
¿¿¡QUÉ!?? ¡ME HA EXPLOTADO EN LAS MANOS!
¡ERES UN NECIO, ZOOM! ¡EL DOCTOR LO HABRÁ PLANEADO PARA QUE PASARA ESO!
¡PUES CLARO!
SABÍA QUE ESE VELOCISTA MALVADO VOLVERÍA A INTERCEPTAR LA BOMBA...
¡...POR ESO LA CONFIGURÉ PARA EXPLOTAR AL MENOR IMPACTO!
Y MIENTRAS ESOS DOS DAN VUELTAS SIN RUMBO EN LA OSCURIDAD, ¡TENDRÉ UNA OPORTUNIDAD PARA LIBERARME!
¿¿¡EH...!?? ¿ZOOM ESTÁ GIRANDO COMO UNA PEONZA?

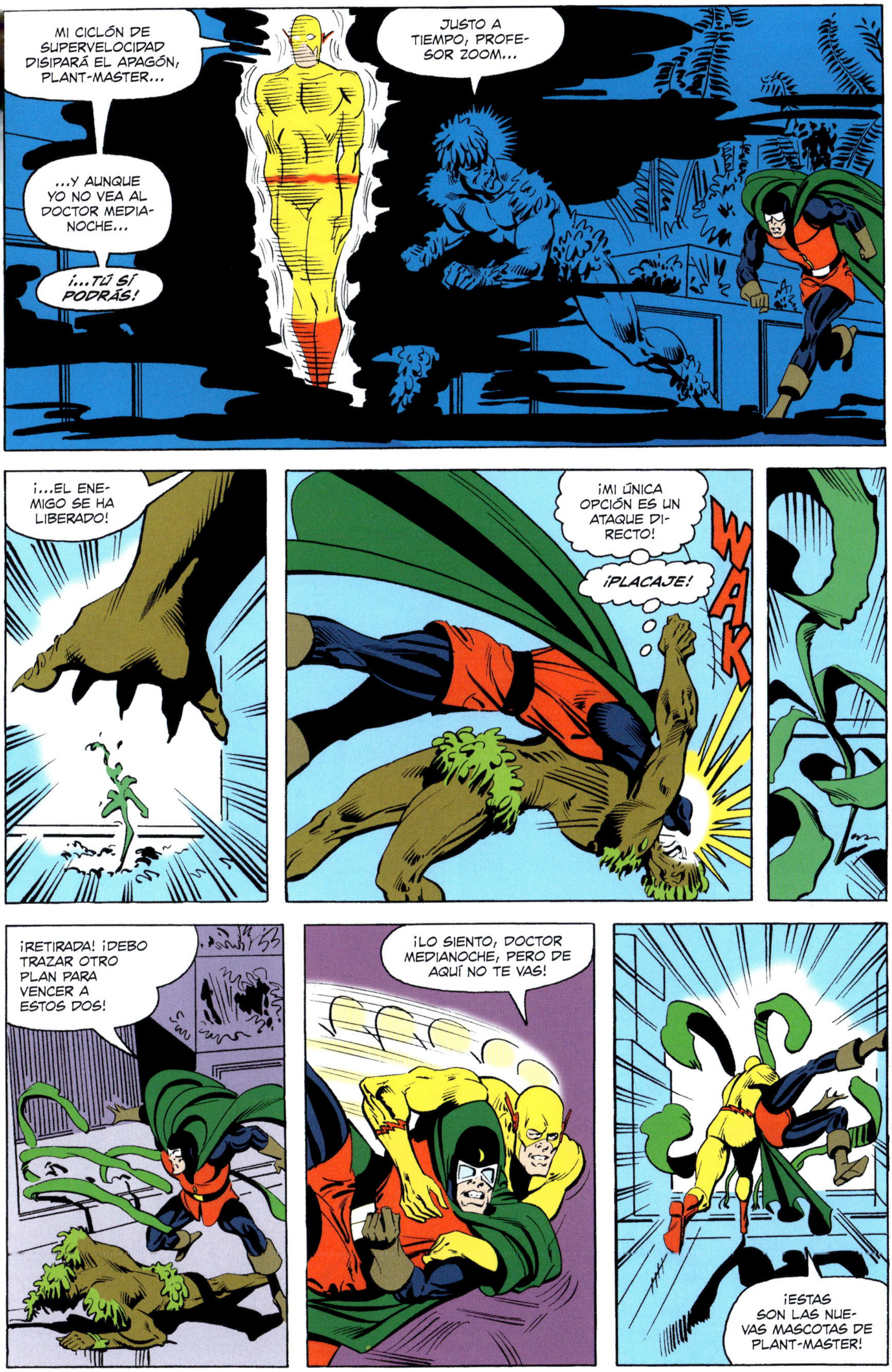
MI CICLÓN DE SUPERVELOCIDAD DISIPARÁ EL APAGÓN, PLANT-MASTER...
...Y AUNQUE YO NO VEA AL DOCTOR MEDIANOCHE...
¡...TÚ SÍ PODRÁS!
JUSTO A TIEMPO, PROFESOR ZOOM...
¡...EL ENEMIGO SE HA LIBERADO!
¡MI ÚNICA OPCIÓN ES UN ATAQUE DIRECTO!
¡PLACAJE!
WAK
¡RETIRADA! ¡DEBO TRAZAR OTRO PLAN PARA VENCER A ESTOS DOS!
¡LO SIENTO, DOCTOR MEDIANOCHE, PERO DE AQUÍ NO TE VAS!
¡ESTAS SON LAS NUEVAS MASCOTAS DE PLANT-MASTER!

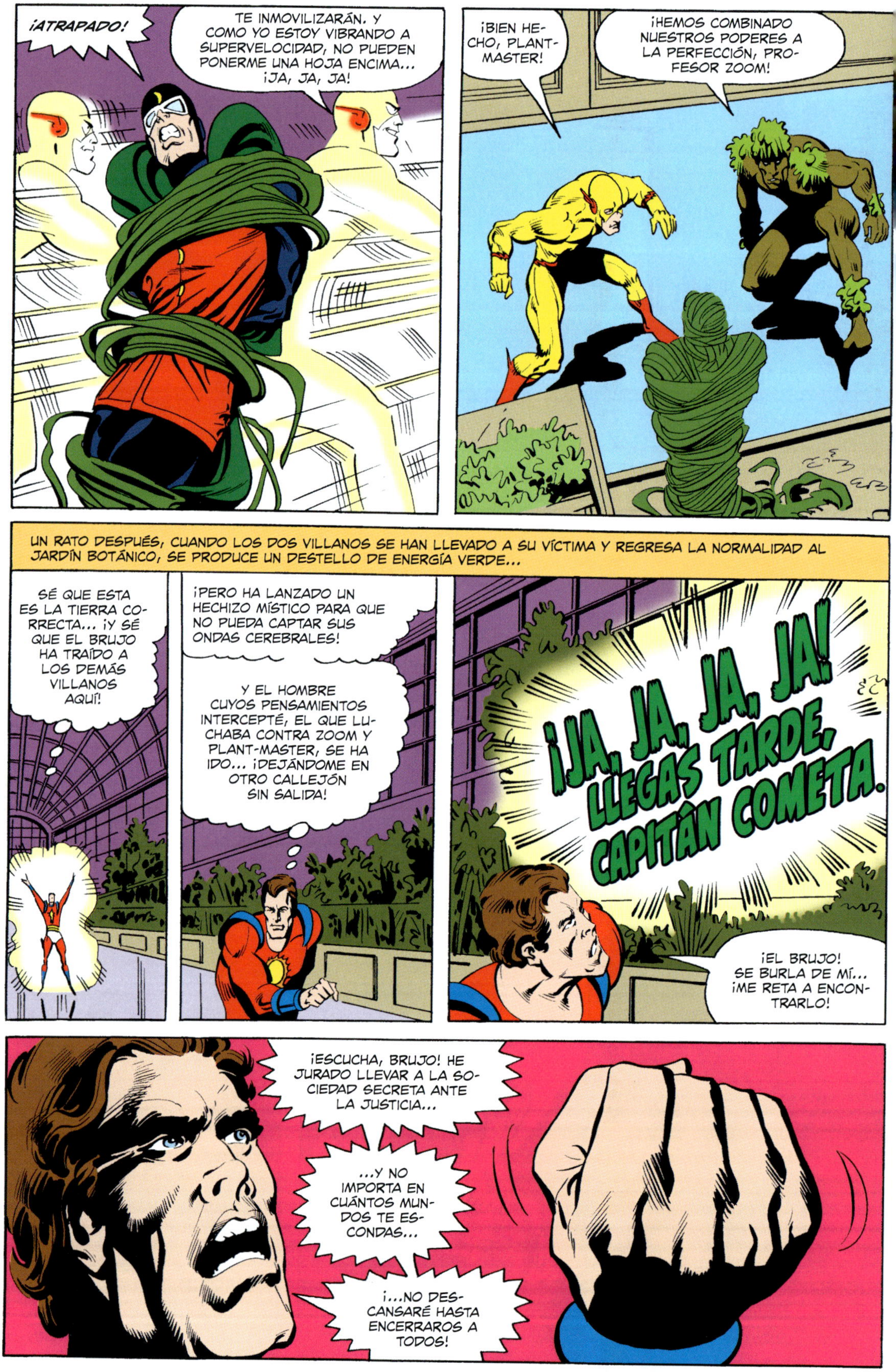

¡ATRAPADO!
TE INMOVILIZARÁN. Y COMO YO ESTOY VIBRANDO A SUPERVELOCIDAD, NO PUEDEN PONERME UNA HOJA ENCIMA... ¡JA, JA, JA!
¡BIEN HECHO, PLANT-MASTER!
¡HEMOS COMBINADO NUESTROS PODERES A LA PERFECCIÓN, PROFESOR ZOOM!
UN RATO DESPUÉS, CUANDO LOS DOS VILLANOS SE HAN LLEVADO A SU VÍCTIMA Y REGRESA LA NORMALIDAD AL JARDÍN BOTÁNICO, SE PRODUCE UN DESTELLO DE ENERGÍA VERDE...
SÉ QUE ESTA ES LA TIERRA CORRECTA... ¡Y SÉ QUE EL BRUJO HA TRAÍDO A LOS DEMÁS VILLANOS AQUÍ!
¡PERO HA LANZADO UN HECHIZO MÍSTICO PARA QUE NO PUEDA CAPTAR SUS ONDAS CEREBRALES!
Y EL HOMBRE CUYOS PENSAMIENTOS INTERCEPTÉ, EL QUE LUCHABA CONTRA ZOOM Y PLANT-MASTER, SE HA IDO... ¡DEJÁNDOME EN OTRO CALLEJÓN SIN SALIDA!
¡JA, JA, JA, JA! LLEGAS TARDE, CAPITÁN COMETA.
¡EL BRUJO! SE BURLA DE MÍ... ¡ME RETA A ENCONTRARLO!
¡ESCUCHA, BRUJO! HE JURADO LLEVAR A LA SOCIEDAD SECRETA ANTE LA JUSTICIA...
...Y NO IMPORTA EN CUÁNTOS MUNDOS TE ESCONDAS...
¡...NO DESCANSARÉ HASTA ENCERRAROS A TODOS!

EPÍLOGO: TIERRA 1.
BIEN, YA HAS REPASADO NUESTROS ARCHIVOS TRES VECES. ¿SEGURO QUE ESTE ES EL EQUIPO QUE QUIERES?
¡CON VUESTRA AYUDA, CREO QUE ESTOS CABALLEROS PODRÁN CUMPLIR MI OBJETIVO!
GEMELOS CAMBIATAMAÑO
QUAKEMASTER
CRONOS
POLILLA ASESINA
¡ESPERO QUE NO SEA ALGO MUY AMBICIOSO! ¡ALGUNOS DE ESTOS TIPOS SON DE SEGUNDA FILA!
AL CONTRARIO, AMO DE LOS ESPEJOS. ESTOS HOMBRES TIENEN LOS PODERES NECESARIOS PARA LA MISIÓN.
¡JUNTOS, PODRÉIS LLEVAR A CABO CON ÉXITO LOS PLANES DEL FANTASMA PLATEADO!
¡VALE, VALE! PERO ¿CUÁL ES EL PLAN?
¡ES MUY SENCILLO! ¡QUIERO QUE MATÉIS A LOS LUCHADORES POR LA LIBERTAD!
EN EL PRÓXIMO EPISODIO: ¡CONTINÚA *LA GUERRA DE LOS MUNDOS DEL BRUJO*!
¡LOS SUPERVILLANOS ATACAN A LOS LUCHADORES POR LA LIBERTAD!
¡CON MÁS SUPERVILLANOS Y SUPERHÉROES QUE NUNCA!

TOMA A LOS SUPERHÉROES MÁS PODEROSOS DE LA TIERRA, TODOS ELLOS INVENCIBLES PALADINES DE LA JUSTICIA. JÚNTALOS POR UNA CAUSA COMÚN, LA LUCHA CONTRA EL MAL Y EL CRIMEN, Y OBTENDRÁS A LA...
LIGA DE LA JUSTICIA DE AMÉRICA
EL LARGO CAMINO A CASA
SE DICE QUE LA MUERTE NO ES EL FINAL DE LA VIDA, SINO EL VERDADERO COMIENZO. SI ESO ES CIERTO, UN FUNERAL NO DEBERÍA SER MOTIVO DE DUELO, SINO DE CELEBRACIÓN...
Y EN LA TIERRA DE LOS OCULTOS, AL MENOS, ESO ES PRECISAMENTE LO QUE ES...
...ANTE LA PERPLEJIDAD DE CIERTOS HÉROES DE LA LIGA DE LA JUSTICIA...
GERRY CONWAY
GUION
DICK DILLIN Y
FRANK MCLAUGHLIN
DIBUJO
JERRY SERPE - COLOR
ROSS ANDRU - EDITOR

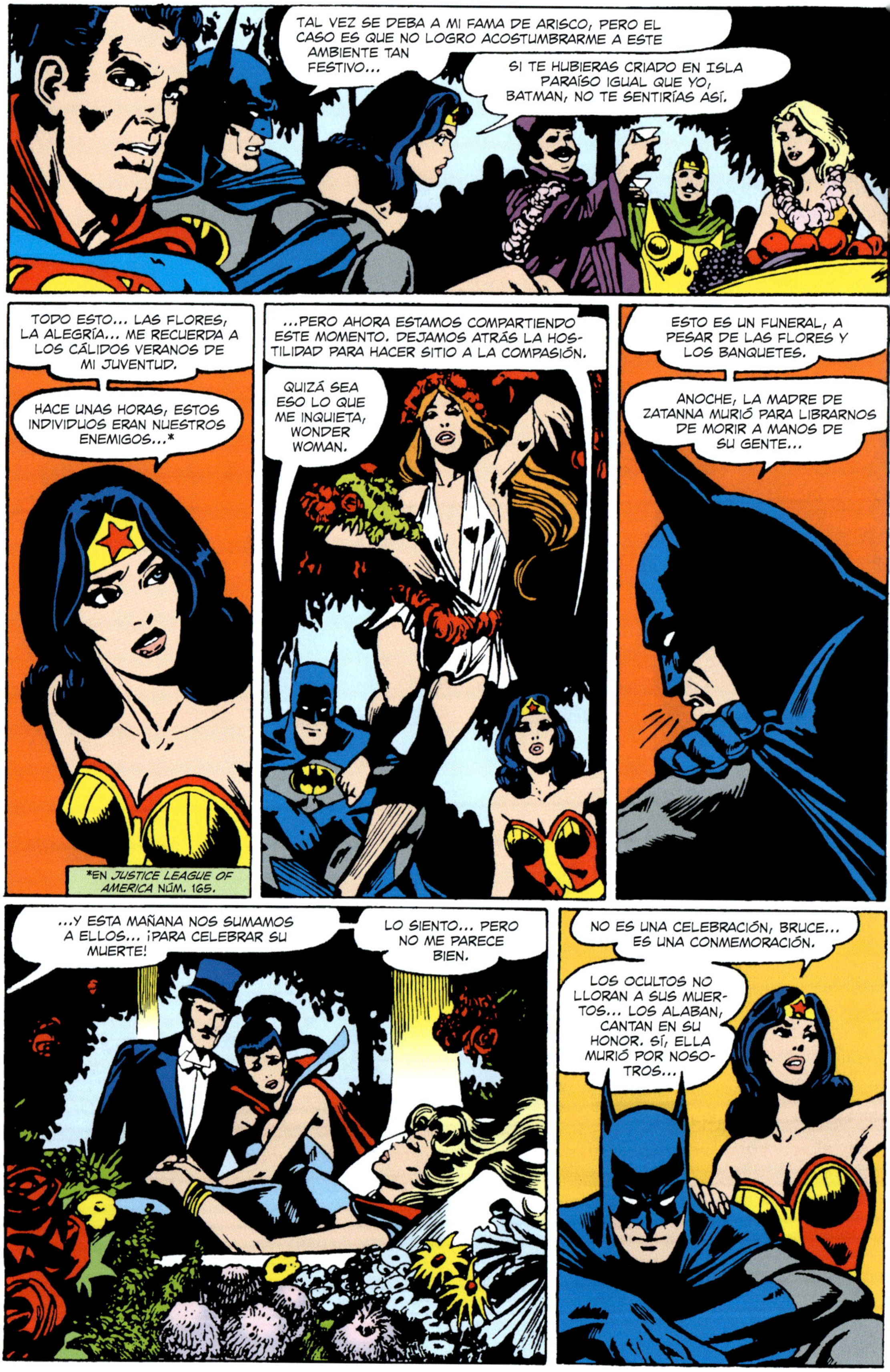

TAL VEZ SE DEBA A MI FAMA DE ARISCO, PERO EL CASO ES QUE NO LOGRO ACOSTUMBRARME A ESTE AMBIENTE TAN FESTIVO...
SI TE HUBIERAS CRIADO EN ISLA PARAÍSO IGUAL QUE YO, BATMAN, NO TE SENTIRÍAS ASÍ.
TODO ESTO... LAS FLORES, LA ALEGRÍA... ME RECUERDA A LOS CÁLIDOS VERANOS DE MI JUVENTUD.
HACE UNAS HORAS, ESTOS INDIVIDUOS ERAN NUESTROS ENEMIGOS...*
*EN JUSTICE LEAGUE OF AMERICA NÚM. 165.
...PERO AHORA ESTAMOS COMPARTIENDO ESTE MOMENTO. DEJAMOS ATRÁS LA HOSTILIDAD PARA HACER SITIO A LA COMPASIÓN.
QUIZÁ SEA ESO LO QUE ME INQUIETA, WONDER WOMAN.
ESTO ES UN FUNERAL, A PESAR DE LAS FLORES Y LOS BANQUETES.
ANOCHE, LA MADRE DE ZATANNA MURIÓ PARA LIBRARNOS DE MORIR A MANOS DE SU GENTE...
...Y ESTA MAÑANA NOS SUMAMOS A ELLOS... ¡PARA CELEBRAR SU MUERTE!
LO SIENTO... PERO NO ME PARECE BIEN.
NO ES UNA CELEBRACIÓN, BRUCE... ES UNA CONMEMORACIÓN.
LOS OCULTOS NO LLORAN A SUS MUERTOS... LOS ALABAN, CANTAN EN SU HONOR. SÍ, ELLA MURIÓ POR NOSOTROS...

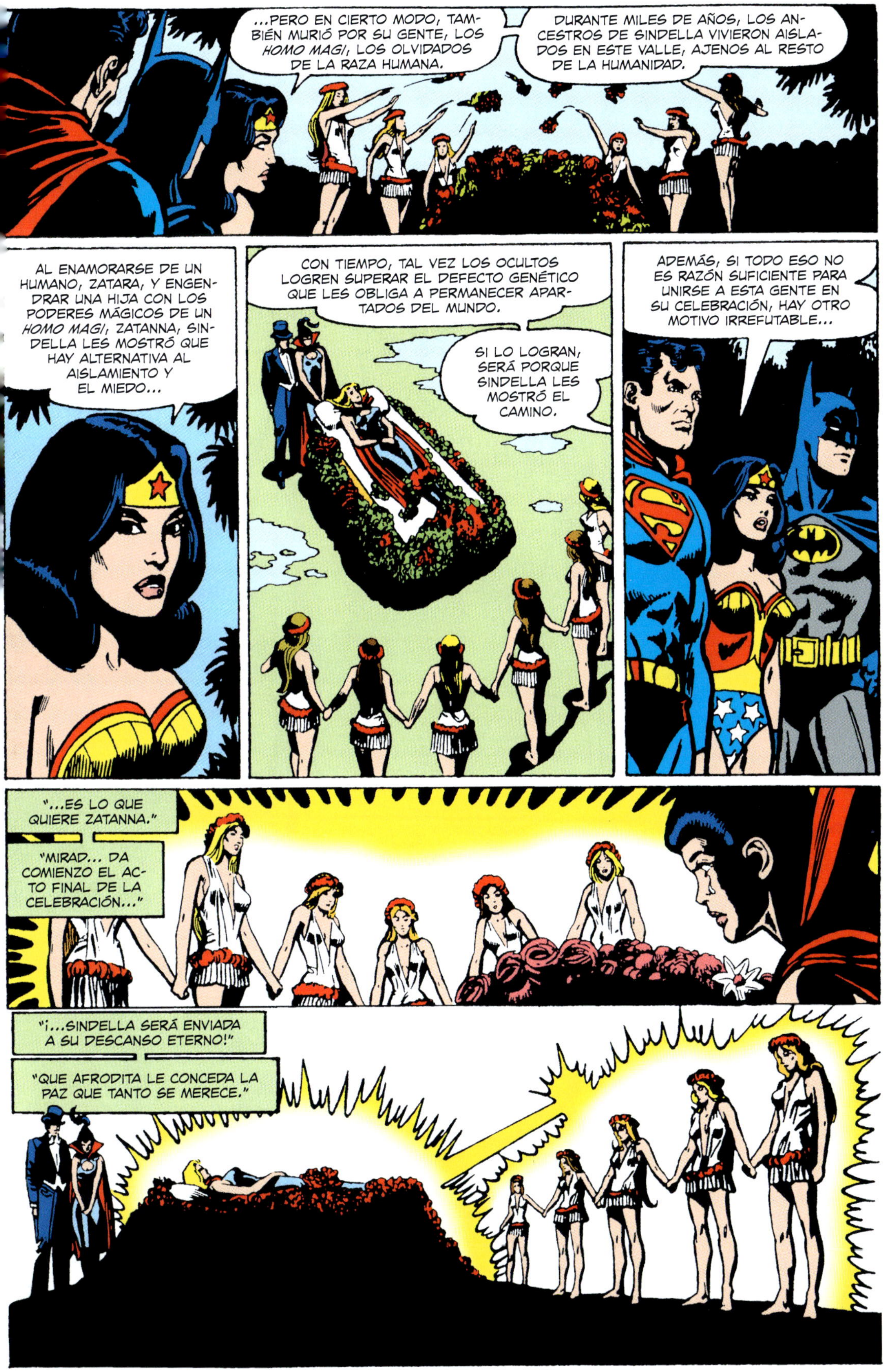
...PERO EN CIERTO MODO, TAMBIÉN MURIÓ POR SU GENTE, LOS *HOMO MAGI*, LOS OLVIDADOS DE LA RAZA HUMANA.
DURANTE MILES DE AÑOS, LOS ANCESTROS DE SINDELLA VIVIERON AISLADOS EN ESTE VALLE, AJENOS AL RESTO DE LA HUMANIDAD.
AL ENAMORARSE DE UN HUMANO, ZATARA, Y ENGENDRAR UNA HIJA CON LOS PODERES MÁGICOS DE UN *HOMO MAGI*, ZATANNA, SINDELLA LES MOSTRÓ QUE HAY ALTERNATIVA AL AISLAMIENTO Y EL MIEDO...
CON TIEMPO, TAL VEZ LOS OCULTOS LOGREN SUPERAR EL DEFECTO GENÉTICO QUE LES OBLIGA A PERMANECER APARTADOS DEL MUNDO.
SI LO LOGRAN, SERÁ PORQUE SINDELLA LES MOSTRÓ EL CAMINO.
ADEMÁS, SI TODO ESO NO ES RAZÓN SUFICIENTE PARA UNIRSE A ESTA GENTE EN SU CELEBRACIÓN, HAY OTRO MOTIVO IRREFUTABLE...
"...ES LO QUE QUIERE ZATANNA."
"MIRAD... DA COMIENZO EL ACTO FINAL DE LA CELEBRACIÓN..."
"¡...SINDELLA SERÁ ENVIADA A SU DESCANSO ETERNO!"
"QUE AFRODITA LE CONCEDA LA PAZ QUE TANTO SE MERECE."

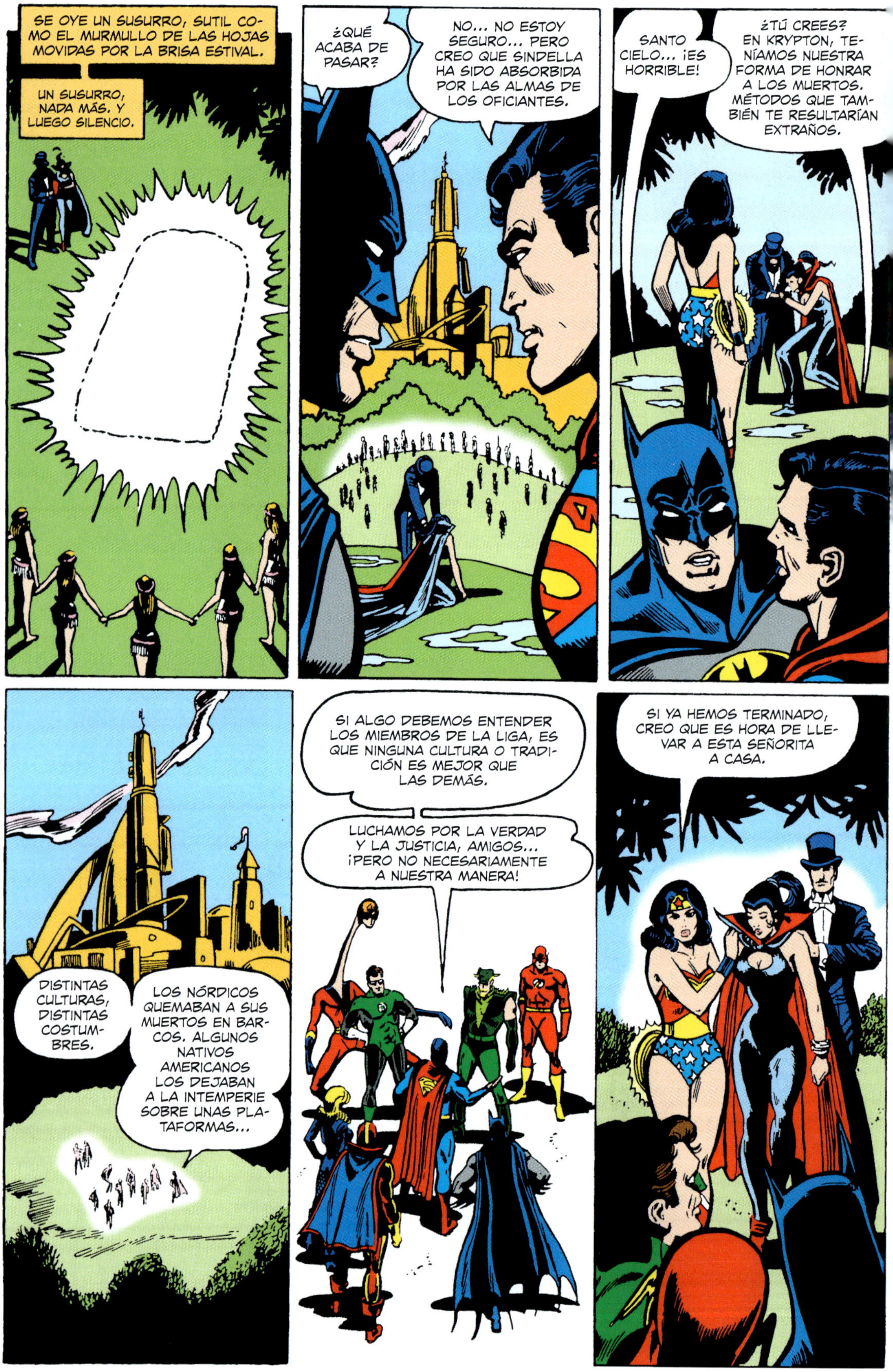
SE OYE UN SUSURRO, SUTIL COMO EL MURMULLO DE LAS HOJAS MOVIDAS POR LA BRISA ESTIVAL.
UN SUSURRO, NADA MÁS. Y LUEGO SILENCIO.
¿QUÉ ACABA DE PASAR?
NO... NO ESTOY SEGURO... PERO CREO QUE SINDELLA HA SIDO ABSORBIDA POR LAS ALMAS DE LOS OFICIANTES.
SANTO CIELO... ¡ES HORRIBLE!
¿TÚ CREES? EN KRYPTON, TENÍAMOS NUESTRA FORMA DE HONRAR A LOS MUERTOS. MÉTODOS QUE TAMBIÉN TE RESULTARÍAN EXTRAÑOS.
DISTINTAS CULTURAS, DISTINTAS COSTUMBRES.
LOS NÓRDICOS QUEMABAN A SUS MUERTOS EN BARCOS. ALGUNOS NATIVOS AMERICANOS LOS DEJABAN A LA INTEMPERIE SOBRE UNAS PLATAFORMAS...
SI ALGO DEBEMOS ENTENDER LOS MIEMBROS DE LA LIGA, ES QUE NINGUNA CULTURA O TRADICIÓN ES MEJOR QUE LAS DEMÁS.
LUCHAMOS POR LA VERDAD Y LA JUSTICIA, AMIGOS... ¡PERO NO NECESARIAMENTE A NUESTRA MANERA!
SI YA HEMOS TERMINADO, CREO QUE ES HORA DE LLEVAR A ESTA SEÑORITA A CASA.

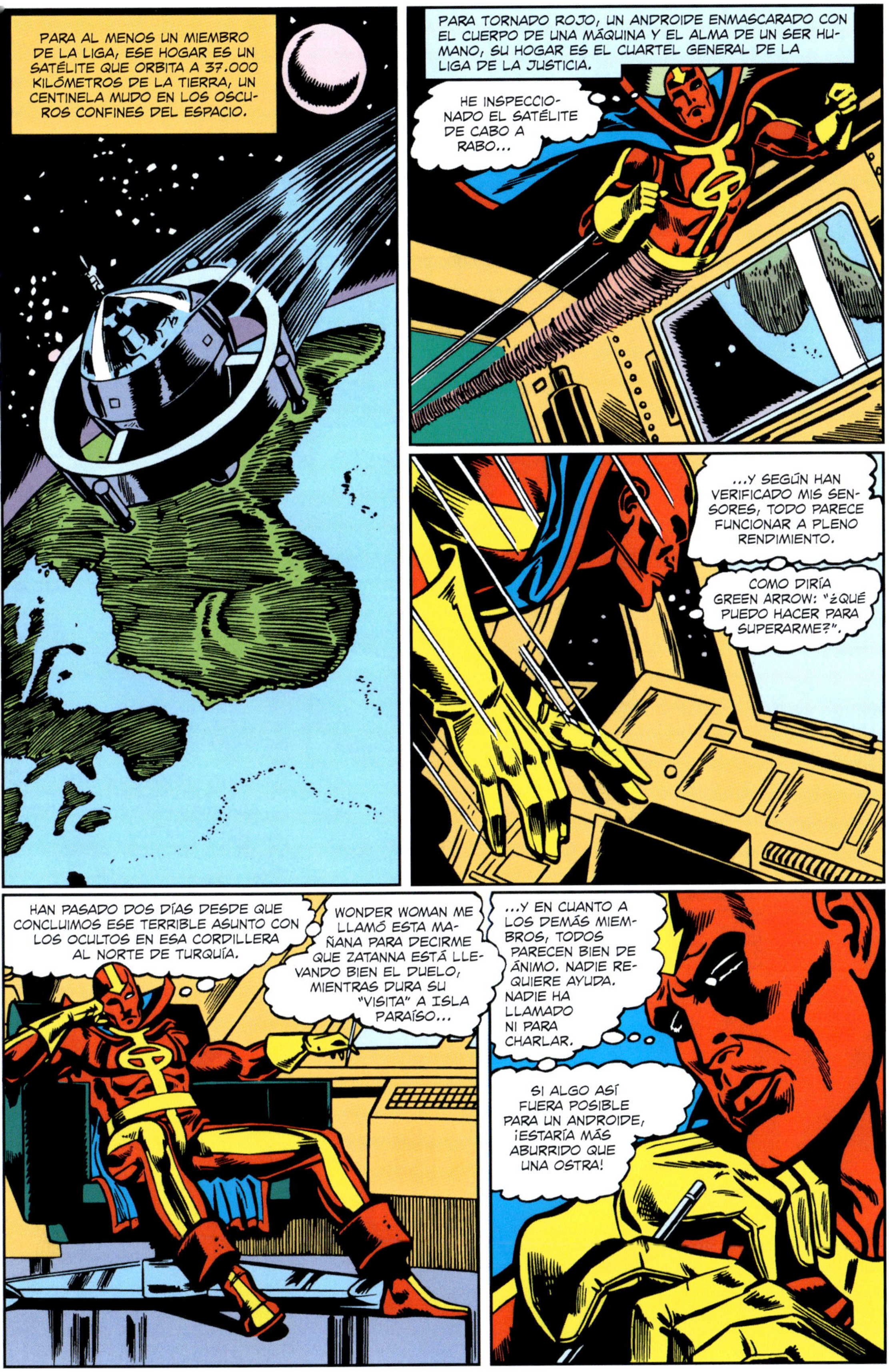
PARA AL MENOS UN MIEMBRO DE LA LIGA, ESE HOGAR ES UN SATÉLITE QUE ORBITA A 37.000 KILÓMETROS DE LA TIERRA, UN CENTINELA MUDO EN LOS OSCUROS CONFINES DEL ESPACIO.
PARA TORNADO ROJO, UN ANDROIDE ENMASCARADO CON EL CUERPO DE UNA MÁQUINA Y EL ALMA DE UN SER HUMANO, SU HOGAR ES EL CUARTEL GENERAL DE LA LIGA DE LA JUSTICIA.
HE INSPECCIONADO EL SATÉLITE DE CABO A RABO...
...Y SEGÚN HAN VERIFICADO MIS SENSORES, TODO PARECE FUNCIONAR A PLENO RENDIMIENTO.
COMO DIRÍA GREEN ARROW: "¿QUÉ PUEDO HACER PARA SUPERARME?".
HAN PASADO DOS DÍAS DESDE QUE CONCLUIMOS ESE TERRIBLE ASUNTO CON LOS OCULTOS EN ESA CORDILLERA AL NORTE DE TURQUÍA.
WONDER WOMAN ME LLAMÓ ESTA MAÑANA PARA DECIRME QUE ZATANNA ESTÁ LLEVANDO BIEN EL DUELO, MIENTRAS DURA SU "VISITA" A ISLA PARAÍSO...
...Y EN CUANTO A LOS DEMÁS MIEMBROS, TODOS PARECEN BIEN DE ÁNIMO. NADIE REQUIERE AYUDA. NADIE HA LLAMADO NI PARA CHARLAR.
SI ALGO ASÍ FUERA POSIBLE PARA UN ANDROIDE, ¡ESTARÍA MÁS ABURRIDO QUE UNA OSTRA!

EN MOMENTOS ASÍ, ECHO DE MENOS A LA PEQUEÑA TRAYA, CUYA VIDA AYUDÉ A SALVAR HACE UNOS MESES EN ORIENTE MEDIO.
CUANDO ESTOY CON ELLA, ME SIENTO CASI HUMANO.
ES UNA ILUSIÓN, LO SÉ, PERO RESULTA AGRADABLE.
¿SE HABRÁ HECHO TARDE PARA LLAMARLA AL ORFANATO DE NUEVA YORK DONDE LA DEJÉ?
QUIZÁ DEBERÍA... ¿EH?
SWOOOOOOSH
KWHAMMO
TUS REFLEJOS SON TAN RÁPIDOS COMO TUS PUÑOS, AMIGO MÍO. BIEN HECHO.
UN SEGUNDO MÁS Y HABRÍA ACTIVADO EL DISPOSITIVO DE ALERTA DE LA LIGA DE LA JUSTICIA...

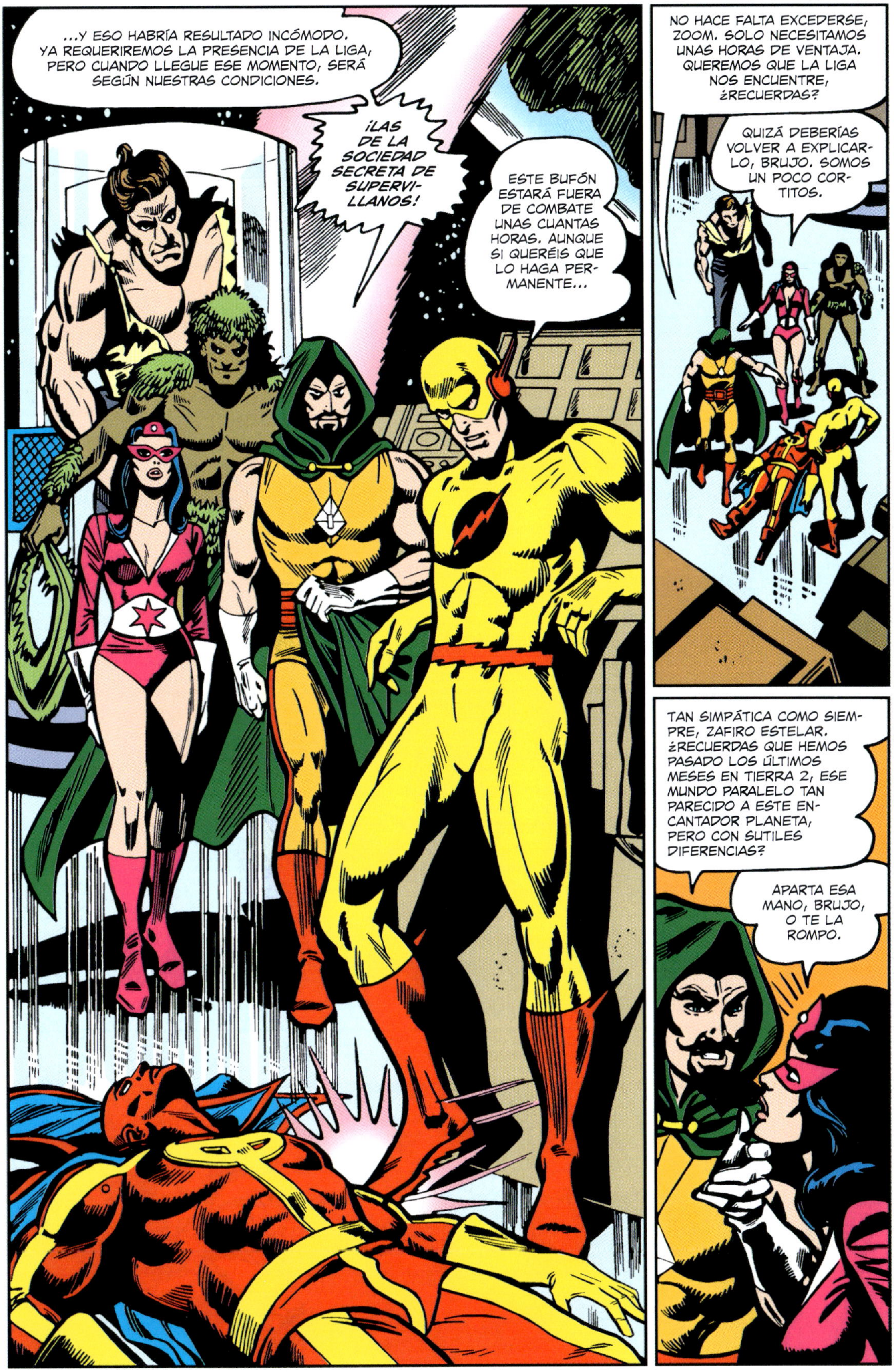
...Y ESO HABRÍA RESULTADO INCÓMODO. YA REQUERIREMOS LA PRESENCIA DE LA LIGA, PERO CUANDO LLEGUE ESE MOMENTO, SERÁ SEGÚN NUESTRAS CONDICIONES.
¡LAS DE LA SOCIEDAD SECRETA DE SUPERVILLANOS!
ESTE BUFÓN ESTARÁ FUERA DE COMBATE UNAS CUANTAS HORAS. AUNQUE SI QUERÉIS QUE LO HAGA PERMANENTE...
NO HACE FALTA EXCEDERSE, ZOOM. SOLO NECESITAMOS UNAS HORAS DE VENTAJA. QUEREMOS QUE LA LIGA NOS ENCUENTRE, ¿RECUERDAS?
QUIZÁ DEBERÍAS VOLVER A EXPLICARLO, BRUJO. SOMOS UN POCO CORTITOS.
TAN SIMPÁTICA COMO SIEMPRE, ZAFIRO ESTELAR. ¿RECUERDAS QUE HEMOS PASADO LOS ÚLTIMOS MESES EN TIERRA 2, ESE MUNDO PARALELO TAN PARECIDO A ESTE ENCANTADOR PLANETA, PERO CON SUTILES DIFERENCIAS?
APARTA ESA MANO, BRUJO, O TE LA ROMPO.

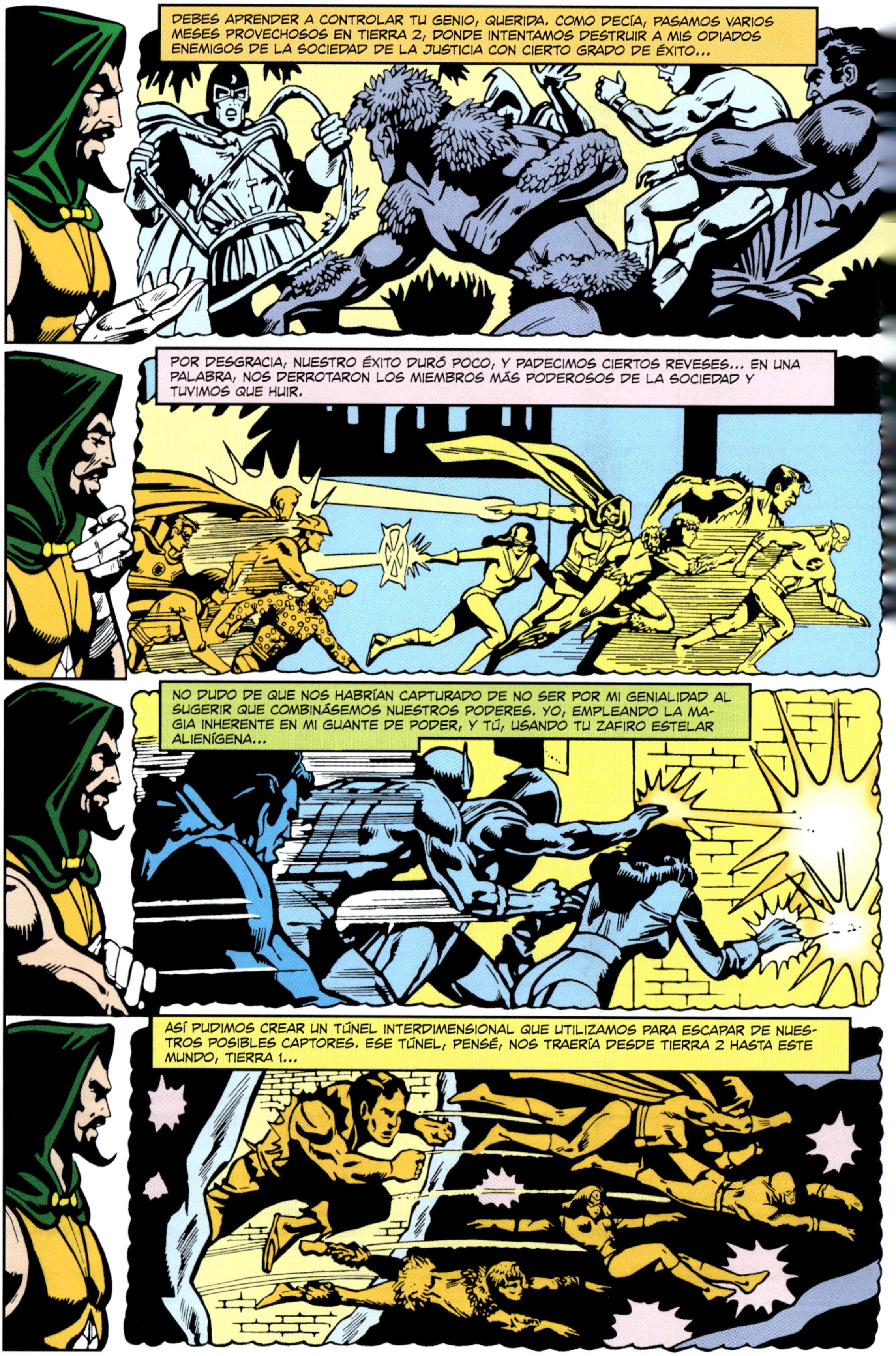

DEBES APRENDER A CONTROLAR TU GENIO, QUERIDA. COMO DECÍA, PASAMOS VARIOS MESES PROVECHOSOS EN TIERRA 2, DONDE INTENTAMOS DESTRUIR A MIS ODIADOS ENEMIGOS DE LA SOCIEDAD DE LA JUSTICIA CON CIERTO GRADO DE ÉXITO...
POR DESGRACIA, NUESTRO ÉXITO DURÓ POCO, Y PADECIMOS CIERTOS REVESES... EN UNA PALABRA, NOS DERROTARON LOS MIEMBROS MÁS PODEROSOS DE LA SOCIEDAD Y TUVIMOS QUE HUIR.
NO DUDO DE QUE NOS HABRÍAN CAPTURADO DE NO SER POR MI GENIALIDAD AL SUGERIR QUE COMBINÁSEMOS NUESTROS PODERES. YO, EMPLEANDO LA MAGIA INHERENTE EN MI GUANTE DE PODER, Y TÚ, USANDO TU ZAFIRO ESTELAR ALIENÍGENA...
ASÍ PUDIMOS CREAR UN TÚNEL INTERDIMENSIONAL QUE UTILIZAMOS PARA ESCAPAR DE NUESTROS POSIBLES CAPTORES. ESE TÚNEL, PENSÉ, NOS TRAERÍA DESDE TIERRA 2 HASTA ESTE MUNDO, TIERRA 1...

PERO ME EQUIVOCABA. EL TÚNEL NOS PERMITIÓ ESCAPAR, SÍ, PERO NO NOS CONDUJO A UNA TIERRA PARALELA. EN VEZ DE ESO, QUEDAMOS ATRAPADOS ENTRE MUNDOS, DONDE HEMOS PERMANECIDO DURANTE LOS ÚLTIMOS SEIS MESES...
...HASTA QUE UN GOLPE DE SUERTE NOS PERMITIÓ CONTACTAR CON LA MÁQUINA DE TRANSMATERIA DE LA LIGA DE LA JUSTICIA, QUE ELLOS EMPLEAN PARA VIAJAR ENTRE MUNDOS PARALELOS.
¿UN GOLPE DE QUÉ?
BRUJO, SABES DE SOBRA QUE NO FUE LA SUERTE LO QUE NOS LLEVÓ HASTA LA TRANSMATERIA. ¡FUE EL PROFESOR ZOOM!
ELLA TIENE RAZÓN. SI NO HUBIERA UTILIZADO MIS PODERES DE SUPERVELOCIDAD PARA RASTREAR LA FRECUENCIA VIBRATORIA DE LA TRANSMATERIA...
...SEGUIRÍAMOS ATRAPADOS EN MITAD DE LA NADA.
CIERTO, JUGASTE UN PAPEL CRUCIAL. PERO NO OLVIDEMOS QUE SEGUIMOS EN SERIOS APUROS.
NECESITAREMOS DE MI INGENIO PARA SOBREVIVIR A LAS PRÓXIMAS HORAS. YA SABÉIS POR QUÉ. Y TAMBIÉN NECESITAREMOS... ¡ESO!
¿EH? ¿QUÉ ES? ¡PARECE UNA ESCULTURA ANTIGUA!

SÍ, ES UNA ESCULTURA DE LA EDAD DE BRONCE, PARA SER EXACTOS.
SEGÚN EL ORDENADOR DE LA LIGA, ES EL ARTEFACTO CONOCIDO MÁS ANTIGUO DE LA CIVILIZACIÓN, Y ACTUALMENTE SE ENCUENTRA EN UN MUSEO DE ISRAEL.
¿Y TENEMOS QUE IR ALLÍ AHORA?
¿TIENES OTRA PROPUESTA? YA SABES QUE NOS ENCONTRAMOS EN UNA SITUACIÓN MUY PRECARIA. NO OS QUEDA OTRA QUE SEGUIR MIS INSTRUCCIONES.
DE LO CONTRARIO, TODOS VOSOTROS... MORIRÉIS.
BIEN, SI NO HAY MÁS COMENTARIOS, ES HORA DE...
"¡...IRSE!"
ATENCIÓN... ATENCIÓN... USO NO AUTORIZADO DEL TRANSPORTADOR DE LA LIGA
NOTIFICACIÓN DE EMERGENCIA CÓDIGO UNO... DISPOSITIVO DE ALERTA DE LA JLA ACTIVADO
EMERGENCIA EMERGENCIA EMERGENCIA
ESTE SISTEMA DE ALERTA INFORMATIZADO FUE UNA GRAN IDEA, BATMAN...

¿ALGÚN INDICIO DE LOS INTRUSOS QUE LA ACTIVARON?
¡NADA! HE REGISTRADO TODO EL SATÉLITE Y LO ÚNICO EXTRAÑO QUE HE VISTO HA SIDO UN CORTOCIRCUITO EN EL DISPOSITIVO DE TRANSMATERIA.
GREEN LANTERN... ¿TORNADO ROJO SE PONDRÁ BIEN?
ESO PARECE, ZATANNA. HE REVISADO SUS CIRCUITOS CON MI ANILLO DE PODER Y PARECE UN SIMPLE CASO DE SOBRECARGA ELÉCTRICA.
EL POBRE NO HA TENIDO MUCHA SUERTE ÚLTIMAMENTE, ¿VERDAD?
CADA VEZ QUE NOS DAMOS LA VUELTA, ALGO O ALGUIEN DEJA A TORNADO FUERA DE COMBATE. ME SORPRENDE QUE NO DESISTA.
QUIZÁ DEBERÍA DESISTIR YO, HAL. ¡NO TENGO UNA SOLA PISTA SOBRE EL INVASOR DEL SATÉLITE!
¡QUIZÁ YO PUEDA AYUDAR!
WONDER WOMAN... ¿HA SIDO BUENA IDEA TRAER A ZATANNA, CON LA MUERTE DE SU MADRE TAN RECIENTE?
ELLA INSISTIÓ, KAL... Y LA DECISIÓN ESTABA EN SUS MANOS.
CRÉEME, TIENE MUCHA FUERZA DE VOLUNTAD...
¡TE CREO!
SOSURTNI LED ETILETAS... ¡DECERAPA NE AL NEGAMI!

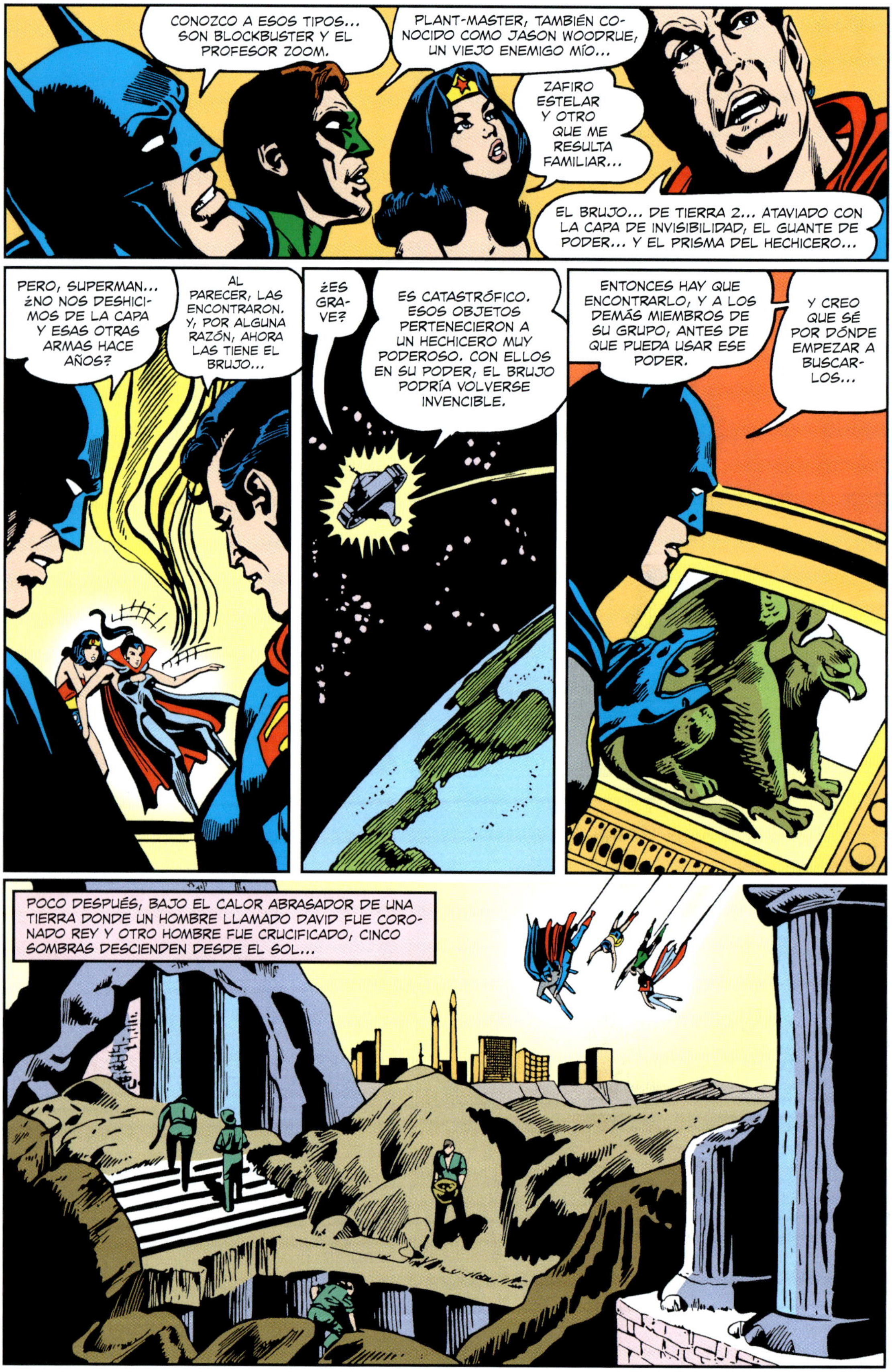
CONOZCO A ESOS TIPOS... SON BLOCKBUSTER Y EL PROFESOR ZOOM.
PLANT-MASTER, TAMBIÉN CONOCIDO COMO JASON WOODRUE, UN VIEJO ENEMIGO MÍO...
ZAFIRO ESTELAR Y OTRO QUE ME RESULTA FAMILIAR...
EL BRUJO... DE TIERRA 2... ATAVIADO CON LA CAPA DE INVISIBILIDAD, EL GUANTE DE PODER... Y EL PRISMA DEL HECHICERO...
PERO, SUPERMAN... ¿NO NOS DESHICIMOS DE LA CAPA Y ESAS OTRAS ARMAS HACE AÑOS?
AL PARECER, LAS ENCONTRARON. Y, POR ALGUNA RAZÓN, AHORA LAS TIENE EL BRUJO...
¿ES GRAVE?
ES CATASTRÓFICO. ESOS OBJETOS PERTENECIERON A UN HECHICERO MUY PODEROSO. CON ELLOS EN SU PODER, EL BRUJO PODRÍA VOLVERSE INVENCIBLE.
ENTONCES HAY QUE ENCONTRARLO, Y A LOS DEMÁS MIEMBROS DE SU GRUPO, ANTES DE QUE PUEDA USAR ESE PODER.
Y CREO QUE SÉ POR DÓNDE EMPEZAR A BUSCARLOS...
POCO DESPUÉS, BAJO EL CALOR ABRASADOR DE UNA TIERRA DONDE UN HOMBRE LLAMADO DAVID FUE CORONADO REY Y OTRO HOMBRE FUE CRUCIFICADO, CINCO SOMBRAS DESCIENDEN DESDE EL SOL...

HEMOS REVISADO EL MUSEO DE TEL AVIV, DONDE SUPUESTAMENTE SE EXPONÍA LA ESTATUA QUE VISTE EN LA PANTALLA DEL ORDENADOR...
...Y DICEN QUE LA TRASLADARON A ESTA EXCAVACIÓN ARQUEOLÓGICA. PERO NO DIJERON POR QUÉ.
YO PUEDO RESPONDER A ESO, AMIGO. EL GRIFO ESTÁ EN MI DESPACHO, DONDE LO UTILIZO PARA COMPARARLO CON OTROS ARTEFACTOS RECIÉN HALLADOS.
¿Y USTED ES...?
ME LLAMO RABAN. SOY EL DIRECTOR DE ESTE PROYECTO.
POR FAVOR, VENGAN ABAJO, A LA SOMBRA, PARA QUE PODAMOS HABLAR.
NO TAN DEPRISA, "AMIGO". ¡NO VAS A IR A NINGUNA PARTE!
¡EN NOMBRE DE AFRODITA! ¿QUÉ ESTÁS HACIENDO, BATMAN?
¡ES UN ANCIANO!
¡ESTÁS ATIZANDO A UN ANCIANO!
KRAK
EL DETECTIVE SABE LO QUE HACE, ZATANNA.
PERO PEGAR A UN SEÑOR...
LAS COSAS NO SON SIEMPRE LO QUE PARECEN. MIRAD...

ME OLÍ ALGO CUANDO NUESTRO "PROFESOR ISRAELÍ" SE PRESENTÓ CON QUEMADURAS SOLARES... ¡Y UN FUERTE DESEO DE ALEJARSE DEL SOL!
¡EL BRUJO!
BASTA DE SUTILEZAS. PARECE QUE MIS CAMARADAS Y YO TENDREMOS QUE RECURRIR A MÉTODOS MÁS RUDOS PARA LOGRAR NUESTROS FINES.
¡TODOS AL ATAQUE!

PERO, PASE LO QUE PASE, ¡NO DEJÉIS QUE MUERAN!
SI A LOS HÉROES LES EXTRAÑA ESA INESPERADA PREOCUPACIÓN POR SU INTEGRIDAD, NO TIENEN GANAS NI OCASIÓN DE MOSTRAR SU ASOMBRO...

...YA QUE, DE MOMENTO, TODOS TIENEN LAS MANOS OCUPADAS.
BLOCKBUSTER. ANTAÑO UN CIENTÍFICO BRILLANTE QUE EJERCIÓ COMO CONEJILLO DE INDIAS EN DEMASIADOS EXPERIMENTOS...
¡...CONVERTIDO EN UN MONSTRUO CON UN DESEO PATOLÓGICO POR VERME MUERTO!
AUNQUE LOS DEMÁS OBEDEZCAN LA ORDEN DEL BRUJO DE DEJARNOS CON VIDA... ¡BLOCKBUSTER NO LO HARÁ!
WHUNNF.
DE TODOS LOS LOCOS CON LOS QUE HE LUCHADO, BLOCKBUSTER ES UNO DE LOS POCOS QUE ME INQUIETAN. ES TAN OBCECADO, TAN DECIDIDO...
KPOWW
¡...QUE ME RECUERDA A MÍ!
CIELOS... MI MEJOR GOLPE...
PTHOOM
¡BLOCKBUSTER, NO! ¡TE HE DICHO QUE NO LE MATES!

¡NO SEAS DESOBEDIENTE!
ZAK
TIENE LA MENTE DE UN NIÑO, BRUJO. ¿CÓMO ESPERABAS QUE TE ENTENDIERA?
ENTENDERME, NO. PERO SÍ OBEDECERME.
SI HUBIERA TERMINADO CON EL DETECTIVE, ¡UNO DE NOSOTROS HABRÍA MUERTO!
TAL VEZ TÚ, ZAFIRO. ¿HABRÍAS PREFERIDO ESO?
ERES UN EMBAUCADOR, BRUJO. ¿ACASO HAS OLVIDADO QUE TIENES MUCHA CULPA DE QUE NECESITEMOS A ESTOS HÉROES CON VIDA?
¡FUISTE TÚ EL GENIO QUE NOS DEJÓ ATRAPADOS EN ESA TIERRA DE NADIE ENTRE MUNDOS!
SÍ, EL PROFESOR ZOOM LOCALIZÓ LA TRANSMATERIA DE LA LIGA, PERO HUBO UN PROBLEMA...
"COMO HABÍAMOS PASADO TANTO TIEMPO ENTRE MUNDOS PARALELOS, NUESTRA ESENCIA VITAL QUEDÓ ATRAPADA MIENTRAS NUESTROS CUERPOS REGRESABAN A TIERRA 1."
"EN RESUMEN, NUESTRAS ALMAS SIGUEN ATRAPADAS ENTRE MUNDOS, Y MORIRÁN ALLÍ EN CUESTIÓN DE MINUTOS..."

...A NO SER QUE COMPLETES EL HECHIZO QUE INTRODUCIRÁ LAS ALMAS DE ESTOS "HÉROES" EN NUESTROS CUERPOS...
¡...Y NUESTRAS ALMAS EN LOS SUYOS!
NO TERMINO DE ENTENDER POR QUÉ TENEMOS QUE INTERCAMBIAR CUERPOS CON LA JLA, BRUJO.
PORQUE ES UN REQUISITO DEL HECHIZO, NECIO. COMO TAMBIÉN LO ES LA ESTATUA DEL GRIFO. AL SER UNO DE LOS ARTEFACTOS MÁS ANTIGUOS DE LA CIVILIZACIÓN OCCIDENTAL...
¡...ACTÚA COMO UN CATALIZADOR CON MIS PODERES! ¡COMO UNA LUPA QUE CONCENTRA LOS RAYOS DEL SOL! Y AHORA, ¡GUARDAD SILENCIO!
¡DEBO CONCENTRAR TODA MI ATENCIÓN EN EL HECHIZO! QUE NADIE ME INTERRUMPA.
¡FUNCIONA! ¿LO SENTÍS? ¡OS DIGO QUE FUNCIONA!
¡QUE SE PREPARE EL MUNDO!
¡JA, JA,
¡VAMOS A ENSEÑARLES EL VERDADERO SIGNIFICADO DEL MAL!
JA, JA, JA!

TOMA A LOS SUPERHÉROES MÁS PODEROSOS DE LA TIERRA, TODOS ELLOS INVENCIBLES PALADINES DE LA JUSTICIA. JÚNTALOS POR UNA CAUSA COMÚN, LA LUCHA CONTRA EL MAL Y EL CRIMEN, Y OBTENDRÁS A LA...
LIGA DE LA JUSTICIA DE AMÉRICA
JUNTO A LOS MALHECHORES DE...
LA SOCIEDAD SECRETA DE... SUPERVILLANOS
¡NO, NO ESTÁS TENIENDO VISIONES, LECTOR! ¡Y NO, ESTO NO ES UNA HISTORIA IMAGINARIA!
SÍ, ESE ES SUPERMAN, EL HOMBRE DE ACERO, ¡Y LE ESTÁ DANDO UNA TUNDA A GREEN LANTERN, EL GLADIADOR ESMERALDA!
SI QUIERES SABER POR QUÉ, VAS A TENER QUE LEER...
LA LIGA QUE SE DERROTÓ A SÍ MISMA
GERRY CONWAY GUION
DICK DILLIN Y FRANK MCLAUGHLIN DIBUJO
JERRY SERPE COLOR
ROSS ANDRU EDITOR

¡NO HAS DEBIDO PEGARME, BRUJO!
TAL VEZ PUEDAS MANGONEAR A LOS DEMÁS... ¡PERO NO PUEDES TRATAR ASÍ AL PROFESOR ZOOM!
¡NECIO! EL ANILLO DE PODER DE GREEN LANTERN TE HA PROTEGIDO DEL SUPERPUÑETAZO...
...PERO ¿DE VERDAD CREES QUE PUEDES HACERME DAÑO CON ÉL?
MI MENTE SIGUE SIENDO LA DEL BRUJO, EL MÍSTICO GENIO DEL MAL, PERO HABITO EL CUERPO DE SUPERMAN...
THOOM
¡...Y TENGO MÁS PODER DEL QUE PODRÍAS CONCEBIR EN TUS SUEÑOS MÁS DISPARATADOS!
SAAKOOM
¡HA HECHO TRIZAS MI HACHA CON UN ESTALLIDO SÓNICO! SE... ¡SE HA VUELTO INVENCIBLE!
¡UN MOMENTO! SÍ, ESTA GENTE PARECE LA LIGA DE LA JUSTICIA QUE CONOCEMOS. Y TIENEN SU VOZ...
BRAVO, BRUJO. ¡ESO LE ENSEÑARÁ!
¿LO DICES EN SERIO, PLANT-MASTER? SE COMPORTAN COMO NIÑOS. ¡COMO NIÑOS MALCRIADOS! ME ABURREN.
¡...PERO NO ACTÚAN COMO NUESTROS HÉROES NI HABLAN COMO ELLOS! HAY ALGO QUE NO ENCAJA...

...Y SI NECESITAS MÁS PRUEBAS DE QUE OCURRE ALGO RARO, ECHA UN VISTAZO A ESTE PASILLO QUE CONDUCE A LA CELDA DE CONFINAMIENTO TEMPORAL...
...LA MISMA DONDE LA LIGA ENCIERRA A SUS ENEMIGOS HASTA DISPONER DE TRANSPORTE A LAS INSTALACIONES TERRESTRES APROPIADAS.
CELDA DE CONFINAMIENTO TEMPORAL
CUBO DE ESTASIS
ALLÍ, EN UN CUBO DE ESTASIS MAGNÉTICO DE DISEÑO KRYPTONIANO, CINCO INDIVIDUOS AGUARDAN SU DESTINO...
LO AGUARDAN... CON IMPACIENCIA...
¡POR RAO! ¡ESTO ES HUMILLANTE!
CONSTRUÍ ESTE CUBO PARA LA LIGA Y AHORA ESTOY ATRAPADO EN ÉL. ¡ENCERRADO COMO UN VULGAR DELINCUENTE!
ZZZAAAZK
POR FAVOR, SUPERMAN, NO TE SULFURES. TE NECESITAMOS...

ERES EL ÚNICO QUE ENTIENDE ESTE CUBO. SI HAY UN MODO DE ESCAPAR... SOLO TÚ PODRÁS ENCONTRARLO.
LO SIENTO, ZATANNA. ES QUE... SIEMPRE HE TENIDO TODA LA FORTALEZA FÍSICA QUE NECESITABA...
...Y VERME APRISIONADO EN UN CUERPO AJENO... EN UNO TAN DÉBIL QUE NECESITA ESTAS ARMAS MÍSTICAS PARA ESTAR A VUESTRA ALTURA...
ES HUMILLANTE.
LO ENTENDEMOS, VIEJO AMIGO. MÍRAME. SIEMPRE ME HA ENORGULLECIDO MI MENTE... ¡Y MI PERICIA ATLÉTICA!
AHORA ESTOY PRESO EN EL CUERPO DE UN BRUTO, CON LA SUTILEZA DE UN MISIL TELEDIRIGIDO.
BATMAN TIENE RAZÓN, KAL. ¿CÓMO CREES QUE ME SIENTO YO, UNA MUJER, UNA AMAZONA, INTRODUCIDA EN EL CUERPO DE UN HOMBRE?
Y NO UNO CORRIENTE, SINO UN HOMBRECILLO EXTRAÑO.
Y YO... SIEMPRE HE DEPENDIDO DE MI ANILLO DE PODER...
¡...ME PREGUNTABA CÓMO SERÍA TENER MI PROPIO SUPERPODER INNATO!
PUES YA LO TENGO, GRACIAS AL CUERPO DEL PROFESOR ZOOM, EL FLASH REVERSO. Y PUEDO DECIROS QUE...
¡...NO TIENE NADA DE BUENO!
BTOOMBTOOMBT
BT
OMBTOOM

EXACTO, GREEN LANTERN. ESTAMOS PRISIONEROS... ¡ENCERRADOS EN EL CUERPO DE LOS MIEMBROS DE LA SOCIEDAD SECRETA DE SUPERVILLANOS!
Y SI QUEREMOS ESCAPAR DE ESTA PRISIÓN, TENDREMOS QUE USAR TODO NUESTRO INGENIO... Y HASTA LA ÚLTIMA GOTA DE DESTREZA.
¡AL FIN UNA EXPLICACIÓN! ¡ESTOS SON LOS VERDADEROS MIEMBROS DE LA JLA, ENCERRADOS EN LOS CUERPOS DE SUS ARCHIENEMIGOS! ¡SUPERMAN SE HA CAMBIADO CON EL BRUJO, BATMAN HA CAMBIADO DE FORMA CON BLOCKBUSTER, WONDER WOMAN SE HA CONVERTIDO EN PLANT-MASTER, ZATANNA ES AHORA ZAFIRO ESTELAR Y GREEN LANTERN ES EL PROFESOR ZOOM!
PERO ¿CÓMO HA PASADO ESTO? ¿QUIÉN ES EL RESPONSABLE?
LA RESPUESTA DEBERÍA SER OBVIA (PARA AQUELLOS QUE NO LEYERAN EL EPISODIO ANTERIOR)...
FUE UNA TRETA DEL BRUJO, QUE EMPLEÓ UN VETUSTO ARTEFACTO DE LA ANTIQUÍSIMA CIVILIZACIÓN FENICIA...
UNA VEZ COMPLETADO EL INTERCAMBIO, LOS IMPOSTORES SE DIRIGIERON AL SATÉLITE DE LA LIGA, DONDE ENCERRARON A SUS INCONSCIENTES ENEMIGOS EN EL CUBO DE ESTASIS.
AHORA, ESOS VILLANOS CON CUERPO DE HÉROE TIENEN EL CONTROL DEL CUARTEL GENERAL DE LA JLA...

¡...Y LOS HÉROES, CON CUERPO DE VILLANO, SON SUS INDEFENSOS CAUTIVOS! (¿HEMOS DICHO "INDEFENSOS"?)
ZATANNA, TE DEBO UNA. ME HAS DADO UNA IDEA. PUEDE QUE HAYA UN MODO DE SALIR, DESPUÉS DE TODO...
GREEN LANTERN, YA HAS VISTO CÓMO USA FLASH SU SUPERVELOCIDAD PARA PRODUCIR VIBRACIONES EN OBJETOS INANIMADOS.
¡INTENTA HACER LO MISMO, CON EL CUERPO DEL FLASH REVERSO, SOBRE ESA ESQUINA DEL CUBO!
¿PUEDES...?
¿...DECIRME...?
¿...POR...?
¿...QUÉ?
PORQUE TODA ESTRUCTURA, POR PERFECTA QUE SEA, TIENE UN PUNTO DÉBIL.
GOLPEA ESE PUNTO MUCHAS VECES, HASTA UN MILLÓN A SUPERVELOCIDAD, Y CON UN POCO DE SUERTE...
SKAKOOM
¡...SE ROMPERÁ COMO UN CRISTAL!
¡SOMOS LIBRES!

¡POR HERA! ¡PENSABA QUE HABÍAMOS LIBRADO NUESTRA ÚLTIMA BATALLA! ¿CÓMO SUPISTE DÓNDE HALLAR EL PUNTO DÉBIL, SUPERMAN?
GRACIAS A UN DESCUIDO, WONDER WOMAN...
CUANDO ERIGÍ ESTE CUBO, HACE MESES, REPARÉ EN EL FALLO, Y PENSABA CORREGIRLO CUANDO TUVIERA LA OPORTUNIDAD.
PERO HE ESTADO MUY OCUPADO... NUNCA TENÍA TIEMPO. ¡Y AL FINAL ESA NEGLIGENCIA NOS HA TRAÍDO SUERTE!
¿ESTÁS BIEN, HAL? TE VEO UN POCO ATURDIDO...
SOLO ES UN MAREO, ZATANNA. A TI TE PASARÍA IGUAL TRAS TU PRIMERA EXPERIENCIA CON LA SUPERVELOCIDAD.
AQUÍ PASA ALGO RARO...
HEMOS ARMADO JALEO COMO PARA REVIVIR A LÁZARO... PERO NI RASTRO DE NUESTROS CAPTORES.
GRACIAS A ATENEA... ¡ESTAMOS SOLOS!
NO, DIANA... NO DEL TODO...

SEGUIMOS EN EL SATÉLITE DE LA LIGA DE LA JUSTICIA, QUE ORBITA A 35.000 KILÓMETROS DEL PLANETA AZULADO AL QUE LLAMAMOS TIERRA...
CONFIRMADO, KAL. NUESTROS ENEMIGOS HAN DESAPARECIDO.
AL PARECER, ABANDONARON EL SATÉLITE CON DESTINO A LA TIERRA. PERO NO SABEMOS ADÓNDE.
¿QUÉ TAL ESTÁ TORNADO ROJO, ZATANNA?
HAL ESTÁ A PUNTO DE REACTIVARLO, SUPERMAN. ¡LAS HERIDAS QUE SUFRIÓ CUANDO LA SOCIEDAD SECRETA SE PRESENTÓ EN EL SATÉLITE NO PARECE QUE HAYAN SIDO GRAVES!
LISTO... VOY A CONECTAR EL SUMINISTRO DE ENERGÍA A SU "CEREBRO"...
...DEBERÍA VOLVER EN SÍ EN UNOS SEGUNDOS.
ES LÓGICO QUE LOS HÉROES HAYAN COMETIDO ESTE ERROR...
AL FIN Y AL CABO, SIGUEN VIÉNDOSE COMO SON EN REALIDAD. ¡VEN A LOS HÉROES QUE SE OCULTAN DETRÁS DE SU NUEVA APARIENCIA!
PERO HAN OLVIDADO QUE NO TODOS COMPARTEN ESE CONOCIMIENTO SOBRE LA VERDADERA NATURALEZA DE LAS COSAS...

...Y DESDE EL PUNTO DE VISTA DE TORNADO ROJO, ¡LE HAN DESPERTADO SUS ENEMIGOS MORTALES!
REACCIONA POR INSTINTO...
WHAMM
SWOOOOSH
...LOS DEMÁS TAMBIÉN...
¡ESPERA...!
SWOOOSH
...Y EL RESULTADO, CLARO ESTÁ, ¡ES UN DESASTRE TOTAL!
¡TORNADO CREE QUE SOMOS LA AUTÉNTICA SOCIEDAD SECRETA! ¡Y NO HAY TIEMPO DE EXPLICARLE LA VERDAD!
SHOOOSH
REZO A LA DIOSA DE LA CAZA POR QUE MI INTUICIÓN SEA CORRECTA. ¡POR QUE ESTAS SEMILLAS PLANTOIDES HAGAN LO QUE CREO QUE PUEDEN HACER!
UNNNH... LIANAS... ME ENVUELVEN A UNA VELOCIDAD INAUDITA...
PTOOM
PTOOF

¡...OBSTRUYEN... MIS CONDUCTOS! ¡SIN AIRE, MI CUERPO ROBÓTICO... NO PUEDE SUBSISTIR!
INTENTARÉ SOLTARME... VIBRANDO...
...USARÉ MI VÓRTICE TORNADO... PARA SACUDIRME... ¡COMO UNA RAMITA EN UN CICLÓN!
¡SE HA SOLTADO!
ZZZZZIIM
¡LO ÚNICO CAPAZ DE FRENARLO ES EL ZAFIRO ESTELAR! ES PRECISO DETENERLO...
KKZOOM
¡...ANTES DE QUE HAGA ALGO QUE LAMENTEMOS TODOS!
ZATANNA... ¿QUÉ LE HAS HECHO?
¡NO LO SÉ, BATMAN! ORDENÉ AL ZAFIRO ESTELAR QUE LO PARALIZARA, PERO NO ME ESPERABA... ¡ESTO!

POR LO VISTO, LA MISTERIOSA JOYA DE PODER DE ZAFIRO ESTELAR SE TOMA LAS ÓRDENES DE SU DUEÑA AL PIE DE LA LETRA.
LA PRÓXIMA VEZ SÉ MÁS PRUDENTE, ZATANNA.
¿LA PRÓXIMA?
¿INSINÚAS QUE SEGUIREMOS ATRAPADOS EN ESTOS CUERPOS PARA SIEMPRE?
POR LOS DEMONIOS DE LA OSCURIDAD... ¡ANTES PREFIERO MORIR!
¿QUIÉN PIERDE AHORA LOS PAPELES, ZATANNA? POR USAR TUS PROPIAS PALABRAS: "NO TE SULFURES. TE NECESITAMOS".
¿A MÍ? ¿QUÉ PUEDO HACER?
¿NO ES EVIDENTE?
CUANDO NOS INTERCAMBIAMOS CON LOS SUPERVILLANOS, TUVO QUE SER MEDIANTE MAGIA...
...DE LO CONTRARIO, SUPERMAN NO SE HABRÍA VISTO AFECTADO.
ERES NUESTRA ÚNICA HECHICERA, ZATANNA.
ERES LA ÚNICA QUE PUEDE REVERTIR EL HECHIZO... SI ES QUE LO HAY.
PERO... NO SÉ POR DÓNDE EMPEZAR...
¡YO PUEDO RESPONDER A ESO!
IREMOS A BUSCAR A LA AUTÉNTICA SOCIEDAD SECRETA...

HAY UNA NIEBLA ESPESA EN LA BAHÍA DE SAN FRANCISCO, A POCOS KILÓMETROS DEL PUENTE GOLDEN GATE...
EN ESTA PRISIÓN FEDERAL UBICADA EN UNA ISLA, LOS FOCOS SE AFANAN POR ATRAVESAR LA NIEBLA...
GRACIAS A ELLA, UNA LANCHA MOTORA IMPULSADA POR CIERTO ZAFIRO ESTELAR SE APROXIMA SIN SER VISTA A LA ISLA, DONDE...
SI NO RECUERDO MAL EL BOLETÍN POLICIAL, LO TIENEN ENCERRADO EN EL NIVEL 10, EN LA CELDA 24.
DEBERÍA SER LA CELDA DE LA ESQUINA EN EL DÉCIMO PISO.
ME ALEGRA QUE TU MEMORIA PARA LOS DETALLES NO SE VIERA ALTERADA CUANDO INTERCAMBIASTE TU CUERPO CON BLOCKBUSTER, BATMAN.
OJALÁ TUVIERA MI VISIÓN DE RAYOS X... ¡PARA CONFIRMARLO!
EL ÚNICO MODO DE CONFIRMARLO ES IR EN PERSONA, KAL.
Y SI LOGRO MANTENER EL EQUILIBRIO COMO HACE FLASH...
SHOOOOOOOSH
¡...ESO ES LO QUE VOY A HACER!
VAYA, ¿QUÉ OS PARECE? ¡FUNCIONA!

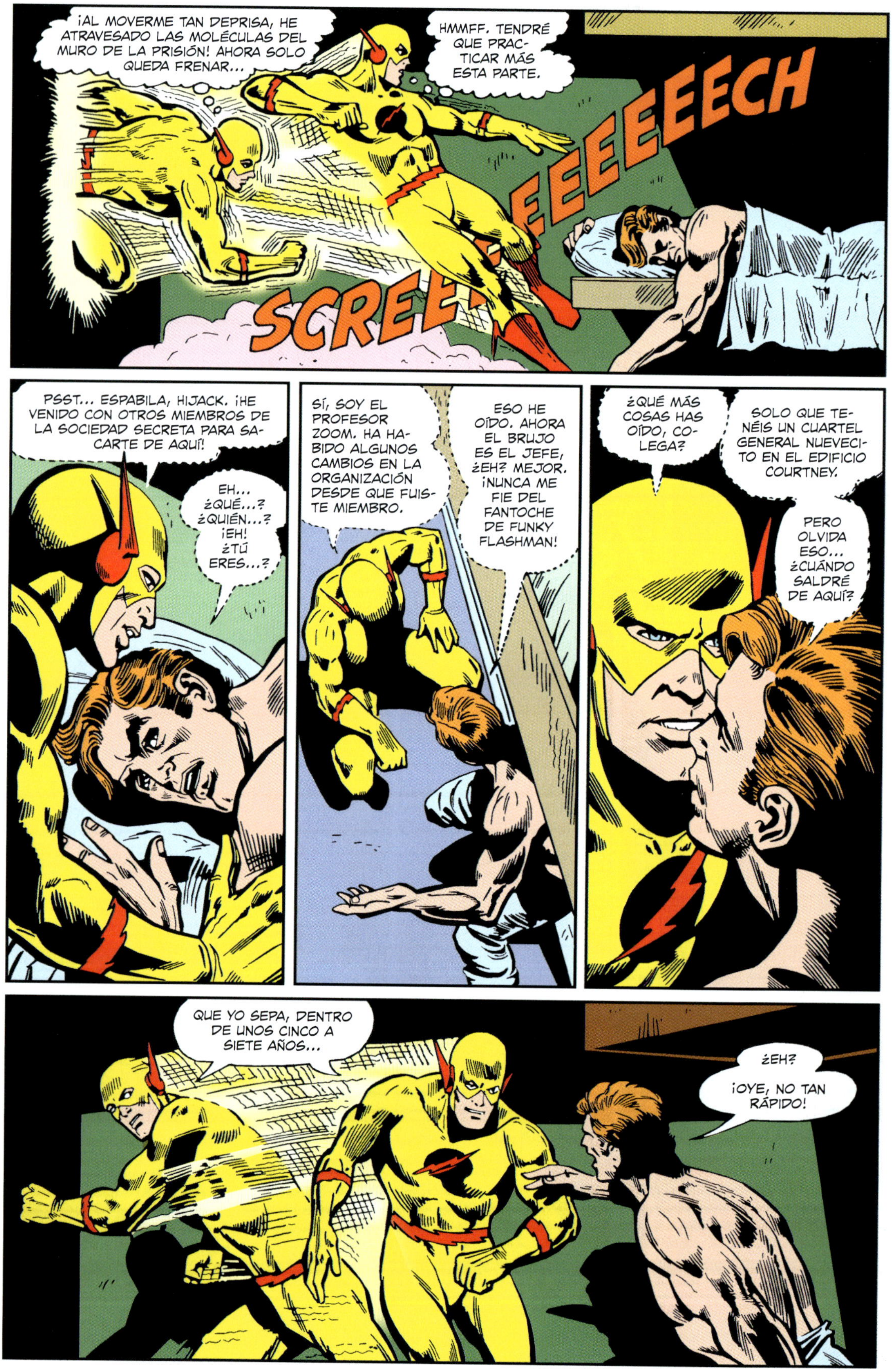
¡AL MOVERME TAN DEPRISA, HE ATRAVESADO LAS MOLÉCULAS DEL MURO DE LA PRISIÓN! AHORA SOLO QUEDA FRENAR...
HMMFF. TENDRÉ QUE PRACTICAR MÁS ESTA PARTE.
SCREEEEEEEECH
PSST... ESPABILA, HIJACK. ¡HE VENIDO CON OTROS MIEMBROS DE LA SOCIEDAD SECRETA PARA SACARTE DE AQUÍ!
EH... ¿QUÉ...? ¿QUIÉN...? ¡EH! ¿TÚ ERES...?
SÍ, SOY EL PROFESOR ZOOM. HA HABIDO ALGUNOS CAMBIOS EN LA ORGANIZACIÓN DESDE QUE FUISTE MIEMBRO.
ESO HE OÍDO. AHORA EL BRUJO ES EL JEFE, ¿EH? MEJOR. ¡NUNCA ME FIE DEL FANTOCHE DE FUNKY FLASHMAN!
¿QUÉ MÁS COSAS HAS OÍDO, COLEGA?
SOLO QUE TENÉIS UN CUARTEL GENERAL NUEVECITO EN EL EDIFICIO COURTNEY.
PERO OLVIDA ESO... ¿CUÁNDO SALDRÉ DE AQUÍ?
QUE YO SEPA, DENTRO DE UNOS CINCO A SIETE AÑOS...
¿EH?
¡OYE, NO TAN RÁPIDO!

¿QUÉ HAY DE MÍ?
ESE ES EL EDIFICIO COURTNEY... NO PARECE EL CUARTEL GENERAL DE UNA BANDA CRIMINAL, ¿VERDAD?
LAS APARIENCIAS ENGAÑAN, HAL...
...COMO BIEN HEMOS APRENDIDO.
¡POR HERA! ¡GUARDAD SILENCIO! ¿NO VEIS QUE ZATANNA ESTÁ TENIENDO DIFICULTADES PARA USAR EL ZAFIRO ESTELAR?
¡WONDER WOMAN TIENE RAZÓN! RECUERDO LOS PROBLEMAS QUE TUVE LA PRIMERA VEZ QUE UTILICÉ MI ANILLO DE PODER.
NO LO FUERCES, ZATANNA. FORMA UNA IMAGEN EN TU MENTE... Y DESEA QUE EXISTA. ¡TU SUBCONSCIENTE HARÁ EL RESTO!
TE HA HECHO CASO, HAL. ESTÁ FUNCIONANDO...
¡GRAN KRYPTON! ¡FUNCIONA! ¡TENEMOS UNA SENDA!
BIEN HECHO, CHICA. ¡ERES UNA PROFESIONAL!
ME SIENTO... TAN DÉBIL...

ENTONCES QUÉDATE AQUÍ A RECOBRAR FUERZAS... ¡MIENTRAS NOSOTROS LIBRAMOS LA BATALLA!
YA HAS OÍDO A WONDER WOMAN, ZATANNA. DÉJANOS LA LUCHA A NOSOTROS.
¡RESÉRVATE PARA LO QUE VENGA DESPUÉS!
Y ENSEGUIDA...
NORMALMENTE ESTO SERÍA COSA MÍA, BRUCE. PERO COMO AHORA ERES TÚ EL QUE TIENE LA SUPERFUERZA...
NO DIGAS MÁS, CLARK...
WHAMMO
¡...ESTABA DESEANDO PROBARLA!
PARECE QUE EL PLAN HA SIDO UN FIASCO. ESTA ES SU GUARIDA, SÍ, ¡PERO NO HAY NI RASTRO DE ELLOS!
¡NO! PERCIBO ALGO, ¡UN COSQUILLEO EN MIS RAÍCES!
HAY ALGUIEN AQUÍ...
¡...UNA FLECHA...!
¡YAAAAAHAHH!
ZZZZAAAAZK

TU FLECHA CONMOCIONADORA HA CUMPLIDO, ARQUERO.
¿ACASO DUDABAS DE MÍ, PAJARITO?
NO... NO LO ENTENDÉIS... NO SOMOS...
DÉJATE DE MENTIRAS, PLANTMASTER.
¡DESPUÉS DE LO QUE LE HABÉIS HECHO A TORNADO ROJO, TENÉIS SUERTE DE QUE NO ORDENE A MI ANILLO DE PODER QUE OS CALLE PARA SIEMPRE!
UMMMM.
EH, NO HACE FALTA AMENAZARLES, AMIGO MÍO. LOS TENEMOS. HAN VENIDO AQUÍ, TAL Y COMO DIJISTEIS...
...AUNQUE SIGO SIN SABER CÓMO CONOCÉIS LA EXISTENCIA DE ESTE LUGAR.
ES UNA LARGA HISTORIA, GREEN ARROW. ¡DEJÉMOSLA PARA LUEGO!
VALE, SUPER. COMO QUIERAS.
DESDE QUE RECIBIMOS LA SEÑAL DE ALERTA QUE ENVIARON PARA REUNIRNOS AQUÍ, ACTÚAN DE UN MODO EXTRAÑO.
HAY ALGO QUE NO ENCAJA... Y HASTA QUE DESCUBRA LO QUE ES, NO PIENSO QUITARLES OJO.
¡AUNQUE SEAN MIS AMIGOS DE LA JLA!
TODO HA IDO SEGÚN LO PLANEADO, BRUJO.
LA LIGA NO SOSPECHA NADA. SIN SABERLO, NOS AYUDARÁN A PERPETRAR EL CRIMEN DEL SIGLO...
¡...PORQUE YA NO QUEDA NADIE QUE SEPA QUIÉNES SOMOS EN REALIDAD!
¿NADIE...?

TOMA A LOS SUPERHÉROES MÁS PODEROSOS DE LA TIERRA, TODOS ELLOS INVENCIBLES PALADINES DE LA JUSTICIA. JÚNTALOS POR UNA CAUSA COMÚN, LA LUCHA CONTRA EL MAL Y EL CRIMEN, Y OBTENDRÁS A LA...
LIGA DE LA JUSTICIA DE AMÉRICA
EL CAMBIAZO DEFINITIVO
EN EL EPISODIO ANTERIOR TE CONTAMOS QUE LA SOCIEDAD SECRETA DE SUPERVILLANOS HABÍA INTERCAMBIADO SUS CUERPOS CON VARIOS MIEMBROS DE LA LIGA DE LA JUSTICIA. CONCRETAMENTE: SUPERMAN, BATMAN, GREEN LANTERN, WONDER WOMAN Y ZATANNA...
SI QUIERES MÁS DETALLES AL RESPECTO, TENDRÁS QUE PONERTE AL DÍA SOBRE LA MARCHA...
GERRY CONWAY GUION / DICK DILLIN Y FRANK McLAUGHLIN DIBUJO
JERRY SERPE COLOR / ROSS ANDRU EDITOR

BUEN TRABAJO, GREEN LANTERN... CUANDO HAYAS TERMINADO DE ENCERRAR EN UNA CELDA DE DIAMANTE A ESOS VILLANOS DE LA SOCIEDAD SECRETA CON TU ANILLO DE PODER, ¡NO HABRÁ PODER EN LA TIERRA CAPAZ DE LIBERARLOS!
¡SE LO TIENEN MERECIDO!
DIME, HALCÓN, ¿HAS NOTADO ALGO... NO SÉ, DIFERENTE EN NUESTROS COMPAÑEROS?
AHORA QUE LO MENCIONAS, SÍ. ESTÁN DISFRUTANDO DE ESTO, ¿VERDAD?
¡ES LÓGICO QUE LO HAGAN, CHICOS! ¡HEMOS CAPTURADO A CUATRO DE LOS BRIBONES MÁS MALVADOS Y PODEROSOS DEL PLANETA!
QUIZÁ SEA POR MI ENTUSIASMO INNATO, ¡PERO A MÍ ME PARECE GENIAL!
ESO ES INDUDABLE, RALPH... ¡PERO DEBES ADMITIR QUE SUPER Y LOS DEMÁS SE COMPORTAN COMO UN PUÑADO DE CAZADORES DE BRUJAS ANTE UNA HOGUERA!
TODAS ESAS CADENAS Y MORDAZAS... Y ESE DIAMANTE... ¿NO TE PARECE UN POCO EXCESIVO?
¿SABES CUÁL ES TU PROBLEMA, OLLIE? ¡QUE NO SOPORTAS VER FELICES A LOS DEMÁS CUANDO TÚ ESTÁS DECAÍDO! ANÍMATE. HEMOS GANADO, ¿RECUERDAS?
SÍ... PERO SIGO PENSANDO QUE HA SIDO MUY FÁCIL...

"PRIMERO RECIBIMOS UNA LLAMADA EXTRAÑA DE SUPERMAN POR EL COMUNICADOR DE LA JLA. NOS PEDÍA QUE NOS REUNIÉRAMOS CON ÉL EN ESTA GUARIDA DE LA SOCIEDAD SECRETA, EN SAN FRANCISCO."
"CUANDO LLEGAMOS, SUPER NOS ESTABA ESPERANDO CON LANTERN Y LOS DEMÁS. TODOS ESTABAN TAN PANCHOS..."
"¿NOS EXPLICARON QUÉ HACEN AQUÍ O CÓMO DESCUBRIERON ESTE LUGAR? NO. Y DE REPENTE, SUPER APAGÓ LAS LUCES Y ME DIJO QUE LANZARA UNA FLECHA CONMOCIONADORA..."
"LE HICE CASO. ¿Y QUÉ PASÓ? QUE CUATRO SUPERVILLANOS ENTRARON POR LA VENTANA, DERECHITOS HASTA NUESTRAS MANOS..."
"EL RESTO FUE PAN COMIDO... LA FLECHA FUNCIONÓ COMO ESPERABA Y, SIN COMERLO NI BEBERLO, ¡CAPTURAMOS A TODA LA SOCIEDAD SECRETA!"
"¡ES DEMASIADO BONITO PARA SER CIERTO! AQUÍ HAY GATO ENCERRADO... ¡Y PIENSO DESCUBRIRLO!"

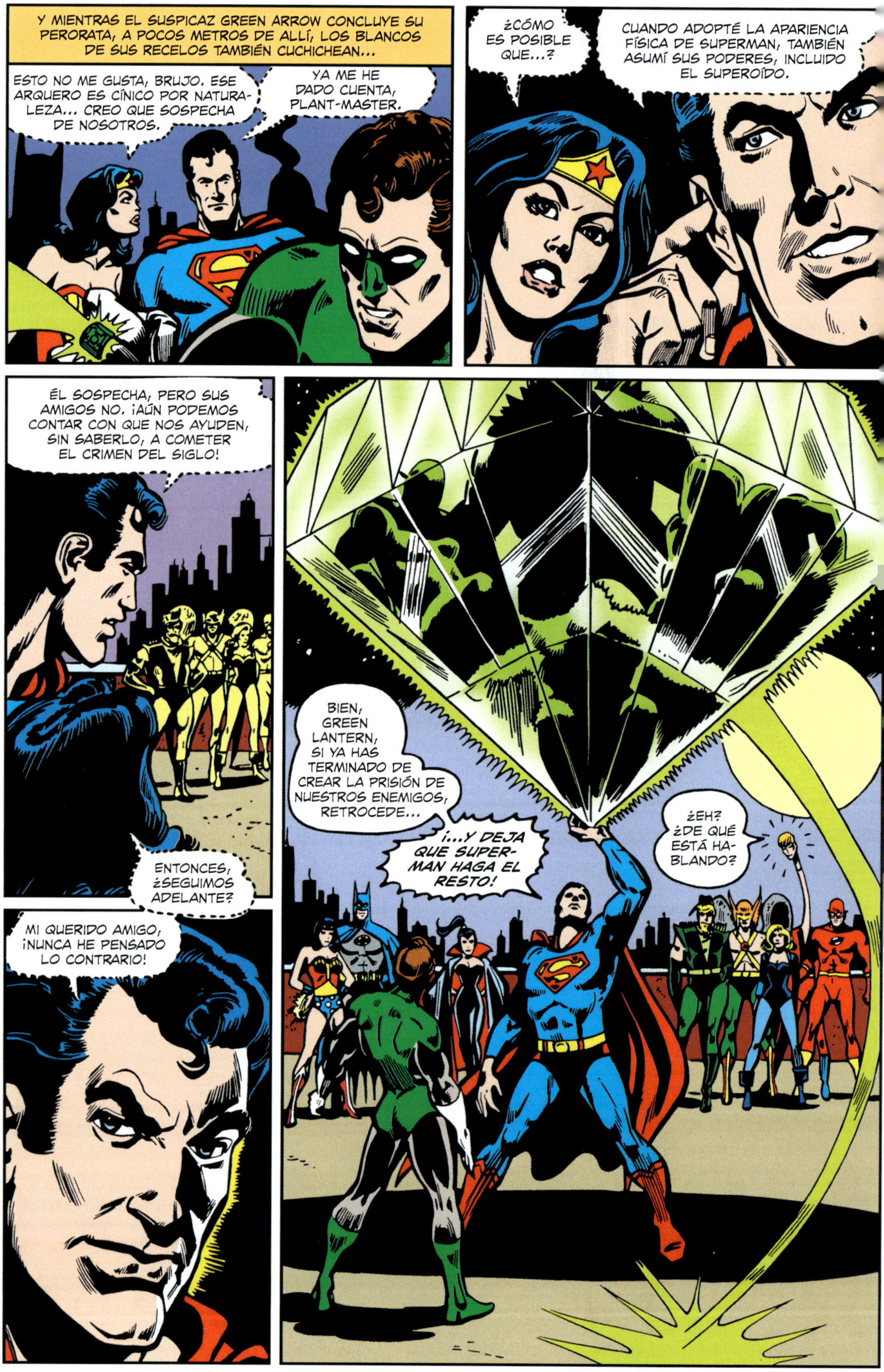
Y MIENTRAS EL SUSPICAZ GREEN ARROW CONCLUYE SU PERORATA, A POCOS METROS DE ALLÍ, LOS BLANCOS DE SUS RECELOS TAMBIÉN CUCHICHEAN...
ESTO NO ME GUSTA, BRUJO. ESE ARQUERO ES CÍNICO POR NATURALEZA... CREO QUE SOSPECHA DE NOSOTROS.
YA ME HE DADO CUENTA, PLANT-MASTER.
¿CÓMO ES POSIBLE QUE...?
CUANDO ADOPTÉ LA APARIENCIA FÍSICA DE SUPERMAN, TAMBIÉN ASUMÍ SUS PODERES, INCLUIDO EL SUPEROÍDO.
ÉL SOSPECHA, PERO SUS AMIGOS NO. ¡AÚN PODEMOS CONTAR CON QUE NOS AYUDEN, SIN SABERLO, A COMETER EL CRIMEN DEL SIGLO!
ENTONCES, ¿SEGUIMOS ADELANTE?
MI QUERIDO AMIGO, ¡NUNCA HE PENSADO LO CONTRARIO!
BIEN, GREEN LANTERN, SI YA HAS TERMINADO DE CREAR LA PRISIÓN DE NUESTROS ENEMIGOS, RETROCEDE...
¡...Y DEJA QUE SUPERMAN HAGA EL RESTO!
¿EH? ¿DE QUÉ ESTÁ HABLANDO?

¿QUÉ ESTÁS HACIEN-DO?
SWOOOSH
VOY A LIBRARME DE ESTA AMENAZA, HOMBRE ELÁSTICO...
¡...AHO-RA Y PARA SIEMPRE!
EL DIAMANTE SALE PROPULSADO POR MEDIO DE LOS MÚSCULOS MÁS PODEROSOS DE LA TIERRA. SE ELE-VA CON UNA ESTELA LLAMEANTE, COMO UN METEORITO INVERTIDO...
TRAS SALIR DE LA ESFERA BLANQUIAZUL, LA ESTELA DESAPARECE AL NO TENER UNA ATMÓSFERA EN LA QUE ARDER. Y EL DIAMANTE SE DESVÍA HACIA EL SOL...
...LLEVANDO A SUS TRI-PULANTES HACIA UN DESTINO ABRASADOR.

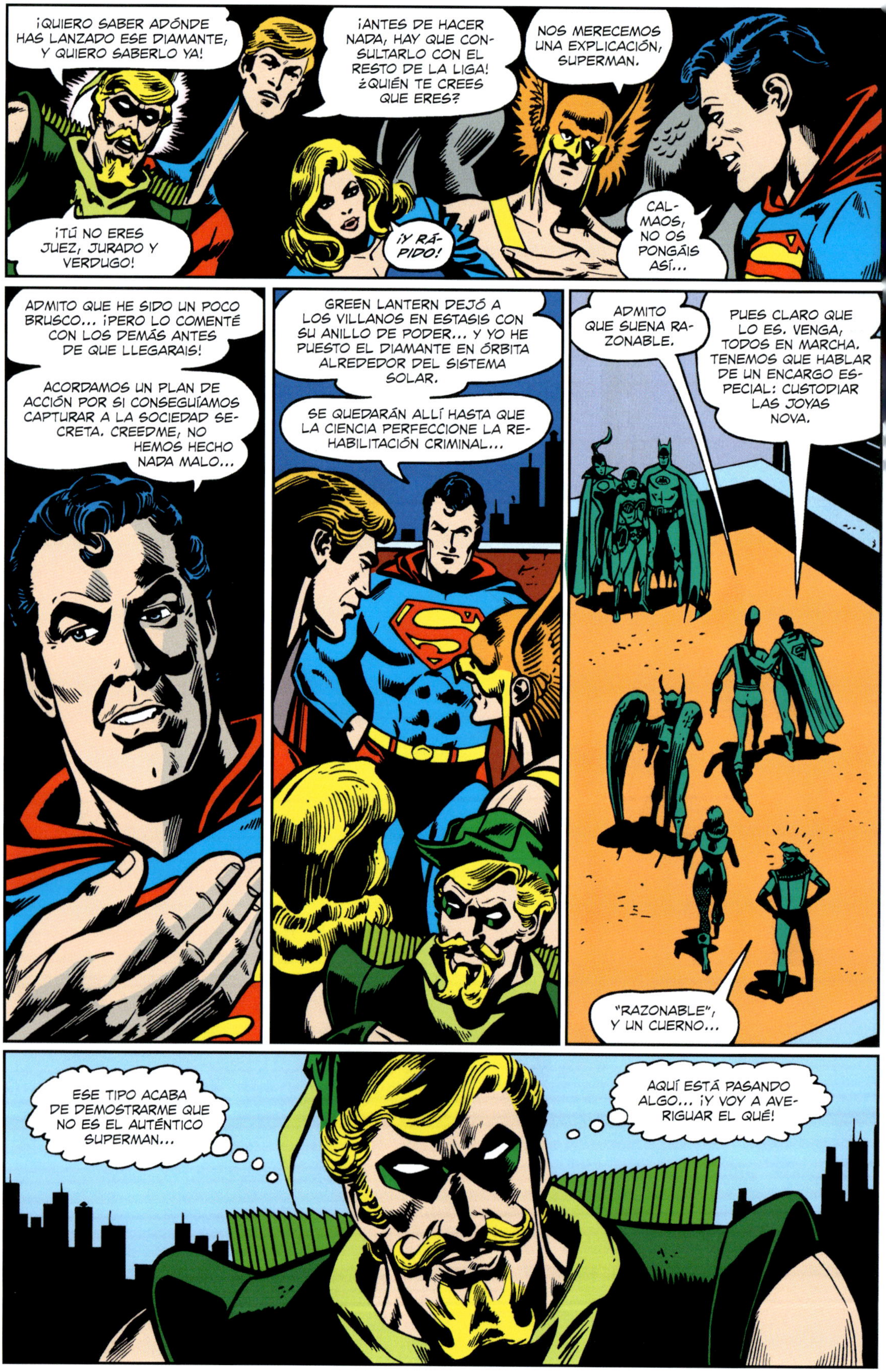
¡QUIERO SABER ADÓNDE HAS LANZADO ESE DIAMANTE, Y QUIERO SABERLO YA!
¡TÚ NO ERES JUEZ, JURADO Y VERDUGO!
¡ANTES DE HACER NADA, HAY QUE CONSULTARLO CON EL RESTO DE LA LIGA! ¿QUIÉN TE CREES QUE ERES?
¡Y RÁPIDO!
NOS MERECEMOS UNA EXPLICACIÓN, SUPERMAN.
CALMAOS, NO OS PONGÁIS ASÍ...
ADMITO QUE HE SIDO UN POCO BRUSCO... ¡PERO LO COMENTÉ CON LOS DEMÁS ANTES DE QUE LLEGARAIS!
ACORDAMOS UN PLAN DE ACCIÓN POR SI CONSEGUÍAMOS CAPTURAR A LA SOCIEDAD SECRETA. CREEDME, NO HEMOS HECHO NADA MALO...
GREEN LANTERN DEJÓ A LOS VILLANOS EN ESTASIS CON SU ANILLO DE PODER... Y YO HE PUESTO EL DIAMANTE EN ÓRBITA ALREDEDOR DEL SISTEMA SOLAR.
SE QUEDARÁN ALLÍ HASTA QUE LA CIENCIA PERFECCIONE LA REHABILITACIÓN CRIMINAL...
ADMITO QUE SUENA RAZONABLE.
PUES CLARO QUE LO ES. VENGA, TODOS EN MARCHA. TENEMOS QUE HABLAR DE UN ENCARGO ESPECIAL: CUSTODIAR LAS JOYAS NOVA.
"RAZONABLE", Y UN CUERNO...
ESE TIPO ACABA DE DEMOSTRARME QUE NO ES EL AUTÉNTICO SUPERMAN...
AQUÍ ESTÁ PASANDO ALGO... ¡Y VOY A AVERIGUAR EL QUÉ!

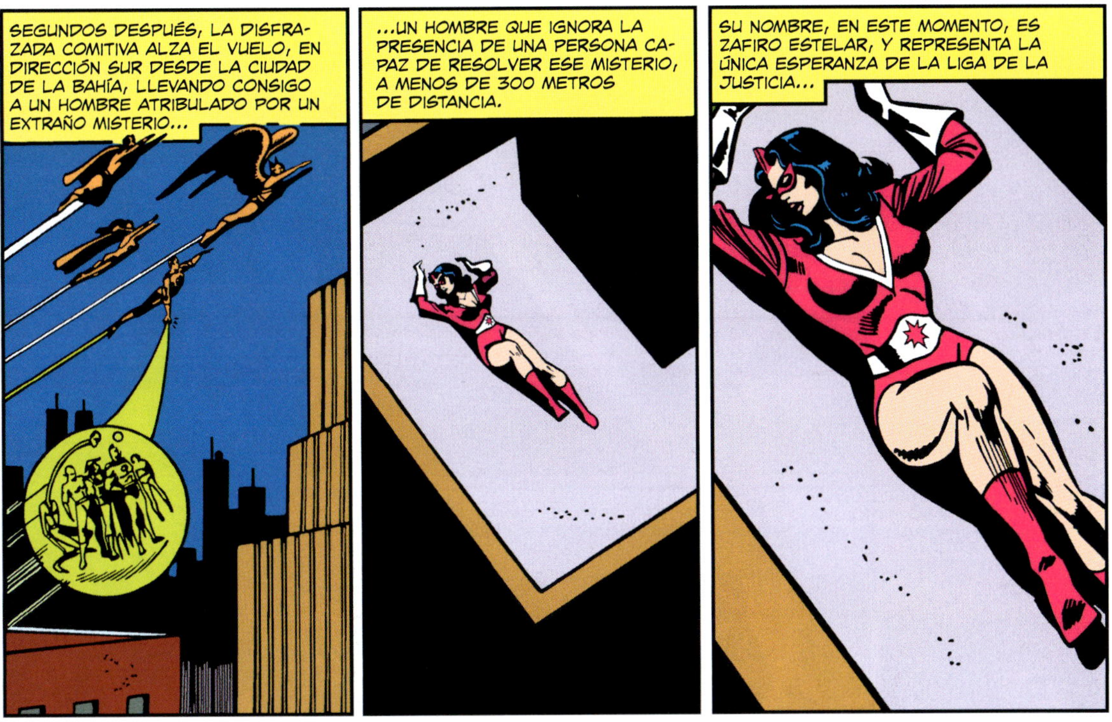

CRISIS DE IDENTIDAD

SABREMOS MÁS AL RESPECTO DENTRO DE UN RATO. MIENTRAS, ES HORA DE DEVOLVER NUESTRA ATENCIÓN A UNA SOLITARIA ESTACIÓN ESPACIAL QUE ORBITA A 35.000 KILÓMETROS DE LA TIERRA...
AQUÍ, EN EL CUARTEL GENERAL DE LA LIGA DE LA JUSTICIA, SE OYE UN SONIDO POCO HABITUAL EN EL VACÍO DEL ESPACIO: UN GOTEO...
DURANTE LARGOS MINUTOS, EL SONIDO CONTINÚA SIN DESCANSO, MIENTRAS SE DERRITE LA COSTRA DE HIELO QUE APRISIONA A TORNADO ROJO. PRIMERO SE LIBERA LA MANO, LUEGO PARTE DE SU ROSTRO...
AL FIN, EL CALOR RENOVADO ACTIVA EL ASOMBROSO CEREBRO DORMIDO DEL ANDROIDE, Y CON LA REACTIVACIÓN...
¡...LLEGA UN ESTALLIDO DE FURIA ROBÓTICA!
¡HE SIDO UN NECIO!
SCRRRROOM

DE TODOS LOS MIEMBROS DE LA JLA, ¿POR QUÉ SIEMPRE SOY EL PRIMERO EN CAER ANTE LOS GOLPES ENEMIGOS? ¡LA RESPUESTA ESTÁ CLARA!
TENGO LA MENTE DE UN ORDENADOR... ¡PERO NO PIENSO!
HACE UNA HORA, DESPERTÉ DE UN ESTADO DE INACTIVIDAD PARA ENCONTRARME A MÍ MISMO RODEADO POR MIEMBROS DE LA SOCIEDAD SECRETA DE SUPERVILLANOS...
¿ME DETUVE A SOPESAR LAS CIRCUNSTANCIAS? ¿ANALICÉ MI POSICIÓN Y TRACÉ UN PLAN DE ACTUACIÓN QUE ME REPORTARA EL MEJOR RESULTADO?
¡NO! ATAQUÉ CON LA FURIA INSTINTIVA DE UN SER VIVO, SOLO PARA SER DERROTADO SEGUNDOS DESPUÉS...
ZAFIRO ESTELAR ME LANZÓ UNA DESCARGA CON SU GEMA... ¡Y QUEDÉ CONGELADO, INDEFENSO DE NUEVO!
¡NO MEREZCO SEGUIR EXISTIENDO! ¡SOY... UN... NECIO!
POR UNA VEZ, QUERRÍA NO SER TAN IMPULSIVO... ¿EH?
EL TRANSPORTADOR... ¿ALGUIEN LLEGA DESDE LA TIERRA?
HMMMMMM...

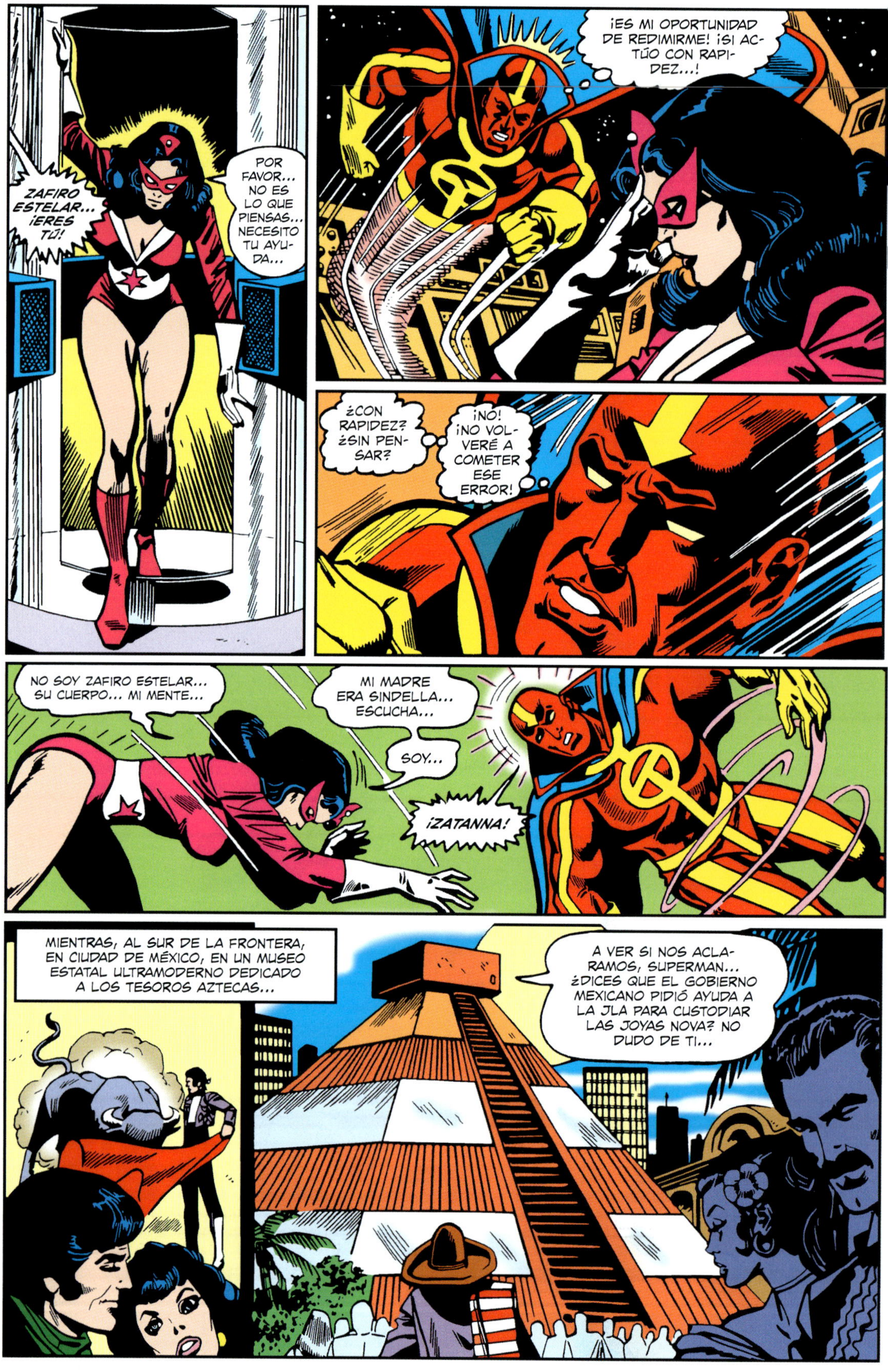

ZAFIRO ESTELAR... ¡ERES TÚ!
POR FAVOR... NO ES LO QUE PIENSAS... NECESITO TU AYUDA...
¡ES MI OPORTUNIDAD DE REDIMIRME! ¡SI ACTÚO CON RAPIDEZ...!
¿CON RAPIDEZ? ¿SIN PENSAR?
¡NO! ¡NO VOLVERÉ A COMETER ESE ERROR!
NO SOY ZAFIRO ESTELAR... SU CUERPO... MI MENTE...
MI MADRE ERA SINDELLA... ESCUCHA...
SOY...
¡ZATANNA!
MIENTRAS, AL SUR DE LA FRONTERA, EN CIUDAD DE MÉXICO, EN UN MUSEO ESTATAL ULTRAMODERNO DEDICADO A LOS TESOROS AZTECAS...
A VER SI NOS ACLARAMOS, SUPERMAN... ¿DICES QUE EL GOBIERNO MEXICANO PIDIÓ AYUDA A LA JLA PARA CUSTODIAR LAS JOYAS NOVA? NO DUDO DE TI...

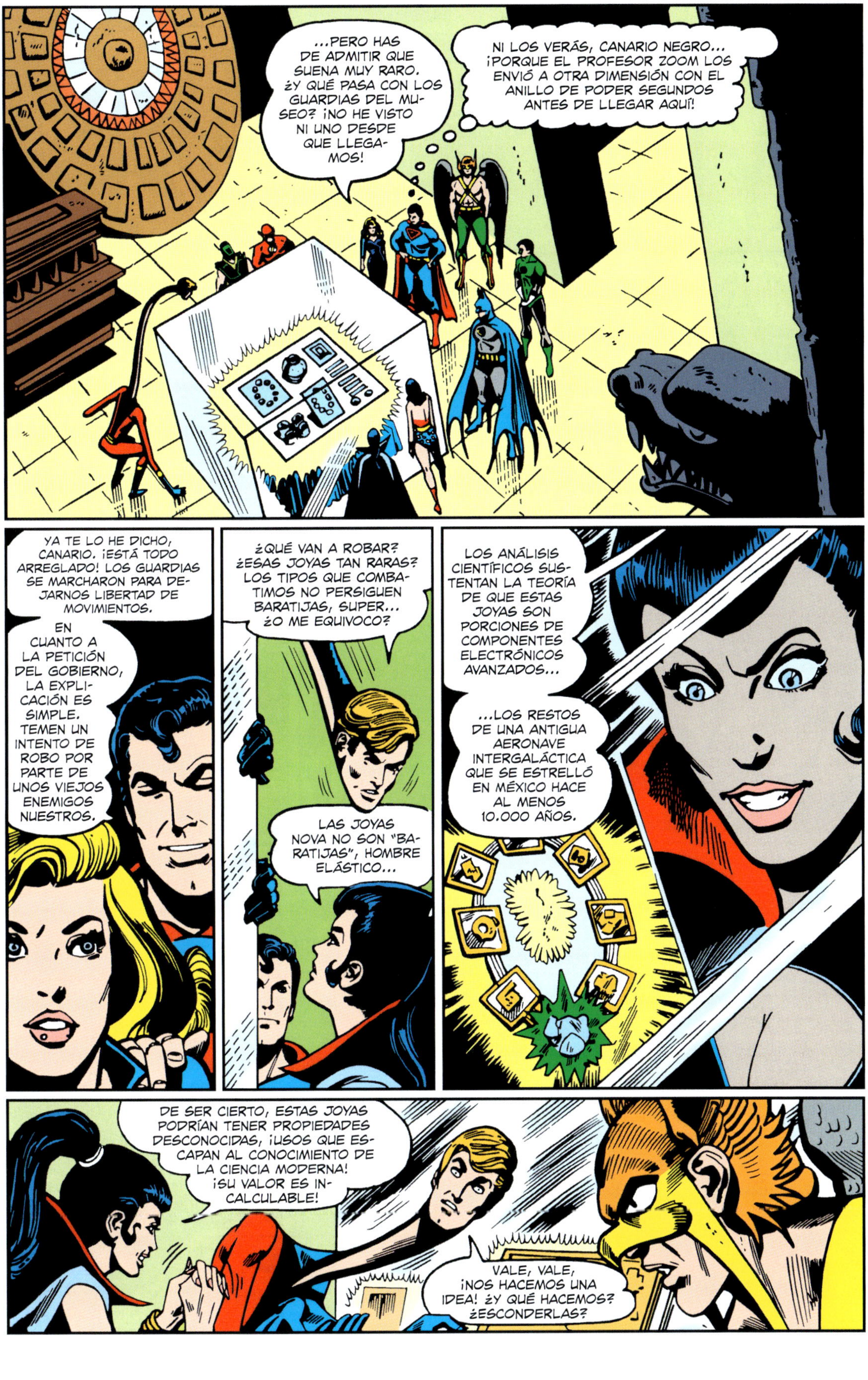
...PERO HAS DE ADMITIR QUE SUENA MUY RARO. ¿Y QUÉ PASA CON LOS GUARDIAS DEL MUSEO? ¡NO HE VISTO NI UNO DESDE QUE LLEGAMOS!
NI LOS VERÁS, CANARIO NEGRO... ¡PORQUE EL PROFESOR ZOOM LOS ENVIÓ A OTRA DIMENSIÓN CON EL ANILLO DE PODER SEGUNDOS ANTES DE LLEGAR AQUÍ!
YA TE LO HE DICHO, CANARIO. ¡ESTÁ TODO ARREGLADO! LOS GUARDIAS SE MARCHARON PARA DEJARNOS LIBERTAD DE MOVIMIENTOS.
EN CUANTO A LA PETICIÓN DEL GOBIERNO, LA EXPLICACIÓN ES SIMPLE. TEMEN UN INTENTO DE ROBO POR PARTE DE UNOS VIEJOS ENEMIGOS NUESTROS.
¿QUÉ VAN A ROBAR? ¿ESAS JOYAS TAN RARAS? LOS TIPOS QUE COMBATIMOS NO PERSIGUEN BARATIJAS, SUPER... ¿O ME EQUIVOCO?
LAS JOYAS NOVA NO SON "BARATIJAS", HOMBRE ELÁSTICO...
LOS ANÁLISIS CIENTÍFICOS SUSTENTAN LA TEORÍA DE QUE ESTAS JOYAS SON PORCIONES DE COMPONENTES ELECTRÓNICOS AVANZADOS...
...LOS RESTOS DE UNA ANTIGUA AERONAVE INTERGALÁCTICA QUE SE ESTRELLÓ EN MÉXICO HACE AL MENOS 10.000 AÑOS.
DE SER CIERTO, ESTAS JOYAS PODRÍAN TENER PROPIEDADES DESCONOCIDAS, ¡USOS QUE ESCAPAN AL CONOCIMIENTO DE LA CIENCIA MODERNA! ¡SU VALOR ES INCALCULABLE!
VALE, VALE, ¡NOS HACEMOS UNA IDEA! ¿Y QUÉ HACEMOS? ¿ESCONDERLAS?

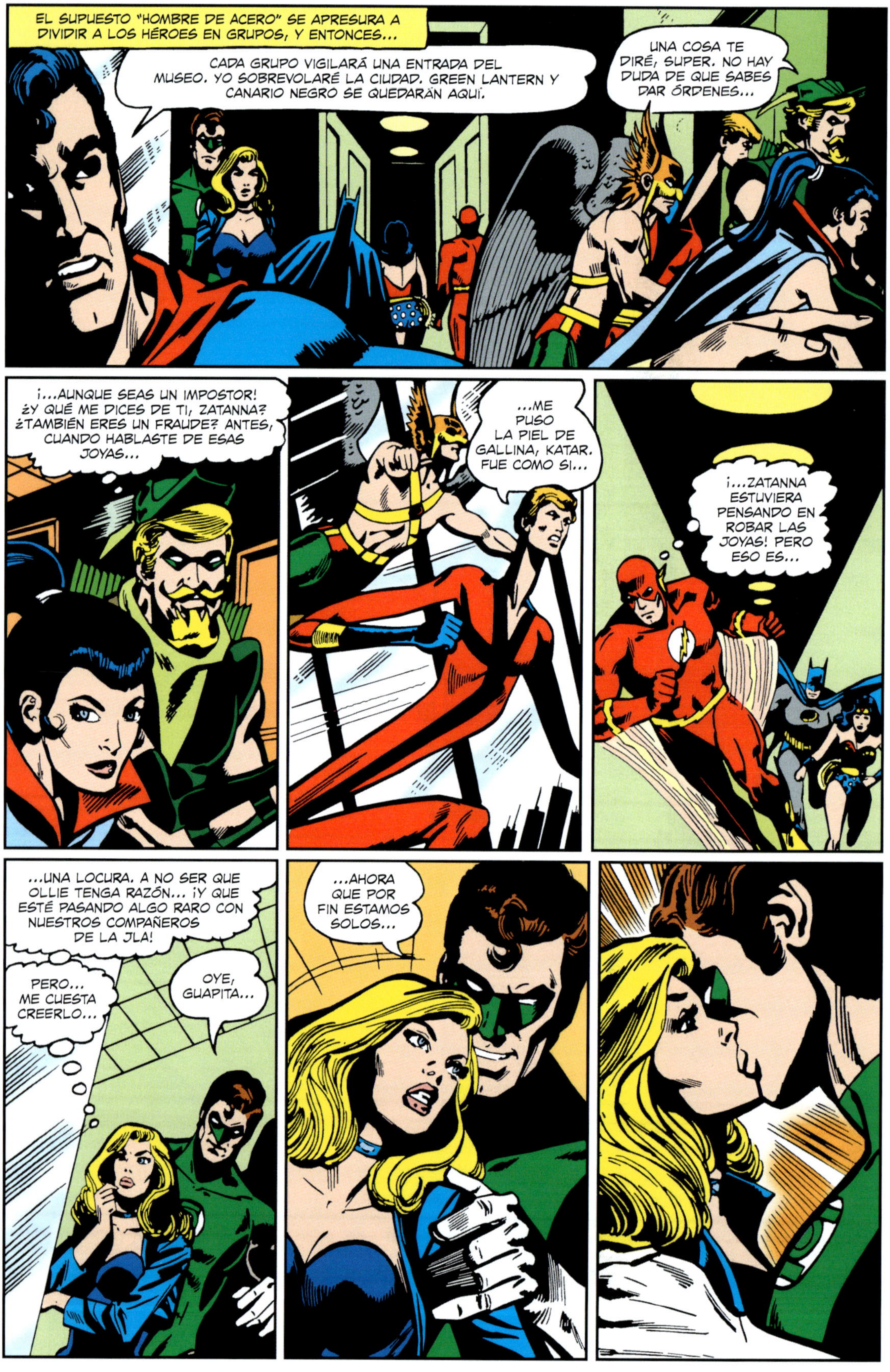
EL SUPUESTO "HOMBRE DE ACERO" SE APRESURA A DIVIDIR A LOS HÉROES EN GRUPOS, Y ENTONCES...
CADA GRUPO VIGILARÁ UNA ENTRADA DEL MUSEO. YO SOBREVOLARÉ LA CIUDAD. GREEN LANTERN Y CANARIO NEGRO SE QUEDARÁN AQUÍ.
UNA COSA TE DIRÉ, SUPER. NO HAY DUDA DE QUE SABES DAR ÓRDENES...
¡...AUNQUE SEAS UN IMPOSTOR! ¿Y QUÉ ME DICES DE TI, ZATANNA? ¿TAMBIÉN ERES UN FRAUDE? ANTES, CUANDO HABLASTE DE ESAS JOYAS...
...ME PUSO LA PIEL DE GALLINA, KATAR. FUE COMO SI...
¡...ZATANNA ESTUVIERA PENSANDO EN ROBAR LAS JOYAS! PERO ESO ES...
...UNA LOCURA. A NO SER QUE OLLIE TENGA RAZÓN... ¡Y QUE ESTÉ PASANDO ALGO RARO CON NUESTROS COMPAÑEROS DE LA JLA!
PERO... ME CUESTA CREERLO...
OYE, GUAPITA...
...AHORA QUE POR FIN ESTAMOS SOLOS...

¿SABES UNA COSA? DE REPENTE...
¡UNNNNHH!
THUNK
¡...ME LO CREO!
GREEN ARROW... ¡ESCÚCHAME!
CHAWHAMMO
SON UNOS IMPOSTORES.
¡ESA ES CANARIO! ¡YO TENÍA RAZÓN! ¡SOIS UNOS FARSANTES!
FARSANTES, QUIZÁ, ARQUERO, PERO NO ESTAMOS INDEFENSOS... ¡TENEMOS LOS MISMOS PODERES QUE POSEÍAN VUESTROS AMIGOS! MIRA BIEN... ¡Y MUERE!
STRRRRK
OGAPMALER... ¡ATAM A IM OGIMENE!
LO SIENTO, SEÑORITA, ¡PERO ESTABA PREPARADO PARA ESTO DESDE HACE HORAS! PUEDE QUE TENGAS LOS PODERES DE MAGIA INVERSA DE ZATANNA...
¡...PERO TE SERVIRÁN DE POCO SI NO PUEDES MOVER LA BOCA PARA LANZAR LOS HECHIZOS!
ESA FLECHA PARALIZANTE TE DEJARÁ CALLADITA... ¡MIENTRAS VOY A BUSCAR A CANARIO NEGRO!
Y MÁS TE VALE QUE ESTÉ BIEN, PORQUE SI NO...

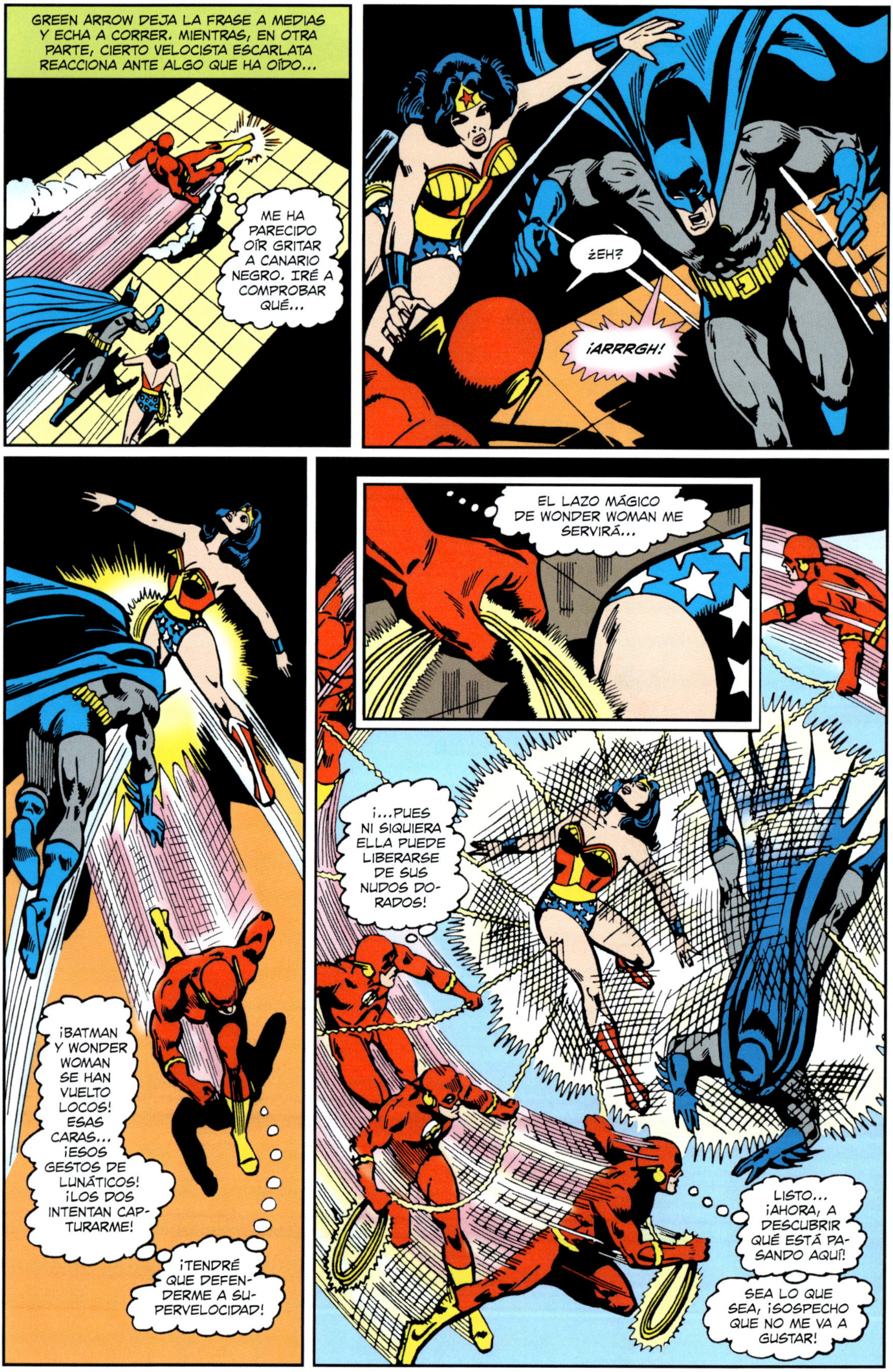
GREEN ARROW DEJA LA FRASE A MEDIAS Y ECHA A CORRER. MIENTRAS, EN OTRA PARTE, CIERTO VELOCISTA ESCARLATA REACCIONA ANTE ALGO QUE HA OÍDO...
ME HA PARECIDO OÍR GRITAR A CANARIO NEGRO. IRÉ A COMPROBAR QUÉ...
¿EH?
¡ARRRGH!
¡BATMAN Y WONDER WOMAN SE HAN VUELTO LOCOS! ESAS CARAS... ¡ESOS GESTOS DE LUNÁTICOS! ¡LOS DOS INTENTAN CAPTURARME!
¡TENDRÉ QUE DEFENDERME A SUPERVELOCIDAD!
EL LAZO MÁGICO DE WONDER WOMAN ME SERVIRÁ...
¡...PUES NI SIQUIERA ELLA PUEDE LIBERARSE DE SUS NUDOS DORADOS!
LISTO... ¡AHORA, A DESCUBRIR QUÉ ESTÁ PASANDO AQUÍ!
SEA LO QUE SEA, ¡SOSPECHO QUE NO ME VA A GUSTAR!

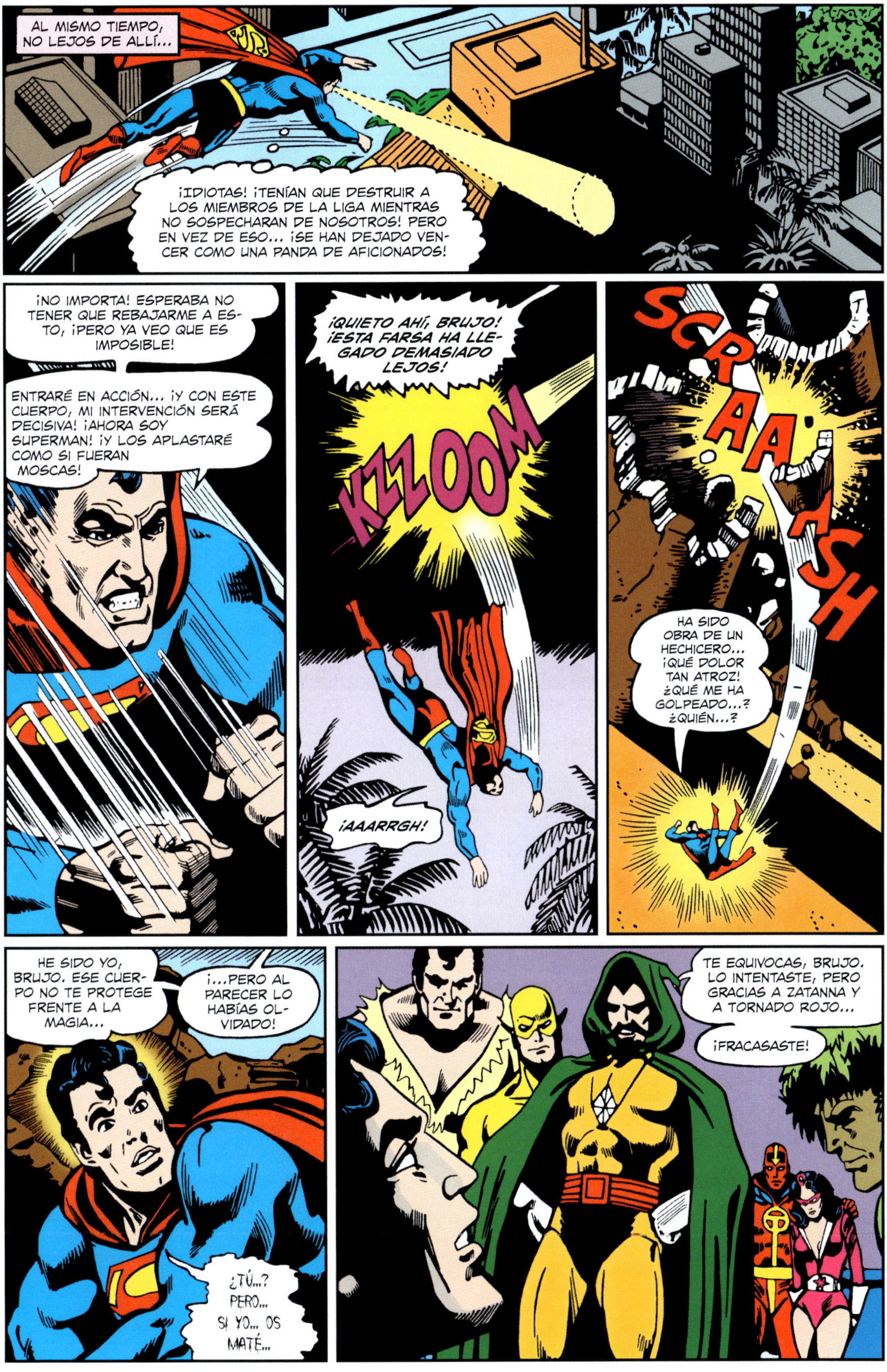
AL MISMO TIEMPO, NO LEJOS DE ALLÍ...
¡IDIOTAS! ¡TENÍAN QUE DESTRUIR A LOS MIEMBROS DE LA LIGA MIENTRAS NO SOSPECHARAN DE NOSOTROS! PERO EN VEZ DE ESO... ¡SE HAN DEJADO VENCER COMO UNA PANDA DE AFICIONADOS!
¡NO IMPORTA! ESPERABA NO TENER QUE REBAJARME A ESTO, ¡PERO YA VEO QUE ES IMPOSIBLE!
ENTRARÉ EN ACCIÓN... ¡Y CON ESTE CUERPO, MI INTERVENCIÓN SERÁ DECISIVA! ¡AHORA SOY SUPERMAN! ¡Y LOS APLASTARÉ COMO SI FUERAN MOSCAS!
¡QUIETO AHÍ, BRUJO! ¡ESTA FARSA HA LLEGADO DEMASIADO LEJOS!
KZZOOM
¡AAARRGH!
SCRAAASH
HA SIDO OBRA DE UN HECHICERO... ¡QUÉ DOLOR TAN ATROZ! ¿QUÉ ME HA GOLPEADO...? ¿QUIÉN...?
HE SIDO YO, BRUJO. ESE CUERPO NO TE PROTEGE FRENTE A LA MAGIA...
¡...PERO AL PARECER LO HABÍAS OLVIDADO!
¿TÚ...? PERO... SI YO... OS MATÉ...
TE EQUIVOCAS, BRUJO. LO INTENTASTE, PERO GRACIAS A ZATANNA Y A TORNADO ROJO...
¡FRACASASTE!

EPÍLOGO: EN EL SATÉLITE DE LA LIGA, UNA HORA DESPUÉS...
VUELVE A EXPLICARME QUÉ ESTÁ PASANDO AQUÍ, HAWKMAN... ¡NO TERMINO DE CREERLO!
ZATANNA, CON EL CUERPO DE ZAFIRO ESTELAR, HA LANZADO UN HECHIZO PARA DEVOLVER A LOS HÉROES Y VILLANOS A SU FORMA ORIGINAL...
"COMO EL CUERPO DE ZAFIRO ESTELAR NO POSEE PODERES MÁGICOS", PROSIGUE HAWKAN, "ESTÁ UTILIZANDO LA MAGIA PRESENTE EN EL GUANTE DE PODER DEL BRUJO... Y PARECE QUE ESTÁ FUNCIONANDO."
"SÍ, LA TRANSFORMACIÓN SE HA COMPLETADO. AUNQUE SOLO HAY UN MODO DE ASEGURARSE. ¿GREEN ARROW...?"
VALE, HALCÓN, ME OCUPARÉ, PUESTO QUE FUI YO EL PRIMERO EN SOSPECHAR. DIME, SUPER... ¿QUÉ VES DE MALO EN METER A LOS VILLANOS EN UNA JOYA DE ESTASIS, CREADA POR EL ANILLO DE PODER DE GL, Y LANZARLOS AL ESPACIO?
ES OBVIO, ARQUERO...
¿POR QUÉ QUERRÍA GREEN LANTERN CONSTRUIR UNA JOYA DE ESTASIS CUANDO YO HE DISEÑADO VARIOS CUBOS DE CONTENCIÓN PARA NUESTROS PRISIONEROS, AQUÍ, EN EL SATÉLITE? EN CUANTO A LO DE PONERNOS EN ÓRBITA...
¡...HABRÍA SIDO MÁS FÁCIL ENVIARNOS DIRECTAMENTE A TRAVÉS DEL TIEMPO!
MENOS MAL QUE TORNADO ROJO AYUDÓ A ZATANNA A LLEGAR HASTA NOSOTROS ANTES DE ALCANZAR EL SOL. DE NO SER POR SU AYUDA... ESTARÍAMOS MUERTOS.
¡Y LOS SUPERVILLANOS TENDRÍAN EL CONTROL DE LA LIGA! PERO... ¿QUÉ HACEMOS CON ELLOS, CHICOS?
METERLOS EN LA CÁRCEL. EN LA TIERRA, A SER POSIBLE. PERO ANTES...
¿QUIÉN TIENE LA LLAVE DE ESTAS ESPOSAS?
¡JA! ¡ERA BROMA, EQUIPO!
FIN

LA ESPADA DEL ÁTOMO
UNA HISTORIA DE:
JAN STRNAD - GUION
GIL KANE - DIBUJO
Palmer Loring Brawler
EL ADIÓS DEL ÁTOMO
EL ADIÓS DEL ÁTOMO
LOS ÚLTIMOS DÍAS DEL PEQUEÑO GRAN HOMBRE
DE RAY PALMER Y JEAN LORING, TRANSCRITO POR NORMAN BRAWLER
PRÓLOGO
De Norman Brawler
El deceso de un héroe de la sociedad estadounidense es motivo de tristeza, pues estos se cuentan con los dedos de una mano. Pero es un suceso importante que debe dejarse por escrito para las generaciones futuras.
Y así, mientras doy comienzo a la historia de Ray Palmer, alias el Átomo, y de su rechazo a la sociedad moderna en favor del mundo de la jungla, primitivo y brutal, lo hago con el corazón encogido, pero también con el orgullo de haber sido elegido para narrar esta aventura histórica.
* * *
Para valorar el significado de la gesta de Ray Palmer, es preciso entender primero el mundo que dejó atrás...
EDITOR: ALAN GOLD
COLOR: TOM ZIUKO

Ivy Town, una ciudad pequeña y amante de los libros, tranquila, encantadora... un buen lugar para ir a la escuela, para criar a tus hijos y, en el caso de muchos, para echar raíces. Sin embargo...
¿...Dónde está escrito que un ser humano deba hallar regocijo en la tranquilidad? ¿No es posible que ciertas personas (los guerreros y pioneros, los reyes y conquistadores) se sientan asfixiadas al vivir así, como un águila en un cuarto abarrotado?
Sí, Ivy Town... Sus campus, sus parques, sus supermercados y autobuses... El escenario es importante para la historia de Ray Palmer. Pero lo es aún más el reparto, los habitantes de Ivy Town, y en particular, la protagonista de la vida urbanita de Ray Palmer, su esposa, Jean Loring...
Como exitosa abogada de Ivy Town, Jean Loring había demostrado su valía tanto para el derecho penal como para el de sociedades. Bendecida con un sexto sentido para las leyes, la señorita Loring suma a un gran intelecto su asertividad y determinación.
JEAN LORING
PAUL HOBEN
ABOGADOS
¿DIGA? NO, ME TEMO QUE LA SEÑORITA LORING NO PUEDE PONERSE AHORA. ESTÁ... EN UNA REUNIÓN...
He tratado con diversos abogados, pero pocas veces he visto tal dedicación y agudeza mental en ellos, combinadas con la visible compasión que la señorita Loring siente hacia todos sus clientes, incluidos los más humildes.
¡CIELOS! ¡YA SOLO LE FALTA PEDIR QUE ME CANONICEN!

LO SABÍA...
Jean Loring combina la devoción de una santa con la hermosura de un ángel. A menudo, en el transcurso de nuestras entrevistas, me distraje plácidamente con sus encantos femeninos.
Su figura es elegante y majestuosa, su cabello es negro como el azabache y su rostro, como el de Helena de Troya, es capaz de hacer zarpar un millar de navíos.
HMM. HELENA DE TROYA... ESO ME GUSTA.
Pero que su belleza no nos impida ver la humanidad de Jean Loring. Recordemos que dentro de ese cuerpo esbelto late el corazón apasionado de una mujer... y que esos radiantes ojos son las ventanas de su alma.
Las siguientes declaraciones son suyas.
CAPÍTULO UNO
JEAN
"No me lo podía creer. ¡Fue como un cuento de hadas! Ahí estaba yo, afanándome por ganar mis primeros casos como defensora penal..."
"¡...Y allí estaba ese hombrecillo diminuto que no dejaba de ayudarme! Si tenía un cliente acusado de un delito, el Átomo capturaba al verdadero culpable..."
"...Y aquella tarde que se lo conté a Ray, mi novio, ¡ignoraba que se trataba de la misma persona! Él se limitó a sonreír y a decirme lo afortunada que era por tener al Átomo de mi parte."

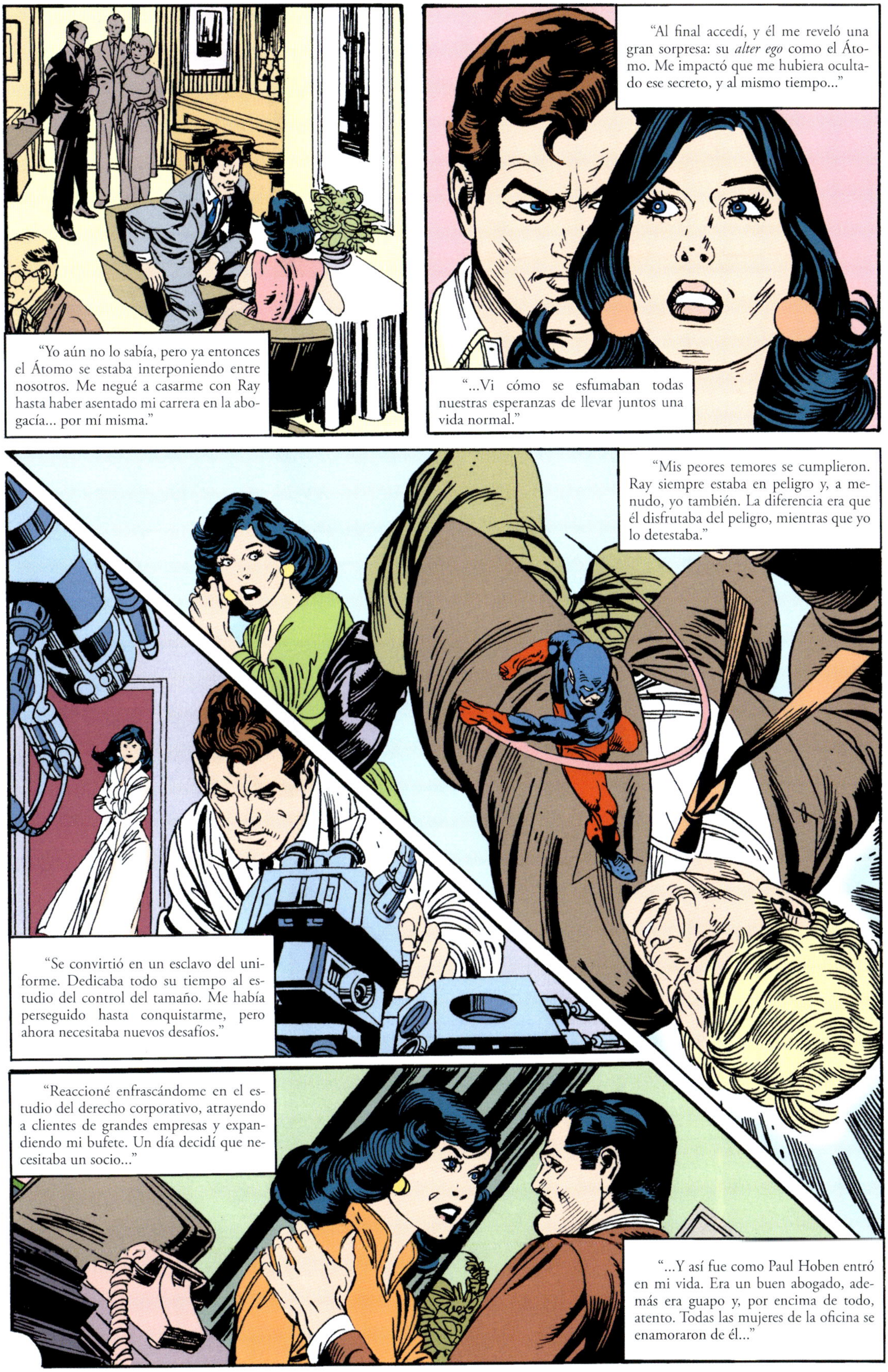
"Yo aún no lo sabía, pero ya entonces el Átomo se estaba interponiendo entre nosotros. Me negué a casarme con Ray hasta haber asentado mi carrera en la abogacía... por mí misma."
"Al final accedí, y él me reveló una gran sorpresa: su *alter ego* como el Átomo. Me impactó que me hubiera ocultado ese secreto, y al mismo tiempo..."
"...Vi cómo se esfumaban todas nuestras esperanzas de llevar juntos una vida normal."
"Mis peores temores se cumplieron. Ray siempre estaba en peligro y, a menudo, yo también. La diferencia era que él disfrutaba del peligro, mientras que yo lo detestaba."
"Se convirtió en un esclavo del uniforme. Dedicaba todo su tiempo al estudio del control del tamaño. Me había perseguido hasta conquistarme, pero ahora necesitaba nuevos desafíos."
"Reaccioné enfrascándome en el estudio del derecho corporativo, atrayendo a clientes de grandes empresas y expandiendo mi bufete. Un día decidí que necesitaba un socio..."
"...Y así fue como Paul Hoben entró en mi vida. Era un buen abogado, además era guapo y, por encima de todo, atento. Todas las mujeres de la oficina se enamoraron de él..."

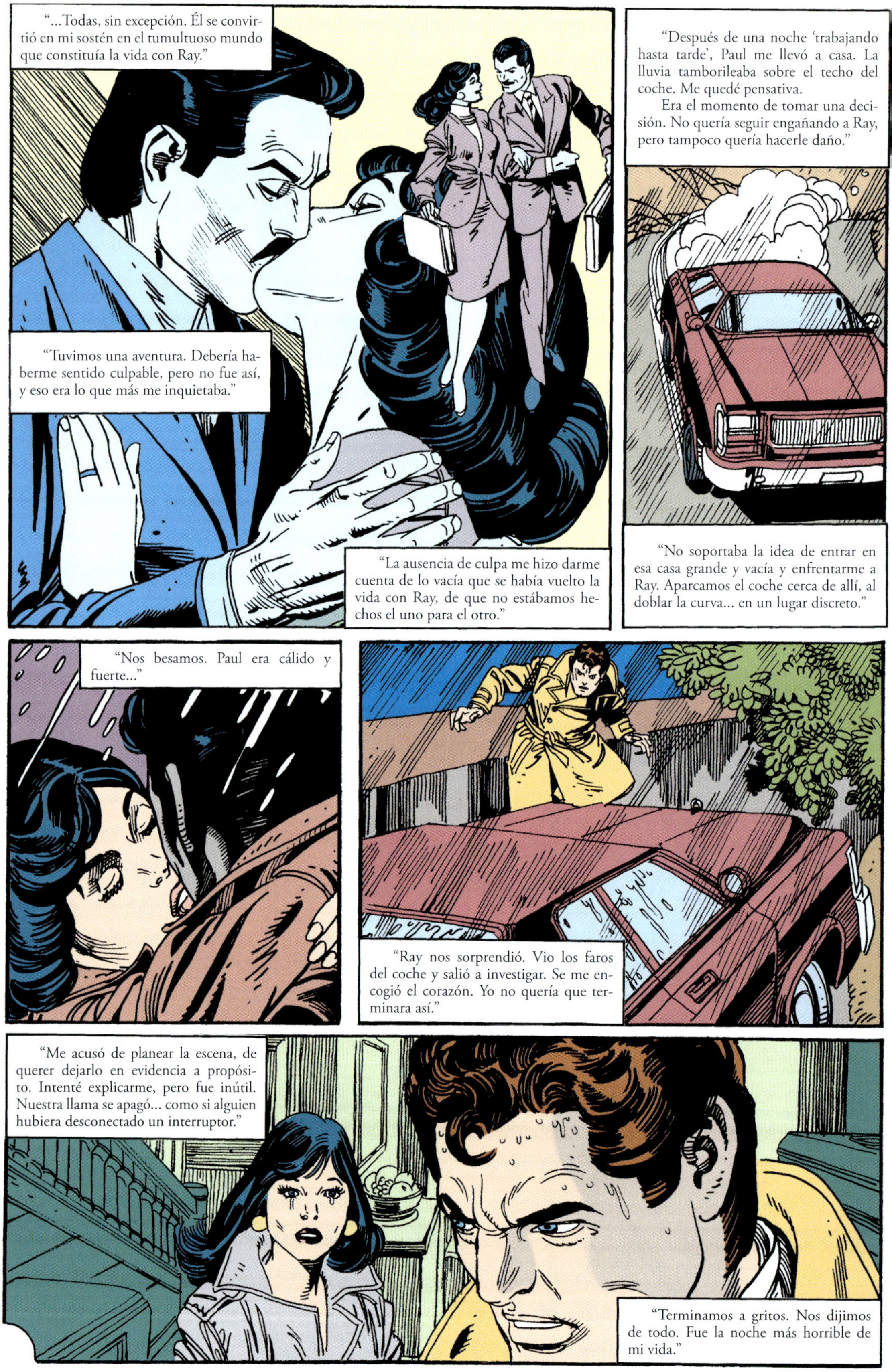
"...Todas, sin excepción. Él se convirtió en mi sostén en el tumultuoso mundo que constituía la vida con Ray."
"Tuvimos una aventura. Debería haberme sentido culpable, pero no fue así, y eso era lo que más me inquietaba."
"La ausencia de culpa me hizo darme cuenta de lo vacía que se había vuelto la vida con Ray, de que no estábamos hechos el uno para el otro."
"Después de una noche 'trabajando hasta tarde', Paul me llevó a casa. La lluvia tamborileaba sobre el techo del coche. Me quedé pensativa.
Era el momento de tomar una decisión. No quería seguir engañando a Ray, pero tampoco quería hacerle daño."
"No soportaba la idea de entrar en esa casa grande y vacía y enfrentarme a Ray. Aparcamos el coche cerca de allí, al doblar la curva... en un lugar discreto."
"Nos besamos. Paul era cálido y fuerte..."
"Ray nos sorprendió. Vio los faros del coche y salió a investigar. Se me encogió el corazón. Yo no quería que terminara así."
"Me acusó de planear la escena, de querer dejarlo en evidencia a propósito. Intenté explicarme, pero fue inútil. Nuestra llama se apagó... como si alguien hubiera desconectado un interruptor."
"Terminamos a gritos. Nos dijimos de todo. Fue la noche más horrible de mi vida."

"Más tarde, cuando Ray sugirió una separación... un viaje de investigación al Amazonas... fingí estar dormida. Dejé la decisión en sus manos y él eligió marcharse."
DISCULPE, SRTA. LORING. LA ESPERAN EN EL TRIBUNAL EN 12 MINUTOS. LA VISTA PARA EL DIVORCIO...
GRACIAS, EVELYN.
SE TERMINÓ... ES OFICIAL. AHORA TODO IVY TOWN SABRÁ QUE JEAN LORING LE FUE INFIEL A SU MARIDO.
ME PREGUNTO CÓMO ANDARÁN DE ABOGADOS EN FILADELFIA.
CAPÍTULO SEIS
EL ATAQUE A MORLAIDH
Ray Palmer prosigue con su extraño relato:
"Ahí estaba yo, perdido en la selva del Amazonas, atrapado en un cuerpo de 15 centímetros mientras el mundo me creía muerto. Los rebeldes alienígenas me habían aceptado como su líder a regañadientes. Ahora dependía de mí guiarlos hacia la batalla."
"Tras aceptar la ayuda de su peor enemigo, nuestro pequeño grupo logró infiltrarse en la ciudad fortificada de Morlaidh."
"La montura de Laethwen fue abatida, así que la subí a la mía. Ella se abrazó a mí mientras me abría paso a espadazos entre las filas de la guardia del rey."

"Dejamos de ser dos criaturas independientes. Nuestros corazones latían literalmente 'como uno solo', nuestras almas y mentes se fusionaron en el frenesí del momento, unidas por el fragor de la batalla."
"Me vi conducido al límite, desafiando la muerte a cada instante. Fui consciente de mi propia mortalidad... y así, ¡del valor incalculable de la vida!"
"¡Nunca me sentí tan vivo!"
¡VOSS! ¡CONTENLOS! ¡LAETHWEN Y YO TENEMOS QUE LLEGAR HASTA EL CASTILLO!
SÍ. ¡MIS ARQUEROS LOS MANTENDRÁN A RAYA!
"A las puertas del castillo, los habitantes de Morlaidh pedían a gritos la cabeza del rey Caellich, el padre de Laethwen. Ella tiró de mí y me condujo hasta un pasadizo secreto."
7

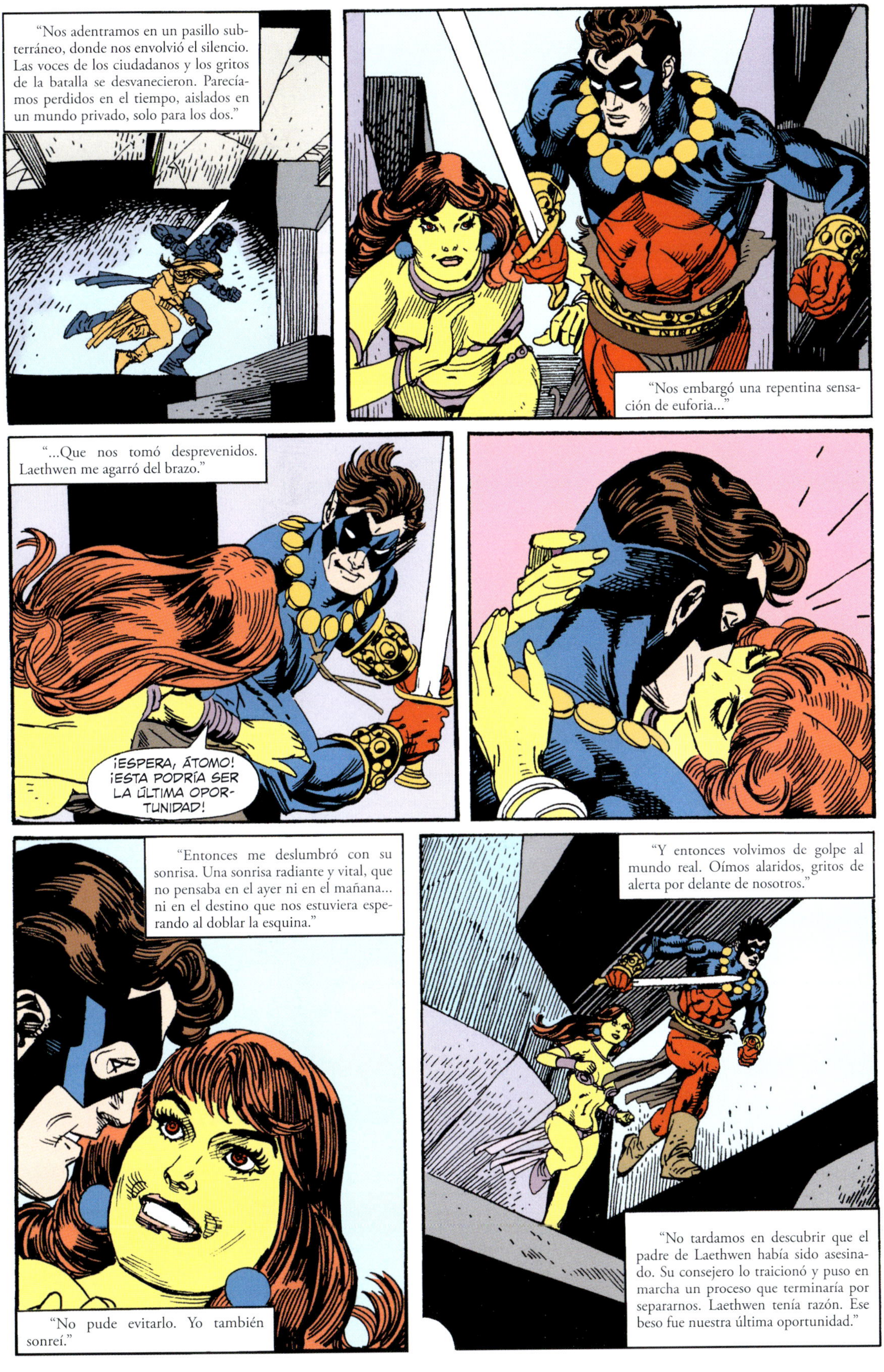
"Nos adentramos en un pasillo subterráneo, donde nos envolvió el silencio. Las voces de los ciudadanos y los gritos de la batalla se desvanecieron. Parecíamos perdidos en el tiempo, aislados en un mundo privado, solo para los dos."
"Nos embargó una repentina sensación de euforia..."
"...Que nos tomó desprevenidos. Laethwen me agarró del brazo."
¡ESPERA, ÁTOMO! ¡ESTA PODRÍA SER LA ÚLTIMA OPORTUNIDAD!
"Entonces me deslumbró con su sonrisa. Una sonrisa radiante y vital, que no pensaba en el ayer ni en el mañana... ni en el destino que nos estuviera esperando al doblar la esquina."
"No pude evitarlo. Yo también sonreí."
"Y entonces volvimos de golpe al mundo real. Oímos alaridos, gritos de alerta por delante de nosotros."
"No tardamos en descubrir que el padre de Laethwen había sido asesinado. Su consejero lo traicionó y puso en marcha un proceso que terminaría por separarnos. Laethwen tenía razón. Ese beso fue nuestra última oportunidad."

"No me considero una persona filosófica. Mi estudio de la Física me ha enseñado la futilidad de intentar entender con nuestra mentalidad mortal los poderes infinitos del universo. Pues cuanto más aprendo, más me doy cuenta de la cantidad de cosas que escapan a mi raciocinio y percepción humanos."
"Pero sí creo en el destino y en que, de vez en cuando, sin saber cómo, llegamos a rozar ese destino, a sentir su presencia con tanta claridad como si fuera una piedra en nuestras manos.
Jean lo rozó. Y también lo hizo Laethwen, segundos antes de besarme en medio de esa crisis. Y si te paras a pensarlo..."
"¿...Es casualidad que esos destellos de percepción se produzcan durante una separación? ¿Cuando se desgarra el tejido del destino y el conocimiento penetra en el plano mortal, con el impacto propio de un relámpago surgido de la nada?"
"Yo, al menos, lo veo así..."

AH, SR. PALMER... ¡MENUDA VIDA LLEVÓ! DESDE LUEGO, EN IVY TOWN NO HAY NADA COMPARABLE A INSURRECCIONES REBELDES Y PRINCESAS ALIENÍGENAS.
LOS CIUDADANOS DE A PIE SOMOS ABURRIDOS A OJOS DE ALGUIEN COMO USTED...
...PERO NO TODOS PODEMOS IR POR AHÍ MONTADOS EN RANAS, BLANDIENDO ESPADAS Y ALIMENTÁNDONOS DE HONGOS VENENOSOS. FRANCAMENTE, NO LE VEO EL ENCANTO.
¡QUÉ OCURRENCIAS...!
DISCULPE LA INTERRUPCIÓN, SR. JUEZ. HA LLEGADO LA SRTA. LORING.
AH. GRACIAS, ALGUACIL.
NO CREO QUE TARDEMOS MUCHO.
TÓMESE SU TIEMPO.
DITA SEA... ¿CÓMO SE LLAMABA ESE PERFUME QUE LE GUSTA A JEN? ME LO HA DICHO CIEN VECES. ¡DEBERÍA TATUÁRMELO EN LA MUÑECA!
¿AMOR EN FLOR? ¿FLOR DEL AMOR? ¿FLOR DE LOTO? ¿FLORACIÓN?

SEÑORA, LLEVA 20 MINUTOS PISÁNDOME LOS TALONES. SI ES USTED UNA DETECTIVE PRIVADA, ME VEO OBLIGADO A INFORMARLE DE QUE...
...LLEVA PUESTO EL DISFRAZ MÁS RIDÍCULO DEL MUNDO. DEBERÍA DARLE VERGÜENZA.
¡LE CONOZCO! ¡USTED ES ESE TAL HOBEN, EL DEL LIBRO! ¡USTED ARRUINÓ EL MATRIMONIO DE JEAN LORING CON ESE PROFESOR DIMINUTO!
¡ME SORPRENDE QUE SE DEJE VER EN PÚBLICO! ¡ROMPIÓ UNA PAREJA ADORABLE! ¡NO ME EXPLICO QUÉ VE ESA CHICA EN USTED!
SEÑORA, POR FAVOR. JEAN Y YO SOMOS MAYORCITOS PARA OCUPARNOS DE NUESTRO ROMAN... EJEM... ¡DE NUESTRA VIDA PRIVADA!
¡DEBERÍA DARLES VERGÜENZA! ¡ABANDONAR A UN MARIDO CARIÑOSO SOLO PORQUE ES BAJITO!
¡Y POR UN DONJUÁN COMO USTED!
LE TENGO CALADO, CON SU LABIA Y SUS COCHES CAROS... ¡CON SUS RESTAURANTES PIJOS Y SUS CAMAREROS ESPIGADOS! ¡SOY UNA MUJER DE MUNDO!
¡SÉ CÓMO ATRAEN A CHICAS INOCENTES HASTA SUS GUARIDAS DE SOLTERO, DONDE COMEN HUEVAS DE PESCADO CON PALILLOS EN PIJAMA DE SEDA! ¡CON SUS EQUIPOS ESTÉREO Y SUS DISCOS DE FRANK SINATRA Y BENNY GOODMAN!
SEÑORA MÍA... ¡POR FAVOR!
¡NO ME VENGA CON ESAS! ¡NO ME IMPRESIONARÁ CON SU LABIA! ¡HE LEÍDO A NOËL COWARD! ¡CONOZCO SUS TRUCOS!
¡SÉ LO DE LAS OSTRAS!
¡ME DA IGUAL LO QUE PONGA EN EL CAPÍTULO OCHO! ¡ESOS DOS ERAN LA PAREJA IDEAL Y USTED LO ESTROPEÓ!
¡USTED ES EL DEMONIO! ¡UN DEMONIO CON APARIENCIA HUMANA! ¡DIABLO! ¡SATÁNICO! ¡ROMPEHOGARES!
CIELO SANTO... ¡ESTA MUJER ESTÁ CHIFLADA!

EN FIN, YA VENDRÁ ALGUIEN A RESCATARME. ¡NO PERMITIRÁN QUE UNA LOCA ACAPARE EL BAÑO DE CABALLEROS TODO EL DÍA! ¡QUIZÁ SEA EL MOMENTO DE REVISAR ESE "CAPÍTULO OCHO" SOBRE EL QUE GRITABA!
CAPÍTULO OCHO
LA RUPTURA
Ray Palmer prosigue con su testimonio:
"Mi regreso a Ivy Town fue traumático. Readaptarme a la civilización me costó más de lo esperado."
"Me pasaba horas tendido en la cama, agotado pero incapaz de dormir. Y cuando me vencía el cansancio, me asaltaban los sueños."
"Reviví mis últimos y agónicos momentos en Morlaidh. Una y otra vez, me vi separado de mi princesa Laethwen."
"Su padre había muerto, asesinado por su consejero Deraegis. Deraegis había huido a una central eléctrica abandonada para activar el reactor... ¡una fuente de energía inestable, accionada por una enana blanca estelar!"
CORRED... ¡MARCHAOS TODOS! ¡LA ESTRELLA VA A EXPLOTAR! ¡LA CIUDAD ESTÁ CONDENADA! CORRED... ¡O MORIRÉIS TODOS!
"El blindaje del reactor se estaba desintegrando. En un intento por frenar el proceso, absorbí una sobredosis de radiación estelar. La central eléctrica estaba a punto de explotar... y yo me puse a crecer sin control..."
¡NO ME IRÉ! ¡MORIRÉ ANTES QUE ABANDONAR AL ÁTOMO!
¡VAMOS, PRINCESA! ¡NO TENEMOS MÁS OPCIÓN QUE HACER LO QUE DICE!

"No querían irse, ¡así que los ahuyenté! Amenacé con derribar Morlaidh ante sus ojos... ¡y así lo hice! ¡Salieron aterrorizados de la ciudad, huyendo de la ira de un gigante enloquecido!"
"¡Estaba furioso! La radiación me achicharraba el cerebro. Me sentí febril, delirante, fuera de mí. ¡Solo una parte recóndita de mi mente me alertó para que abandonara la ciudad!"
"No sé cuánto me había alejado cuando oí y sentí la explosión a mi espalda. ¿Laethwen y los demás habrían logrado escapar? ¿O los habría alcanzado el estallido al intentar regresar a los escombros que quedaban de su ciudad?"
"Tardé varios días en hacerme esas preguntas, a causa de la fiebre.
Me levanté y avancé dando tumbos. Estaba desorientado; no habría podido encontrar el camino hacia Morlaidh ni aunque hubiera tenido el ánimo de intentarlo."
"Me desplomé junto a un río. Al cabo de un tiempo, me encontraron y me devolvieron a la civilización."
"Todo eso lo reviví en sueños. Me despertaba sudando, llorando por la pérdida de mi amada.
No sabes cuántas veces deseé que la realidad fuera el sueño, ¡despertar notando el roce de Laethwen y percibiendo el inconfundible olor de la jungla!"

"Pero salí adelante. Jean y yo decidimos darle otra oportunidad a nuestro matrimonio. Asistí a fiestas de bienvenida en mi honor y recibí los mejores deseos de mis amigos."
"Estaba ganando tiempo, 'aclarándome las ideas', como se suele decir."
"Pero me estaba viendo obligado a tomar una decisión permanente. La sobredosis de radiación estelar que absorbí en Morlaidh estaba teniendo un efecto acumulativo..."
"Cada vez que usaba mi cinturón de control del tamaño me dolía más. Volví a experimentar la fiebre y el delirio de mi sobredosis. ¿Sería problema del cinturón, de algún defecto que no pude reparar? ¿O era cosa mía...? ¿Sería el efecto a largo plazo del proceso de encogimiento sobre el cuerpo humano?"
"Tenía una versión más grande de mi dispositivo de encogimiento, la máquina original en que se basó mi cinturón. La fuente de energía era más consistente, la circuitería más 'limpia'. Si me encogía con esa maquinaria y no sufría ningún efecto secundario..."
"...Tal vez podría refinar mi cinturón y salvaguardar mi carrera como superhéroe. Si no... si encogerme con la máquina del laboratorio resultaba igual de doloroso... sabría que el problema era yo, que había absorbido toda la radiación estelar que mi cuerpo podía soportar."
NO PODRÉ LLEGAR A ESTOS CONTROLES CUANDO MIDA 15 CENTÍMETROS, PERO PUEDO PONER UN TEMPORIZADOR PARA QUE SE ACTIVE EN UN MOMENTO CONCRETO. VEAMOS...
AHORA SON LAS CUATRO. HE QUEDADO A CENAR CON JEAN A LAS SIETE. ME ENCOGERÉ DURANTE UNA HORA... ASÍ QUE PROGRAMARÉ EL RAYO PARA LAS CINCO.
ESO ME DEJA DOS HORAS... TIEMPO DE SOBRA PARA CRUZAR LA CIUDAD PARA VER A JEAN... COMO PARTE DE MI NUEVO "COMPROMISO DE PUNTUALIDAD".

"Me expuse al rayo y de inmediato obtuve la respuesta. El dolor se extendió por mis venas como una llamarada. Sentí como si tuviera el cuerpo repleto de agujas que me perforaban cada músculo, cada hueso, cada centímetro de piel para salir al exterior. La cabeza me daba vueltas. No sabía si estaba de pie o cayendo..."

"Mis días de cambiar de tamaño sin esfuerzo habían terminado. Mi cuerpo estaba saturado de radiación de la enana blanca."
"Me desmayé."
"Recobré la consciencia al ritmo de siete bandas de música que interpretaban sus fanfarrias dentro de mi cráneo. Por ese motivo no vi a la gata..."
"...Hasta que se me echó encima. Era la mejor ratonera que había tenido... ¡lo cual no era buena noticia para un hombre del tamaño de un ratón!"
"Se puso juguetona..."

"Ese zarpazo desganado me lanzó contra la pared. Absorbí gran parte del impacto con la nuca..."
"...Y después me deslicé hasta el suelo y absorbí el resto del golpe con otra porción de mi anatomía."
"Mientras me levantaba, me fijé en el reloj."
¡LAS CINCO! ¡HE ESTADO NOQUEADO CASI UNA HORA!
¡EL RAYO SE ACTIVARÁ EN CUALQUIER MOMENTO! ¡TENGO QUE SITUARME DELANTE O ME VERÉ EN GRAVES APRIETOS!
¿DÓNDE SE HABRÁ METIDO ESA GATA?
"Es increíble lo sigiloso que llega a ser un felino sobre un suelo de linóleo. De repente, noté su aliento en el cuello."
¡TENGO QUE APURAR PARA NO DARLE TIEMPO A ANTICIPAR MIS MOVIMIENTOS!
AUNQUE POR LO QUE PARECE...

¡...LIBRARME POR LOS PELOS VA A SER LA TÓNICA!
"El corazón me latía con fuerza en el pecho. De repente volví a experimentar esa sensación, ¡la emoción de estar al límite! Mi mente se activó a pleno rendimiento y tracé un plan a la desesperada."
"¿He dicho un 'plan'? Más bien una 'esperanza'... un 'deseo'... ¡una 'fantasía'!"
"De hecho, llámalo como mejor te parezca..."

"¡...Pero que sepas que funcionó!"
¡EL RAYO SOLO SE ACTIVARÁ UN SEGUNDO! ¡SI NO ESTOY AHÍ CUANDO SE ENCIENDA...!
"Pero llegué."
"La segunda vez me dolió aún más que la primera. Recuerdo que me pregunté, mientras el fuego y las agujas penetraban en mi cuerpo: ¿será esta vez... esta última dosis de radiación... la que me matará?"
19

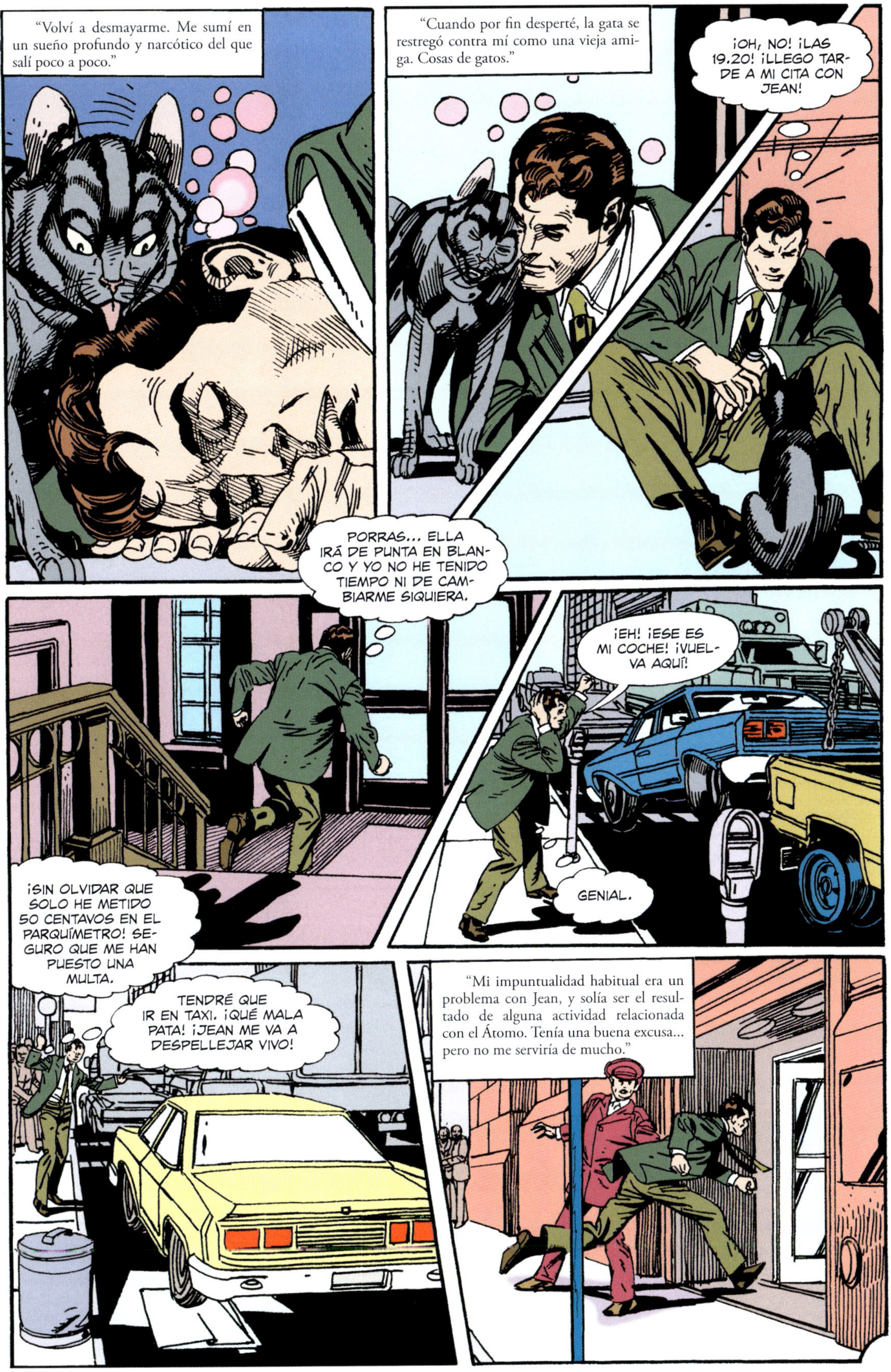
"Volví a desmayarme. Me sumí en un sueño profundo y narcótico del que salí poco a poco."
"Cuando por fin desperté, la gata se restregó contra mí como una vieja amiga. Cosas de gatos."
¡OH, NO! ¡LAS 19.20! ¡LLEGO TARDE A MI CITA CON JEAN!
PORRAS... ELLA IRÁ DE PUNTA EN BLANCO Y YO NO HE TENIDO TIEMPO NI DE CAMBIARME SIQUIERA.
¡EH! ¡ESE ES MI COCHE! ¡VUELVA AQUÍ!
GENIAL.
¡SIN OLVIDAR QUE SOLO HE METIDO 50 CENTAVOS EN EL PARQUÍMETRO! SEGURO QUE ME HAN PUESTO UNA MULTA.
TENDRÉ QUE IR EN TAXI. ¡QUÉ MALA PATA! ¡JEAN ME VA A DESPELLEJAR VIVO!
"Mi impuntualidad habitual era un problema con Jean, y solía ser el resultado de alguna actividad relacionada con el Átomo. Tenía una buena excusa... pero no me serviría de mucho."

"Cuando llegué me la encontré en compañía de Paul Hoben y de una mujer desconocida. La pareja de Paul."
¡HOLA! ¿PUEDO UNIRME?
"Jean estaba enfadada. No sabría decir si porque llegué tarde o sencillamente porque aparecí."
CLARO, ADELANTE.
"Sus labios me dijeron eso, pero sus ojos me fulminaron."
"Jean se pasó la siguiente media hora intercambiando chascarrillos de abogados con Paul. Yo pasé ese tiempo intentando adivinar de qué se reían."
"La pareja de Paul y yo nos volvimos invisibles, quedamos en segundo plano junto con los demás figurantes."
"La pareja de Paul aguantó 15 minutos más que la tratase como a un mueble; después se excusó para ir a empolvarse la nariz. Ya no regresó."
21
"Paul estaba avergonzado, insistió en pagar la cuenta. No repliqué. No pude, me había gastado todo el dinero en el taxi."
"Nos dio las buenas noches. Jean y yo lo observamos mientras se alejaba. Ella tenía la mirada de un cachorrito al que acabaran de abandonar en la perrera."

¿EL MIRADOR? ¿POR QUÉ ALLÍ? ¡NO HEMOS VUELTO DESDE LA UNIVERSIDAD!
"No teníamos ganas de volver a casa, pero tampoco sabíamos qué hacer. Me sentí como un universitario que vuelve a casa a pasar el verano, matando el rato con las chicas con las que sus padres le han buscado una cita."
LO SÉ. LO AÑORO. VENGA, SERÁ DIVERTIDO.
¿QUÉ ME DICES?
EL MIRADOR... VALE. ESTÁ BIEN.
"Con el tiempo, la gente casada empieza a pensar igual, terminan las frases del otro, esas cosas. Así que cuando Jean captó mi pensamiento del 'universitario' y propuso que fuéramos al mirador, el sitio al que íbamos a enrollarnos, supe que no era una cuestión de telepatía. Simplemente eran... cosas de casados."
"En realidad no me pareció bien. Aquello me hizo sentir culpable, como si estuviera engañando a Laethwen. No me había dado cuenta hasta entonces, pero el mirador era el único lugar que compartíamos Jean y yo donde nunca habíamos tenido una discusión, un desengaño o un desaire de algún tipo."
"Laethwen se habría puesto furiosa si supiera que íbamos allí. Lo tomaría como una ofensa personal, como una bofetada en pleno rostro. No lo habría tolerado."
"Llegamos. Apagué el motor y eché el freno. Ninguno sabíamos qué decir. Fue Jean quien rompió el hielo."

¿POR QUÉ NO ME HABLAS DE ELLA...? DE LAETHWEN. ES UN NOMBRE BONITO. ME GUSTARÍA SABER MÁS COSAS DE ELLA.
¿DE QUÉ SERVIRÍA, JEAN? NO ENTIENDO POR QUÉ...
NO... QUIERO SENTIR QUE LA CONOZCO.
AL MENOS ME DEBES ESO, RAY, SI ESE ES MI DESEO. CUÉNTAMELO. ¿CÓMO LA CONOCISTE? ¿QUÉ TE ATRAJO DE ELLA? QUIERO SABERLO...
BUENO...
...FUE POR AZAR, UNA COINCIDENCIA INSÓLITA. ME LANCÉ DESDE EL AVIÓN...
...Y ME ADENTRÉ EN LA SELVA. UNA SERPIENTE ME VIO Y PENSÓ QUE SERÍA UN BUEN ALMUERZO.
"Entonces comprendí que mi cinturón de control del tamaño estaba dañado. Me quedé atrapado en mi cuerpo de 15 centímetros. No tenía armas. Esa serpiente me habría devorado de no ser por Laethwen y los siervos de su padre.
Los siervos habían capturado al rebelde Taren, el amante de Laethwen. Ella tuvo que seguirles la corriente. Me salvaron, pero solo para hacerme preso."

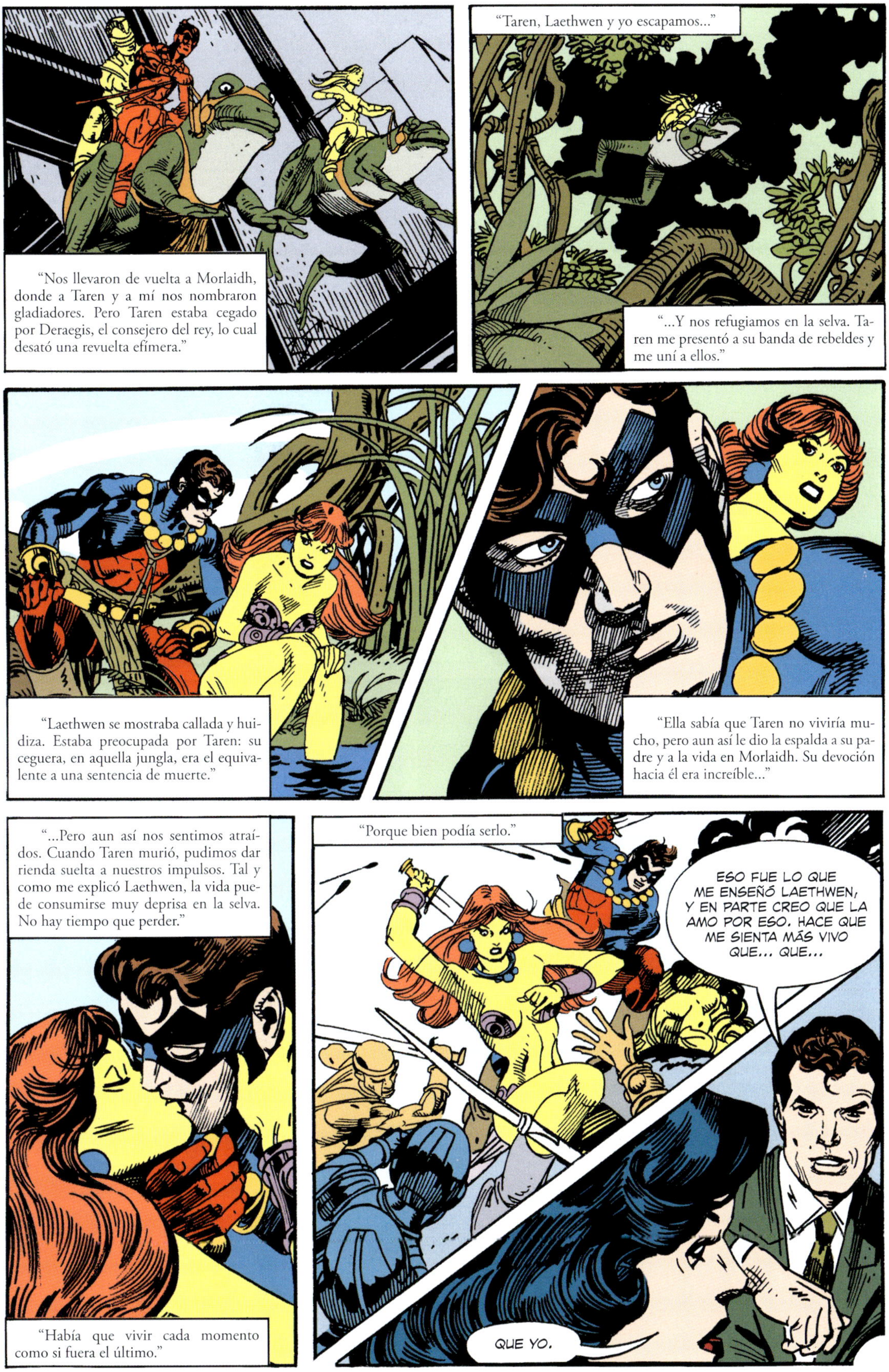
"Nos llevaron de vuelta a Morlaidh, donde a Taren y a mí nos nombraron gladiadores. Pero Taren estaba cegado por Deraegis, el consejero del rey, lo cual desató una revuelta efímera."
"Taren, Laethwen y yo escapamos..."
"...Y nos refugiamos en la selva. Taren me presentó a su banda de rebeldes y me uní a ellos."
"Laethwen se mostraba callada y huidiza. Estaba preocupada por Taren: su ceguera, en aquella jungla, era el equivalente a una sentencia de muerte."
"Ella sabía que Taren no viviría mucho, pero aun así le dio la espalda a su padre y a la vida en Morlaidh. Su devoción hacia él era increíble..."
"...Pero aun así nos sentimos atraídos. Cuando Taren murió, pudimos dar rienda suelta a nuestros impulsos. Tal y como me explicó Laethwen, la vida puede consumirse muy deprisa en la selva. No hay tiempo que perder."
"Había que vivir cada momento como si fuera el último."
"Porque bien podía serlo."
ESO FUE LO QUE ME ENSEÑÓ LAETHWEN, Y EN PARTE CREO QUE LA AMO POR ESO. HACE QUE ME SIENTA MÁS VIVO QUE... QUE...
QUE YO.

NO QUERÍA DECIR ESO. ME REFIERO A QUE... ESA VIDA ENCAJA CONMIGO. IGUAL QUE VIVIR EN IVY TOWN ENCAJA CONTIGO... Y CON PAUL.
NO TIENES POR QUÉ HABLAR EN MI NOMBRE, RAY. LA CUESTIÓN ES: ¿QUÉ HACEMOS CON LO NUESTRO? CONOZCO UN CONSEJERO...
¿PARA QUÉ? ¿PARA CONVENCERNOS DE QUE SOMOS FELICES CUANDO NO ES ASÍ? ¿PARA AYUDAR A QUE DOS PERSONAS VIVAN JUNTAS CUANDO PREFERIRÍAN VIVIR CON OTROS?
OPINAS QUE DEBERÍAMOS RENDIRNOS. TIRAR LA TOALLA Y ADMITIR LA DERROTA.
PERSEGUIR LO QUE QUIERES NO ES UNA DERROTA. ESTO NO ES UNA PRUEBA DE RESISTENCIA, JEAN... ES LA VIDA. E INCLUSO EN IVY TOWN, LA VIDA ES CORTA. SOLO SE VIVE UNA VEZ.
RAYOS... HABLO COMO EN UN ANUNCIO DE CERVEZA...
PUES SÍ. PERO TIENES RAZÓN. ES ABSURDO POSPONER LA FELICIDAD, UNA VEZ QUE SABES LO QUE QUIERES.
TÚ QUIERES A OTRA. YO QUIERO A OTRO. SON COSAS QUE PASAN, ¿VERDAD?
"¿Qué podía decir? Jean acercó una mano a la mía. Se la acaricié. Ella no se apartó."
"Nos quedamos un rato dándonos la mano, en silencio, contemplando las vistas. Jean suspiró. Se la veía cansada, pero... seguía siendo muy hermosa."
¿EN QUÉ ESTÁS PENSANDO?
EN TODAS LAS NOCHES QUE SUBIMOS AQUÍ. Y EN TODAS LAS VECES QUE ME PEDISTE MATRIMONIO HASTA QUE POR FIN ACEPTÉ...

¡NOS HABRÍAS AHORRADO MUCHOS PROBLEMAS SI HUBIERAS ACEPTADO UN "NO" POR RESPUESTA!
PERO ME ALEGRA QUE NO LO HICIERAS. LA MAYOR PARTE DEL TIEMPO ESTUVO BIEN... ¿VERDAD?
MEJOR QUE BIEN.
CASI TODO EL TIEMPO ESTUVO GENIAL.
"Y de ese modo, la cuestión quedó zanjada. Cada uno se iría por su lado, perseguiría sus propios sueños. Y lo hicimos con nuestro amor intacto, todavía vivo en nuestro interior, tal y como perdura hoy en día."
MACY
ALUCINA: ¡UNA SEÑORA ATERRORIZANDO A UN ABOGADO EN UN LAVABO PÚBLICO! ¡NI SIQUIERA TENEMOS UN CÓDIGO PARA ESO!
¿DÓNDE ESTÁN LAS ESPOSAS?
UNA COSA TE DIRÉ, MARTY: ERES UN POLI VALIENTE. ¡BUENA SUERTE, PAISANO!
A VER, SI NO RECUERDO MAL, RAY PALMER Y NORMAN BRAWLER SE DISPONÍAN A CRUZAR EL RÍO AMAZONAS PARA BUSCAR A LA NOVIETA DE PALMER...

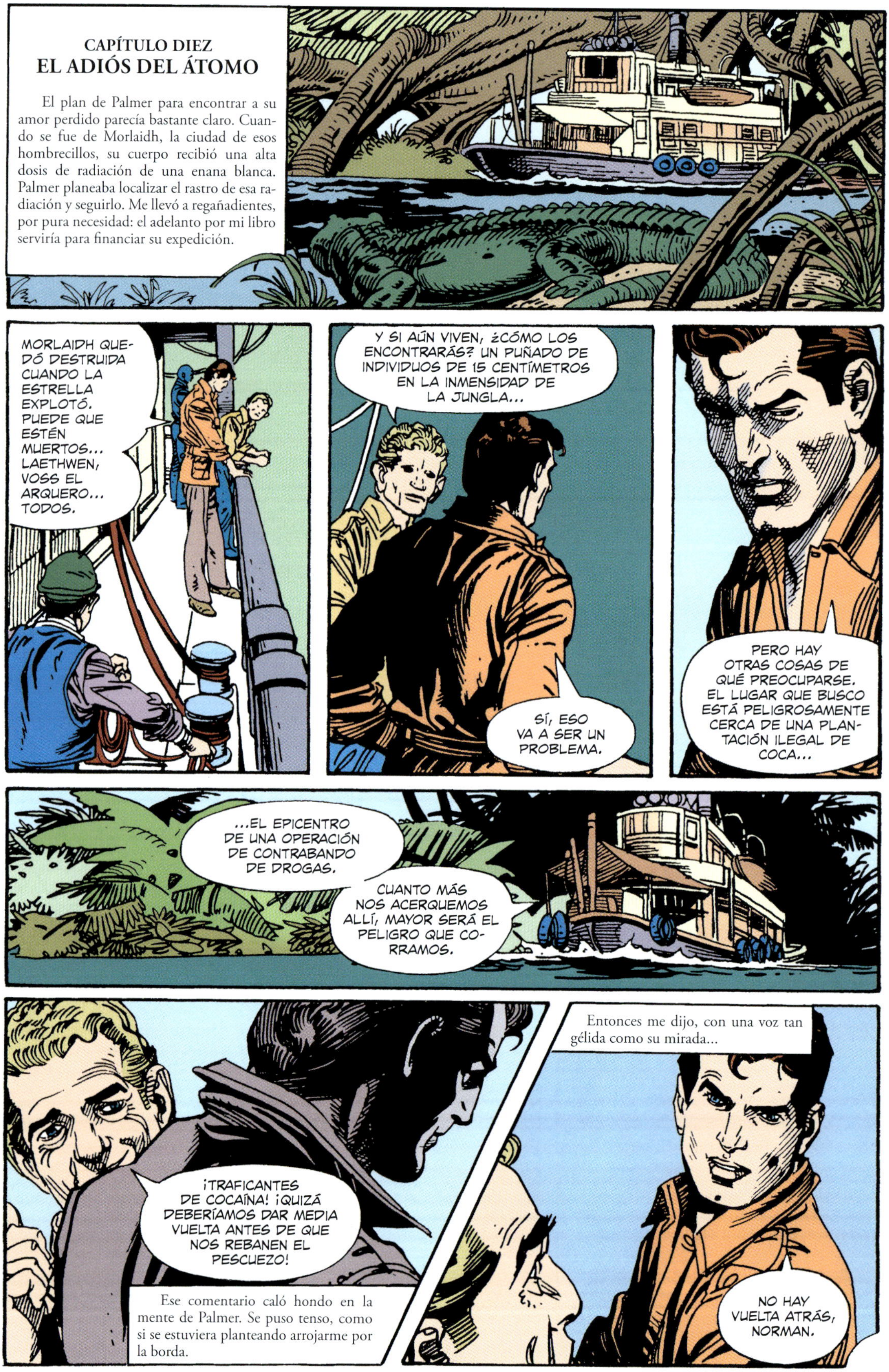
CAPÍTULO DIEZ
EL ADIÓS DEL ÁTOMO
El plan de Palmer para encontrar a su amor perdido parecía bastante claro. Cuando se fue de Morlaidh, la ciudad de esos hombrecillos, su cuerpo recibió una alta dosis de radiación de una enana blanca. Palmer planeaba localizar el rastro de esa radiación y seguirlo. Me llevó a regañadientes, por pura necesidad: el adelanto por mi libro serviría para financiar su expedición.
MORLAIDH QUEDÓ DESTRUIDA CUANDO LA ESTRELLA EXPLOTÓ. PUEDE QUE ESTÉN MUERTOS... LAETHWEN, VOSS EL ARQUERO... TODOS.
Y SI AÚN VIVEN, ¿CÓMO LOS ENCONTRARÁS? UN PUÑADO DE INDIVIDUOS DE 15 CENTÍMETROS EN LA INMENSIDAD DE LA JUNGLA...
SÍ, ESO VA A SER UN PROBLEMA.
PERO HAY OTRAS COSAS DE QUÉ PREOCUPARSE. EL LUGAR QUE BUSCO ESTÁ PELIGROSAMENTE CERCA DE UNA PLANTACIÓN ILEGAL DE COCA...
...EL EPICENTRO DE UNA OPERACIÓN DE CONTRABANDO DE DROGAS.
CUANTO MÁS NOS ACERQUEMOS ALLÍ, MAYOR SERÁ EL PELIGRO QUE CORRAMOS.
¡TRAFICANTES DE COCAÍNA! ¡QUIZÁ DEBERÍAMOS DAR MEDIA VUELTA ANTES DE QUE NOS REBANEN EL PESCUEZO!
Ese comentario caló hondo en la mente de Palmer. Se puso tenso, como si se estuviera planteando arrojarme por la borda.
Entonces me dijo, con una voz tan gélida como su mirada...
NO HAY VUELTA ATRÁS, NORMAN.

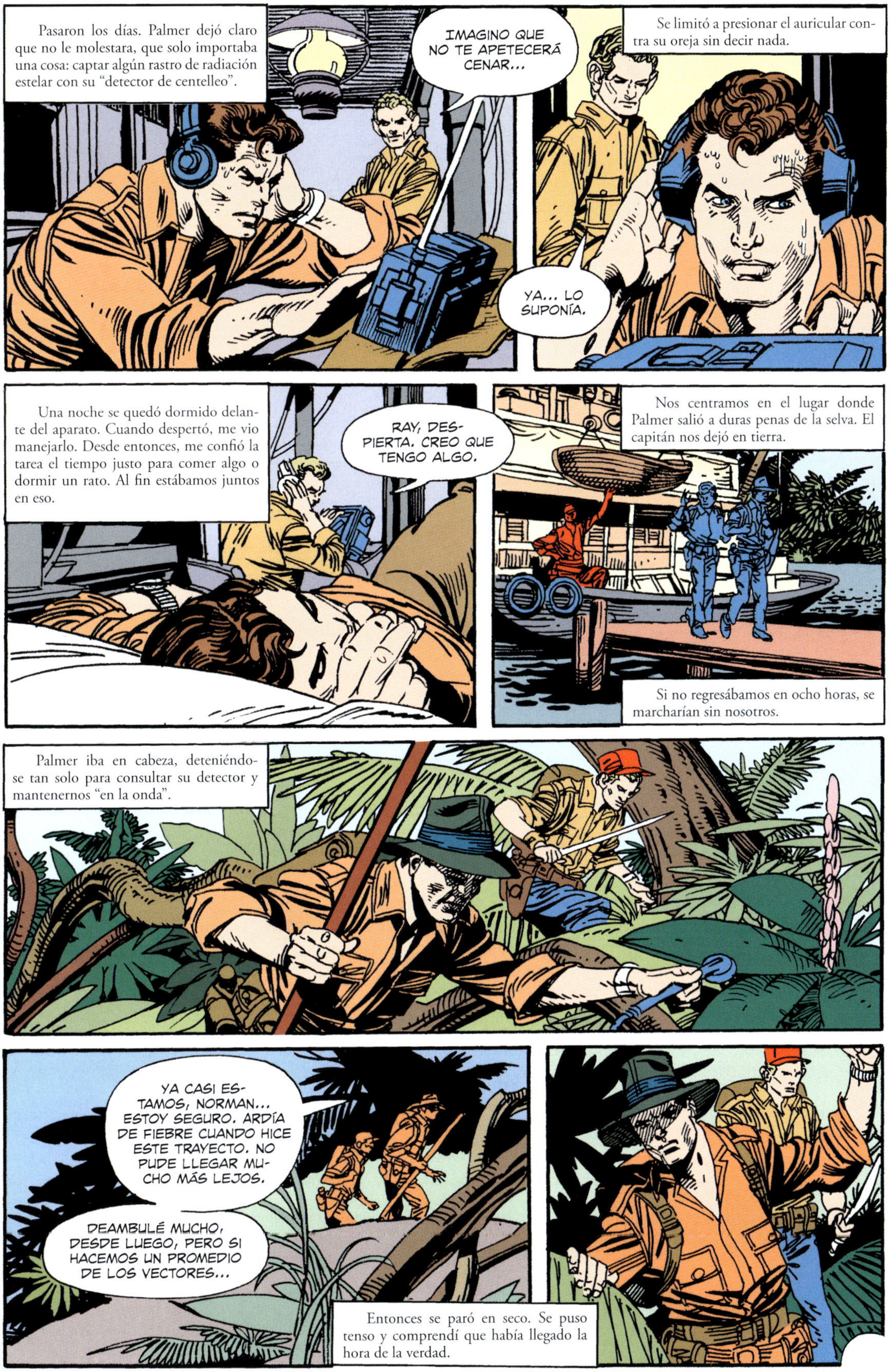
Pasaron los días. Palmer dejó claro que no le molestara, que solo importaba una cosa: captar algún rastro de radiación estelar con su "detector de centelleo".
IMAGINO QUE NO TE APETECERÁ CENAR...
Se limitó a presionar el auricular contra su oreja sin decir nada.
YA... LO SUPONÍA.
Una noche se quedó dormido delante del aparato. Cuando despertó, me vio manejarlo. Desde entonces, me confió la tarea el tiempo justo para comer algo o dormir un rato. Al fin estábamos juntos en eso.
RAY, DESPIERTA. CREO QUE TENGO ALGO.
Nos centramos en el lugar donde Palmer salió a duras penas de la selva. El capitán nos dejó en tierra.
Si no regresábamos en ocho horas, se marcharían sin nosotros.
Palmer iba en cabeza, deteniéndose tan solo para consultar su detector y mantenernos "en la onda".
YA CASI ESTAMOS, NORMAN... ESTOY SEGURO. ARDÍA DE FIEBRE CUANDO HICE ESTE TRAYECTO. NO PUDE LLEGAR MUCHO MÁS LEJOS.
DEAMBULÉ MUCHO, DESDE LUEGO, PERO SI HACEMOS UN PROMEDIO DE LOS VECTORES...
Entonces se paró en seco. Se puso tenso y comprendí que había llegado la hora de la verdad.

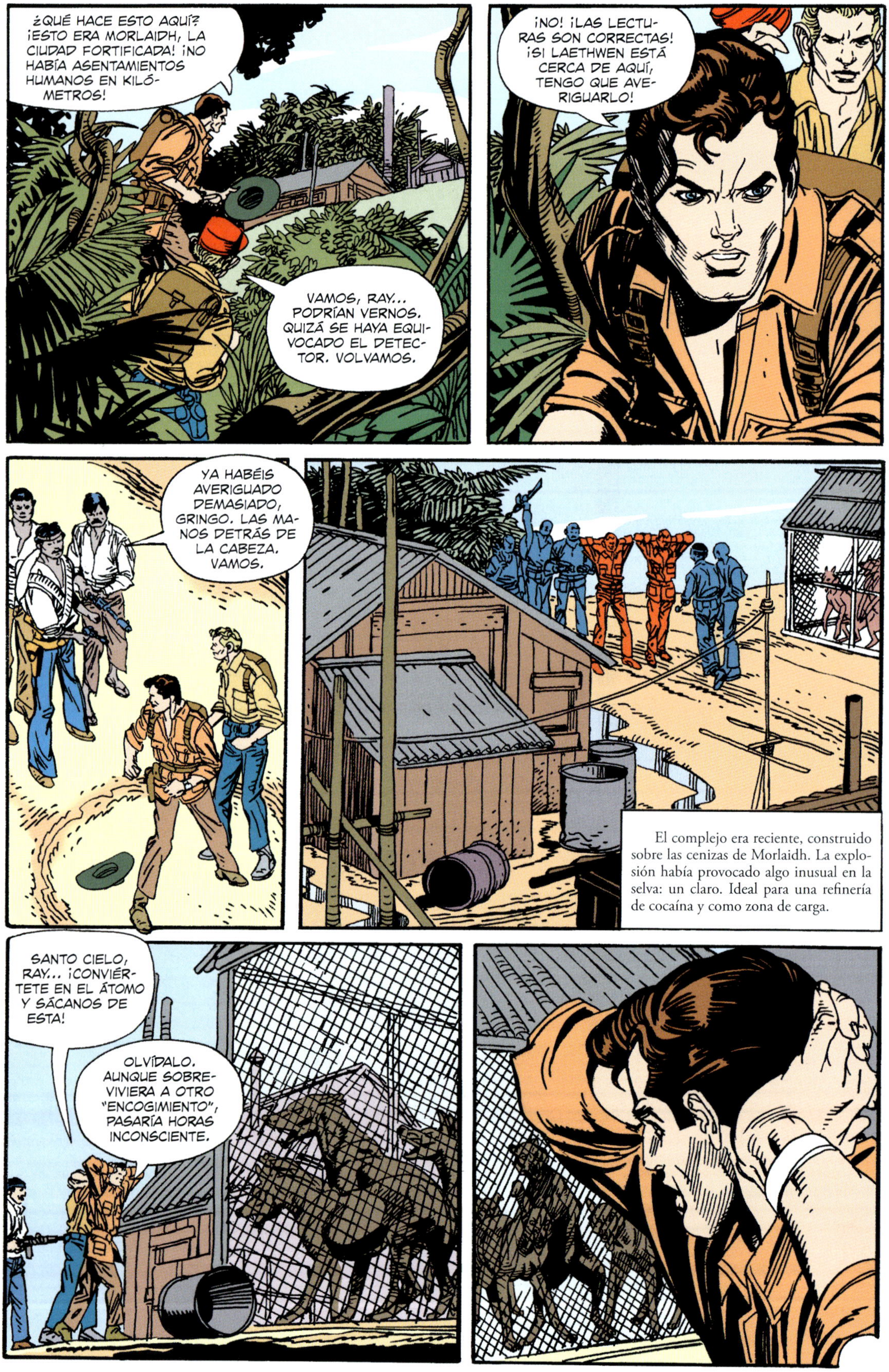
¿QUÉ HACE ESTO AQUÍ? ¡ESTO ERA MORLAIDH, LA CIUDAD FORTIFICADA! ¡NO HABÍA ASENTAMIENTOS HUMANOS EN KILÓMETROS!
VAMOS, RAY... PODRÍAN VERNOS. QUIZÁ SE HAYA EQUIVOCADO EL DETECTOR. VOLVAMOS.
¡NO! ¡LAS LECTURAS SON CORRECTAS! ¡SI LAETHWEN ESTÁ CERCA DE AQUÍ, TENGO QUE AVERIGUARLO!
YA HABÉIS AVERIGUADO DEMASIADO, GRINGO. LAS MANOS DETRÁS DE LA CABEZA. VAMOS.
El complejo era reciente, construido sobre las cenizas de Morlaidh. La explosión había provocado algo inusual en la selva: un claro. Ideal para una refinería de cocaína y como zona de carga.
SANTO CIELO, RAY... ¡CONVIÉRTETE EN EL ÁTOMO Y SÁCANOS DE ESTA!
OLVÍDALO. AUNQUE SOBREVIVIERA A OTRO "ENCOGIMIENTO", PASARÍA HORAS INCONSCIENTE.

NO SEAS TAN FISGÓN, GRINGO. NO DEBERÍAS FIJARTE TANTO EN LAS COSAS QUE NO TE INCUMBEN.
CREO QUE, ANTES DE QUE TERMINE EL DÍA, TENDREMOS QUE MATARTE.
PERO... ESO DEBE DECIDIRLO VARGAS. HASTA QUE LLEGUE, SERÉIS NUESTROS INVITADOS.
Palmer guardó silencio. Me sentí tentado de inventarme que representábamos a un sindicato mafioso de Miami, pero seguí el ejemplo de Palmer. Tenía más experiencia que yo en estas cosas.
NO MALGASTES ALIENTO CON ESOS IDIOTAS. NO PUEDEN NI SONARSE LA NARIZ SIN LA APROBACIÓN DE SU JEFE.
Y CUANDO LLEGUE VARGAS, HABLA LO MENOS POSIBLE... SI LES MIENTES, LO SABRÁN ENSEGUIDA.
VOY A INTENTAR ENCOGERME. ME QUEDARÉ FRITO DURANTE UNA HORA O MÁS. SI VARGAS LLEGA ANTES DE QUE DESPIERTE... EN FIN, HABRÁ QUE CORRER ESE RIESGO.
SIENTO QUE HAYAMOS LLEGADO A ESTO, NORMAN. BUENA SUERTE.
Palmer hizo algo con las muñecas, ¡y después fue como si una corriente eléctrica le atravesara el cuerpo!
¡Arqueó la espalda y se quedó sin aire en los pulmones, como un demonio exorcizado!

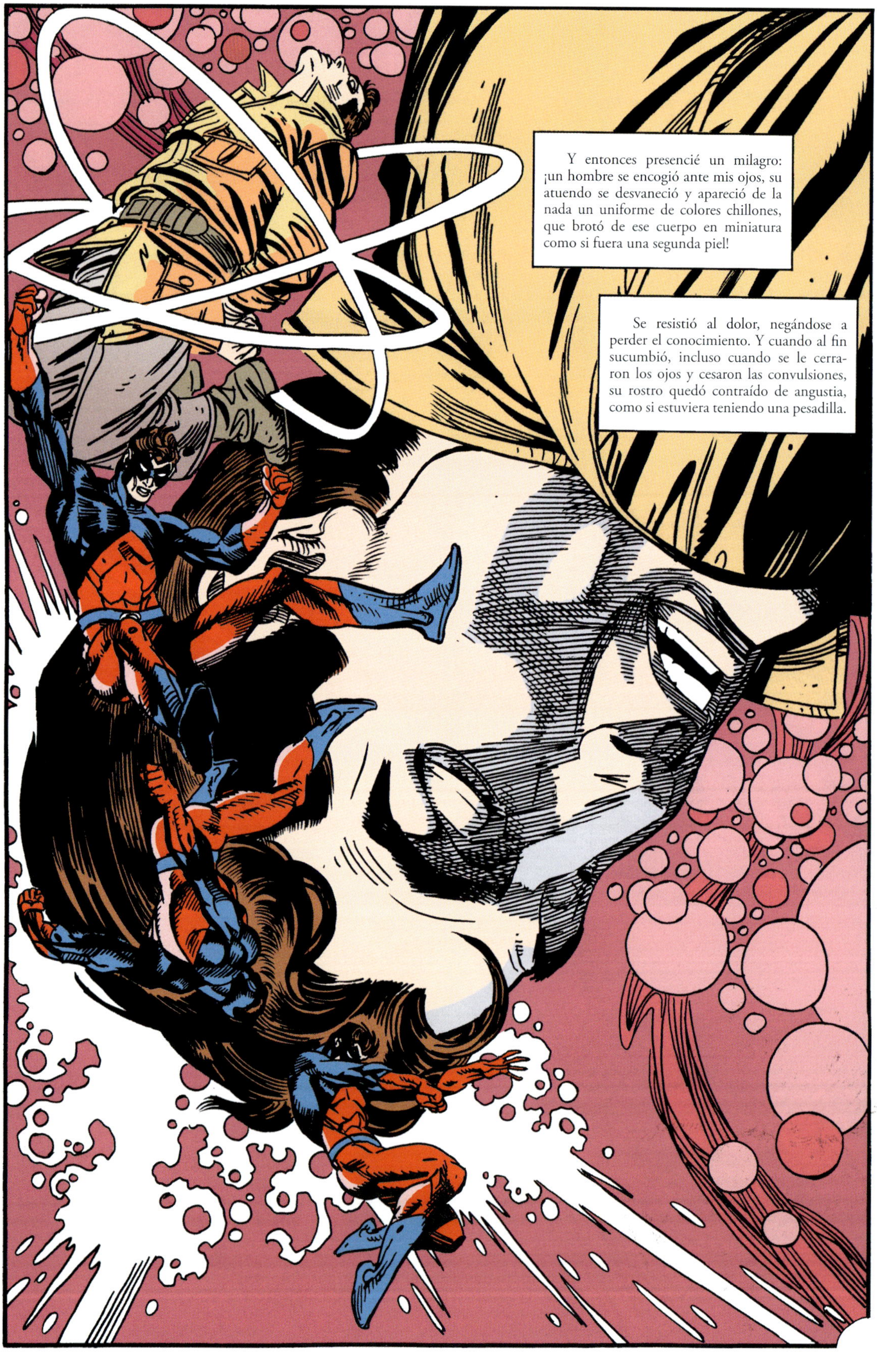
Y entonces presencié un milagro: ¡un hombre se encogió ante mis ojos, su atuendo se desvaneció y apareció de la nada un uniforme de colores chillones, que brotó de ese cuerpo en miniatura como si fuera una segunda piel!
Se resistió al dolor, negándose a perder el conocimiento. Y cuando al fin sucumbió, incluso cuando se le cerraron los ojos y cesaron las convulsiones, su rostro quedó contraído de angustia, como si estuviera teniendo una pesadilla.

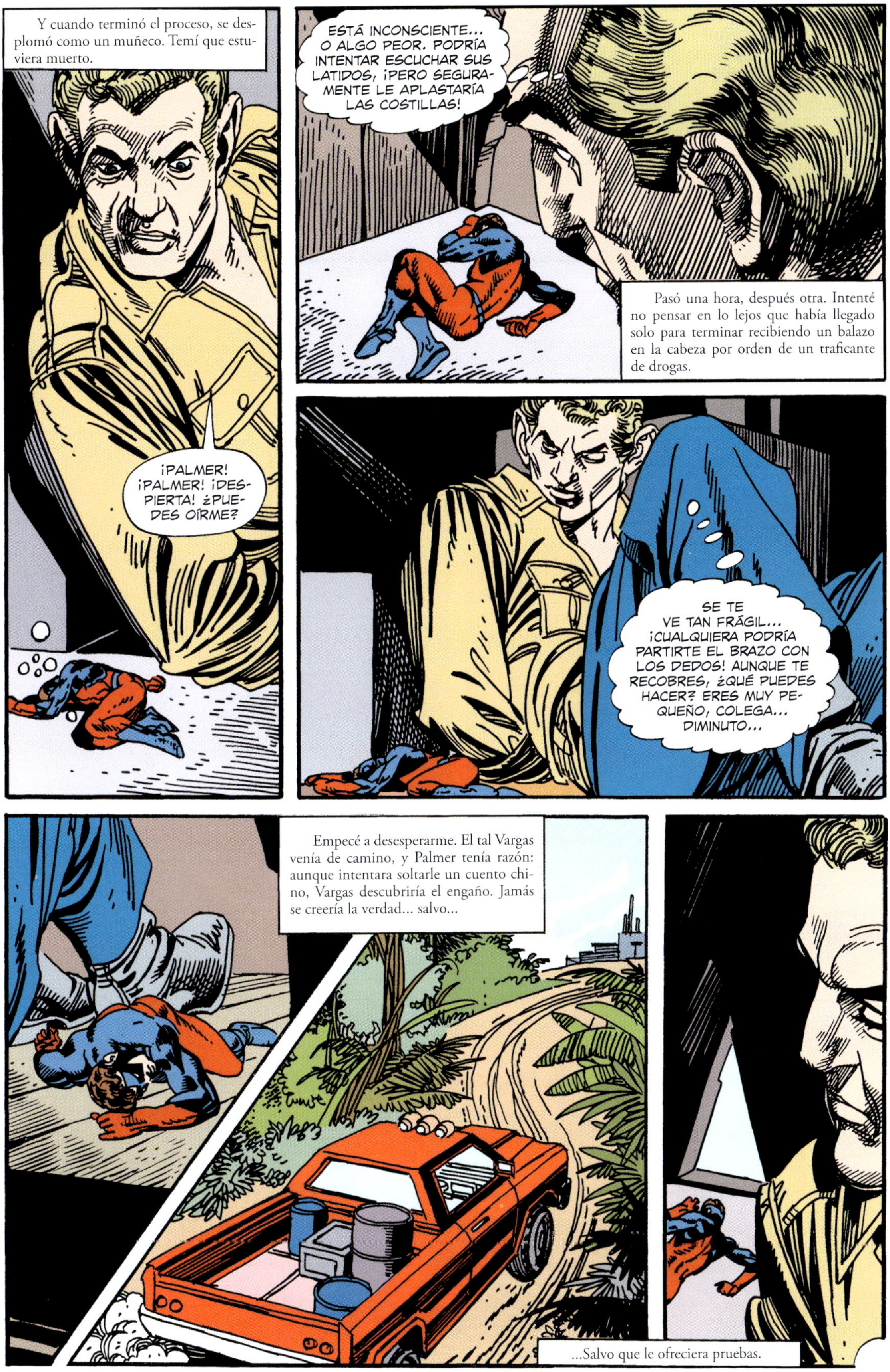
Y cuando terminó el proceso, se desplomó como un muñeco. Temí que estuviera muerto.
¡PALMER! ¡PALMER! ¡DESPIERTA! ¿PUEDES OÍRME?
ESTÁ INCONSCIENTE... O ALGO PEOR. PODRÍA INTENTAR ESCUCHAR SUS LATIDOS, ¡PERO SEGURAMENTE LE APLASTARÍA LAS COSTILLAS!
Pasó una hora, después otra. Intenté no pensar en lo lejos que había llegado solo para terminar recibiendo un balazo en la cabeza por orden de un traficante de drogas.
SE TE VE TAN FRÁGIL... ¡CUALQUIERA PODRÍA PARTIRTE EL BRAZO CON LOS DEDOS! AUNQUE TE RECOBRES, ¿QUÉ PUEDES HACER? ERES MUY PEQUEÑO, COLEGA... DIMINUTO...
Empecé a desesperarme. El tal Vargas venía de camino, y Palmer tenía razón: aunque intentara soltarle un cuento chino, Vargas descubriría el engaño. Jamás se creería la verdad... salvo...
...Salvo que le ofreciera pruebas.

Oí la llegada de una camioneta y capté una conversación en un idioma desconocido para mí. Solo entendí dos palabras: gringo y... Vargas.
DOS OPCIONES. DECIR LA VERDAD Y ENTREGAR EL CUERPO DE PALMER PARA RESPALDARLA. QUIZÁ ME LIBRE DE UN DISPARO Y PALMER TERMINE METIDO EN UN TARRO. O...
...ESCONDER A PALMER Y REZAR POR UN MILAGRO.
Escuché sus pisadas junto a la choza. Hiciera lo que hiciera, debía darme prisa.
No era la primera vez que me lo jugaba todo a una sola carta.
PREPARAOS PARA MORIR, GRINGOS. NO NOS GUSTAN... ¿QUÉ?
EL OTRO... ¿DÓNDE ESTÁ? ¡DÍMELO O TE ARRANCO LA PIEL A JIRONES!
¡AHÓRRAME LOS DETALLES! EL OTRO SE HA IDO... ¡HA ESCAPADO! ¡VA A AVISAR A LAS AUTORIDADES!

¡ENTONCES ENCONTRARÁN TU CADÁVER COLGANDO DE UN GARFIO! ¡TU AMIGO TE HA CONDENADO A UNA MUERTE LENTA Y DOLOROSA, GRINGO!
Los perros guardianes lanzaron unos ladridos frenéticos mientras me conducían junto a su redil. Comenzaron a salivar.
No presencié lo que pasó después, pero me imagino al Átomo, espabilado quizá por los ladridos, despertándose...
¡JUSTO A TIEMPO! ¡AL PARECER NORMAN ME SACÓ POR LA PUERTA DE ATRÁS Y SE QUEDÓ A AGUANTAR EL CHAPARRÓN!
ESOS PERROS ESTÁN HAMBRIENTOS... ¡LLEVAN DÍAS SIN COMER! ¡Y TAMPOCO LOS HAN TRATADO CON MUCHO CARIÑO QUE DIGAMOS!
SOSPECHO QUE NUESTROS CAPTORES NO SE HAN GANADO LA SIMPATÍA DE LA RAZA CANINA. POR SUPUESTO...
...CABE LA POSIBILIDAD DE QUE TODOS TERMINEMOS HECHOS TRIZAS...
¡...PERO SUPONGO QUE ES MEJOR NO PENSAR EN ESO!
¡ADELANTE, MUCHACHOS! ¡LA PUERTA ESTÁ ABIERTA!

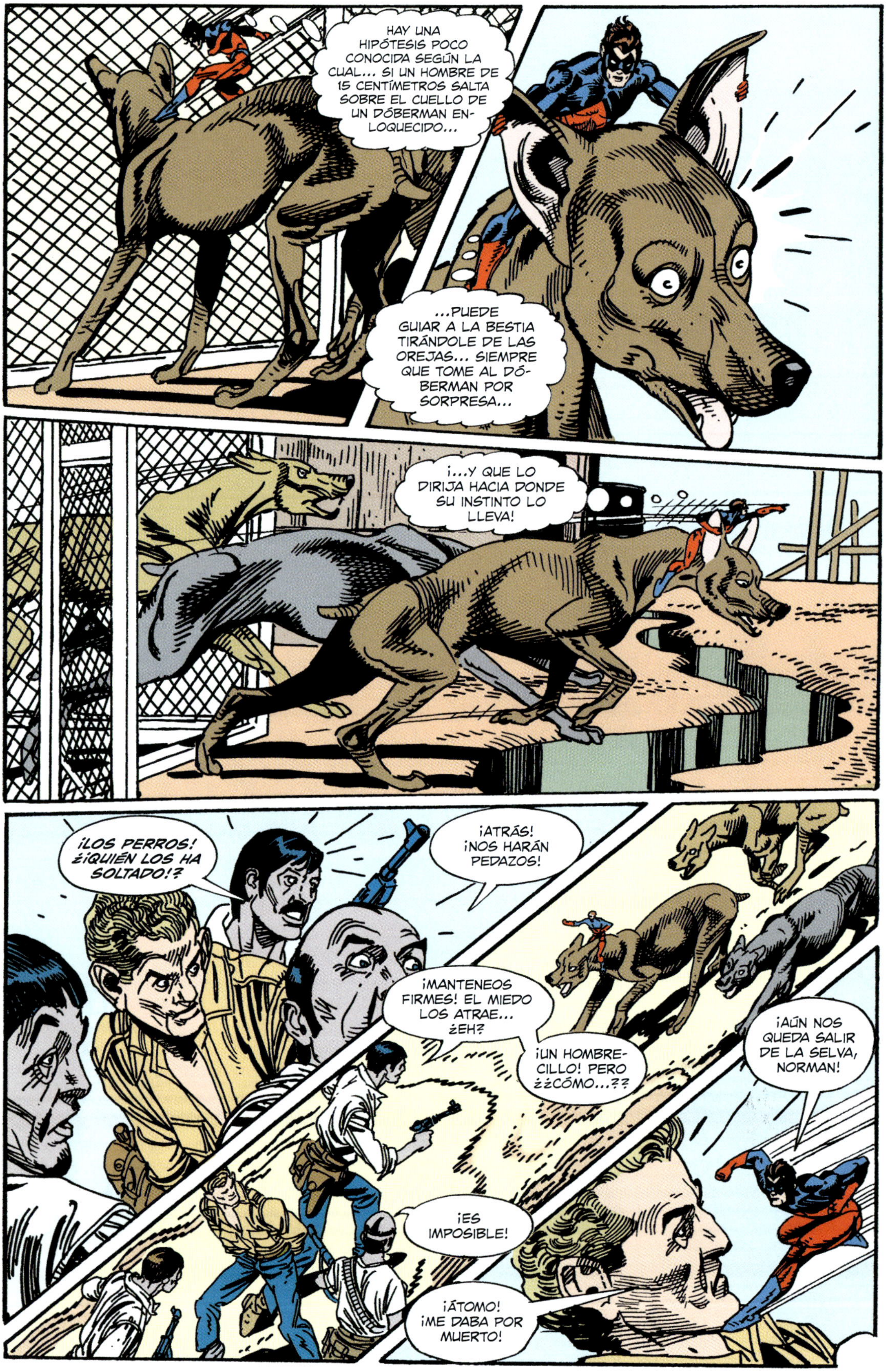
HAY UNA HIPÓTESIS POCO CONOCIDA SEGÚN LA CUAL... SI UN HOMBRE DE 15 CENTÍMETROS SALTA SOBRE EL CUELLO DE UN DÓBERMAN EN-LOQUECIDO...
...PUEDE GUIAR A LA BESTIA TIRÁNDOLE DE LAS OREJAS... SIEMPRE QUE TOME AL DÓ-BERMAN POR SORPRESA...
¡...Y QUE LO DIRIJA HACIA DONDE SU INSTINTO LO LLEVA!
¡LOS PERROS! ¿¡QUIÉN LOS HA SOLTADO!?
¡ATRÁS! ¡NOS HARÁN PEDAZOS!
¡MANTENEOS FIRMES! EL MIEDO LOS ATRAE... ¿EH?
¡UN HOMBRE-CILLO! PERO ¿¿CÓMO...??
¡AÚN NOS QUEDA SALIR DE LA SELVA, NORMAN!
¡ES IMPOSIBLE!
¡ÁTOMO! ¡ME DABA POR MUERTO!

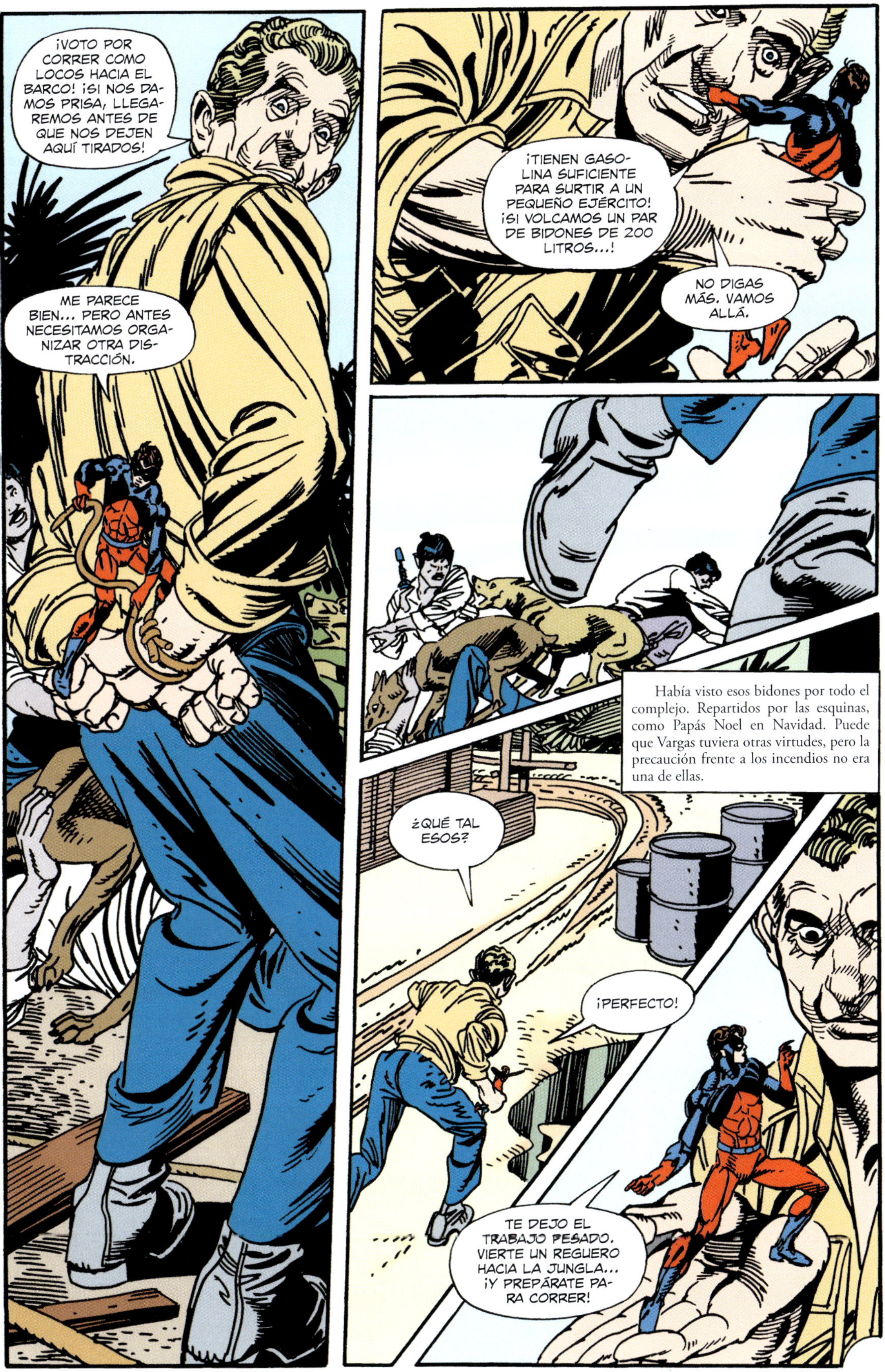
¡VOTO POR CORRER COMO LOCOS HACIA EL BARCO! ¡SI NOS DAMOS PRISA, LLEGAREMOS ANTES DE QUE NOS DEJEN AQUÍ TIRADOS!
ME PARECE BIEN... PERO ANTES NECESITAMOS ORGANIZAR OTRA DISTRACCIÓN.
¡TIENEN GASOLINA SUFICIENTE PARA SURTIR A UN PEQUEÑO EJÉRCITO! ¡SI VOLCAMOS UN PAR DE BIDONES DE 200 LITROS...!
NO DIGAS MÁS. VAMOS ALLÁ.
Había visto esos bidones por todo el complejo. Repartidos por las esquinas, como Papás Noel en Navidad. Puede que Vargas tuviera otras virtudes, pero la precaución frente a los incendios no era una de ellas.
¿QUÉ TAL ESOS?
¡PERFECTO!
TE DEJO EL TRABAJO PESADO. VIERTE UN REGUERO HACIA LA JUNGLA... ¡Y PREPÁRATE PARA CORRER!

De haber podido, habría hecho un reguero de un kilómetro... pero el suelo ya estaba absorbiendo la gasolina más cercana a los bidones.
NO PODEMOS LLEGAR MÁS LEJOS. ES AHORA O NUNCA.
VAMOS ALLÁ.
Fue apocalíptico. Los dos primeros bidones explotaron, detonando cuatro más... ¡Y luego hubo más, uno después de otro, explotando como bombas programadas, hasta que el fuego se extendió por el complejo, convirtiendo la zona en un infierno llameante!
¡Humanos y bestias por igual huyeron del holocausto, olvidando sus reyertas, mientras el elemento más feroz de la naturaleza, el fuego, se abalanzaba sobre ellos con toda su furia!
Los perros sabían hacia dónde correr, siguiendo el rastro del arroyo más cercano. Los hombres (aquellos que conservaban sus facultades mentales) los siguieron de cerca.

Átomo y yo lo vimos todo desde una distancia prudencial. Cuando me habló, apenas pude oírle entre el crepitar del fuego. Su voz era tenue... pero firme.
NO REGRESARÉ CONTIGO, NORMAN. ME QUEDARÉ AQUÍ... PARA BUSCAR A LAETHWEN.
ESTOY DECIDIDO. ME HE ENCOGIDO, PUEDE QUE POR ÚLTIMA VEZ. SOLO PORQUE NO HAYA ENCONTRADO A LAETHWEN AÚN, NO SIGNIFICA QUE VAYA A DEJAR DE INTENTARLO.
¡NI SIQUIERA SABES SI ESTÁ VIVA! TAL VEZ MURIERA CUANDO EXPLOTÓ MORLAIDH... ¡O INCLUSO AHORA!
¿NO VES QUE ESO ES LO DE MENOS? ¡RAY PALMER, EL HOMBRE AL QUE CONOCÍAS, HA MUERTO!
¡MURIÓ HACE DOS HORAS! ¡LO MATÉ CUANDO DECIDÍ ENCOGERME!
PASE LO QUE PASE A PARTIR DE AHORA... SEA LO QUE SEA LO QUE ME RESERVE EL FUTURO... ¡TENDRÉ QUE AFRONTARLO COMO EL ÁTOMO!
¡ENFRÉNTATE A MÍ, HOMBRECILLO! ¡YO SOY TU DESTINO!
¡VARGAS!
HAS DESTRUIDO MI NEGOCIO... ¡PERO NO ME HAS DESTRUIDO A MÍ! HAS QUEMADO MIS EDIFICIOS, ¡PERO NO ME HAS QUEMADO A MÍ! ¡ESTOY VIVO! ¡VIVO!
Y VOY A MATARTE POR LO QUE HAS HECHO...

¡AAAAAA!
De pronto, Vargas puso los ojos como platos. Se quedó inmóvil un instante, aturdido. ¡Después se arqueó y soltó un grito ahogado!
Átomo vio cómo el cuerpo de Vargas se convulsionaba. Parecía estar esperando... pero ¿a qué?
Al fin, Vargas quedó inmóvil.
MIRA... ¡FLECHAS! ¡FLECHAS ENVENENADAS! ENTONCES ESTÁN AQUÍ... ¡ESTÁN VIVOS!
SON LAS FLECHAS DE VOSS, NORMAN... ¡VOSS EL ARQUERO! SOBREVIVIÓ A LA DESTRUCCIÓN DE MORLAIDH... ¡Y ÉL JAMÁS ABANDONARÍA A LAETHWEN!
¡ESTÁ VIVA! ¡Y ESTÁ AQUÍ!
HAS DE DARTE PRISA, NORMAN. ¡EL BARCO SE IRÁ SIN TI! ¡NO TE PREOCUPES POR MÍ! ¡VUELVE A CASA Y ESCRIBE ESE LIBRO!
Y RECUERDA: CUANDO LLEGUES AL ÚLTIMO CAPÍTULO...
¡¡...ESCRIBE UN FINAL FELIZ!!

Avancé dos pasos más, siguiendo la advertencia del Átomo de no perder el barco.
De pronto me asaltó un centenar de preguntas que hacerle. Paré y me di la vuelta...
...Pero ya se había ido. Desapareció como si nunca hubiera existido.
Jamás volví a verlo.
¿Aquellas flechas que nos salvaron la vida pertenecían a Voss el arquero? De ser así, ¿la princesa Laethwen seguía viva? Y si lo estaba, ¿se acordaría del Átomo? Esas preguntas debieron de atormentarlo mientras se aproximaba al final de su viaje, mientras dos figuras diminutas emergían lentamente de entre las sombras de la espesura...
Solo él sabrá las respuestas.
ELLA ME HA TRAÍDO AQUÍ, ÁTOMO... A DIARIO. DIJO QUE VOLVERÍAS, NO ATENDÍA A RAZONES. AHORA... MI PREGUNTA ES...
¿HAS VENIDO PARA QUEDARTE?
¿PARA QUEDARME, VOSS? TE LO DEMOSTRARÉ...
Fin

AÑOS DESPUÉS...

Opal City
Hace 30 minutos.
Ralph Dibny y Lorraine Reilly
Colegas.
EL DR. DESTINO ME DIJO UNA VEZ QUE LA VIDA ES UN MISTERIO.
¿TIENES IDEA DE QUÉ ES?
NO.
¿NO SIENTES CURIOSIDAD?
CLARO QUE SÍ. AQUÍ LOS BLANCOS SOLO VIENEN A POR DROGA O A METERSE EN LÍOS. ¿QUIÉN NO SENTIRÍA CURIOSIDAD?
¿ALGUNA SUPOSICIÓN?
PERO NO LO ES.
TODO EL MUNDO SABE CÓMO TERMINA.
LA CUESTIÓN ES CUÁNDO.
EN LAS NOVELAS, ES DISTINTO. EN ELLAS, UNO EMPIEZA A PREOCUPARSE POR EL BIENESTAR DEL PROTAGONISTA CASI DE INMEDIATO.
¿PISTOLAS?
NO, A MENOS QUE PROVEAN A UN EJÉRCITO ENTERO.
AUNQUE ESA PREOCUPACIÓN ES FALSA. AL PROTAGONISTA DE UNA NOVELA NUNCA LE SUCEDE NADA MALO.
PERO SI EL RELATO EMPIEZA CON UNO O DOS SECUNDARIOS...
QUIZÁ SEA OTRO TIPO DE ARMA. ME HAN DICHO QUE ALGUIEN VENDE UN AMAZO EN EL MERCADO NEGRO.

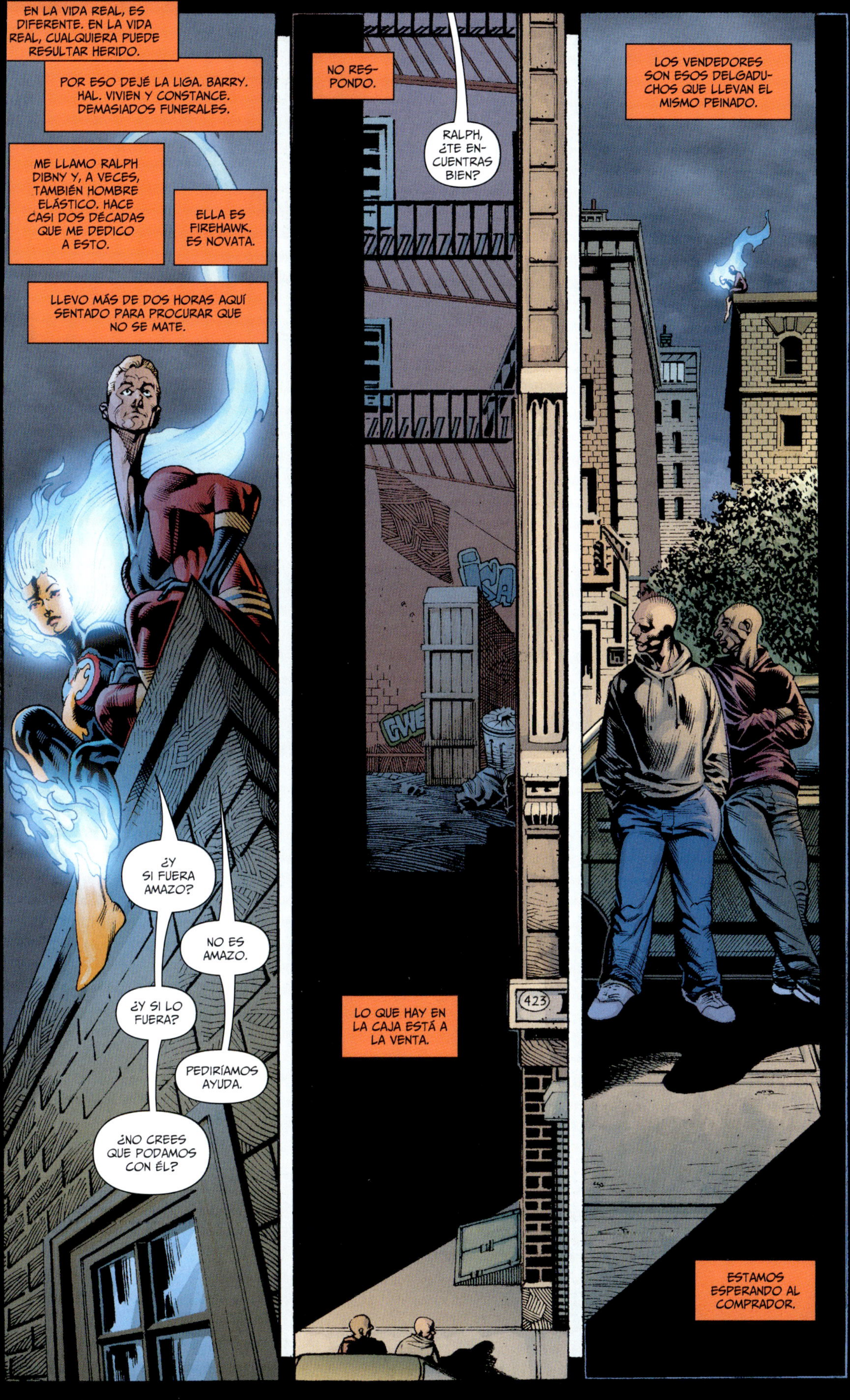
EN LA VIDA REAL, ES DIFERENTE. EN LA VIDA REAL, CUALQUIERA PUEDE RESULTAR HERIDO.
POR ESO DEJÉ LA LIGA. BARRY. HAL. VIVIEN Y CONSTANCE. DEMASIADOS FUNERALES.
ME LLAMO RALPH DIBNY Y, A VECES, TAMBIÉN HOMBRE ELÁSTICO. HACE CASI DOS DÉCADAS QUE ME DEDICO A ESTO.
ELLA ES FIREHAWK. ES NOVATA.
LLEVO MÁS DE DOS HORAS AQUÍ SENTADO PARA PROCURAR QUE NO SE MATE.
¿Y SI FUERA AMAZO?
NO ES AMAZO.
¿Y SI LO FUERA?
PEDIRÍAMOS AYUDA.
¿NO CREES QUE PODAMOS CON ÉL?
NO RESPONDO.
RALPH, ¿TE ENCUENTRAS BIEN?
LO QUE HAY EN LA CAJA ESTÁ A LA VENTA.
423
LOS VENDEDORES SON ESOS DELGADUCHOS QUE LLEVAN EL MISMO PEINADO.
ESTAMOS ESPERANDO AL COMPRADOR.

¿QUÉ PASA, RALPH? ¿ESTO NO TE RESULTABA DIVERTIDO?
¿DIVERTI-DO? DEBES DE DECIRLO POR PLASTIC MAN.
PERO PARA MÍ... SÍ, LOS MISTERIOS SON DIVERTIDOS. DE LOS MISTERIOS ME RÍO. PERO LOS VILLANOS...
LOS VILLA-NOS NO ME GUSTAN.
¿QUÉ TE HACE CREER QUE ANDA METIDO ALGÚN VILLANO?
LA NARIZ.
CUANDO CONOCÍ A GREEN ARROW, ME DIJO QUE NO ES VERDAD QUE SE TE MUEVA LA NARIZ CUANDO HAY ALGÚN MISTERIO.
QUE TE LO INVENTASTE PARA LLAMAR LA ATENCIÓN.
GREEN ARROW SE ESTÁ QUEDANDO CALVO. POR ESO LLEVA SOMBRERO.

Smallville.
Ahora.
DAILY PLANET
AAH, ESTA ME ENCANTA.
MARAVILLAS DISFRAZADAS
Jonathan, Martha y Clark Kent
Padres e hijo.
SALEN ARTÍCULOS TODOS LOS DÍAS, Y MA NO SE PIERDE NI UNO.
PERO ME PARECE QUE, POR PRIMERA VEZ, NO SE ESTÁ FIJANDO EN MÍ.
¿CÓMO ERA? ¿ERA MAJO?
GREEN LANTERN SIEMPRE ES MAJO.
¿AÚN ES GUAPO? SIEMPRE FUE TAN GUAPO...
MARTHA.
ES VERDAD. ERA GUAPO...
POR CIERTO, MA... HE RECOGIDO ESTO EN EL *PLANET*. TE DIJE QUE NO TENÍAS QUE ENVIAR NINGÚN CHEQUE.
NO SE ENFADA CON FRECUENCIA.
NO ERA PARA TI.
NO LO HE ABIERTO.
PERO HAS MIRADO DENTRO.
CLARK, SOMOS PERFECTAMENTE CAPACES DE PAGAR LA SUSCRIPCIÓN.
TRANQUILA, MA... YA OS METO YO EN EL ORDENADOR.

PERO CUANDO SE ENFADA, ME RECUERDA...
LO VOY A VOLVER A ENVIAR. NO ME LO PUEDES IMPEDIR.
LO CIERTO ES QUE CREO QUE...
SEGURO QUE BATMAN NO LES HACE ESO A SUS PADRES.
...QUE HAY COSAS MÁS POTENTES QUE LA KRYPTONITA.
TÚ ENVÍA EL CHEQUE, MA. LO...
ZZTTT ZZTTT
EL TRANSMISOR DE LA LIGA DE LA JUSTICIA.
LE DIJE A J'ONN QUE SOLO LLA-MARA SI...
AY, NO.
ME TENGO QUE IR.
PA, HAZME UN FAVOR Y CIERRA CON LLAVE.

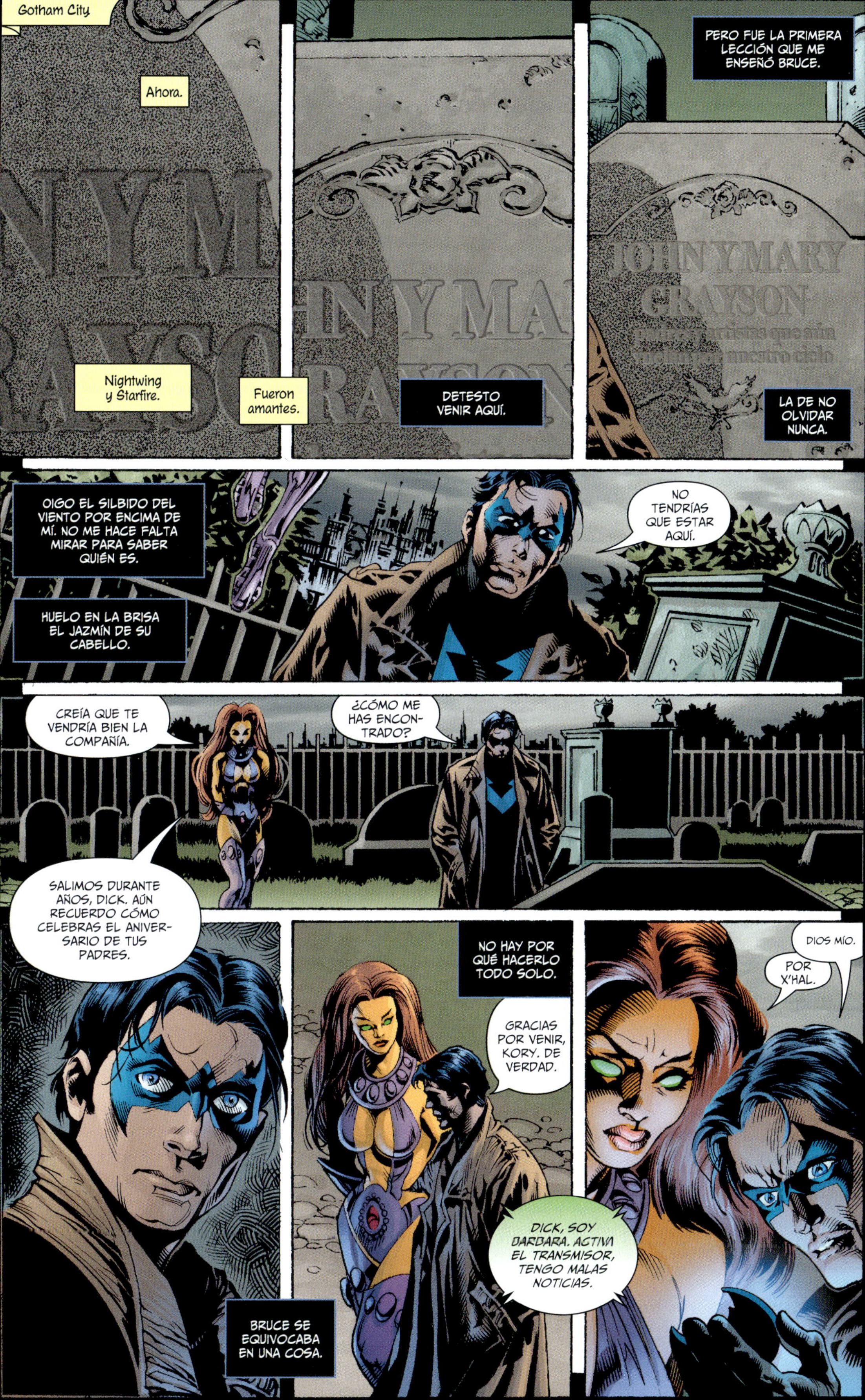
Gotham City
Ahora.
Nightwing y Starfire.
Fueron amantes.
DETESTO VENIR AQUÍ.
PERO FUE LA PRIMERA LECCIÓN QUE ME ENSEÑÓ BRUCE.
JOHN Y MARY GRAYSON
LA DE NO OLVIDAR NUNCA.
OIGO EL SILBIDO DEL VIENTO POR ENCIMA DE MÍ. NO ME HACE FALTA MIRAR PARA SABER QUIÉN ES.
HUELO EN LA BRISA EL JAZMÍN DE SU CABELLO.
NO TENDRÍAS QUE ESTAR AQUÍ.
CREÍA QUE TE VENDRÍA BIEN LA COMPAÑÍA.
¿CÓMO ME HAS ENCONTRADO?
SALIMOS DURANTE AÑOS, DICK. AÚN RECUERDO CÓMO CELEBRAS EL ANIVERSARIO DE TUS PADRES.
BRUCE SE EQUIVOCABA EN UNA COSA.
NO HAY POR QUÉ HACERLO TODO SOLO.
GRACIAS POR VENIR, KORY. DE VERDAD.
DICK, SOY BARBARA. ACTIVA EL TRANSMISOR, TENGO MALAS NOTICIAS.
POR X'HAL.
DIOS MÍO.

Star City
Ahora.
¡¡UUUUF!!
Green Arrow y Green Arrow.
Padre e hijo.
VA, CHAVAL. ¿NO SABES HACERLO MEJOR? CON ESOS PUÑETAZOS, NO NOQUEARÍAS NI AL ESPANTAPÁJAROS.
TIENE GRACIA, PORQUE A TI TE HE TUMBADO HACE 10 MINUTOS.
HAN SIDO DOS.
¿QUÉ DICES? NO ME HAS DADO DOS VECES.
HA SIDO UN GOLPE DE SUERTE.
CLARO QUE SÍ, ANCIANO. PUM Y PUM. UNO DETRÁS DEL OTRO.
AH, CLARO, ES QUE NO LO HAS VISTO. ESTABAS OCUPADO CAYÉNDOTE DE CULO.
SIÉNTETE ORGULLOSO, OLLIE. TU HIJO ES UN RAYO.
SÍ.
LO ES.
CONNOR, NOS TENEMOS QUE IR. ¿VIENES, TED? SUE VA A DARLE LA FIESTA SORPRESA ANUAL A RALPH.
¿AL HOMBRE ELÁSTICO?
ES UNA TRADICIÓN. ELLA PLANTEA UN MISTERIO QUE A ÉL LE PARECE REAL.
HACE AÑOS, DISFRAZÓ A BARRY PARA DARLE UNA SORPRESA.
ESTE AÑO, VOY A SALIR YO DE LA TARTA AL FINAL.
ZZTTT ZZTTT
ESE RUIDO ME SUENA.
EL TRANSMISOR DE LA LIGA.
NO LLEVO EL MÍO. MI HIJO SÍ.
¿QUÉ PASA? ¿NOS ATACA OTRA GALAXIA INTELIGENTE?
PA... PAPÁ, ME PARECE QUE SE HA CANCELADO LA FIESTA.

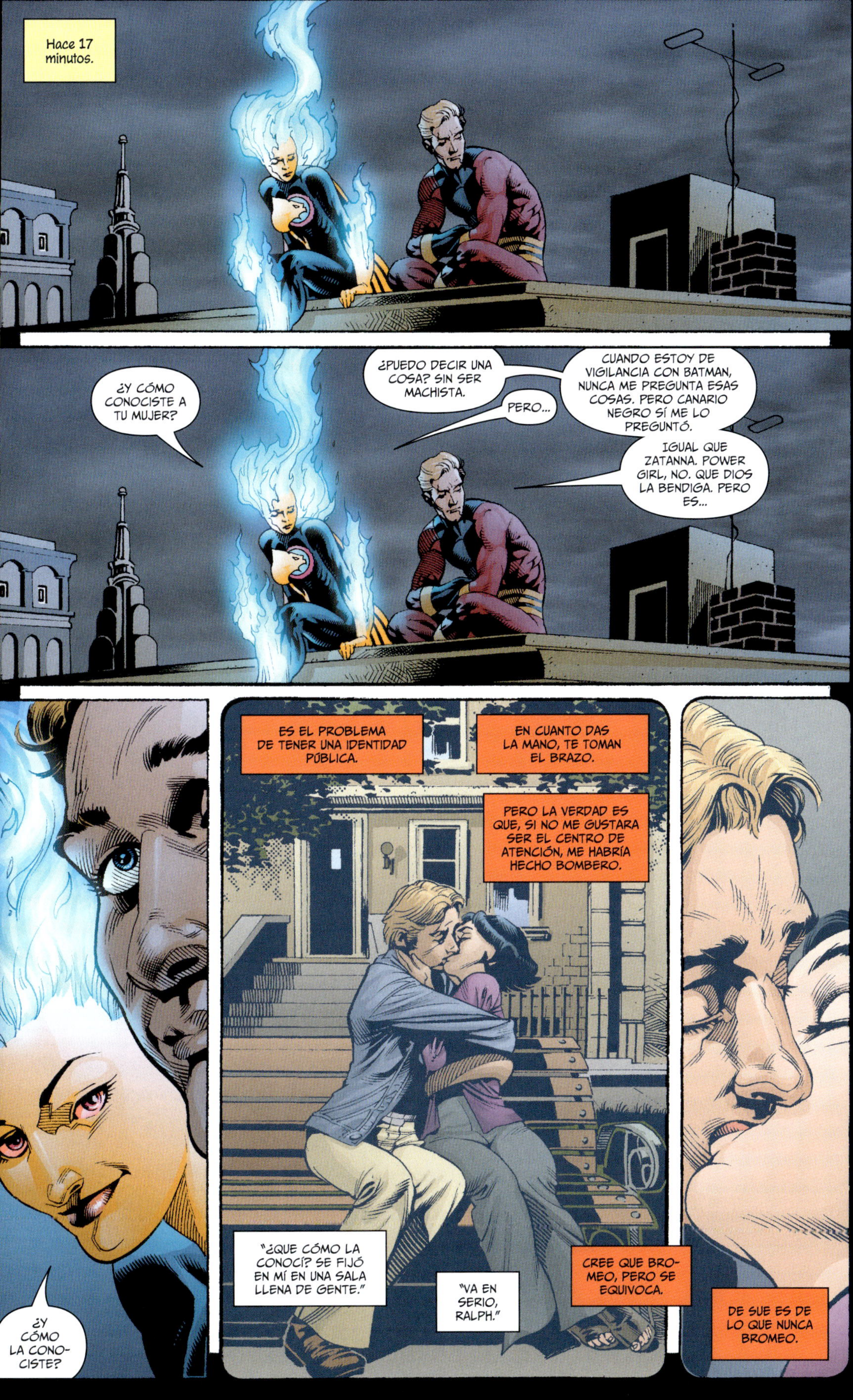
Hace 17 minutos.
¿Y CÓMO CONOCISTE A TU MUJER?
¿PUEDO DECIR UNA COSA? SIN SER MACHISTA.
PERO...
CUANDO ESTOY DE VIGILANCIA CON BATMAN, NUNCA ME PREGUNTA ESAS COSAS. PERO CANARIO NEGRO SÍ ME LO PREGUNTÓ.
IGUAL QUE ZATANNA. POWER GIRL, NO. QUE DIOS LA BENDIGA. PERO ES...
¿Y CÓMO LA CONOCISTE?
ES EL PROBLEMA DE TENER UNA IDENTIDAD PÚBLICA.
EN CUANTO DAS LA MANO, TE TOMAN EL BRAZO.
PERO LA VERDAD ES QUE, SI NO ME GUSTARA SER EL CENTRO DE ATENCIÓN, ME HABRÍA HECHO BOMBERO.
"¿QUE CÓMO LA CONOCÍ? SE FIJÓ EN MÍ EN UNA SALA LLENA DE GENTE."
"VA EN SERIO, RALPH."
CREE QUE BROMEO, PERO SE EQUIVOCA.
DE SUE ES DE LO QUE NUNCA BROMEO.

"¿NO LE AGUASTE LA PUESTA DE LARGO O NO SÉ QUÉ...?"
"¿...Y OS ENAMORASTEIS A PRIMERA VISTA O ALGUNA PORQUERÍA DE ESAS?"
DESDE QUE DESVELAMOS NUESTRA IDENTIDAD, HAN SALIDO CUATRO BIOGRAFÍAS NO AUTORIZADAS, DOS TELEFILMES Y UN BOSQUE DE COLUMNAS DE COTILLEO.
SE EQUIVOCARON TODOS.
LA VERDAD SOLO LA SABEN LOS AMIGOS.
"NOS CONOCIMOS CUANDO ÉRAMOS CASI DOS CRÍOS."
"Y NO ES SOLO QUE SE FIJARA EN MÍ SINO TAMBIÉN QUE NO SE FIJÓ EN ÉL."
"¿EN QUIÉN?"
"¿A TI QUÉ TE PARECE?"
YO LO QUERÍA COMO A UN HERMANO, PERO TENGAMOS EN CUENTA DÓNDE ESTÁBAMOS: EN LA CENTRAL CITY DE AQUELLA ÉPOCA. DE SU ÉPOCA.
SE PRESENTÓ AL FINAL PARA SACARME DE ALLÍ. ERA COMO TRATAR DE COMPETIR CON SINATRA.
PERO POR ESO EN LAS HELADERÍAS NO VENDEN SOLO HELADOS DE CHOCOLATE Y VAINILLA.
DE VEZ EN CUANDO, ENTRA ALGUIEN QUE PIDE UNO DE NUECES.

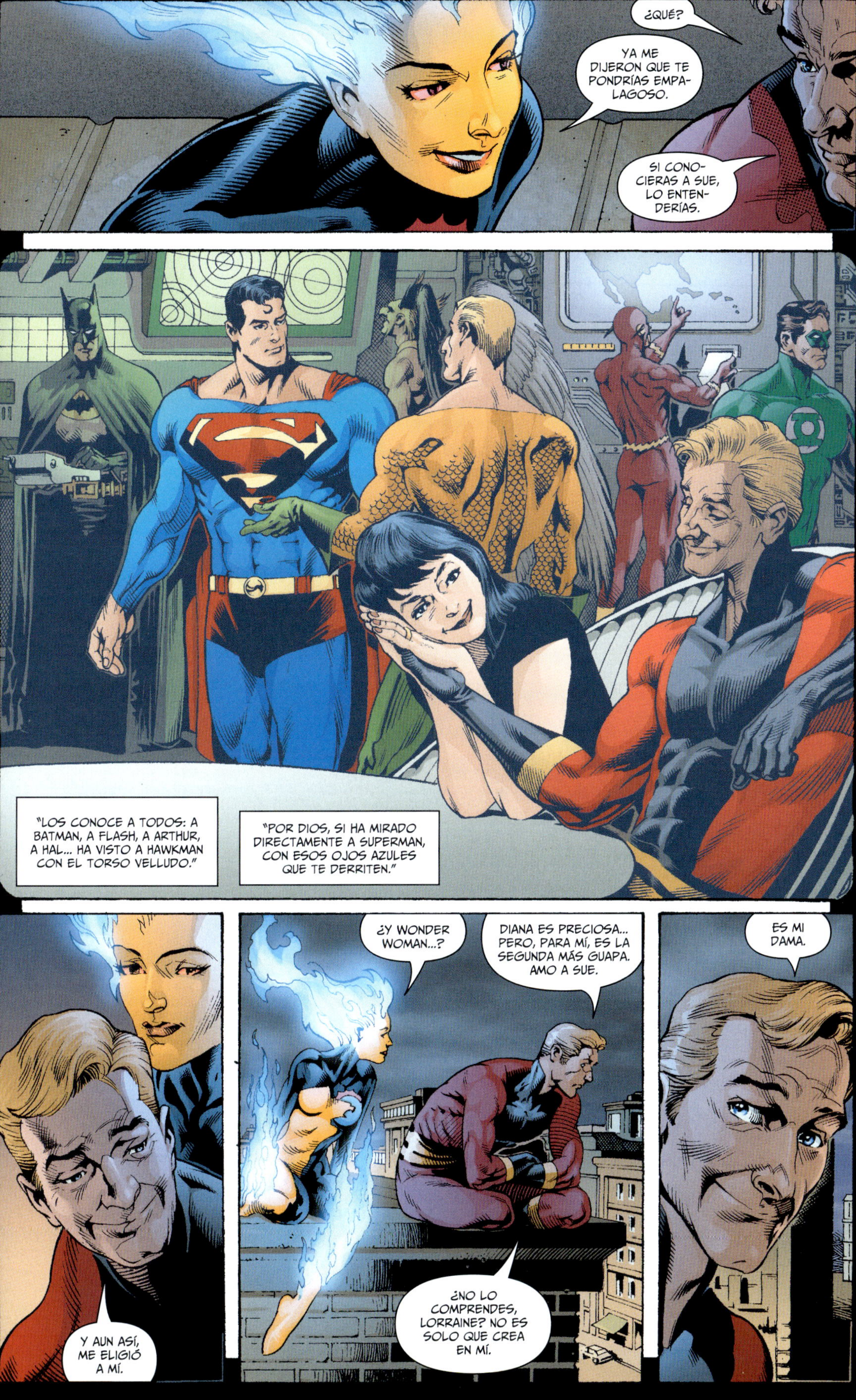

¿QUÉ?
YA ME DIJERON QUE TE PONDRÍAS EMPALAGOSO.
SI CONOCIERAS A SUE, LO ENTENDERÍAS.
"LOS CONOCE A TODOS: A BATMAN, A FLASH, A ARTHUR, A HAL... HA VISTO A HAWKMAN CON EL TORSO VELLUDO."
"POR DIOS, SI HA MIRADO DIRECTAMENTE A SUPERMAN, CON ESOS OJOS AZULES QUE TE DERRITEN."
Y AUN ASÍ, ME ELIGIÓ A MÍ.
¿Y WONDER WOMAN...?
DIANA ES PRECIOSA... PERO, PARA MÍ, ES LA SEGUNDA MÁS GUAPA. AMO A SUE.
¿NO LO COMPRENDES, LORRAINE? NO ES SOLO QUE CREA EN MÍ.
ES MI DAMA.

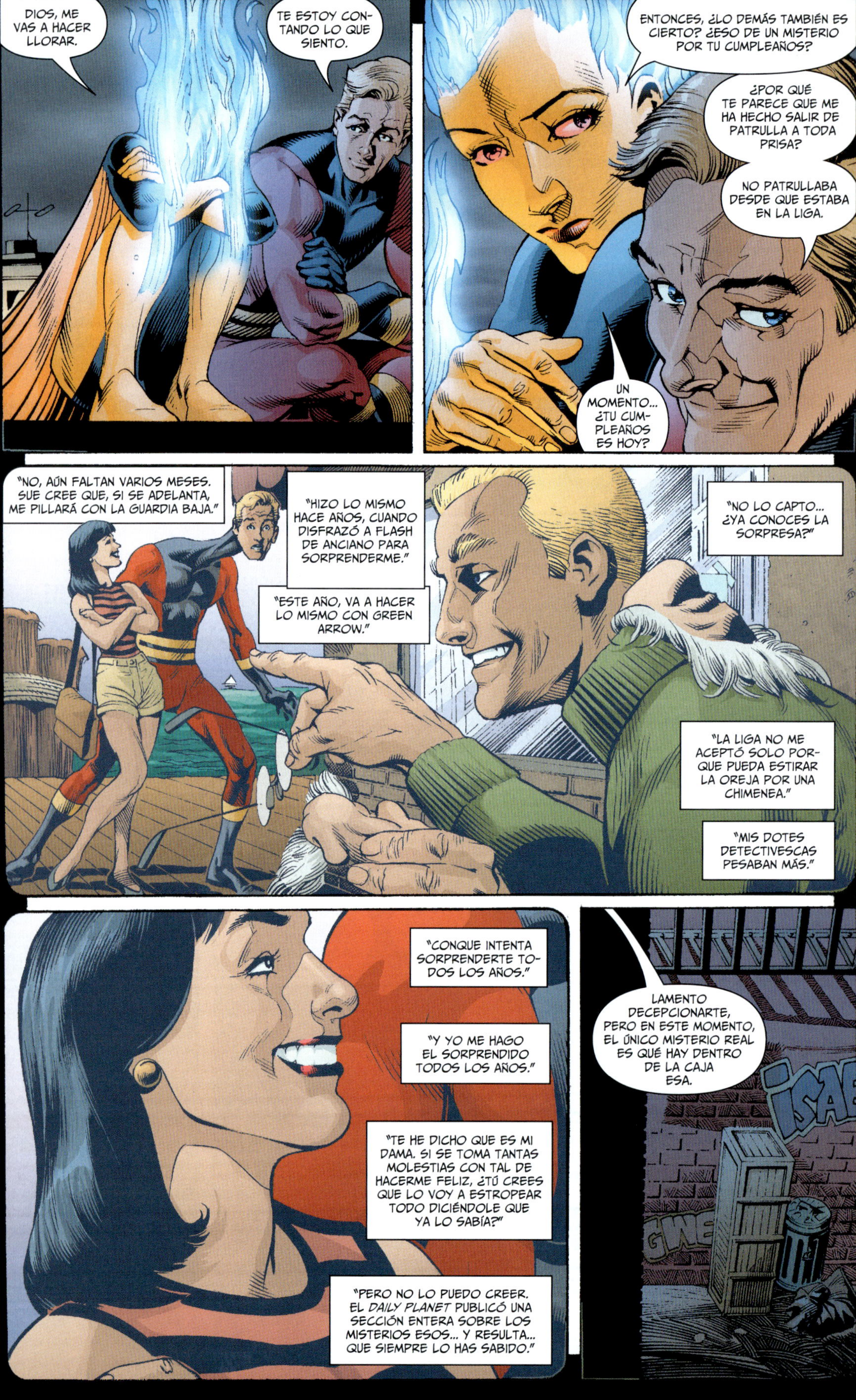

DIOS, ME VAS A HACER LLORAR.
TE ESTOY CONTANDO LO QUE SIENTO.
ENTONCES, ¿LO DEMÁS TAMBIÉN ES CIERTO? ¿ESO DE UN MISTERIO POR TU CUMPLEAÑOS?
¿POR QUÉ TE PARECE QUE ME HA HECHO SALIR DE PATRULLA A TODA PRISA?
NO PATRULLABA DESDE QUE ESTABA EN LA LIGA.
UN MOMENTO... ¿TU CUMPLEAÑOS ES HOY?
"NO, AÚN FALTAN VARIOS MESES. SUE CREE QUE, SI SE ADELANTA, ME PILLARÁ CON LA GUARDIA BAJA."
"HIZO LO MISMO HACE AÑOS, CUANDO DISFRAZÓ A FLASH DE ANCIANO PARA SORPRENDERME."
"ESTE AÑO, VA A HACER LO MISMO CON GREEN ARROW."
"NO LO CAPTO... ¿YA CONOCES LA SORPRESA?"
"LA LIGA NO ME ACEPTÓ SOLO PORQUE PUEDA ESTIRAR LA OREJA POR UNA CHIMENEA."
"MIS DOTES DETECTIVESCAS PESABAN MÁS."
"CONQUE INTENTA SORPRENDERTE TODOS LOS AÑOS."
"Y YO ME HAGO EL SORPRENDIDO TODOS LOS AÑOS."
"TE HE DICHO QUE ES MI DAMA. SI SE TOMA TANTAS MOLESTIAS CON TAL DE HACERME FELIZ, ¿TÚ CREES QUE LO VOY A ESTROPEAR TODO DICIÉNDOLE QUE YA LO SABÍA?"
"PERO NO LO PUEDO CREER. EL *DAILY PLANET* PUBLICÓ UNA SECCIÓN ENTERA SOBRE LOS MISTERIOS ESOS... Y RESULTA... QUE SIEMPRE LO HAS SABIDO."
LAMENTO DECEPCIONARTE, PERO EN ESTE MOMENTO, EL ÚNICO MISTERIO REAL ES QUÉ HAY DENTRO DE LA CAJA ESA.

Hace 14 minutos.
Benny Addison y Trey Williams.
Socios.
¿SEGURO QUE VA A VENIR?
ÉL HA DICHO QUE SÍ.
ESO NO SIGNIFICA QUE VAYA A VENIR.
SEGÚN TOOLIE, ES UN PROFESIONAL.
QUE LE DEN A TOOLIE. Y A LOS PROFESIONALES TAMBIÉN. AÚN OPINO QUE NOS LO TENDRÍAMOS QUE QUEDAR.
ADEMÁS, LO ÚNICO QUE QUIERE TOOLIE ES ACOSTARSE CON TU HERMANA.
ES VERDAD.
TÍO, NO DIGAS ESO.
QUE NO LO DIGAS.
MANUEL'S TEJIDOS
PUES VALE, PERO TE VOY A DECIR UNA COSA. ME DA IGUAL QUIÉN SEA EL TÍO ESE. LOS PROFESIONALES QUE TIENEN DINERO PARA PAGAR NO TE HACEN ESPERAR DOS HORAS.
Hace 12 minutos.
Bolt
Empresario.
DETESTO QUE HAGA ESO.
TÚ DIME QUIÉNES SON.
YA SABES CÓMO VA ESTO, LARRY.
LA VOZ QUE SE OYE AL OTRO LADO DE LA LÍNEA ES LA DE NOAH KUTTLER, QUE ANTES SE LLAMABA CALCULADOR.
IBA POR AHÍ PULSANDO BOTONES GIGANTES CON NÚMEROS QUE LLEVABA EN EL PECHO.
EXACTO, UN CAPULLO.
ENTONCES, SE ENTERÓ DEL MITO DE ORÁCULO.

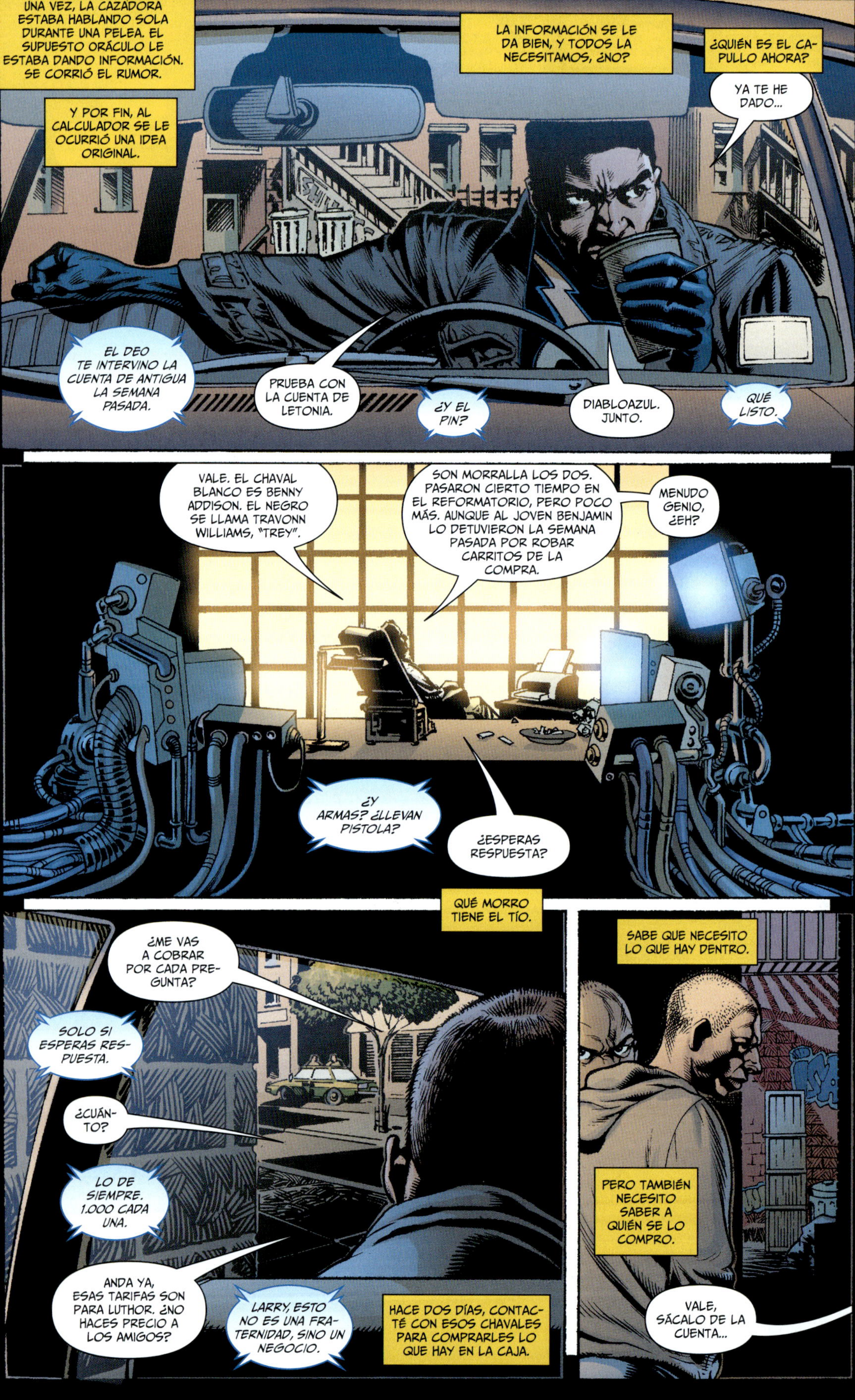
UNA VEZ, LA CAZADORA ESTABA HABLANDO SOLA DURANTE UNA PELEA. EL SUPUESTO ORÁCULO LE ESTABA DANDO INFORMACIÓN. SE CORRIÓ EL RUMOR.
Y POR FIN, AL CALCULADOR SE LE OCURRIÓ UNA IDEA ORIGINAL.
LA INFORMACIÓN SE LE DA BIEN, Y TODOS LA NECESITAMOS, ¿NO?
¿QUIÉN ES EL CAPULLO AHORA?
YA TE HE DADO...
EL DEO TE INTERVINO LA CUENTA DE ANTIGUA LA SEMANA PASADA.
PRUEBA CON LA CUENTA DE LETONIA.
¿Y EL PIN?
DIABLOAZUL. JUNTO.
QUÉ LISTO.
VALE. EL CHAVAL BLANCO ES BENNY ADDISON. EL NEGRO SE LLAMA TRAVONN WILLIAMS, "TREY".
SON MORRALLA LOS DOS. PASARON CIERTO TIEMPO EN EL REFORMATORIO, PERO POCO MÁS. AUNQUE AL JOVEN BENJAMIN LO DETUVIERON LA SEMANA PASADA POR ROBAR CARRITOS DE LA COMPRA.
MENUDO GENIO, ¿EH?
¿Y ARMAS? ¿LLEVAN PISTOLA?
¿ESPERAS RESPUESTA?
QUÉ MORRO TIENE EL TÍO.
¿ME VAS A COBRAR POR CADA PREGUNTA?
SOLO SI ESPERAS RESPUESTA.
¿CUÁNTO?
LO DE SIEMPRE. 1.000 CADA UNA.
ANDA YA, ESAS TARIFAS SON PARA LUTHOR. ¿NO HACES PRECIO A LOS AMIGOS?
LARRY, ESTO NO ES UNA FRATERNIDAD, SINO UN NEGOCIO.
HACE DOS DÍAS, CONTACTÉ CON ESOS CHAVALES PARA COMPRARLES LO QUE HAY EN LA CAJA.
SABE QUE NECESITO LO QUE HAY DENTRO.
PERO TAMBIÉN NECESITO SABER A QUIÉN SE LO COMPRO.
VALE, SÁCALO DE LA CUENTA...

EN ESE CASO, HAY UN 18% DE PROBABILIDADES DE QUE VAYAN ARMADOS... PERO SOLO PORQUE EL HERMANO DE BENJAMIN FUE ESBIRRO DEL PINGÜINO.
¿Y LOS DE LA CAPA?
APENAS TE QUEDAN 800 DÓLARES EN LA CUENTA DE LETONIA.
AHORA ES CUANDO EMPIEZAN A COBRARTE COMISIÓN POR CADA CHEQUE QUE FIRMAS.
NOAH...
VALE, TE COBRO 800.
SEGÚN LAS LLAMADAS RECIBIDAS POR LAS CADENAS DE INFORMATIVOS, LOS VECINOS AFIRMAN HABER VISTO AL HOMBRE ELÁSTICO CON FIREHAWK O FLAMEBIRD.
¿CUÁL DE LAS DOS?
NO SÉ.
¿CÓMO QUE NO? ¡NO PIENSO JUGARME EL TRASERO SIN SABER SI VOY A ENFRENTARME A UNA NIÑA CON CAPA O A LA TIPA QUE ME PUEDE INCENDIAR LOS PULMONES!
ESO ES DECISIÓN TUYA, NO MÍA.
UN MOMENTO, UN MOMENTO... ¿NO TIENES ESCÁNERES POLICIALES O ALGÚN SUPERSATÉLITE EN ÓRBITA?
ANDA YA, LARRY, SÉ REALISTA. ADEMÁS, LOS VECINOS SON MUCHO MÁS FIABLES...
...SOBRE TODO PORQUE LAS CADENAS DE INFORMATIVOS PAGAN LOS CHIVATAZOS MEJOR QUE LA POLI.
¿NO TE TELETRANSPORTABAS? ¿POR QUÉ NO SALTAS Y TE LA LLEVAS SIN MÁS?
NO PUEDO TELETRANSPORTAR COSAS TAN GRANDES, POR ESO HE VENIDO EN COCHE.
MALDITA SEA.
NO SÉ YO, BOLT.

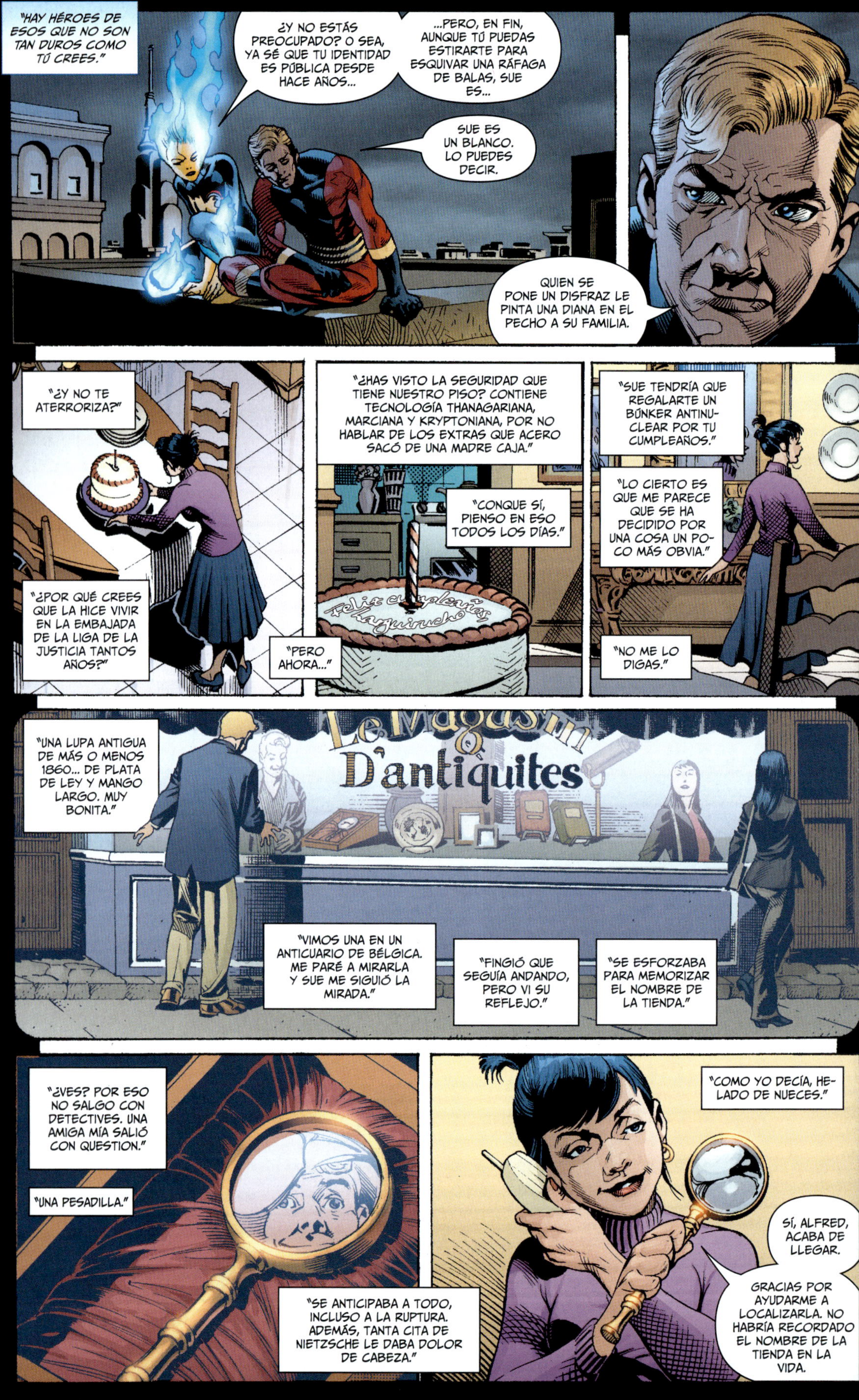
"HAY HÉROES DE ESOS QUE NO SON TAN DUROS COMO TÚ CREES."
¿Y NO ESTÁS PREOCUPADO? O SEA, YA SÉ QUE TU IDENTIDAD ES PÚBLICA DESDE HACE AÑOS...
...PERO, EN FIN, AUNQUE TÚ PUEDAS ESTIRARTE PARA ESQUIVAR UNA RÁFAGA DE BALAS, SUE ES...
SUE ES UN BLANCO. LO PUEDES DECIR.
QUIEN SE PONE UN DISFRAZ LE PINTA UNA DIANA EN EL PECHO A SU FAMILIA.
"¿Y NO TE ATERRORIZA?"
"¿POR QUÉ CREES QUE LA HICE VIVIR EN LA EMBAJADA DE LA LIGA DE LA JUSTICIA TANTOS AÑOS?"
"¿HAS VISTO LA SEGURIDAD QUE TIENE NUESTRO PISO? CONTIENE TECNOLOGÍA THANAGARIANA, MARCIANA Y KRYPTONIANA, POR NO HABLAR DE LOS EXTRAS QUE ACERO SACÓ DE UNA MADRE CAJA."
"CONQUE SÍ, PIENSO EN ESO TODOS LOS DÍAS."
"PERO AHORA..."
"SUE TENDRÍA QUE REGALARTE UN BÚNKER ANTINUCLEAR POR TU CUMPLEAÑOS."
"LO CIERTO ES QUE ME PARECE QUE SE HA DECIDIDO POR UNA COSA UN POCO MÁS OBVIA."
"NO ME LO DIGAS."
Le Magasin D'antiquites
"UNA LUPA ANTIGUA DE MÁS O MENOS 1860... DE PLATA DE LEY Y MANGO LARGO. MUY BONITA."
"VIMOS UNA EN UN ANTICUARIO DE BÉLGICA. ME PARÉ A MIRARLA Y SUE ME SIGUIÓ LA MIRADA."
"FINGIÓ QUE SEGUÍA ANDANDO, PERO VI SU REFLEJO."
"SE ESFORZABA PARA MEMORIZAR EL NOMBRE DE LA TIENDA."
"¿VES? POR ESO NO SALGO CON DETECTIVES. UNA AMIGA MÍA SALIÓ CON QUESTION."
"UNA PESADILLA."
"SE ANTICIPABA A TODO, INCLUSO A LA RUPTURA. ADEMÁS, TANTA CITA DE NIETZSCHE LE DABA DOLOR DE CABEZA."
"COMO YO DECÍA, HELADO DE NUECES."
SÍ, ALFRED, ACABA DE LLEGAR.
GRACIAS POR AYUDARME A LOCALIZARLA. NO HABRÍA RECORDADO EL NOMBRE DE LA TIENDA EN LA VIDA.

Hace cinco minutos.
Sue Dibny
Esposa.
MI CARI SE CREE MUY LISTO.
Y LO ES.
POR ESO VA A ADIVINAR QUE ES LA LUPA.
PERO LO QUE HE AÑADIDO A LA CAJA...
¿HOLA?
TUK
OLLIE, ¿ERES TÚ...?
...NO LO ADIVINARÍA NI SHERLOCK HOLMES.

Hace tres minutos.
¿ALGUNA VEZ QUIERES VOLVER ATRÁS? YA SABES, VOLVERTE A PONER LA MÁSCARA Y RECUPERAR TU INTIMIDAD.
¿POR QUÉ?
DECÍDETE, BOLT. LOS VENDEDORES SE ESTÁN MOVIENDO...
INSISTO: NOS LO TENDRÍAMOS QUE QUEDAR. PARA NOSOTROS SOLOS, TÍO. IMAGÍNATE...
¿NUNCA HAS ESTADO A PUNTO DE MORIR? ¿NO SE TE HA ESCONDIDO NINGÚN VILLANO DETRÁS DE LA CORTINA DE LA DUCHA?
UNA VEZ, PERO FUE HACE MUCHO TIEMPO.
BENNY, NO...
¿QUÉ HACES?
VOY A ECHAR UN VISTAZO, A VER...
BENNY, NO...
PFFTT

Hace dos minutos.
GWEN
PPFFTTT
BENNY, NO SEAS...
VAMOS ALLÁ.
...IDIOTA.
MÁS TE VALE TENER EL DINERO.
¿QUIÉN HA DICHO NADA DE DINERO?

BLAM BLAM BLAM BLAM
DIOS MÍO.
RA... RALPH... POR... POR FAVOR, ¿ESTÁS AHÍ?
¿SUE?

¡SUE...!
¿SE... ENCUENTRA BIEN?
¡LLÉVAME VOLANDO A CASA!
NO PUEDO... NO PUEDO APAGAR LAS LLAMAS DE LAS MANOS. TE QUEMARÉ.
"¡LLÉVAME A CASA! ¡YA!"

ADIÓS,
SUE...
UUUUK... UUK... UUK...
FWOOOSH

¡VENGA, TREY! ¡VÁMONOS!
VA EN SERIO... ¡VENGA!
KKK
KKK
¿A...? ¿A VOSOTROS QUÉ OS PASA?
MALDITOS PSICÓPATAS...
¿QUÉ MIRAS? PI... PIDE UNA AMBULANCIA... POR FAVOR...
SOCORRO... ¡NECESITO UNA AMBULANCIA!
TRAN-QUILO...

"...QUE TE VAS A PONER BIEN."
Hace 30 segundos.
¿¡SUE!?
LOS ASPERSORES CUMPLEN SU FUNCIÓN.
AÚN NO LA VEO.
ENTONCES, LA ENCUENTRO.
ME ESTIRO LO MÁS DEPRISA POSIBLE...

...PERO NO SOY LO BASTANTE RÁPIDO.
Ahora.
Ralph Dibny
Viudo.
Dos rayas, papi: ¡POSITIVO!
Embara
No embar

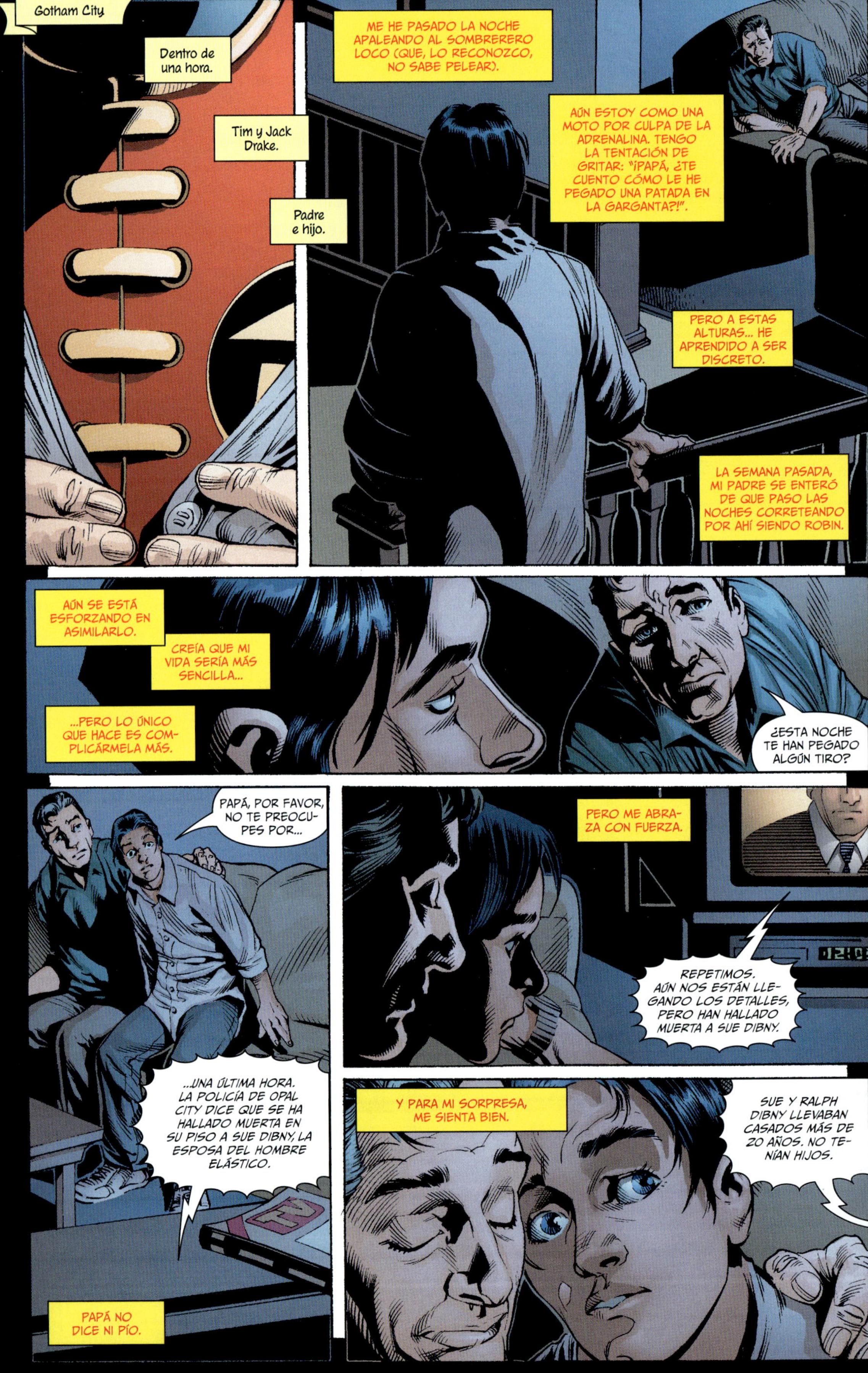
Gotham City
Dentro de una hora.
Tim y Jack Drake.
Padre e hijo.
ME HE PASADO LA NOCHE APALEANDO AL SOMBRERERO LOCO (QUE, LO RECONOZCO, NO SABE PELEAR).
AÚN ESTOY COMO UNA MOTO POR CULPA DE LA ADRENALINA. TENGO LA TENTACIÓN DE GRITAR: "¡PAPÁ, ¿TE CUENTO CÓMO LE HE PEGADO UNA PATADA EN LA GARGANTA?!".
PERO A ESTAS ALTURAS... HE APRENDIDO A SER DISCRETO.
LA SEMANA PASADA, MI PADRE SE ENTERÓ DE QUE PASO LAS NOCHES CORRETEANDO POR AHÍ SIENDO ROBIN.
AÚN SE ESTÁ ESFORZANDO EN ASIMILARLO.
CREÍA QUE MI VIDA SERÍA MÁS SENCILLA...
...PERO LO ÚNICO QUE HACE ES COMPLICÁRMELA MÁS.
¿ESTA NOCHE TE HAN PEGADO ALGÚN TIRO?
PAPÁ, POR FAVOR, NO TE PREOCUPES POR...
...UNA ÚLTIMA HORA. LA POLICÍA DE OPAL CITY DICE QUE SE HA HALLADO MUERTA EN SU PISO A SUE DIBNY, LA ESPOSA DEL HOMBRE ELÁSTICO.
PAPÁ NO DICE NI PÍO.
PERO ME ABRAZA CON FUERZA.
REPETIMOS. AÚN NOS ESTÁN LLEGANDO LOS DETALLES, PERO HAN HALLADO MUERTA A SUE DIBNY.
Y PARA MI SORPRESA, ME SIENTA BIEN.
SUE Y RALPH DIBNY LLEVABAN CASADOS MÁS DE 20 AÑOS. NO TENÍAN HIJOS.

Washington DC.
Dentro de una hora.
Relámpago Negro y Katana.
Antiguos colegas.
¿NO LO ECHAS DE MENOS?
Tequila
MOCKINGB
SÉ A QUÉ HA VENIDO.
DESDE QUE MATARON A MI SOBRINA... Y DIMITÍ COMO MINISTRO DE EDUCACIÓN...
...HAN SIDO UNOS MESES COMPLICADOS.
¿QUÉ VOY A ECHAR DE MENOS? ¿SER MÁS LISTO QUE EL SEÑOR DEL OCÉANO? ¿QUE ME ABOFETEE KGBESTIA?
NO SE LLAMABA KGBESTIA DE VERDAD, ¿NO?
TE LO JURO POR DIOS.
ME IMPORTA UN BLEDO QUÉ COMPREN LOS DEMÁS. POSEO 50.000 ACCIONES DE INDUSTRIAS STAGG. ¡Y AHORA MISMO, VAN PEOR QUE AQUELLA MIERDA DE FERRIS QUE ME VENDISTE EL AÑO PASADO!
HACE AÑOS, TATSU LE HABRÍA PUESTO EN EL CUELLO UN CUCHILLO PARA UNTAR. HOY EN DÍA, NI SIQUIERA FRUNCE EL CEÑO POR LA INTERRUPCIÓN.
ENTONCES, ¿YA NO TE PONDRÁS MÁS LA MÁSCARA?
NO TE EQUIVOQUES. HOY EN DÍA, EL DISFRAZ QUE LLEVO AHORA MISMO INTIMIDA MÁS QUE AQUEL CON LOS RELÁMPAGOS EN LOS HOMBROS. ADEMÁS, MI HIJA...
¡ME DA IGUAL QUE TODAS LAS ACCIONES DE AEROLÍNEAS SE HAYAN IDO AL GARETE! ¡EL DINERO QUE ESTÁS PERDIENDO AÚN ES MÍO!
SEÑOR, POR LO GENERAL PEDIMOS QUE LOS MÓVILES...
VUELVE A LA COCINA, PACO.
PERO, CLARO, A ELLA SIEMPRE SE LE DIO MEJOR CONTROLAR SU TEMPERAMENTO.
¿OYE? ¿ESTÁS AHÍ?
¿QUÉ HAS HECHO?
NADA.
SABÍA QUE LO ECHABAS DE MENOS. NO PUEDES DEJARLO ATRÁS, JEFF.
VVRRR
SE ACTIVA EL BUSCA QUE LLEVO EN EL BOLSILLO. AL CONTRARIO QUE EL OTRO COMENSAL, TENGO EL MÍO PUESTO EN VIBRACIÓN.
SEA LO QUE SEA, SEGURO QUE PUEDE ESPERAR.

Ivy Town.
Dentro de una hora.
Ray Palmer y Jean Loring.
Pareja divorciada.
LLEGO MÁS DE UNA HORA TARDE.
POR LA MIRADA QUE TIENE, ESTÁ EN MODO ABOGADA.
ES DECIR, QUE VOY A PAGARLE POR MINUTOS.
NO HACÍA FALTA QUE ESPERASES.
¿AH, NO? ¿Y QUIÉN DESCOLGARÍA EL TELÉFONO ENTONCES?
JEAN...
ESTOY BIEN, RAY. TE ESTOY TOMANDO EL PELO Y YA ESTÁ. ES LO QUE HACEMOS LAS ESPOSAS DIVORCIADAS.
BUENO, ¿FIRMAS LOS PAPELES? ME GUSTARÍA PRESENTARLOS MAÑANA.
SONRÍE, Y ME SIENTO ALIVIADO.
RECONOZCO QUE ESTÁ FENOMENAL.
LOS PAPELES FUERON IDEA SUYA.
EN EL ACUERDO DE DIVORCIO, SE QUEDÓ LA MITAD DE MIS PATENTES.
AHORA, ME LAS DEVUELVE POR ESCRITO.
ES LA MANERA EN QUE DEMUESTRA SU INDEPENDENCIA.
Ray Pal
YA SABES QUE NO TIENES POR QUÉ HACERLO.
SOY CONSCIENTE. Y AHORA, FIRMA ANTES DE QUE SE ME ACTIVE EL MODO ABOGADA Y DECIDA QUEDARME EL DOBLE.
¿CÓMO ESTÁ TU AMIGO EL ARQUITECTO? NATHAN, ¿NO?
HEMOS ROTO.
ZZTTT
RAY, ¿DÓNDE NARICES ESTÁS?
Ray Palmer
A VECES, CUANDO SOY SUBATÓMICO, SE ME APAGA EL TRANSMISOR.
ES... ES SUE. ESTÁ MUERTA.
¿MUERTA? ¿A QUÉ TE REFIERES?
ERA OLLIE.
¿SUE ESTÁ MUERTA?
ME TENGO QUE IR.
VALE, LLÉVAME.
JEAN.
LA CONOZCO DESDE HACE TANTO TIEMPO COMO TÚ. VA, VENGA.
RALPH NOS NECESITA.

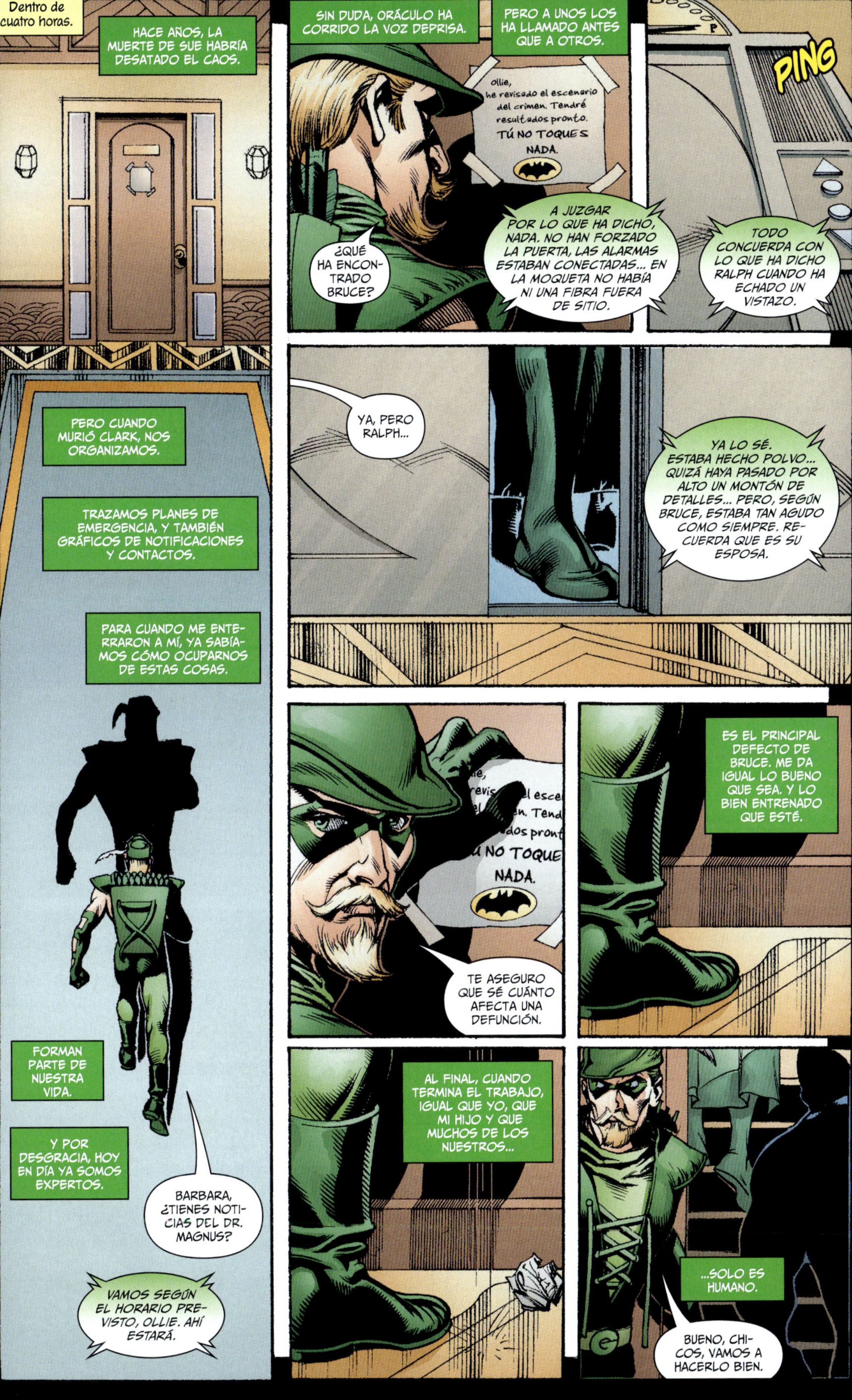

Dentro de cuatro horas.
HACE AÑOS, LA MUERTE DE SUE HABRÍA DESATADO EL CAOS.
PERO CUANDO MURIÓ CLARK, NOS ORGANIZAMOS.
TRAZAMOS PLANES DE EMERGENCIA, Y TAMBIÉN GRÁFICOS DE NOTIFICACIONES Y CONTACTOS.
PARA CUANDO ME ENTERRARON A MÍ, YA SABÍAMOS CÓMO OCUPARNOS DE ESTAS COSAS.
FORMAN PARTE DE NUESTRA VIDA.
Y POR DESGRACIA, HOY EN DÍA YA SOMOS EXPERTOS.
BARBARA, ¿TIENES NOTICIAS DEL DR. MAGNUS?
VAMOS SEGÚN EL HORARIO PREVISTO, OLLIE. AHÍ ESTARÁ.
SIN DUDA, ORÁCULO HA CORRIDO LA VOZ DEPRISA.
PERO A UNOS LOS HA LLAMADO ANTES QUE A OTROS.
Ollie, he revisado el escenario del crimen. Tendré resultados pronto. TÚ NO TOQUES NADA.
PING
¿QUÉ HA ENCONTRADO BRUCE?
A JUZGAR POR LO QUE HA DICHO, NADA. NO HAN FORZADO LA PUERTA, LAS ALARMAS ESTABAN CONECTADAS... EN LA MOQUETA NO HABÍA NI UNA FIBRA FUERA DE SITIO.
TODO CONCUERDA CON LO QUE HA DICHO RALPH CUANDO HA ECHADO UN VISTAZO.
YA, PERO RALPH...
YA LO SÉ. ESTABA HECHO POLVO... QUIZÁ HAYA PASADO POR ALTO UN MONTÓN DE DETALLES... PERO, SEGÚN BRUCE, ESTABA TAN AGUDO COMO SIEMPRE. RECUERDA QUE ES SU ESPOSA.
TE ASEGURO QUE SÉ CUÁNTO AFECTA UNA DEFUNCIÓN.
ES EL PRINCIPAL DEFECTO DE BRUCE. ME DA IGUAL LO BUENO QUE SEA. Y LO BIEN ENTRENADO QUE ESTÉ.
AL FINAL, CUANDO TERMINA EL TRABAJO, IGUAL QUE YO, QUE MI HIJO Y QUE MUCHOS DE LOS NUESTROS...
...SOLO ES HUMANO.
BUENO, CHICOS, VAMOS A HACERLO BIEN.

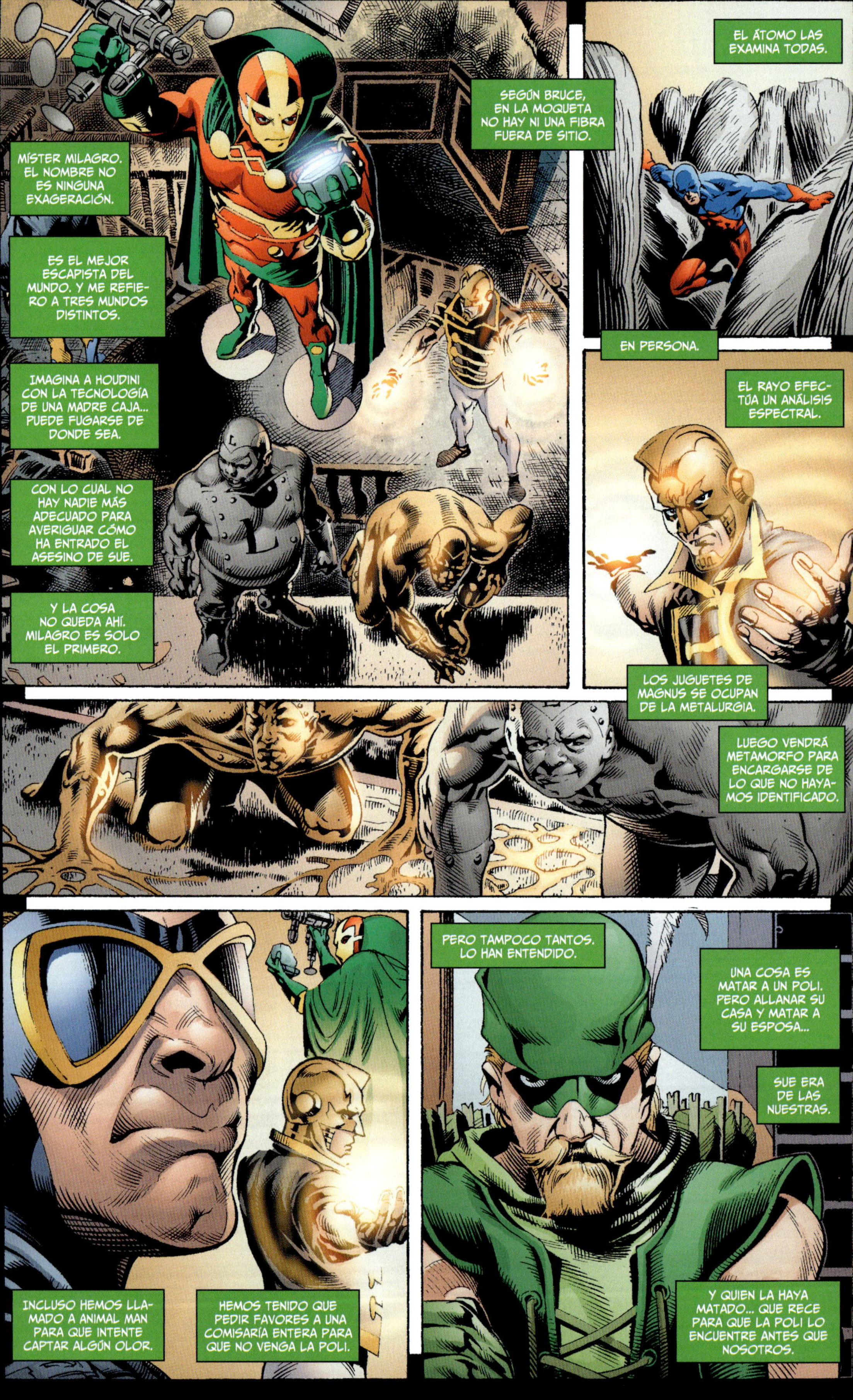
MÍSTER MILAGRO. EL NOMBRE NO ES NINGUNA EXAGERACIÓN.
ES EL MEJOR ESCAPISTA DEL MUNDO. Y ME REFIERO A TRES MUNDOS DISTINTOS.
IMAGINA A HOUDINI CON LA TECNOLOGÍA DE UNA MADRE CAJA... PUEDE FUGARSE DE DONDE SEA.
CON LO CUAL NO HAY NADIE MÁS ADECUADO PARA AVERIGUAR CÓMO HA ENTRADO EL ASESINO DE SUE.
Y LA COSA NO QUEDA AHÍ. MILAGRO ES SOLO EL PRIMERO.
SEGÚN BRUCE, EN LA MOQUETA NO HAY NI UNA FIBRA FUERA DE SITIO.
EL ÁTOMO LAS EXAMINA TODAS.
EN PERSONA.
EL RAYO EFECTÚA UN ANÁLISIS ESPECTRAL.
LOS JUGUETES DE MAGNUS SE OCUPAN DE LA METALURGIA.
LUEGO VENDRÁ METAMORFO PARA ENCARGARSE DE LO QUE NO HAYAMOS IDENTIFICADO.
INCLUSO HEMOS LLAMADO A ANIMAL MAN PARA QUE INTENTE CAPTAR ALGÚN OLOR.
HEMOS TENIDO QUE PEDIR FAVORES A UNA COMISARÍA ENTERA PARA QUE NO VENGA LA POLI.
PERO TAMPOCO TANTOS. LO HAN ENTENDIDO.
UNA COSA ES MATAR A UN POLI. PERO ALLANAR SU CASA Y MATAR A SU ESPOSA...
SUE ERA DE LAS NUESTRAS.
Y QUIEN LA HAYA MATADO... QUE RECE PARA QUE LA POLI LO ENCUENTRE ANTES QUE NOSOTROS.

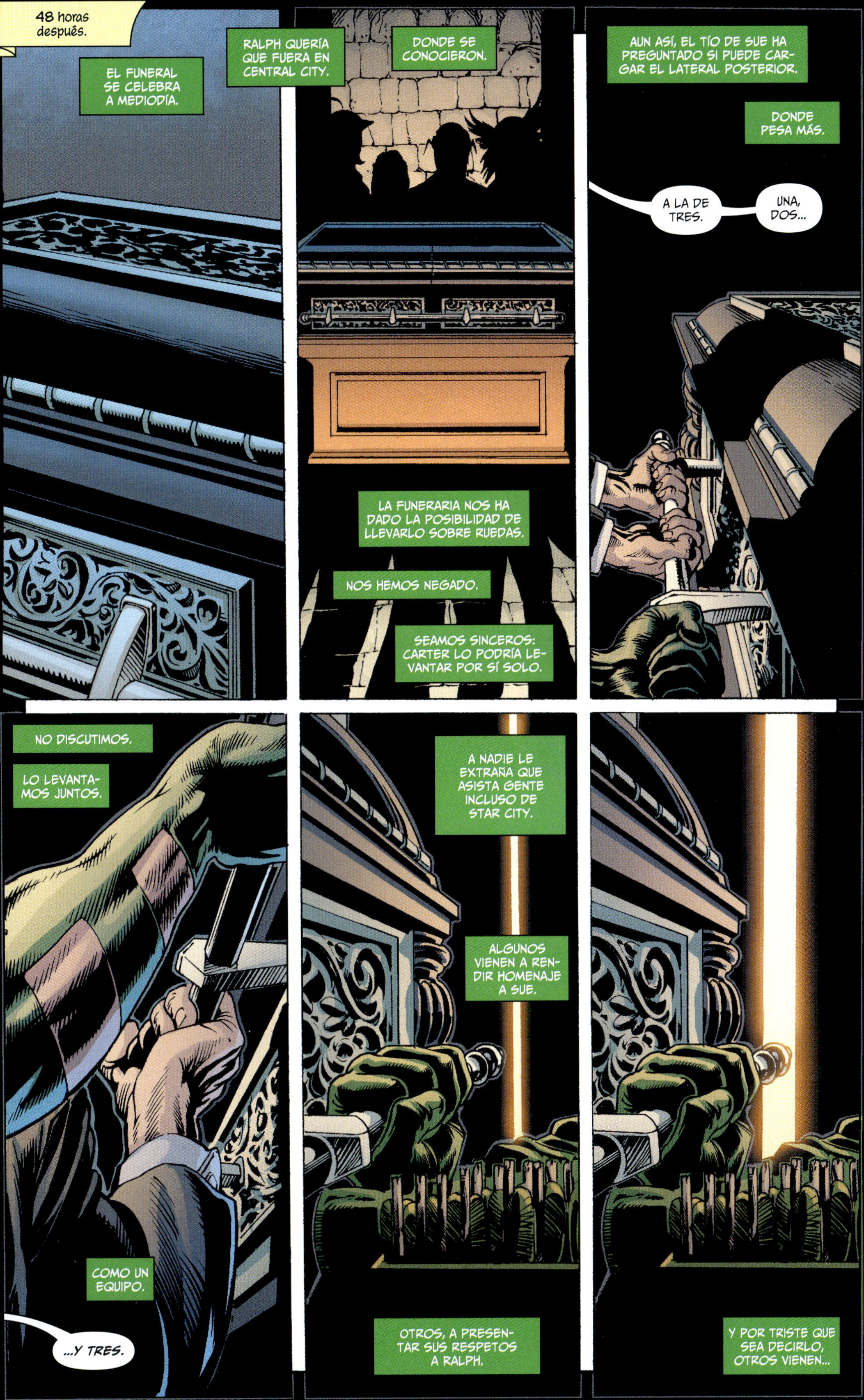
48 horas después.
EL FUNERAL SE CELEBRA A MEDIODÍA.
RALPH QUERÍA QUE FUERA EN CENTRAL CITY.
DONDE SE CONOCIERON.
LA FUNERARIA NOS HA DADO LA POSIBILIDAD DE LLEVARLO SOBRE RUEDAS.
NOS HEMOS NEGADO.
SEAMOS SINCEROS: CARTER LO PODRÍA LEVANTAR POR SÍ SOLO.
AUN ASÍ, EL TÍO DE SUE HA PREGUNTADO SI PUEDE CARGAR EL LATERAL POSTERIOR.
DONDE PESA MÁS.
UNA, DOS...
A LA DE TRES.
NO DISCUTIMOS.
LO LEVANTAMOS JUNTOS.
COMO UN EQUIPO.
...Y TRES.
A NADIE LE EXTRAÑA QUE ASISTA GENTE INCLUSO DE STAR CITY.
ALGUNOS VIENEN A RENDIR HOMENAJE A SUE.
OTROS, A PRESENTAR SUS RESPETOS A RALPH.
Y POR TRISTE QUE SEA DECIRLO, OTROS VIENEN...

...SOLO PARA VERNOS A NOSOTROS.
CON UN SOLO VISTAZO, RECUERDO POR QUÉ DETESTO LOS FUNERALES.
SOBRE TODO CUANDO LLEVAMOS EL DISFRAZ
DEP
DEP

PERO ES LO QUE TIENE DIVULGAR TU IDENTIDAD.
SI LLEVÁSEMOS TRAJE Y CORBATA, LOS *FLASHES* SALTARÍAN AÚN MÁS DEPRISA.
NO SE PUEDE DEJAR FUERA A TODO EL MUNDO.
AUNQUE ZATANNA Y EL DR. DESTINO BORRARAN LOS CARRETES, ALGUIEN TERMINARÍA ECHANDO UN VISTAZO, MEMORIZANDO UN ROSTRO. Y MAÑANA POR LA MAÑANA, LAS FAMILIAS DE LOS DEMÁS TENDRÍAN UNA BALA EN LA CABEZA.
ECHO UN VISTAZO A RALPH. UNO ES MÁS QUE SUFICIENTE.

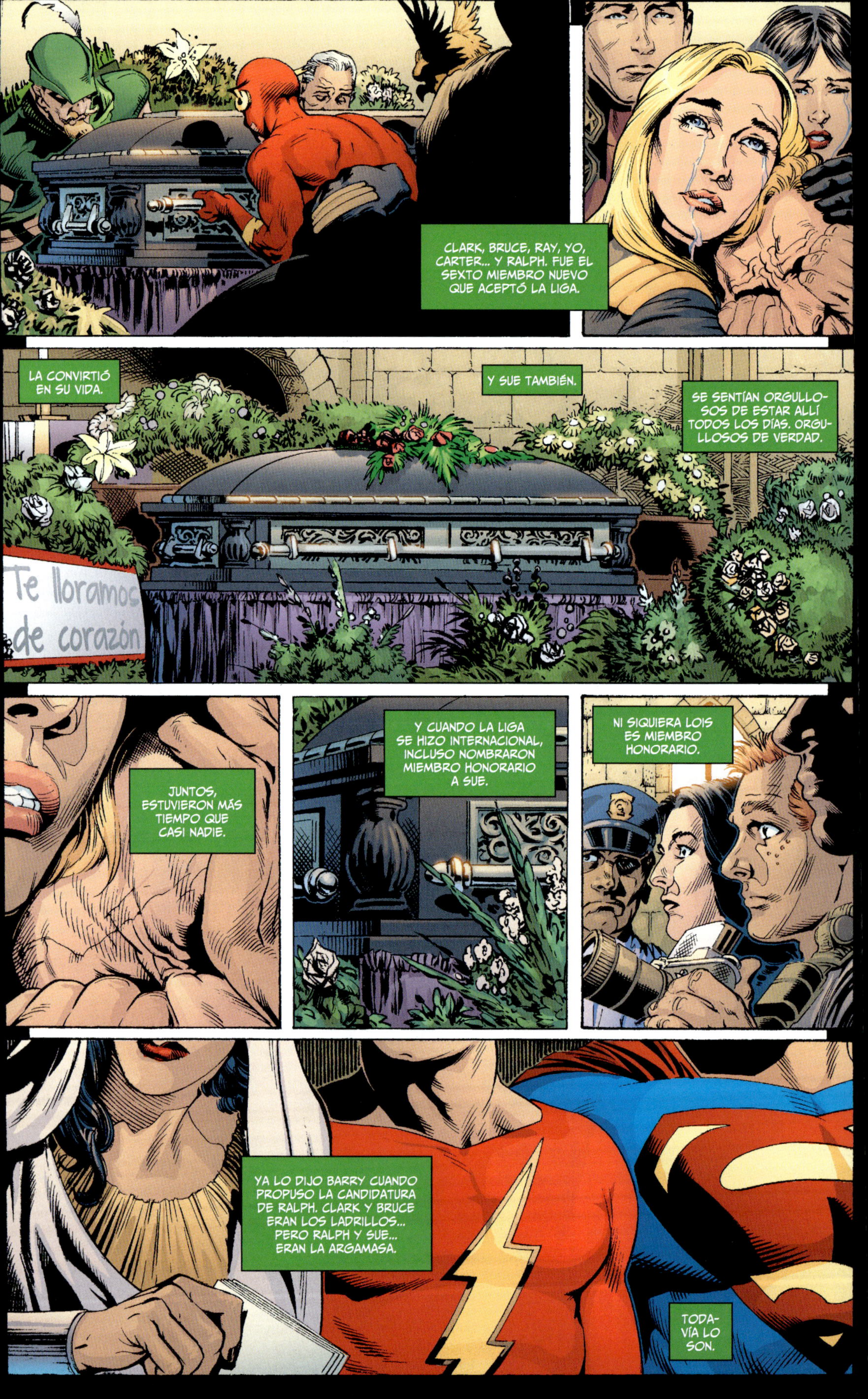
CLARK, BRUCE, RAY, YO, CARTER... Y RALPH. FUE EL SEXTO MIEMBRO NUEVO QUE ACEPTÓ LA LIGA.
LA CONVIRTIÓ EN SU VIDA.
Y SUE TAMBIÉN.
SE SENTÍAN ORGULLOSOS DE ESTAR ALLÍ TODOS LOS DÍAS. ORGULLOSOS DE VERDAD.
Te lloramos de corazón
JUNTOS, ESTUVIERON MÁS TIEMPO QUE CASI NADIE.
Y CUANDO LA LIGA SE HIZO INTERNACIONAL, INCLUSO NOMBRARON MIEMBRO HONORARIO A SUE.
NI SIQUIERA LOIS ES MIEMBRO HONORARIO.
YA LO DIJO BARRY CUANDO PROPUSO LA CANDIDATURA DE RALPH. CLARK Y BRUCE ERAN LOS LADRILLOS... PERO RALPH Y SUE... ERAN LA ARGAMASA.
TODAVÍA LO SON.

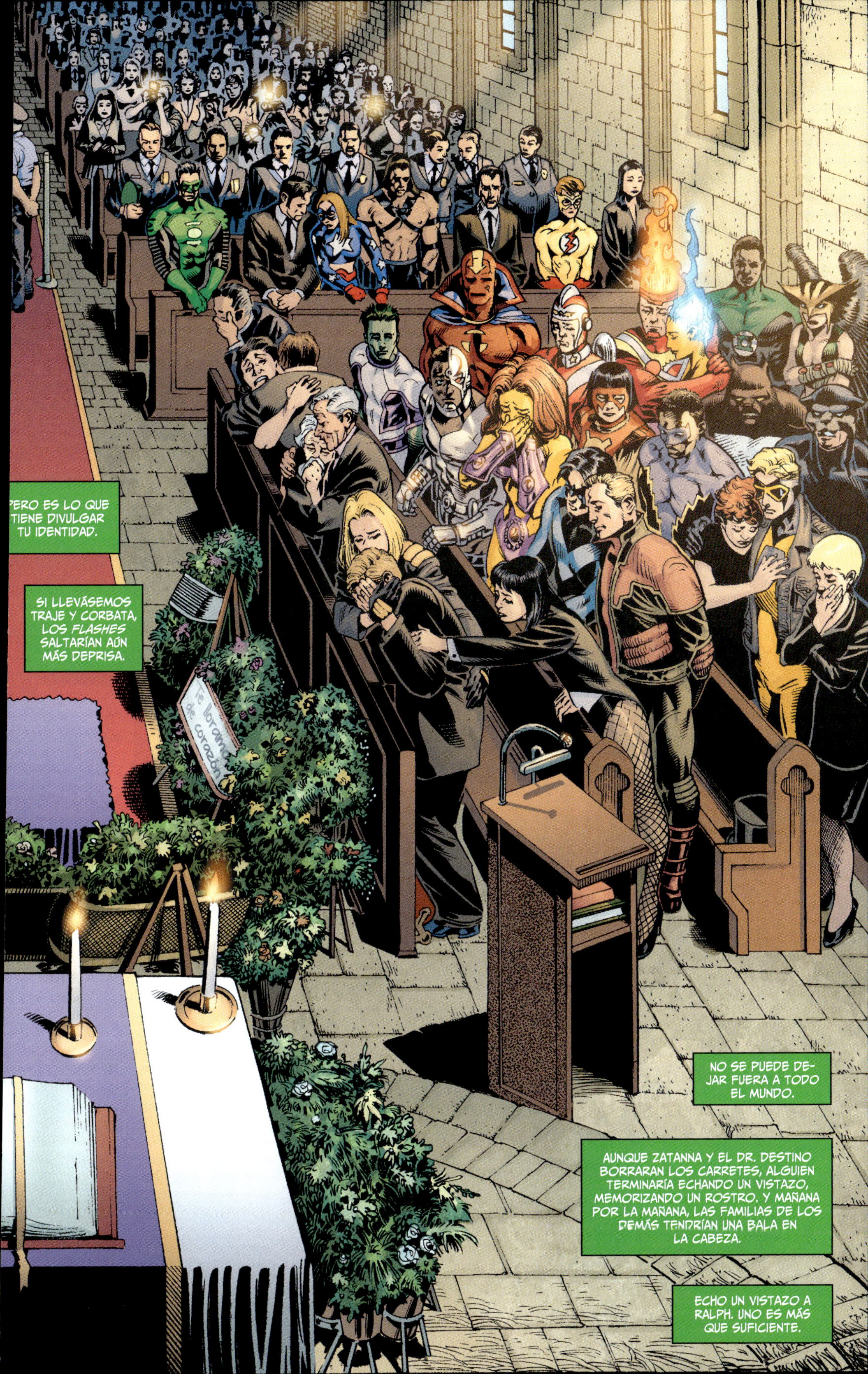

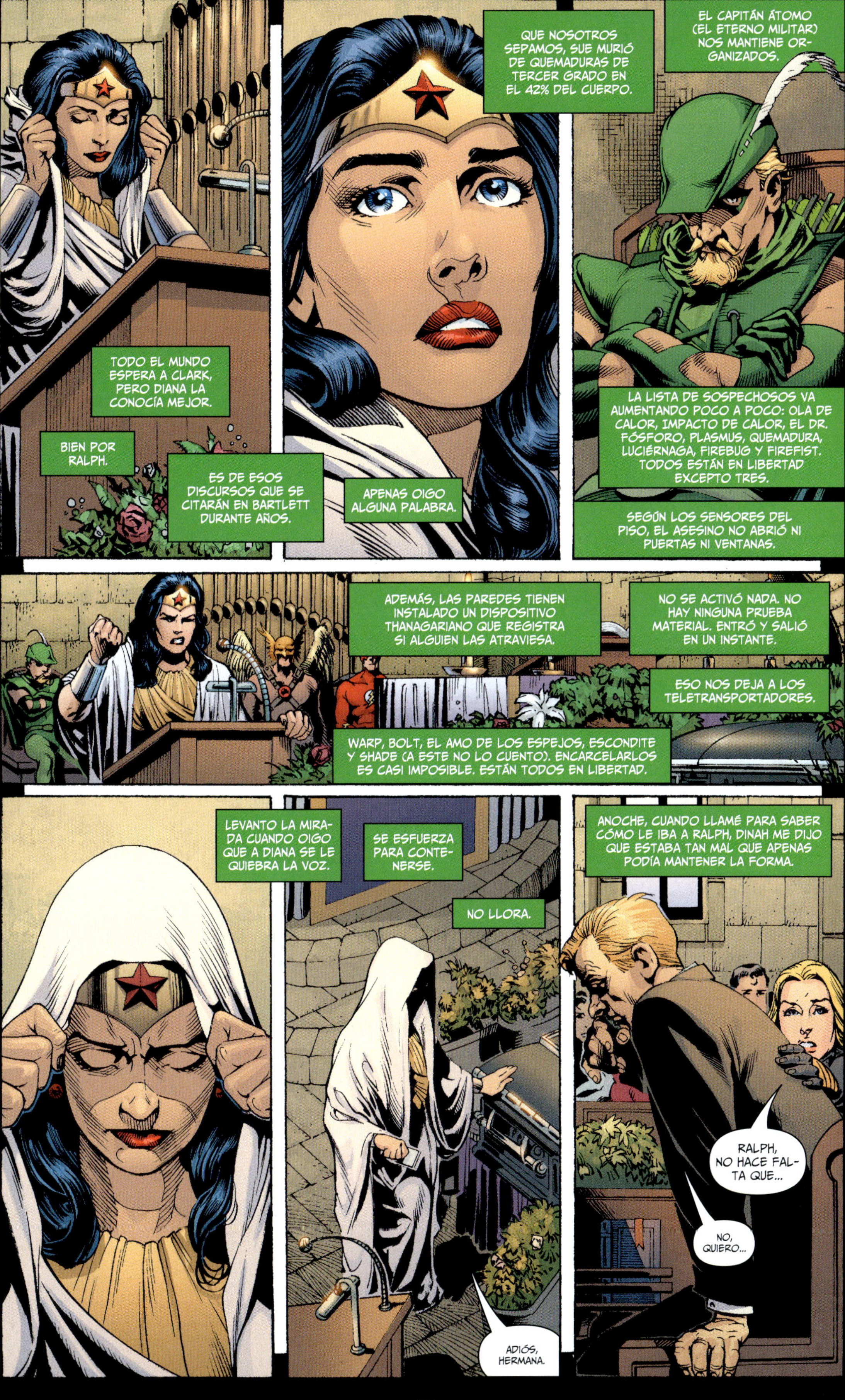
TODO EL MUNDO ESPERA A CLARK, PERO DIANA LA CONOCÍA MEJOR.
BIEN POR RALPH.
ES DE ESOS DISCURSOS QUE SE CITARÁN EN BARTLETT DURANTE AÑOS.
QUE NOSOTROS SEPAMOS, SUE MURIÓ DE QUEMADURAS DE TERCER GRADO EN EL 42% DEL CUERPO.
APENAS OIGO ALGUNA PALABRA.
EL CAPITÁN ÁTOMO (EL ETERNO MILITAR) NOS MANTIENE ORGANIZADOS.
LA LISTA DE SOSPECHOSOS VA AUMENTANDO POCO A POCO: OLA DE CALOR, IMPACTO DE CALOR, EL DR. FÓSFORO, PLASMUS, QUEMADURA, LUCIÉRNAGA, FIREBUG Y FIREFIST. TODOS ESTÁN EN LIBERTAD EXCEPTO TRES.
SEGÚN LOS SENSORES DEL PISO, EL ASESINO NO ABRIÓ NI PUERTAS NI VENTANAS.
ADEMÁS, LAS PAREDES TIENEN INSTALADO UN DISPOSITIVO THANAGARIANO QUE REGISTRA SI ALGUIEN LAS ATRAVIESA.
NO SE ACTIVÓ NADA. NO HAY NINGUNA PRUEBA MATERIAL. ENTRÓ Y SALIÓ EN UN INSTANTE.
ESO NOS DEJA A LOS TELETRANSPORTADORES.
WARP, BOLT, EL AMO DE LOS ESPEJOS, ESCONDITE Y SHADE (A ESTE NO LO CUENTO). ENCARCELARLOS ES CASI IMPOSIBLE. ESTÁN TODOS EN LIBERTAD.
LEVANTO LA MIRADA CUANDO OIGO QUE A DIANA SE LE QUIEBRA LA VOZ.
SE ESFUERZA PARA CONTENERSE.
NO LLORA.
ADIÓS, HERMANA.
ANOCHE, CUANDO LLAMÉ PARA SABER CÓMO LE IBA A RALPH, DINAH ME DIJO QUE ESTABA TAN MAL QUE APENAS PODÍA MANTENER LA FORMA.
RALPH, NO HACE FALTA QUE...
NO, QUIERO...

ESTÁ CALLADO LOS PRIMEROS 30 SEGUNDOS.
VA, RALPH...
UN MINUTO.
TÚ PUEDES, COLEGA.
SÉ FUERTE.
NO... NO PUEDO... PERDÓN...

SE FORMAN EQUIPOS DEPRISA.
LOS TITANES OPINAN QUE ES UN NUEVO ATAQUE DE LA HERMANDAD. VAN A POR PLASMUS Y WARP.
LA ANTIGUA LIGA DE LA JUSTICIA INTERNACIONAL VA EN BUSCA DE LUCIÉRNAGA Y QUEMADURA.
LOS OUTSIDERS SE ENCARGAN DE IMPACTO DE CALOR.
J'ONN Y ARTHUR (QUE HAN ENTERRADO A HIJOS SUYOS) BUSCAN AL AMO DE LOS ESPEJOS. ESTÁN DE UN HUMOR QUE MÁS LE VALE QUE NO LO ENCUENTREN.
LA SOCIEDAD DE LA JUSTICIA ELIGE AL DR. FÓSFORO.
BEETLE Y BOOSTER ESCOGEN A UNOS CUANTOS PARA BUSCAR A OLA DE CALOR.
ME DA TIEMPO DE HABLAR UN POCO CON ROBIN PARA QUE TENGAMOS EN CUENTA A BRUCE, QUE ESTÁ REALIZANDO PRUEBAS EN LA BATCUEVA.
ESO DEJA A BOLT AL RESTO DE LA LIGA DE LA JUSTICIA.
TODOS SON BUENOS CANDIDATOS; PERO SIN DUDA NO HA SIDO NINGUNO DE ELLOS.
POR ESO ESTAMOS AQUÍ.
HAWKMAN, EL ÁTOMO, CANARIO, ZATANNA Y YO.
DINAH ODIA LAS MENTIRAS. ZETA TAMBIÉN.
Y ESTA ES DEMASIADO GORDA.
NO NOS QUEDA OTRA.
SE HAN MARCHADO.
¿DÓNDE HEMOS QUEDADO CON RALPH?
ATRÁS HAY UNA CAPILLA PRIVADA.
PERO DÉMONOS PRISA.

HACÍA MUCHOS AÑOS QUE NO NOS REUNÍAMOS LOS CINCO.
OJALÁ PUDIERA DECIR QUE SIENTA BIEN.
PERO NO HACE MÁS QUE RECORDARME COSAS QUE PREFIERO OLVIDAR.
¿SEGURO QUE FUE EL D...?
ANDA YA, DINAH, ¿QUIÉN MÁS IBA A QUERER MATARLA? QUE ERA SUE DIBNY, POR EL AMOR DE DIOS.
NO ME SIENTO ORGULLOSO DE LO QUE HICIMOS, PERO LO HICIMOS.
A DÍA DE HOY, AÚN ES NUESTRO SECRETO.
CLARK Y DIANA JAMÁS LO ENTENDERÍAN.
Y OCULTÁRSELO A BRUCE, ARTHUR Y LOS DEMÁS... AÚN ME RETUERCE EL PECHO COMO SI FUERA UN SACACORCHOS.
DE AQUELLOS SIETE, TRAS LA MUERTE DE HAL Y BARRY, SOLO QUEDAMOS NOSOTROS.
RALPH NO SABE LO DEMÁS, ¿VERDAD?
NO, PERO ESTUVO PRESENTE AL FINAL. VIO LO QUE OCURRIÓ.
CUANDO ESTABA EN EL PÚLPITO, RALPH APENAS PUDO MANTENER LA COMPOSTURA.
LITERALMENTE.
¿YA SE HAN MARCHADO?
PERO CUANDO ENTRAMOS, AQUEL HOMBRE YA SE HA IDO HACE RATO.
NO HACE FALTA VISIÓN TELESCÓPICA PARA VERLO.
LOS HOMBROS ARQUEADOS, LA AGUDEZA REPENTINA DEL MENTÓN Y LA NARIZ...
RALPH, ANTES DE QUE...
ANDA YA, ZETA. TODOS SABEMOS QUIÉN HA SIDO.
NO LO REGISTRAMOS EN LOS ARCHIVOS DE LA LIGA, PERO TODOS ESTÁBAMOS PRESENTES.
UNA VEZ, ZATANNA ME EXPLICÓ QUE TODA LA EXPERIENCIA HUMANA SE REDUCE A SIETE ASPECTOS.
¿ES QUE NO LO ENTENDÉIS? ME HA ARRUINADO LA VIDA.
ME LA HA ARRUINADO.
Y LE DA IGUAL.
PRECISAMENTE TÚ, ZETA... YO ESTABA PRESENTE CUANDO MURIÓ TU MADRE. SABES CÓMO ES.
LO QUE HIZO...
SE LO HA BUSCADO ÉL, NO NOSOTROS.
ASÍ PUES, NO ES DE EXTRAÑAR QUE, CUANDO LA GOMA ELÁSTICA HUMANA LO HA PERDIDO TODO...
...SALTE COMO UN LÁTIGO, DE LA DESESPERACIÓN...

PARTE UNO
EL ATAÚD

GUION BRAD MELTZER DIBUJO RAGS MORALES
TINTA MICHAEL BAIR COLOR ALEX SINCLAIR

CENTRO DE LOS ÁNGELES. 3.00 H.
¡JODER! ¿ESTAS MOVIDAS NO DEBERÍAN PASAR EN METROPOLIS O KEYSTONE?
BAH. AL MENOS NO ES OTRA PUÑETERA PERSECUCIÓN DE AUTOPISTA A TODA LECHE.
¿TÚ CREES? DE MOMENTO, ESO ES JUSTO LO QUE PARECE.
WAYNE, DAVIS, ¡POR AQUÍ!
LA MADRE QUE ME PARIÓ.

¿ALGUIEN TIENE CONTACTOS EN LA POLICÍA DE GOTHAM?
¿TE HA ENTRADO EL CANGUELO O QUÉ?
¿QUÉ HAY DE LOS AGENTES DE TRASLADO? ¿ALGÚN RASTRO DE ELLOS?
¿TOMMY? ¿HOLA?
EH, SÍ. TE HE OÍDO.
¿Y?
"RASTRO" ES UNA BUENA FORMA DE DESCRIBIRLO...
MAZE

MUDAR LA PIEL
MARC ANDREYKO
Guion
JESÚS SAIZ
Dibujo
JIMMY PALMIOTTI
Tinta
STEVE BUCCELLATO
Color
HARVEY RICHARDS
Editor adjunto
JOAN HILTY
Editora

TRIBUNAL FEDERAL DE LOS ÁNGELES. 16 HORAS ANTES.
PUEDE QUE ESTA GRABACIÓN DEL BANCO NO TENGA SONIDO, PERO EL TERROR Y EL DOLOR DE ESOS ROSTROS LO DICEN TODO.
12 MUERTOS. TRES EN ESTADO VEGETATIVO. DOS CON TRASTORNO DE ESTRÉS POSTRAUMÁTICO AGUDO, ADEMÁS DE HABER PERDIDO ALGUNA EXTREMIDAD.
15 VIDAS DESTROZADAS POR EL ACUSADO. INCONTABLES SERES QUERIDOS AFECTADOS POR SUS CRUENTAS ACCIONES. Y LO PEOR ES QUE SOLO SON LAS VÍCTIMAS MÁS RECIENTES DE UNA LISTA CADA VEZ MÁS LARGA.
EL ACUSADO, "COPPERHEAD", YA NO SOLO UTILIZA SUS HABILIDADES METAHUMANAS CONTRA OTROS DE LOS DENOMINADOS "SUPERHÉROES". SE HA CONVERTIDO EN UN ASESINO EN SERIE POTENCIADO CON METAGENES.
HA MATADO UNA Y OTRA VEZ, SIN COMPASIÓN NI REMORDIMIENTOS. NO CAMBIARÁ. JAMÁS PODRÁ INTEGRARSE EN LA SOCIEDAD.
POR SUS VÍCTIMAS, POR LA SEGURIDAD DE TODOS, SOLO HAY UN VEREDICTO POSIBLE: LA MUERTE.
GRACIAS.
BUEN CIERRE, JEFA.
YA VEREMOS.

EL GEN METAHUMANO.
ESE, DAMAS Y CABALLEROS DEL JURADO, ES EL EPICENTRO DE ESTE CASO.
NO HAY DUDA DE QUE COPPERHEAD COMETIÓ ESOS ACTOS ATROCES. LO QUE HAN VISTO EN LA CINTA DEBERÍA ESTREMECERLES. COMO A MÍ.
PERO TAMBIÉN DEBERÍA SUSCITARLES ESTA PREGUNTA: ¿QUÉ SER HUMANO EN SU SANO JUICIO PODRÍA CAUSAR TAL DESTRUCCIÓN ENTRE SUS CONGÉNERES?
YO SE LO DIRÉ: NINGUNO. MI CLIENTE ES VÍCTIMA DE UNA EVOLUCIÓN FALLIDA.
LA DEFENSA QUIERE HACERLES CREER QUE COPPERHEAD DISFRUTA CON SU SITUACIÓN ACTUAL. PERO MÍRENLO. ATADO Y SEDADO, O SI NO, UN ASESINO CANÍBAL E INCONTROLABLE. ¿QUIÉN ELEGIRÍA UNA VIDA ASÍ?
MATARLO SERÍA EL CAMINO FÁCIL. SÍ, LA CATARSIS INMEDIATA DE SU EJECUCIÓN MITIGARÍA TEMPORALMENTE EL DOLOR DE LAS VÍCTIMAS.
PERO ¿MATARÍAN USTEDES A UN HOMBRE POR UN DEFECTO GENÉTICO? PUESTO QUE COPPERHEAD ES UNA ANOMALÍA GENÉTICA, ¿CÓMO PODEMOS EVALUARLO SEGÚN LOS ESTÁNDARES DEL COMPORTAMIENTO HUMANO? ¿NO DEBERÍAMOS CONFINARLO DE POR VIDA, ESTUDIAR SU ADN E IMPEDIR QUE OTROS SERES COMO ÉL DESARROLLEN UN COMPORTAMIENTO HOMICIDA EN EL FUTURO?
NO CULPABLE, DAMAS Y CABALLEROS. COMO LO SON USTEDES DEL COLOR DE SUS OJOS.
GRACIAS.

DAMON, DEJA DE HACER RUIDITO CON EL BOLI, ¿VALE?
¿Y TÚ PUEDES INFRINGIR LA LEY Y EXPONER MIS TIERNOS PULMONES A CARCI-NÓGENOS DE SE-GUNDA MANO?
TAP TAP TAP TAP
¿MEJOR?
SÍ, MUCHO. ¿ALGUNA PRE-DICCIÓN?
NO. CARTER ES AÚN MÁS SABANDIJA QUE SU CLIENTE, ASÍ QUE... NI IDEA.
YO ESTOY TRANQUILO. ES-TUVISTE GENIAL. LO TENEMOS EN EL BOLSILLO.
YA ESTÁ EL JURADO.
O NO.

VAN A SOLTAR A ESE CA-BRÓN.
PIENSA EN POSITIVO.
TARDE, PETER PAN. CAMPANILLA HA MUERTO.
SR. PRESIDENTE DEL JURADO, ¿HAN ALCANZADO UN VE-REDICTO UNÁ-NIME?
SÍ, ASÍ ES, SEÑORÍA.
¿CÓMO LO DECLARAN?
EN EL CASO DEL PUEBLO DEL ESTADO DE CALIFORNIA CONTRA... UM, "COPPERHEAD"...
...DECLARAMOS AL ACUSADO NO CULPABLE, DEBIDO A UNA ANOMALÍA GENÉTICA.

¡ORDEN EN LA SALA!
HASTA QUE SE REALICEN LAS DISPOSICIONES DEFINITIVAS, EL SR. COPPERHEAD SERÁ RECLUIDO EN EL CENTRO DE INVESTIGACIÓN DE METAHUMANOS DEL VALLE DE LA MUERTE, CON EFECTO INMEDIATO.
DAMAS Y CABALLEROS DEL JURADO, SU LABOR AQUÍ HA CONCLUIDO. PUEDEN ATENDER A LOS MEDIOS. ESTÁN EN SU DERECHO DE HABLAR CON ELLOS O NO. SE LEVANTA LA SESIÓN.
BUEN TRA-BAJO. QUIZÁ LA PRÓXIMA VEZ, ABOGADA.
NO TIENE NI IDEA DE LO QUE HA HECHO, ¿VERDAD?
SALVAR UNA VIDA.
SIGA INTENTANDO CONVENCER-SE.

SRTA. SPENCER, ¿QUÉ OPINA DE LA DECISIÓN DEL JURADO?
ME RESULTA IRÓNICO VIVIR EN UNA SOCIEDAD DONDE SE CONSIDERA HUMANO SACRIFICAR A UN ANIMAL RABIOSO, PERO INHUMANO EJECUTAR A UN SÁDICO PERVERSO QUE HA MATADO Y, EN ALGUNOS CASOS, DEVORADO AL MENOS A 48 PERSONAS... Y SEGURAMENTE MUCHAS MÁS QUE NUNCA SERÁN IDENTIFICADAS.
SABIENDO CÓMO SON ESTAS COSAS, SOLO ES CUESTIÓN DE TIEMPO QUE COPPERHEAD SE ESCAPE Y VUELVA A MATAR.
¿ESTÁ DICIENDO...?
SSSSSSSS
YO, EH... NO TENGO NADA MÁS QUE DECIR. DISCULPEN.

VAYA PASAJERO SINIESTRO, ¿EH?
Y QUE LO DIGAS. ¿POR QUÉ NO VIENE LA JLA A LLEVARSE A ESTE MONSTRUO?
TRANQUI. ESE GAS NARCÓTICO DE AHÍ ATRÁS ES EL MISMO QUE USÓ LA SCU DE METROPOLIS CON ESE MONO GIGANTE EL AÑO PASADO.
¿MONOS GIGANTES? ¿ASESINOS CANÍBALES? RECUERDO CUANDO LO MÁS RARO QUE HABÍA EN L.A. ERA MICHAEL JACKSON.
THUMP
AÚN LO ES.
¿...?
¡MIERDA...! ¡SE HA IDO!
¡IMPOSIBLE! ¡TIENE QUE ESTAR AHÍ!
KRASH
¡AAAAAAAHH!
¡NO!

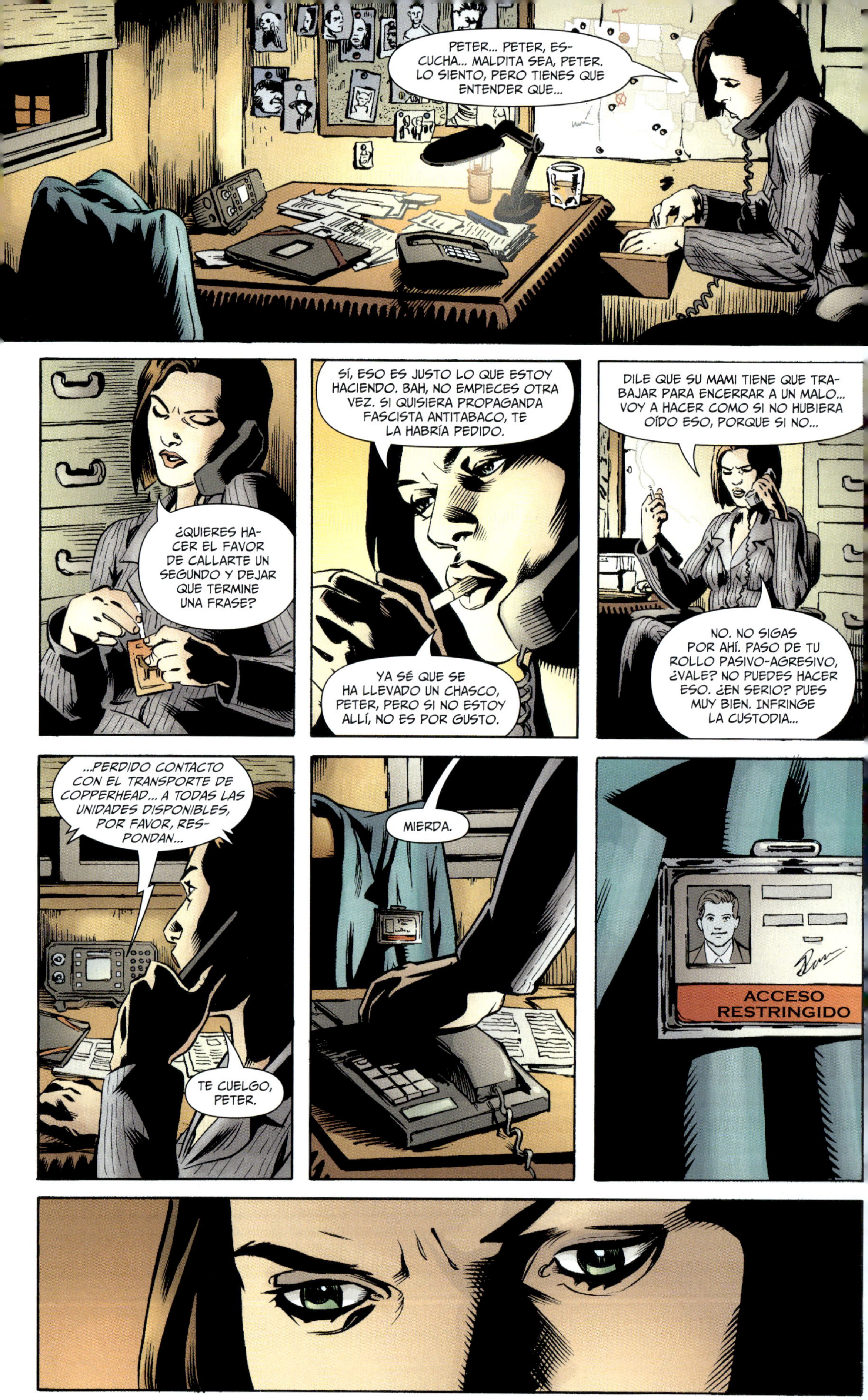

PETER... PETER, ESCUCHA... MALDITA SEA, PETER. LO SIENTO, PERO TIENES QUE ENTENDER QUE...
¿QUIERES HACER EL FAVOR DE CALLARTE UN SEGUNDO Y DEJAR QUE TERMINE UNA FRASE?
SÍ, ESO ES JUSTO LO QUE ESTOY HACIENDO. BAH, NO EMPIECES OTRA VEZ. SI QUISIERA PROPAGANDA FASCISTA ANTITABACO, TE LA HABRÍA PEDIDO.
YA SÉ QUE SE HA LLEVADO UN CHASCO, PETER, PERO SI NO ESTOY ALLÍ, NO ES POR GUSTO.
DILE QUE SU MAMI TIENE QUE TRABAJAR PARA ENCERRAR A UN MALO... VOY A HACER COMO SI NO HUBIERA OÍDO ESO, PORQUE SI NO...
NO. NO SIGAS POR AHÍ. PASO DE TU ROLLO PASIVO-AGRESIVO, ¿VALE? NO PUEDES HACER ESO. ¿EN SERIO? PUES MUY BIEN. INFRINGE LA CUSTODIA...
...PERDIDO CONTACTO CON EL TRANSPORTE DE COPPERHEAD... A TODAS LAS UNIDADES DISPONIBLES, POR FAVOR, RESPONDAN...
TE CUELGO, PETER.
MIERDA.
ACCESO RESTRINGIDO

CENTRO DE L.A. 3.10 H.
¿HACEN FOTOS A LA BASURA?
NO SON BOLSAS DE BASURA, DETECTIVE...
HO-HOSTIA P...
¿SON... LOS DOS AGENTES?
SÍ. AL MENOS LAS PARTES QUE NO ESTÁN LICUADAS.
¿DÓNDE ESTÁ EL RESTO?
EN LA BARRIGA DE COPPERHEAD, SUPONGO. EL INFORME DE LABORATORIOS S.T.A.R. DICE QUE DEVORA A SUS VÍCTIMAS.
ESTO SE PONE CADA VEZ MEJOR.

ME DA EN LA NARIZ QUE ESTO DE AQUÍ NO ES SANGRE DE HOMBRE SERPIENTE...
FLASH
¡QUE ALGUIEN PESQUE A ESE IDIOTA ANTES DE QUE SUBA ESAS FOTOS A ROTTEN.COM!
TOMMY, ¿HAN LLEGADO LOS DE HOMICIDIOS?
LOS TENGO DELANTE, MITCH.
PUES MÁNDALOS AQUÍ. HEMOS ENCONTRADO ALGO QUE SIN DUDA QUERRÁN VER.
¡DEME ESE MALDITO WALKIE!
¿QUÉ TIENEN?
NO QUIERO ESTROPEAR LA SORPRESA.

BEEP
HAY QUE HACERLO.
HAY QUE HACERLO. HAY...
PUEDO HACERLO.

¡AAAAAAAAHHHH!
SSSSS
¡JODER! ¡LLAMAD A EMERGENCIAS!
KRASH
¡SUCIOS MAMÍFEROSSSSS!
¡MADRE DE...!
SSSSS
AMAZE

CHOK CHOK
UNNHH...
VALE, KATE...

¡...A POR TODAS!
¡JA, JA, JA, JA! ¿Y TÚ QUIÉN ERESSSS? ¿"LA DIVA DE LOSSS ÁNGELESSS"?
BOOM
¡AAH!
SLKT
¡RRRR...!
KABOOM

SSSSSSS
¡ATRÁPALO!
¡HNNH!
KRANG
CITY OF LA
UAU.
NI LO SUEÑES...

SSSSSS

¡CARNE!
SPLOOSH
¿A QUÉ SSSSSABRÁ TU CARNE?
HHH... ¡NO SÉ...!
¿NO DICEN QUE TODO SABE A POLLO?
KABOOM

¿NO ESPERAMOS A LOS TRAJES DE PROTECCIÓN?
NO DES LA VARA. HE VISTO TU BAÑO. ESTO ESTÁ MÁS LIMPIO.
JA, MUY GRACIOSO. DEBERÍAS DEDICARTE A HACER MONÓLOGOS EN VEZ DE A COMBATIR EL CRIMEN.
NO ME CREO QUE ESTÉ CAMINANDO POR MIERDA AJENA.
¿QUIERES CERRAR EL...?
EH, MIREN ESTO...
JODER.
VAYA GIRO DE GUION, ¿EH?

MANHUNTER

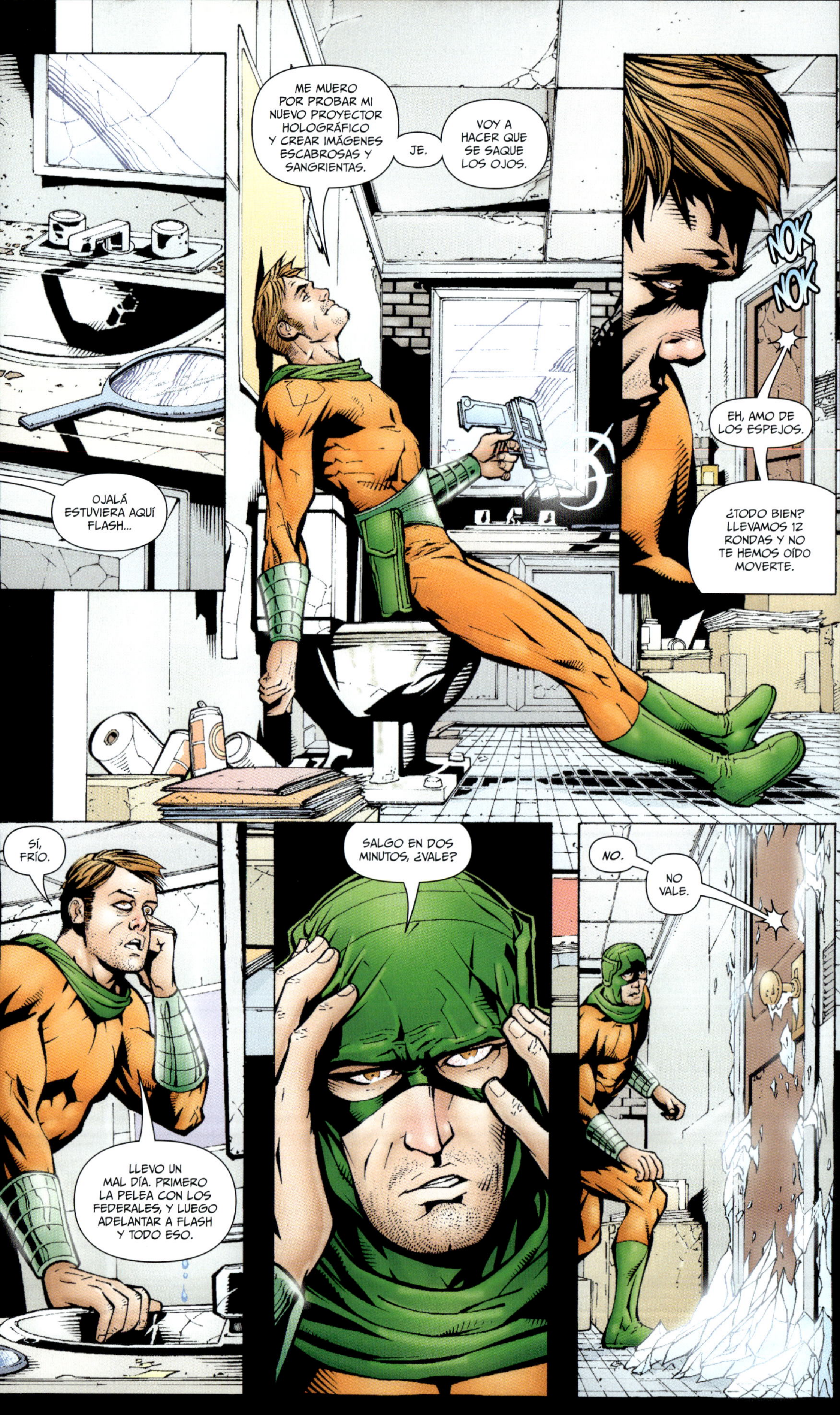

OJALÁ ESTUVIERA AQUÍ FLASH...
ME MUERO POR PROBAR MI NUEVO PROYECTOR HOLOGRÁFICO Y CREAR IMÁGENES ESCABROSAS Y SANGRIENTAS.
JE.
VOY A HACER QUE SE SAQUE LOS OJOS.
NOK NOK
EH, AMO DE LOS ESPEJOS.
¿TODO BIEN? LLEVAMOS 12 RONDAS Y NO TE HEMOS OÍDO MOVERTE.
SÍ, FRÍO.
LLEVO UN MAL DÍA. PRIMERO LA PELEA CON LOS FEDERALES, Y LUEGO ADELANTAR A FLASH Y TODO ESO.
SALGO EN DOS MINUTOS, ¿VALE?
NO.
NO VALE.

MALDITA SEA, MCCULLOCH.
NO ES LO QUE PARECE, FRÍO. YO SOLO ESTABA...
¿QUIERES QUE TE SANGRE LA NARIZ?
PUES LO HAREMOS A LA VIEJA USANZA.
KRAKK
KRATCH

YA SABES QUE AQUÍ NO HAY MUCHAS REGLAS.
PERO TE LO DIJE EN SU MOMENTO Y TE LO VUELVO A REPETIR.
KRSSSSH
CHOOM
NADA DE DROGAS.
ERES UN BUEN VILLANO, MCCULLOCH, MUCHO MEJOR QUE SCUDDER...
...PERO TE NECESITO TOTALMENTE DESPEJADO, ¿ENTIENDES?
ASÍ QUE REPÍTELO.
FRÍO...
DILO.
AHORA.
NADA...
...DE DROGAS.

EN UN EXTRAÑO ACCIDENTE, EL ADOLESCENTE WALLY WEST RECIBIÓ EL IMPACTO DE UN RELÁMPAGO Y SE VERTIÓ SOBRE ÉL UNA EXTRAÑA COMBINACIÓN DE PRODUCTOS QUÍMICOS. AL IGUAL QUE A SU MENTOR, SE LE CONFIRIÓ EL DON DE UNA SUPERVELOCIDAD INCREÍBLE. TRAS LA MUERTE DE SU PRECURSOR Y AÑOS DE ENTRENAMIENTO COMO KID FLASH, WALLY HA HEREDADO LA IDENTIDAD DEL VELOCISTA ESCARLATA. EN LA ACTUALIDAD LLEVA EL LEGADO DEL HOMBRE MÁS RÁPIDO DEL MUNDO. HOY WALLY WEST ES EL MAYOR HÉROE DE KEYSTONE CITY...
FLASH
AQUÍ NO TIENES AMIGOS, WEST.
NADIE TE VA A AYUDAR.
A MENOS QUE COOPERES CON NOSOTROS.
ASÍ QUE EXPLÍCANOS-LO, CHICO.
SÍ.
CUÉNTANOS POR QUÉ INTENTAS-TE MATAR A ASHLEY ZOLOMON.
A CÁMARA lenta
GEOFF JOHNS- guion HOWARD PORTER- dibujo LIVESAY- tinta
JAMES SINCLAIR - color JOEY CAVALIERI - editor HARVEY RICHARDS- editor adjunto

NO HE HECHO NADA MALO, DETECTIVE MORILLO.
MANIPULASTE LOS FRENOS DE ASHLEY ZOLOMON, Y CUANDO AL DÍA SIGUIENTE TE SALIÓ DE IRON HEIGHTS...
"...DEJARON DE FUNCIONAR."
LA VÁLVULA COMPENSADORA FALLÓ Y LA PRESIÓN DE LOS FRENOS TRASEROS NO ENCONTRÓ NINGÚN TOPE MIENTRAS SE PRECIPITABA COLINA ABAJO.
ASÍ QUE LOS FRENOS SE BLOQUEARON.
ASHLEY PERDIÓ EL CONTROL DEL VEHÍCULO Y SE ESTRELLÓ CONTRA UN PINO.
PODRÍA HABER MUERTO. AHORA SE ENCUENTRA EN COMA EN EL HOSPITAL.
CASI PERDEMOS A NUESTRA NUEVA CRIMINÓLOGA ESPECIALIZADA EN VILLANOS. Y TE GUSTE O NO...
...ES UNA AGENTE DE POLICÍA.
JAMÁS LE HARÍA DAÑO, AUNQUE...
¿AUNQUE QUÉ? ¿AUNQUE QUISIERAS?
¿SERÍA UNA ESPECIE DE VENGANZA POR LO QUE SU EXMARIDO OS HIZO A TU ESPOSA Y A TI?
¿POR LO QUE ZOOM LE HIZO A LINDA?
¿DÓNDE ESTÁ TU ESPOSA, WEST?
SON LAS SIETE DE LA MAÑANA, SEÑOR IMPULSIVO.
TENEMOS TODO EL DÍA POR DELANTE.

¡ENHORABUENA, SAM!
¿OS HAN DICHO YA SI ES NIÑO O NIÑA?
NO HASTA DENTRO DE UNAS SEMANAS.
MI MUJER QUIERE PASAR LOS NUEVE MESES SIN SABERLO, PERO YO NO SOPORTO LA ESPERA...
¡EH!
AQUÍ APESTAN SIEMPRE LAS TUBERÍAS, SOBRE TODO CUANDO ESTÁ GRODD, PERO VAYA TUFO SALE DE LA CELDA DE LA TORTUGA.
CREO QUE EL TÍO LA HA PALMADO.
TORTUGA
A LO MEJOR LO PARASITARON LOS REZNOS, COMO AL HOMBRE TORTUGA.
AQUEL BLANDENGUE SE PASÓ SEMANAS LLORANDO COMO UN BEBÉ.
ESTE IDIOTA DELIRABA, DECÍA QUE HABÍA RETROCEDIDO EN EL TIEMPO. LLEVABA ACTUANDO RARO DESDE QUE SE INTENTÓ VOLAR POR LOS AIRES.
OTRO MENOS...
NO...
...LA... TORTUGA...
RRNN.
...ESTÁ VIVA.
ARRR.
MMM.

CHICOS, POR FAVOR. ES CIERTO QUE LA SRTA. ZOLOMON NO ME CAE BIEN, PERO TAMPOCO ME ALEGRA QUE HAYA SUFRIDO UN ACCIDENTE. YO NO LE SABOTEÉ LOS FRENOS.
¿NO VEIS QUE YO SOY FL...?
¿ERES QUÉ, WEST?
VALE, HE AQUÍ LAS DESVENTAJAS DE LAS IDENTIDADES SECRETAS.
SOY LA ÚLTIMA PERSONA QUE INTENTARÍA ASESINAR A ALGUIEN.
OS EQUIVOCÁIS DE SOSPECHOSO.
A LO MEJOR COMETISTE UN ERROR CUANDO LE ARREGLASTE EL COCHE.
YO NO COMETO ERRORES.
CUÉNTANOS POR QUÉ LO HICISTE, WEST.
¿ERES CONSCIENTE DE QUE TE ENFRENTAS A LA PENA CAPITAL POR ASESINAR A UNA AGENTE DE LA LEY?
CONFIESA DE UNA VEZ...
...WESTTTTTTT...
...TTTTTTTT-TTTTT...
NO.
AHORA NO.
¡TK!

¡TK!
UN MOMENTO...
ALGO NO VA BIEN. CHYRE Y MORILLO SE HAN QUEDADO PARALIZADOS. LA CHARLA QUE SE ESCUCHABA FUERA SE HA DETENIDO. PERO EL RELOJ...
¡TK!
EL TIEMPO TRANSCURRE CON NORMALIDAD. PENSABA QUE HABÍA ENTRADO EN MODO VELOCIDAD, PERO...
¿QUÉ ESTÁ PASANDO AQUÍ?
KLK
EL IMPULSO DE PONERME EL TRAJE ESCARLATA CON EL RELÁMPAGO SUELE SER INSTINTIVO, ME LLEVA UN MILISEGUNDO.
CUANDO ME ESTOY CAMBIANDO DE ROPA, APENAS ME ENTERO, IGUAL QUE AL RECORRER LARGAS DISTANCIAS. EL TIEMPO RELATIVO CONLLEVARÍA DÍAS COMPLETOS, Y ME VOLVERÍA LOCO.
PERO SI ME DISOCIO DE LA REALIDAD, LO CONVIERTO EN UN INSTANTE.
AHORA, SIN EMBARGO...
...LOS BRAZOS Y LAS PIERNAS ME PESAN UNA TONELADA...
ME SIENTO COMO...
...UN TIPO NORMAL Y CORRIENTE.

TODO SE HA QUEDADO CONGELADO.
MENOS EL TIEMPO.
¿HOLA?
¿DE DÓNDE VIENE ESE... HEDOR?
HOLA...

...FLASH...
...HE...
...ESTADO...
...BUSCÁNDOTE...
LE LLAMAN LA TORTUGA.
EL HOMBRE MÁS LENTO DEL MUNDO. AL IGUAL QUE SU TOCAYA, ESTE TIPO SE LAS HA INGENIADO PARA VIVIR MUCHO, MUCHO TIEMPO. SE DICE QUE TIENE MÁS DE 100 AÑOS.
COMENZÓ A QUEDARSE CALVO CUANDO JAY LUCHABA CONTRA ÉL, ALLÁ POR LOS AÑOS CUARENTA.
SU METABOLISMO ESTÁ RALENTIZADO... COMO SU CEREBRO.
EL PEOR PODER DEL MUNDO.
YO...
...ESTOY...
...INTENTANDO...
¿QUÉ HACES AQUÍ, TORTUGA? ¿QUÉ LE PASA A TODO EL MUNDO?
JAY ME CONTABA QUE LE DABA MUCHA LÁSTIMA, QUE A VECES INCLUSO PERMITÍA QUE EL HOMBRECILLO LE PEGARA UN PAR DE PUÑETAZOS ANTES DE PONERLO DE PATITAS EN LA CÁRCEL.
¿QUÉ? ¿QUÉ INTENTAS?

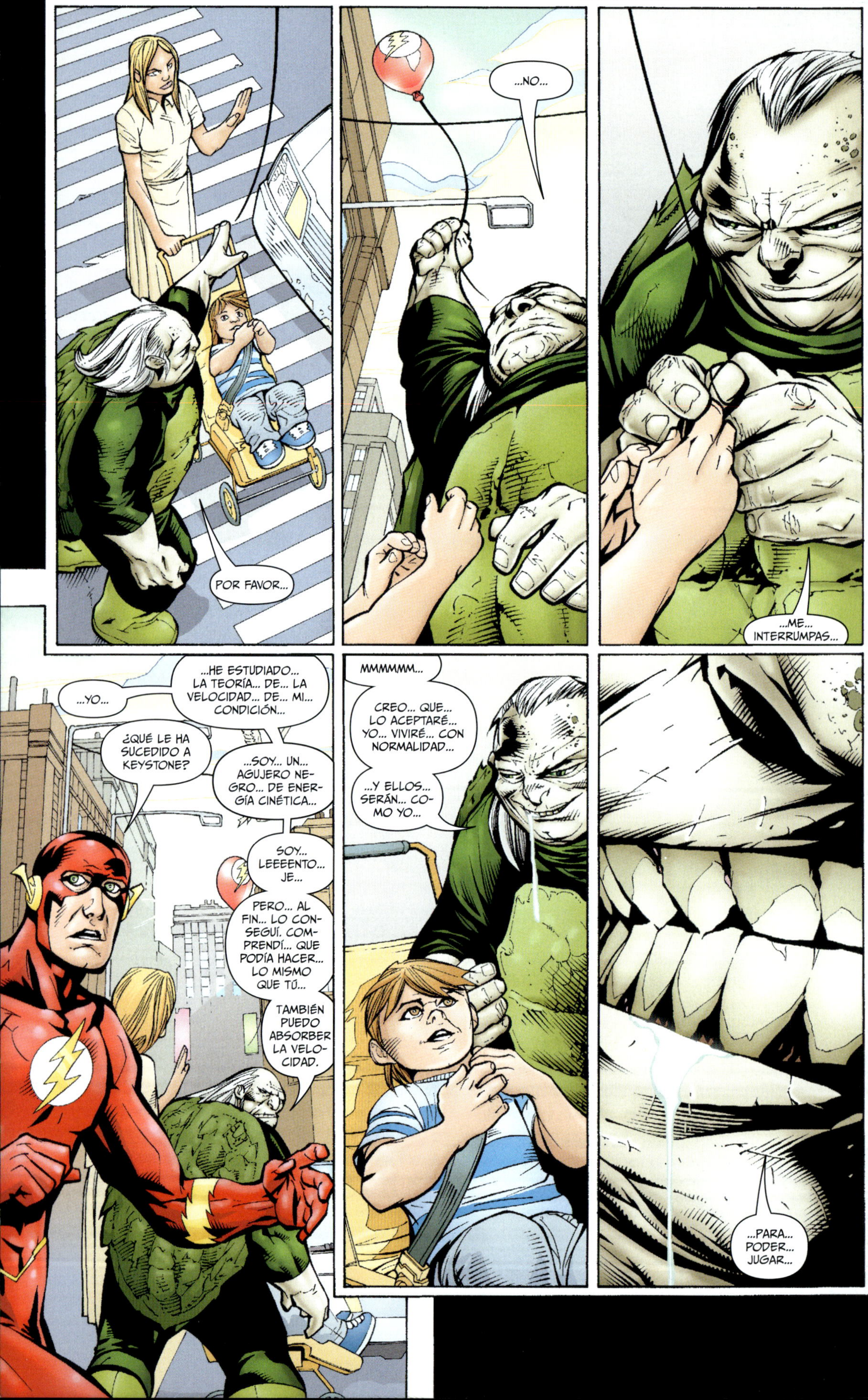
POR FAVOR...
...NO...
...ME... INTERRUMPAS...
...YO...
...HE ESTUDIADO... LA TEORÍA... DE... LA VELOCIDAD... DE... MI... CONDICIÓN...
¿QUÉ LE HA SUCEDIDO A KEYSTONE?
...SOY... UN... AGUJERO NEGRO... DE ENERGÍA CINÉTICA...
SOY... LEEEENTO... JE...
PERO... AL FIN... LO CONSEGUÍ. COMPRENDÍ... QUE PODÍA HACER... LO MISMO QUE TÚ...
TAMBIÉN PUEDO ABSORBER LA VELOCIDAD.
MMMMMM...
CREO... QUE... LO ACEPTARÉ... YO... VIVIRÉ... CON NORMALIDAD...
...Y ELLOS... SERÁN... COMO YO...
...PARA... PODER... JUGAR...

DÉJALO EN PAZ.
SI NI SIQUIERA LLEGAS A VILLANO, MONSTRUO ARRUGADO.
ESO... ME HA... DOLIDO...
¡AHNNNN!
SUPERMAN Y... TÚ... MEDÍAIS VUESTRA VELOCIDAD... CERCA DE... IRON HEIGHTS... FUE... SUFICIENTE...
...PARA... OBTENER... ENERGÍA...
HE SIDO... LENTO... TODA MI... VIDA. SI ES QUE... SE PUEDE... LLAMAR ASÍ A... TODOS ESTOS... AÑOS.
NO... ME... GUSTA... LA LENTITUD...
¿Y... A TI?
AHHH.
ME HA ARREBATADO... LA FUERZA DE LA VELOCIDAD... NO... PUEDO...
...MOVERME.
JE.
YA NO SOY TAN LENTO.

CHICAGO.
PERO ¿QUÉ...?
CHNGG
HOLA, MICK.
DIGGER, ¿QUÉ HACES AQUÍ?
EL MALDITO TRICKSTER NO ME RESPONDE AL TELÉFONO DESDE QUE TRABAJA PARA EL GOBIERNO.
HICE AUTOSTOP HASTA AQUÍ PARA BUSCAR AYUDA Y ME PERCATÉ DEL FUEGO.
Y SI HAY FUEGO... OLA DE CALOR NO PUEDE ANDAR MUY LEJOS.
¿QUÉ QUIERES, BUMERÁN?
QUE ME PRESTES ALGO DE DINERO.
POR LOS VIEJOS TIEMPOS, ¿EH?
ESTO ES TODO LO QUE LLEVO ENCIMA.
ME BASTARÁ PARA LLEGAR HASTA EL SATÉLITE. YA CONSEGUIRÉ ALGO MÁS POR ALLÍ.
GRACIAS, MICK.
¿QUÉ TE HA PASADO, DIGGER? ERAS UNO DE LOS MEJORES.
PRONTO VOLVERÉ A SERLO, MICK.
TE LO PUEDO ASEGURAR.

ERES...
...DELICIOSO.
ARRRN.
DEBO... RECUPERAR LA FUERZA DE LA VELOCIDAD.
RECONSTRUIR MIS MÚSCULOS... RECUPERAR MI VIGOR...
RECOMPONERME, Y DESPUÉS...
KRAK
...APARTARLO DE MÍ.
THNK
SIENTO COMO... SI LLEVARA... DÍAS SIN COMER...
ME... CUESTA... PENSAR...
KEYSTONE CITY Y... TODOS SUS HABITANTES... ME PERTENECEN...
...POR FIN.
¡DEJA A LOS NIÑOS!
MMMM.
OLVIDÉ... COMENTARTE...

...QUE TAMBIÉN LO PUEDO RESTAURAR...
FZZSH
KRAKANNG
¿LO... VES...?

NN.
BUEN...
...TRUCO.
MUCHAS...
...GRACIAS.
TEN... CUIDADO... AL CRUZAR...
VROOOM
KRKSSSH

POR UNA VEZ...
...NO... SOY...
...EL HOMBRE MÁS LENTO DEL MUNDO.
¿ADÓNDE...?
¿...VAS?
LA TORTUGA GANA A LA LIEBRE...
¿NUNCA TE LO HAN CONTADO?
NO PRETENDO ADELANTARTE, TORTUGA.
TAN SOLO...
...SITUARTE EN EL LUGAR ADECUADO.
¿EN EL LUGAR...?
SPLATCH
¿¡QUÉ!?
SE RETUERCE.
EMPEORA LA SITUACIÓN.
Y ENTRA EN PÁNICO.

HAS CAÍDO DE CABEZA EN LA TRAMPA.
NO... PUEDO... RESPIRAR...
NO ES MI PROBLEMA.
QUÍTAME... ESTO...
DE REPENTE, TODO VUELVE A LA NORMALIDAD.
WHONK
CON LA TORTUGA FUERA DE COMBATE, LOS PODERES DE ENERGÍA CINÉTICA QUE HABÍA ABSORBIDO DESAPARECEN.
LO ARRANCO DEL ALQUITRÁN Y LE DESPEJO LA PARTE DE LA BOCA PARA QUE SOBREVIVA... AUNQUE DESEE TODO LO CONTRARIO.
LO LLEVO DE VUELTA A IRON HEIGHTS, DEJO UNA NOTA PARA WOLFE...
IRON HEIGHTS
...Y REGRESO AL CENTRO DE LA CIUDAD.
LAS CORRIENTES DE AIRE ASCENDENTE ME AYUDAN A QUE LOS COCHES DESCIENDAN CON SUAVIDAD. HAGO UN ESFUERZO MÁS Y LOS REPARO.
ZAPATERÍA REVOR
INCLUSO LES CAMBIO EL ACEITE. PORQUE SÍ. PORQUE PUEDO.
Y DESPUÉS REGRESO A LA COMISARÍA...

...TTTTTTT...
...ANTES DE QUE SE DEN CUENTA DE QUE HE ABANDONADO LA SALA.
FZZZSSH
¿POR DÓNDE IBAN?
¿ACASO PIENSAS QUE PUEDES SALIR IMPUNE DE UN CARGO DE ASESINATO?
AH, YA.
YA OS LO HE DICHO. NO HE SIDO YO. Y NO VOY A CONTESTAR PREGUNTAS SI NO ES EN PRESENCIA DE MI ABOGADO.
MUY BIEN. HEMOS TERMINADO POR HOY, WEST, PERO TE RECOMIENDO QUE NO ABANDONES LA CIUDAD.
NO LLEGARÍAS MUY LEJOS.
DE ACUERDO.
¿QUÉ OPINAS?
NO SABRÍA DECIRTE... PERO OCULTA ALGO, SEGURO.
TAMBIÉN SE PUSO MUY A LA DEFENSIVA CUANDO SAQUÉ EL TEMA DE SU ESPOSA.
WHEELER ME DIJO QUE LE ABANDONÓ.
PERO LA CUESTIÓN ES... ¿ALGUIEN LA HA VISTO SALIR DE KEYSTONE CITY...?
¿...VIVA?

¿NO TE RESULTA... EXTRAÑO?
HOSPITAL GENERAL DE KEYSTONE CITY
QUE HAYAN INGRESADO A ASHLEY ZO-LOMON EN LA MISMA HABI-TACIÓN QUE LINDA PARK...
...CUANDO ZOOM LA ATACÓ.
¿CREES EN EL KARMA, JACLYN?
¿EL QUÉ?
NO, NO CREO EN EL KARMA, NI EN LOS PLATILLOS VOLANTES...
...NI EN LOS FANTASMAS.
¿QUÉ HA SIDO ESO?
EH...
¿DE DÓNDE HAN SALIDO ESTAS FLORES?

KEYSTONE CITY POLICÍA
CITY TALLER 242
¿WEST? ¿YA ESTÁS DE VUELTA? BIEN.
RIG NECESITA QUE LE REVISEN EL SISTEMA ELÉCTRICO. DEBE DE HABER UN CORTOCIRCUITO EN ALGUNA PARTE, PORQUE LA BATERÍA SE SIGUE AGOTANDO.
KC POLICÍA
GRACIAS, WHEELER.
YO...
ERES UN BUEN CHICO, WEST. ENTUSIASTA. SINCERO. QUIZÁ UN POCO IMPACIENTE... PERO CONFÍO EN TI. OLVÍDATE DEL TEMA DE LOS DETECTIVES.
VUELVE AL TRABAJO.
YO...
OH, NO... ESTABA EN MI BOLSILLO.
AHORA... LO RECUERDO...
¿QUÉ ES ESO?
UNA PIEZA DEL VEHÍCULO DE ASHLEY ZOLOMON...
DIOS MÍO... UNA SUJECIÓN DE LA VÁLVULA COMPENSADORA. NO LA ENCONTRABA.
LA ESTABA BUSCANDO JUSTO CUANDO... ESCUCHÉ LOS INFORMES POLICIALES SOBRE EL PARADERO DEL PINGÜINO Y... ME DISTRAJE.
ME OLVIDÉ DE ELLA... DURANTE UN SEGUNDO.
UN MALDITO SEGUNDO.
TENÍAN RAZÓN. SOY CULPABLE, WHEELER.
HE COMETIDO UN ERROR.

UN ERROR TERRIBLE.
KC POLICÍA
...NOTICIA DE ÚLTIMA HORA. ESTA NOCHE HAN ASESINADO A SUE DIBNY, LA MUJER DEL HOMBRE ELÁSTICO. SE HAN DISPARADO TODO TIPO DE RUMORES ENTRE LA COMUNIDAD DE LOS SUPER-HÉROES. MUCHOS TEMEN...
...QUE ESTO NO SEA MÁS QUE EL PRINCIPIO...

Ivy Town.
El Átomo y Jean Loring.
Hace nueve minutos.
CUANDO NOS DIVORCIAMOS HACE AÑOS, LA QUE SE MARCHÓ FUE JEAN.
SE LARGÓ ELLA, NO YO.
RAY, QUE ESTOY HABLANDO CONTIGO.
PERO, NO SÉ CÓMO, GRACIAS A LOS MILAGROS DE LA JUSTICIA MODERNA, FUE ELLA QUIEN SE QUEDÓ CON LA CASA.
Y CON EL COCHE. Y CON LA MITAD DE MIS PATENTES.
¿HE MENCIONADO YA QUE ES ABOGADA?
RAY...
EN AQUEL MOMENTO, ME QUEDÉ HECHO POLVO.
EN MUCHOS SENTIDOS, AÚN LO ESTOY. ¿QUÉ PROBABILIDADES TIENE UN FÍSICO DE HALLAR EL AMOR VERDADERO DOS VECES?
TENGO DOS DOCTORADOS. SÉ CUÁNTAS PROBABILIDADES TENGO.
RAY, ¿ME ESTÁS ESCUCHANDO?
DIME QUÉ ESTÁS BUSCANDO.
A PARTIR DE ENTONCES, ME REFUGIÉ EN EL TRABAJO.
NI SIQUIERA ME MOLESTÉ EN HACER LAS MALETAS... POR ESO CASI TODAS MIS COSAS SIGUEN ESTANDO EN NUESTRO ANTIGUO SÓTANO.
RAY, NO ME IGNORES.
QUIZÁ ME LO NEGARA A MÍ MISMO.
O QUIZÁ TUVIERA ESPERANZAS.
EN TODO CASO, AHORA ME FACILITA MUCHO LO QUE ESTOY HACIENDO.
VAMOS ALLÁ.
ME LA REGALÓ CARTER HACE AÑOS.
PERO ¿QUÉ...?
NO ES PARA MÍ. ES PARA TI.
¿CÓMO?
YA ESTÁ CARGADA. TÚ APUNTA... Y DISPARA.
UN MOMENTO... ¿HAS VENIDO HASTA AQUÍ PARA DARME UN ARMA?
NO, HE VENIDO A COMPROBAR SI ESTÁS BIEN.

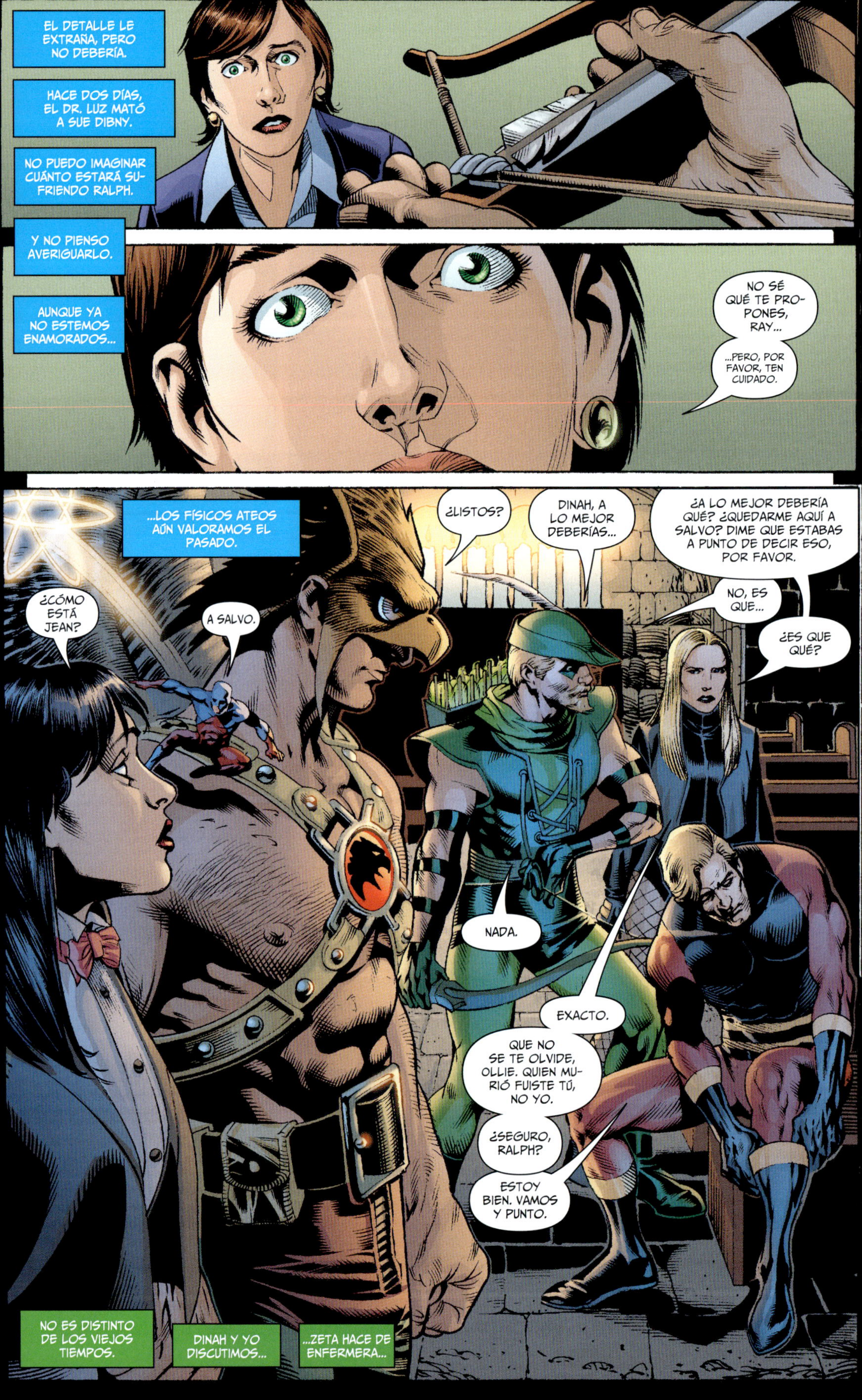
EL DETALLE LE EXTRAÑA, PERO NO DEBERÍA.
HACE DOS DÍAS, EL DR. LUZ MATÓ A SUE DIBNY.
NO PUEDO IMAGINAR CUÁNTO ESTARÁ SUFRIENDO RALPH.
Y NO PIENSO AVERIGUARLO.
AUNQUE YA NO ESTEMOS ENAMORADOS...
NO SÉ QUÉ TE PROPONES, RAY...
...PERO, POR FAVOR, TEN CUIDADO.
...LOS FÍSICOS ATEOS AÚN VALORAMOS EL PASADO.
¿CÓMO ESTÁ JEAN?
A SALVO.
¿LISTOS?
DINAH, A LO MEJOR DEBERÍAS...
¿A LO MEJOR DEBERÍA QUÉ? ¿QUEDARME AQUÍ A SALVO? DIME QUE ESTABAS A PUNTO DE DECIR ESO, POR FAVOR.
NO, ES QUE...
¿ES QUE QUÉ?
NADA.
EXACTO.
QUE NO SE TE OLVIDE, OLLIE. QUIEN MURIÓ FUISTE TÚ, NO YO.
¿SEGURO, RALPH?
ESTOY BIEN. VAMOS Y PUNTO.
NO ES DISTINTO DE LOS VIEJOS TIEMPOS.
DINAH Y YO DISCUTIMOS...
...ZETA HACE DE ENFERMERA...

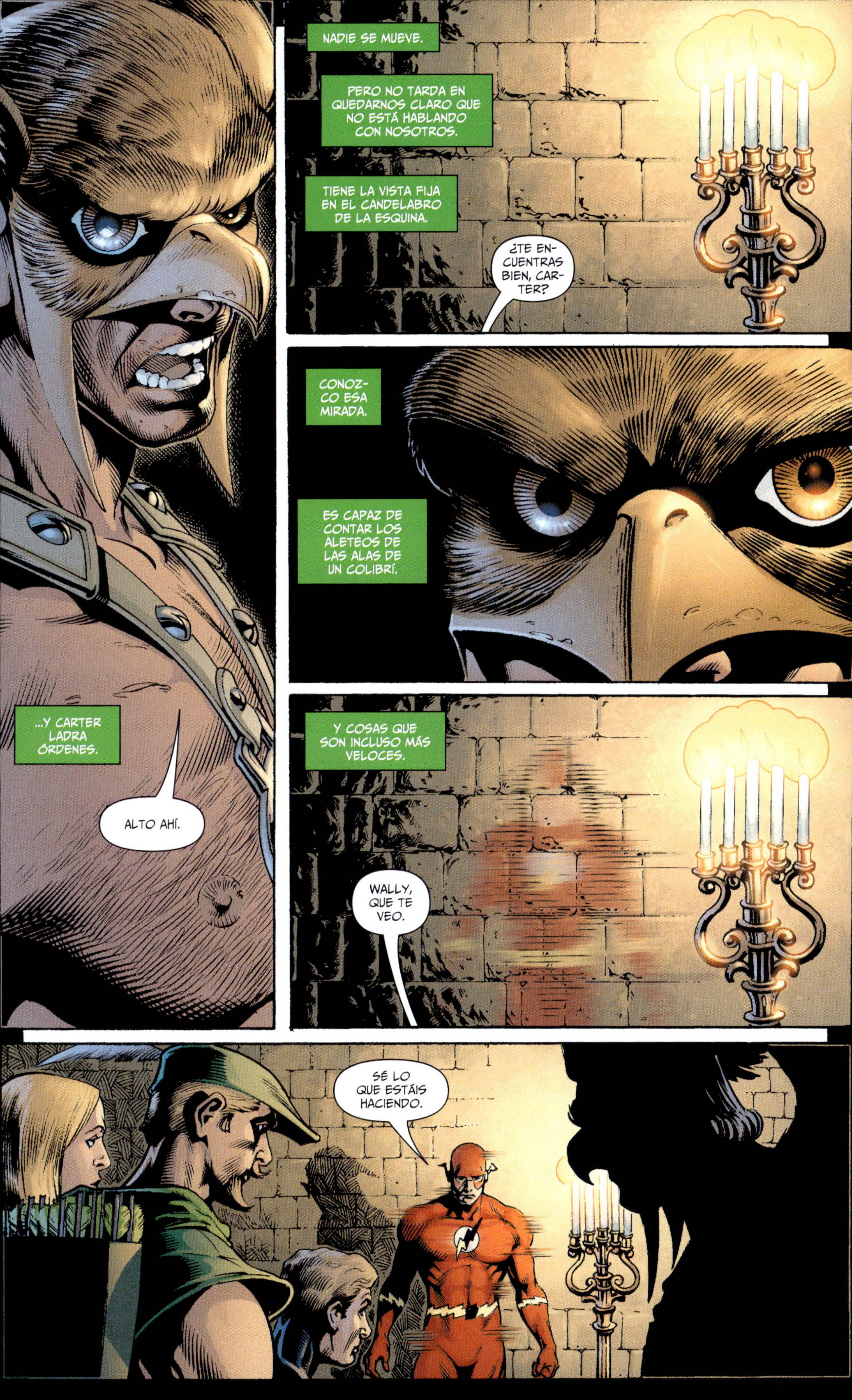

NADIE SE MUEVE.
PERO NO TARDA EN QUEDARNOS CLARO QUE NO ESTÁ HABLANDO CON NOSOTROS.
TIENE LA VISTA FIJA EN EL CANDELABRO DE LA ESQUINA.
¿TE ENCUENTRAS BIEN, CARTER?
CONOZCO ESA MIRADA.
ES CAPAZ DE CONTAR LOS ALETEOS DE LAS ALAS DE UN COLIBRÍ.
...Y CARTER LADRA ÓRDENES.
ALTO AHÍ.
Y COSAS QUE SON INCLUSO MÁS VELOCES.
WALLY, QUE TE VEO.
SÉ LO QUE ESTÁIS HACIENDO.

NO ES HASTA ESTE MOMENTO QUE ME PERCATO DE QUE NO ESTÁ SOLO.
KYLE, TAMBIÉN TE VEO.
¿CÓMO LO HAS HECHO?
ERA UN FAROL.
¿CÓMO OS ATREVÉIS A ESPIARNOS ASÍ?
¿NOSOTROS? ¡NOS HABÉIS MENTIDO A TODOS!
¿QUÉ PASA? ¿CREÍAIS QUE NO NOS DARÍAMOS CUENTA DE QUE SE HA ASIGNADO UN VILLANO A TODO EL MUNDO EXCEPTO A VOSOTROS CINCO?
NO ERA...
¡OS HE ESTADO ESCUCHANDO DESDE QUE OS FUISTEIS! NO SÉ QUÉ HICISTEIS HACE AÑOS, PERO...
¡NO ES COSA TUYA, WALLY!

KYLE APORTA MUCHA AMABILIDAD RACIONAL, COMO HACÍA BARRY.
SIEMPRE TAN BUEN CHICO.
CHICOS, ESTAMOS DE VUESTRA PARTE. PERO DECIDNOS POR QUÉ CREÉIS QUE EL DR. LUZ...
KYLE, TE JURO QUE ES UNA PISTA Y NADA MÁS.
WALLY YA SE TRAGÓ MIS PATRAÑAS UNA VEZ. ES DEMASIADO LISTO PARA VOLVER A CAER.
ANDA YA. ENTONCES, ¿POR QUÉ NO LE PREGUNTAMOS A CLARK? O MEJOR AÚN, A BRUCE.
PUEDO TRAERLOS EN UN SEGUNDO.
LITERALMENTE.
¿TE PARECE QUE VOY DE FAROL, OLLIE?
PONME A PRUEBA.
POR FAVOR.
TENGO QUE RECONOCÉRSELO AL CHAVAL.
ES IGUAL QUE HAL. NO TIENE MIEDO.
Y KYLE LO RESPALDA.
VALIENTE Y AUDAZ.
VALE. RALPH, ¿POR QUÉ NO LES CUENTAS...?
OLLIE, NO ES...
NO, LOS NIÑOS YA SON MAYORES. ESTO TIENEN QUE SABERLO.
PERO SE LO CONTAREMOS DE CAMINO, QUE NO QUIERO PERDER MÁS TIEMPO.

"FUE DURANTE LA ÉPOCA DEL SATÉLITE."
"NO RECUERDO CON QUIÉN ESTÁBAMOS PELEANDO."
"CON HECTOR HAMMOND."
"CIERTO, CON HECTOR HAMMOND."
"¿SEGURO QUE ESTÁS BIEN, RALPH?"
"SÍ... NO... GRACIAS, ZETA... ES QUE..."
"..."

"PERO FUERA LO QUE FUERA..."
"...CUANDO POR FIN LLEGÓ A BORDO..."
"...ENCONTRÓ UNA COSA MUCHO MÁS VALIOSA."

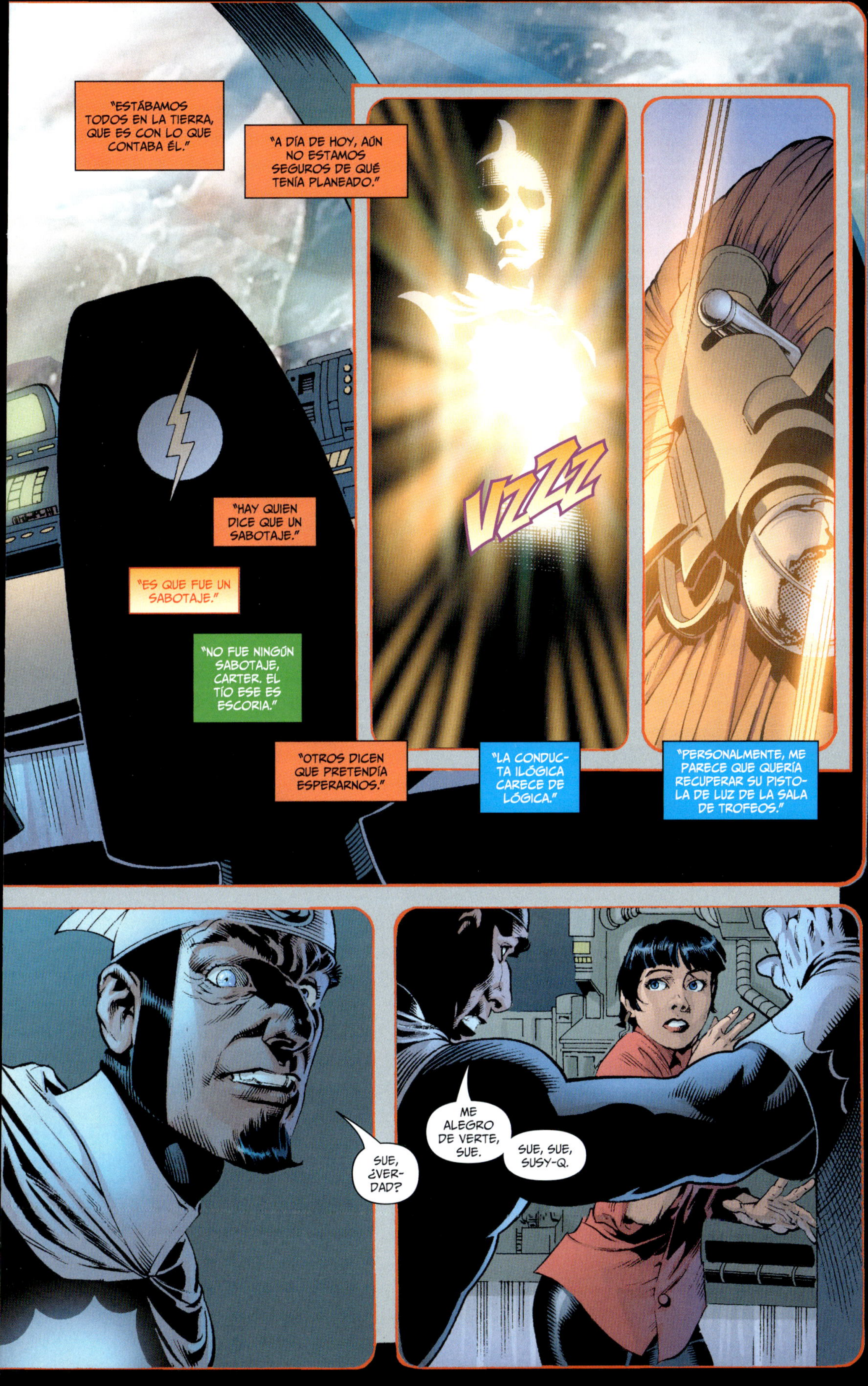
"ESTÁBAMOS TODOS EN LA TIERRA, QUE ES CON LO QUE CONTABA ÉL."
"A DÍA DE HOY, AÚN NO ESTAMOS SEGUROS DE QUÉ TENÍA PLANEADO."
VZZZ
"HAY QUIEN DICE QUE UN SABOTAJE."
"ES QUE FUE UN SABOTAJE."
"NO FUE NINGÚN SABOTAJE, CARTER. EL TÍO ESE ES ESCORIA."
"OTROS DICEN QUE PRETENDÍA ESPERARNOS."
"LA CONDUCTA ILÓGICA CARECE DE LÓGICA."
"PERSONALMENTE, ME PARECE QUE QUERÍA RECUPERAR SU PISTOLA DE LUZ DE LA SALA DE TROFEOS."
SUE, ¿VERDAD?
ME ALEGRO DE VERTE, SUE.
SUE, SUE, SUSY-Q.

"LA GENTE DICE QUE, ENTONCES, TODO ERA MÁS SENCILLO."
¿VES...? ¿VES ESTE BOTÓN ROJO? YA LES HE LLAMADO.
LLEGARÁN DENTRO DE UN MINUTO.
"Y PARA LUZ, LO ERA."
"COMO NO PODÍA CON NOSOTROS..."
"...DECIDIÓ IR A POR ELLA."
¡NO...! ¡NO VEO!
¡NO VEO NADA!
"SUE ME CONTÓ QUE SE RESISTIÓ."
¡DIOS MÍO!
¡NOOOO!
"ESPERO QUE SE RESISTIERA."
¡SUÉLTAME!
¡QUÍTAME LAS MANOS DE ENCIMA!
RRRRP

¡TE MATARÉ!
¡TE LO JURO!
"AÑOS DESPUÉS, ME ENTERÉ DE QUE ESTABA ALLÍ ARRIBA SIMPLEMENTE PORQUE ESTABA ABURRIDA."
"POR LO MENOS, DESDE EL SATÉLITE TENÍA UNAS VISTAS MAGNÍFICA DE LAS ESTRELLAS."
PERO ¿QUÉ...?
NO... POR FAVOR... ¡NO!
POR... POR FAVOR...
"DIJO QUE NO ECHABAN NADA EN LA TELE."
SSSS
SSSS
"ERA LO ÚNICO QUE QUERÍA."
POR... POR FAVOR...
"UNA NOCHE TRANQUILA..."
"...VIENDO LAS ESTRELLAS."

"NATURALMENTE, BARRY LLEGÓ PRIMERO."
DIOS MÍO.
ES VUESTRO PUNTO DÉBIL, ¿VERDAD?
POR FIN LO SÉ.
"LOS DEMÁS LLEGAMOS EN CUESTIÓN DE SEGUNDOS."
"PERO, A AQUELLAS ALTURAS, ÉL YA ERA ADRENALINA PURA."
"CUÁNTO PODER."
"ERA COMO ABORDAR A UN ELEFANTE."
LA VOLVERÉ A ENCONTRAR, ¿SABÉIS?
Y DESPUÉS, A TODOS LOS VUESTROS.

"PERO AQUELLO NO NOS DETUVO."

"BARRY HABÍA ACTUADO TAN DEPRISA QUE YO AÚN NO ESTABA SEGURO DE QUÉ HABÍA PASADO."
"HASTA QUE LA VI."
¿SUE...?
¿CARI-ÑO?
TRAN-QUILA, CARIÑO.
TE... TE TENGO...
Ya estás a salvo.
LA TRANS-PORTAMOS DIREC-TAMENTE DE ALLÍ AL HOSPITAL.

"PERO AQUELLO NO NOS DETUVO."

"BARRY HABÍA ACTUADO TAN DEPRISA QUE YO AÚN NO ESTABA SEGURO DE QUÉ HABÍA PASADO."
"HASTA QUE LA VI."
¿SUE...?
¿CARIÑO?
TRANQUILA, CARIÑO.
TE... TE TENGO...
Ya estás a salvo.
LA TRANSPORTAMOS DIRECTAMENTE DE ALLÍ AL HOSPITAL.

Roxbury (Massachusetts).
Según los archivos del Escuadrón Suicida, es la última dirección conocida del Dr. Arthur Light.
Ahora.
NO... NO DOY CRÉDITO. JAMÁS...
ME ENFRENTÉ A LUZ MEDIA DOCENA DE VECES CON LOS TITANES. SIEMPRE FUE...
...UN CA-PULLO.
YA, BUENO...
...PUES NO FUE SIEMPRE ASÍ.

UN MOMENTO... ¿QUÉ QUIERES DECIR?
WALLY, COMPRENDE QUE...
¿QUÉ LE HICISTEIS, OLLIE?
ME DIJISTEIS QUE LO HABÍAIS ENTREGADO...
RALPH, HICIMOS LO POSIBLE...
ZETA, IN-TIMIDAD.
SELBISIVNI.
TÚ NO ESTABAS ALLÍ, WALLY. NO LO VISTE.
RALPH Y SUE SE HA-BÍAN IDO AL HOSPITAL...
"...PERO NOSOTROS AÚN TENÍA-MOS QUE OCUPARNOS DE ÉL."
¡LA VOLVERÉ A ENCONTRAR! ¡LO JURO!
SERÁ SENCI-LLO.
LANTERN, CIÉRRALE LA BOCA.

¡SEGURO QUE SU DIRECCIÓN VIENE EN LA GUÍA! ¡EN LA "DE" DE DIBNY! ¡PASARÉ EL DEDO PARA BUSCARLA!
Y TÚ, ¿QUÉ, FLASH? VEO EL BULTO DE UN ANILLO DEBAJO DEL DISFRAZ. ¿TIENES A ALGUIEN EN CASA?
"NO HABÍAMOS VISTO NADA IGUAL, NI SIQUIERA EN ARKHAM."
HAY QUE ENCERRARLO.
ESTUPENDO, ADELANTE. ASÍ TENDRÉ PÚBLICO NUEVO QUE ESCUCHE EL RELATO.
¡MI CITA CON SUE DIBNY!
ESPERO QUE NO SE OS HAYA OLVIDADO QUE PROYECTO IMÁGENES.
¿QUÉ PASA, AMIGOS? ¿DEMASIADO FUERTE PARA VOSOTROS?
"NOS HARTAMOS."
ZETA, HAZ QUE LO OLVIDE.
ETEM-RÉUD.

¿SEGURO QUE CON ESO BASTARÁ?
¿A QUÉ TE REFIERES?
¿CUÁNTAS VECES TEN-DREMOS QUE PASAR POR ESTO CON LUZ?
AUNQUE SE LE OLVIDE EL INCIDENTE, ¿CREÉIS QUE NO LO VOLVERÁ A HACER?
TIENE RAZÓN, OLLIE.
DECIDIR ESO NO ES COSA NUESTRA.
¿AH, NO? ENTONCES, ¿ESTÁS DISPUESTO A ARRIESGARTE?
¿ESTÁS DIS-PUESTO A QUE VAYA A POR CAROL, A POR JEAN...?
¿...O A POR DINAH?
YO ME SÉ CUIDAR SOLA.
NO ME REFIERO A QUE LE BORREMOS LA MENTE.
QUIZÁ ZATANNA PUEDA... NO SÉ... LIMPIARLO UN POCO.
¿LIM-PIARLO?

"ENSEGUIDA SE FORMARON BANDOS."
"DIVIDIDOS POR LAS AMISTADES Y LOS PADRES PERDIDOS."
"Y UN VOTO DESHARÍA EL EMPATE."
¿QUÉ VA A SER, BARRY? ¿SÍ O NO?

Un satélite abandonado a 36.000 kilómetros por encima de la Tierra.
Hace 32 minutos.
Merlyn y compañía.
Asesinos.
NO NOS REUNIMOS MUCHO.
Y CUANDO NOS REUNIMOS, RARA VEZ ES DOS VECES EN EL MISMO SITIO.
ANTES ÉRAMOS ESTÚPIDOS, PERO NOS HICIMOS LISTOS.
MERLYN, ¿DE DÓNDE HAS SACADO EL CAFÉ?
DE ATRÁS, DE DONDE LA SEÑAL.
POR CIERTO, ¿AQUELLO DE LA COMITIVA LO HICISTE TÚ?
TENÍAN FLECHAS CLAVADAS EN LA NUCA, ¿VERDAD?
LA ÚNICA FORMA DE LLEVAR UN NEGOCIO ES TENIENDO LA INFORMACIÓN DE ÚLTIMA HORA.
¿TE HAS ENTERADO DE LO DE BOLT? TIENE UN PULMÓN Y LOS DOS RIÑONES PERFORADOS.
BIEN, MÁS TRABAJO PARA NOSOTROS.

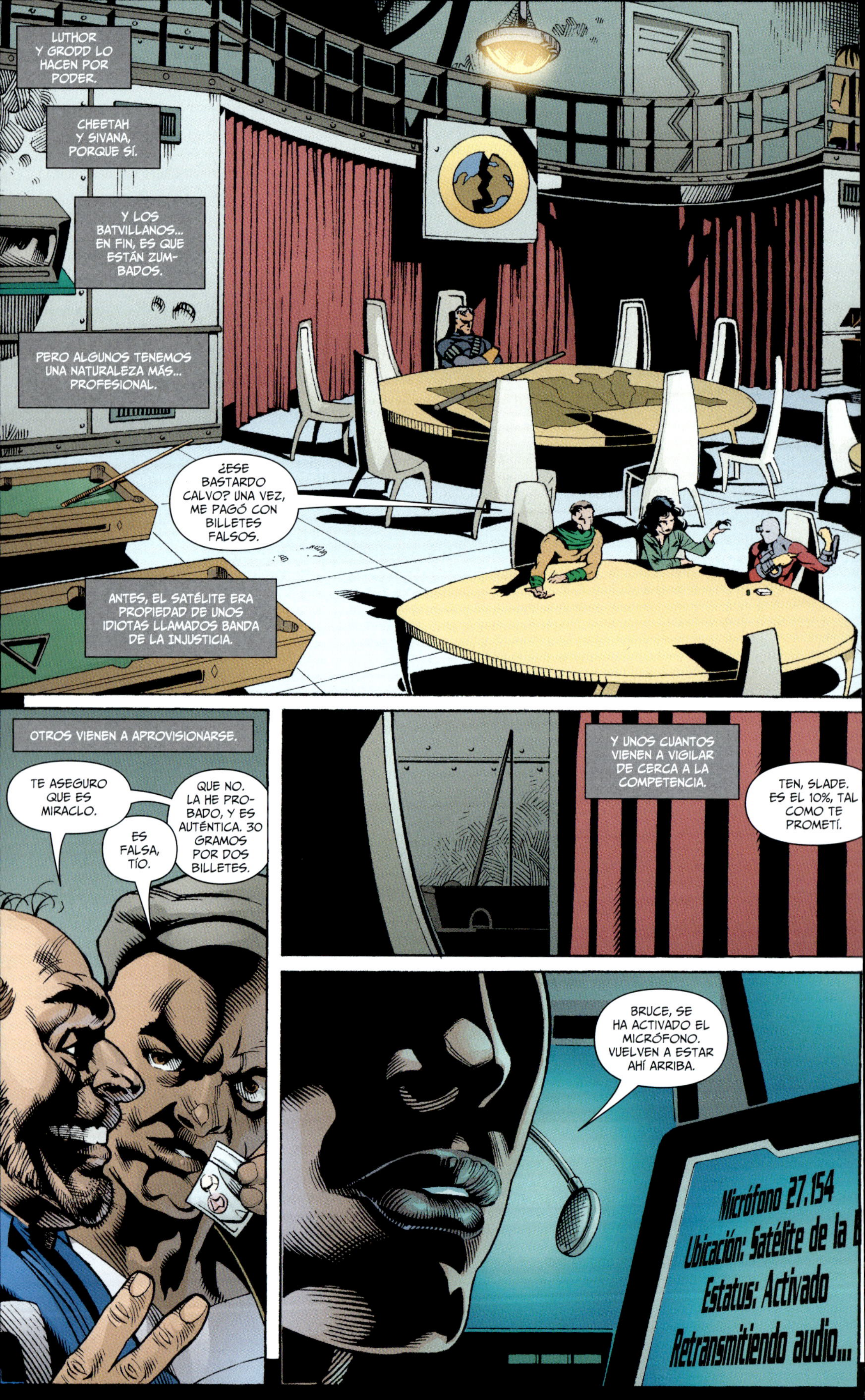

LUTHOR Y GRODD LO HACEN POR PODER.
CHEETAH Y SIVANA, PORQUE SÍ.
Y LOS BATVILLANOS... EN FIN, ES QUE ESTÁN ZUMBADOS.
PERO ALGUNOS TENEMOS UNA NATURALEZA MÁS... PROFESIONAL.
¿ESE BASTARDO CALVO? UNA VEZ, ME PAGÓ CON BILLETES FALSOS.
ANTES, EL SATÉLITE ERA PROPIEDAD DE UNOS IDIOTAS LLAMADOS BANDA DE LA INJUSTICIA.
OTROS VIENEN A APROVISIONARSE.
TE ASEGURO QUE ES MIRACLO.
QUE NO. LA HE PROBADO, Y ES AUTÉNTICA. 30 GRAMOS POR DOS BILLETES.
ES FALSA, TÍO.
Y UNOS CUANTOS VIENEN A VIGILAR DE CERCA A LA COMPETENCIA.
TEN, SLADE. ES EL 10%, TAL COMO TE PROMETÍ.
BRUCE, SE HA ACTIVADO EL MICRÓFONO. VUELVEN A ESTAR AHÍ ARRIBA.
Micrófono 27.154
Estatus: Activado
Retransmitiendo audio...

CON ESE NOMBRE, SE MERECÍAN QUE LES PEGARAN UNA PALIZA.
COMO DECÍA, ESTO ES UN NEGOCIO.
ALGUNOS VENIMOS A POR INFORMACIÓN.
¿SEGURO QUE TROIA ESTÁ MUERTA?
MUERTA.
VOLVERÁ.
GRACIAS POR PRESENTARNOS.
VALE. ADIÓS.
SABEMOS QUE NOS ESTÁN ESCUCHANDO.
¿Y ESE DISCO ROJO PEQUEÑO?
LO CREÓ SONAR. TE ASEGURO QUE NO OYEN NADA.
Y ELLOS SABEN QUE LO SABEMOS.
SÍ, LO MISMO DE SIEMPRE: DISCURSOS GRABADOS DE ADLAI STEVENSON.
NO. POR SUPUESTO... VOY A ENVIAR A FIRESTORM POR SI ACASO.
VAN A ENVIAR A FIRESTORM POR SI ACASO.
Reconocimiento de voz:
Adlai E. Stevenson
PERO CUANDO LLEGUE ÉL, YA NOS HABREMOS MARCHADO.

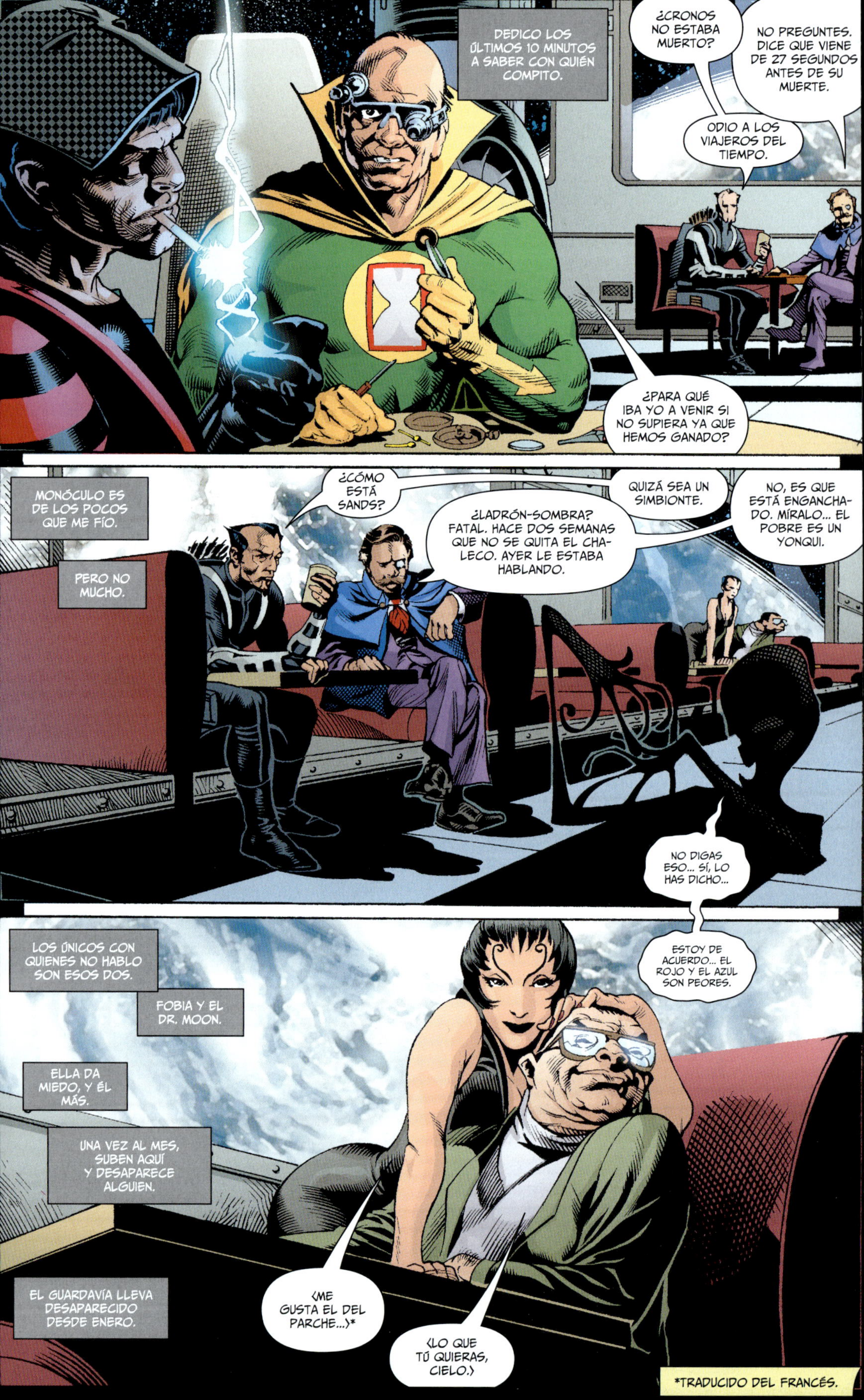
DEDICO LOS ÚLTIMOS 10 MINUTOS A SABER CON QUIÉN COMPITO.
¿CRONOS NO ESTABA MUERTO?
NO PREGUNTES. DICE QUE VIENE DE 27 SEGUNDOS ANTES DE SU MUERTE.
ODIO A LOS VIAJEROS DEL TIEMPO.
¿PARA QUÉ IBA YO A VENIR SI NO SUPIERA YA QUE HEMOS GANADO?
MONÓCULO ES DE LOS POCOS QUE ME FÍO.
PERO NO MUCHO.
¿CÓMO ESTÁ SANDS?
¿LADRÓN-SOMBRA? FATAL. HACE DOS SEMANAS QUE NO SE QUITA EL CHALECO. AYER LE ESTABA HABLANDO.
QUIZÁ SEA UN SIMBIONTE.
NO, ES QUE ESTÁ ENGANCHADO. MÍRALO... EL POBRE ES UN YONQUI.
NO DIGAS ESO... SÍ, LO HAS DICHO...
LOS ÚNICOS CON QUIENES NO HABLO SON ESOS DOS.
FOBIA Y EL DR. MOON.
ESTOY DE ACUERDO... EL ROJO Y EL AZUL SON PEORES.
ELLA DA MIEDO, Y ÉL MÁS.
UNA VEZ AL MES, SUBEN AQUÍ Y DESAPARECE ALGUIEN.
EL GUARDAVÍA LLEVA DESAPARECIDO DESDE ENERO.
‹ME GUSTA EL DEL PARCHE...›*
‹LO QUE TÚ QUIERAS, CIELO.›
*TRADUCIDO DEL FRANCÉS.

COMO ES NATURAL, HAY ALGUNOS QUE HAN ESTIRADO DEMASIADO LA VISITA.
HOLA, MERLIE. ¿QUIERES MIRACLO? TE HARÁ FUERTE DE NARICES.
BUMERÁN ES UN BABOSO.
INCLUSO PARA NOSOTROS.
Y TAMBIÉN HAY OTROS QUE NO HEMOS INVITADO NUNCA.
ME ENVÍA... EL CALCULADOR...
POR FAVOR... NECESITO AYUDA.
TE... TENGO DINERO.
LE ESCUCHA TODA LA SALA.
TARDA DOS MINUTOS EN DAR CON UNO QUE SE AJUSTE A SU PRESUPUESTO.

Roxbury (Massachusetts).
Ahora.
ES IMPOSIBLE QUE BARRY VOTASE A FAVOR DE LAVARLE EL CEREBRO A LUZ.
HACÍA MENOS DE SEIS MESES QUE HABÍA MUERTO IRIS.
DIGO QUE SÍ.
ENTONCES, ¿ESO FUE TODO? ¿AGARRASTEIS AL DR. LUZ Y LE HICISTEIS... UNA LOBOTOMÍA?
EL OBJETIVO NO ERA ESE, WALLY.
TEN EN CUENTA...

"...QUE YO NUNCA HABÍA INTENTADO HACER AQUELLO."
"HACER QUE ALGUIEN OLVI-DARA ERA UNA COSA..."
"...PERO ENTRAR..."
"...Y TRATAR DE CAMBIARLE LA PER-SONALIDAD... AUNQUE FUERA UN POCO..."
"NO PRETENDÍA QUE SALIERA ASÍ."
YO NO PELEO CON NIÑOS.
BASTA DE NIÑOS CON CAPA, ¿VALE?
¿ESTE TÍO NO ERA DE LOS CAÑEROS?

¿POR ESO SE CONVIRTIÓ EN UN PAYASO?
NO ME CONTASTEIS QUE LE HABÍAIS LAVADO EL CE-REBRO.
RALPH, TIENES QUE ENTENDER...
ESTÁIS LOCOS. ¿SOIS CONSCIEN-TES? ESTÁIS TODOS LOCOS.
ESTÁ ABAJO.
SE HA TELETRANS-PORTADO.
DISCUTID DESPUÉS.
CUANDO LO ATRA-PEMOS.

HICIMOS LO QUE PUDIMOS, WALLY.
¿Y NO SE OS OCURRIÓ NADA MEJOR? ¿UNA LOBOTOMÍA MÁGICA?
TAMBIÉN LE PODRÍAIS HABER CLAVADO UN PUNZÓN YA QUE ESTABAIS.
NO SE EQUIVOCA, OLLIE. O SEA, AUNQUE SOLO OS METIERAIS EN LA CABEZA DE ALGUIEN UNA VEZ...
TRANQUILO, CHAVAL.
¿QUÉ?
¿QUÉ TE HACE PENSAR QUE FUE SOLO UNA VEZ?

ESTAMOS TAN OCUPADOS PELEANDO QUE SE NOS OLVIDA LO QUE ESTÁ EN JUEGO PARA RALPH.
¡RALPH, ESPERA!
CHAGO
BAMM
VA, NO TE HAGAS EL SORPRENDIDO.
ES LA PRIMERA REGLA CUANDO SE RESUELVE UN PROBLEMA. CUANDO ESTE SE HACE DEMASIADO GRANDE...

...HAY QUE LLAMAR A UN PROFESIONAL.

La base de la Sociedad de la Justicia.
El Dr. Medianoche.
Médico forense.
Ahora.
RALPH CELEBRÓ EL FUNERAL LO MÁS DEPRISA POSIBLE.

FUE UNA MANIOBRA ASTUTA. SI ESPERABA MÁS, PROLIFERARÍAN LOS RUMORES. LO ÚLTIMO QUE QUERÍA ERA QUE SUE TERMINARA SIENDO OTRA MARILYN MONROE.
PERO, CLARO, NO SIGNIFICABA QUE TAMBIÉN TUVIERA QUE ENTERRAR EL CADÁVER.
EL COCHE FÚNEBRE FUE EN UNA DIRECCIÓN.
10 MINUTOS DESPUÉS, LLEGÓ UN SUBURBAN ROJO.
PARA LA AUTOPSIA.
LA PRIMERA HORA SE DEDICA A CALENTAR EL CUERPO PORQUE LO METIMOS EN MUCHO HIELO.
CUANDO EFECTÚO EL PRIMER CORTE, NO ME GUSTA LO QUE ENCUENTRO.
AY, NO...
CORTO A MAYOR PROFUNDIDAD PARA ESTAR SEGURO.
ORÁCULO, NECESITO QUE ME BUSQUES A RALPH DIBNY.
ESTO... DOCTOR, NO HAS VISTO LA TELE ÚLTIMAMENTE, ¿VERDAD?
¿A QUÉ TE REFIERES?
SEGÚN LOS INFORMATIVOS, RALPH, DINAH Y LA MITAD DE LA ANTIGUA LIGA...
...ESTÁ PELEANDO CON EL DR. LUZ Y CON DEATHSTROKE A LAS AFUERAS DE BOSTON.

¿CON EL DR. LUZ?
AY, NO ME DIGAS QUE...
¿ME PUEDES PASAR CON ELLOS?
HACE 10 MINUTOS QUE LO INTENTO. TODOS TIENEN EL TRANSMISOR DESCONECTADO.
¿CUÁL ES LA MALA NOTICIA?
LA MALA NOTICIA ES QUE SE SUPONE QUE, HACE DOS DÍAS, SUE DIBNY MURIÓ DEBIDO A LA EXPOSICIÓN AL MONÓXIDO DE CARBONO PROVOCADA POR QUEMADURAS DE TERCER GRADO.
¿Y QUÉ?
Y QUE, DADA LA SITUACIÓN, INDEPENDIENTEMENTE DE OTRAS COSAS QUE NOS DIGA LA AUTOPSIA...
...LE HABRÍA ENTRADO TANTO HOLLÍN EN LOS PULMONES QUE TENDRÍA NEGROS LOS BRONQUIOS Y LA TRÁQUEA.
¿Y NO ES ASÍ?
LOS ESTOY VIENDO AHORA MISMO.
ESTÁN ROSADOS.
UN MOMENTO... ENTONCES, LOS PULMONES DE SUE...
...NO PRESENTAN NI UNA SOLA MANCHA NEGRA.
SÉ QUE PARECE UNA LOCURA... Y HE HECHO MÁS PRUEBAS. PERO CUANDO EL FUEGO LE TOCÓ LA PIEL, SUE YA ESTABA MUERTA.
DIOS MÍO. ENTONCES, ¿CREES QUE LA LIGA...?
ES LO QUE TE ESTOY DICIENDO: VAN A POR LA PERSONA EQUIVOCADA.
A SUE DIBNY NO LA MATÓ EL DR. LUZ.
PARTE DOS
CASA DE MENTIRAS
GUION BRAD MELTZER DIBUJO RAGS MORALES
TINTA MICHAEL BAIR COLOR ALEX SINCLAIR

Roxbury (Massachusetts).
Ahora.
EL HOMBRE DEL SUELO ES NUESTRO AMIGO RALPH DIBNY, ALIAS HOMBRE ELÁSTICO.
HACE DOS DÍAS, A SUE, SU MUJER, LA MATÓ EL DR. LUZ.
EN ESTOS MOMENTOS, DEATHSTROKE ES LO ÚNICO Q SE INTERPONE LITERALMENTE ENTRE NOSO-TROS Y EL ASESINO D SUE.
SLADE, ESTA LUCHA NO ES LA TUYA.
CON LO QUE ME PAGA, DESDE LUEGO QUE LO ES.
AUNQUE ESTO LO HARÍA GRATIS.
SOMOS SIETE CON-TRA UNO.
EN LA MENTE DE SLADE, CON ESO ESTAMOS CASI EMPATADOS.
LA MÁSCARA SE LE MUEVE UN POCO.
DEBAJO, ESTÁ SONRIENDO.
COMO SIEMPRE, EL PRIMERO QUE REACCIONA ES WALLY.
¡N...!
AUN ASÍ, SLADE LO VE VENIR.
KLIK

LOS EXPLOSIVOS ESTALLAN DE INMEDIATO.
ES EXPLOSIVO PLÁSTICO C5 CON DETONADOR MANUAL.
UNO DELANTE, UNO A SU DERECHA Y OTRO A SU IZQUIERDA.
WALLY LOS RODEA SIN MÁS.
QUE ES PRECISAMENTE CON LO QUE CUENTA SLADE.
NO ES MÁS VELOZ QUE WALLY, PERO SÍ ES MÁS RÁPIDO EN LO RELEVANTE.
TRAJE NUEVO, PERO LOS MISMOS ERRORES DE SIEMPRE.
RETUERCE LA ESPADA PARA PROCURAR QUE NO SE LEVANTE.

LAS PERSONAS NORMALES UTILIZAN EL 10% DE LA CAPACIDAD POTENCIAL DE SU CEREBRO.
SLADE USA CASI EL 90%.
PARA CUANDO REACCIONAMOS, ÉL YA HA HECHO UNA DOCENA DE MOVIMIENTOS.
LO TIENE TODO PLANEADO, COMO LOS MEJORES GRANDES MAESTROS.
¡...OOO!
...OTEIU...
PRIMERO ELIMINA A LOS MÁS PODEROSOS.
UUUF...
LE GOLPEA JUSTO DEBAJO DE LA CAJA TORÁCICA.
APUNTA AL HÍGADO.
ES UN GOLPE DIRECTO... LO CUAL SIGNIFICA QUE VOMITARÁ EN CUALQUIER MOMENTO.
¿QUÉ... HAS...?
TE PUEDE CONVERTIR LA SANGRE EN FUEGO CON UN SOLO HECHIZO.
PERO SOLO SI ES CAPAZ DE PRONUNCIAR LAS PALABRAS.
¡GUUUUK!

SLADE PELEA IGUAL QUE BRUCE. ESTÁ TODO CALCULADO.
A CONTINUACIÓN, PASA A LAS ARMAS DE LARGO ALCANCE.
¡CARTER, VA A POR TI!
CARTER ESTÁ PREPARADO.
WTTT
WTTT
PERO PARA ESO NO.
¡AAAAAAAH!
KRAK

ME EMPIEZO A BALANCEAR EN CUANTO LO VEO VENIR.
HABRÍA DADO LO MISMO QUE ME HUBIERA QUEDADO QUIETO.
THWAP
HIJO DE...
LA ESPADA POR POCO ME CORTA LA CABEZA.
PERO PARA CUANDO LA ESQUIVO...
TE ESTÁS HACIENDO LENTO, SLADE.
...ME PERCATO DE QUE NO IBA A POR LA CABEZA.
K-K-K-K-K-K-K

DETRÁS DE ÉL, DINAH RESPIRA HONDO. SE PREPARA PARA LANZAR UN GRITO SÓNICO.
ÉL OYE CÓMO LE CHASQUEA LA MANDÍBULA.
NO NECESITA MÁS.
¡CUIDA-DO! ¡LLEVA UNA...!
ZZZPPP
¡DINAH!

EL 90% DE SU CAPACIDAD CEREBRAL.
REFLEJOS AUMENTADOS.
DR. PALMER, ¿DÓNDE ESTÁ?
UNA FUERZA ASOMBROSA.
SÉ QUE ESTÁ AQUÍ.
Y UNA VISTA INCREÍBLE.
CONTACTO.
ROY DICE QUE SLADE ES EL MEJOR ESTRATEGA DEL PLANETA.
POR FIN COMPRENDO POR QUÉ.
ESO ES, DOCTOR. HÁGASE MICROSCÓPICO.
PERO NO OLVIDE... QUE LOS PROTONES Y LOS ELECTRONES SIGUEN TENIENDO MASA.

CUANDO RAY SE DA CUENTA DE LO QUE SUCEDE, ES COMO UNA PLUMA ROCIADA CON UNA MANGUERA.
¡AAAH!
INSTINTIVAMENTE, AUMENTA DE TAMAÑO.
SLADE SABÍA QUE LO HARÍA.
CAEN DOS DE LOS MÁS FUERTES DE LOS NUESTROS.
CON NADA MÁS QUE UN PUNTERO LÁSER.
¡UUUFFF!
AHORA, LO ÚNICO QUE QUEDA...

...ES EL ARMA MÁS PODEROSA DEL UNIVERSO.
EL CHAVAL NO TIENE NADA QUE HACER.
SLADE LE ROMPE CUATRO DEDOS.
¡ARRGGGHH!
KRKKK
VA, MUCHACHO. ¿NO TE PREGUNTAS POR QUÉ TE HE DEJADO PARA EL FINAL?
KYLE INTENTA QUE EL ANILLO FUNCIONE...
...PERO PARA SU SORPRESA, NO FUNCIONA.
¿QUÉ...? ¿QUÉ HACES?
COMPROBAR UNA TEORÍA.

EL ANILLO FUNCIONA CON FUERZA DE VOLUNTAD.
ES UN ARMA MENTAL.
ES CON LO QUE CUENTA SLADE.
YA VEREMOS, ¿NO?
CON... CONTIGO NO FUNCIONARÁ...
A SLADE EMPIEZAN A TEMBLARLE LAS PIERNAS. SE LA ESTÁ JUGANDO.
ES LA ÚNICA PELEA QUE NO SABE SI GANARÁ.
Y NO PIENSO QUEDARME MIRANDO PARA COMPROBARLO.
OYE, SLADE...
...MIRA EL PAJARITO...
SKLURP

SÉ QUE ES CIEGO DE ESE OJO.
TAMBIÉN SÉ CUÁNTO DUELE UNA FLECHA CLAVADA AHÍ.
¡AAAAAAH!
Y POR PRIMERA VEZ, EL ESTRATEGA SUPREMO...
¡TE VOY A MATAR!
...PIERDE LOS NERVIOS.
PERO, CLARO, DE ESO SE TRATA.
A VECES, HAY QUE ENCAJAR GOLPES...

...POR EL BIEN DEL GRUPO.
SLADE, POR FAVOR...
...PELEA.
HACE MENOS DE DOS MINUTOS, SLADE SE HA MERENDADO NUESTROS PODERES.
CONQUE ¿QUIÉN NECESITA PODERES?
COMO SIEMPRE DIGO, LA JSA TE ENSEÑA A SER UN HÉROE...
AY, NO...
...Y LOS TITANES, A SER UNA FAMILIA.
PERO LA LIGA... SÍ, TE ENSEÑA A PROTEGER, PERO DESDE EL PRINCIPIO...

...TE ENSEÑA A PELEAR.
ME... ME ACUERDO...
¡ME ROBASTEIS LA MENTE!

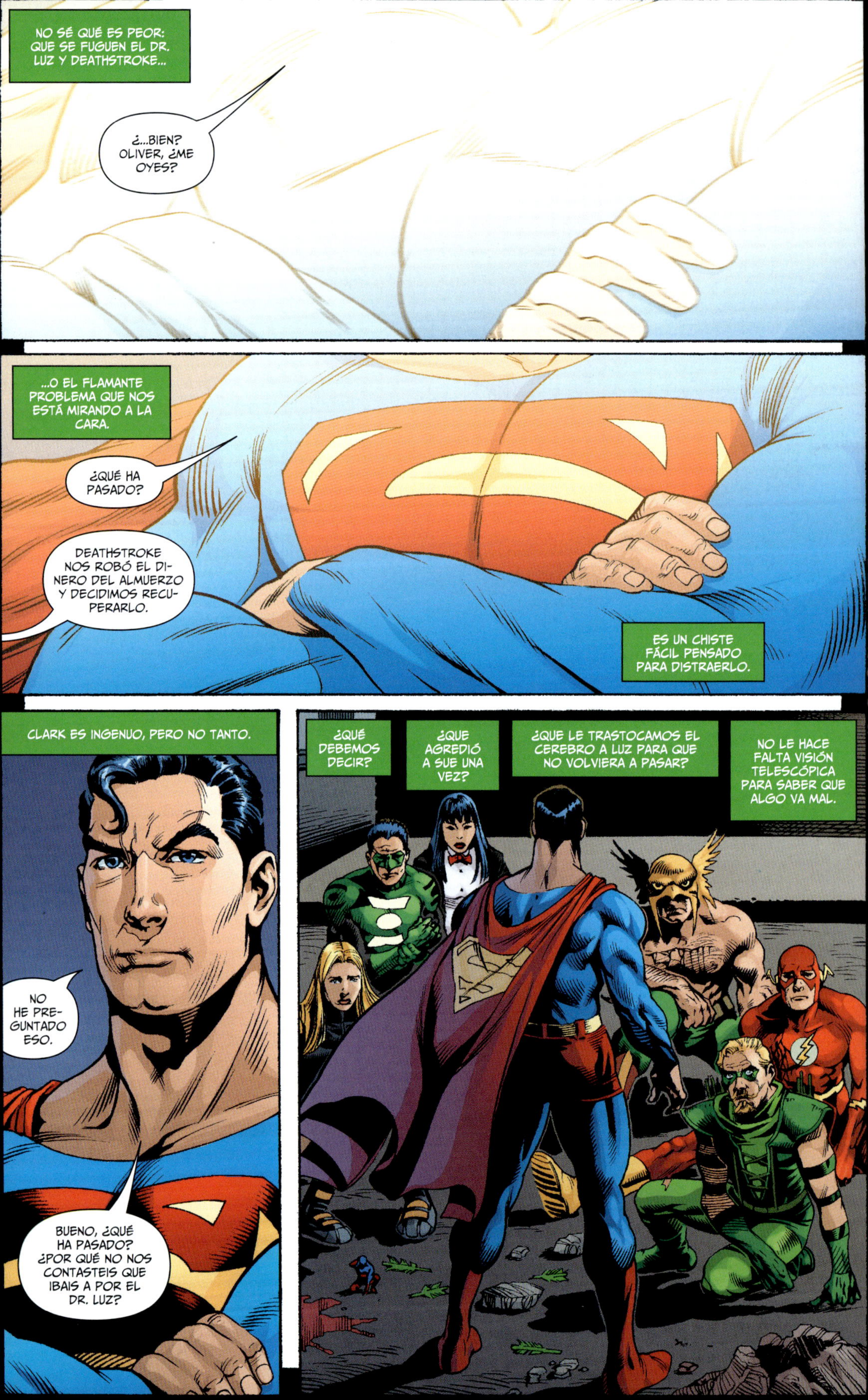

NO SÉ QUÉ ES PEOR: QUE SE FUGUEN EL DR. LUZ Y DEATHSTROKE...
¿...BIEN? OLIVER, ¿ME OYES?
...O EL FLAMANTE PROBLEMA QUE NOS ESTÁ MIRANDO A LA CARA.
¿QUÉ HA PASADO?
DEATHSTROKE NOS ROBÓ EL DINERO DEL ALMUERZO Y DECIDIMOS RECUPERARLO.
ES UN CHISTE FÁCIL PENSADO PARA DISTRAERLO.
CLARK ES INGENUO, PERO NO TANTO.
NO HE PREGUNTADO ESO.
BUENO, ¿QUÉ HA PASADO? ¿POR QUÉ NO NOS CONTASTEIS QUE IBAIS A POR EL DR. LUZ?
¿QUÉ DEBEMOS DECIR?
¿QUE AGREDIÓ A SUE UNA VEZ?
¿QUE LE TRASTOCAMOS EL CEREBRO A LUZ PARA QUE NO VOLVIERA A PASAR?
NO LE HACE FALTA VISIÓN TELESCÓPICA PARA SABER QUE ALGO VA MAL.

OYE, SUPER...
MIERDA.
...FUE IDEA MÍA.
RALPH SE PELEÓ CON LUZ HACE UNOS AÑOS, ASÍ QUE SE NOS OCURRIÓ...
...QUE SI ERA LUZ QUE SE HABÍA VENGADO, QUERÍAMOS QUE RALPH TUVIERA OCASIÓN DE ARRESTARLO.
EL CHAVAL SERÁ MUCHAS COSAS...
...PERO NO ES NINGÚN CHIVATO.
CLARK NO LO DISCUTE.
SI MATARAN A LOIS, EL PRIMER PUÑETAZO LO QUERRÍA DAR ÉL.
AUNQUE NO NOS GUSTE, A LA HORA DE VENGARNOS, TODOS SOMOS UN POCO BRUCE POR DENTRO.
LO COM-PRENDO...
...PERO YA SABÉIS QUE NO PUDO MATARLA EL DR. LUZ.

TARDA DOS MINUTOS EN PONERNOS AL DÍA.
SUE DIBNY NO MURIÓ INTOXICADA CON MONÓXIDO DE CARBONO.
EL DR. MEDIANOCHE, QUE ESTÁ REALIZANDO LA AUTOPSIA, OPINA QUE LAS QUEMADURAS SE USARON PARA OCULTAR LA AUTÉNTICA CAUSA DE SU MUERTE.
PERO SEGUIMOS BUSCANDO A ALGUNOS TELETRANSPORTADORES. BOLT ESTÁ EN EL HOSPITAL, PERO WARP AÚN...
OLLIE, ¿PODEMOS HABLAR UN MOMENTO?
OYE, CHAVAL, TE AGRADEZCO DE VERDAD...
PARA.
DÉJATE DE ZALAMERÍAS.
PERO LO QUE ACABAS DE HACER...
LO HE HECHO POR RESPETO A BARRY Y HAL, NO A TI.
SI QUIERES ARRUINAR TU REPUTACIÓN, ADELANTE. PERO ANTES DE QUE ARRUINES LA SUYA, QUIERO RESPUESTAS.
JUSTO ANTES DE QUE DEATHSTROKE NOS ATACARA, HAS DICHO QUE EL DR. LUZ NO FUE EL ÚNICO VILLANO A QUIEN LAVASTEIS EL CEREBRO.
Y NO HAS RESPONDIDO A MI PREGUNTA.
¿CUÁNTOS MÁS HUBO?
NO LO ENTIENDES.
LA VERDAD, OLLIE.
SI NO, TE JURO SOBRE LA TUMBA DE BARRY QUE TE ENTREGARÉ A CLARK YO MISMO.

DAILY PLANET
¡CAMBIAZO!
"LA GENTE DICE QUE, ENTONCES, TODO ERA MÁS SENCILLO."
"PERO ES MENTIRA."
"PRECISAMENTE TÚ DEBERÍAS SABERLO, WALLY. RECUERDA QUÉ PASÓ POR DIVULGAR TU IDENTIDAD. LO QUE HACEMOS TIENE UN PRECIO."
"UN DÍA, ALGÚN CHIFLADO CON CAPA DESENTIERRA UNA ESTATUILLA MÍSTICA..."
"...Y LO SIGUIENTE QUE SABES ES QUE VA POR AHÍ METIDO EN TU CUERPO."
"SÍ, AL FINAL VENCIMOS, PERO CUANDO PASAN ESAS COSAS..."
EL BRUJO Y OTROS VILLANOS FORMAN UNA SOCIEDAD SECRETA E INTERCAMBIAN CUERPOS CON LA JLA
"¿...TE PARECE QUE NO ECHAN UN VISTAZO?"
PERFECTO.
VE A BUSCAR A FLASH.

"Y CUANDO TERMINA TODO..."
"...LO ÚNICO QUE INTERESA A LOS PECES GORDOS ES LA PRÓXIMA PELEA."
LUTHOR ESTÁ...
VE.
EL JOKER HA...
TODO CONTROLADO.
"NADIE COMPRENDE LA LABOR DE LIMPIEZA."
BUENO, ¿ADÓNDE NOS LLEVÁIS... HAL?
"Y TE GARANTIZO QUE SIEMPRE HAY QUE LIMPIAR."
AY, BARRY, NO TE PONGAS TRISTE.
"ASÍ QUE..."
"TÚ NO ESTABAS ALLÍ, WALLY."
"ACABÁBAMOS DE ENTERRAR A UN PADRE..."
LAWRENCE LANCE
Esposo devoto
Padre orgullos
"...A UNA MADRE..."
SINDELLA
Madre y esposa que trajo la magia a nuestra vida
"...Y A UNA ESPOSA."
IRIS ALLEN
Una esposa amad
que nos arrebataro
demasiado pronto

ESTÁBAMOS HARTOS.
"OS PASASTEIS DE LA RAYA, OLLIE."
"TOMAMOS UNA DECISIÓN."
"Y NO HAY HÉROE QUE NO HUBIERA HECHO LO MISMO."
"A LOS TIPOS COMO EL BRUJO, LUZ O CUALQUIERA DE LOS DEMÁS..."
"...NADA LES GUSTA MÁS QUE SABER DÓNDE VIVEN NUESTRAS ESPOSAS... O DÓNDE DUERMEN NUESTROS HIJOS."
"SI SUPIERAN DÓNDE VIVE TU MADRE, LE RAJARÍAN LA GARGANTA Y SE IRÍAN A TOMAR UNA CERVEZA."
"LA GENTE SE BURLA DE LAS IDENTIDADES SECRETAS Y SE PREGUNTA CÓMO LAS HEMOS MANTENIDO TANTO TIEMPO."
ES PORQUE NOS OCUPAMOS DE ESO.
MUCHOS AÑOS... NO ES NINGUNA COINCIDENCIA.
¿CREES QUE A BRAINWAVE SE LE OLVIDÓ SIN MÁS QUIÉN ERA BARRY?
¿QUE AL DR. DESTINY SE LE OLVIDÓ AQUELLA VEZ QUE INVADIÓ NUESTROS SUEÑOS?
TODO ESO NO PASÓ SIN MÁS.
LO HICIMOS NOSOTROS.
Y NOS PARECÍA BIEN...

...HASTA AQUELLA NOCHE CON EL DR. LUZ.
"HACERLES OLVIDAR CÓMO NOS LLAMÁBAMOS ERA UNA COSA..."
ADIVLO A KRALC TNEK.
"...PERO ALTERARLE LA PERSONALIDAD A ALGUIEN..."
"...FUE EL FIN."
"EL PRIMER GOLPE LO DI YO."
"CARTER TUVO LA AMABILIDAD DE DEJARLO ASÍ."
"UN MOMENTO... ¿POR ESO OS HABÉIS ESTADO PELEANDO ESTOS AÑOS? ¿NO ERA POR POLÍTICA?"

NO ESTÁS ATENDIENDO, WALLY.
SIEMPRE HA SIDO POR POLÍTICA.
¿Y NUNCA... SE LO CONTASTEIS A LOS DEMÁS? ¿A CLARK? ¿A BRUCE O A ARTHUR?
WALLY, LAS PERSONAS NO SON TONTAS.
CREEN LO QUE QUIEREN CREER.
Y OYEN LO QUE QUIEREN OÍR.
Y AHORA, SI HAS TERMINADO DE JUZGARNOS...

"...AÚN TENEMOS A UN ASESINO QUE ATRAPAR."
Gotham City.
El Calculador y Merlyn.
Empresarios.
ANDA YA, NOAH... ME ESTÁS MATANDO...
...CON LO CUAL EL TOTAL ASCIENDE A 12.500 DÓLARES.
UNA APUESTA ES UNA APUESTA, CHAVALOTE.
LO QUE NO ENTIENDO ES POR QUÉ APOSTASTE CONTRA DEATHSTROKE...
NO FUE ASÍ. APOSTÉ CONTRA CRONOS.
ESTUVO TAN ENGREÍDO... "AH, TENGO CLARO QUE LUZ Y DEATHSTROKE SE SALDRÁN DE ROSITAS."
¿APOSTASTE CONTRA UN TÍO QUE VE EL FUTURO? PERO ¿TÚ TIENES CEREBRO DENTRO DE LA CABEZA? ES...
CALCULADOR, ¿ESTÁS AHÍ? SOY DIGGER.
MERLYN, TENGO QUE COLGAR. TENGO AL CAPITÁN BUMERÁN EN LA LÍNEA DOS.
¿ME VAS A COLGAR POR...?
ME DEBE UN FAVOR.
SÍ, LO HE VISTO...
PERO ANDA YA.
FOTOS DE LA FOSA DE LÁZARO: ANTES Y DESPUÉS
¡ADAM STRANGE REGRESA A LA TIERRA CON SU ESPOSA SECRETA DE UTAH!
THE NATIONAL INQUIRER
¡PATINADORA DORADA Y BUMERÁN TUVIERON UN HIJO!

"NO HABRÍA PODIDO LLEVARSE A LA CAMA A PATINADORA."
¡OH, CAPITÁN, MI CAPITÁN! ¿CÓMO ESTÁS?
TE PARECE DIVERTIDO, ¿VERDAD, NOAH?
NO SOY MÁS QUE UN MODESTO EMPRESARIO. EL DOLOR NO ME DA PLACER.
Avda. Ocean 2678
CLARO.
¿SEGURO QUE LA DIRECCIÓN ES CORRECTA?
PARA ESO ME PAGASTE, ¿NO?
2678
Avda. Ocean 2678
OYE, ANTES DE QUE ENTRE... ¿TIENES ALGÚN TRABAJO EXTRA QUE REQUIERA... EN FIN...?
SEAMOS SERIOS, DIGGER. NO ESTÁS EN TU MEJOR MOMENTO.
PERO AÚN LOS LANZO COMO...
NO TE VA A CONTRATAR NADIE, DIGGER. DESPUÉS DE LO QUE HICISTE CON...
INTENTABA DEMOSTRAR QUE AÚN PODÍA.
YA BUENO, PERO SI QUIERES HACER ESO, TIENES QUE SER MEJOR QUE...
NECESITO EL DINERO, NOAH.
HAZME UN FAVOR Y CÉNTRATE EN LO QUE TIENES ENTRE MANOS.
PERO...
QUE TE CENTRES.
LO ÚNICO QUE TIENES QUE HACER ES SUBIR A SALUDAR Y ARREGLAR ESA PARTE DE TU VIDA.
HAY NIÑOS ADOPTADOS QUE SIENTEN LA NECESIDAD DE CONOCER A SUS PADRES BIOLÓGICOS.

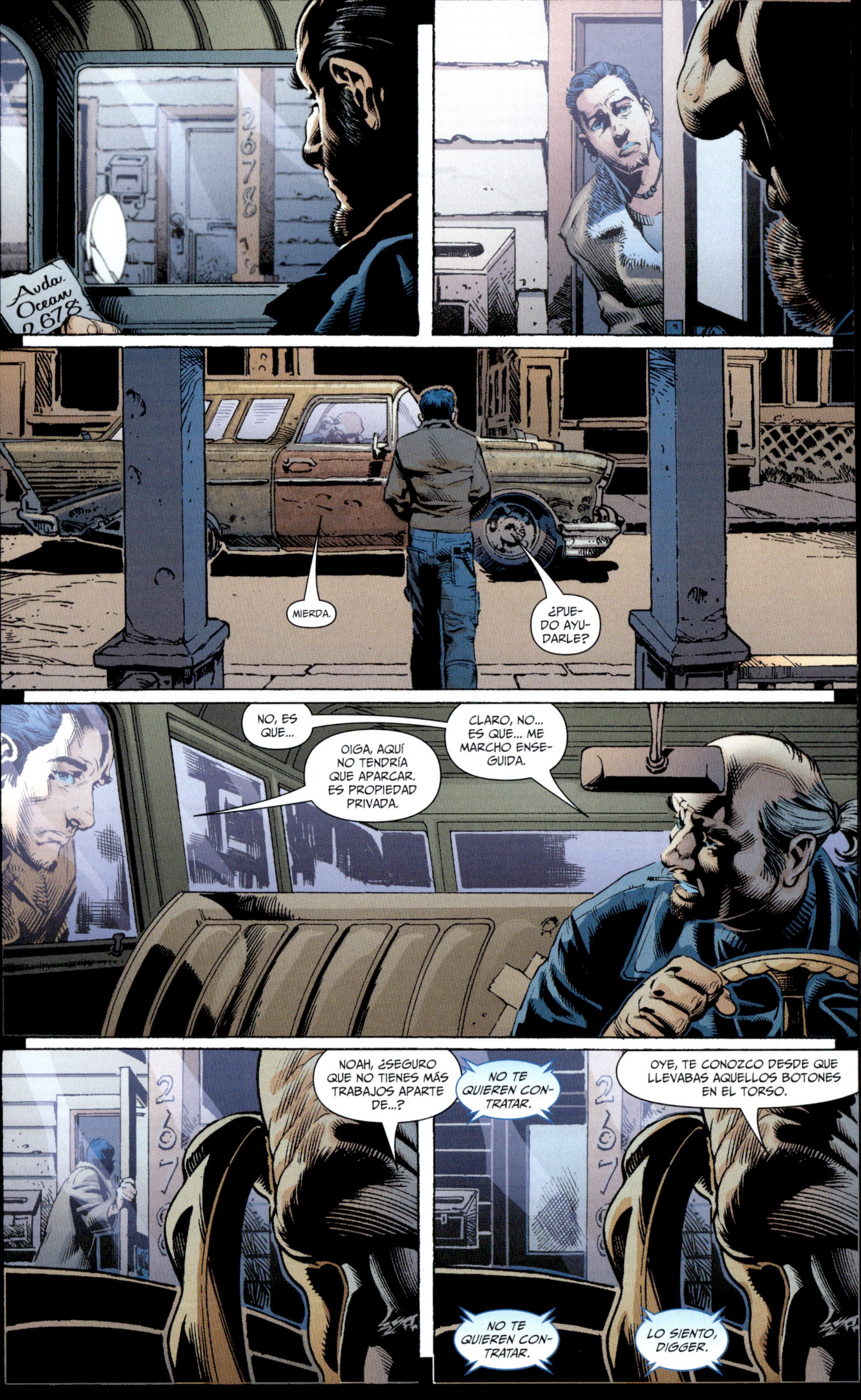
Avda. Ocean 2678
2678
MIERDA.
¿PUE-DO AYU-DARLE?
OIGA, AQUÍ NO TENDRÍA QUE APARCAR. ES PROPIEDAD PRIVADA.
NO, ES QUE...
CLARO, NO... ES QUE... ME MARCHO ENSE-GUIDA.
NOAH, ¿SEGURO QUE NO TIENES MÁS TRABAJOS APARTE DE...?
NO TE QUIEREN CON-TRATAR.
OYE, TE CONOZCO DESDE QUE LLEVABAS AQUELLOS BOTONES EN EL TORSO.
NO TE QUIEREN CON-TRATAR.
LO SIENTO, DIGGER.

"ÚLTIMAMENTE, BUSCAN A GENTE QUE SEA UN POCO MÁS JOVEN."
Gotham City.
Tim y Jack Drake.
Padre e hijo.
LLEVO SEIS HORAS SEGUIDAS BUSCANDO A WARP Y A PLASMUS...
...PERO ME DA MÁS PÁNICO LA EXCUSA TONTA QUE TENGO QUE INVENTAR PARA EXPLICAR QUE CÍBORG ME HA DADO UN CODAZO EN LA CARA SIN QUERER.
AUNQUE PAPÁ SEPA QUIÉN SOY, NO TENGO POR QUÉ ASUSTARLO.
BRUCE ME HA DADO MAQUILLAJE PARA DISIMULARLO CASI TODO.
CUANDO TERMINO, ENGAÑARÍA INCLUSO A ALFRED.
¿QUÉ TE HA PASADO EN LA CARA?

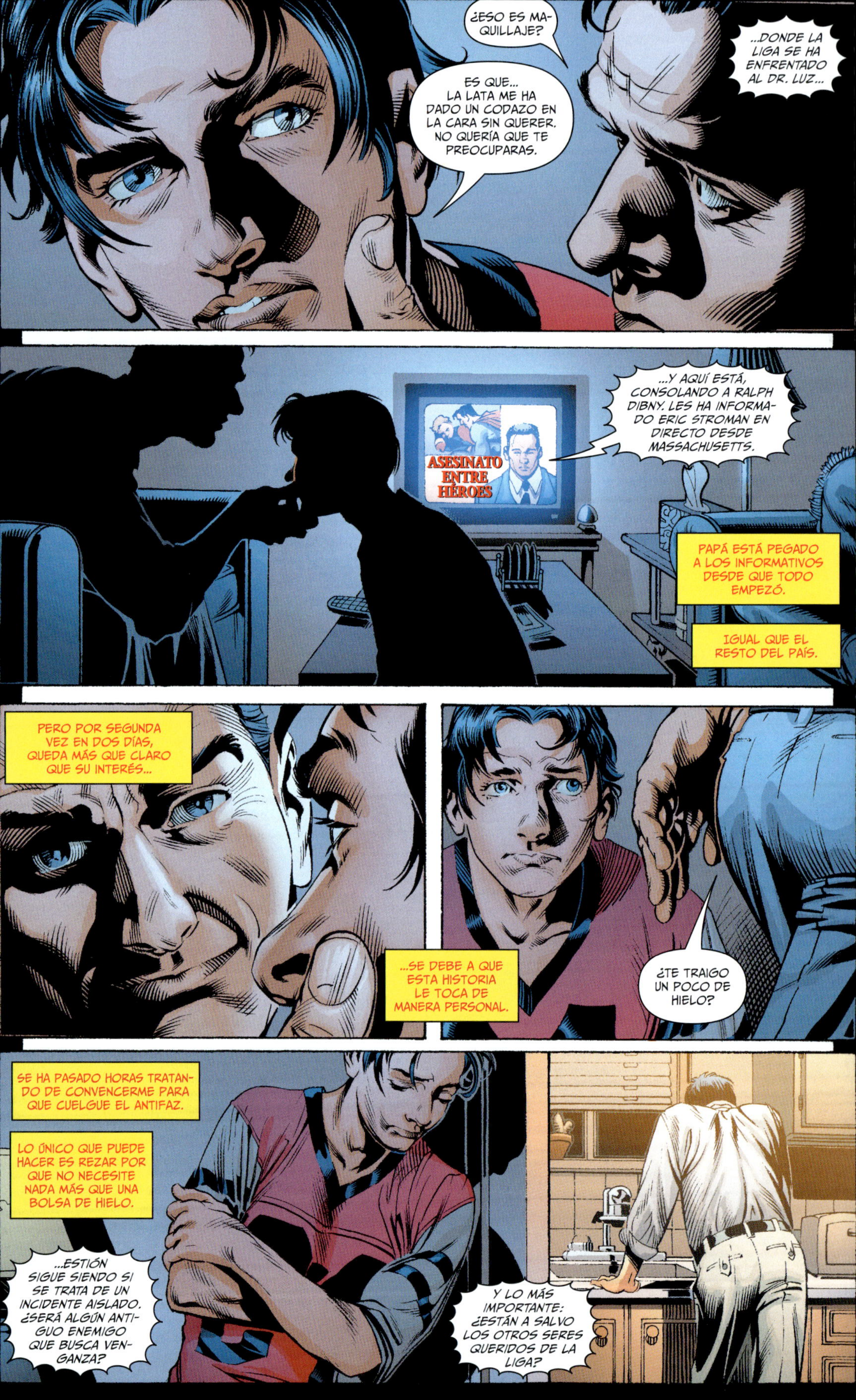
¿ESO ES MAQUILLAJE?
...DONDE LA LIGA SE HA ENFRENTADO AL DR. LUZ...
ES QUE... LA LATA ME HA DADO UN CODAZO EN LA CARA SIN QUERER. NO QUERÍA QUE TE PREOCUPARAS.
ASESINATO ENTRE HÉROES
...Y AQUÍ ESTÁ, CONSOLANDO A RALPH DIBNY. LES HA INFORMADO ERIC STROMAN EN DIRECTO DESDE MASSACHUSETTS.
PAPÁ ESTÁ PEGADO A LOS INFORMATIVOS DESDE QUE TODO EMPEZÓ.
IGUAL QUE EL RESTO DEL PAÍS.
PERO POR SEGUNDA VEZ EN DOS DÍAS, QUEDA MÁS QUE CLARO QUE SU INTERÉS...
...SE DEBE A QUE ESTA HISTORIA LE TOCA DE MANERA PERSONAL.
¿TE TRAIGO UN POCO DE HIELO?
SE HA PASADO HORAS TRATANDO DE CONVENCERME PARA QUE CUELGUE EL ANTIFAZ.
LO ÚNICO QUE PUEDE HACER ES REZAR POR QUE NO NECESITE NADA MÁS QUE UNA BOLSA DE HIELO.
...ESTIÓN SIGUE SIENDO SI SE TRATA DE UN INCIDENTE AISLADO. ¿SERÁ ALGÚN ANTIGUO ENEMIGO QUE BUSCA VENGANZA?
Y LO MÁS IMPORTANTE: ¿ESTÁN A SALVO LOS OTROS SERES QUERIDOS DE LA LIGA?

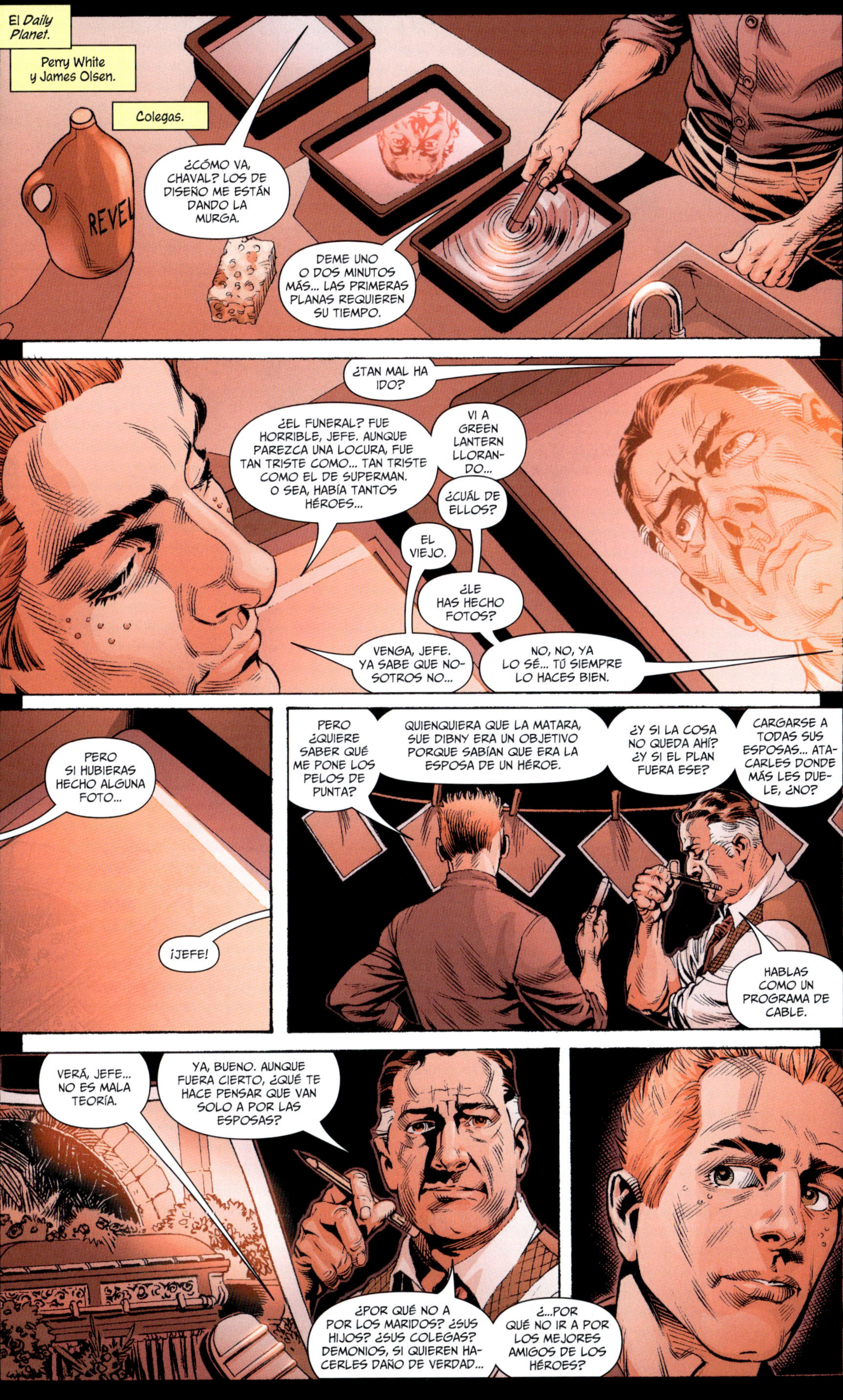

El *Daily Planet*.
Perry White y James Olsen.
Colegas.
¿CÓMO VA, CHAVAL? LOS DE DISEÑO ME ESTÁN DANDO LA MURGA.
DEME UNO O DOS MINUTOS MÁS... LAS PRIMERAS PLANAS REQUIEREN SU TIEMPO.
REVEL
¿TAN MAL HA IDO?
¿EL FUNERAL? FUE HORRIBLE, JEFE. AUNQUE PAREZCA UNA LOCURA, FUE TAN TRISTE COMO... TAN TRISTE COMO EL DE SUPERMAN. O SEA, HABÍA TANTOS HÉROES...
VI A GREEN LANTERN LLORANDO...
¿CUÁL DE ELLOS?
EL VIEJO.
¿LE HAS HECHO FOTOS?
VENGA, JEFE. YA SABE QUE NOSOTROS NO...
NO, NO, YA LO SÉ... TÚ SIEMPRE LO HACES BIEN.
PERO SI HUBIERAS HECHO ALGUNA FOTO...
¡JEFE!
PERO ¿QUIERE SABER QUÉ ME PONE LOS PELOS DE PUNTA?
QUIENQUIERA QUE LA MATARA, SUE DIBNY ERA UN OBJETIVO PORQUE SABÍAN QUE ERA LA ESPOSA DE UN HÉROE.
¿Y SI LA COSA NO QUEDA AHÍ? ¿Y SI EL PLAN FUERA ESE?
CARGARSE A TODAS SUS ESPOSAS... ATACARLES DONDE MÁS LES DUELE, ¿NO?
HABLAS COMO UN PROGRAMA DE CABLE.
VERÁ, JEFE... NO ES MALA TEORÍA.
YA, BUENO. AUNQUE FUERA CIERTO, ¿QUÉ TE HACE PENSAR QUE VAN SOLO A POR LAS ESPOSAS?
¿POR QUÉ NO A POR LOS MARIDOS? ¿SUS HIJOS? ¿SUS COLEGAS? DEMONIOS, SI QUIEREN HACERLES DAÑO DE VERDAD...
¿...POR QUÉ NO IR A POR LOS MEJORES AMIGOS DE LOS HÉROES?

Ivy Town.
Jean Loring.
Divorciada.
Persons
LA SEÑORA DEL ÁTOMO NOS HABLA DEL DIVORCIO, DE HACERLO PÚBLICO Y DEL PEQUEÑÍN
¡POR FAVOR! ¡NO, POR FAVOR!
¡RAY! ¡RAY, POR FAVOR, SOCO...!
SMACK
KTSSH
¿¡POR...!? ¿¡POR QUÉ LO HACES!?
¡GGGGR-RRRRR!
¡MMMAAAY! ¡MMMMAAAAY!
¡SOCO-DDDO!
¡SOCODDO! ¡GUUUUUH!

¡GUUUUUUH!
¡SOCODDDOOO!
PARTE TRES
ASESINO EN SERIE
GUION BRAD MELTZER
DIBUJO RAGS MORALES
TINTA MICHAEL BAIR
COLOR ALEX SINCLAIR

DAMAS Y CABALLEROS...
...CHICOS LAGARTO Y CHICAS PLANTA...
¿...NOS ESTAMOS DI-VIRTIENDO?
POR SI PENSÁIS QUE ESTO ES TODO LO QUE EL SR. JOKER HA PLANEADO PARA VOSOTROS...
...PERO ¿QUIÉN PODRÍA DUDAR DE MIS DOTES PARA ORGA-NIZAR FIESTAS...?
¡...OS MOSTRARÉ LO QUE HAY DETRÁS DEL TELÓN NÚME-RO UNO!

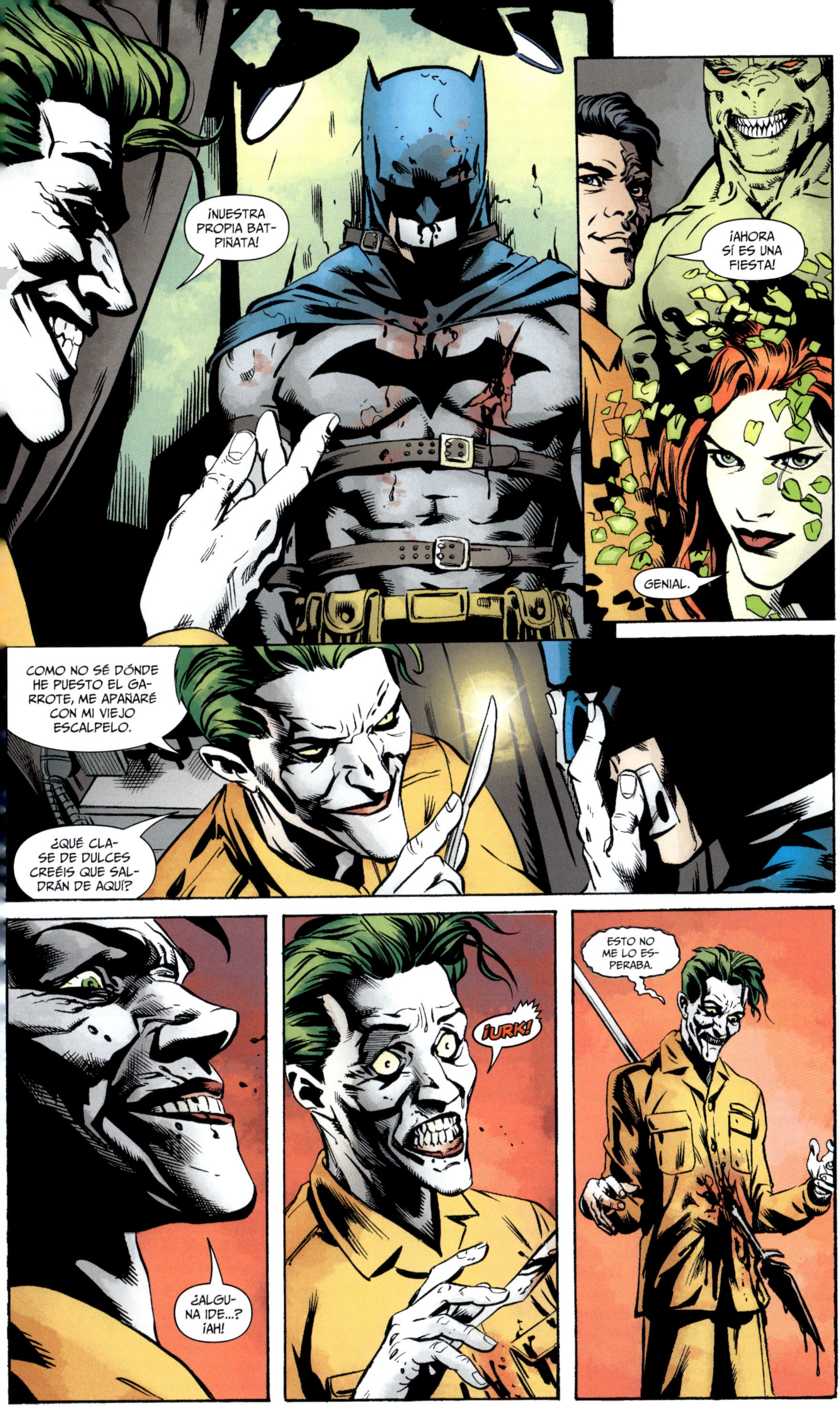
¡NUESTRA PROPIA BAT-PIÑATA!
¡AHORA SÍ ES UNA FIESTA!
GENIAL.
COMO NO SÉ DÓNDE HE PUESTO EL GA-RROTE, ME APAÑARÉ CON MI VIEJO ESCALPELO.
¿QUÉ CLA-SE DE DULCES CREÉIS QUE SAL-DRÁN DE AQUÍ?
¿ALGU-NA IDE...? ¡AH!
¡URK!
ESTO NO ME LO ES-PERABA.

KER RASHH
BLAM BLAM BLAM BLAM BLAM
...AGUA... FIESTAS...
¡MALDITA...!
¡UUUHN!
¡VOY A DESPELLEJARTE VIVA!
¡AAAH!
BLAM BLAM
TOK
BLAM BLAM BLAM
TOK TOK TOK
SI TÚ LO DICES...
TRANQUILO, BATMAN. HA LLEGADO LA CABALLERÍA...
¿QUÉ CREES QUE ESTÁS HACIENDO?

¿CREES QUE QUIERO TU AYUDA?
¿EH?
WHACK
¡UUHH!
¿QUÉ CREES QUE TE DIFERENCIA DE LOS SALVAJES QUE HAS ASESINADO? ¿QUIÉN TE HA DADO DERECHO A COBRARTE SUS VIDAS?
¡AL MENOS ESTOS VILLANOS RECONOCEN SU CRUELDAD Y NO SE HACEN LOS HÉROES!
P-PERO... SOY DE LOS BUENOS...

MATERNIDAD
MARC ANDREYKO Guion JESÚS SAIZ Dibujo
JIMMY PALMIOTTI Tinta STEVE BUCCELLATO Color
HARVEY RICHARDS Editor adjunto JOAN HILTY Editora
ÚLTIMA VEZ QUE ME DUERMO CON LA TELE PUESTA.
...LA POLICÍA SIGUE RODEANDO EL ASILO ARKHAM TRAS EL MOTÍN DE ANOCHE. SE HA CONFIRMADO LA MUERTE DE TRES GUARDIAS, Y AL MENOS 12 EMPLEADOS SIGUEN ATRAPADOS DENTRO. VARIOS TESTIGOS AFIRMAN HABER VISTO A BATMAN ENTRAR EN LA INSTITUCIÓN POR UN CONDUCTO DE VENTILACIÓN, PERO AÚN NO HEMOS CONTRASTADO ESA INFORMACIÓN...

UGH. ME DUELEN HASTA LAS PESTAÑAS. PODRÍA ESCRIBIR UN LIBRO: *CÓMO SOBREVIVIR A UNA TUNDA DE UN SUPERVILLANO*.
KATE SPENCER
MECHERO, MECHERO, MIERDA... ¿DÓNDE ESTÁS?
ME NIEGO A HACER LO QUE ESTOY PENSANDO.
BAH. NICOTINA ANTES QUE DIGNIDAD.
AHHHH. MUCHO MEJOR.
BRRING
BRRING
BRRING

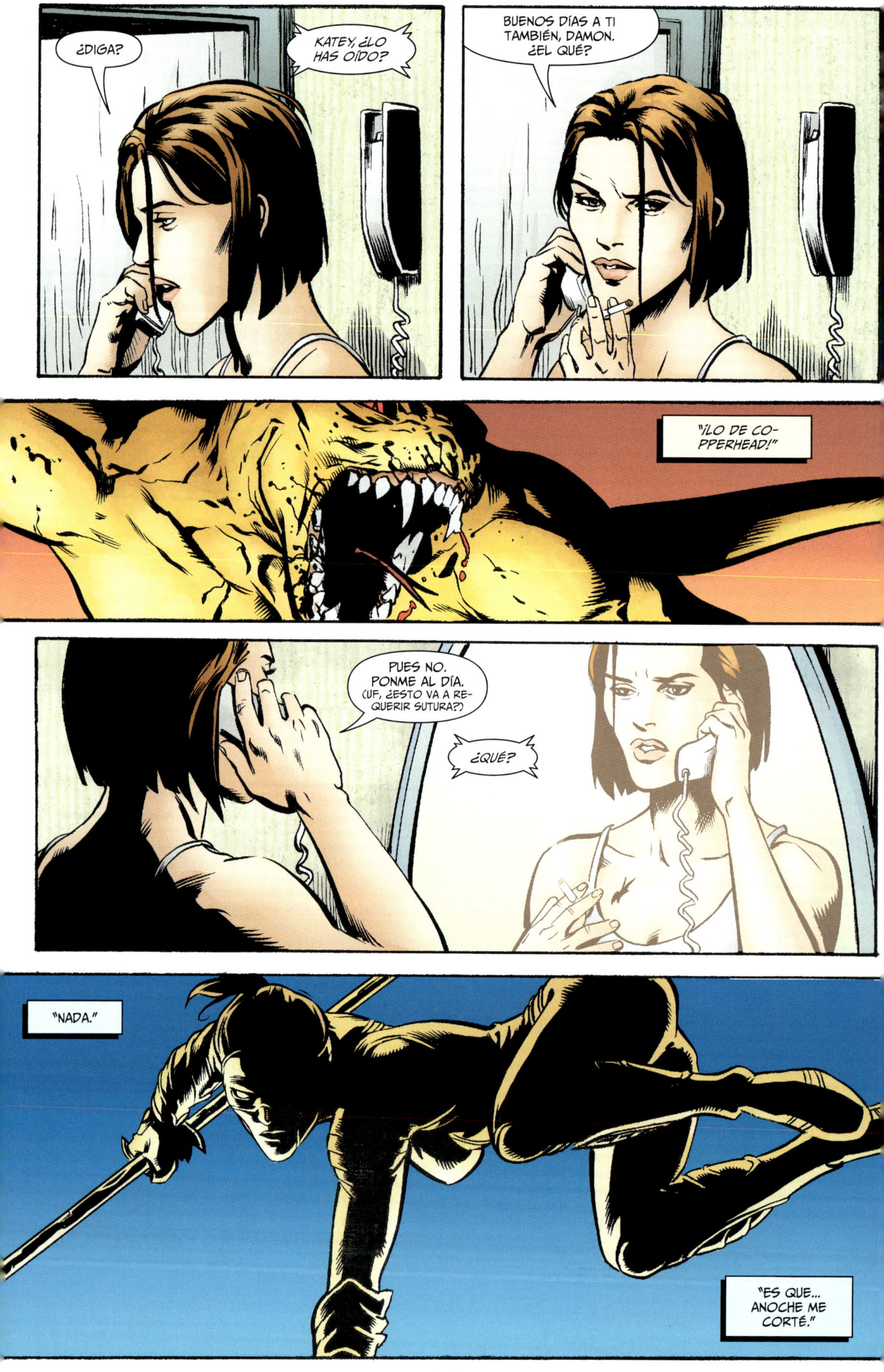
¿DIGA?
KATEY, ¿LO HAS OÍDO?
BUENOS DÍAS A TI TAMBIÉN, DAMON. ¿EL QUÉ?
"¡LO DE COPPERHEAD!"
PUES NO. PONME AL DÍA. (UF, ¿ESTO VA A REQUERIR SUTURA?)
¿QUÉ?
"NADA."
"ES QUE... ANOCHE ME CORTÉ."

PUES YA ESTÁS MEJOR QUE DON SERPIENTE. ...STÁ MUERTO. LA PRENSA SE HA AGOLPADO EN EL EDIFICIO FEDERAL. ¿PUEDES VENIR?
¿UN SÁBADO? PUES CLARO. ¿QUÉ OTRA COSA IBA A HACER?
VOY A NECESITAR UN SITIO DONDE GUARDAR EL UNIFORME...
¿DÓNDE METERÁN LOS DEMÁS HÉROES SU ROPA DE TRABAJO?
SSSSSS
¡¡AAAAHHH!!
¿Y CANARIO NEGRO SE APAÑA CON TACONES Y MEDIAS DE REJILLA?

EL ÚLTIMO RECURSO. A 30 KILÓMETROS DE ST. ROCH, LUISIANA.
ÚLTIMO RECURSO
¿QUÉ? SÍ, LO SÉ... NO SON DIGNOS DE ESTAR EN NUESTRA PRESENCIA, PERO...
...NO. ¡NO PUEDO...! MUCHO LÍO... ¡DEJA DE GRITARME...!
¡...ACTUAREMOS CUANDO LLEGUE EL MOMENTO!
...LOS DEMÁS YA ESTÁN DE LOS NERVIOS...
EL DEPARTAMENTO DE POLICÍA DE LOS ÁNGELES CONFIRMA QUE EL ASESINO METAHUMANO CONOCIDO COMO "COPPERHEAD" HA SIDO HALLADO MUERTO EN EL CENTRO DE L.A. ESTA MADRUGADA...
¿¿¡QUÉ!??

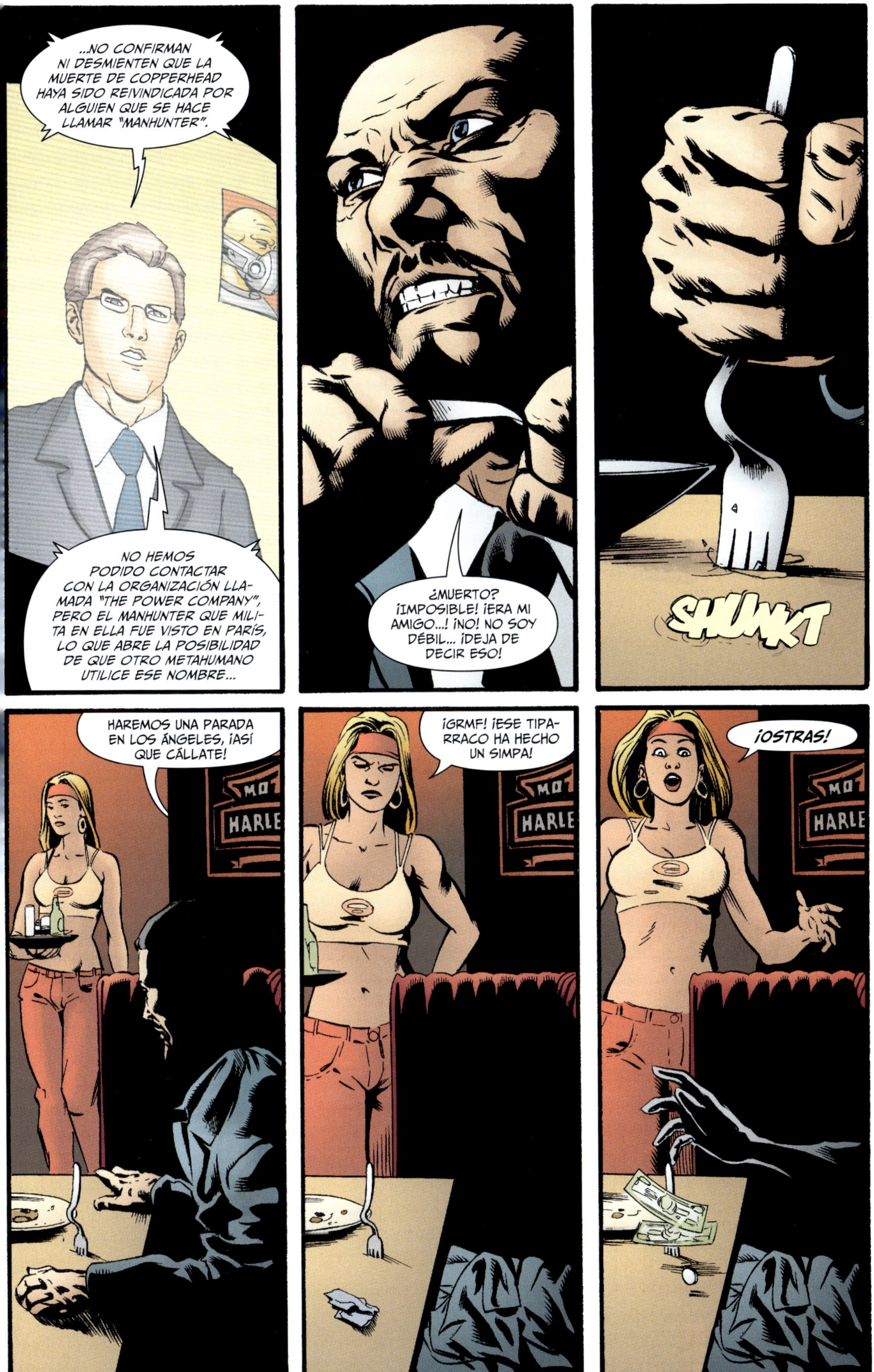
...NO CONFIRMAN NI DESMIENTEN QUE LA MUERTE DE COPPERHEAD HAYA SIDO REIVINDICADA POR ALGUIEN QUE SE HACE LLAMAR "MANHUNTER".
NO HEMOS PODIDO CONTACTAR CON LA ORGANIZACIÓN LLAMADA "THE POWER COMPANY", PERO EL MANHUNTER QUE MILITA EN ELLA FUE VISTO EN PARÍS, LO QUE ABRE LA POSIBILIDAD DE QUE OTRO METAHUMANO UTILICE ESE NOMBRE...
¿MUERTO? ¡IMPOSIBLE! ¡ERA MI AMIGO...! ¡NO! NO SOY DÉBIL... ¡DEJA DE DECIR ESO!
SHUNKT
HAREMOS UNA PARADA EN LOS ÁNGELES, ¡ASÍ QUE CÁLLATE!
¡GRMF! ¡ESE TIPARRACO HA HECHO UN SIMPA!
¡OSTRAS!

KATE, TIENES QUE REVISAR ESTA DECLARACIÓN PARA LA PRENSA...
COURT TV SOLICITA UNA ENTREVISTA PARA EL LUNES...
¡CHICOS, CHICOS, ATRÁS! ACABO DE LLEGAR, ¿VALE?
AUNQUE ME SIENTO COMO TINA DESPUÉS DE QUE IKE SE PUSIERA... "EN PLAN IKE" CON ELLA, ESTOY... NO SÉ...
¿...UN TANTO EUFÓRICA, QUIZÁ?
Y NADIE PODRÁ CONVENCERME DE QUE LO QUE HICE ESTUVO MAL.
DOCENAS DE FAMILIAS PODRÁN DORMIR TRANQUILAS.
¿QUIÉN SIGUE?
VOY A PROBAR ESTO DE SER UNA "SUPERHEROÍNA".
AL MENOS NO SOY TAN RIDÍCULA COMO ESE BAILARÍN DE LA JLA, "VIBRADOR" O COMO SE LLAME...
...Y HAY DEMASIADOS MONSTRUOS DE ESOS SUELTOS POR AHÍ...
HOLA, MAMI.

OH, MIERDA. ¿HE...?
¿OLVIDADO QUE TE TOCA RAMSEY ESTE FINDE, KATE?
EH... BUENO, NO, PERO YO...
¡VALE, SÍ! LO SIENTO, RAMSEY. ¿ME PERDONAS? NO SÉ DÓNDE TENGO LA CABEZA.
SUPONGO. ¿PODEMOS IR AL CENTRO COMERCIAL ESTA VEZ?
UM, QUIZÁ. VALE. PERO TENGO QUE TERMINAR UNAS COSAS ANTES DE...
¿PODEMOS HABLAR EN PRIVADO, KATE? AHORA.
RAMSEY, HAY FOLIOS Y ROTULADORES EN MI MESA. ¿Y SI HACES UN DIBUJO?
MAMI TIENE QUE IR AL DESPACHO DEL DIRECTOR.

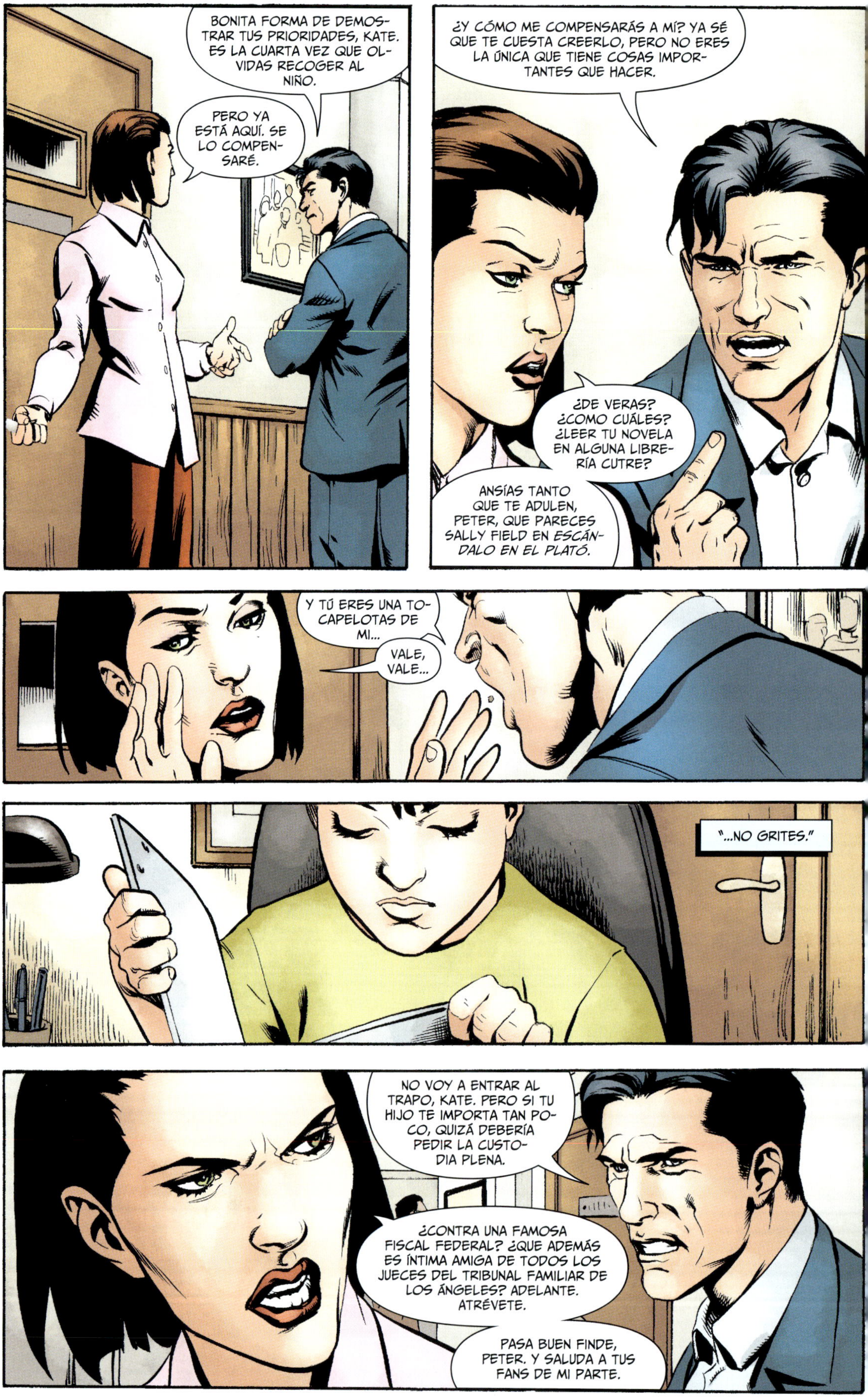
BONITA FORMA DE DEMOSTRAR TUS PRIORIDADES, KATE. ES LA CUARTA VEZ QUE OLVIDAS RECOGER AL NIÑO.
PERO YA ESTÁ AQUÍ. SE LO COMPENSARÉ.
¿Y CÓMO ME COMPENSARÁS A MÍ? YA SÉ QUE TE CUESTA CREERLO, PERO NO ERES LA ÚNICA QUE TIENE COSAS IMPORTANTES QUE HACER.
¿DE VERAS? ¿COMO CUÁLES? ¿LEER TU NOVELA EN ALGUNA LIBRERÍA CUTRE?
ANSÍAS TANTO QUE TE ADULEN, PETER, QUE PARECES SALLY FIELD EN *ESCÁNDALO EN EL PLATÓ*.
Y TÚ ERES UNA TOCAPELOTAS DE MI...
VALE, VALE...
"...NO GRITES."
NO VOY A ENTRAR AL TRAPO, KATE. PERO SI TU HIJO TE IMPORTA TAN POCO, QUIZÁ DEBERÍA PEDIR LA CUSTODIA PLENA.
¿CONTRA UNA FAMOSA FISCAL FEDERAL? ¿QUE ADEMÁS ES ÍNTIMA AMIGA DE TODOS LOS JUECES DEL TRIBUNAL FAMILIAR DE LOS ÁNGELES? ADELANTE. ATRÉVETE.
PASA BUEN FINDE, PETER. Y SALUDA A TUS FANS DE MI PARTE.

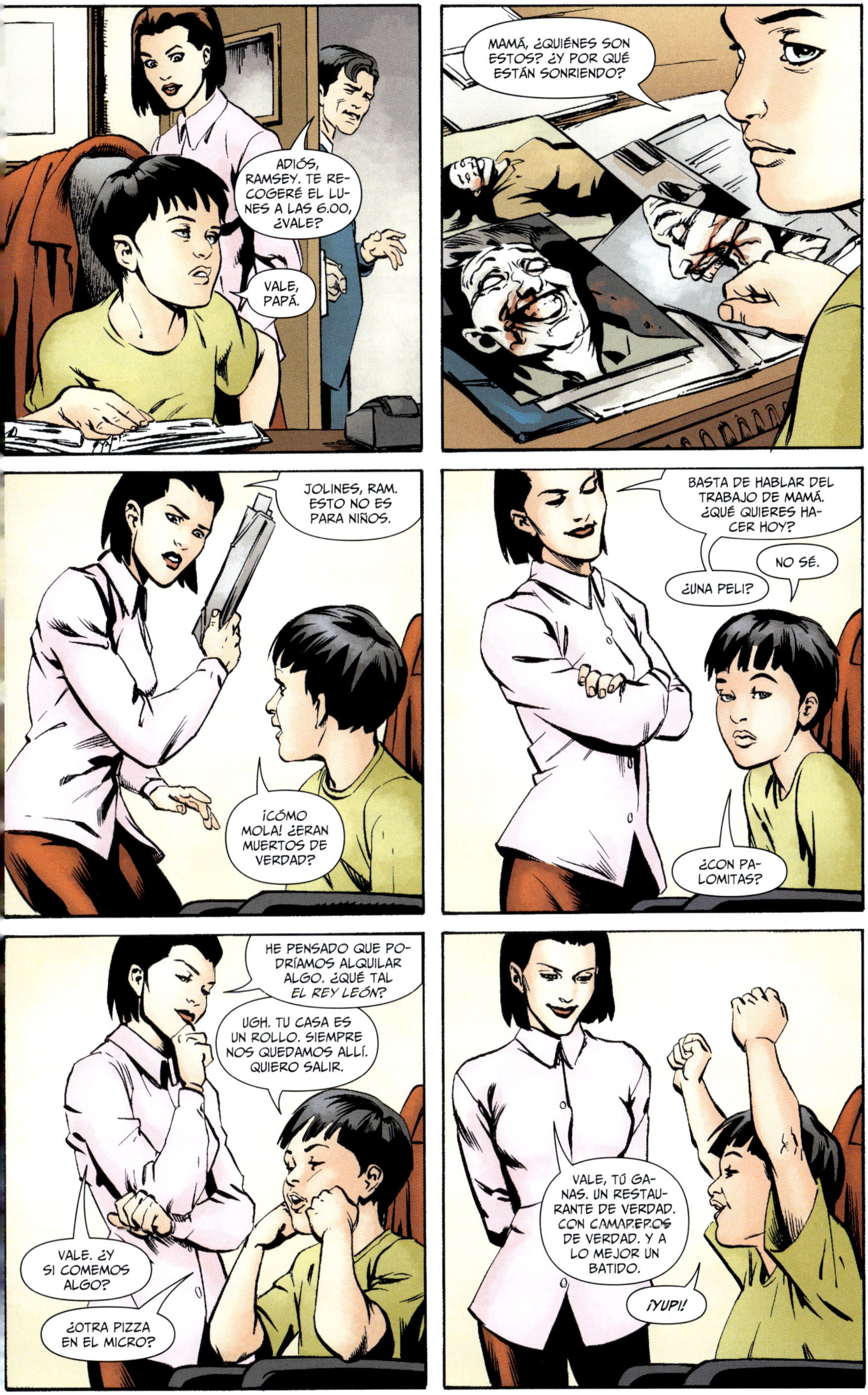
ADIÓS, RAMSEY. TE RECOGERÉ EL LUNES A LAS 6.00, ¿VALE?
VALE, PAPÁ.
MAMÁ, ¿QUIÉNES SON ESTOS? ¿Y POR QUÉ ESTÁN SONRIENDO?
JOLINES, RAM. ESTO NO ES PARA NIÑOS.
¡CÓMO MOLA! ¿ERAN MUERTOS DE VERDAD?
BASTA DE HABLAR DEL TRABAJO DE MAMÁ. ¿QUÉ QUIERES HACER HOY?
NO SÉ.
¿UNA PELI?
¿CON PALOMITAS?
HE PENSADO QUE PODRÍAMOS ALQUILAR ALGO. ¿QUÉ TAL *EL REY LEÓN*?
UGH. TU CASA ES UN ROLLO. SIEMPRE NOS QUEDAMOS ALLÍ. QUIERO SALIR.
VALE. ¿Y SI COMEMOS ALGO?
¿OTRA PIZZA EN EL MICRO?
VALE, TÚ GANAS. UN RESTAURANTE DE VERDAD. CON CAMAREROS DE VERDAD. Y A LO MEJOR UN BATIDO.
¡YUPI!

Mels
AUTOSERVICIO
ABIERTO 24 HORAS
CALVIN KLIME
¿Y QUÉ TAL EL COLE?
YA ME LO HAS PREGUNTADO ANTES.
AH, SÍ. ES VERDAD. ¿Y QUÉ TAL GANDALF? ¿YA ESTÁ ADIESTRADO?
AJÁ.
THE LORD OF THE RINGS
OYE, RAMSEY, COLABORA UN POCO, ¿QUIERES? ¿DE QUÉ TE APETECE HABLAR?
TENGO QUE IR AL BAÑO.
TE HAS LUCIDO, DONNA REED.
HELEN
DISCULPE, SEÑORA. NO SE PUEDE FUMAR EN EL RESTAURANTE. DESDE HACE UNOS CINCO AÑOS.

DESPACHO DEL FORENSE DEL CONDADO DE L.A.
¿CÓMO NARICES SE ABRE ESTE TRASTO?
¿EN LABORATORIOS S.T.A.R. NO CONOCEN LAS BOLSAS DE CADÁVERES DE TODA LA VIDA?
¡UHHNNN...!
THUNK
VAMOS A COMPROBAR SI ERES TÚ, VIEJO AMIGO.
SHHSSSSSSSHHSSSSSSS

CIELO SANTO. ¿QUÉ TE HA HECHO ESE TAL "MAN-HUNTER"?
VOY A LLE-VARME TUS COL-MILLOS COMO RECUERDO...
...Y PARA CLAVARLOS EN LA SIEN DE TU ASESINO, DESPUÉS DE QUE EL LADRÓN-SOMBRA LO DEJE HECHO PI-CADILLO.
EH, FRANKIE, NOS LLEGAN TRES CUERPOS DE UN TI-ROTEO EN OLYMP-PIC... ¡MIERDA!

CON PERMI-SO, SEÑORA.
OYE, TU CARA ME SUENA. ¿NOS CONO...?
¡NO! ES DECIR... ¡OSTRAS!
¡MIERDA!
¡JA, JA, JA, JA, JA!
¿ALGUIEN PUEDE TRAERME UN TRA-PO O ALGO?

¿POR QUÉ NO VAMOS AL CENTRO COMERCIAL?
PARA EMPEZAR, PORQUE YA ES TARDE.
ADEMÁS, ESTOY CUBIERTA DE HELADO DE VAINILLA.
PERO...
SIN PEROS. MÍRATE UN DVD. YA PENSAREMOS ALGO CUANDO SALGA DE LA DUCHA.

ROLLO. ROLLO. MALA. ROLLAZO.
¡HALA!
¡MOLA!

¡RAMSEY! ¿Y SI VAMOS A LA BIBLIOTECA? YO PODRÍA ADELANTAR TRABAJO Y TÚ LEER ALGO DEL DR. SEUSS O JUDY BLUME. ¿QUÉ ME DICES?
O PODRÍAMOS IR A COMPRARTE UNOS PANTALONES NUEVOS. SUENA BIEN, ¿EH?
NO ME HAGAS EL VACÍO DOS VECES EN UN DÍA, RAMSEY. MAMI NO ESTÁ DE HUMOR PARA...
RAMSEY, ¡SUELTA ESO!
¿DE DÓNDE LO HAS SACADO? ES MUY...
CLICK

KA-BOOOM

BARRY DECÍA A MENUDO: "LA VIDA ES DEMASIADO CORTA..."
"...A MENOS QUE PIERDAS A UN SER QUERIDO."
HAN ASESINADO A SUE DIBNY.
LA ESPOSA DE RALPH DIBNY... EL HOMBRE ELÁSTICO.
HALLARON EL CUERPO EN SU APARTAMENTO CON TERRIBLES QUEMADURAS DE TERCER GRADO. LA PUERTA ESTABA CERRADA CON LLAVE. SU CASA ESTABA PROTEGIDA POR UN SISTEMA DE SEGURIDAD CREADO Y HOMOLOGADO POR LA LIGA DE LA JUSTICIA DE AMÉRICA.
MI CASA ESTÁ PROTEGIDA POR EL MISMO SISTEMA. SE SUPONE QUE ES INFALIBLE, INCLUSO PARA MR. MILAGRO.
SIN EMBARGO, ALGUIEN CONSIGUIÓ ENTRAR.
Y NO ACTIVÓ NI UNA SOLA ALARMA.
RALPH NO TENÍA IDENTIDAD SECRETA. DE HECHO, FUE EL PRIMER SUPERHÉROE QUE LA DIO A CONOCER AL MUNDO. ME FACILITÓ MUCHO LAS COSAS CUANDO LO HICE YO...
...
RALPH ESTÁ DEVASTADO DE DOLOR, PERO DISPUESTO A RESOLVER EL MISTERIO CUANTO ANTES. SOSPECHA DE UN HOMBRE.
EL DOCTOR LUZ.
ME ENFRENTÉ A ÉL VARIAS VECES CUANDO YO FORMABA PARTE DE LOS JÓVENES TITANES. SIEMPRE HA SIDO UN FRACASADO.
DEMONIOS, SI HASTA RAINBOW RAIDER SE REÍA DE ÉL.
NO LE ENCUENTRO SENTIDO... PERO RALPH SABRÁ LO QUE HACE, SIEMPRE HA TENIDO DOTES DE DETECTIVE...
CUANDO LUZ SUPO QUE LA JLA IBA A POR ÉL, CONTRATÓ A DEATHSTROKE, EL EXTERMINADOR, PARA QUE LO PROTEGIERA.
Y DEATHSTROKE SIEMPRE HACE BIEN SU TRABAJO.
ES MUY, MUY BUENO.

EL DOCTOR LUZ ESCAPÓ.
Y GRACIAS A LA JSA, FUE RÁPIDAMENTE DESCARTADO COMO SOSPECHOSO.
PERO KYLE Y YO DESCUBRIMOS POR QUÉ TODOS LE APUNTARON A ÉL DESDE EL PRINCIPIO.
Y AÚN NO ME LO CREO.
DE HECHO, LO QUE PEOR LLEVO...
...ES QUE BARRY TUVIERA LA ÚLTIMA PALABRA.
ME LLAMO WALLY WEST.
SOY EL HOMBRE MÁS RÁPIDO DEL MUNDO.
SOY FLASH.
Y BUSCO RESPUESTAS.
El SECRETO DE BARRY ALLEN PRIMERA PART
GEOFF JOHNS- guion HOWARD PORTER- dibujo LIVESAY- tinta
JAMES SINCLAIR- color JOEY CAVALIERI- editor HARVEY RICHARDS- editor adjunto

ISLA DE ALCATRAZ.
SAN FRANCISCO.
¿DÓNDE ESTÁN?
¿DE VERDAD CREES QUE ESTA NIÑATA VA A HACERME HABLAR, CÍBORG?
NI QUE FUERA LA AUTÉNTICA WONDER WOMAN.
RESPUESTA EQUIVOCADA.
KRAKOOM
¿ALGUNA NOVEDAD?
¿POR QUÉ ELLOS?
GREEN ARROW NOS PIDIÓ QUE BUSCÁSEMOS A QUIENES UTILICEN TELETRANSPORTE.
CUANDO CÍBORG EMPIECE A AMENAZAR AL CEREBRO, MONSIEUR MALLAH LO SOLTARÁ TODO.
ESTÁN... LIADOS.
WARP FORMA PARTE DE LA HERMANDAD JUNTO CON EL CEREBRO Y MONSIEUR MALLAH. Y POR EL ASPECTO DE LAS QUEMADURAS DE SUE... NO ESTARÍA MAL DAR CON PLASMUS.
TAMBIÉN INVESTIGAN LA POSIBLE IMPLICACIÓN DEL ESCUADRÓN SUICIDA.
¿TE HACES UNA IDEA DE CUÁNTOS VILLANOS HAN PASADO POR LAS PUERTAS DEL CLUB DE *BOY SCOUTS* DE BELLE RÊVE?
PARECÉIS UN POCO... DESESPERADOS.
BUENO, ROJITO. A LA VISTA DE LOS ACONTECIMIENTOS...
...ES DIFÍCIL NO ESTARLO.
KRAKOOM

ROY PARECE MUY AFECTADO, PERO NO CONOCÍA MUCHO A SUE...
LA HIJA DE DEATHSTROKE, ROSE, CUIDABA A VECES DE LIAN.
AHORA QUE LE HAN INYECTADO EL MISMO SUERO QUE A SU PADRE, SE HA CONVERTIDO EN LA NIÑITA DE PAPÁ.
LA NUEVA DESTRUCTORA.
SABE PERFECTAMENTE DÓNDE VIVE LIAN, LOS PARQUES QUE FRECUENTA... Y LO PEOR DE TODO...
...ES QUE LIAN CONFÍA EN ELLA.
COFFF.
¿WALLY? ¿Y ESA TOS...?
DEATHSTROKE ME PERFORÓ UN PULMÓN CON SU ESPADA.
ME RECUPERÉ BASTANTE RÁPIDO, PERO TODAVÍA QUEDA ALGO DE SANGRE POR AHÍ.
DESPUÉS DE LO QUE SUCEDIÓ CON WINTERGREEN, YA NADIE PUEDE CONTROLAR A SLADE. HA TOCADO FONDO.
Y SABES QUE INTENTARÁ ARRASTRARNOS CON ÉL.
¿SIGUE SIENDO IGUAL DE BUENO?
EL MEJOR.

LINDA...
DONDEQUIERA QUE ESTÉ, PROBABLEMENTE CORRA PELIGRO.
SOLO SE HAN CENTRADO EN LAS ESPOSAS DE LOS HÉROES QUE NO OCULTAN SU IDENTIDAD, WALLY. DE MOMENTO NO TE AFECTA.
MIS PENSAMIENTOS DISCURREN A LA VELOCIDAD DEL SONIDO, DICK. HE RECREADO TODAS LAS SITUACIONES POSIBLES PARA INTENTAR AVERIGUAR QUÉ LE SUCEDIÓ A SUE.
Y CON ELLO, MILES DE... IMÁGENES MENTALES DE LO QUE PODRÍA PASARLE A LINDA.
SÉ QUE TE PEDÍ EXPRESAMENTE QUE NO LA BUSCARAS, PERO AHORA TE RUEGO QUE LO HAGAS.
NECESITO TU AYUDA, COMPAÑERO.
¿ORÁCULO?
SÉ QUE NO DAS ABASTO, PERO...
...TENGO OTRA TAREA PARA TI.

DEPARTAMENTO DE POLICÍA DE KEYSTONE CITY.
COMISARÍA 242.
¿ESTE ES WALLY WEST?
NO TIENE PINTA DE ASESINO.
CREO QUE SE TRATA DE UN MALENTENDIDO, CAPITÁN. LOS FRENOS DEL VEHÍCULO DE ASHLEY ZOLOMON FALLARON. WEST LOS ESTUVO REVISANDO EN EL TALLER...
AL PRINCIPIO EL CHICO LO NEGÓ TODO, PERO ESTA MAÑANA HA VENIDO PARA DECIRNOS QUE DE REPENTE HA RECORDADO QUE OLVIDÓ ENSAMBLAR LA VÁLVULA COMPENSADORA.
EN REALIDAD SE MOSTRÓ BASTANTE MÁS ARREPENTIDO.
¿TÚ TE CREES LA VERSIÓN DE WEST, MORILLO?
NO LO SÉ. ESTÁ CLARO QUE HAY UN MÓVIL, PERO CREO QUE DEBERÍAMOS CONSULTARLO CON ASHLEY. ELLA ES NUESTRA CRIMINÓLOGA RESIDENTE Y HA HABLADO CON ÉL VARIAS VECES.
¿Y TÚ, CHYRE?
"YO SÍ LE CREO, SEÑOR. SU TÍO, BARRY ALLEN, FORMÓ PARTE DE LA POLICÍA CIENTÍFICA DE CENTRAL CITY."
"MI ANTIGUO COMPAÑERO TRABAJÓ CON ALLEN ALGUNA QUE OTRA VEZ Y ME ASEGURÓ QUE ERA EL AGENTE MÁS NOBLE QUE JAMÁS HABÍA CONOCIDO."
CORDÓN POLICIAL
CONTAMOS CON VARIOS TESTIGOS QUE AFIRMAN QUE VIERON A WEST DISCUTIENDO CON ASHLEY. AQUÍ MISMO, EN PLENA COMISARÍA.
TODOS COMETEMOS ERRORES, CAPITÁN. WHEELER PONE LA MANO EN EL FUEGO POR EL CHAVAL.
MORILLO, ANTES MENCIONASTE QUE SU ESPOSA DESAPARECIÓ, ¿NO?
LO...
...ABANDONÓ.
POR LO QUE SÉ, NADIE LA VIO IRSE...
...Y EVIDENTEMENTE, WALLY WEST NO ES BARRY ALLEN.
ASÍ QUE VUESTRA INVESTIGACIÓN SIGUE ACTIVA.
SÍ, CAPITÁN.

AUUUU.
DEJA DE LLORIQUEAR.
NO SEAS DURO CON ÉL, CARTER. SLADE LE HA ROTO LOS DEDOS.
Y YO LE PARTIRÉ EL CUELLO LA PRÓXIMA VEZ QUE LO VEA.
ZATANNA TE LOS HA RECOMPUESTO, PERO TODAVÍA ESTÁN HINCHADOS. LLEVAR PUESTO EL ANILLO NO AYUDA EN ABSOLUTO, KYLE.
NO ME LO VOY A QUITAR, CANARIO.
SÉ PERFECTAMENTE POR LO QUE ESTÁ PASANDO RALPH Y NO PIENSO SENTARME A MIRAR.
AÚN SUFRES POR AQUELLO, ¿VERDAD?
A ESTAS ALTURAS YA ESTARÍAMOS CASADOS.

¿CÓMO ESTÁS, ZETA?
MAL. ¿VISTE LA MIRADA QUE NOS DIRIGIÓ EL DOCTOR LUZ ANTES DE IRSE?
CREO QUE SOSPECHA ALGO, OLIVER.
YA HE ARREGLADO TU ARNÉS.
CHICOS, ESPERO QUE NO OS MOLESTE... PERO NECESITO REGRESAR CON JEAN. HAWKGIRL Y STAR LA ESTÁN VIGILANDO, PERO... DIVORCIADO O NO, ES MI DEBER ESTAR A SU LADO.
VE.
DALE BESOS DE MI PARTE, RAY.
FWASSH
¿FLASH?
CUANDO OLVIDASTEIS MI IDENTIDAD Y ME TRAJISTEIS HASTA LA ATALAYA...
...ME RESULTÓ EXTRAÑO ENCONTRAROS A ALGUNOS AQUÍ.
AHORA LO ENTIENDO TODO.

HAWKMAN, ÁTOMO, CANARIO NEGRO, GREEN ARROW Y ZATANNA.
LLEVABAIS MUCHO TIEMPO SIN PARTICIPAR ACTIVAMENTE EN LA LIGA DE LA JUSTICIA, Y SIN EMBARGO AQUÍ ESTABAIS.
ATERRORIZADOS ANTE LA IDEA DE QUE OS HICIERAN LO MISMO QUE LE HICISTEIS VOSOTROS AL DOCTOR LUZ.
WALLY...
ES POSIBLE QUE LO TUVIÉRAMOS EN MENTE, PERO NOS PREOCUPABA MUCHO MÁS TU BIENESTAR.
¿CÓMO NO ME HE DADO CUENTA ANTES?
MI TÍO TUVO QUE MENTIR POR VUESTRA CULPA.
POR NUESTRA... ¿QUÉ?
SHAAANG
TRANQUILO, CARTER.
WALLY.
TENEMOS QUE HABLAR.
EN PRIVADO.

ESCUCHA...
WHAP
NO, ESCÚCHAME TÚ A MÍ.
¿QUÉ ESTÁS...?
¿VIENES A ECHARNOS EN CARA QUE NOS EQUIVOCAMOS? MUY BIEN.
¿PREFIERES FINGIR QUE TÚ NUNCA HAS TOMADO UNA DECISIÓN EQUIVOCADA? COMO QUIERAS.
PERO NO TE ATREVAS A IRRUMPIR AQUÍ PARA ECHARNOS A TODOS ESE DISCURSITO DE SANTURRÓN SOLO PORQUE TE SIENTES CULPABLE.
¿CULPABLE?
¿DE QUÉ?
¿CÓMO QUE DE QUÉ? LO LLEVAS ESCRITO EN LA CARA.
HAN ASESINADO A SUE DIBNY. TODO EL MUNDO CONOCE LA IDENTIDAD DEL HOMBRE ELÁSTICO.
SI ESTO HUBIERA OCURRIDO HACE UNOS MESES, ANTES DE QUE EL ESPECTRO CONSIGUIERA QUE EL MUNDO OLVIDARA QUE FLASH Y WALLY WEST SON LA MISMA PERSONA...
...PODRÍA HABER SIDO LINDA.
TE CONOZCO Y SÉ QUE ES LO PRIMERO QUE PENSASTE.
ERES IGUAL QUE BARRY EN LO REFERENTE A TU ESPOSA.

HICISTE LO QUE TENÍAS QUE HACER, EN AQUEL MOMENTO PENSASTE QUE ERA LO MEJOR.
NO SE TRATA DE BORRAR ALGUNOS RECUERDOS, SINO DE ALTERAR POR COMPLETO LA MENTE DE UNA PERSONA.
LA LIGA VOTÓ A FAVOR DE LOBOTOMIZAR CON MAGIA AL DOCTOR LUZ. DE VOLVERLE IDIOTA.
Y LA LIGA LO ACEPTÓ. PERO ¿QUÉ PASA SI OCURRE A LA INVERSA?
Y DIJISTE QUE NO FUE EL ÚNICO.
QUE TE VUELVES INTRANSIGENTE.
AGREDIÓ A SUE, WALLY, Y A DINAH...
LOS HOMBRES PUEDEN LLEGAR A SER UNOS MONSTRUOS.
NO HACE FALTA QUE LO JURES.
Y YA SÉ QUE NO ES MI CULPA QUE SUE MURIERA EN LUGAR DE LINDA...
PERO...
LAS COSAS SE HAN VUELTO TAN COMPLICADAS.
LINDA ME ABANDONÓ PORQUE EL ESPECTRO MODIFICÓ SUS RECUERDOS. SOY OBJETO DE UNA INVESTIGACIÓN POR INTENTO DE ASESINATO PORQUE COMETÍ UN ERROR EN EL TRABAJO.
Y SUE ESTÁ MUERTA.
DEBERÍA HABER AYUDADO A RALPH EN VEZ DE PREOCUPARME DE MI PROPIA IDENTIDAD.

NI MUCHO MENOS, RALPH NO LO HABRÍA PERMITIDO. ODIABA ESCONDERSE TRAS LA MÁSCARA. ¿NO VES LO POCO QUE TARDÓ EN QUITÁRSELA?
ÉL Y SUE QUERÍAN AYUDAR A LAS PERSONAS DIRECTAMENTE, SIN QUE TUVIERAN QUE LLAMARLOS CON LA BATSEÑAL.
NO TE TORTURES, WALLY. NI BUSQUES VENGANZA.
AHORA DEBES ESTAR CERCA DE TUS SERES QUERIDOS.
ME VOY A CASA. TE SUGIERO QUE HAGAS LO MISMO.
NADIE ES PERFECTO, CHICO.
NI SIQUIERA EL MÁS GRANDE.
TIENE RAZÓN.
MI FAMILIA ME NECESITA.

¡ALTO!
KID FLASH.
BART ALLEN. MI PRIMO DEL FUTURO, EL NIETO DE BARRY Y DE IRIS.
JAY ME DIJO QUE NO SE HABÍA SEPARADO DE IRIS DESDE QUE ASESINARON A SUE.
BART ESTÁ ASUSTADO, COMO TODOS.
PERO NUNCA LO ADMITIRÁ.
PORQUE YO TAMPOCO LO HABRÍA ADMITIDO DELANTE DE BARRY.
¿QUÉ HA PASADO, WALLY? ¿LOS HAN ATRAPADO YA O...?
ESTÁN EN ELLO.
¿QUIÉN ES? ESTO TIENE MUY MALA PINTA. LA SRA. DIBNY, LA SRTA. LORING. ¿QUIÉN SERÁ EL SIGUIENTE? ¿A QUIÉN ATACARÁN AHORA?
A NADIE...
¿CÓMO LO SABES? ¿CÓMO PUEDES GARANTIZAR QUE TODO IRÁ BIEN?
BART...
¿DÓNDE ESTÁ LINDA?
QUÉDATE FUERA.
NO TE MUEVAS DE AHÍ Y NO DEJES ENTRAR A NADIE.
MUY BIEN.
JAMÁS HABÍA VISTO ESA EXPRESIÓN EN LOS OJOS DE BART. O, AL MENOS, NUNCA ME HABÍA FIJADO EN ELLA...
...CONSIGUE QUE CONFÍE EN ÉL.

YSTONE
ZETTE
SESINATO DE
SUE DIBN
TÍA IRIS.
WALLY.
OH, WALLY.
ERA TAN BUENA PERSONA.
LO SÉ.

NO ME PUEDO QUEDAR MUCHO RATO, SOLO QUERÍA... EN FIN, DEMASIADOS ACONTECIMIENTOS. TODAVÍA INTENTO ASIMILAR LO OCURRIDO.
¿FUE ÉL?
¿QUIÉN?
EL DOCTOR LUZ.
HE LEÍDO LOS INFORMES.
NO.
PERO SABES LO QUE PASÓ CON ÉL, ¿VERDAD?
POR FIN TE HAN CONTADO LO QUE LE HICIERON BARRY Y LOS DEMÁS.
¿QUÉ? ¿CÓMO SABES...?
BARRY JAMÁS ME OCULTÓ SUS SECRETOS, WALLY. ADEMÁS, HABLABA EN SUEÑOS. ESTO QUE SUCEDIÓ... LO CARGÓ EN SU CONCIENCIA DURANTE AÑOS.
LO HIZO CUANDO CREÍA QUE YO HABÍA MUERTO.
QUERÍA ESTAR A TU LADO CUANDO LO DESCUBRIERAS PARA DECIRTE QUE...
ESPERA.
¿POR ESO HAS VUELTO?

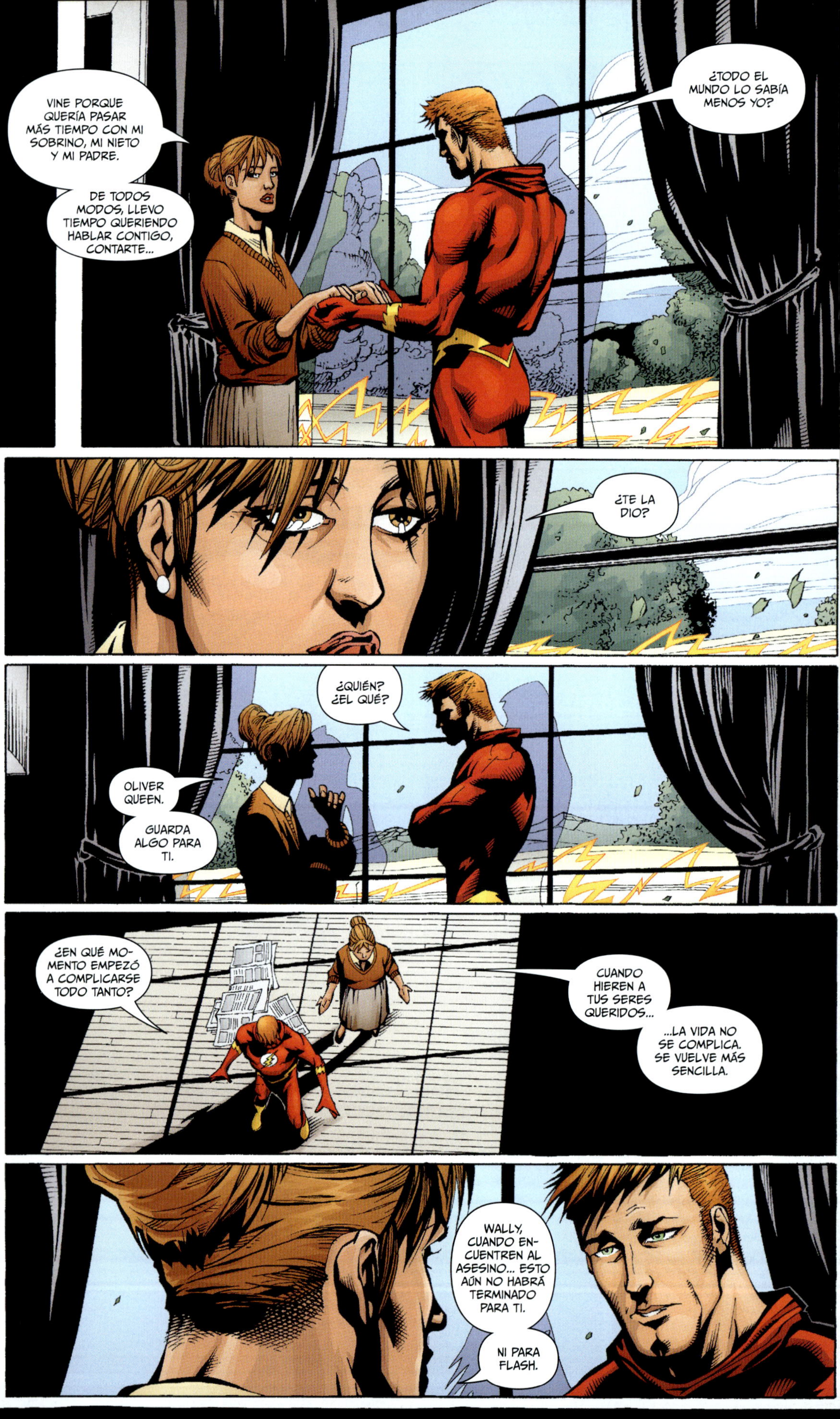

VINE PORQUE QUERÍA PASAR MÁS TIEMPO CON MI SOBRINO, MI NIETO Y MI PADRE.
DE TODOS MODOS, LLEVO TIEMPO QUERIENDO HABLAR CONTIGO, CONTARTE...
¿TODO EL MUNDO LO SABÍA MENOS YO?
¿TE LA DIO?
¿QUIÉN? ¿EL QUÉ?
OLIVER QUEEN.
GUARDA ALGO PARA TI.
¿EN QUÉ MOMENTO EMPEZÓ A COMPLICARSE TODO TANTO?
CUANDO HIEREN A TUS SERES QUERIDOS...
...LA VIDA NO SE COMPLICA. SE VUELVE MÁS SENCILLA.
WALLY, CUANDO ENCUENTREN AL ASESINO... ESTO AÚN NO HABRÁ TERMINADO PARA TI.
NI PARA FLASH.

STAR CITY.
KLK
FSSSSSST
Para Ollie.
¡Que corras rápido!
Barry
¡FZZSHHH!
"NADIE ES PERFECTO, NI SIQUIERA EL MÁS GRANDE."
NO TE REFERÍAS A SUPERMAN, ¿VERDAD?

TE REFERÍAS A BARRY.
LO PASÓ MUY MAL MANTENIEN-DO LAS APA-RIENCIAS.
EN CUANTO A MÍ...
NO ME LO PENSÉ DOS VECES.
IRIS ME HA DICHO QUE TIENES ALGO PARA MÍ...
ME GUSTARÍA HABÉRTELO DADO ANTES...
ESPERABA SU APROBACIÓN. ES UNA MUJER MUY FUERTE, PERO TEMÍA QUE LLEGARA ESTE MOMENTO.
ME ACON-SEJASTE QUE ME FUERA CON MIS SERES QUE-RIDOS, ¿CÓ-MO SABÍAS QUÉ...?
¿ADÓN-DE IBAS A IR SI NO?

¿QUÉ ES ESTO?
¿LA CONFESIÓN SOBRE LO DEL DOCTOR LUZ?
NO.
OTRA COSA.
ALGO QUE ÉL SIEMPRE QUISO CONTARTE PERO NUNCA SE ATREVIÓ. SABÍA QUE TERMINARÍAS POR DESCUBRIR LO DE LUZ.
ESTO CAMBIARÁ LAS COSAS, WALLY. SOBRE TODO SI DECIDES HACER LO QUE TE PIDE.
PERO QUEDARÁ ENTRE ÉL Y TÚ.
KLK
SSSSFF
TU TÍO SOLO QUERÍA CONVERTIR EL MUNDO EN UN LUGAR MÁS SEGURO.
Y TE QUERÍA, CHICO.
TODOS TE QUEREMOS.

MERLYN TENÍA RAZÓN. ESTO AFECTARÁ MUCHO A LOS NEGOCIOS.
PERO ¿POR QUÉ LA ESPOSA DEL HOMBRE ELÁSTICO? ÉL NO TIENE ENEMIGOS.
¿NINGUNO?
NO ES TAN ARROGANTE COMO LOS OTROS MIEMBROS DE LA LIGA.
CUANDO ME ENTERÉ DE LA NOTICIA, ME PARECIÓ DIVERTIDO.
HASTA QUE CAÍ EN LAS CONSECUENCIAS QUE TENDRÍA PARA NOSOTROS.
NO QUIERO QUE TE SEPARES DE CRONOS Y DE LOS DEMÁS, McCULLOCH. NO HAY QUE LLAMAR LA ATENCIÓN, QUE VEAN QUE NO TENEMOS NADA QUE VER CON EL CASO.
YA TENEMOS SUFICIENTES PROBLEMAS.
PRIMERO EL FBI ENCUENTRA AL AMO DE LOS ESPEJOS, Y AHORA ESTO. ¿QUÉ HACEMOS?
¿FRÍO?
FSSSS
ENVIAD FLORES AL SR. DIBNY.
¿CÓMO? ENVENENADAS O ALGO, ¿NO?
YO ME ENCARGO.
NO, TRICKSTER. SOLO FLORES, Y SIN REMITENTE.
¡EH! ¿QUÉ PASA CON EL TRABAJO? ¡NO HEMOS TERMINADO!
SE ME HAN QUITADO LAS GANAS.
KEYSTONE

Wally

Querido Wally...

¡MMMMAAAAY! ¡SOCODDOOO!
Ivy Town.
Jean Loring.
Divorciada.
Hace 30 segundos.
Persons
LA SEÑORA DEL ÁTOMO NOS HABLA DEL DIVORCIO, DE HACERLO PÚBLICO Y DEL PEQUEÑÍN
Ahora.
¿¡JEAN!?
LLAMADA EN CURSO
00:33
423-555-3892
ACID/VOL

CUANDO SURCO LÍNEAS TELEFÓNICAS, APENAS SOY MÁS GRANDE QUE UN PROTÓN.
AL SALIR, PASO A UNA DOCEAVA PARTE DE MI TAMAÑO REAL.
A ESTAS ALTURAS, ES INSTINTIVO.
JEAN, ¿ESTÁS...?
SI ME HAGO MÁS PEQUEÑO, SE PIERDEN LAS PROPORCIONES.
¿...BIEN?
VER ALGO RESULTA CASI IMPOSIBLE.
HACE TRES DÍAS, MATARON A LA ESPOSA DEL HOMBRE ELÁSTICO.
AHORA, HAN IDO A POR LA MÍA.
DIOS MÍO.
A ESTA ALTURA, UNA DISTANCIA DE UN METRO PARECE DE KILÓMETROS.
¡JEAN...!

...Y ME ENCOJO LO MÁS DEPRISA POSIBLE.
ME ABALANZO CONTRA LA CUERDA...
COMO SIEMPRE, LA FÍSICA SE OCUPA DEL RESTO.
¡RRRHHH!
¡SNAPP!

¡JEAN!
MI PADRE ERA CREYENTE.
TE TENGO, CARIÑO.
¿ME OYES?
JEAN, ¿ME OYES?
AL SER CIENTÍFICO, YO NO LE VEÍA EL SENTIDO.
NO TE MUERAS, JEAN.

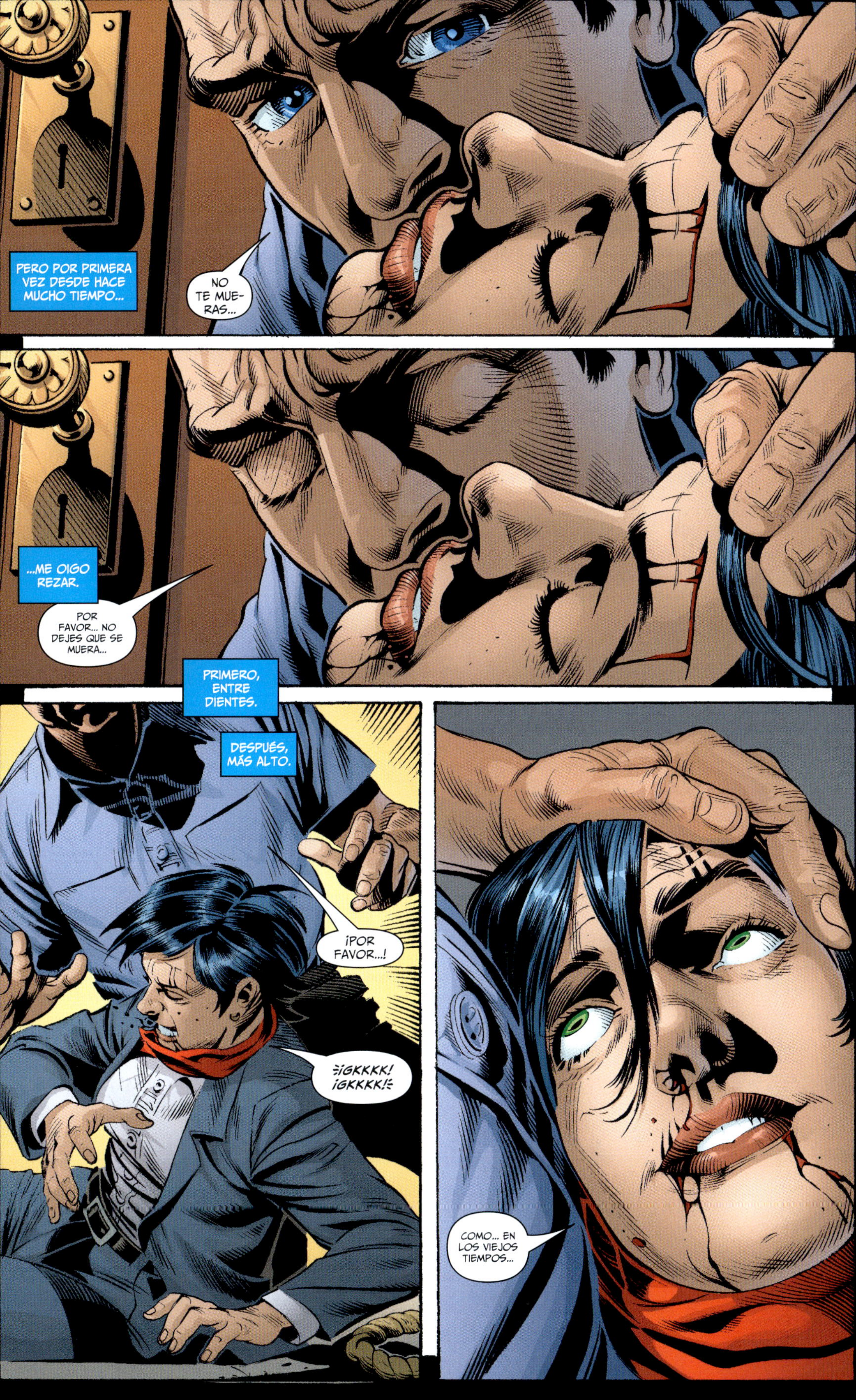
PERO POR PRIMERA VEZ DESDE HACE MUCHO TIEMPO...
NO TE MUE-RAS...
...ME OIGO REZAR.
POR FAVOR... NO DEJES QUE SE MUERA...
PRIMERO, ENTRE DIENTES.
DESPUÉS, MÁS ALTO.
¡POR FAVOR...!
¡GKKKK! ¡GKKKK!
COMO... EN LOS VIEJOS TIEMPOS...

Ivy Town.
La casa de Jean Loring.
Cuatro horas después.
¿HAY ALGO?
CUANDO TIROTEARON A BATGIRL HACE AÑOS, LA LIGA DISEÑÓ E INSTALÓ SISTEMAS DE SEGURIDAD ESPECIALES PARA LAS FAMILIAS Y AMIGOS DE TODO MIEMBRO QUE LO SOLICITARA.
CASI...
TECNOLOGÍA THANAGARIANA, MARCIANA, APOKOLIPTIANA Y KRYPTONIANA. ADEMÁS DE UNA MIERDA SINIESTRA QUE INVENTÓ BRUCE.
REALIZANDO EL AUTOESCÁNER...
ESCANEANDO EL SISTEMA...
CUANDO TERMINAMOS, EL SISTEMA ERA INFALIBLE.
SOLO QUE LO HAN BURLADO DOS VECES EN CUATRO DÍAS.
ESCÁNER COMPLETADO: SISTEMA OK
ÚLTIMA ALARMA REGISTRADA: NINGUNA
¿NOS HEMOS QUEDADO SIN SUERTE?

LA SUERTE NO EXISTE.
EN CUANTO A ESTO... ES IGUAL QUE LA ÚLTIMA VEZ.
LA ALARMA ESTÁ CONECTADA, LAS PUERTAS Y LAS VENTANAS ESTÁN INTACTAS... INCLUSO LOS SENSORES QUE TENEMOS EN EL CONDUCTO DEL AIRE ACONDICIONADO FUNCIONAN A LA PERFECCIÓN.
NO SÉ CÓMO HAN ENTRADO, PERO NO HAN TOCADO NI UN SOLO CABLE DEL SISTEMA DE SEGURIDAD.
¿TÚ CREES QUE SE TRATA DE OTRO TELETRANSPORTADOR?
QUIZÁ SEA UN TELETRANSPORTADOR... O UNO QUE SE HACE INTANGIBLE. O TAL VEZ UNO QUE SURCA LAS ONDAS DE RADIO, COMO AIR WAVE.
¿AIR WAVE?
PODRÍA SER CUALQUIERA, OLIVER. INCLUSO CON LAS ALARMAS, AÚN HAY 17 FORMAS DISTINTAS DE ENTRAR Y SALIR.
Y ESO SIN UNA MADRE CAJA.
TODO DEPENDE DE QUÉ MÁS ENCONTREMOS.
SE REFIERE A QUÉ ENCUENTRE ÉL.
LA ÚLTIMA VEZ, TRAJIMOS A LA ESCENA DEL CRIMEN A LOS METAL MEN, EL RAYO, EL ÁTOMO, METAMORFO Y ANIMAL MAN.
ESTA VEZ, APUNTAMOS MÁS ALTO.

A LO MÁS ALTO.
HA USADO UN AS DE GUÍA.
¿UN QUÉ?
UN AS DE GUÍA, UN NUDO PARA ATAR EL OTRO EXTREMO DE LA CUERDA A LA PUERTA.
SE LLAMA AS DE GUÍA, PERO HA AÑADIDO UNA VUELTA DE NUDO VAQUERO.
¿Y LO HAS RECONOCIDO?
ES COMÚN ENTRE LOS BOY SCOUTS.
LO ADORO Y LO ODIO EN EL MISMO SUSPIRO.
LOS BOY SCOUTS.
YA.
ORÁCULO, ¿PUEDES...?
ESTOY EN ELLO. AS DE GUÍA CON VUELTA DE NUDO VAQUERO.

¿SEGURO QUE ERA UN HOMBRE? HAY MUJERES FUERTES AHÍ FUERA QUE QUIZÁ...
JEAN SOLO LE HA VISTO LOS ZAPATOS.
"LA ESTABA ESPERANDO... ESCONDIDO DETRÁS DE LA PUERTA MIENTRAS ELLA ENTRABA."
"APENAS LO HA ATISBADO ANTES DE QUE LE PUSIESE LA VENDA CON UN NUDO RÁPIDO. LLEVABA BOTAS DE TRABAJO MARRONES."
SE LLAMA SLIPKNOT. NOMBRE REAL: CHRISTOPHER WEISS.
PELEÓ CON FIRESTORM Y, DESPUÉS, CUMPLIÓ CONDENA CON EL ESCUADRÓN SUICIDA.
ES DECIR, HASTA QUE TRATÓ DE FUGARSE Y LE VOLARON UN BRAZO.
QUÉ MAJOS.
SÍ... Y ES UN PARTIDAZO.
ES ESPECIALISTA EN ATAR NUDOS ALREDEDOR DEL CUELLO DE LA GENTE.
EL ALMA DE LA FIESTA.
Y TRATÁNDOSE DE ATAR NUDOS, EN FIN... VEO, VEO.
¿QUÉ VES?
UN AS DE GUÍA CON UNA VUELTA DE NUDO VAQUERO.

¿ESO SE PUEDE ATAR CON UNA SOLA MANO?
¿DÓNDE ESTÁ SLIPKNOT AHORA?
EN LA PENITENCIARÍA DE OPAL CITY. CUMPLE DE 5 A 10 AÑOS POR HURTO MENOR, YA VES TÚ.
¿10 AÑOS POR HURTO MENOR?
ASÍ ES EL ESCUADRÓN SUICIDA. TE LIBERAN, PERO EN CUANTO COMETES UN ERROR, TE LA CARGAS.
QUIERO QUE VAYA ALGUIEN A HABLAR CON ÉL.
YA.
LA VOZ DE CLARK RETUMBA CON EL TONO QUE SUELE RESERVAR SOLO PARA BRUCE.
AL PRINCIPIO, CREÍA QUE ESTABA ENFADADO O MOLESTO.
PERO NO.
TIENE MIEDO.
¿Por qué necesitamos a Superman?
Entrevista en exclusiva de Lois Lane
EL ASESINO VA A POR NUESTRAS ESPOSAS DE FORMA SISTEMÁTICA.
Y LA PIEL BLINDADA NO ES INMUNE AL DUELO.
RELÁJATE, CLARK, QUE SÉ A QUIÉN LLAMAR.

PROPIEDAD DE LA PENITENCIARÍA DE OPAL CITY
EN LA CÁRCEL, NO ES INUSUAL QUE UN RECLUSO DESCUBRA LA RELIGIÓN.
EH... SR. ARROW... SI NO LE IMPORTA... ESTÁN PROHIBIDAS LAS ARMAS CERCA DE LAS CELDAS.
ALGUNOS SE VUELVEN CRISTIANOS DEVOTOS.
OTROS SE CONVIERTEN AL ISLAM.
EN REALIDAD, LO QUE QUIEREN ES REDIMIRSE.
PERO LO QUE ENCONTRÓ SLIPKNOT ES MUCHO MÁS PELIGROSO.
ENCONTRÓ A KOBRA.
INVITADOSSS... QUÉ AMABLESSS...
AHÓRRAME EL FALSO SESEO.
¿LISTA, DIANA?
PARA MI SORPRESA, NO LE MIRA EL ESCOTE.
ES LISTO.
SABE QUE LA ACCIÓN TRANSCURRE UNOS 30 CENTÍMETROS MÁS ABAJO. LO LLEVA ATADO A LA CADERA.
EL ÚNICO DETECTOR DE MENTIRAS INVENTADO POR ZEUS.

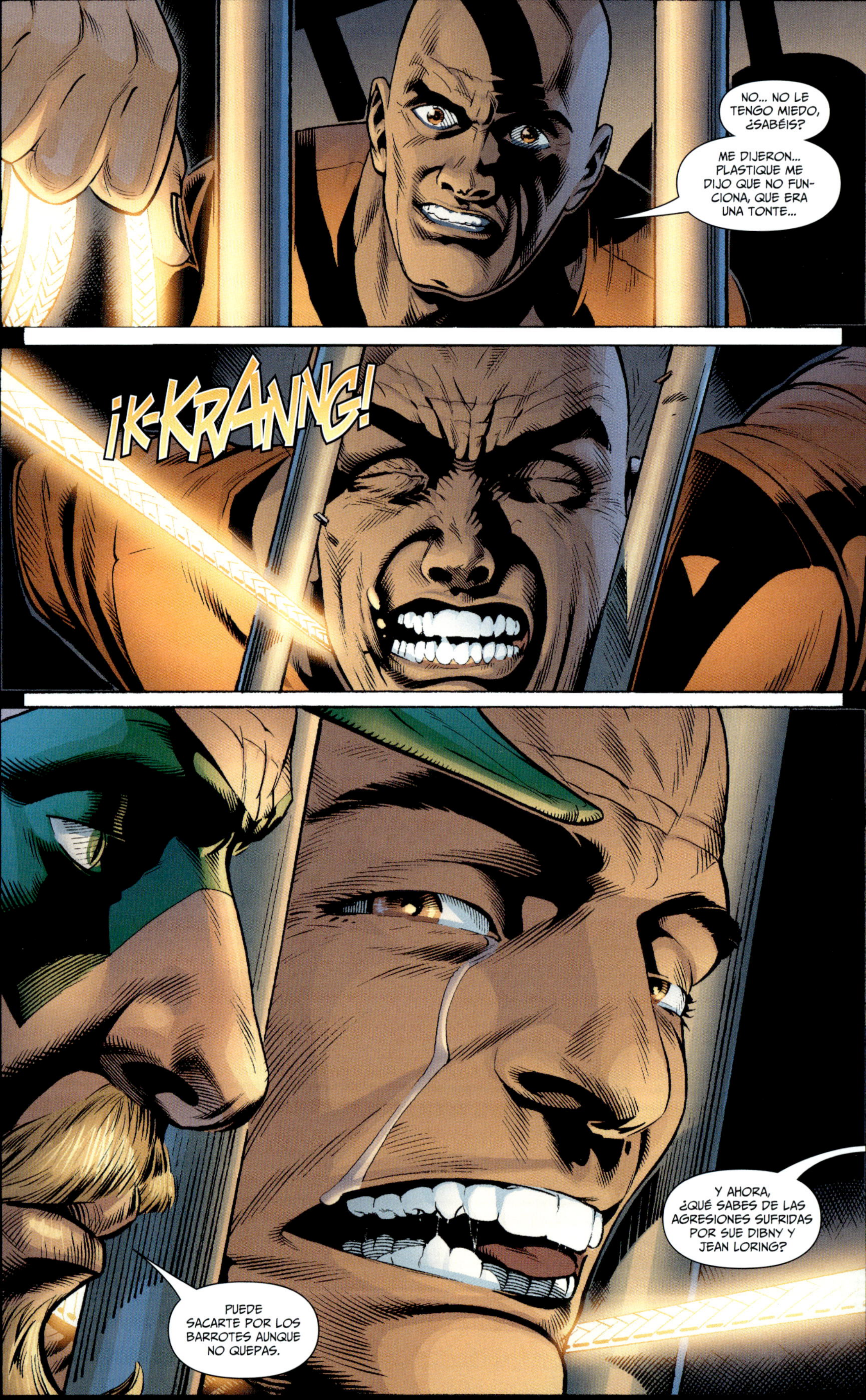
NO... NO LE TENGO MIEDO, ¿SABÉIS?
ME DIJERON... PLASTIQUE ME DIJO QUE NO FUNCIONA, QUE ERA UNA TONTE...
¡K-KRANNG!
PUEDE SACARTE POR LOS BARROTES AUNQUE NO QUEPAS.
Y AHORA, ¿QUÉ SABES DE LAS AGRESIONES SUFRIDAS POR SUE DIBNY Y JEAN LORING?

¿CÓMO QUE NO SABÍA NADA?
Ubicación: Smallville.
YA LO PUEDES BAJAR, HIJO.
LO HEMOS INTERROGADO DURANTE CASI UNA HORA, CLARK. TE ASEGURO QUE NO SE HA GUARDADO NADA.
PERO CUANDO HEMOS TERMINADO, OJALÁ SE LO HUBIERA GUARDADO.
EN CUANTO LA GENTE LLEVA PUESTO EL LAZO, PARECE QUE ESTÉ EN EL PSICÓLOGO.
¿Y EN QUÉ PUNTO NOS DEJA ESO?
¿ORÁCULO?
EL PRIMER ASESINATO PARECÍA QUE FUERA CULPA DEL DR. LUZ. EL SEGUNDO, DE SLIPKNOT.
LO ÚNICO QUE TIENEN EN COMÚN ESOS DOS ES HABER SIDO MIEMBROS DEL ESCUADRÓN SUICIDA, CON LO CUAL LO PODEMOS ACOTAR...
...A LA MITAD DE CHIFLADOS QUE HAY AHÍ FUERA.
NO SÉ YO.
¿NO PARECE DEMASIADO... SENCILLO?

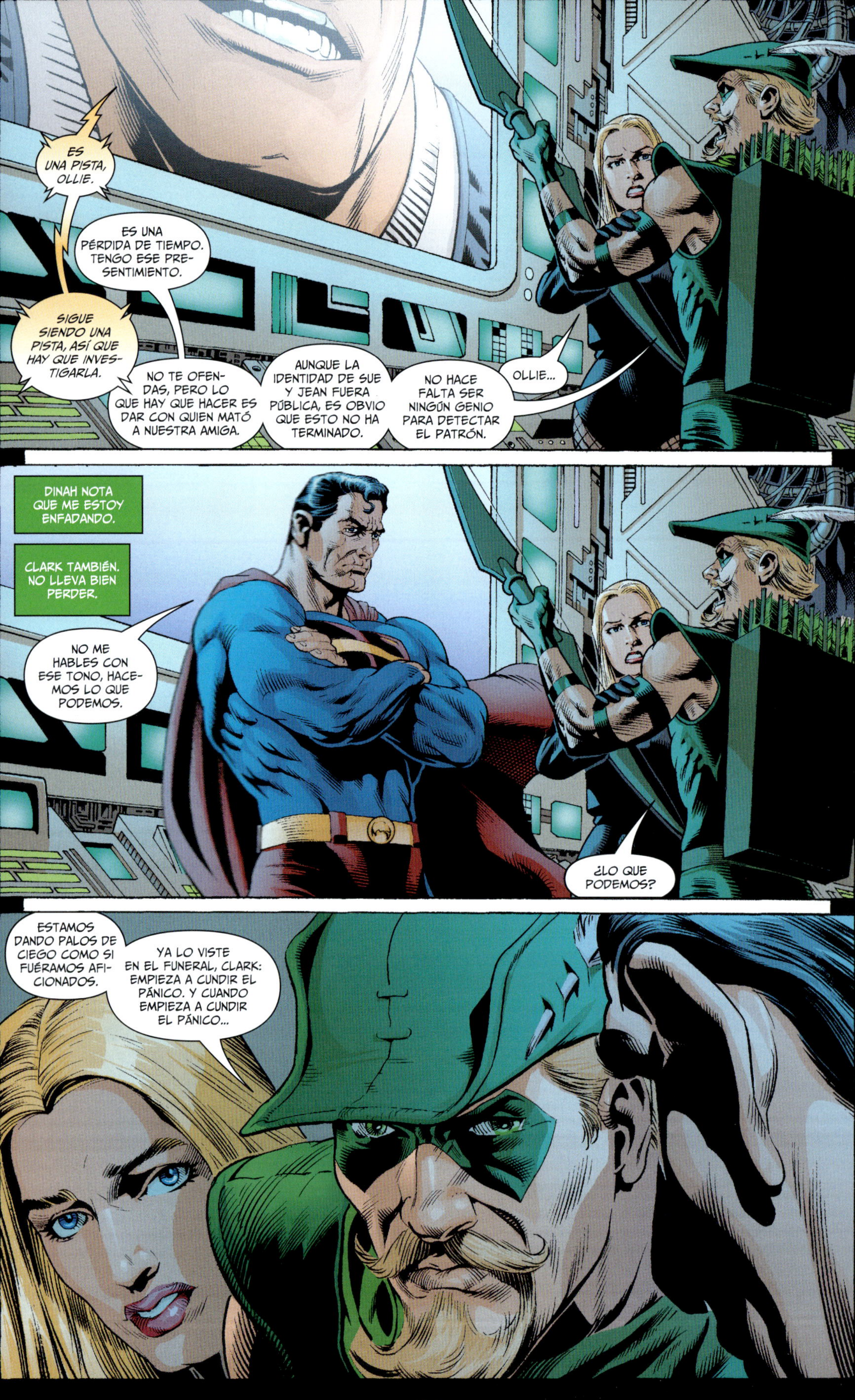
ES UNA PISTA, OLLIE.
ES UNA PÉRDIDA DE TIEMPO. TENGO ESE PRESENTIMIENTO.
SIGUE SIENDO UNA PISTA, ASÍ QUE HAY QUE INVESTIGARLA.
NO TE OFENDAS, PERO LO QUE HAY QUE HACER ES DAR CON QUIEN MATÓ A NUESTRA AMIGA.
AUNQUE LA IDENTIDAD DE SUE Y JEAN FUERA PÚBLICA, ES OBVIO QUE ESTO NO HA TERMINADO.
NO HACE FALTA SER NINGÚN GENIO PARA DETECTAR EL PATRÓN.
OLLIE...
DINAH NOTA QUE ME ESTOY ENFADANDO.
CLARK TAMBIÉN. NO LLEVA BIEN PERDER.
NO ME HABLES CON ESE TONO, HACEMOS LO QUE PODEMOS.
¿LO QUE PODEMOS?
ESTAMOS DANDO PALOS DE CIEGO COMO SI FUÉRAMOS AFICIONADOS.
YA LO VISTE EN EL FUNERAL, CLARK: EMPIEZA A CUNDIR EL PÁNICO. Y CUANDO EMPIEZA A CUNDIR EL PÁNICO...

"...TE ASEGURO QUE ES EL MOMENTO EN QUE EL OTRO BANDO EMPIEZA A TENER VENTAJA."
Merlyn y compañía.
Asesinos.
...UNA AGRESIÓN CONTRA JEAN LORING, LA SEGUNDA EN MENOS DE UNA SEMANA.
¿TENÉIS IDEA DE LO BIEN QUE LO ESTOY PASANDO?
PORQUE ERES IDIOTA.
LOS RUMORES DEL INTERIOR DE LA COMUNIDAD HEROICA INSISTEN EN QUE ESTÁN TOMANDO MEDIDAS...
¿VEIS? A ESO ME REFERÍA. ESTO NO HACE MÁS QUE COMPLICARNOS LA VIDA.
PERO GANAREMOS.

OYE, CAPULLO...
¿TE PARECE QUE ESTO ES BUENO? ES COMO SI LE HACES UN AGUJERO A UNA COLMENA. LO ÚNICO QUE CONSIGUES ES QUE ESTÉN TODOS CABREADOS.
POR CIERTO, TIRAS TÚ.
SACARÁ SEIS DOBLE. EL AMO DE LOS ESPEJOS CAPTURARÁ FRANCIA.
DICEN QUE WILDCAT LE HA ROTO EL BRAZO AL DR. FÓSFORO, QUE SE LE VEÍA LA FRACTURA Y TODO.
ESPERA A SABER QUÉ ME HA CONTADO EL DR. LUZ.
¿CÓMO QUE LE BORRARON LA MENTE?
YO SOLO DIGO LO QUE ME HA CONTADO LUZ.
NO CREO QUE PERDAMOS...
...PERO OS ASEGURO QUE, CON LA QUE ESTÁ CAYENDO...

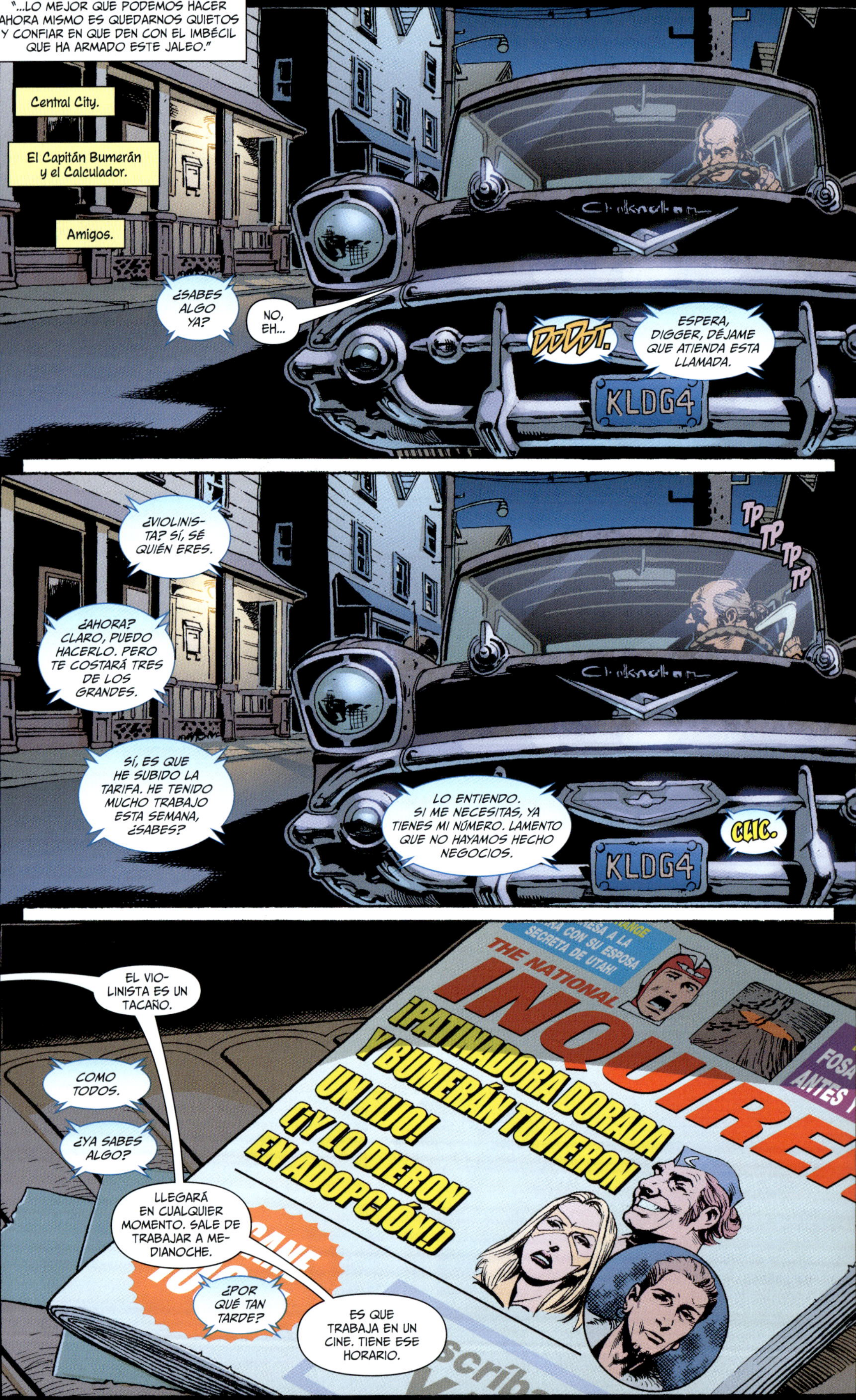
"...LO MEJOR QUE PODEMOS HACER AHORA MISMO ES QUEDARNOS QUIETOS Y CONFIAR EN QUE DEN CON EL IMBÉCIL QUE HA ARMADO ESTE JALEO."
Central City.
El Capitán Bumerán y el Calculador.
Amigos.
¿SABES ALGO YA?
NO, EH...
DDDDT.
ESPERA, DIGGER, DÉJAME QUE ATIENDA ESTA LLAMADA.
KLDG4
¿VIOLINISTA? SÍ, SÉ QUIÉN ERES.
TP TP TP TP
¿AHORA? CLARO, PUEDO HACERLO. PERO TE COSTARÁ TRES DE LOS GRANDES.
SÍ, ES QUE HE SUBIDO LA TARIFA. HE TENIDO MUCHO TRABAJO ESTA SEMANA, ¿SABES?
LO ENTIENDO. SI ME NECESITAS, YA TIENES MI NÚMERO. LAMENTO QUE NO HAYAMOS HECHO NEGOCIOS.
CLIC.
KLDG4
THE NATIONAL INQUIRER
¡PATINADORA DORADA Y BUMERÁN TUVIERON UN HIJO! (¡Y LO DIERON EN ADOPCIÓN!)
EL VIOLINISTA ES UN TACAÑO.
COMO TODOS.
¿YA SABES ALGO?
LLEGARÁ EN CUALQUIER MOMENTO. SALE DE TRABAJAR A MEDIANOCHE.
¿POR QUÉ TAN TARDE?
ES QUE TRABAJA EN UN CINE. TIENE ESE HORARIO.

YA VIENE.
QUE NO SE TE ESCAPE ESTA VEZ. ¡HABLA CON ÉL!
MIERDA...
ERES EL CAPITÁN BUMERÁN, ¿VERDAD?
AH... EH...
¿ERES...? ¿ERES MI PADRE?

¿CÓMO LO SABES?
ERES FAMOSO.
NO, QUE CÓMO SABES QUE SOY TU PADRE.
POR LA PRENSA DE COTILLEOS. LLEVAN TODA LA SEMANA SIGUIÉNDOME.
UNO INCLUSO ME LANZÓ UN BUMERÁN PARA SACARME UNA FOTO CON ÉL.
SE LO DEVOLVÍ Y LE REBANÉ EL LÓBULO DE UNA OREJA.
OYE, LAMENTO HABERTE ABANDONADO.
TRANQUILO. MI MADRE ES GUAY. O SEA, NO TANTO COMO... EN FIN... ESTO, PERO AUN ASÍ...
ENTONCES, ¿SE TE DAN BIEN LOS BUMERANES?
SUPONGO. TAMPOCO SE PUEDE HACER MUCHO CON ELLOS.
LA VERDAD ES QUE SE PUEDEN HACER MUCHAS COSAS.

"BASTA CON TENER UN BUEN MAESTRO."
Gotham City.
La cueva.
LA GENTE LO CONSIDERA UNA OBSESIÓN.
UNA COMPULSIÓN.
COMO SI TUVIERA EL IMPULSO IRRE-SISTIBLE DE ACTUAR.
NO HA SIDO EL ESCUADRÓN, ALFRED.
¿DISCULPE?

NUNCA HA SIDO ASÍ.
ESTA VIDA LA ELEGÍ YO.
SÉ LO QUE HAGO.
Y PUEDO DEJARLO EL DÍA QUE QUIERA.
PERO HOY NO SERÁ ESE DÍA.
NI MAÑANA TAMPOCO.
HA DICHO QUE VAN A INVESTIGAR A LOS MIEMBROS DEL ESCUADRÓN SUICIDA.
HA LLAMADO EL SR. KENT POR LOS CASOS DIBNY Y LORING.
EL ESCUADRÓN NO SE BENEFICIA. NO GANA NADA.

ES LA PRIMERA NORMA PARA RESOLVER UN CRIMEN.
SI QUIERES SABER QUIÉN LO HIZO, TIENES QUE AVERIGUAR QUIÉN SALE BENEFICIADO.
¿QUIÉN SE BENEFICIA?
ME... EH... ME ALEGRO DE RECUPERARTE.
¿QUIÉN SE BENEFICIA?
AL HABLA NOAH.
AH, HOLA, VIOLINISTA. SÍ, CLARO QUE AÚN ESTOY DISPONIBLE.
¿3.000 TE PARECE BIEN? ME ALEGRO DE OÍRLO.
NO, NO HACE FALTA QUE TE DISCULPES. PARA ESO ESTAMOS.
TÚ DIME QUÉ NECESITAS.

¿QUIÉN SE BENEFICIA?
SR. DIBNY, SOY STEWART CARL, DE SEGUROS BEHNKE.
SÉ QUE NO DEBE DE SER BUEN MOMENTO, PERO TRAS LA DEFUNCIÓN DE SU ESPOSA... EN FIN, SU FAMILIA TENÍA UNA PÓLIZA DE SEGUROS CONSIDERABLE.
¿QUIÉN SE BENEFICIA?
MERLYN, SOY YO. ¿QUIERES GANAR TRES DE LOS GRANDES RÁPIDAMENTE?
¿QUIÉN SE BENEFICIA?
BRUCE, SOY TIM. OYE, SÉ QUE QUERÍAS QUE SALIERA A PATRULLAR ESTA NOCHE, PERO ES QUE... ME ENCUENTRO MAL. LO SIENTO.
LLÁMAME LUEGO.
NO TENÍAS POR QUÉ HACER ESO, TIM.
TRANQUILO. NO TIENE NADA DE MALO QUE DIGA QUE ESTOY ENFERMO...
...SOBRE TODO SI ASÍ PUEDO PASAR UN POCO DE TIEMPO CON MI PADRE.
NEWSTIME

Ollie y Hal.
Mejores amigos.
ODIO LOS CEMENTERIOS.
Y SOBRE TODO, ODIO ESTE CE-MENTERIO.
PERO SI QUIERES PONERTE EN CONTACTO CON UN MUERTO, NO HAY FORMA MEJOR...
HAL JORDAN
SIEMPRE SERÁ EL MEJOR
...QUE ESTANDO DELANTE DE SU TUMBA.
¿QUÉ QUIERES, OLIVER?
YA ESTÁ CABREADO.
Y YO LO VOY A EMPEORAR.

HAY FORMAS MÁS SENCILLAS DE CONTACTAR CONMIGO.
¿CÓMO? NO ES QUE LLEVES UN RELOJ DE SEÑALES O ALGO ASÍ.
POR CIERTO, TE PODRÍAS QUITAR EL DISFRAZ. ME PONE LOS PELOS DE PUNTA.
¿MEJOR?
AH, LA CAZADORA.
¿TIENES IDEA DEL ESTILO TAN DESFASADO QUE TIENES?
¿TÚ ME LLAMAS DESFASADO A MÍ?
TE ECHABA MUCHO DE MENOS, COLEGA.

¿Y A QUÉ DEBO LA VISITA?
SUE ESTÁ MUERTA, Y HAN ATACADO A JEAN.
SABES QUIÉN HA SIDO, ¿NO?
NO LO PUEDO DECIR.
PERO LO SABES, ¿VERDAD? SABES QUIÉN LA MATÓ.
OLLIE, POR FAVOR...
¡ERES EL ESPECTRO, HAL! ¡SE SUPONE QUE CASTIGAS A LOS CULPABLES!
¿SER EL ESPÍRITU DE LA VENGANZA NO CONSISTE EN ESO?
NO LO ENTIENDES. RESPONDO ANTE UN PODER SUPERIOR.
¡ME IMPORTA UN BLEDO PARA QUIÉN TRABAJES!
¡NUESTRA AMIGA ESTÁ MUERTA! ¡LA MATARON, LE ABRASARON MEDIA CARA Y LA DEJARON TIRADA COMO UN FELPUDO!
¡TÚ SABES QUIÉNES FUERON! ¿¡POR QUÉ NO LOS CASTIGAS!?

DECIDIR-LO NO ES COSA MÍA.
¿QUÉ?
SE ASESINA A GENTE TODOS LOS DÍAS, OLLIE.
PERO YO NO CASTIGO A TODOS LOS HOMICIDAS NI ASFIXIO A TODOS LOS ASESINOS DE NIÑOS.
AUNQUE QUISIERA, ESTO NO FUNCIONA ASÍ.
TE JURO QUE NO DECIDO YO.
¿ME PUEDES DECIR QUIÉN FUE, POR LO MENOS?
SABES QUE NO PUEDO. LO SIENTO, OLLIE. DE VERDAD.
A JUZGAR POR EL DOLOR DE SU VOZ, ES LA PRIMERA VEZ QUE HABLA HAL EN VEZ DEL ESPECTRO.
OLLIE, HAZME UN FAVOR.
CUANDO LOS ENCUENTRES, QUE PAGUEN.
LLEVO TODA LA SEMANA AFILANDO FLECHAS.

BUENO, ¿Y CUÁNDO PIENSAS VOLVER?
NO TE ENTIENDO.
SÍ ME HAS ENTENDIDO. LLEVAMOS EN ESTO DEMASIADO TIEMPO.
¿CUÁNDO PIENSAS VOLVER DE VERDAD?
ESTOY EN ELLO.

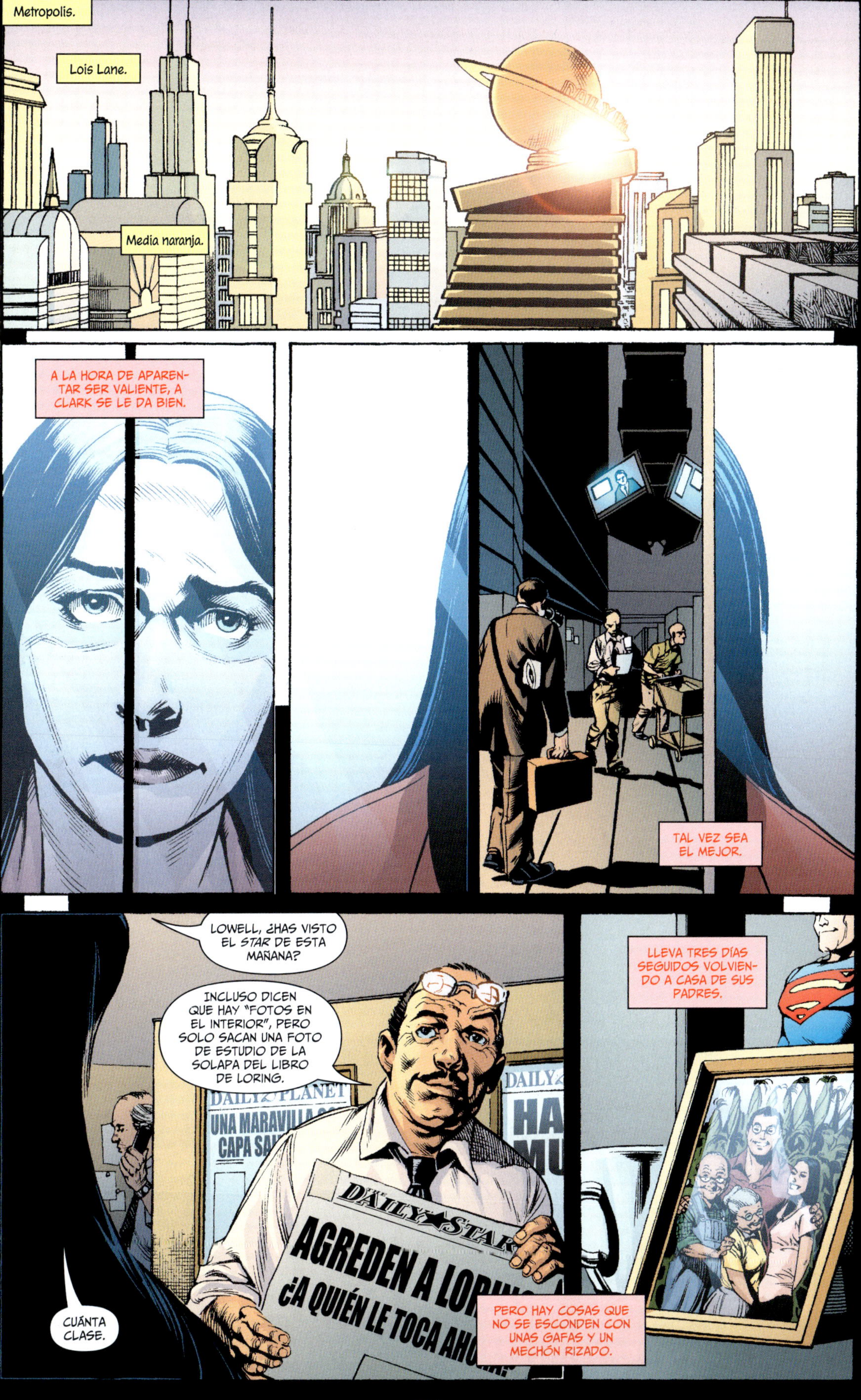
Metropolis.
Lois Lane.
Media naranja.
A LA HORA DE APARENTAR SER VALIENTE, A CLARK SE LE DA BIEN.
TAL VEZ SEA EL MEJOR.
LOWELL, ¿HAS VISTO EL STAR DE ESTA MAÑANA?
INCLUSO DICEN QUE HAY "FOTOS EN EL INTERIOR", PERO SOLO SACAN UNA FOTO DE ESTUDIO DE LA SOLAPA DEL LIBRO DE LORING.
LLEVA TRES DÍAS SEGUIDOS VOLVIENDO A CASA DE SUS PADRES.
DAILY STAR
AGREDEN A LORING
¿A QUIÉN LE TOCA AHORA?
CUÁNTA CLASE.
PERO HAY COSAS QUE NO SE ESCONDEN CON UNAS GAFAS Y UN MECHÓN RIZADO.

PARTE CUATRO

¿QUIÉN SE BENEFICIA?

GUION BRAD MELTZER DIBUJO RAGS MORALES
TINTA MICHAEL BAIR COLOR ALEX SINCLAIR

EL CENTRO DE LOS ÁNGELES. AHORA.
¡¡AAAAAHHHH!!
UN NIÑO INOCENTE ESTÁ LUCHANDO POR SU VIDA...
SOMBRAS OSCURAS
MARC ANDREYKO - GUION
JESÚS SAIZ - DIBUJO
JIMMY PALMIOTTI - TINTA
STEVE BUCCELLATO - COLOR
HARVEY RICHARDS - EDITOR ADJUNTO
JOAN HILTY - EDITORA

MIERDA, RAMSEY...
...Y ES POR MI CULPA.
¿VES? TE DIJE QUE ERA...
¿...ELLA?
¡YO TAMPOCO PUEDO CREERLO! PERO AHÍ LA TIENES, ANTE NUESTROS OJOS... ¿COPPERHEAD CAYÓ A MANOS DE UNA MUJER?
¿EH?
¡NO DES UN PASO MÁS! "LADRÓN-SOMBRA"... ¿VERDAD?
BIEN, AL MENOS SABES CÓMO SE LLAMA EL HOMBRE QUE TE MATARÁ.
PIÉR-DETE.
KRACKSHHHFIZZZZ

SAL, LADRÓN. NECESITO DESCARGAR UN POCO DE TENSIÓN...
¡...Y UN FANTOCHE CON MALLAS ES UN BUEN COMIENZO!
¿VES? TIENE MIEDO DE LA NUEVA Y PODEROSA MANHUNT...
TAP TAP
¡BUU!
THWAK
¡UHHNN...!
LA ARROGANCIA MATÓ AL GATO, KATE.
¿CÓMO LO HIZO?
¿ESTA GUARRILLA PUSILÁNIME MATÓ A NUESTRO AMIGO?
...NNNNNNNNN...

OCHO HORAS ANTES.
SE PONDRÁ BIEN, ¿VERDAD? ¿VERDAD!?
¿QUÉ LE HA PASADO, SEÑORA?
HUBO UNA... HUBO UNA E-EXPLOSIÓN Y... CREO QUE FUE... EL HORNO... EL GAS NATURAL Y...
VALE. CÁLMESE. YA FALTA POCO PARA EL HOSPITAL.
¿CUÁL ES LA SITUACIÓN?
VARÓN, SEIS AÑOS, TRAUMATISMO GRAVE EN UNA EXPLOSIÓN. P.A. 60 SOBRE 80 Y BAJANDO. POSIBLE HEMORRAGIA INTERNA Y...
KATE SPENCER. ESE ES MI HIJO RAMSEY. P-POR FAVOR... AYÚDENLE.
HAREMOS QUE LE MIREN ESOS CORTES EN LA CARA... SEÑORITA...

¿HOLA? SÍ, SOY DELANEY. ¿CONOCES A ESA TAL SPENCER, LA ABOGADA FEDERAL? SÍ, LA BORDE DE COURT TV. HA VENIDO CON SU HIJO. ALGO DE UNA EXPLOSIÓN.
AJÁ. SÍ. Y RECUERDA, SOLO ADMITO EFECTIVO.
CIELO, MAMÁ LO SIENTE... POR FAVOR...
...PONTE BUENO.
¿ENFERMERA?
¿SÍ?
NECESITO UN TELÉFONO. UNO PRIVADO. T-TENGO QUE LLAMAR A MI EX... SU PADRE.
CLARO, SEÑORA. POR AQUÍ.

¡PTOO!
NADA COMO EL SABOR DE TU PROPIA SANGRE PARA CABREARTE DE LO LINDO.
¿ASÍ QUE QUIERES JUGAR AL ESCONDITE, PAYASO?
¡CLARO! NOS ENCANTA ESE JUEGO, ¿VERDAD!?
URRK...
SI ME PEGAS UNA VEZ, LA CULPA ES TUYA...
...SI ME PEGAS DOS, ¡ES MÍA!
CLANG
¡UUUFF!
AÚN ME CUESTA INVENTAR COMENTARIOS INGENIOSOS SOBRE LA MARCHA. TAL VEZ DEBERÍA IR A CLASES DE IMPROVISACIÓN.

OH, NO, NI HABLAR. ESTA VEZ NO...
SHLOORP
THOOOMMM
BUF. EL TÍO ES RÁPIDO.
¡¡¡AAAARRRHHHH!!!
AY, CIELOS. SIN SOMBRA QUE NOS COBIJE. ¿QUÉ HAREMOS? ¡TEN PIEDAD, OH TEMIBLE VALQUIRIA!
O NO.
THWIP
THWIP

¿ES TO-
DO LO QUE
TIENES?
NECESITO
UN RESPIRO.
Y PRONTO.
NI MUCHO
MENOS.
SHUP
TOK
¡JODER!

K-CHAK
¡UFF!
THUD
HUY. HA DEBIDO DE DOLER. HA SONADO A COSTILLAS ROTAS.
¿AÚN QUIERES JUGAR CON NOSOTROS?

ESTO VA A SER DIVERTIDO.
¿QUÉ DIABLOS HA PASADO? ¿DÓNDE ESTÁ RAMSEY!?
ESTÁ DENTRO, PETER...
¿¿¡QUÉ LE HA PASADO A MI HIJO!??
¿"TU HIJO"? OYE, NO ME VENGAS CON E...
SRTA. SPENCER, ¿ALGUNA DECLARACIÓN SOBRE EL ACCIDENTE? ¿PUEDE...?
LÁRGATE DE MI VISTA O TE METERÉ ESA GRABADORA POR EL...
¿EL SR. Y LA SRA. ROBINSON?
EL SR. ROBINSON Y LA SRTA. SPENCER.
SÍ, VALE, COMO SEA. SÍGANME.

MI... ¿NUESTRO HIJO SE PONDRÁ BIEN?
RAMSEY HA SUFRIDO UN TRAUMATISMO GRAVE.
¿QUÉ SIGNIFICA ESO?
SIGNIFICA QUE ESTÁ EXPERIMENTANDO UNA INFLAMACIÓN CEREBRAL AGUDA. LOS FÁRMACOS QUE LE ADMINISTRAMOS NO LA FRENARON, ASÍ QUE FUE PRECISA UNA CIRUGÍA CEREBRAL PARA ALIVIAR LA PRESIÓN EN EL CRÁNEO.
DIOS MÍO...
¿Y LAS DEMÁS LESIONES?
TIENE VARIAS COSTILLAS ROTAS Y EL PULMÓN IZQUIERDO COLAPSADO.

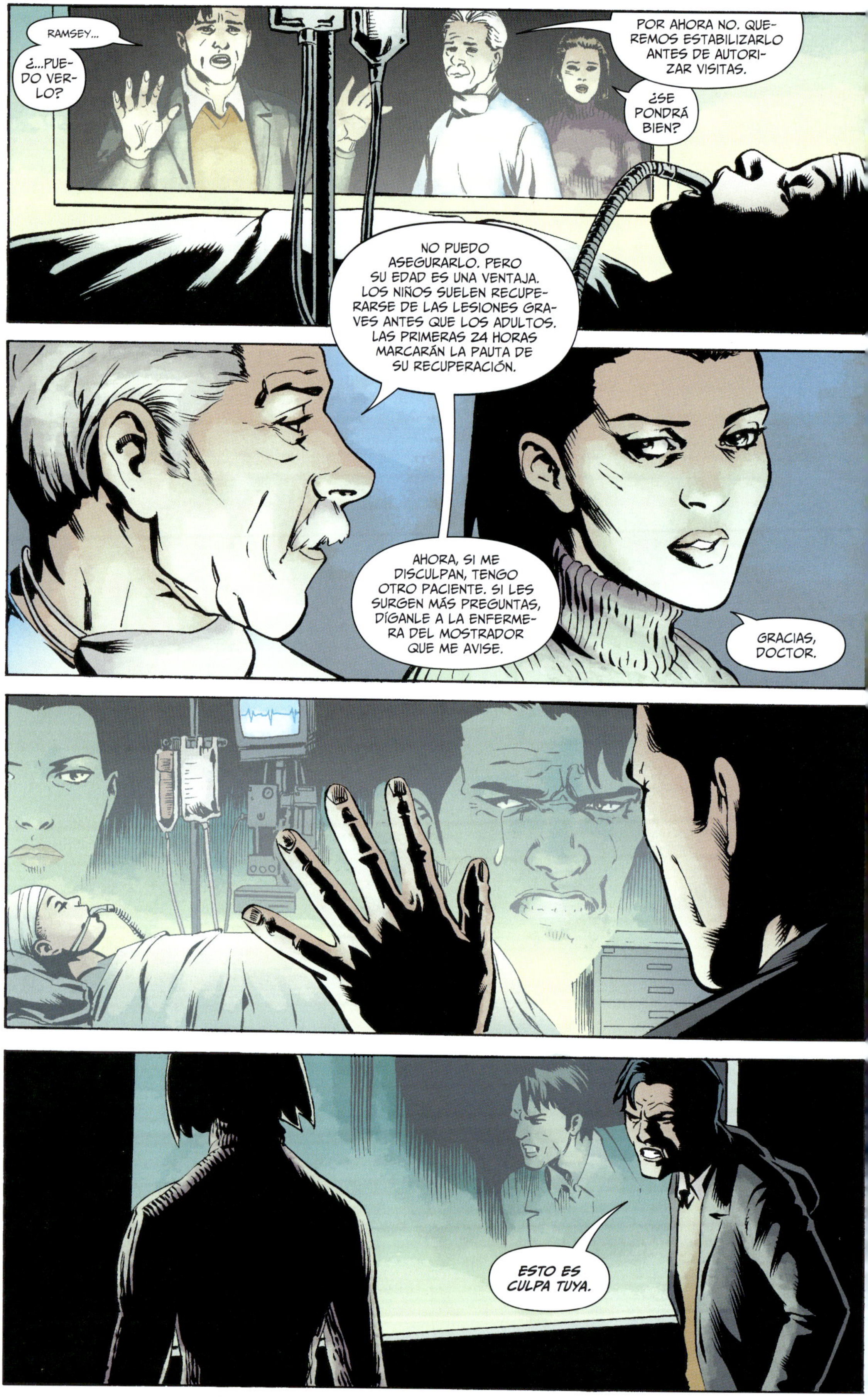
RAMSEY...
¿...PUEDO VERLO?
POR AHORA NO. QUEREMOS ESTABILIZARLO ANTES DE AUTORIZAR VISITAS.
¿SE PONDRÁ BIEN?
NO PUEDO ASEGURARLO. PERO SU EDAD ES UNA VENTAJA. LOS NIÑOS SUELEN RECUPERARSE DE LAS LESIONES GRAVES ANTES QUE LOS ADULTOS. LAS PRIMERAS 24 HORAS MARCARÁN LA PAUTA DE SU RECUPERACIÓN.
AHORA, SI ME DISCULPAN, TENGO OTRO PACIENTE. SI LES SURGEN MÁS PREGUNTAS, DÍGANLE A LA ENFERMERA DEL MOSTRADOR QUE ME AVISE.
GRACIAS, DOCTOR.
ESTO ES CULPA TUYA.

¡NO ME DES LA ESPALDA, KATE!
¿LO VES?
SÍ. ALGO HUELE A PODRIDO EN DINAMARCA.
BUEN SO-PLO, ENFERMERA DELANEY.
AL MENOS ALGUIEN ME APRECIA, ¿EH?
LA TIMES
ENCUESTA SOBRE EL ASESINATO DE COPPERHEAD
A FAVOR
EN CONTRA
68%
30%

¿QUÉ DEBERÍAMOS HACER CON ELLA? HMMM... ¡AH! ¡QUÉ BUENA IDEA! ¡TIENES UNA MENTE MUY RETORCIDA!
¡CHIFLADO DE MIERDA!
¡ESA LENGUA!
¡LO SÉ!
¡UNA DAMA NO DEBERÍA ENSUCIARSE LA BOCA CON ESAS PALABROTAS!
¡HAS SIDO MALA!
¡BIEN JUGADO, KATE! CABRÉALO MIENTRAS CUELGAS DE UNA CORNISA. ¿POR QUÉ NO?
ESTE CERDITO FUE AL MERCADO...
Y ENCIMA ES UN SÁDICO. ¡QUÉ SORPRESA!

ESTE CERDITO SE QUEDÓ EN CASA... A ESTE CERDITO LE GUSTABA LA CARNE ASADA...
????
WHOMP WHOMP WHOMP WHOMP
NO AGUANTARÉ MUCHO MÁS.
WHOMP WHOMP WHOMP WHOMP
¡¡NO!!
¡TE PILLÉ!

OH, NO. ¿EL FOCO DE ESE HELICÓPTERO VA A...?
WHOMP WHOMP WHOMP WHOMP
¡¡AAAAAHHH!!
SHLOORP
ME LO TEMÍA.

AAAAAGGHHHHH!
TRAE...
...ACÁ...
...MI...
¡¡¡...MANO!!!

SMASH
ZZZT
ZZZT
ZZZT
ZZZT
ZZZT
ZZZT
¿ESTÁS MUERTA?
POR TU BIEN, ¡MÁS VALE QUE ASÍ SEA!
¿QUÉ VAMOS A HACER? ¿PODEMOS ARREGLARLO? ¿PODEMOS...? ¡NO TE RÍAS DE MÍ!

TIENES RAZÓN, PODRÍA SER UNA TRAMPA... ¡ESTÁ USANDO MI APÉNDICE MUTILADO COMO CEBO! ¡ES TAN PERVERSO QUE CASI MERECERÍA MI RESPETO!
¡SI ESTÁ ROTA, ME QUEDARÉ UNA DE LAS TUYAS, MANHUNTER!
¿QUÉ? ¿QUIERES QUE HAGA ESO...? SÍ, LA OSCURIDAD ES FRESCA Y SUAVE... ¡¡ME ESTOY CONCENTRANDO!!
SSSL...OOOP
HMM. VAYA, ESTO SÍ QUE ES UNA SORPRESA.
LO SÉ. LOS DEMÁS NOS ESPERAN. ¡VALE! ¡ME VOY!

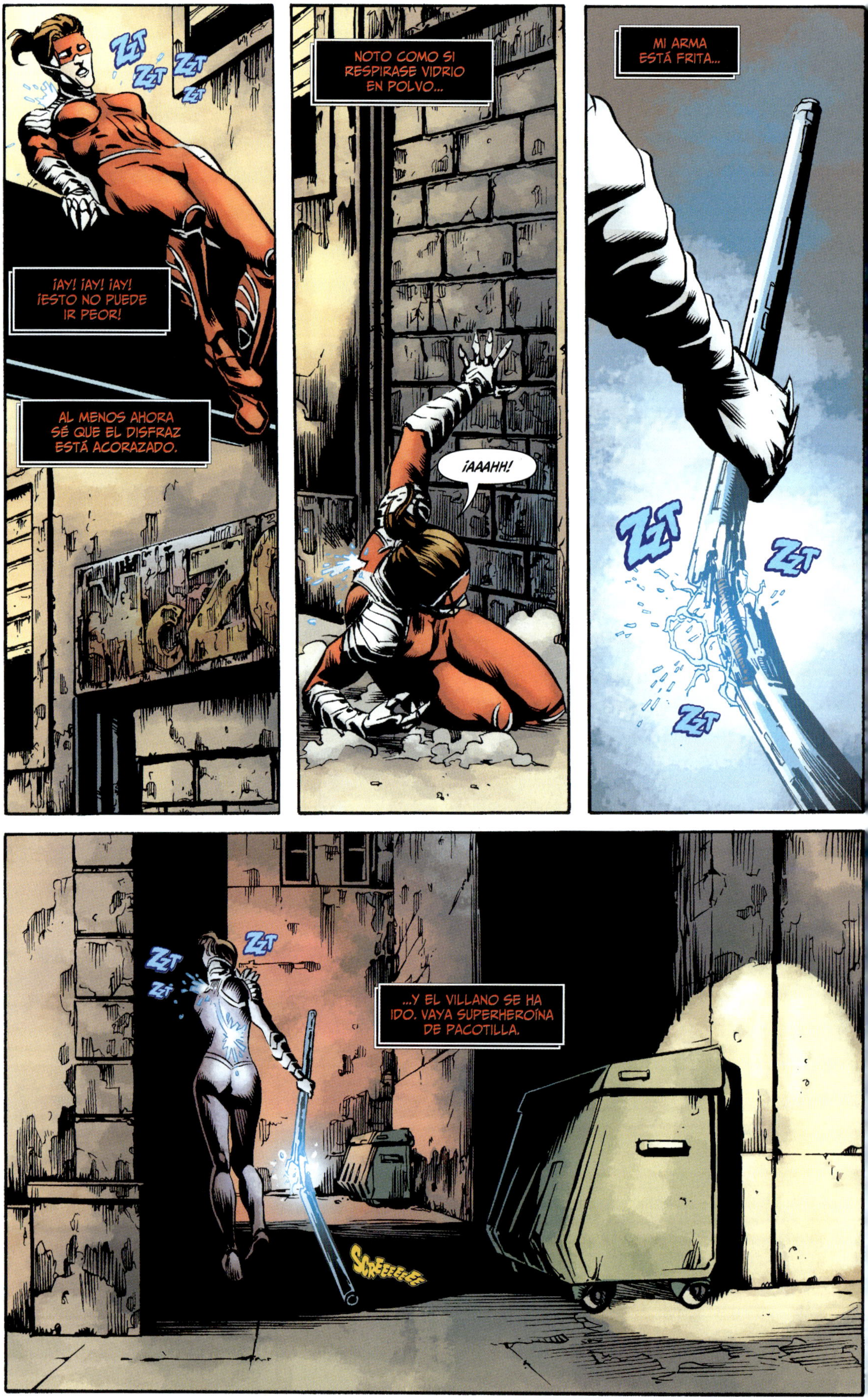
ZZT
ZZT
ZZT
ZZT
¡AY! ¡AY! ¡AY! ¡ESTO NO PUEDE IR PEOR!
AL MENOS AHORA SÉ QUE EL DISFRAZ ESTÁ ACORAZADO.
NOTO COMO SI RESPIRASE VIDRIO EN POLVO...
¡AAAHH!
MI ARMA ESTÁ FRITA...
ZZT
ZZT
ZZT
ZZT
ZZT
ZZT
...Y EL VILLANO SE HA IDO. VAYA SUPERHEROÍNA DE PACOTILLA.
SCREEEEEEE

¿ESTO ES LO QUE DE VERDAD QUERÍAS, KATE?
¿UN MATRIMONIO DESCARRILADO, UN HIJO AL QUE NO SABES CUIDAR...?
¿...UN TRABAJO QUE RIGE TU VIDA?

LO ÚNICO QUE SÉ ES QUE TENGO QUE HACER ESTO. ES LO CORRECTO. (¿ESO ME CONVIERTE EN UNA CHIFLADA?)
SÉ LO QUE TENGO QUE HACER. DEJAR ATRÁS LO PERSONAL. LAS DEBILIDADES. (ESO Y REPETIRTE QUE ES POR SU SEGURIDAD. QUE NO TE AFECTA EN ABSOLUTO, ¿VERDAD?)
PERO VOY A NECESITAR AYUDA.
Y SÉ A QUIÉN TENGO QUE ACUDIR.

El SECRETO DE BARRY ALLEN
SEGUNDA PARTE
LOS REHABILITADOS
GEOFF JOHNS- guion HOWARD PORTER- dibujo LIVESAY- tinta
JAMES SINCLAIR- color MICHAEL SIGLAIN- editor adjunto JOEY CAVALIERI- editor
KEYSTONE CITY.
Querido Wally..
Voy a pedirte algo que marcará este día en el calendario como uno de los más difíciles de tu vida.
Para mí, ya lo es...

...Por el mero hecho de tener que escribirlo.
Me han ABSUELTO del asesinato del Profesor Zoom. Supongo que soy inocente desde el punto de vista legal. No pretendía matarlo, Wally, pero no me quedó otro remedio. Espero que, a pesar de tu testimonio, llegues a comprenderlo con el tiempo.
Otras veces SÍ he tenido elección, y en una ocasión no solo tomé la decisión EQUIVOCADA, sino también la PEOR. Lo he mantenido en secreto hasta ahora, como todos los demás. Se trataba de mis amigos y, como policía, estoy acostumbrado a hacerlo. Se me da muy bien el SILENCIO CÓMPLICE.
Estoy a punto de partir. Iré a buscar a Iris y a huir del PASADO. Tu tía... bueno, estoy seguro de que todo se habrá aclarado para cuando leas esto.
Cuando te acogí como pupilo, recuerdo que me dijiste: "No quiero decepcionarte nunca, tío Barry".
Lo cierto es que yo también temía defraudarte.
Siempre nos has admirado a Iris y a mí. Sé que nunca fuiste feliz en casa y que no estabas muy unido a tus padres. También que el día que el relámpago te alcanzó en el laboratorio fue el momento más importante de tu vida y, en muchos aspectos, de la mía.
LIGA DE LA JUSTICIA DE AMÉRICA
Porque eres mi sobrino, Wally, pero te he querido como a un HIJO.
Y espero que lo que vas a leer a continuación no cambie la imagen que tienes de MÍ.

Todo comenzó cuando revelaron nuestras identidades, y terminó con el DOCTOR LUZ.
Hawkman dijo que teníamos que cambiar su actitud "PARA BIEN".
Zatanna nos ayudó a penetrar en su mente, pero sucedió algo inesperado, algo que probablemente también le ocurrió al resto. Green Arrow dijo que lo habíamos vuelto "inofensivo"... yo siempre pensé que la palabra más adecuada era "incapaz".
Ray justificó nuestras acciones. Dijo que era por el bien de la humanidad.
Yo me autoconvencí gracias a Iris: me dije a mí mismo que lo hacía por ELLA.
Unos meses antes de que decidiéramos lobotomizar con magia al Doctor Luz, yo estaba convencido de que habían ASESINADO a Iris. De que la única mujer de mi vida a la que amaba más que a la velocidad, la que se comportó como una segunda MADRE contigo, había muerto.
Decidí repetir con otra persona lo que le habíamos hecho a Luz, pero llevándolo al siguiente nivel.
Creí que sería para bien.
Pero ya conoces el refrán: el Infierno está lleno de buenas intenciones.

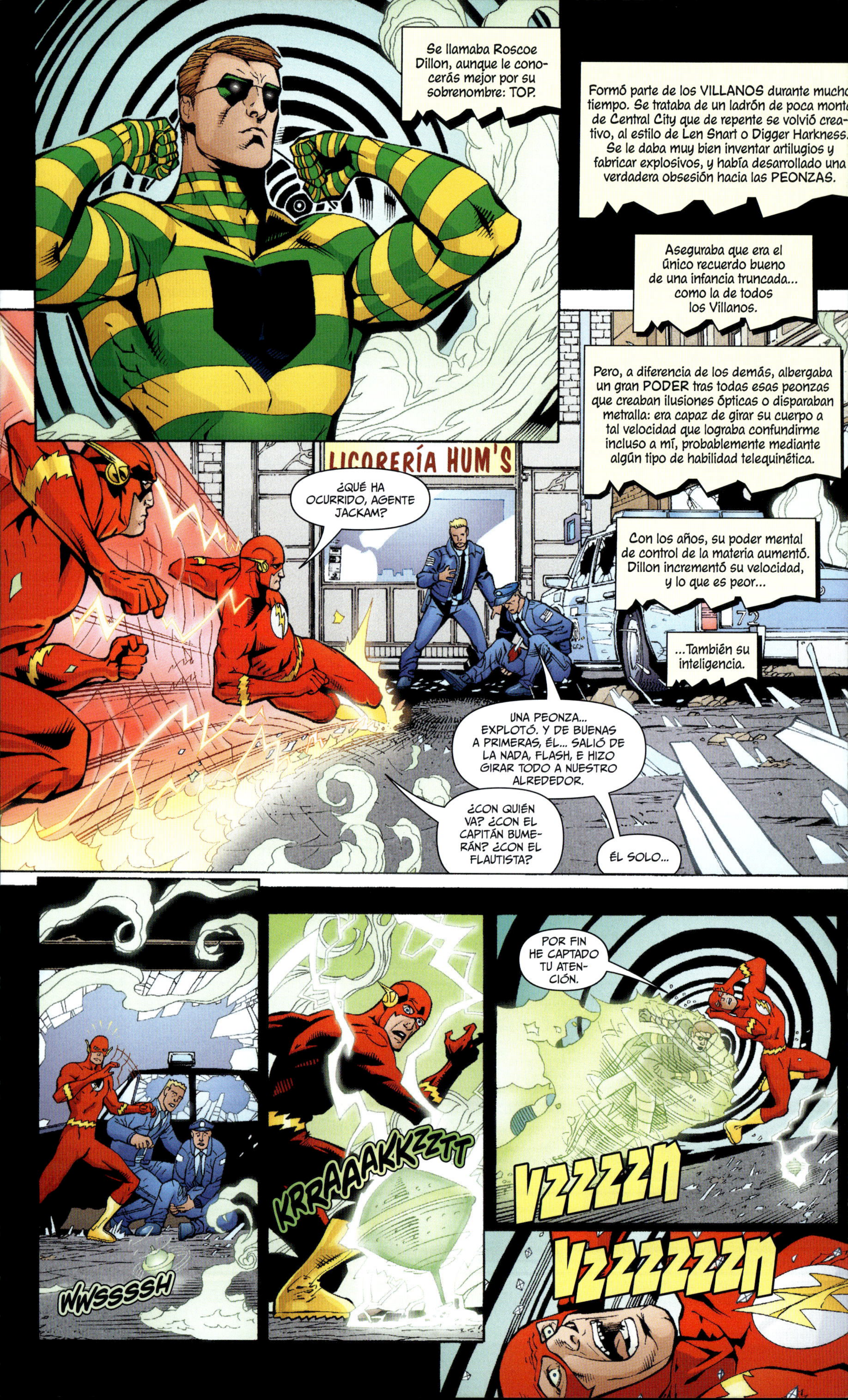
Se llamaba Roscoe Dillon, aunque le conocerás mejor por su sobrenombre: TOP.
Formó parte de los VILLANOS durante mucho tiempo. Se trataba de un ladrón de poca monta de Central City que de repente se volvió creativo, al estilo de Len Snart o Digger Harkness. Se le daba muy bien inventar artilugios y fabricar explosivos, y había desarrollado una verdadera obsesión hacia las PEONZAS.
Aseguraba que era el único recuerdo bueno de una infancia truncada... como la de todos los Villanos.
Pero, a diferencia de los demás, albergaba un gran PODER tras todas esas peonzas que creaban ilusiones ópticas o disparaban metralla: era capaz de girar su cuerpo a tal velocidad que lograba confundirme incluso a mí, probablemente mediante algún tipo de habilidad telequinética.
LICORERÍA HUM'S
¿QUÉ HA OCURRIDO, AGENTE JACKAM?
Con los años, su poder mental de control de la materia aumentó. Dillon incrementó su velocidad, y lo que es peor...
...También su inteligencia.
UNA PEONZA... EXPLOTÓ. Y DE BUENAS A PRIMERAS, ÉL... SALIÓ DE LA NADA, FLASH, E HIZO GIRAR TODO A NUESTRO ALREDEDOR.
¿CON QUIÉN VA? ¿CON EL CAPITÁN BUMERÁN? ¿CON EL FLAUTISTA?
ÉL SOLO...
WWSSSSH
KRRAAAKKZZTT
POR FIN HE CAPTADO TU ATENCIÓN.
VZZZZN
VZZZZZZN

T-T-TOP.
¿QUIERES SABER POR QUÉ ME DEDICO A ESTO? NO ME IMPORTAN LOS DIAMANTES, AUNQUE ME ENCANTA DECORAR MIS PEONZAS.
TAMPOCO PRETENDO ACAPARAR LOS TITULARES DE LAS NOTICIAS, ESO SE LO DEJO AL CAPITÁN FRÍO Y A OLA DE CALOR PARA QUE IMPRESIONEN A LAS MUJERES.
SE TRATA DE LA EMOCIÓN.
LA EMOCIÓN DE VER GIRAR EL MUNDO Y DE PONERLO DEL REVÉS.
DE ARRASTRAR TU PSIQUE AL BARRO Y A LA SUCIEDAD EN LA QUE SE REVUELCAN LAS NUESTRAS. YA VEREMOS ENTONCES QUÉ CLASE DE HÉROE ERES, FLASH. YA LO VEREMOS...
Durante meses, logró huir. Más de 11 agentes de policía perdieron la vida intentando capturarlo, y a mí me faltó poco.
Su diversión solo se detuvo porque ENFERMÓ. Culpó a la conexión de sus poderes mentales con mis vibraciones de supervelocidad de haberle provocado una especie de tumor cerebral de superpoderes.
Murió semanas después.
Nunca le pudieron practicar la autopsia porque los Villanos robaron el cuerpo. Dios sabe lo que hicieron con él.
En teoría, ahí terminó la carrera de Top.
Después de aquello, la vida no me iba bien.
JOEY
JOYERÍA KEYSTONE
Me iba DE MARAVILLA. Iris y yo comenzamos a pasar más tiempo juntos.
Incluso pensamos en celebrar una segunda luna de miel.
Nunca tuvimos la oportunidad. El Profesor Zoom la asesinó un mes después.
Iris Allen
Di de lado a todos mis amigos, enterré mi mente en el laboratorio forense y escondí mi rostro tras el traje escarlata.
La máscara ya no significaba NADA para mí.
Nada.

Sin embargo, poco después se produjo un giro dramático en los acontecimientos. Mis padres sufrieron un accidente de coche y estuvieron a punto de morir.
Desde el incidente, mi padre se comportaba de forma muy extraña. Sus ojos... notaba algo DISTINTO en ellos.
Cuando SU corazón se detuvo, algo se adueñó de su cuerpo.
La mente de Roscoe Dillon era tan poderosa que había sobrevivido a la mismísima muerte.
Se pasó años vigilándome, siguiendo todos mis movimientos. Sabía mi nombre, mi lugar de trabajo, conocía mi domicilio...
...Y a mi familia.
Descubrió todos los detalles sobre mi vida privada.
Y cuando llegó el momento oportuno, cuando el corazón de mi padre se detuvo durante 30 SEGUNDOS en aquel accidente, la mente de Dillon se apoderó de su cuerpo.
Top atormentó a mi madre durante semanas, se asoció con su antigua novia, la Patinadora Dorada, y finalmente me reveló quién era.
Encontré a mi padre vestido con su traje de rayas verdes y amarillas... una visión tan ridícula como terrorífica.
Conseguí exorcizar el espíritu de Top y salvar a mi padre.
Pero la cosa no terminó ahí.

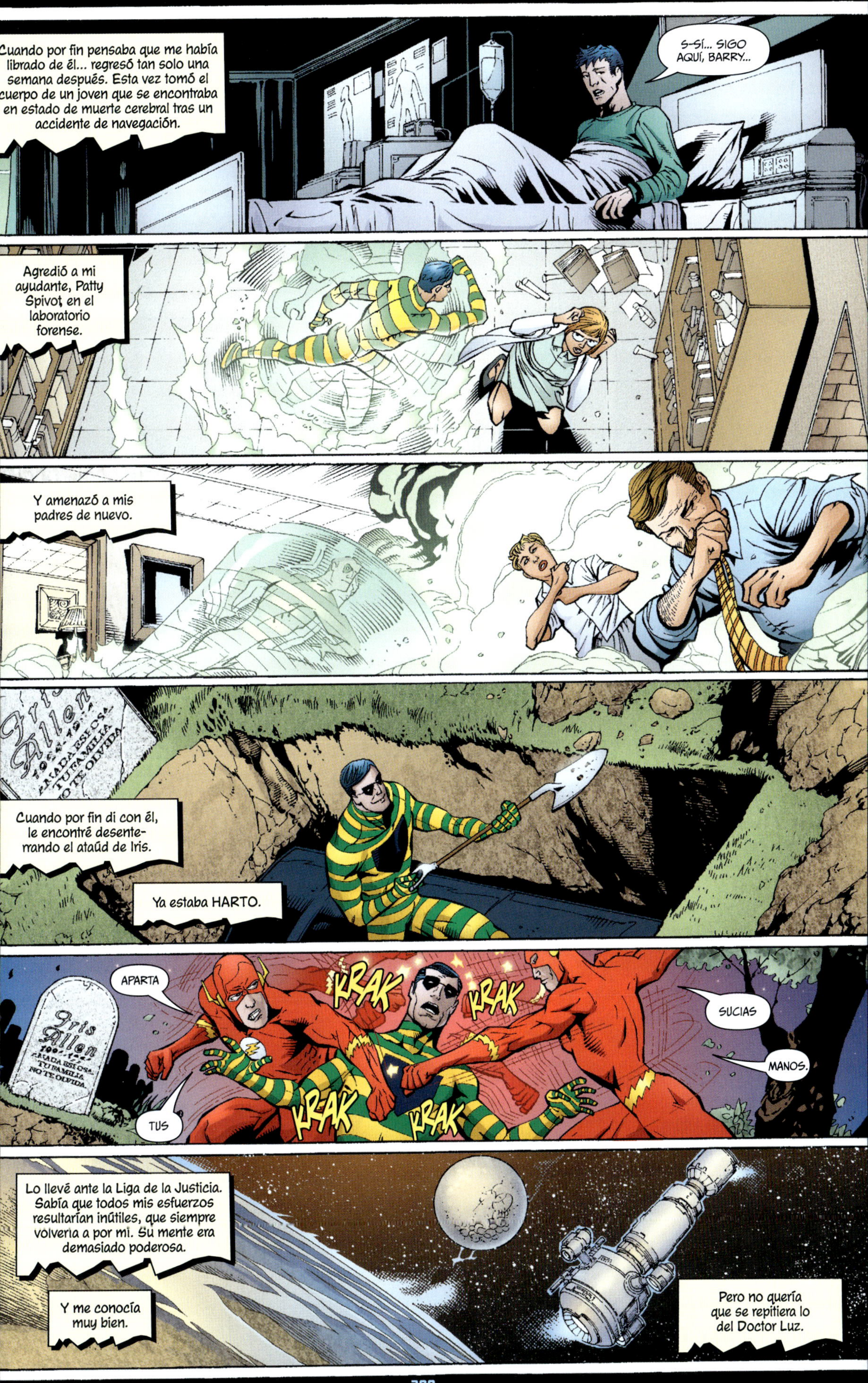

Cuando por fin pensaba que me había librado de él... regresó tan solo una semana después. Esta vez tomó el cuerpo de un joven que se encontraba en estado de muerte cerebral tras un accidente de navegación.
S-SÍ... SIGO AQUÍ, BARRY...
Agredió a mi ayudante, Patty Spivot, en el laboratorio forense.
Y amenazó a mis padres de nuevo.
Iris Allen
Cuando por fin di con él, le encontré desenterrando el ataúd de Iris.
Ya estaba HARTO.
APARTA
TUS
SUCIAS
MANOS.
KRAK
KRAK
KRAK
KRAK
Lo llevé ante la Liga de la Justicia. Sabía que todos mis esfuerzos resultarían inútiles, que siempre volvería a por mí. Su mente era demasiado poderosa.
Y me conocía muy bien.
Pero no quería que se repitiera lo del Doctor Luz.

Buscaba algo DISTINTO.
¿HAS PERDIDO LA CABEZA?
ESTOY HARTO DE LA MISMA HISTORIA, GREEN ARROW.
LES BORRAMOS LOS RECUERDOS COMO SI LES HUBIÉRAMOS CORTADO EL PELO.
Y DESARROLLARON EFECTOS SECUNDARIOS. RECORDAD EL CASO DEL DOCTOR LUZ. YA OS DIJE QUE NO QUERÍA QUE VOLVIERA A SUCEDER.
PERO SÍ ESTÁS DISPUESTO A PROBAR UNA ALTERNATIVA, ¿VERDAD, BARRY?
¿QUÉ PRETENDES OBTENER CON ELLO?
UN ALIADO.
MUY BIEN. HAZLO, ZATANNA.
NO, ZETA.
NO LO HAGAS.
CHICOS, DEJAD DE DISCUTIR POR ELLA.
YA ABURRE.

BARRY, ES DEMASIADO PELIGROSO.
PARA VOSOTROS ES FÁCIL DECIRLO, NO OS TENÉIS QUE ENFRENTAR AL MISMO NÚMERO DE ENEMIGOS QUE YO. ¡NO SUFRÍS ATAQUES CONTINUOS!
¿CUÁNTOS VILLANOS TE HAN QUITADO EL SUEÑO, QUEEN? ¿EL CONDE VÉRTIGO? ¿Y A TI, ÁTOMO? ¿CRONOS? ¿EL BANDIDO DE OJOS SALTONES?
¿OS HABÉIS FIJADO ALGUNA VEZ EN LA GALERÍA DE VILLANOS DEL MUSEO DE FLASH?
NO VAYAS POR AHÍ.
BARRY... RELÁJATE.
YO...
ELIMINAR LOS RECUERDOS DE TOP PODRÍA TENER REPERCUSIONES NEGATIVAS, HAL.
NO QUIERO QUE LE PASE NADA.
SOLO AYUDARLE.
Y YO.
Por aquel entonces, Zatanna era aún una NOVATA que intentaba superar la muerte de su madre y liberarse de la culpabilidad de lo sucedido con esos villanos... pero también era la integrante más poderosa de la Liga.
A juzgar por cómo tomó el control de la situación aquel día, lo DEMOSTRÓ con creces.

¿QUÉ VAIS A...? ¡APARTAOS DE MÍ! OS MATARÉ, OS MATARÉ A TODOS...
No le llevó más que unos segundos. Zatanna pronunció unos extraños hechizos a la inversa y Top despertó.
En un abrir y cerrar de ojos, se había convertido en una persona que se regía por los códigos de la virtud y el honor.
En alguien que me ayudaría a mantener la ciudad segura. Al fin y al cabo, atesoraba un tremendo potencial bajo sus tendencias psicóticas.
TOP sería un magnífico HÉROE. Y si esto funcionaba, ¿quién sabe hasta dónde podríamos llegar?
¿FLASH?
¿DÓNDE... DÓNDE ESTOY?
¿Y POR QUÉ ME SIENTO TAN...?
¿...BIEN?
Pasé de ser el que emitía el voto DECISIVO a ser el que tomaba la iniciativa.
Debería haber imaginado que aquello no podía terminar bien.

Top ocultó su presencia durante semanas.
Pero me ayudó a atrapar a más miembros de los Villanos de lo que jamás había conseguido.
Amoldar su VALORES ÉTICOS a los nuestros incrementó su poder mental de control de la materia y lo multiplicó por 10. Daba con su paradero exacto.
Esas semanas, Top se mantuvo dentro de la normalidad.
Pero para mí, Roscoe Dillon no era una persona... sino un experimento.
¿TE SIENTES CULPABLE?
CLARO. POR LO QUE HICE, POR LO QUE FUI.
POR HABERTE ATORMENTADO... POR TODOS LOS CRÍMENES QUE HE COMETIDO Y QUE NADIE SABE.
CUANDO FABRIQUÉ LAS PEONZAS, LAS PROBÉ ANTES DE USARLAS COMO ARMAS.
HERÍ A GENTE INOCENTE.

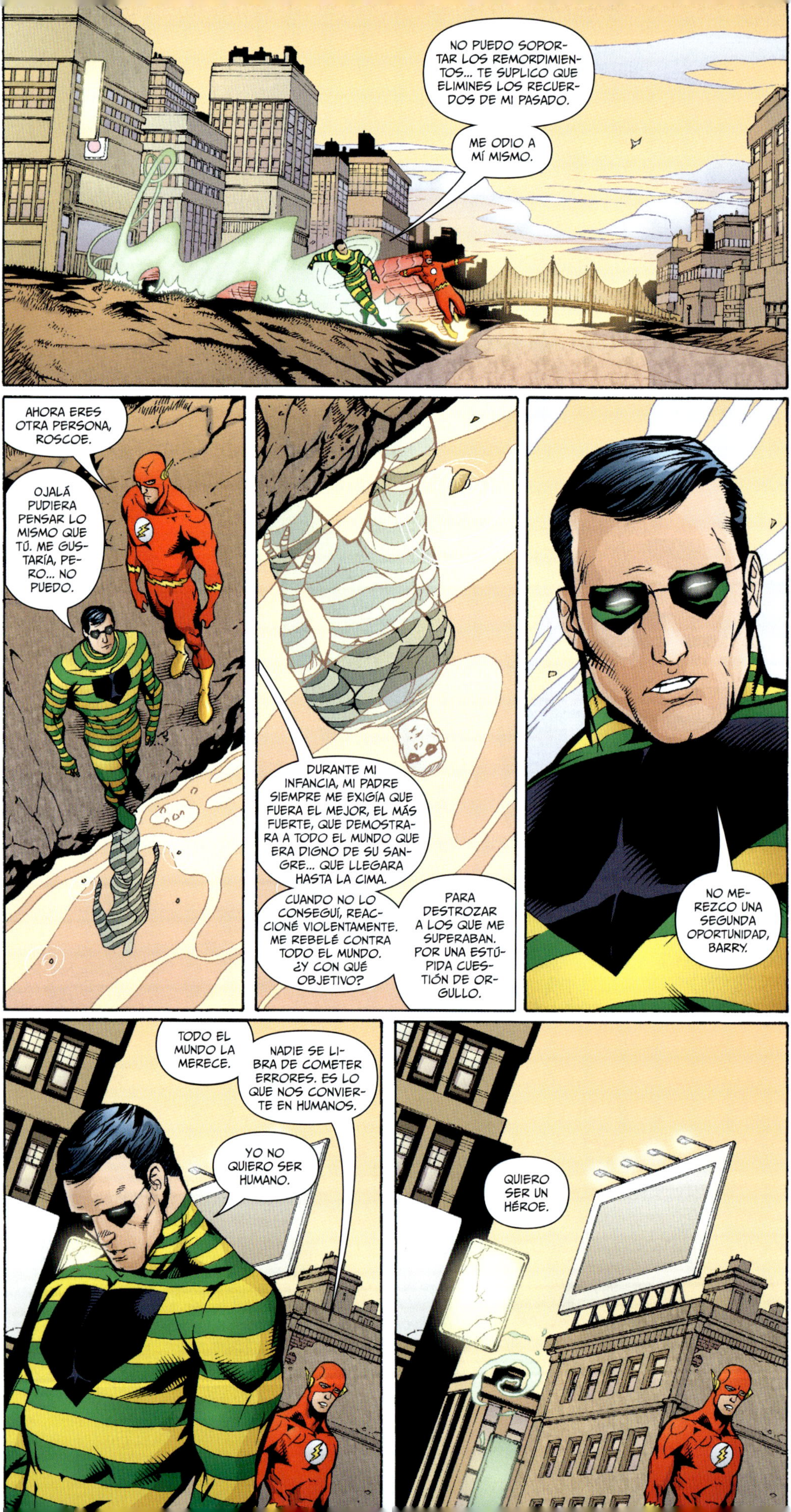

NO PUEDO SOPORTAR LOS REMORDIMIENTOS... TE SUPLICO QUE ELIMINES LOS RECUERDOS DE MI PASADO.
ME ODIO A MÍ MISMO.
AHORA ERES OTRA PERSONA, ROSCOE.
OJALÁ PUDIERA PENSAR LO MISMO QUE TÚ. ME GUSTARÍA, PERO... NO PUEDO.
DURANTE MI INFANCIA, MI PADRE SIEMPRE ME EXIGÍA QUE FUERA EL MEJOR, EL MÁS FUERTE, QUE DEMOSTRARA A TODO EL MUNDO QUE ERA DIGNO DE SU SANGRE... QUE LLEGARA HASTA LA CIMA.
CUANDO NO LO CONSEGUÍ, REACCIONÉ VIOLENTAMENTE. ME REBELÉ CONTRA TODO EL MUNDO. ¿Y CON QUÉ OBJETIVO?
PARA DESTROZAR A LOS QUE ME SUPERABAN. POR UNA ESTÚPIDA CUESTIÓN DE ORGULLO.
NO MEREZCO UNA SEGUNDA OPORTUNIDAD, BARRY.
TODO EL MUNDO LA MERECE.
NADIE SE LIBRA DE COMETER ERRORES. ES LO QUE NOS CONVIERTE EN HUMANOS.
YO NO QUIERO SER HUMANO.
QUIERO SER UN HÉROE.

Lo intercepté dos días después en pleno ataque a los Villanos.
Actuaba de forma frenética, estaba desquiciado. Farfullaba cosas sin sentido.
¡ALIADOS Y ENEMIGOS! ¡ÉL QUERÍA ALIADOS Y ENEMIGOS!
Temía que los MATARA a todos.
CASI LO CONSIGO, FLASH...
HE ESTADO A PUNTO DE ALCANZAR LA CIMA...
Y entonces su mente abandonó aquel cuerpo.
Le llevé a la locura. El nuevo experimento de la Liga, mi experimento, salió MAL. Jamás volví a intentar cambiar la mentalidad de una persona.
Desconozco el paradero actual de Top, pero estoy seguro de que volverá. Aunque su mente se haya roto, sobrevivirá. Y yo no podré estar ahí para detenerlo.
Volverá a sus fechorías... pero al menos será él mismo.
Siento echarte el muerto encima, Wally pero cuando regrese... quiero que lo encuentres y que le devuelvas la CORDURA.
Sé que me harás sentir orgulloso, hijo. Sé que me ayudarás a enmendar mi error.
Te quiere, ahora y siempre, Barry
BARRY...
¿QUÉ HICISTE?

CHICAGO.
OLA DE CALOR, ¡CONTESTA DE UNA VEZ!
¡DIME TODO LO QUE SABES SOBRE LA MUERTE DE SUE DIBNY!
NO TE ANDAS CON CHIQUITAS, ¿EH? MALDITA TARADA.
AHORA ME PORTO BIEN, FIREHAWK. DE LO CONTRARIO...
¿...CREES QUE ME HABRÍA DEJADO ATRAPAR?
¿DEJADO?
¿SE PORTA BIEN? NO RECUERDO QUE...
CREO QUE TIENE RAZÓN, BEETLE. RECUERDO QUE TRABAJÓ PARA LOS LABORATORIOS CADMUS DURANTE UN TIEMPO, TRAS LA MARCHA DE SUPERBOY.
¿LOS LABORATORIOS CADMUS? UNA INSTITUCIÓN HONRADÍSIMA, SÍ SEÑOR.
¿QUÉ MIRAS?
TU PELO.
ES... PRECIOSO.
¿QUÉ DEM...?
SON RATAS, BOOSTER.
ESO YA LO VEO.
REEET
UGH, VIENEN EN MANADA. ¿QUÉ ESTÁN...?
¿ESCUCHÁIS ESO? PARECE UNA MELODÍA...

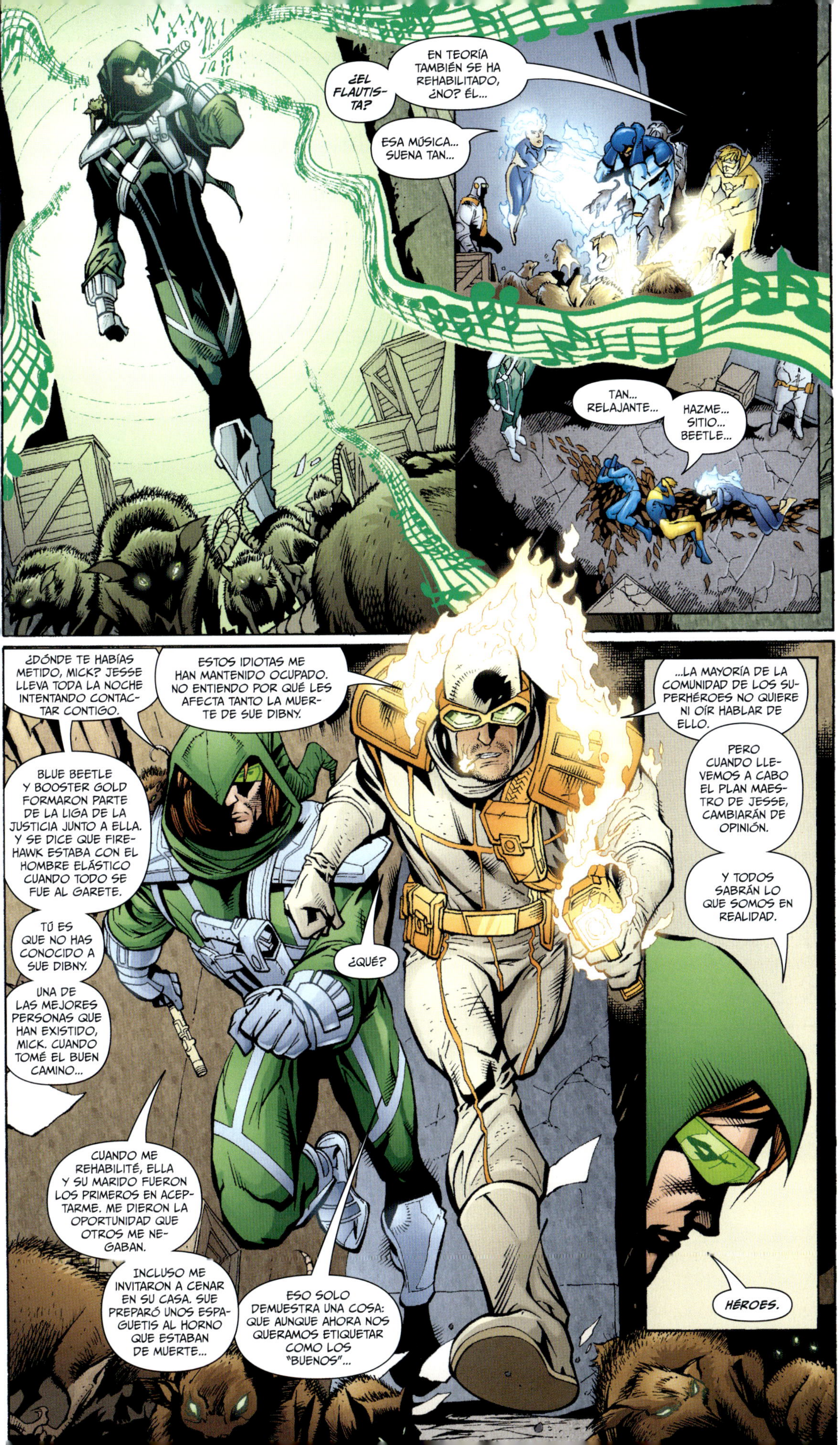
¿EL FLAUTISTA?
EN TEORÍA TAMBIÉN SE HA REHABILITADO, ¿NO? ÉL...
ESA MÚSICA... SUENA TAN...
TAN... RELAJANTE...
HAZME... SITIO... BEETLE...
¿DÓNDE TE HABÍAS METIDO, MICK? JESSE LLEVA TODA LA NOCHE INTENTANDO CONTACTAR CONTIGO.
ESTOS IDIOTAS ME HAN MANTENIDO OCUPADO. NO ENTIENDO POR QUÉ LES AFECTA TANTO LA MUERTE DE SUE DIBNY.
BLUE BEETLE Y BOOSTER GOLD FORMARON PARTE DE LA LIGA DE LA JUSTICIA JUNTO A ELLA. Y SE DICE QUE FIREHAWK ESTABA CON EL HOMBRE ELÁSTICO CUANDO TODO SE FUE AL GARETE.
TÚ ES QUE NO HAS CONOCIDO A SUE DIBNY.
UNA DE LAS MEJORES PERSONAS QUE HAN EXISTIDO, MICK. CUANDO TOMÉ EL BUEN CAMINO...
¿QUÉ?
CUANDO ME REHABILITÉ, ELLA Y SU MARIDO FUERON LOS PRIMEROS EN ACEPTARME. ME DIERON LA OPORTUNIDAD QUE OTROS ME NEGABAN.
INCLUSO ME INVITARON A CENAR EN SU CASA. SUE PREPARÓ UNOS ESPAGUETIS AL HORNO QUE ESTABAN DE MUERTE...
ESO SOLO DEMUESTRA UNA COSA: QUE AUNQUE AHORA NOS QUERAMOS ETIQUETAR COMO LOS "BUENOS"...
...LA MAYORÍA DE LA COMUNIDAD DE LOS SUPERHÉROES NO QUIERE NI OÍR HABLAR DE ELLO.
PERO CUANDO LLEVEMOS A CABO EL PLAN MAESTRO DE JESSE, CAMBIARÁN DE OPINIÓN.
Y TODOS SABRÁN LO QUE SOMOS EN REALIDAD.
HÉROES.

HE PASADO LOS ÚLTIMOS CINCO MINUTOS DE MI VIDA PREGUNTÁNDOME CÓMO PROCEDER CON TOP. CINCO MINUTOS REFLEXIONANDO SOBRE SI DEBO RESTABLECER SU CONCIENCIA O NO.
Y PARA MÍ, CINCO MINUTOS SUPONEN UN AUTÉNTICO INFIERNO.
REAFIRMÉ MI POSTURA SOBRE LA PENA DE MUERTE EN TRES. ACLARÉ EL RESTO DE MIS IDEAS POLÍTICAS EN DOS.
ALGUNOS HÉROES SE FRUSTRAN CONMIGO PORQUE ODIO DEBATIR.
POR DOS RAZONES. LA PRIMERA: YA HE PENSADO MILES DE VECES LO QUE SE VA A DISCUTIR. LO HE ANALIZADO DESDE TODAS LAS PERSPECTIVAS. MI MENTE HA TOMADO UNA DECISIÓN, Y NO SUELO CAMBIAR DE OPINIÓN.
LA SEGUNDA: CREO QUE ES IMPORTANTE QUE EXISTA DIVERSIDAD DE OPINIONES. ESO ES LO QUE HACE GRANDE A ESTE PAÍS.
Y DE ESA FORMA TRATO TODOS LOS PUNTOS.
ASÍ ES COMO FUNCIONO. PROCURO SOLUCIONARLO TODO DE UNA SOLA VEZ, COMO ME ENSEÑÓ BARRY...
SE ESCUCHA UN CHISPORROTEO EN MI AURICULAR. LA RADIO ESTÁ CONECTADA, HACE QUE ME PIERDA MÁS LLAMADAS. SERÁ MEJOR QUE REDUZCA LA VELOCIDAD PARA ENTENDER LAS PALABRAS...
WAAAAAAAAAALLY, ¿ESTÁS AHÍ?
SÍ.
¿QUÉ...?
ORÁCULO HA ENCONTRADO UNA PISTA. EN OPAL CITY, NADA MENOS.
LINDA ESTUVO ALLÍ DOS DÍAS ANTES DE QUE ASESINARAN A SUE.
¿¡QUÉ!?
¿DÓNDE ESTÁS?
EN LA CUEVA CON...

...BRUCE.
¿HAY NOVEDADES?
AÚN NO.
DICK, ¿DÓNDE SE ALOJÓ LINDA EN OPAL CITY?
EN EL HART PLAZA, HABITACIÓN 240...
HNNN.
POR DIOS, WALLY... LA PRÓXIMA VEZ AVISA.
¿QUÉ HACÍA AQUÍ?
NO LO SABEMOS. SE IMPARTIÓ UNA ESPECIE DE SEMINARIO SOBRE PERIODISMO LA SEMANA PASADA. ORÁCULO ENCONTRÓ SU NOMBRE ENTRE LA LISTA DE ASISTENTES.
¿PERIODISMO? SI NO HA EJERCIDO COMO REPORTERA DESDE... DESDE QUE MI IDENTIDAD SALIÓ A LA LUZ.
ABANDONÓ EL HOTEL ESTA MAÑANA, 12 HORAS ANTES DE QUE ENCONTRÁRAMOS EL CUERPO DE SUE.
¿Y AHORA DÓNDE...?
SEGUIMOS INVESTIGANDO, PERO...
PERO ¿QUÉ?
WALLY, SI ORÁCULO NO PUEDE ENCONTRARLA... EL ASESINO TAMPOCO.
¿POR QUÉ NO ME TRANQUILIZA OÍR ESO?

RECORRO MIL VECES TODOS LOS RINCONES DE OPAL CITY ANTES DE LLEVAR A DICK DE VUELTA A LA CUEVA.
QUÉ EXTRAÑO. BATMAN...
BATMAN NO ME HA MIRADO A LOS OJOS, NI TAMPOCO HA DICHO UNA PALABRA.
ESTÁ PREOCUPADO.
Y ESO ME INQUIETA EL DOBLE.
¿QUÉ SERÁ LO SIGUIENTE?
DRAKE
REGRESO A KEYSTONE.
LLEVO CINCO SEMANAS PASÁNDOME CADA TARDE POR EL HOSPITAL, DESDE QUE DESCUBRÍ QUE FUE CULPA MÍA QUE LOS FRENOS DEL VEHÍCULO DE ASHLEY ZOLOMON FALLARAN.
COMETÍ UN ERROR Y SU COCHE SE ESTRELLÓ. PODRÍA HABER MUERTO.
AUNQUE ADMITÍ MI FALLO, LA POLICÍA... DIGAMOS QUE ALGUNOS AGENTES ME DIRIGEN MIRADAS POCO AMISTOSAS. WHEELER Y REECE CONFÍAN EN MÍ, LLEVO MUCHO TIEMPO TRABAJANDO CON ELLOS, PERO AÚN SOY OBJETO DE UNA INVESTIGACIÓN.
Y LA CULPA ME CONSUME POR DENTRO.
HOSPITAL GENERAL DE KEYSTONE CITY
NO ME PUEDO NI IMAGINAR LO QUE TUVO QUE SUFRIR BARRY.
HOSPITAL GENERAL DE KEYSTONE CITY

CHYRE Y MORILLO SE HAN APOSTADO JUNTO A LA PUERTA.
NO PERMITEN QUE NADIE ENTRE EN LA HABITACIÓN DE ASHLEY.
PERO YO HE ESTADO ALLÍ...
DIRIGIÉNDOME A ASHLEY IGUAL QUE ELLA SE DIRIGÍA A ZOOM.
NOS HALLAMOS EN LA MISMA HABITACIÓN EN LA QUE INGRESARON A MI MUJER. ¿POR QUÉ? ¿POR QUÉ HUNTER SIEMPRE LLENA MI VIDA DE RETORCIDAS IRONÍAS?
SE RESPIRA CALMA. EL AIRE DESPRENDE UN AROMA DULZÓN.
ROSAS.
ALGUIEN LE HA TRAÍDO ROSAS.
A LINDA LE ENCANTABAN.
HOLA, ASHLEY.
SOY, EH... YO OTRA VEZ. EL MANITAS QUE ENSAMBLÓ TUS FRENOS CON GOMA DE MASCAR.
SOLO QUERÍA... VOLVER A DECÍRTELO. SIENTO MUCHO LO QUE HA SUCEDIDO.
LAMENTO QUE TENGAS QUE PASAR POR ESTO.
CUANDO SE INCORPORÓ AL CUERPO DE POLICÍA, ME ENFADÉ MUCHÍSIMO. LO CONCENTRÉ TODO EN ELLA.
EL PUNTO DÉBIL DE SUPERMAN ES LA KRYPTONITA. EL DEL DETECTIVE MARCIANO, EL FUEGO.
Y EL MÍO...
ES EL MAL CARÁCTER.
BARRY NUNCA LO TUVO.
WEST...

SUPONGO QUE EL UNIVERSO PEDÍA A GRITOS UN EMPATE.
¿SEÑORITA ZOLOMON? ¿ESTÁ DESPIERTA? LLAMARÉ A LA ENFERMERA...
NO...
ME ENCUENTRO BIEN... Y TE HE ESCUCHADO HABLAR. COMO YO HACÍA CON MI MARIDO.
TE CULPAS POR UNA ACCIÓN QUE NO PRETENDÍAS COMETER.
TE PERDONO, WEST. Y ESPERO QUE MI EXMARIDO ME PERDONE A MÍ ALGÚN DÍA.
¿SE ENCUENTRA MEJOR?
SÍ.
YA NOS PONDREMOS AL DÍA... TENEMOS UNA CHARLA PENDIENTE CUANDO SALGA DE AQUÍ.
ME ALEGRO.
DIOS.
ME SIENTO UN MISERABLE POR HACER ESTO, PERO... PUEDE QUE SEA LA ÚNICA OPORTUNIDAD DE OBTENER SU AYUDA.
HOLA, SEÑORITA ZOLOMON.
¿FLASH?
LO HACÍA A MENUDO: ME MUEVO TAN RÁPIDO QUE PUEDO CAMBIARME DE ROPA Y APARENTAR ESTAR PRESENTE EN DOS SITIOS A LA VEZ.
UN VIEJO TRUCO DE IDENTIDAD SECRETA PARA VELOCISTAS.
USTED ME DIJO EN IRON HEIGHTS QUE CREÍA CONOCER EL PARADERO DE TOP.
NECESITO SU AYUDA.

SAN FRANCISCO.
SOTALP, SOACES Y SOALIPA NE LE RODARAPA.
PONTE EL SOMBRERO DE COPA, ZETA.
FWOOSH

TENEMOS UNA MENTE QUE RE-COMPONER.

LA SEMANA PASADA, ASESINARON A SUE DIBNY, LA ESPOSA DEL HOMBRE ELÁSTICO.
¿SEGURO QUE ES AQUÍ?
ANDA YA, OLLIE.
HACE DOS DÍAS, AGREDIERON A JEAN LORING, LA ESPOSA DEL ÁTOMO.
MERLYN... ARTHUR... MERLÍN... ARTURO... ¿LO PILLAS? ¿LO PILLAS?
ARTHUR KING
AYER, ALGUIEN ENVIÓ UNA AMENAZA DE MUERTE A LOIS LANE Y DEJÓ DOLOROSAMENTE CLARO QUE CONOCÍA LA IDENTIDAD SECRETA DE CLARK KENT.
THUNK
Y EN POTENCIA, LA DE TODOS NOSOTROS.
SE MONTÓ UNA BUENA.
SÍ, LO PILLO.
ENTRO A TODA PRISA SIN PENSARLO DOS VECES.
NO SÉ DE QUÉ ME SORPRENDO.
DIANA.
KRRRRK
KRRRRK

POR SUERTE PARA MÍ, NO HE VENIDO SOLO.
POLICÍA

DIANA.

EL PODER DE MONÓCULO RADICA PRECISAMENTE EN SU LENTE.
KGGGH
CARTER VA DERECHO A LA FUENTE.
MERLYN ES MÁS VELOZ DE LO QUE YO CREÍA.
LLEGA A ALCANZAR SU CARCAJ.
¿QUÉ ME DICES, ROBIN HOOD? ¿LISTO PARA QUE NOS DISPAREMOS MUTUAMENTE?
¿O TE DA MIEDO VOLVER A LA...?
PERO NADIE ES MÁS RÁPIDO QUE WALLY.
¿...TUMBA?
¿HAS PINTADO TODAS LAS PUNTAS DE NEGRO? ¿EN SERIO?
¿Y DEADSHOT CONTRA GREEN LANTERN?
POR FAVOR. SI KYLE ESTÁ LISTO PARA ÉL...
¿TE PREGUNTAS SI ES A PRUEBA DE BALAS?
DISPARA. LAS BALAS QUE REBOTAN NO FALLAN.
DEADSHOT COMPRUEBA SI VA DE FAROL.
¿ESTÁS CHIFLADO O QUÉ!?
BLAM
LA BALA LE ATRAVIESA EL CUELLO.
SKLURP

LA SANGRE SALE DEPRISA.
KYLE SE ASUSTA AÚN MÁS DEPRISA.
¡NECE-SITAMOS UN MÉDICO!
Y PRECISA-MENTE CON ESO CONTABA DEADSHOT.
BLAM
SE ROERÍA LA PIERNA A SÍ MISMO SI ASÍ PUDIERA ESCAPAR.
ESTOY BIEN...
...PERO NO VEO...
POR ESO GUARDA-MOS LO MEJOR PARA EL FINAL.
SUPER SE OCUPA DE UN CHIFLADO... ASÍ QUE YO ME DEDICO AL MÍO.
SINCERAMENTE, TENÍA GANAS DE VER LAS HABILIDA-DES DE MERLYN.
SEGÚN LOS RUMORES, ES MEJOR QUE CONNOR, TAL VEZ INCLUSO MEJOR QUE ROY.
¿TIENES UNOS SEGUNDOS PARA CHARLAR?
PERO LA RE-VAN-CHA TENDRÁ QUE ESPERAR.

PASA LO MISMO EN TODAS PARTES.
CON LOS TITANES...
¿QUÉ...?
...CON LOS OUTSIDERS...
¿...SA-
BES...?
...CON LOS RESERVISTAS...
¿...
DEL...?
...E INCLUSO CON LA JSA.
¿...TEMA?

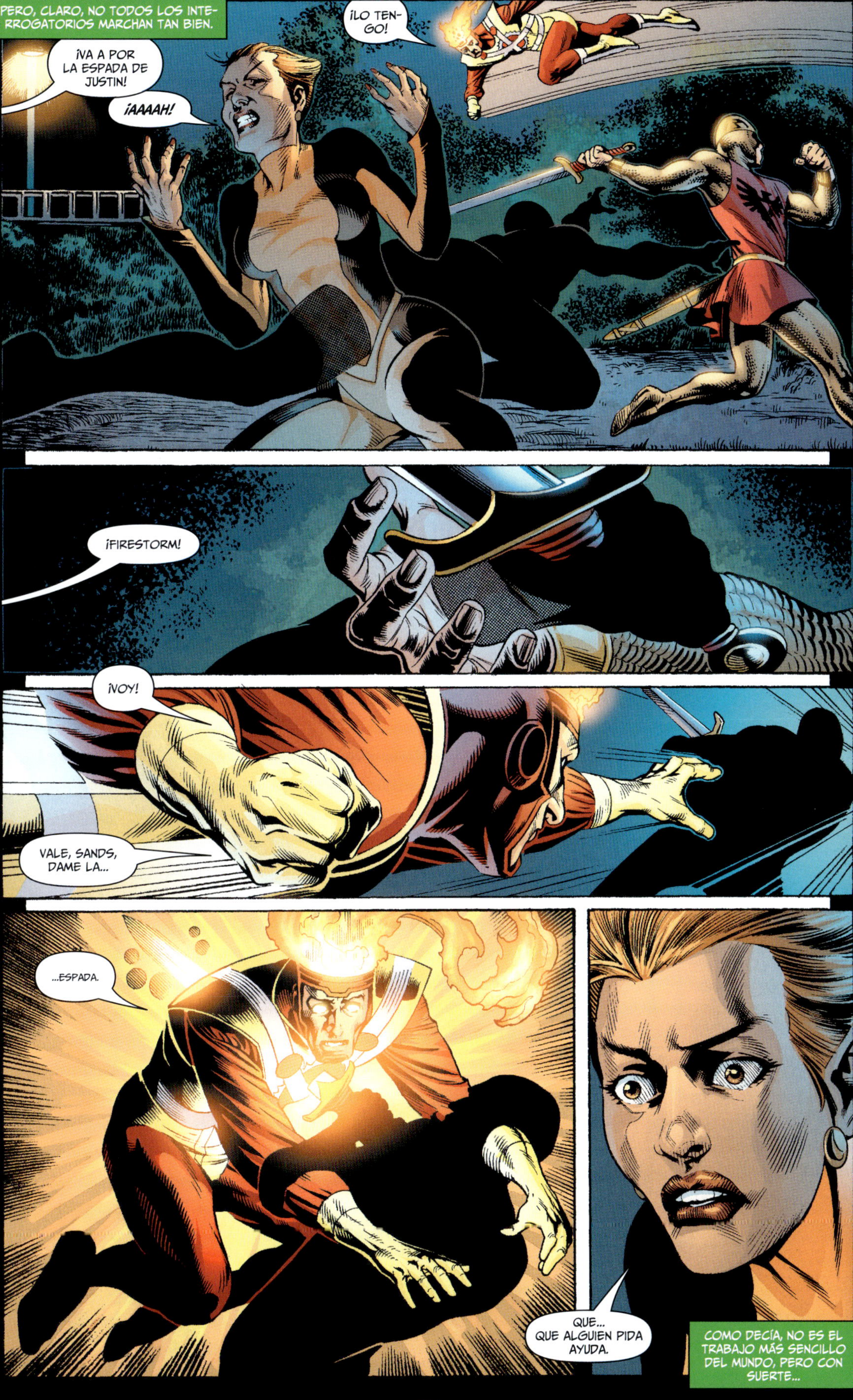
PERO, CLARO, NO TODOS LOS INTERROGATORIOS MARCHAN TAN BIEN.
¡VA A POR LA ESPADA DE JUSTIN!
¡AAAAH!
¡LO TENGO!
¡FIRESTORM!
¡VOY!
VALE, SANDS, DAME LA...
...ESPADA.
QUE... QUE ALGUIEN PIDA AYUDA.
COMO DECÍA, NO ES EL TRABAJO MÁS SENCILLO DEL MUNDO, PERO CON SUERTE...

...POR LO MENOS SALDRÁ ALGO BUENO DE ESTO.
Ray Palmer y Jean Loring.
Divorciados.
¿SEGURO QUE ESTÁS BIEN?
ESTOY BIEN, RAY.
ME HAS TRAÍDO DEL HOSPITAL, HAS HABLADO CON LOS MÉDICOS E INCLUSO HAS SALIDO A TIRAR UN DINERAL EN UN TÉ BLANCO RIDÍCULAMENTE CARO.
ANTES ERA TU FAVORITO.
Y AÚN LO ES.
PERO NO POR ESO TIENES QUE ESTAR AQUÍ SENTADO CAMBIÁNDOME LA CUÑA.
¿PUEDO CAMBIARTE LA CUÑA?
QUÉ GRACIA.
PERO, EN SERIO, LA LIGA TE NECESITA, SOBRE TODO AHORA.
LEVANTA LA MANO PARA RASCARSE EL CUELLO Y, RÁPIDAMENTE, SE DETIENE.
ES EL PROBLEMA DE LOS ABOGADOS: NUNCA QUIEREN AYUDA.
AUNQUE LA NECESITEN.
OYE, JEAN...
NO TE ME PONGAS EMPALAGOSO, POR FAVOR. SABES QUE LO ODIO.
NO, ES QUE...
...CON TODO LO QUE HA PASADO...
...ME ALEGRO DE QUE ESTÉS BIEN.
ESO CUENTA COMO EMPALAGOSO.
VALE, PUES LLÁMAME EMPALAGOSO. PERO DAME UN ABRAZO.
HE QUEDADO CON CARTER... QUIEREN QUE RASTREE AL CALCULA-DOR POR LAS LÍNEAS TELEFÓNICAS.
¿AL CALCULADOR?
NO TE RÍAS. CARTER DICE QUE ES PELIGROSO. ES COMO ORÁCULO PERO SIN ÉTICA.

POR CIERTO, RAY... CUANDO ME HAS QUITADO LA SOGA... HE OÍDO QUE REZABAS POR MÍ.
HA SIDO PRECIOSO, RAY. DE VERDAD.
ESTA ES LA PARTE EN QUE SE SUPONE QUE TIENES QUE BESARME, DR. GENIO.
Ray Palmer y Jean Loring.
Amantes.

¿ESTÁS BIEN?
VOY... VOY...
VOY A EXPLOTAR
YO SIEMPRE VACILABA AL CHAVAL, PERO ES UN PROFESIONAL.
VIXEN DICE QUE NO HA TITUBEADO.
E... EL PROFESOR... MI FAMILIA...
QUE ALGUIEN SE DESPIDA DE MI PADRE POR MÍ.

NINGUNO ES FÍSICO.
PERO SABEN LO QUE OCURRE CUANDO SE PERFORA UN REACTOR NUCLEAR.
VUELA.
¡DATE PRISA!

El Capitán Bumerán y Owen Mercer.
Padre e hijo.
ESTE ES EXPLOSIVO... CASI LE ARRANQUÉ EL BRAZO A FLASH CON ÉL.
thunk
BOOOM
NO ESTÁ MAL, NO ESTÁ MAL. PERO LÁNZALO MÁS ALTO, COMO UNA BOLA DE BÉISBOL.
SI LO LANZAS DE LADO, SUBIRÁ Y CAERÁ EN PICADO HACIA TI... O PEOR, HACIA MÍ.
¿SEGURO QUE ESTÁ BIEN ASÍ?
¿CON QUIÉN TE CREES QUE HABLAS? ¿CON EL CAPITÁN FRÍO? FÍATE DE TU PADRE.
¿LISTO PARA VOLVER A PROBAR?
AH, EL BUMERÁN CUCHILLA. BUENA ELECCIÓN, MUCHACHO.
YYYY...
¡...LÁNZALO!

EL LANZAMIENTO ES PERFECTO.
DEMA-
SIADO.
¡PAPÁ...!

AY, D...
...IOS.
THUNK

¿CÓMO LO HAS HECHO?
NI... NI IDEA.
SOLO ME PUSE A CO-RRER.
TIENES VE-LOCIDAD.
MI HIJO TIENE VELOCIDAD.
¿QUÉ?
MI MADRE NO ES PATINADO-RA DORADA, ¿VERDAD?
NO.

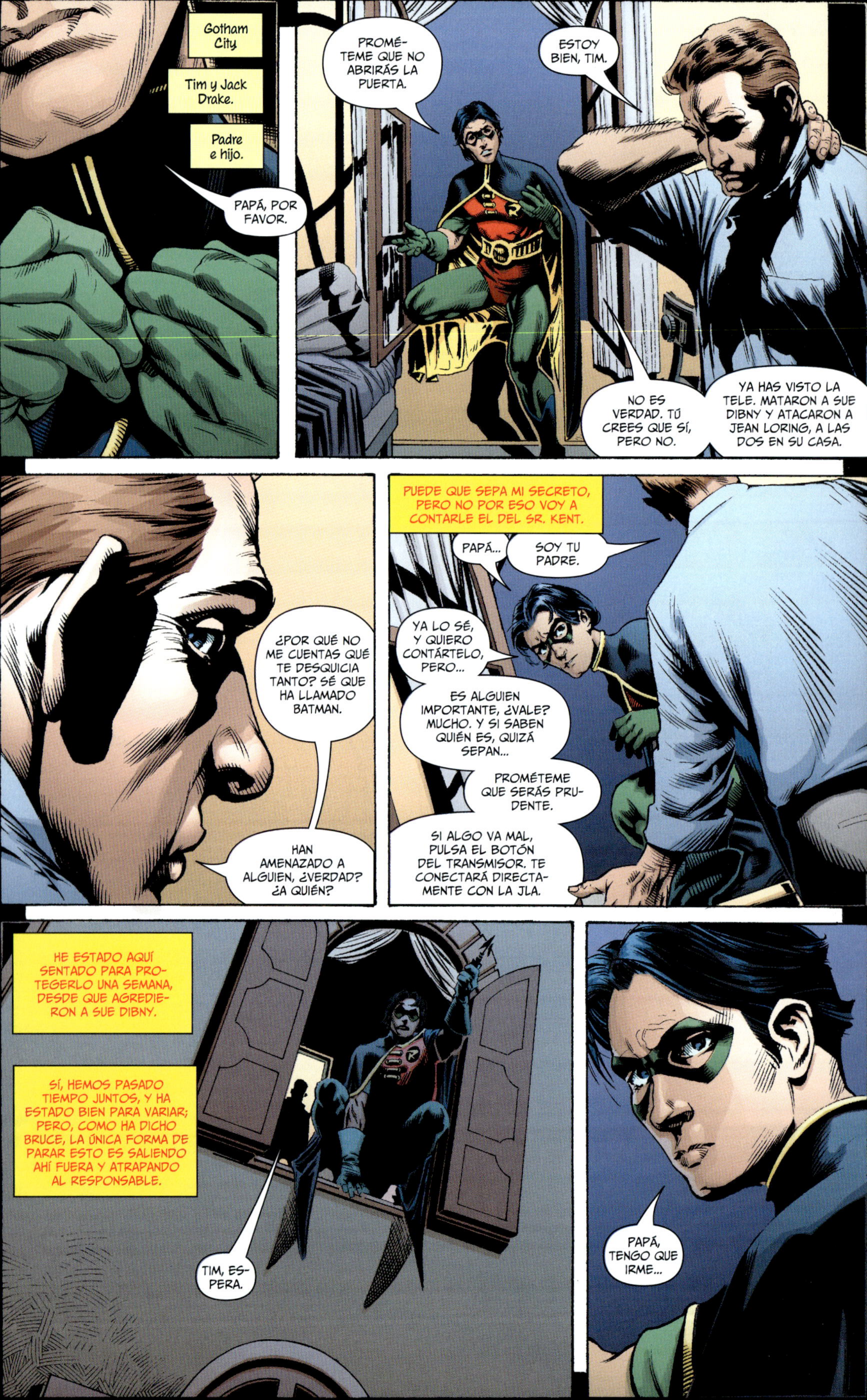
Gotham City
Tim y Jack Drake.
Padre e hijo.
PAPÁ, POR FAVOR.
PROMÉTEME QUE NO ABRIRÁS LA PUERTA.
ESTOY BIEN, TIM.
NO ES VERDAD. TÚ CREES QUE SÍ, PERO NO.
YA HAS VISTO LA TELE. MATARON A SUE DIBNY Y ATACARON A JEAN LORING, A LAS DOS EN SU CASA.
¿POR QUÉ NO ME CUENTAS QUÉ TE DESQUICIA TANTO? SÉ QUE HA LLAMADO BATMAN.
HAN AMENAZADO A ALGUIEN, ¿VERDAD? ¿A QUIÉN?
PUEDE QUE SEPA MI SECRETO, PERO NO POR ESO VOY A CONTARLE EL DEL SR. KENT.
PAPÁ...
SOY TU PADRE.
YA LO SÉ, Y QUIERO CONTÁRTELO, PERO...
ES ALGUIEN IMPORTANTE, ¿VALE? MUCHO. Y SI SABEN QUIÉN ES, QUIZÁ SEPAN...
PROMÉTEME QUE SERÁS PRUDENTE.
SI ALGO VA MAL, PULSA EL BOTÓN DEL TRANSMISOR. TE CONECTARÁ DIRECTAMENTE CON LA JLA.
HE ESTADO AQUÍ SENTADO PARA PROTEGERLO UNA SEMANA, DESDE QUE AGREDIERON A SUE DIBNY.
SÍ, HEMOS PASADO TIEMPO JUNTOS, Y HA ESTADO BIEN PARA VARIAR; PERO, COMO HA DICHO BRUCE, LA ÚNICA FORMA DE PARAR ESTO ES SALIENDO AHÍ FUERA Y ATRAPANDO AL RESPONSABLE.
TIM, ESPERA.
PAPÁ, TENGO QUE IRME...

¿SABES QUÉ? HE INTENTADO LLEVARLO BIEN.
MEJOR QUE CASI TODOS LOS PADRES. DE HECHO, MEJOR QUE CUALQUIERA. SOLO CON LAS FACTURAS DEL PSICÓLOGO...
QUIERO DECIR QUE SÉ QUE TE ELIGIÓ A TI POR ALGO... Y LO RESPETO. OBVIAMENTE, TIENES UN DON.
PERO NO CREAS QUE ESO ME TRANQUILIZA CUANDO MI HIJO SALE AHÍ FUERA Y SE PONE EN PELIGRO A PROPÓSITO.
YA LO SÉ. ES QUE...
...ESTOY PREOCUPADO POR TI, TIM.
OBVIAMENTE, YO TAMBIÉN ESTOY PREOCUPADO POR TI.
QUIZÁ FUERA MEJOR QUE TE QUEDARAS ESTA NOCHE.
O SEA, TIENES 16 AÑOS. NO DEBERÍAS CORRETEAR POR AHÍ CON UN ANTIFAZ Y UNA CAPA.
¿DE VERDAD CREES QUE DEBO QUEDARME? SÉ SINCERO.
¿DE VERDAD CREES QUE ESTOY MEJOR AQUÍ SENTADO Y VIENDO LO QUE PASA EN LOS INFORMATIVOS?

PAPÁ...
PAPÁ, AHORA NO PUEDO.
¿NO TE PARECE ALGO TARDE PARA ESO?
NO. TIENES QUE IRTE.
DEFINITI-VAMENTE.
GRACIAS, PAPÁ.
ME SIEN-TO ORGU-LLOSO DE TI, HIJO.

TIM, ¿HAS...?
JACK
DRAKE

PROTÉGETE
AL HABLA ORÁCULO.
HO... HOLA, SOY... EH...
¿LE PUEDO AYUDAR, SEÑOR?
BUSCO... BUSCO A ROBIN.
ME PARECE QUE MI VIDA CORRE PELIGRO.

BZZZ BZZZ
YA... EH...
OIGA, ¿LE PUEDO VOLVER A LLAMAR? AHORA NO PUEDO HABLAR...
"...ESTOY OCUPADO CON UNA COSA."
La base de la JSA.
La autopsia de Sue Dibny.
¿CUÁNDO LLEGA EL ANÁLISIS TOXICOLÓGICO?
LE DIJE A JAY QUE LO LLEVARA A S.T.A.R.
CON SUERTE, PRONTO.
¿DESTINO HA SIDO ÚTIL?
HA DESCARTADO LA MAGIA, PERO SIN SABER LA CAUSA DE LA MUERTE, NO SABÍA DÓNDE ENFOCAR SUS PODERES.
¿ME HACES EL FAVOR DE LIMPIARME LAS GAFAS? ESTÁN EMPAPADAS DE SUDOR, Y TENGO LAS MANOS...
TE ESTÁS EMPEZANDO A PREOCUPAR, ¿VERDAD?
SOLO POR SI EMPIEZA A DESCOMPONERSE. AÚN NECESITO QUE EL RAYO REALICE UN ANÁLISIS ESPECTRAL DE SUS ÓRGANOS.
(GRACIAS.)
POR LO DEMÁS, ES LO QUE DECÍA MI PROFESOR DE LA FACULTAD DE MEDICINA.

"LA GENTE MIENTE. SOLO LA CIENCIA NOS DICE LA VERDAD."
ALGUIEN ME HA ENVIADO UNA PISTOLA.
SR. DRAKE, QUÉDESE DONDE ESTÁ. VOY A LLAMARLE AHORA MISMO.
PUEDO OCUPARME YO... ES QUE... TAL VEZ NECESITE AYUDA...
THUMP
HA CAÍDO ALGO ENCIMA DEL TEJADO.
NO SÉ QUIÉN ES... PERO DILE A LA POLICÍA... QUE SI ENTRA, DISPARO...
VOY A LLAMAR A SU HIJO, SR. DRAKE.
PROTÉGETE
¡ESTÁ EN MI TEJADO! TÚ ERES TESTIGO... SOLO ME ESTOY DEFENDIENDO.
NO SE ACERQUE A LAS VENTANAS, SR. DRAKE.

GRACIAS POR RECO-GERME. HA SIDO...
TIM, VE A TU CASA. YA.
¿A QUÉ TE REFIERES? ¿QUÉ PASA?
ES POR TU PADRE.
SCREEECHH
PROHIBIDO EL PASO EXCEPTO A PERSONAL AUTORIZADO

SR. DRAKE, LO TEN...
ESCUCHA... SI ME PASA ALGO, DILE QUE LE QUIERO.
¿ENTENDIDO? ¡PROCURA QUE OIGA ESO!
BARBARA, PÁSAME...
¿TIM?
¿PAPÁ? ¡PAPÁ, ¿ESTÁS BIEN?!
SLAM
ES... ESTOY BIEN. ME PARECE QUE ESTÁ EN EL RELLANO. PERO YO ME ENCARGO... ESTOY BIEN...
¡PAPÁ, NO ESTÁS DE SAFARI EN ÁFRICA! ¡VETE!
¡SÍ, ESTÁ EN EL RELLANO!
PROTÉGETE
BARBARA, LLAMA A WALLY.
YA LO HE INTENTADO, PERO NO CONTESTA.
DRAKE

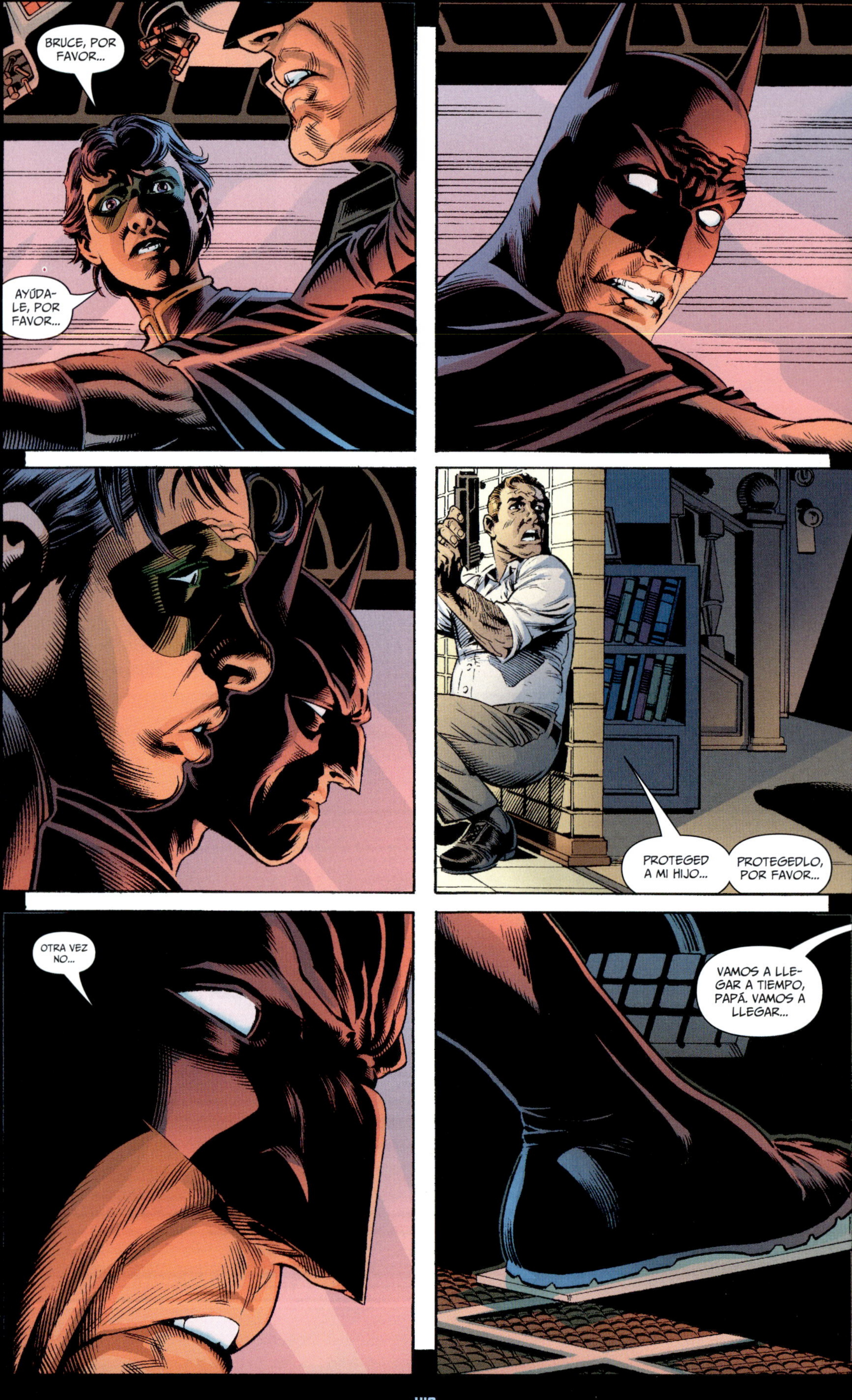
BRUCE, POR FAVOR...
AYÚDALE, POR FAVOR...
PROTEGED A MI HIJO...
PROTEGEDLO, POR FAVOR...
OTRA VEZ NO...
VAMOS A LLEGAR A TIEMPO, PAPÁ. VAMOS A LLEGAR...

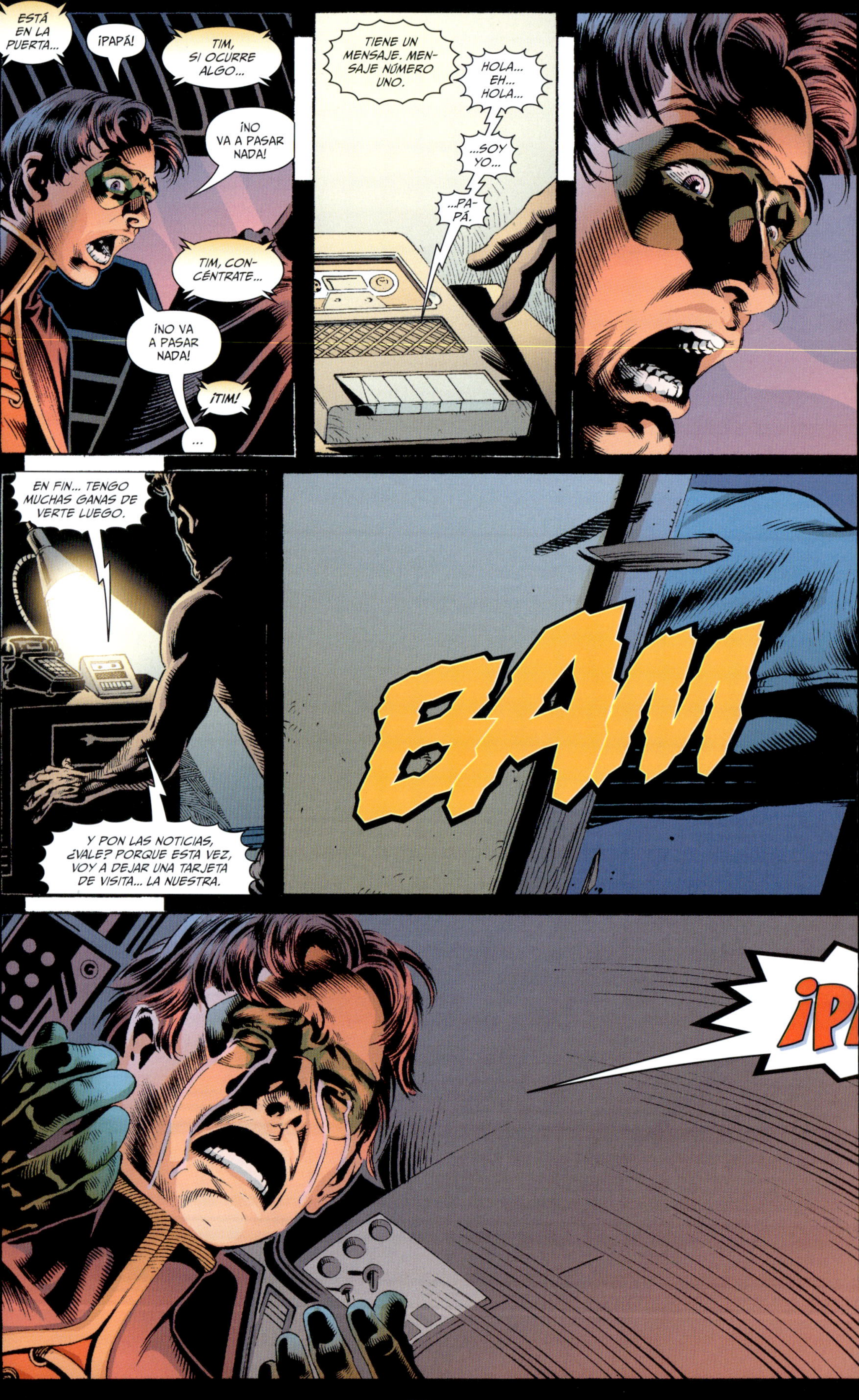
ESTÁ EN LA PUERTA...
¡PAPÁ!
TIM, SI OCURRE ALGO...
¡NO VA A PASAR NADA!
TIM, CONCÉNTRATE...
¡NO VA A PASAR NADA!
¡TIM!
...
TIENE UN MENSAJE. MENSAJE NÚMERO UNO.
HOLA... EH... HOLA...
...SOY YO...
...PAPÁ.
EN FIN... TENGO MUCHAS GANAS DE VERTE LUEGO.
Y PON LAS NOTICIAS, ¿VALE? PORQUE ESTA VEZ, VOY A DEJAR UNA TARJETA DE VISITA... LA NUESTRA.
BAM
¡P

¿ME OYES, TIM? BIEN. ENTONCES, COMPRENDE UNA COSA: SI NO LLEGAS, NO SERÁ CULPA TUYA.
PAPÁ...
TIENES QUE SABERLO, TIM... NO ES CULPA TUYA, ¿VALE? NO HAS SIDO TÚ.
PERO...
TE QUIERO, TIM. TE QUIERO IGUAL QUE TE QUIERE TU MADRE.
ES QUE... QUERÍA DECIRTE QUE HOY LO HE PASADO MUY BIEN. DE VERDAD. HA ESTADO MUY BIEN.
EN FIN, SI TIENES TIEMPO, PROCURA VER LAS NOTICIAS ESTA NOCHE... TE VAS A SENTIR ORGULLOSO DE TU ANCIANO PADRE.
AY, NO...
TRANQUILO. VA A SER GORDO, MUCHACHO. VA A SER LO MÁS. VOLVERÉ A ESTAR EN EL CA... VOLVEREMOS A ESTAR EN EL CANDELERO.
PAPÁ, POR FAVOR...
LO QUE HACES... POR TODA ESA GENTE... MERECE LA PENA, TIM.
NO LO DUDES NUNCA.
MERECE LA PENA.
PAPÁ, YA CASI...
DILE A BRUCE QUE CUIDE DE TI.
ÁPÁ!

BLAM BLAM BLAM
¡UUUUUH!

PARTE CINCO

EL DÍA DEL PADRE

GUION BRAD MELTZER DIBUJO RAGS MORALES
TINTA MICHAEL BAIR COLOR ALEX SINCLAIR

MI ANTIGUA VIDA ERA PELIGROSA, INQUIETANTE...
...YO ERA EL MEJOR. EL GENIO DE LA TECNOLOGÍA AL QUE ACUDÍAN TODOS LOS ASESINOS PSICÓTICOS...
...Y SÁDICOS MEGALÓMANOS.
MENUDO HONOR, ¿EH? PERO TODOS TENEMOS QUE DESTACAR EN ALGO...

HE VIVIDO EN GOTHAM...
...PITTSBURGH...
...SAN DIEGO...

KRAK
HE PADECIDO DOLOR...
...VEJACIONES...
SSSSSSSS
...Y HUMILLACIONES QUE NI TE IMAGINAS...
FWHUMP

IDENTIDADES SECRETAS
MARC ANDREYKO - Guion
JESÚS SAIZ - Dibujo
JIMMY PALMIOTTI - Tinta
STEVE BUCCELLATO - Color
HARVEY RICHARDS - Editor adjunto
JOAN HILTY - Editora
AÑORO MI VIDA PASADA.
¡DYLAN!

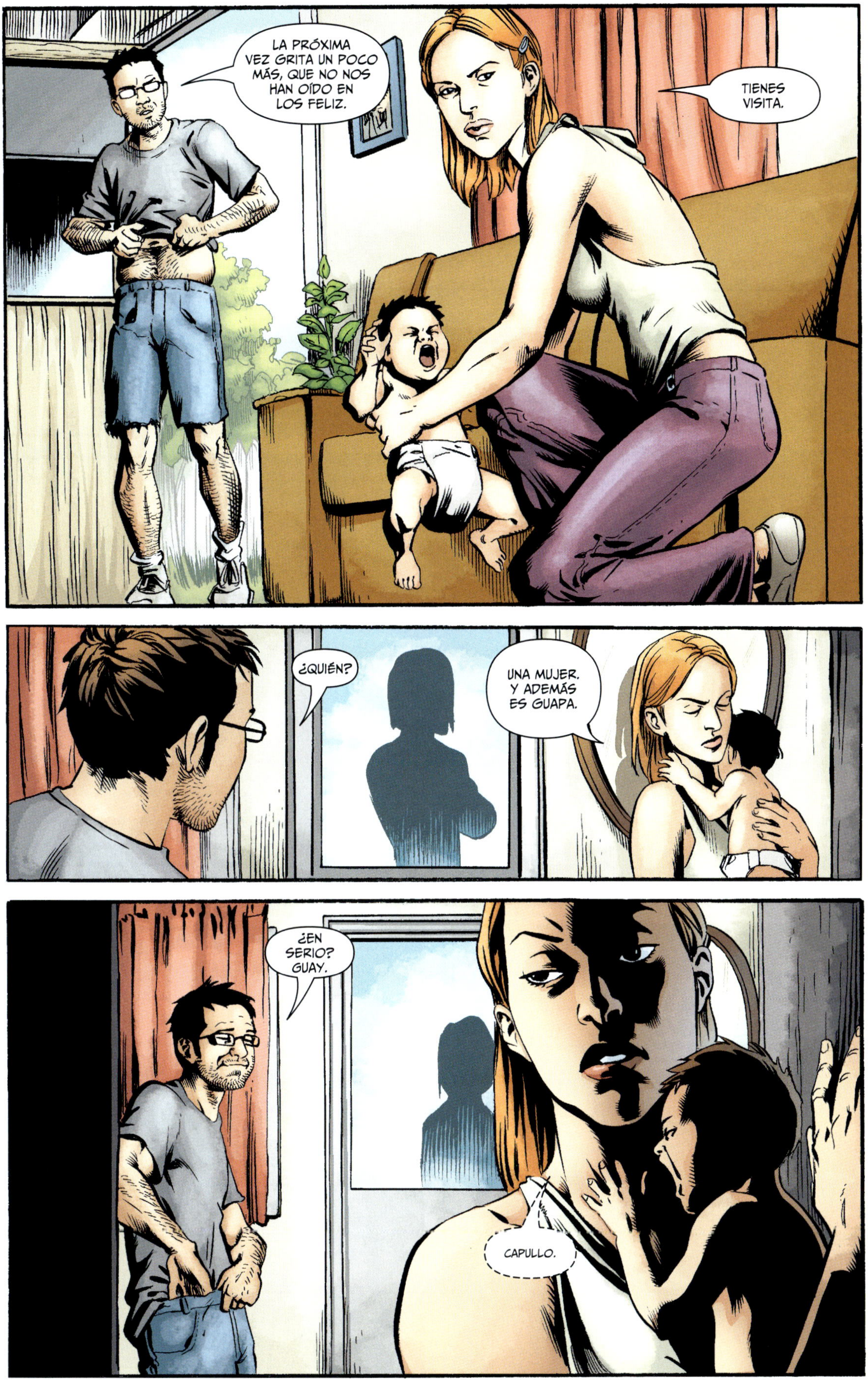
LA PRÓXIMA VEZ GRITA UN POCO MÁS, QUE NO NOS HAN OÍDO EN LOS FELIZ.
TIENES VISITA.
¿QUIÉN?
UNA MUJER. Y ADEMÁS ES GUAPA.
¿EN SERIO? GUAY.
CAPULLO.

MUJER Y GUAPA, ¿EH? ME PREGUNTO...
OSTRAS, ¡ESPERO QUE NO SEA LA CHICA NUEVA DEL CURRO! YA SOLO ME FALTA UNA ACOSADORA...
HOLA, ¿PUEDO AYU...?
HOLA, RICH... ES DECIR, "DYLAN".
CUÁNTO TIEMPO, ¿EH?
ME COSTÓ, PERO AL FINAL RECORDÉ QUIÉN ERAS.
APARTE DEL PEOR CAMARERO DE LA REGIÓN DE LOS ÁNGELES.
AY, DIOS. ¿QUÉ ESTÁS HACIENDO AQUÍ?
SERÉ BREVE. NO TE PREOCUPES.

¿QUÉ QUIERES DE MÍ? ¿ES POR REINA ABEJA? ¿ME HA LOCALIZADO? ¿O HARVEY DENT? JODER, AHORA TENGO UNA FAMILIA Y...
ERES LA REINA DEL DRAMA, ¿EH, DYLAN?
OYE, MI MUJER NO SABE NADA SOBRE MI PASADO.
BUF, PENSÉ QUE EN L.A. ESTARÍA A SALVO... AL MENOS, MÁS QUE EN GOTHAM O METROPOLIS...
BONITO NOMBRE, POR CIERTO: DYLAN BATTLES. TIENE GANCHO.
¿QUÉ?
DYLAN BATTLES. SUENA A LUCHADOR PROFESIONAL. TRANQUI. LOS TIPEJOS PARA LOS QUE TRABAJABAS NO SABEN DÓNDE ESTÁS.
ENTONCES, SI MIS ANTIGUOS JEFES NO ME HAN LOCALIZADO, ¿QUÉ HACES AQUÍ?
¿QUÉ TAL SI LO HABLAMOS EN OTRA PARTE?

TOWN TAVERN
BONITO ANTRO. TIENE TODO EL ENCANTO DE NORTH HOLLYWOOD.
HABLAS COMO UNA PIJA DEL WEST SIDE. A VER SI LO ADIVINO: ¿BRENTWOOD? ¿HOLMBY HILLS?
¿TE PARECE SENSATO INFRINGIR LA LEY DELANTE DE UNA AGENTE JUDICIAL?
¿QUIERES UNO?
CLARO.
¿VAS A DECIRME QUÉ ESTÁ PASANDO?
PUES...
...QUE VAS A AYUDARME.

¿CÓMO?
PARA EL CARRO.
DOS AMSTELS.
GRACIAS.
YA LES CONTÉ A LOS DE PROTECCIÓN DE TESTIGOS TODO LO QUE SÉ SOBRE LOS VILLANOS PARA LOS QUE TRABAJABA. ESE ERA EL TRATO, ¿RECUERDAS?
LLEVO TANTO TIEMPO FUERA DE ONDA QUE TODOS MIS CONTACTOS ESTÁN EN ARKHAM. O EN BLACKGATE. O MUERTOS.
ESTO ES MÁS BIEN UN FAVOR PERSONAL.
UN FAVOR PERSONAL. SUENA UN POCO RARO. Y MORBOSO.
TRANQUILO, PICHABRAVA. ME GUSTAN LOS HOMBRES SIN ANTECEDENTES. Y MENOS PELUDOS.
TENÍA 15 CARGOS CRIMINALES CONTRA TI, CON 15 DE LOS METAVILLANOS MÁS PROLÍFICOS.
PERO EN VEZ DE PROCESARTE, QUE HABRÍA SIDO PAN COMIDO, HICE ESE TRATO CON TUS ABOGADOS Y TE DI LA OPORTUNIDAD DE LLEVAR UNA VIDA CIVIL. AHORA TE TOCA DEVOLVER EL FAVOR.
NECESITO TU PERICIA TÉCNICA.
NI HABLAR. NO PIENSO DESACTIVAR OTRA BOMBA DE SONRÍEX. ¡PASO!
AÚN NO HE TERMINADO, ASÍ QUE PLANTA AHÍ EL CULO.
NO ME INTERESA. ADIÓS.

¡MIERDA!
¡JODER! ¿¡Y AHORA QUÉ!?
WHUMP
YA TE LO HE DICHO, SPENCER, ¡NO PIENSO AYUDARTE! ¡YA LO HICE Y MIRA CÓMO HE TERMINADO!
¡ME IRÍA MEJOR EN UNA CÁRCEL DE MÁXIMA SEGURIDAD, EVITANDO QUE ME ENCULEN SUPERVILLANOS EN LAS DUCHAS!
NO SÉ CON QUIÉN CREES QUE ESTÁS TRATANDO, AMIGO MÍO, PERO NO ES UNA PETICIÓN. TE ESTOY DICIENDO LO QUE VAS A HACER.
YA SÉ. ES UNA TRAMPA, ¿VERDAD? PUES NO PIENSO PICAR.
POR EL AMOR DE DIOS, NO ES UNA TRETA. NO LLEVO MICRO.
LOS FEDERALES PASAN DE TU CULO. SIENTO HERIR TU ORGULLO, PERO ES CIERTO.
ESTÁ BIEN. HABLA.
ANTES, PONTE EN CONTEXTO.
YA, UN NUEVO SUPERHÉROE. ¿Y?
METRO
"MANHUNTER" AVISTADO EN UNA AZOTEA
EL ASESINO DE COPPERHEAD SIGUE HUIDO

QUIERO QUE LE ECHES UN VISTAZO A ESTO.
FLIPA.
¿PUEDES REPARARLO?
¿¿¡ESTA ERES TÚ!??
¿TÚ QUÉ CREES?
NO ES POR NADA, PERO ¿LO DE MATAR NO ENTRA EN CONFLICTO CON TU LABOR DIURNA?
LO CONSIDERO HORAS EXTRAS.
¿DE DÓNDE HAS SACADO ESTOS CHISMES? ALGUNOS...

¿TE SUENAN? DIGAMOS QUE SON VENTAJAS DEL OFICIO.
Y TÚ, MI HABILIDOSO AMIGO, VAS A REPARAR, CONSTRUIR Y DISEÑAR TODO LO QUE NECESITE. CUANDO YO TE DIGA.
ES UNA TECNOLOGÍA RUDIMENTARIA. PUEDO REPARARLA CON LOS OJOS CERRADOS. PERO ESTA VARA...
...ME INTRIGA.
¡EH!
¡¡UAAAAAAAAAAAAA...!!
¡¡NI SE TE OCURRA!!
¡¡AAAAAAAH!!
WHACK
¡¡¡HIJA DE...!!!
THOOMP

¿¿¡A QUÉ LECHES HA VENIDO ESO!??
NO ME GUSTA QUE ME APUNTEN CON UN ARMA.
¿¡DE VERAS!? PUES YA QUE ESTAMOS CON LAS CONFIDENCIAS...
¡...A MÍ NO ME VAN LOS RASPONES CONTRA EL CEMENTO!
¿LA SUPERFUERZA ES UNO DE TUS PODERES?
NO, QUE YO SEPA. ES QUE TÚ ERES UNA NENAZA.
TIENES UNA FORMA CURIOSA DE PEDIR AYUDA.

COMO HE DICHO ANTES, ESTO NO ES UNA PETICIÓN. VAS A SER MI "MANITAS", MI "Q" O COMO QUIERAS LLAMARLO.
Y SERÁ NUESTRO SECRETILLO. SI NO, NO QUERRÍA ESTAR EN TU CASA CUANDO LE CUENTE A TU MUJER QUE TRABAJABAS PARA UN GORILA TELÉPATA O EL LÍDER DE UNA SECTA SERPIENTE.
...
¿UNA ABOGADA FEDERAL CHANTAJEA A UN TESTIGO PROTEGIDO PARA QUE VUELVA A INFRINGIR LA LEY?
ES POR UNA BUENA CAUSA.
GENIAL. PASO DE LOS VILLANOS PSICÓTICOS A UNA ABOGADA PSICÓTICA. QUÉ ASCO DE VIDA.
PERO ELLA TIENE ACCESO A TODA CLASE DE CHISMES MOLONES, Y LLEVO FUERA DE JUEGO MUCHO...
¡...NO! ¡NO PUEDO! YO...
ME LO PENSARÉ.
¿CÓMO DICES?
ES LO ÚNICO QUE PUEDO DECIRTE DE MOMENTO, "MANHUNTER". ¿QUÉ VAS A HACER? ¿MATARME? ¿POR CUMPLIR LA LEY? LO DUDO.
LLÉVAME A CASA.

POR FAVOR, QUE ESTÉ DORMIDA. POR FAVOR, QUE ESTÉ DORMIDA...
MIERDA.
AH, HOLA, CIELO.
¿VAS A DECIRME QUIÉN ERA ESA FU-LANA?
LINDA, NO ERA UNA...
¿TE CREES QUE SOY IDIOTA?
SMACK
¡HE HECHO LA VISTA GORDA CON LAS DEMÁS, PORQUE NINGUNA DE ELLAS SE PRESENTÓ EN LA PU-ÑETERA PUERTA DE MI CASA!
NENA, LOS VECINOS...
¿QUÉ? ¿¿¡TEMES QUE DESCUBRAN QUE ERES UN MEQUETRE-FE INFIEL!??
NO OLVIDE LAS PALOMITAS LA PRÓXIMA VEZ, SRA. RAMÍREZ.

¿QUÉ DIABLOS ESTÁS HACIENDO?
ES OBVIO QUE HAY UNA PARTE DE TU VIDA QUE NO QUIERES COMPARTIR CON NOSOTROS, ASÍ QUE TE LO PONDRÉ FÁCIL. ME LARGO.
VAMOS, LINDA. NO TE PEGA NADA IR DE VÍCTIMA.
ESO, TÚ SIGUE, DYLAN.
ADIÓS.

PARECE QUE SE HA TERMINADO.
SÍ, ESO PARECE.

KLIK
BEEP
BEEP
BOOP
WHRRRRRRRRRR

BEE-DE-BEEP
BEE-DE-BEEP
BEE-DE-BEEP
BEE-DE-BEEP
BEE-DE-BEEP
BEE-DE-BEEP
OYE, YO...
OJITO, DYLAN. SI NO ME DICES LO QUE QUIERO OÍR, ESTOY A UN PASO DE ENVIAR TU HISTORIAL A TODAS LAS WEBS DE FANS DE SUPERVILLANOS DE LA RED.
ERES UN ENCANTO, ¿LO SABÍAS?
NO SOY TU AMIGA, ESO SEGURO. Y NO LO SERÉ NUNCA.
TIENES DOS OPCIONES: VAS A TRABAJAR CONMIGO O TE VAS A PASAR EL RESTO DE TU VIDA HUYENDO, MUERTO DE MIEDO, HASTA QUE TE MATE ALGUNO DE LOS TIPEJOS CON SUPERPODERES PARA LOS QUE TRABAJABAS.
VALE, VALE...

...ME APUNTO.

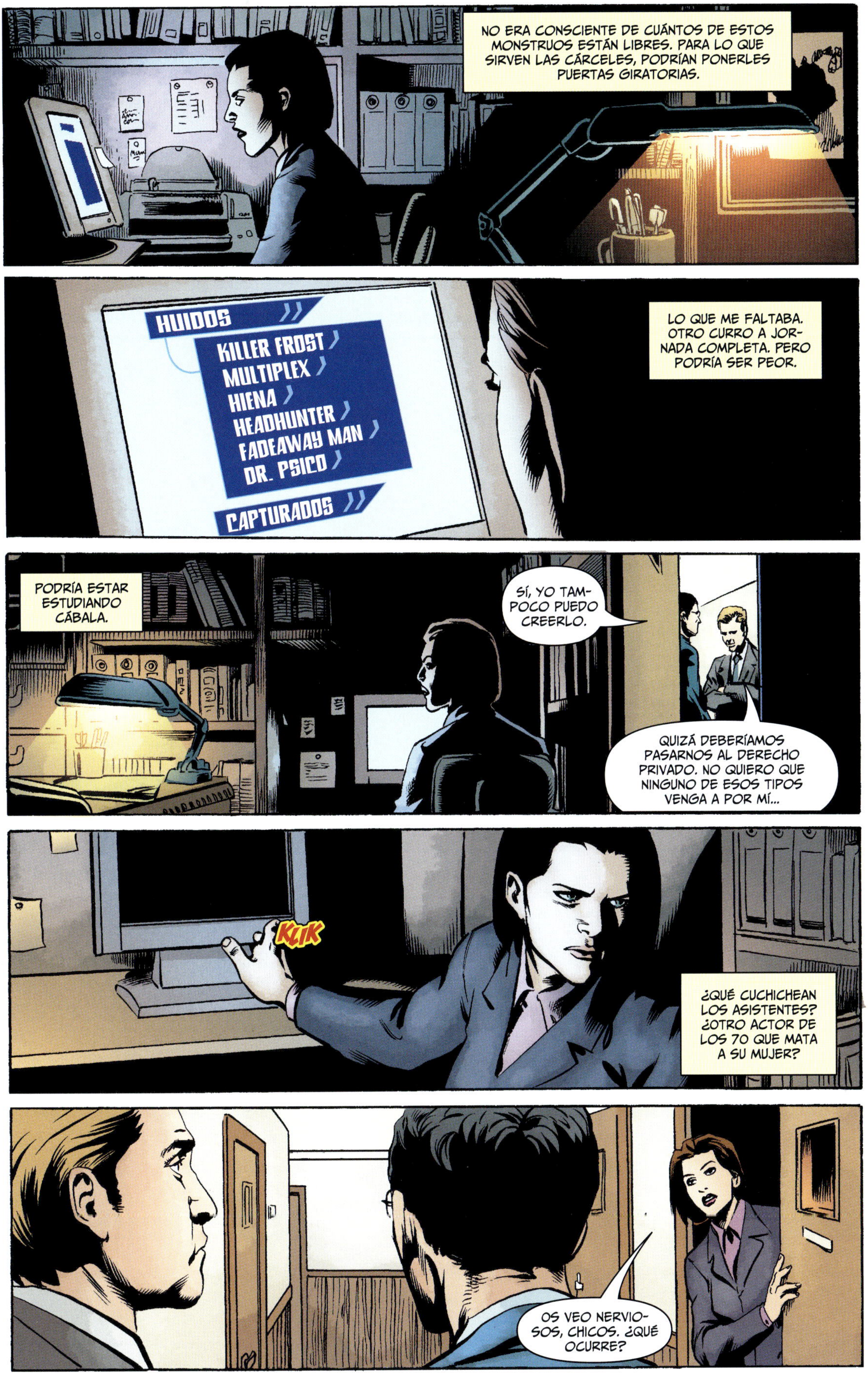
NO ERA CONSCIENTE DE CUÁNTOS DE ESTOS MONSTRUOS ESTÁN LIBRES. PARA LO QUE SIRVEN LAS CÁRCELES, PODRÍAN PONERLES PUERTAS GIRATORIAS.
HUIDOS
KILLER FROST
MULTIPLEX
HIENA
HEADHUNTER
FADEAWAY MAN
DR. PSICO
CAPTURADOS
LO QUE ME FALTABA. OTRO CURRO A JORNADA COMPLETA. PERO PODRÍA SER PEOR.
PODRÍA ESTAR ESTUDIANDO CÁBALA.
SÍ, YO TAMPOCO PUEDO CREERLO.
QUIZÁ DEBERÍAMOS PASARNOS AL DERECHO PRIVADO. NO QUIERO QUE NINGUNO DE ESOS TIPOS VENGA A POR MÍ...
KLIK
¿QUÉ CUCHICHEAN LOS ASISTENTES? ¿OTRO ACTOR DE LOS 70 QUE MATA A SU MUJER?
OS VEO NERVIOSOS, CHICOS. ¿QUÉ OCURRE?

¿NO LO SABES?
¿EL QUÉ?
FIRESTORM. LO HAN ASESINADO.
¡Y DICEN QUE HA SIDO EL LADRÓN-SOMBRA!

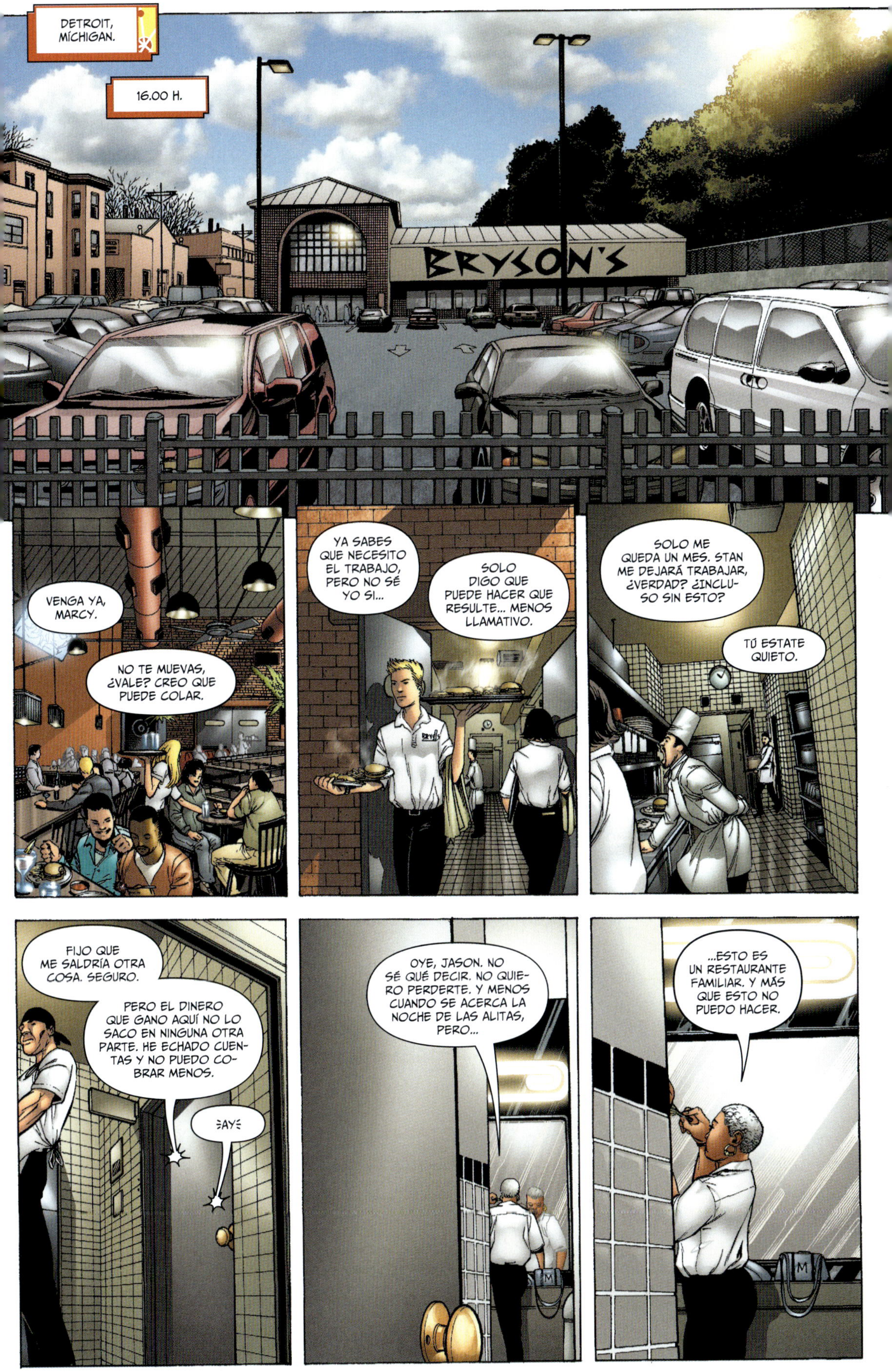
DETROIT, MÍCHIGAN.
16.00 H.
BRYSON'S
VENGA YA, MARCY.
NO TE MUEVAS, ¿VALE? CREO QUE PUEDE COLAR.
YA SABES QUE NECESITO EL TRABAJO, PERO NO SÉ YO SI...
SOLO DIGO QUE PUEDE HACER QUE RESULTE... MENOS LLAMATIVO.
SOLO ME QUEDA UN MES. STAN ME DEJARÁ TRABAJAR, ¿VERDAD? ¿INCLUSO SIN ESTO?
TÚ ESTATE QUIETO.
FIJO QUE ME SALDRÍA OTRA COSA. SEGURO.
PERO EL DINERO QUE GANO AQUÍ NO LO SACO EN NINGUNA OTRA PARTE. HE ECHADO CUENTAS Y NO PUEDO COBRAR MENOS.
¡AY!
OYE, JASON. NO SÉ QUÉ DECIR. NO QUIERO PERDERTE. Y MENOS CUANDO SE ACERCA LA NOCHE DE LAS ALITAS, PERO...
...ESTO ES UN RESTAURANTE FAMILIAR. Y MÁS QUE ESTO NO PUEDO HACER.

NO SÉ SI STAN TE DEJARÁ ATENDER LAS MESAS CON ESTAS PINTAS.
CONTACTO VISUAL
DAN JOLLEY GUION
CHRISCROSS DIBUJO
JOHN DELL TINTA
CHRIS SOTOMAYOR COLOR
STEPHEN WACKER EDITOR ADJUNTO
PETER TOMASI EDITOR
FIRESTORM CREADO POR GERRY CONWAY Y AL MILGROM

¿CÓMO TE HICISTE ESO? Y NO ME DIGAS QUE TROPEZASTE...
...ESO ES UN PUÑETAZO DE LIBRO.
FUERON UNOS TIPOS QUE CONOZCO.
HMM.
TE TENÍA MÁS BIEN POR ALGUIEN QUE ARREGLA LAS COSAS HABLANDO Y NO EMPRENDIÉNDOLA A GOLPES.
ANDA, VAMOS A BUSCAR A STAN, A VER SI...
...AH. VAYA. AQUÍ ESTÁ.
¿JASON?
¿QUÉ DIABLOS TE HA PASADO?
SÉ QUE ESTOY HECHO UN TRAPO, STAN, Y LO SIENTO MUCHO, PERO TIENES QUE AYUDARME. TENGO QUE REUNIR OTROS 500 PARA EL MES QUE VIENE.
SI ME TIRO UNA SEMANA SIN CURRAR, YA NO PODRÉ.
LO SIENTO, CHAVAL.
SI PUDIERA, TE AYUDARÍA. DE VERAS.
TE PONDRÍA EN LA COCINA, PERO NO HAY SITIO. ADEMÁS, TE QUEDARÍAS SIN PROPINAS.
"SIENTO DECIRLO, PERO TENGO QUE MANDARTE A CASA."
BRYSON'S

17.00 H.
"DIGA, SR. RUSCH, ¿POR QUÉ QUIERE ESTUDIAR EN NUESTRA VENERABLE INSTITUCIÓN? ¿QUÉ LE HACE PENSAR QUE CUMPLE LOS REQUISITOS?"
MICHIGAN
MOTOCTY
"VERÁ, SEÑOR, NO ES POR PRESUMIR, PERO SOY EL MEJOR CAMARERO DEL RESTAURANTE FAMILIAR BRYSON'S, EN LA CALLE MAC. ADEMÁS, SÉ HACER LA COLADA."
"¿SE LAVA LA ROPA SOLITO? VAYA, ESO ES UN PUNTO A FAVOR EN SU CURRÍCULO ACADÉMICO, ¿NO CREE?"
MOTOCTY
"¿Y CÓMO PIENSA PAGAR LA MATRÍCULA DEL PRIMER SEMESTRE? ¿UNA BECA? ¿PADRES RICOS?"
PARA ANUNCIARSE LLAMEN AL 1-800-555-3371
LICORES
STOPW TCH
BAR
"¿PRÉSTAMOS ESTUDIANTILES QUE NO SOLICITÓ, PORQUE PENSABA QUE REUNIRÍA EL DINERO?"

"...ALGO POR
EL ESTILO, SÍ."
LICORES
STOPW TCH
BAR

20.30 H.
BRRING BRRING BRRING
NO APARCAR
MOTOCTY
NO
BRRING BRRING
¿D-DIGA?
¡EH, TÍO! ¡NO TE LO VAS A CREER!
¡MICK! BUF, CREÍA QUE ERA MI PADRE.
¿QUÉ ES LO QUE NO ME VOY A CREER?
EL FINDE PASADO FUI A UN CONCIERTO CON CHRIS Y FREDERICK. Y NO TE IMAGINAS CON QUIÉN ME HICE UNA FOTO.
EH... ¿BRUCE BOXLEITNER?
FRÍO, FRÍO, COLEGA. ¡ABRE TU MENTE!
VALE... ¿GREEN LANTERN?
OOOH... HABRÍA ESTADO GUAY. PERO NO.
¡TU AMIGO ES EL ORGULLOSO PROPIETARIO DE UNA FOTO FIRMADA EN LA QUE SALE CON ELIZA DUSHKU!

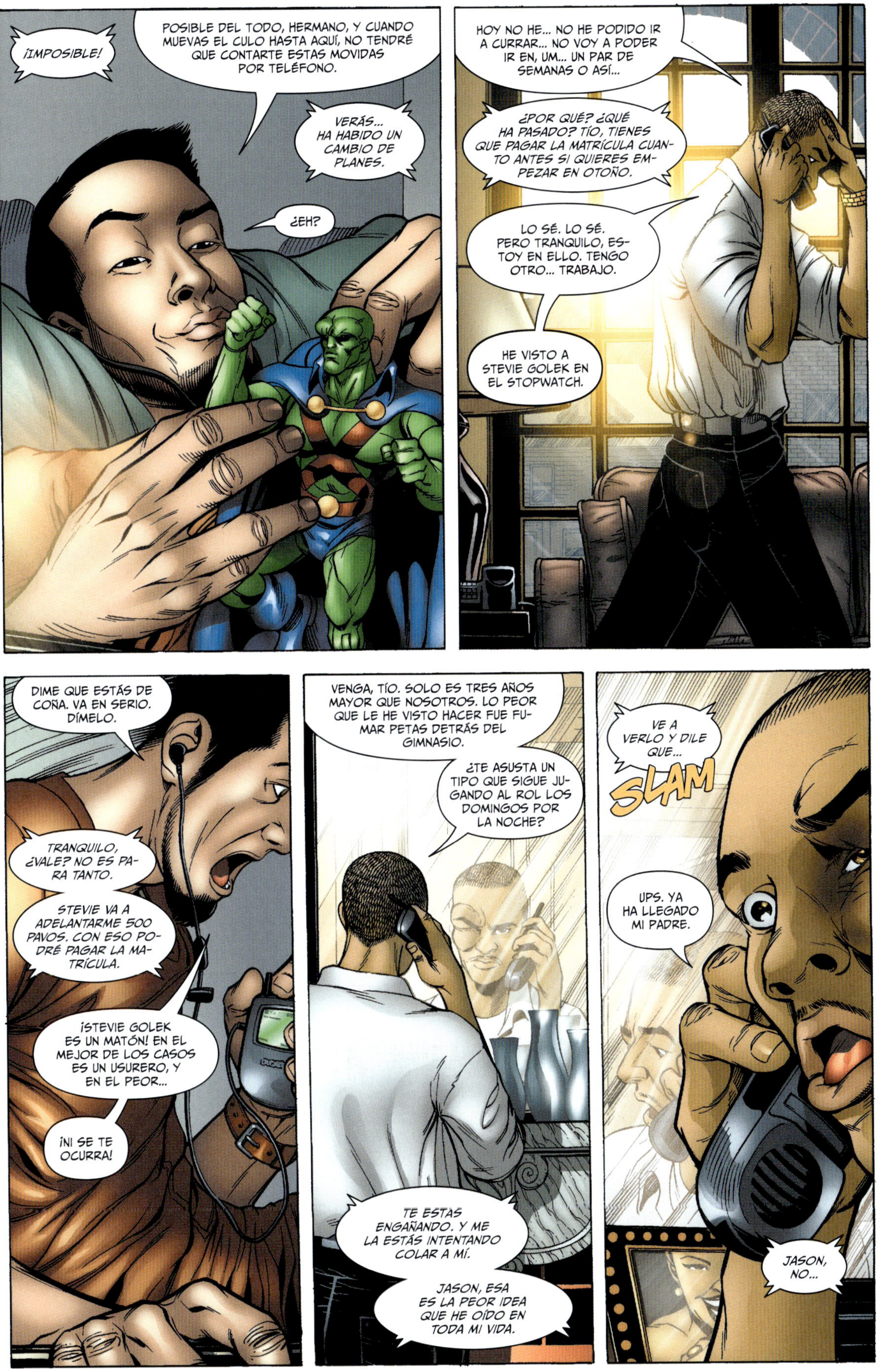
¡IMPOSIBLE!
POSIBLE DEL TODO, HERMANO, Y CUANDO MUEVAS EL CULO HASTA AQUÍ, NO TENDRÉ QUE CONTARTE ESTAS MOVIDAS POR TELÉFONO.
VERÁS... HA HABIDO UN CAMBIO DE PLANES.
¿EH?
HOY NO HE... NO HE PODIDO IR A CURRAR... NO VOY A PODER IR EN, UM... UN PAR DE SEMANAS O ASÍ...
¿POR QUÉ? ¿QUÉ HA PASADO? TÍO, TIENES QUE PAGAR LA MATRÍCULA CUANTO ANTES SI QUIERES EMPEZAR EN OTOÑO.
LO SÉ. LO SÉ. PERO TRANQUILO, ESTOY EN ELLO. TENGO OTRO... TRABAJO.
HE VISTO A STEVIE GOLEK EN EL STOPWATCH.
DIME QUE ESTÁS DE COÑA. VA EN SERIO. DÍMELO.
TRANQUILO, ¿VALE? NO ES PARA TANTO.
STEVIE VA A ADELANTARME 500 PAVOS. CON ESO PODRÉ PAGAR LA MATRÍCULA.
¡STEVIE GOLEK ES UN MATÓN! EN EL MEJOR DE LOS CASOS ES UN USURERO, Y EN EL PEOR...
¡NI SE TE OCURRA!
VENGA, TÍO. SOLO ES TRES AÑOS MAYOR QUE NOSOTROS. LO PEOR QUE LE HE VISTO HACER FUE FUMAR PETAS DETRÁS DEL GIMNASIO.
¿TE ASUSTA UN TIPO QUE SIGUE JUGANDO AL ROL LOS DOMINGOS POR LA NOCHE?
TE ESTAS ENGAÑANDO. Y ME LA ESTÁS INTENTANDO COLAR A MÍ.
JASON, ESA ES LA PEOR IDEA QUE HE OÍDO EN TODA MI VIDA.
VE A VERLO Y DILE QUE...
SLAM
UPS. YA HA LLEGADO MI PADRE.
JASON, NO...

TE DEJO. LUEGO HABLA-MOS. ¡CHAO!
CHIK
HOLA, PAPÁ.
HIJO.
¿NO ESTÁS TRABAJAN-DO?
PETE

PAPÁ, YO...
...VOY A TENER QUE PAGARTE EL ALQUILER DE LA HABITACIÓN UN PELÍN, EH... TARDE...
¿TARDE? ¿Y ESO?
STAN ME HA DICHO QUE NO PODÍA TRABAJAR CON... EH... CON LA CARA ASÍ.
BRYSON'S
¿ESTÁS DICIENDO QUE TE HAN DESPEDIDO?
SOLO SERÁ HASTA QUE... HASTA QUE MEJORE UN POCO. STAN CONSIDERA QUE NO... EH...
BRYSON'S
HABLA MÁS ALTO. NO TE OIGO.
DIME POR QUÉ NO PUEDES CUMPLIR TU PARTE DEL TRATO.

LO SIENTO.
¡QUE HABLES MÁS ALTO!
LO SIENTO... PAPÁ, LO SIENTO...
¿LO SIENTES?
¿CREES QUE BASTA CON ESO?
¿SIENTES NO PODER CUMPLIR LA PARTE QUE TE TOCA?
PAPÁ... YO NO...
¿O CREES QUE ESTO ES CULPA MÍA?
PAPÁ...

PAPÁ, NO, POR FAVOR...
LO SIENTO...
NO HABRÍA ACEPTADO ESE ESTÚPIDO EMPLEO EN LA FÁBRICA DE NO SER PORQUE TU MADRE SE PASABA TODO EL PUÑETERO DÍA GRITÁNDOME.
Y AHORA, ¡MÍRAME!
PAPÁ... YO...
THUMP
¡QUE ME MIRES!
PETITE
JASON... ¡OH!
¿ESTÁS...? ¿ESTÁS BIEN? NO PRETENDÍA...

NO, NO, PAPÁ, ES-TOY BIEN.
ESTOY BIEN...
DEJA, YO ME OCUPO.
NO DEBERÍAS AGACHARTE. TU ESPALDA...
YA... UNH. GRACIAS.
¿UNA TAZA DE CAFÉ? PUEDO PREPARARLO.
UH.
HM... CAFÉ.
UN CAFÉ ESTARÍA BIEN.
GRACIAS.
ENSEGUIDA VUELVO.

ESE LÍO EN EL TRABAJO HA DADO AL TRASTE CON TUS PLANES.
¿PLANES?
SÍ. YA SABES. LO DE IR A LA UNIVERSIDAD. ALEJARTE DE TU VIEJO.
ESOS PLANES.
PAPÁ...
NO QUIERO IR A LA UNIVERSIDAD PARA ALEJARME DE TI.
ES POR EL BIEN DE LOS DOS.
TU PENSIÓN DE INCAPACIDAD... EN FIN...
VOY A HACER LA CENA, PA. ¿TIENES HAMBRE?
...UN POCO.
SÍ, GRACIAS, CHAVAL.

22.40 H.
EH, OJO PIPA.
TIENES MALA CARA, COLEGA.
EH... L-LO SIENTO.

¡TRANQUI, TÍO! ANDA, VEN AQUÍ A SENTARTE.
Y POR LO QUE MÁS QUIERAS, DEJA DE DISCULPARTE A TODAS HORAS.
EH... UH, LO SI... EH. VALE.
COMO YA TE HE DICHO ESTA TARDE, TODO IRÁ COMO LA SEDA.
ERES UN MENSAJERO. NADA MÁS. LLEVA ESTO A SU DESTINO Y ENTRÉGASELO A SU DESTINATARIO.
EL CONTENIDO NO TE INCUMBE. SI LLEGARA ABIERTO, LOS DEMÁS PODRÍAN CHINARSE.
LO LLEVAS, LO ENTREGAS Y TE LARGAS.
¿OÍDO?
SÍ. OÍDO. PUEDO HACERLO.
OYE... QUERÍA DECIRTE QUE...
GRACIAS. ME ESTÁS AYUDANDO MUCHO.
EH, SOY UN TIPO QUE SE ENTREGA A LOS DEMÁS.
HAZ TRABAJILLOS PARA MÍ DE VEZ EN CUANDO, MANTÉN LA BOCA CERRADA Y EN UN VISTO Y NO VISTO ESTARÁS A LAS PUERTAS DE LA ACADEMIA, ¿VALE?
VALE.
VEO QUE NOS ENTENDEMOS.

00.15 H.
BUF. QUÉ CARRETERA TAN LARGA Y OS-CURA.
Y LA RADIO QUE NO VA.
OJALÁ TUVIERA A BEYONCÉ A MI LA-DO.
INCLUSO BRANDY ME VAL-DRÍA... CUALQUIER CHICA, EN REA-LIDAD...
¿Y QUÉ INDICACIONES SON ESTAS? ¿ES UN CINCO O UNA "S"?
¿NADIE LE HA ENSEÑA-DO A...?
¿ESCRIBIR...?
¿QUÉ CO...?
OH, NO.

NO ME JODAS.
SCREEEEECH
¡AAAAAAHH!

LUEGO.
HHHNN... ¿QUÉ...?
¿QUÉ...? ¿QUÉ HA SIDO...?
¡AAAH! ¿LAS DOS MENOS CUARTO?
¡LLEGO TARDE, ME VA A MATAR, AY, DIOS, LLEGO TARDE!
VROOOOM
ESE ES EL SITIO...

GREGS
UM. ¿HOLA? ¿DISCUL-PEN?
KNOCK KNOCK
BUSCO A UN TIPO LLAMADO... EH...
WHAM
¡UNGH!
¿QUERÍAS ENGAÑARME?
BLAM BLAM
¡TOMA ESTO, YON-CARRA!
BLAM BLAM BLAM BLAM BLAM BLAM
BLAM BLAM
BLAM BLAM
BLAM

AY, DIOS.
¿Q-QUÉ ESTÁ...?

¿QUÉ CARAJO...?
¡AAAH!
¡YIIEEE!
SÍ...

...MÁS OS VALE CORRER.

CONTACTO VISUAL PARTE DOS

DAN JOLLEY GUION
CHRISCROSS DIBUJO
DAN GREEN TINTA
CHRIS SOTOMAYOR COLOR
STEPHEN WACKER EDITOR ADJUNTO
PETER TOMASI EDITOR
FIRESTORM CREADO POR GERRY CONWAY Y AL MILGROM

¡AAAAAAAAAAAAAAAH!
AY, DIOS...
AY, DIOS...
ESTOY...
¡...VIVO!

¡SÍ!
¡SIGO AQUÍ! ¡SIGO AQUÍ!
¡JA, JA, JA, JA, JAAAAA!
EL FUEGO...
...QUIERE SALIR...
...NECESITA SALIR...
¡ALLÁ VA!

NO ESTOY MUERTO... NI SOÑANDO...
ENTONCES, ¿QUÉ? RECUERDO... GENTE CORRIENDO... DISPAROS... ¿ME CAÍ?
¿ME DESCALABRÉ CON UNA ROCA?
PUES LO ARREGLARÉ... ABRAZARÉ EL CAMBIO...
¡CAMBIO!
¡SÍ!

¿QUÉ ESTÁS HACIENDO, TÍO? DÉJAME... DÉJAME SALIR.
¿EH?
NO ES JUSTO. SUÉLTAME.
¿QUÉ ES ESTO? ¿DÓNDE ESTÁS?
¿QUIÉN ERES?
TE VEO. TE VEO AHÍ FUERA.
¿QUÉ HAS HECHO?
TÍO...

...ESTO SE AVISA.
DIOS MÍO.
¿DÓN-DE ESTA-MOS?
TÚ SABRÁS. ESTO ES CO-SA TUYA.
PERO YO... YO... ¡NO SÉ QUÉ HA PA-SADO!
IBA A HACER UNA ENTREGA... PE-RO ANTES DE ESO VI UN DESTELLO LU-MINOSO Y... Y...
...Y CUANDO LLEGUÉ, LA GENTE EMPEZÓ A DISPA-RARSE, Y DE RE-PENTE ME VI... EH...

PUEDO VERTE AHÍ FUERA. REVO-LOTEANDO ENTRE LAS LLAMAS.
DÉJAME SALIR.
¿SALIR DE DÓNDE? ¿QUÉ LUGAR ES ESTE?
VENGA, TÍO. NO SEAS TAN ESPESO.
ESTAMOS DENTRO DE TU CABEZA.
¡NO!
NO... NO PUEDO...

NO PUEDO HACERLO...
NO TIENE SENTIDO... NO TIENE SENTIDO... Y YO...
FWOOM
...NO ENTIENDO NADA...
¡GAAAAH!
¡GAAAAH!

FWWAAAAAAAASSSSSSH!!
¿QUÉ DIABLOS...?
¿ESTÁS...? EH... ¿ESTÁS BIEN?
ME HE... NO SÉ. ME HABRÉ DESMAYADO...
NO... TODO ESTÁ... ESTÁ BORROSO Y...
VOY A TUMBARME UN RATO...
OYE, ESPERA. ¿NO RECUERDAS ESO?
¿EL QUÉ, COLEGA?
NECESITO... DORMIR UN POCO...
PE... PERO YO...
¡OH, MIERDA!
¡EL SOBRE!

¡SÍ!
GRACIAS, GRACIAS, GRACIAS, GRACIAS, GRACIAS...
OH, NO.
NO.
NO ESTÁS HERIDO, ¿VERDAD?
NO... NO ME HAN DADO, PERO...
...STEVIE, LO SIENTO. LO SIENTO MUCHO, PERO EL SOBRE SE HA, EH, SE HA...
...PERDIDO. SE HA... QUEMADO.
HHHHHMM.
JASON...
...EL CONTENIDO DE ESE SOBRE VALÍA MÁS QUE LAS VIDAS DE TODOS ESOS MEMOS.
LO QUE HAS HECHO... ES MALO PARA EL NEGOCIO. MUY MUY MALO.
DETROIT

APOSTÉ POR TI, OJO PIPA.
ESCUCHA. LA SEMANA QUE VIENE IRÉ A VERTE CON ALGUNOS DE MIS CHICOS PARA QUE PODAMOS HABLARLO LARGO Y TENDIDO.
CLICK
¿JASON? EH, ¿ESTÁS AHÍ? ¡CONTESTA, TRONCO!
ESPERO LLAMAR EN BUEN MOMENTO. SI SIGUES CON LA RUTINA DE SIEMPRE, TE ESTARÁS DESPERTANDO AHORA...
...Y TU PADRE SEGUIRÁ EN LA CAMA.

TRONCO, ME TIENES MUY PREOCUPADO, ¿ME OYES? ¿RECUERDAS TODAS ESAS MOVIDAS QUE ME DIJISTE SOBRE STEVIE GOLEK?
QUIERO CONFIRMAR QUE NO HAS HECHO NINGUNA ESTUPIDEZ.
ASÍ QUE LLÁMAME, ¿VALE? TENGO UN PRIMO QUE ES PRESTAMISTA EN UN BANCO. CREO QUE PUEDO APAÑAR ALGO PARA TU MATRÍCULA.
PERO ALÉJATE DE GOLEK. HAZLO POR MÍ, ¿VALE? HAZLO POR MICK, TU MEJOR AMIGO DESDE EL COLEGIO. ¿DE ACUERDO?
CONSEGUIREMOS QUE ENTRES EN LA UNIVERSIDAD.
AH, POR CIERTO, CAMBIANDO DE TEMA... ¿HAS OÍDO LO DE FIRESTORM?
¡DICEN QUE LO VIERON ANOCHE EN DETROIT! ¿A QUE MOLA?
OYE, TENGO QUE IR A LA CAFETERÍA ANTES DE QUE SE TERMINEN LOS MUFFINS DE ARÁNDANOS.
¡LLÁMAME! ¿VALE? ¡CHAO!
SÍ...
...HE OÍDO LO DE FIRESTORM.

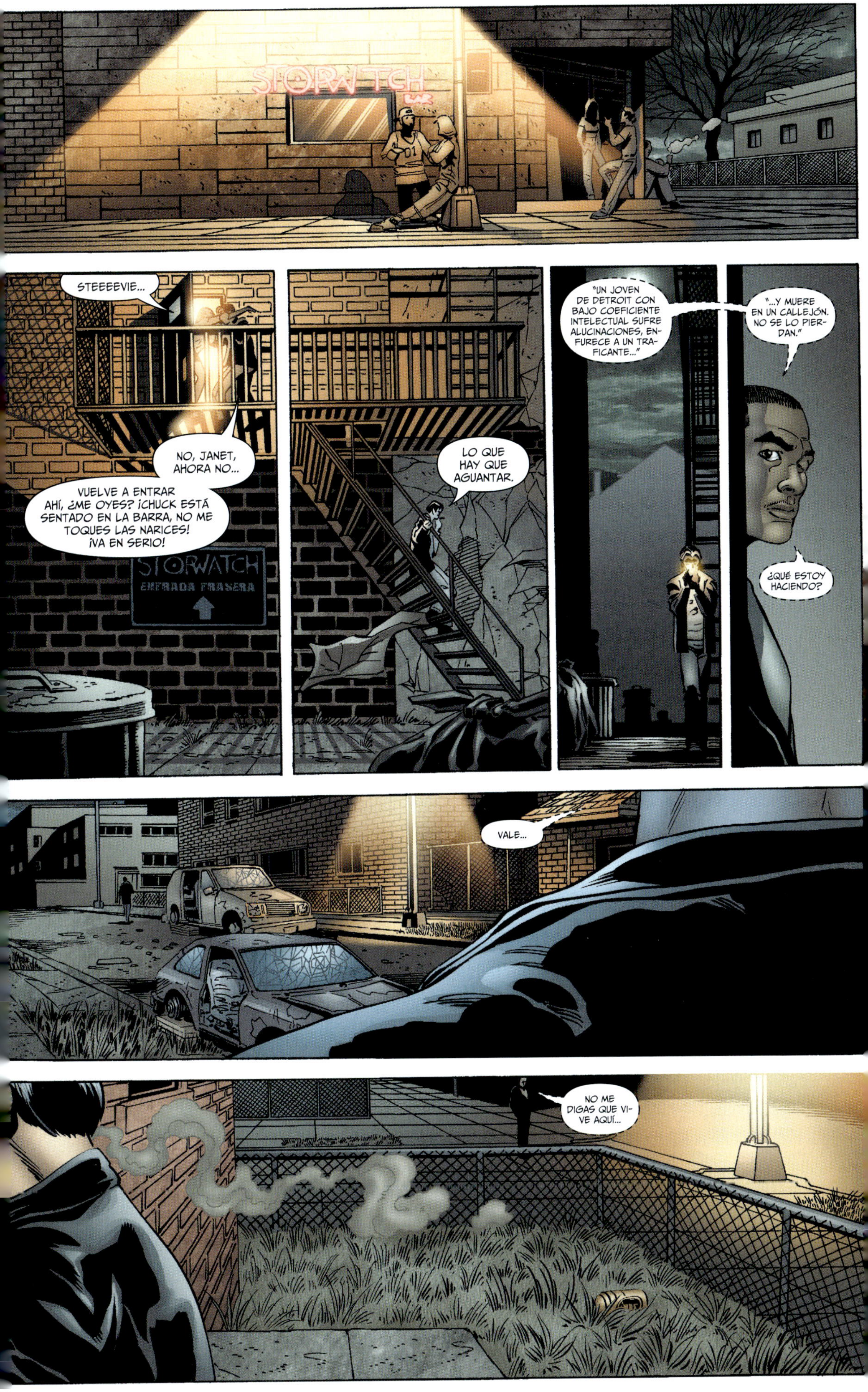
STORWATCH BAR
STEEEEVIE...
NO, JANET, AHORA NO...
VUELVE A ENTRAR AHÍ, ¿ME OYES? ¡CHUCK ESTÁ SENTADO EN LA BARRA, NO ME TOQUES LAS NARICES! ¡VA EN SERIO!
STORWATCH
ENTRADA TRASERA
LO QUE HAY QUE AGUANTAR.
"UN JOVEN DE DETROIT CON BAJO COEFICIENTE INTELECTUAL SUFRE ALUCINACIONES, ENFURECE A UN TRAFICANTE..."
"...Y MUERE EN UN CALLEJÓN. NO SE LO PIERDAN."
¿QUÉ ESTOY HACIENDO?
VALE...
NO ME DIGAS QUE VIVE AQUÍ...

VENGA YA, JASON. ESTO ES RASTRERO HASTA PARA TI.

¡STEVIE!
UNA COSITA: COMO ESPÍA, ERES LO PEOR. TE VI DESDE EL BAR EN CUANTO LLEGASTE.
DECIDÍ ATRAERTE HASTA AQUÍ, A VER QUÉ HACÍAS. ¿SEGUIRME, LLAMAR A LA PUERTA? ¿QUÉ?
STEVIE... YO... QUIERO DISCULPARME. TRABAJARÉ PARA PAGAR EL CONTENIDO DEL SOBRE, TE...
PERO ¿TIRARTE AL SUELO Y ASOMARTE A MI VENTANA?
HA SIDO UNA ESTUPIDEZ.
STEVIE, NO...
¡HUKK!
AY, DIOS... AY, DIOS...
HABLANDO DE POTENCIAL DESAPROVECHADO...
EN FIN. ESTATE QUIETO, QUE YA TERMINO.
AY...
TÍO, ¿QUÉ TE PASA EN LOS OJOS?
...DIOS.

¡AAAAH!
¿QUÉ ES ESTO...? ¿¡QUÉ OCURRE!?
¡NOOOOO!
SÍ.

MADRE MÍA... OJO PIPA... ¡MIRA ESTO! ¡MIRA LO QUE HAS HECHO! ME TENÍAS ENGAÑADO.
NO. NO.
NO, TÚ NO. NO QUIERO TENERTE...
ES ABSURDO TENERTE DE MENSAJERO. PODRÍA PONERTE EN PRIMERA LÍNEA. A LO GRANDE.
...EN MI CABEZA... SAL...
¡SAL! ¡SAL DE AQUÍ!
¿POR QUÉ QUERRÍA IRME? ¿NO TE DAS CUENTA DE QUE ESTO ES UNA MINA DE ORO?
ES COMO SI... ESTUVIERA COLOCADO.
UH...
...OH, NO...
EH, MIRA ESO... HA VENIDO TODA LA PANDA. A SABER QUÉ SE PIENSAN QUE HA OCURRIDO, ¿EH?

HOSTIAS. ESE ES FIRESTORM.
UN SUPER-MAMARRACHO SE HA CARGADO A STEVIE.
¿QUÉ HACEMOS, DANNY?
ESPERAD, NO QUIERO PROBLEMAS, ¿VALE? NO HACE FALTA...
BLAM BLAM BLAM BLAM
BLAM BLAM BLAM BLAM BLAM BLAM BLAM BLAM BLAM BLAM BLAM
JOEY... VE A AVISAR A LOS CHICOS.
CORRE.

VALE, ¿RECUERDAS LO QUE DIJE ANTES? ¿LO DE PONERTE EN PRIMERA LÍNEA? OLVÍDALO.
ERES PATÉTICO.
DÉJAME EN PAZ.
¿EN PAZ? ¿QUE TE DEJE YO EN PAZ? QUÉ GRACIOSO.
PRIMERO UNA PUÑALADA... Y LUEGO... ¡VAN Y ME DISPARAN!
YO... NO HE PEDIDO ESTO. NO LO QUIERO.
VENGA, TÍO, ME DAS GANAS DE POTAR. NO ESTÁS TAN MAL.
NO VEO ESA PUÑALADA POR NINGUNA PARTE. SI HASTA TE HA MEJORADO LA CARA.
OYE, ¿QUIÉN TE PUSO ESE OJO A LA VIRULÉ? DÉJAME ADIVINAR...
METISTE LA PATA POR ALGO Y...
...EL INÚTIL, VAGO, MANCO Y TULLIDO DE TU PADRE HIZO USO DEL ÚNICO PUÑO QUE LE QUEDA, ¿EH?
NO HABLES ASÍ DE MI PADRE.
¿O QUÉ? NO HARÁS OTRA COSA QUE SALIR HUYENDO, Y LOS DOS LO SABEMOS.
¿SABES? TU PADRE Y YO NOS PARECEMOS. UN PAR DE TORTAS A TIEMPO Y...
¡CÁLLATE!

TE VAS A ENTERAR.
TÚ Y TODOS.
VEO QUE OS GUSTA DISPARAR A LA GENTE...
¿QUÉ? ¡NO!
NO LO HAGAS...
...A VER SI OS GUSTA SER LAS VÍCTIMAS.
SKASHHH

BA BOOM
OH... NO... EL LABORATORIO DE META... YO...
...HABÍA GENTE AHÍ DENTRO Y... Y ESOS DOS...
...YO NO QUERÍA...
BAH, QUE LES DEN, ¿VALE? TENEMOS OTROS PROBLEMAS.
LOS HE MATADO...
HE MATADO GENTE...
TE QUERÍAN VER MUERTO, ¿VALE? ¡DEJA DE RAYARTE CON ESO Y VEN AQUÍ!

¿QUÉ ES LO QUE...?
¿...QUIERES?
NO SÉ QUÉ DIABLOS ME ESTÁS HACIENDO, PERO...
¡ME DESINTEGRO!
¿QUÉ...? ¿CÓMO... CÓMO...?
¡NI LO SÉ NI ME IMPORTA! HA EMPEZADO DE REPENTE...
¡...Y CUANTO MÁS TIEMPO SIGAMOS ASÍ, MÁS ME DESINTEGRARÉ!
¡DÉJAME SALIR! ¡VAMOS! ¡YA!
PERO, PERO YO... YO...
¿QUÉ? ¿QUÉ?
¡LO INTENTO! ESTOY INTENTANDO LIBERARTE, PERO...
¡...NO PUEDO!

DETROIT, MÍCHIGAN.
¡YA TE HE DICHO QUE NO SÉ CÓMO PASÓ!
¿QUÉ? ¿TE DESPERTASTE UN DÍA Y, BUM, ERAS FIRE-STORM? NO ME VACILES.
¡TE ESTOY DICIENDO QUE NO SOY FIRESTORM! ¡NO SÉ QUÉ NARICES ESTÁ PASANDO!
IBA CONDUCIEN-DO ANOCHE... PARA CUMPLIR TU ENCARGO... APARECIÓ UNA LUZ EN EL CIELO Y...
...Y DESDE ENTONCES TODO HA IDO DE MAL EN PEOR...

¡YO SOLO QUIERO QUE ES-TO TERMINE!

EMPODERADO
DAN JOLLEY GUION
CHRISCROSS DIBUJO
ROB STULL TINTA
CHRIS SOTOMAYOR COLOR
STEPHEN WACKER EDITOR ADJUNTO
PETER TOMASI EDITOR
FIRESTORM CREADO POR GERRY CONWAY Y AL MILGROM
¿AH, SÍ?
NO TANTO COMO YO.

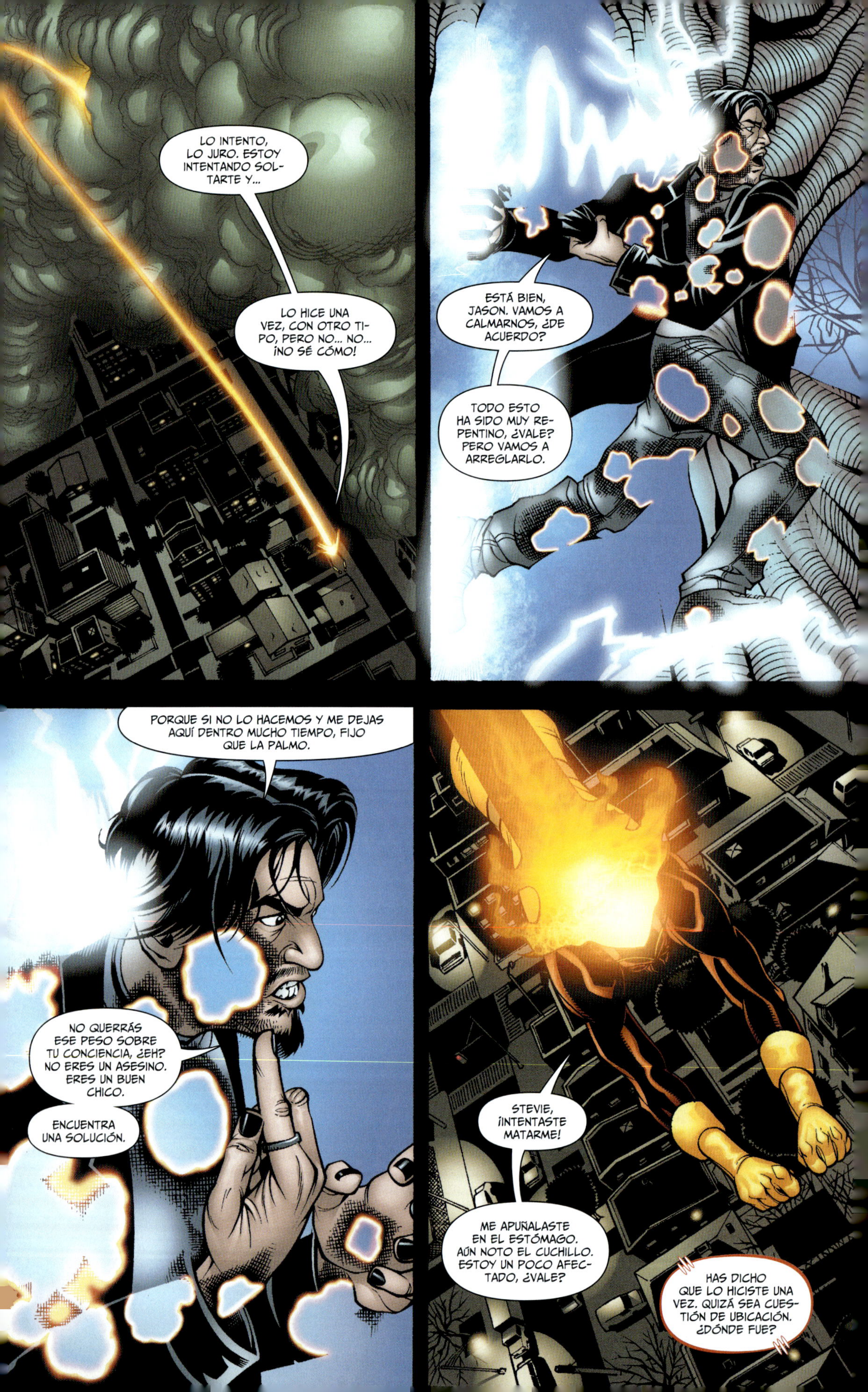
LO INTENTO, LO JURO. ESTOY INTENTANDO SOL-TARTE Y...
LO HICE UNA VEZ, CON OTRO TI-PO, PERO NO... NO... ¡NO SÉ CÓMO!
ESTÁ BIEN, JASON. VAMOS A CALMARNOS, ¿DE ACUERDO?
TODO ESTO HA SIDO MUY RE-PENTINO, ¿VALE? PERO VAMOS A ARREGLARLO.
PORQUE SI NO LO HACEMOS Y ME DEJAS AQUÍ DENTRO MUCHO TIEMPO, FIJO QUE LA PALMO.
NO QUERRÁS ESE PESO SOBRE TU CONCIENCIA, ¿EH? NO ERES UN ASESINO. ERES UN BUEN CHICO.
ENCUENTRA UNA SOLUCIÓN.
STEVIE, ¡INTENTASTE MATARME!
ME APUÑALASTE EN EL ESTÓMAGO. AÚN NOTO EL CUCHILLO. ESTOY UN POCO AFEC-TADO, ¿VALE?
HAS DICHO QUE LO HICISTE UNA VEZ. QUIZÁ SEA CUES-TIÓN DE UBICACIÓN. ¿DÓNDE FUE?

EH... EH... FUE...
...POR AQUÍ. ALLÍ.
¿Y?
OH... VAYA, LO HAN ACORDONADO TODO...
GREGSON
TÍO, SI ESTE ES EL LUGAR DONDE PUEDES CAMBIAR, O DIVIDIRTE, O COMO QUIERAS LLAMARLO...
...DA IGUAL LO QUE PASE ALLÍ. ¡BAJA!
VALE, VALE... YA ES- TOY AQUÍ.
¿SÍ? ¿Y? ¿NOTAS ALGO?

NNN... NNNH...
NADA.
CREO QUE ESTO NO VA A FUNCIONAR.
¡ESTOY ATRAPADO EN TU CABEZA, TÍO! ¡ES COMO SI TU CEREBRO ME ESTUVIERA DEVORANDO!
¡HAZ ALGO! ¡PIENSA UNA SOLUCIÓN!
¡LO INTENTO! ¡LO INTENTO!
¡TUS GRITOS EN LA OREJA NO ME AYUDAN!
¿LO TIENES?
SÍ.
EL INFORME DIARIO ACABA DE PONERSE INTERESANTE.

VALE... VALE, ESCUCHA. TENGO UNA IDEA.
VE A BUSCAR A LA LIGA DE LA JUSTICIA.
¿CÓMO DICES?
¡LA LIGA DE LA JUSTICIA! ¡SUPERMAN! ¡WONDER WOMAN! ¡ESE TÍO QUE CORRE A TODA LECHE! ¡ESA GENTE!
SE OCUPAN DE MOVIDAS RARAS COMO ESTA, ¿VERDAD? BÚSCALOS.
V-VALE... VALE... PERO, EH...
¿CÓMO? ¿POR DÓNDE EMPIEZO?
VENGA, TÍO, ¿NO LEES EL PERIÓDICO?
ESTÁN EN LA LUNA.
TIENEN UNA TORRE O ALGO ASÍ AHÍ ARRIBA. SALIÓ EN *POPULAR SCIENCE*.

¿LA LUNA...?
NO...
NO PUE-DO.
¿QUÉ NARICES QUIERES DECIR CON ESO?
ES... ES... UN DISPARATE. IR A LA LU-NA Y...
¿CÓMO SE SUPONE QUE VOY A RESPIRAR?

POR TODOS LOS DEMO... ¡AOW!
MIERDA.
JASON... ME MUERO.
¡ERES UN PUÑETERO SUPER-HÉROE! ¿NO PUEDES ENCONTRAR UN MODO?
PUEDES VOLAR. ATRAVESAR PAREDES. HACES MOVIDAS EXTRAÑAS QUE NI SIQUIERA ENTIENDO...
¡...Y TE SALE FUEGO DE LA CABEZA!
¿TODO ESO, Y TÚ TE PREOCUPAS POR RESPIRAR?
YA SÉ A QUÉ SE REDUCE ESTO.
ERES UN MALDITO COBARDE.
TU VIEJO TE HA ZURRADO TANTO Y TAN FUERTE... QUE YA NO TIENES PELOT...

TE HE DICHO...
...QUE NO...
...HA-BLES...
¡...DE MI PADRE!

ESO SÍ QUE HA SIDO RARO.
NO SOY EL ÚNICO QUE SE HA ABIERTO, ¿VERDAD?
TÚ TAMBIÉN TE ESTÁS ABRIENDO UN POQUITO A MÍ.
TAL VEZ PUEDA HACERME ENTENDER Y DIVERTIRME AL MISMO TIEMPO.
VAMOS A HURGAR UN POCO. SÍ... MIRA ESTO.
AQUÍ ES CUANDO LLAMARON A TU MADRE, ¿EH? CUANDO EL CAPATAZ DE LA FÁBRICA LE DIJO...
"...LO SIENTO, SRA. RUSCH, PERO ALVIN HA TENIDO UN PEQUEÑO ACCIDENTE."
PARA.

AHÍ EMPEZÓ TODO, ¿VERDAD? EL CAMINO HACIA EL HOMBRE QUE ERES AHORA.
YYYYY... AQUÍ... OH, QUÉ TIERNO. LA ESPOSA ABNEGADA. EL HIJO OBEDIENTE.
¿POR QUÉ HACES ESTO? ¿POR QUÉ HACES ESTO?
¡PORQUE QUIERO DEMOSTRAR ALGO, CARACULO! ¡PRESTA ATENCIÓN!

¡AQUÍ ES DONDE SE TUERCE LA COSA! ¿VES? ¡ALVIN LA TOMA CON SUS ALLEGADOS! ¿RECUERDAS? ¿RECUERDAS?
JO, TÍO, Y AQUÍ ES CUANDO TU MADRE SE VA. Y ABANDONA AL PRINGADO DE ALVIN.
A TI TAMBIÉN TE ABANDONÓ, ¿VERDAD? ¿TE HAS PREGUNTADO CÓMO TE IRÍA SI TE HUBIERA LLEVADO CON ELLA?
PARA... PARA...
¡Y ALLÁ VAMOS!
¡VENGA! ¡PÉGALE! ¡PÉGALE!

TÚ MISMO LO HAS DICHO, JASON. LLEVAS TODA LA VIDA IGUAL.
TODO EL MUNDO TE PISOTEA. TE TUMBA. Y AUNQUE TE LEVANTES, CUANDO VUELVES A CASA...
...TU VIEJO TE VUELVE A NOQUEAR.
EL PEQUEÑO JASON RUSCH. EL SACO DE BOXEO DE LOS DEMÁS. SIN FUERZA. SIN VOLUNTAD.
SIN NADA.
¿QUÉ... QUIERES... DEMOSTRAR?

QUIERO DEJAR CLARA UNA COSA.
JASON RUSCH HA MUERTO. ¿ME OYES?
ERES ALGUIEN NUEVO.
AHORA TIENES PODER. ¡PODER! Y LO SABES.
ERES UN TIPO DURO DE COJONES.
SOLO TE QUEDA ACEPTARLO.
ACÉPTALO... POR FAVOR... ANTES DE QUE ME DESINTEGRE.
NO MÁS PUÑETAZOS...
NO MÁS PALIZAS...
...QUE ASÍ SEA, Y TOMARÉ...

...EL CONTROL.

OSTRAS, TIENES RAZÓN... ES MUY SENCILLO.
BASTA CON...
...DEJARSE LLEVAR.
¡SÍ! ¡YA ESTÁ! ¡LO LOGRAMOS!
ES COMO CUANDO TIENES LOS HOMBROS EN TENSIÓN SIN DARTE CUENTA, PERO ENTONCES TE RELAJAS Y...
¿STEVIE?

¡STEVIE!

AY, DIOS, LO SIENTO, LO SIENTO, LO SIENTO.
PERDÓN, LO SIENTO, PERDÓN...
VALE... VALE.
ME... APUÑA-LASTE. IBAS A MATARME.
Y...
Y TIENES RAZÓN. NO VOL-VERÉ A DEJARME PISOTEAR.
POR NADIE.

¡PAPÁ!
ANOCHE ME OCURRIÓ ALGO INCREÍB...
¿DÓNDE DIABLOS TE HABÍAS METIDO?
ESTABA...
¡HAS PASADO FUERA TODA LA NOCHE! ¡TODA!
¡SI VIVES EN MI CASA, SIGUES MIS REGLAS! ¡MIS REGLAS! ¿ENTENDIDO?
¡TE CONSIDERABA MÁS INTELIGENTE! ¿CREES QUE PUEDES HACER UN NUMERITO COMO ESTE SIN QUE YO ME ENTERE?

YO... YO...
¡CÁLLATE! ¡CIERRA EL PICO CUANDO TE HABLO!
¿CREES QUE ESTO ES UN PUÑETERO MOTEL? ¿CREES QUE YO SOY UN EMPLEADO QUE ESTÁ A TU SERVICIO?
¡VAS A APRENDER A RESPETARME! ¿ME OYES, CHAVAL?
RRING
BRRING
YA... YA RESPONDO YO. DEBE DE SER... MICK.
VOY A MI CUARTO.
RRING

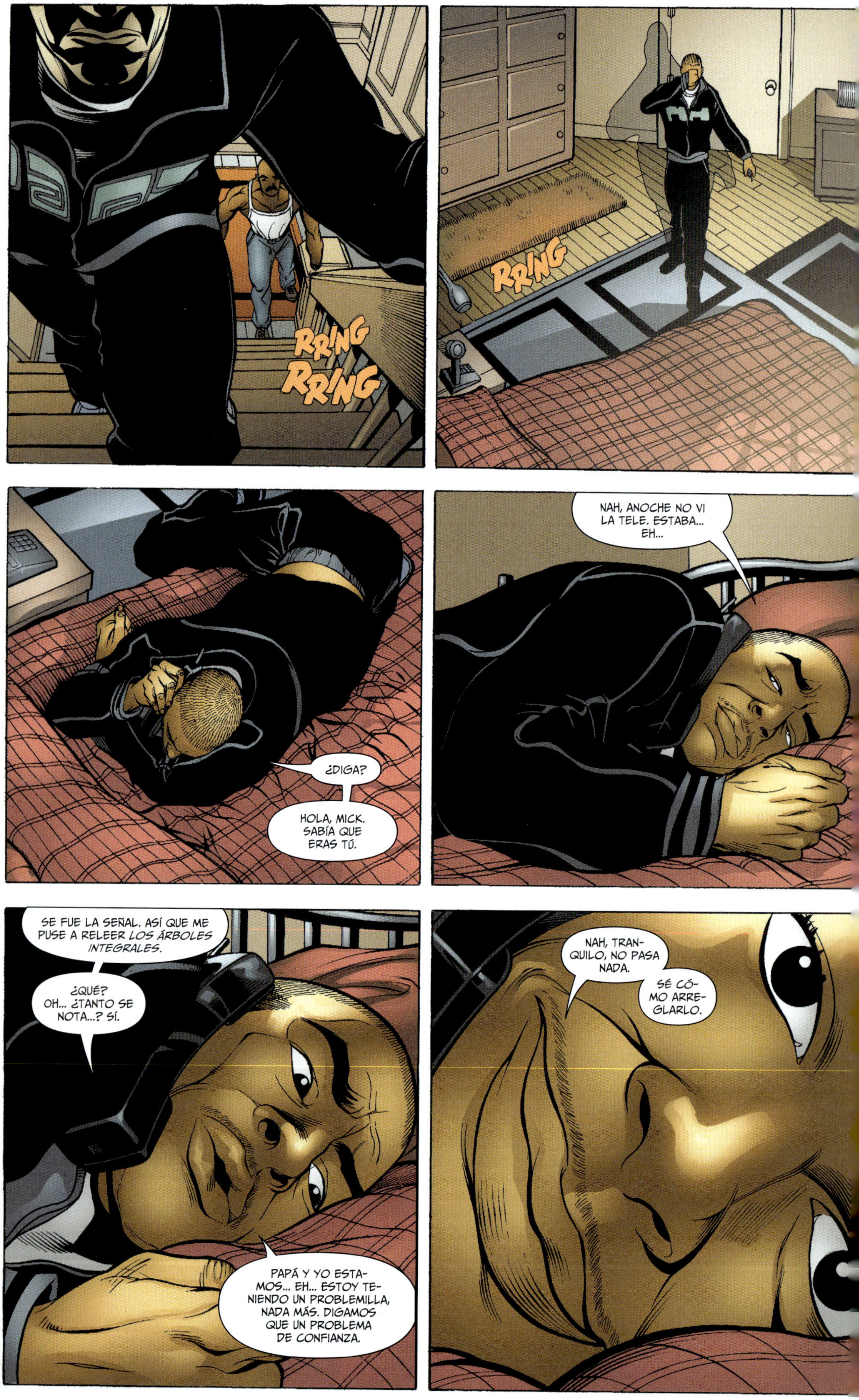
RRING
RRING
RRING
¿DIGA?
HOLA, MICK. SABÍA QUE ERAS TÚ.
NAH, ANOCHE NO VI LA TELE. ESTABA... EH...
SE FUE LA SEÑAL. ASÍ QUE ME PUSE A RELEER *LOS ÁRBOLES INTEGRALES*.
¿QUÉ? OH... ¿TANTO SE NOTA...? SÍ.
PAPÁ Y YO ESTAMOS... EH... ESTOY TENIENDO UN PROBLEMILLA, NADA MÁS. DIGAMOS QUE UN PROBLEMA DE CONFIANZA.
NAH, TRANQUILO, NO PASA NADA.
SÉ CÓMO ARREGLARLO.

DETROIT, MICHIGAN.
¿QUÉ TE DIJE, MARLA? ¿EH?
¿NO ME ESTABAS ESCUCHANDO?
¿ERA ESO?
NO PASAR
SÍ, ESO HABRÁ SIDO.

PORQUE CREO RECORDAR QUE TE DIJE: "NO ENTRES EN MI CUARTO".
Y ESTOY SEGURA DE QUE DIJE: "NO TE BURLES DE MI HOMBRE".
Y MIRA LO QUE ME HAS OBLIGADO A HACER.
ESTARÁS CONTENTA.

AL DÍA SIGUIENTE.
ASÍ SON LAS COSAS, HERMANO, HAZME CASO. SI ALCANZAS EL ÉXITO, TODO EL MUNDO SE TE ARRIMA.
M&A
MUSICK
Boricua Moda
DAMAS
EN CUANTO DESTACAS, TE VES RODEADO DE GENTE QUE NORMALMENTE NO SE PARARÍA A HABLAR CONTIGO.
BORICUA MODA
PORQUE AHORA ERES UNA CELEBRIDAD, ¿SABES? TIENES ALGO QUE LA GENTE DESEA.
TE COTIZAS.
Y EMPIEZAS A GANAR PASTA, DEBO AÑADIR.
CABALLEROS
TIENES QUE EMPEZAR A TENER OJITO CON LA GENTE, JASON. AHORA ERES UN TÍO IMPORTANTE.

LO TENDRÉ EN CUENTA.
99¢
¿OYES ESE CACAREO?
¡¡¡MENÚ OFERTA!!!
¡¡Sí, en HO-HO CHARLIE'S han perdido el juicio!!
¡¡Ven a probar nuestro cacareante menú!!
¡¡NO SEAS GALLINA!!
TODOS TE DESEAN
DAN JOLLEY GUION
CHRISCROSS DIBUJO
ROB STULL TINTA
CHRIS SOTOMAYOR COLOR
PETER TOMASI EDITOR
STEPHEN WACKER EDITOR ADJUNTO
FIRESTORM CREADO POR GERRY CONWAY Y AL MILGROM

SE TERMINÓ EL DESCANSO. TENGO QUE IR A SACAR BRILLO AL CONGELADOR.
VALE, TÍO. HASTA LUEGO.
FARMACIA
Juegos
¿NOS DARÁ TIEMPO A LLEGAR A LA SESIÓN DE LAS 10?
PUES CLARO, NENA.
HASTA LA NOCHE.
INSPIRA HONDO... INSPIRA HONDO...
EH, JASON.
YO... UH...
...YO...
...YO...
...ME HE VUELTO A QUEDAR COMO UN PASMAROTE.
DEBERÍA METERME A MONJE.

¡JASON! ¡CHAVAL!
¡AAH!
SLAP
¡SÍ, SEÑOR, ERES UNA JOYA!
LOS ÚLTIMOS OCHO JOVENZUELOS QUE SE PUSIERON ESE TRAJE SUFRIERON UN GOLPE DE CALOR, ¡PERO TÚ NO!
ESTÁS FRESCO COMO UNA LECHUGA AHÍ DENTRO, ¿EH? ¿SÍ? TODO EN ORDEN, ¿VERDAD?
EH... ESTOY BIEN, SEÑOR. DE VEZ EN CUANDO SOPLA BRISA, Y ESO AYUDA.
NO SÉ CÓMO LO HACES, ¡PERO VALES TU PESO EN ORO!
¡EL RESTAURANTE HO-HO CHARLIE'S NO SERÍA LO MISMO SIN SU IMAGEN DE MARCA!
YA... ES TODO UN ORGULLO OÍR ESO.
K-CHUNK
7:00
UGH... NO ME FASTIDIES...

MALDITO MÓVIL.
¿TIENES... PROBLEMAS TÉCNICOS?
AH... ¡JASON! NO SABÍA QUE ESTABAS AHÍ.
SÍ, TERMINO A LAS SIETE. ¿Y TÚ...? EH... ¿ESTÁS EN EL DES-CANSO?
SÍ, APE-NAS 15 MINUTOS. ESTOY...
¡JASON THOMAS RUSCH!
¡LLEVO ESPE-RANDO FUERA 10 MINUTOS, JODER!
¡DÉJATE DE CARANTOÑAS Y MUEVE EL CU-LO HASTA EL COCHE!
EN FIN...
...NOS VEMOS.
TIRA.

YA ESTABA SALIENDO. NO TENÍAS QUE...
¡SÉ LO QUE HACÍAS! PERDER EL TIEMPO. EL TUYO Y EL MÍO.
NO ESTABA...
MIRA, HIJO, ¿QUIERES ALGO EN QUE PENSAR? PIENSA EN LO QUE AHORRARÁS EN GASOLINA CUANDO TE DEN EL COCHE DE SUSTITUCIÓN.
FUE MALA SUERTE QUE ESTUVIERA CONDUCIENDO EL JEEP CUANDO FALLÓ EL ALTERNADOR. SE LO LLEVÉ A LESTER... TE HARÁ PRECIO.
SÍ... ESO FUE...
...GRACIAS DE NUEVO.
DIDLEY
93E8RL

BEEP
EH, JASON, ¿ESTÁS AHÍ? CONTESTA. SOY MICK.
...VALE, ESCUCHA, YA SÉ QUE TIENES UN NUEVO EMPLEO Y TAL...
...Y ME DAS UN POCO DE ENVIDIA, PORQUE POR 17 PAVOS LA HORA YO TAMBIÉN ME DISFRAZARÍA DE POLLO...
...PERO ¿DÓNDE NARICES ESTÁS? TIENE QUE ESTAR PASANDO ALGO, PORQUE NO CREO QUE VAYAS A PASAR DE MÍ AHORA, ¿VERDAD?
NO SEAS MEMO, ¿VALE? LLAMA.
BEEP

DISCULPE, SEÑOR...
¿EH?
¿QUIÉN ERES TÚ? ¿QUÉ QUIE-RES?
VERÁ... ME PREGUNTABA SI PODRÍA HACERME UN FAVOR...
...Y VENIR CONMIGO A DAR UNA VUELTA.
¡SÍÍÍÍ!

¡ESTO ES JUSTO LO QUE NECESITABA!
OIGA, SEÑOR... ¿CÓMO SE LLAMA?
ME LLAMO PRESTON. ¿QUÉ ME HAS HECHO? SIENTO COMO SI... FLOTARA... ESTÁ GUAY...
TRANQUILO, PRESTON. ESTÁS A SALVO. ADEMÁS, NO RECORDARÁS NADA CUANDO ESTO TERMINE.
PERO ESCUCHA, SI EMPIEZAS A SENTIRTE MAL, AVÍSAME Y TE DEJARÉ EN EL SUELO, ¿VALE?
TÚ SIGUE CON LO TUYO, CHAVAL. DÉJAME DISFRUTAR.
¡JA, JA, JA! COMO QUIERAS, PRESTON.
SIÉNTATE, RELÁJATE Y DISFRUTEMOS...

...DEL VIAJE...
ME LLAMO JOHN STEWART.
¿QUIÉN NARICES ERES TÚ?
AY, DIOS. AY, DIOS. AY, DIOS.
ERES GRUH, GRUH, GREEN LANTERN.
SÍ. ¿Y TÚ ERES...?
YO, UH... VERÁS... S-S-SUPONGO QUE SOY... FIRESTORM.
YA VEO.

NO TENGO MUCHO TIEMPO, ASÍ QUE SERÉ BREVE.
HACE UN MES, APARECISTE DE LA NADA.
ES OBVIO QUE NO ERES EL FIRESTORM QUE YO CONOCÍA, AUNQUE ES IGUAL DE OBVIO QUE COMPARTES ALGUNAS CARACTERÍSTICAS CON ÉL.
ASÍ QUE QUIERO QUE ME CUENTES QUÉ PASÓ HACE UN MES. VENGA.
ESTÁ BIEN. IBA... IBA CONDUCIENDO MI JEEP. Y VI UNA ESPECIE DE EXPLOSIÓN EN EL HORIZONTE. HUBO UN ESTALLIDO DE LUZ...
...ME DIO DE LLENO Y CREO QUE ME DESMAYÉ UN RATO...
CUANDO DESPERTÉ, TODO PARECÍA NORMAL. HASTA QUE UN RATO DESPUÉS...
...ME, UH... ME VOLVÍ... ME PASÓ ESTO.

¿HE... HE HECHO ALGO MALO?
ASÍ QUE SURGIÓ UNA LUZ DEL CIE-LO.
HASTA ENTONCES ERAS UN TIPO NOR-MAL, QUE NO SE METÍA CON NADIE.
BUENO... SÍ.
ES DECIR, SÍ, SEÑOR. SÍ.
¿J'ONN?
¿EH?
¿QUIÉN ES "JOHN"?
SOY...
...YO.

CREO QUE OCULTA ALGO. PERO NADA RELATIVO A NUESTRO AMIGO.
EN LO QUE RESPECTA A FIRESTORM, ESTÁ DICIENDO LA VERDAD. ESTO LE HA CAÍDO ENCIMA DE UN MODO MUY INESPERADO.
EL DETECTIVE MARCIANO.
MOLA.
HMM. LAS FUERZAS DE TIAMAT SE PREPARAN PARA ATACAR. NOS NECESITAN.
ESTÁ BIEN.
PERO ANTES DE IRNOS...
...RESPETAMOS TU PRIVACIDAD, INCLUSO TU SECRETISMO, Y POR ESO MI COMPAÑERO NO HA INDAGADO MÁS DE LA CUENTA.
PERO PIENSA ESTO: ESTÁS EN UNA POSICIÓN QUE ATRAERÁ MUCHA ATENCIÓN. Y BUENA PARTE DE ELLA NO SERÁ DE TU AGRADO.
NO ESTARÍA MAL QUE TE EXAMINARAN. EN LABORATORIOS S.T.A.R. SE LES DAN BIEN ESAS COSAS.
Y SI NOS NECESITAS, PULSA ESTE BOTÓN TRES VECES.
PERO YO...
TOMA. TE LO PUEDES COLGAR DEL LLAVERO.

¿JOHN?
J'ONN.
¿QUÉ ES "LABORATORIOS S.T.A.R."?
OSTRAS...
VAYA, ESTO HA SIDO MEJOR QUE IR AL CINE.
¿DISCULPA?
AY, CHAVAL... ¿NO VES LA OPORTUNIDAD QUE TIENES DELANTE? ACABAS DE... ¿QUÉ? ¿ECHAR A VOLAR?
TE HA TOCADO EL GORDO DE LA LOTERÍA.
PRESTON, YO...
DEJA... DEJA QUE ME EXPLIQUE, ¿VALE?
MI PAPEL EN ESTO ES TEMPORAL, YA LO SÉ. PRONTO VOLVERÁS A DEJARME EN EL PARQUE.
TENGO 43 AÑOS, ¿Y SABES QUÉ HE LOGRADO EN LA VIDA? NADA.

PERO TÚ... ACABAS DE CONVERSAR CON DOS MIEMBROS DE LA LIGA DE LA JUSTICIA.
TODO ESE PODER, TODO ESE POTENCIAL... PODRÍAS CAMBIAR EL MUNDO, LITERALMENTE.
¿SABES LO QUE DARÍA POR ESTAR EN TU LUGAR?
ACABAS DE EMPEZAR, CHAVAL. NO TERMINES COMO YO.
NO LA CAGUES.
BUENO, QUIZÁ TENGAS...
...OH...
...TÍO. MIRA ESO.
¿HOLA?
¿HAY ALGUIEN?

DE UN ACCIDENTE ASÍ NO SE SALE ANDANDO, CHAVAL.
MIERDA... ESTOS TIPOS ESTÁN... MUY MUERTOS.
ASÍ QUE... NADIE SE HABRÁ ENTERADO AÚN. DEBERÍA, UH, DEBERÍA DESPEJAR LA CARRETERA, ¿VERDAD?
PARA QUE NADIE CHOQUE CON ESTOS COCHES. Y LUEGO AVISAR A ALGUIEN...
BUENA IDEA. ESTABA A PUNTO DE HACER ESO.
LO DE AVISAR A ALGUIEN.
DESCUBRÍ EL ACCIDENTE UN SEGUNDO ANTES DE QUE LLEGARAS.

UAU, MIRA ESAS LLAMAS... NO QUEMAN DE VERDAD, ¿EH? PODRÍA ACERCARME Y TOCARTE...
UH... ¿TE LO ENCONTRASTE ASÍ? ¿QUÉ...? ES DECIR, ¿QUIÉN...? ¿CÓMO TE LLAMAS?
CASEY. CASEY KRINSKY.
Y TÚ ERES FIRESTORM, ¿VERDAD? PERO PARECES DISTINTO... AUNQUE NUNCA TE HABÍA VISTO DESDE TAN CERCA, CLARO.
UM... VALE, UH, CASEY, SI PUDIERAS APARTARTE, VOY A INTENTAR DESPEJAR LA CARRETERA...
OH, ¡POR SUPUESTO! SÍ, CLARO, TIENES QUE ARREGLAR ESTE TRÁGICO ACCIDENTE.
ESCUCHA... PODRÍA ECHARTE UNA MANO, SI NO TE IMPORTA.
¿EH?
VERÁS, ME PAREZCO UN POCO A TI...

PUEDO CANALIZAR COSAS. ¿LO VES? EL ASFALTO, POR EJEMPLO.
AHORA FORMA PARTE DE MÍ.
VAYA. EH, ESO ES, UH, ES MUY...
OYE, CHAVAL. ESTA PIBA ME DA MAL FARIO.
UH... NO ES POR DISENTIR, PERO ¿QUÉ QUIERES DECIR?
FUI COMERCIAL DURANTE 20 AÑOS, CHAVAL. SÉ CALAR A LA GENTE.
ESA TIPA ESTÁ TRAMANDO ALGO. NO CREO QUE SE TOPARA CON ESTE ACCIDENTE.
CASEY... UN MOMENTO... NO HABRÁS TENIDO ALGO QUE VER CON EL ACCIDENTE, ¿VERDAD?
GUAPO Y LISTO.
BUENO...
...DE ALGÚN MODO DEBÍA LLAMAR TU ATENCIÓN, ¿NO?

EH... ¡EH! ¡NO ME TO-QUES!
TE VI LA SEMANA PASADA, CUANDO APARECISTE POR PRIMERA VEZ...
...Y SUPE QUE TENÍA QUE CO-NOCERTE.
ACER-CARME A TI.
Y A TU LUZ.
¡NO! ¡NO!
¡SUÉL-TAME!
¡GAAAH!
PORQUE CUANTO MÁS ME ACERCO...
...MÁS ME PAREZ-CO A TI, ¿LO VES?

¿CHAVAL?
¿QUÉ HAS HECHO, CHAVAL?
¿QUÉ HAS HECHO?
¡NOOO!

DETROIT, MÍCHIGAN. 11.00 H.
...DEVUELTO MIS LLAMADAS EN TRES DÍAS, ¿QUÉ LECHES TE PASA? ¿SEGUIMOS SIENDO AMIGOS O QUÉ? VENGA, TÍO, ¿QUÉ ESTÁ PASANDO?
BEEP
A VER... GREEN LANTERN ME DA UN BUSCA Y DICE...
"LLAMA SI NECESITAS ALGO."
SUENA A CHISTE MALO...
...UH...
¿QUÉ...?
...OH...
OH, UAU...

PU...
PUEDO VER...
...PUEDO VER DENTRO DEL METAL...
TODOS TE DESEAN
PARTE DOS
DAN JOLLEY - GUION
CHRISCROSS - DIBUJO
ROB STULL Y KEITH CHAMPAGNE - TINTA
CHRIS SOTOMAYOR - COLOR
STEPHEN WACKER - EDITOR ADJUNTO
PETER TOMASI - EDITOR
FIRESTORM CREADO POR GERRY CONWAY Y AL MILGROM

¡JASON!
¡GAH!
¿QUÉ NARICES ESTÁS HACIENDO? ¿VAS A TRABAJAR O NO?
YA VOY, PAPÁ.
Y LLAMA A TU PUÑETERO AMIGO. ESTOY HARTO DE OÍR EL TELÉFONO.
¿CÓMO SE LLAMABA? ¿DICK?
MICK, PAPÁ. MICK WONG. YA LO SABES.
COMO SEA. ¿NO ESTABA EN LA UNIVERSIDAD?
PUES DILE QUE VAYA A CLASE Y DEJE DE DAR LA MURGA.
14.00 H.
¡HEY! ¡CLOOC!
HO-HO-CH
¡JASON! BONITO DÍA, ¿EH?
ESPECTACULAR.

¿EN SERIO? ¿TÚ TAMBIÉN LO VISTE? ¿QUÉ ASPECTO TENÍA?
¡HE
¡CLO
20.00 H.
¡QUE TE DIGA ADÓNDE! ¡ADÓNDE SE DIRIGÍA!
¡CHSS!
Bebe Coca-Cola
¿QUÉ OCURRE?
HA SALIDO EN LAS NOTICIAS, TÍO. DICEN QUE HAN VISTO A UNA CHICA DE PIEDRA EN EL BOSQUE... ¡AL LADO DE LA CASA DE LA HERMANA DE BARBIE!
CREEN QUE PUEDE SER OTRO ALIEN O ALGO ASÍ.
¿DÓNDE? ¿DÓNDE FUE ESO? ¿LA HAN VISTO HOY?
SLAM
SÍ, HARÁ COSA DE UNA HORA.
AL OESTE DE DEARBORN.
WRROOOOM

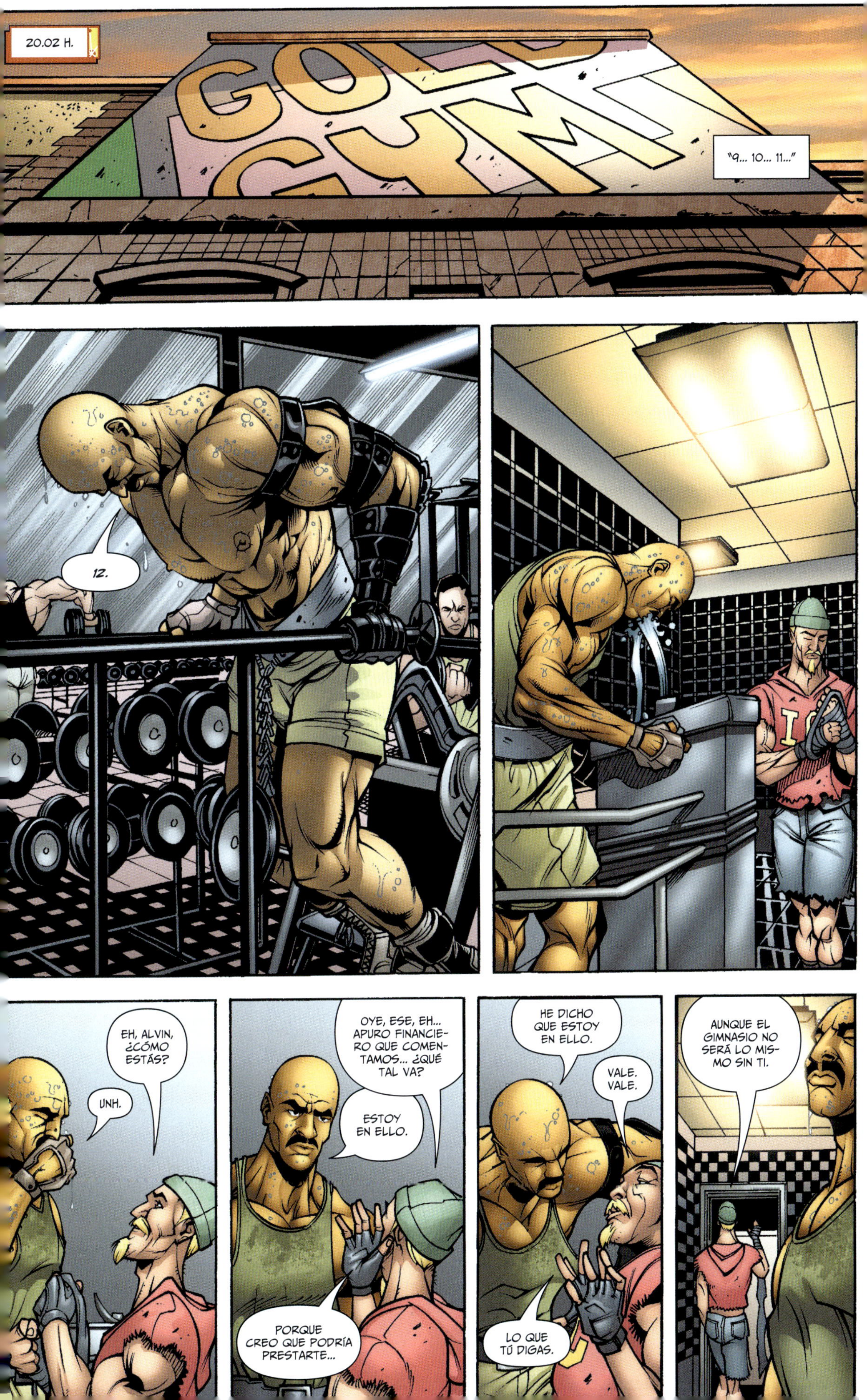
20.02 H.
"9... 10... 11..."
12.
EH, ALVIN, ¿CÓMO ESTÁS?
UNH.
OYE, ESE, EH... APURO FINANCIERO QUE COMENTAMOS... ¿QUÉ TAL VA?
ESTOY EN ELLO.
PORQUE CREO QUE PODRÍA PRESTARTE...
HE DICHO QUE ESTOY EN ELLO.
VALE. VALE.
LO QUE TÚ DIGAS.
AUNQUE EL GIMNASIO NO SERÁ LO MISMO SIN TI.

20.45 H.
VENGA... DIME QUE ESTÁS...
MIERDA.
MALDITA SEA.
¿Y AHORA CÓMO VOY A...?
...HOLA.
NI SE TE OCURRA DARME PROBLEMAS, CHAVAL. SOY PO...

¡..AAAAAHH!
OYE, SIENTO MUCHO TODO ESTO, TE ASEGURO QUE...
...NO LO HARÍA...
...SI NO FUERA UNA EMERGENCIA.
UGGH... ¿QUÉ...? ¿QUÉ HA PASADO?
¿DÓNDE ESTOY?
COMO TE DECÍA, SIENTO HABERTE ABORDADO ASÍ...
...PERO TENÍA QUE HACERLO. VERÁS, COMETÍ UN ERROR QUE HA DADO LUGAR A OTRO ERROR MÁS GORDO... UNO QUE QUIZÁ PUEDA ARREGLAR.
ASÍ QUE TENGO QUE FUSIONARME CON ALGUIEN, Y EL ÚLTIMO TIPO NO ESTABA DONDE LO ENCONTRÉ, ASÍ QUE...
...AHORA FORMAS PARTE DE FIRESTORM.
ME LLAMO JASON. ¿Y TÚ?

ME LLAMO NICOLE GARCÍA. SOY POLI. Y MÁS TE VALE VOLVER A DEJARME DONDE ESTABA.
LO SIENTO, NICOLE, PERO NO PUEDO. YA TE HE DICHO QUE ES UNA EMERGENCIA.
CHAVAL, VAS CAMINO DE COMETER AGRESIÓN, SECUESTRO Y... PROBABLEMENTE... OTROS...
AY, MADRE.
ESTAMOS VOLANDO.
SÍ, LO SÉ. NORMALMENTE YO TAMBIÉN LO DISFRUTARÍA. PERO CREO QUE HAY UNA CHICA EN APUROS. Y DEBO ENCONTRARLA.
NO... NO ME LO PUEDO CREER... ESPERA.
BUF, LOS POLIS Y SUS PREGUNTAS...
¿QUÉ CHICA? ¿QUÉ CLASE DE APURO? ¿DÓNDE ESTÁ?
SE... EH, SE LLAMA CASEY. ES UNA METAHUMANA. Y CREÍA QUE ESTABA MUERTA.
PERO HE OÍDO COSAS QUE ME HACEN PENSAR LO CONTRARIO. Y SI ESTÁ VIVA, DEBO ENCONTRARLA... PARA INTENTAR AYUDARLA.
CREO QUE ESTÁ AHÍ ABAJO, EN ALGUNA PARTE.
JASON. ¿ASÍ TE LLAMAS?
JASON, ¿QUÉ LE HICISTE A ESA CHICA?
¿EH? ¿QUÉ TE HACE PENSAR QUE YO...?
SKOOM
¡UUHHHLL!

¿QUÉ DIABLOS HA SIDO ESO? ¿QUÉ NOS HA DADO?
¡JASON! ¡JASON!
POOM
SKRASH
CREO... PARA RESPONDER A TU PREGUNTA...
...QUE NOS HA DADO UN TROZO ENORME DE HORMIGÓN.
¿DE DÓNDE HA SALIDO? ¿LO HA LANZADO ALGUIEN?
OH, NO.

FIIII... SS... SSSS...
¡GIK!
MMMEE... HIIIZO... ESSS-TO...
NO... ¡NO, CASEY, QUIERO AYUDARTE! NO...
¡AAIIIIEEEEE!

FOOM
¿ES ELLA? ¿ESA ES LA CHICA? ¿QUÉ DIABLOS ES? ¿QUÉ ESTÁ HACIENDO?
AY, DIOS... AY, DIOS, NO LO SÉ...
¡PUES HAZ ALGO! ¡UN RAYO! ¡UN PUÑETAZO! ¡ALGO!
UHHN... MIERDA, ESO DUELE...
VZZAK
ESTÁ FUERA DE CONTROL. TIENES QUE INMOVILIZARLA. Y RÁPIDO.
¿CÓMO QUIERES QUE LO HAGA?
¡ERES FIRESTORM, POR EL AMOR DE DIOS! ¿NO TIENES ALGÚN AS EN LA MANGA?
BUENO, SÍ, Y ESO ES LO QUE NOS HA TRAÍDO AQUÍ. PERO... DEJA QUE PRUEBE ALGO... LEÍ QUE EL OTRO TIPO HACÍA ESTO...
¿"OTRO TIPO"?
VALE... VALE, ¡SÍ! ¡FUNCIONA! A VER SI AHORA...

...OH, MIERDA.
FIIII... SSSSSS-STORM.
TEEEEE... QUIEEEEE-ROO...
MAAAATAAAARR...
JASON, ¿QUÉ ESTÁS HACIENDO? ¡QUITA DE AHÍ!
¡NO PASA NADA! ¡PUEDO VOLVERME INTANGIBLE! SOLO NECESITO UNOS SE-GUNDOS PARA PENSAR...
THOOM

GUH... ¿QUÉ ME HA HECHO...?
¡NO TE CONTENGAS! ¡ATÍZALE! ¡DALE DURO!
FWOOSH
¡ESTÁ BIEN, ESTÁ BIEN!
VALE, YA TENEMOS UNOS SEGUNDOS. ¿CÓMO PIENSAS ABATIRLA?
¡NO LO SÉ! TIENE UNA FUERZA DESCOMUNAL, ABSORBE PRÁCTICAMENTE TODO LO QUE LE LANZO Y...
OYE... ¿NO PUEDES TRANSFORMAR COSAS? ¿NO ES ESE UNO DE TUS PODERES?
NO, NO. NI HABLAR. LO LO HICE UNA VEZ Y... Y...
...OH OH...

RMMBLRMBLRMBLL
¡YAAH!
¡AY, DIOS! LO ESTÁ ABSORBIENDO TODO...
FOOM
TEEE... MAAAA-TAAAARÉÉÉ...
...LEEENTAMEEENTEEE...

SSSSS...
SKRAM
...SSSAAAAHH...
AY, MADRE, YA LO ENTIENDO. JASON, TÚ LE HAS HECHO ESTO, ¿VERDAD? ESA ESPIRAL, COMO DE MÁRMOL...
ANTES TE REFERÍAS A ESO, ¿VERDAD? ¡TÚ LA TRANSFORMASTE! ¡POR ESO ACTÚA ASÍ!
SKOOM
SÍ. ¿VALE? SÍ, ES CULPA MÍA, ¿DE ACUERDO?
¿CÓMO PUDISTE? ¿CÓMO PUDISTE HACERLE ESO A OTRO SER HUMANO?
¡FUE UN ACCIDENTE!
¡Y AHORA ESTOY INTENTANDO AYUDARLA, POR SI NO TE HAS DADO CUENTA!
Y... Y CREO QUE ACABO DE TENER UNA IDEA.
ANTES HA OCURRIDO ALGO... CREO QUE EMPIEZO A VER LA ESTRUCTURA DE LAS COSAS.
QUIZÁ PUEDA HACER ALGO ÚTIL, PERO ESTA VEZ NO POR ACCIDENTE... PUEDO AGARRAR ESA PLATAFORMA, RETORCERLA UN POCO Y...

BOOOM
¿QUÉ HA SIDO ESO? ¿HAS SIDO TÚ? ¿QUÉ INTENTABAS HACER?
¡NO PRETENDÍA HACER ESO! ¡NO SÉ QUÉ HA SALIDO MAL!
ESPERO QUE ESTÉ...
¡CASEY!

AÚN SIGUE VIVA, PERO... POR POCO... ¡APENAS TIENE PULSO!
¡LLÉVALA A UN HOSPITAL!
¡EN UN HOSPITAL NO SABRÁN QUÉ HACER CON ELLA! ¡PODRÍA MORIR MIENTRAS LO AVERIGUAN! TENGO QUE...
EH...
...ESPERA UN MOMENTO.
¿QUÉ ES ESO?
NUESTRA ÚNICA OPOR-TUNIDAD.
EN FIN... ES HORA DE DAR LA CARA Y APE-CHUGAR.
KLIK KLIK KLIK
Y... ¿PARA QUÉ SIRVE ESO?
PARA AVI-SAR A...

EL NUEVO FIRESTORM.
...LA CABALLERÍA.
YO... YO... ELLA...
ESTA CHICA NO SE ENCUENTRA BIEN.
SÍ, EH, CLARO. HUBO UNA EXPLOSIÓN, Y ELLA, UH... PENSÉ QUE EN UN HOSPITAL NO...
NO, SU ESTRUCTURA INTERNA NO SE PARECE A NADA QUE YO HAYA VISTO. LA MEDICINA CONVENCIONAL NO TIENE MEDIOS PARA TRATAR ALGO ASÍ.
FLASH. ES URGENTE.

HOLA, ¿QUÉ PASA?
HAY QUE LLEVAR A ESTA JOVEN AL CENTRO MÉDICO DE LABORATORIOS S.T.A.R. EN SAN FRANCISCO. ENSEGUIDA.
¿ES UNA AMENAZA ACTIVA?
SI SE DESPIERTA, SÍ, SEGURAMENTE LO SEA.
LESAVISARÉDELAPOSIBLEAMENAZAYSEGURAMENTELACONTENDRÁN.
VAMOS, SÍGUEME.
MADRE MÍA. ES SUPERMAN. ES ÉL DE VERDAD. MENUDO...
...HOMBRETÓN.
¿Y VAS A VOLAR CON ÉL?
EN CUANTO SE ME PASE EL INFARTO, SÍ.
¿HAS ESTADO EN SAN FRANCISCO?
UH... NO. NUNCA HE IDO.
A MÍ ME GUSTA. HACE UN POCO DE FRÍO, PERO SE COME GENIAL.

MIS COMPAÑEROS ME HAN DICHO QUE NO SABES CÓMO OBTUVISTE LOS PODERES DE FIRESTORM.
NO, SEÑOR. ES DECIR... ASÍ ES, NO LO SÉ, UH...
SÍ. NI IDEA, SEÑOR.
NO TE PONGAS NERVIOSO, HIJO.
AL MENOS, NO POR MÍ.
PERO TU NUEVA SITUACIÓN SÍ ES PREOCUPANTE, ¿NO CREES?
SOBRE TODO POR EL PAPEL QUE INTENTAS DESEMPEÑAR.
HACE MUCHO QUE CONOZCO AL FIRESTORM ORIGINAL. ES UN TIPO DECENTE, UNA GRAN PERSONA Y LO CONSIDERO MI AMIGO.
YO TAMPOCO SÉ POR QUÉ HAS OBTENIDO SUS HABILIDADES. NO SÉ SI FUE POR PURA CHIRIPA...
...O SI FUISTE ELEGIDO POR UN MOTIVO QUE AÚN DESCONOCEMOS.
PERO TE DIRÉ ALGO: EL FIRESTORM QUE YO CONOZCO ES UN HÉROE.
TIENES EL LISTÓN MUY ALTO, JOVENCITO. Y NO PIENSO QUITARTE OJO.
AH... HEMOS LLEGADO.
SAN FRANCISCO.

CUANDO LLEGUES ABAJO, PREGUNTA POR EL DR. TYLER. CREO QUE ESTÁ DE GUARDIA.
ME ALEGRA HABER PODIDO HABLAR CONTIGO. Y ESCUCHA, SI VUELVES A NECESITARNOS...
...NO DUDES EN ACTIVAR ESA SEÑAL.
SÍ, YO TAMBIÉN ME ALEGRO DE... UH...
BUENO, ADIÓS.
JASON... ¿ES COSA MÍA O SUPERMAN TE HA AMENAZADO SUTILMENTE?
JOOOO, TÍO... NO HA SIDO COSA TUYA.
MINUTOS DESPUÉS.
...TIENE EL METAGÉN, SÍ, CON UN NIVEL DE ABSORCIÓN COMO POCAS VECES LO HE VISTO.
PERO AL PARECER ESTUVO EXPUESTA A UNA FUERZA EXTERNA QUE LE AFECTÓ A NIVEL CROMOSÓMICO.
¿SABES DE QUÉ PUDO TRATARSE?
PUES... NO. UH... NO SE ME OCURRE NADA.
ESTÁ BIEN. EN FIN, ESTÁ SEDADA Y DESCANSANDO EN UN SALA DE CONTENCIÓN DE MÁXIMA SEGURIDAD.
¿CÓMO PUEDO CONTACTAR CONTIGO? PARA INFORMARTE DE SU EVOLUCIÓN.
YA, EH... YA LE LLAMARÉ YO.
VALE. POR CIERTO, LA JLA ME HA DICHO QUE OBTUVISTE TUS HABILIDADES HACE POCO.
SERÍA UN PLACER TENER LA OPORTUNIDAD DE HACERTE UNAS PRUEBAS, UNOS DIAGNÓSTICOS. PARA AYUDARTE UN POCO.
SI TE INTERESA...

EH, CLARO, DOC. CUANDO REGRESE... YA ORGANIZAREMOS ALGO.
JASON. JASON, TIENES QUE ESCUCHARME. PORQUE PUEDO VER LO QUE HAY EN TU CABEZA.
JOPÉ, ¿HAS VISTO ESO? HE SALVADO A CASEY, HE CONOCIDO A FLASH, ¡Y HE MANTENIDO UNA CHARLA CARA A CARA CON SUPERMAN!
JASON, CUANTO MÁS TIEMPO LLEVO AQUÍ, MEJOR TE ENTIENDO. Y ME HA QUEDADO CLARO QUE TIENES UN GRAVE PROBLEMA.
¿QUÉ? ¿DE QUÉ ESTÁS HABLANDO? ¡SOY UN HÉROE!
Y UN CUERNO. ERES UN SECUESTRADOR. ERES COMO UN NIÑO CON UNA PISTOLA.
Y SI INTERPRETO BIEN LAS SEÑALES, VAS CAMINO DE VOLVERTE ADICTO, SI NO LO ERES YA.
TIENES QUE BUSCAR AYUDA, JASON. ESTO TE SUPERA.
BAH, ¿QUÉ SABRÁS TÚ? NI SIQUIERA RECORDARÁS NADA DE ESTO CUANDO TE SUELTE.
JASON, HAZME CASO...
NO, HAZME CASO TÚ A MÍ, ¿VALE? LO TENGO BAJO CONTROL.
AHORA SIÉNTATE Y DISFRUTA DEL RESTO DEL VIAJE, ¿VALE? TE DEJARÉ EN UN LUGAR SEGURO.
¿Y SABES POR QUÉ VOY A HACER ESO? PORQUE SOY UN BUEN CHICO.
¿ME OYES? UN BUEN CHICO.

NO ME LLAMO JASON RUSCH, ESO LO SÉ...
...NO TENGO 17 AÑOS. NO SOY DE DETROIT... ¿DÓNDE ESTOY?
ALGUIEN ME LLAMA... LO HACE POR MI NOMBRE, PERO TAMPOCO ES EL CORRECTO. ME... ME LLAMO...
...NO ME ACUERDO, PERO NO PUEDO CONCENTRARME EN ESO... NO ENTIENDO... POR QUÉ...

...ESTO ME RESULTA TAN FAMILIAR...
VIAJE DE PLACER
Dan Jolley - Guion
Chris Batista - Dibujo
Dan Green - Tinta
Chris Sotomayor - Color
Stephen Wacker - Editor adjunto
Peter Tomasi - Editor
Firestorm creado por
Gerry Conway y Al Milgrom

LATIDOS... UN BURBUJEO QUE NO CESA... QUE NO CESA, Y YO...
...SÉ LO QUE VA A PASAR.
UNAS POCAS PALABRAS... NO BASTA CON ESO, PERO NO HAY MÁS OPCIÓN, ASÍ QUE ME MARCHO, DEBO IRME...
...LEJOS DE MIS ALLEGADOS Y MIS SERES QUERIDOS...

...INTENTÉ LLEVAR LA MEJOR VIDA POSIBLE, ME ESFORCÉ MUCHO Y ESPERO QUE...
...ESPERO QUE MI PADRE ESTÉ BIEN. Y DE PRONTO... ¡LO RECUERDO!
ME LLAMO RONNIE...
...RONNIE RAYMOND.
EL DOLOR ME DESGARRA, DUELE, AY, DIOS, CÓMO DUELE...

HAZ QUE PARE, HAZ QUE PARE, NO PUEDO MÁS...
BUSCA UN LUGAR, BUSCA REFUGIO, BUSCA ALGO, DUE-LE MUCHO Y...
SSSSÍÍÍÍ...
¡NNGAAH!
HA SIDO UN SUEÑO... HA SIDO UN SUEÑO... HA SIDO UN SUEÑO...

DETROIT, MÍCHIGAN. 7.02 H.
JASON. QUÉ MADRUGADOR.
OH... HOLA, PAPÁ... BUENOS DÍAS.
YA.
ESPERO QUE NO HAYAS HECHO PLANES. LOS CANALONES ESTÁN FATAL. LOS QUIERO ARREGLADOS PARA ESTA NOCHE.
TIGERS
¿LOS... LOS CANALONES? YO, EH, YO NUNCA... ¿CÓMO...? ¿QUÉ TENGO QUE HACER?
SUBE EL CULO A UNA ESCALERA, LÍMPIALOS Y VUELVE A CLAVAR LAS PARTES QUE SE HAYAN SOLTADO.
NO ES NEUROCIRUGÍA. SEGURO QUE TE APAÑARÁS.
TIGERS
OYE... CREO QUE TENGO UNA IDEA MEJOR, PAPÁ.
EN VEZ DE SUBIRME AHÍ A CIEGAS, ¿POR QUÉ NO PAGAS A ALGUIEN QUE SEPA LO QUE...?
¿QUÉ?
¡NO TE PASES DE LISTO CONMIGO! ¡O TE CIERRO LA BOCA DE UN TORTAZO!

¿AHORA MANDAS TÚ? ¿ES ESO?
¿CREES QUE PUEDES LLEVAR ESTA CASA TÚ SOLO?
PAPÁ, YO...
WHACK
¿CREES QUE SABES CÓMO GASTAR MI DINERO MEJOR QUE YO?
¡TÚ NO SABES UNA MIERDA!
¡FUERA DE MI VISTA! ¡Y NO VUELVAS A CUESTIONARME JAMÁS! ¿ME OYES?
SÍ, SEÑOR.
¡NO TE HE OÍDO!
¡SÍ, SEÑOR! ¡SÍ, SEÑOR!
TIGERS
TIGERS
TIGERS
HIPOTECA EQUITATIVA
PARK AVENUE, 2
NUEVA YORK, NY 10019
ALVIN RUSCH
PLEASANT ROAD, 49
DETROIT, MI 48234
URGENT

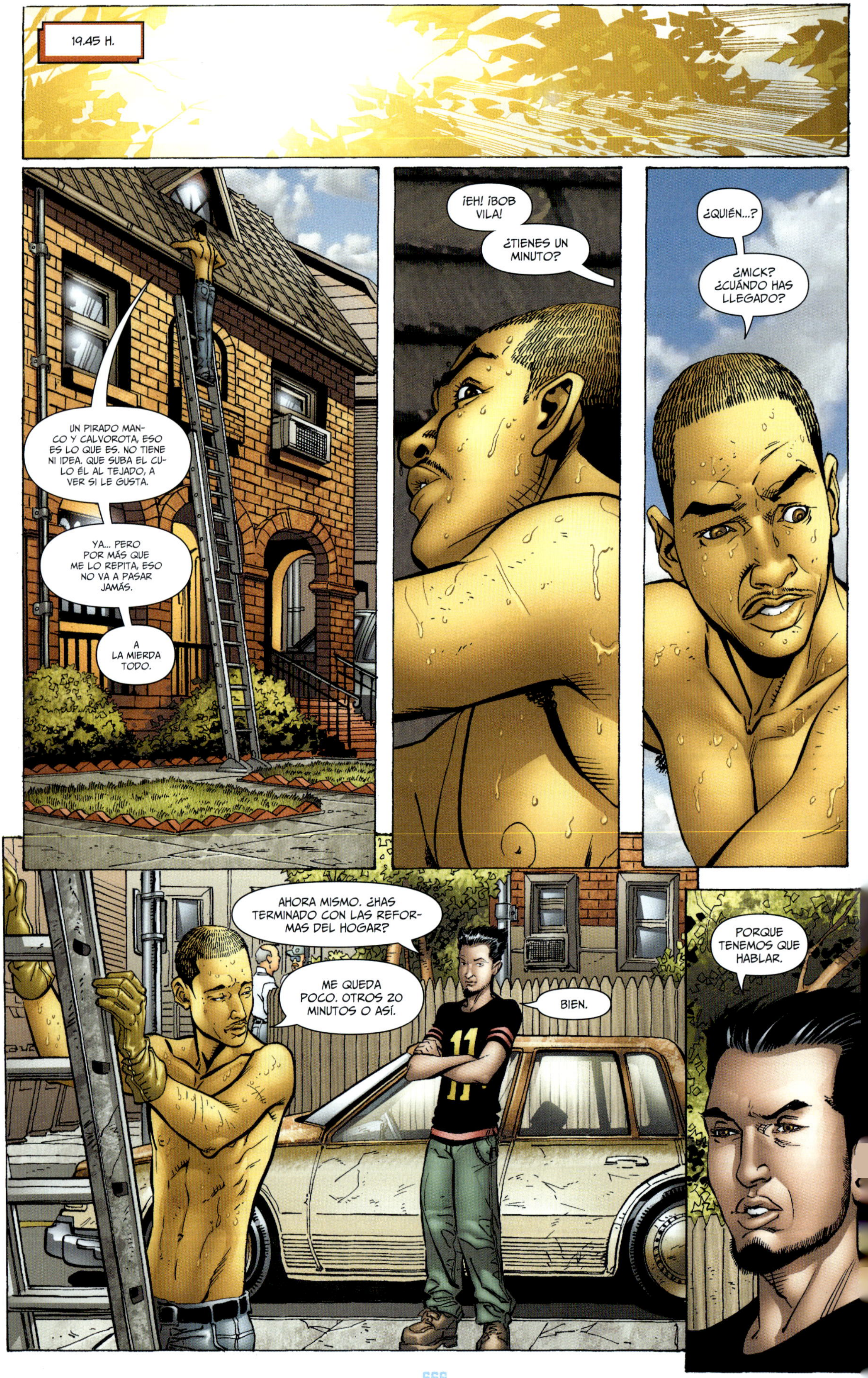
19.45 H.
UN PIRADO MANCO Y CALVOROTA, ESO ES LO QUE ES. NO TIENE NI IDEA. QUE SUBA EL CULO ÉL AL TEJADO, A VER SI LE GUSTA.
YA... PERO POR MÁS QUE ME LO REPITA, ESO NO VA A PASAR JAMÁS.
A LA MIERDA TODO.
¡EH! ¡BOB VILA!
¿TIENES UN MINUTO?
¿QUIÉN...?
¿MICK? ¿CUÁNDO HAS LLEGADO?
AHORA MISMO. ¿HAS TERMINADO CON LAS REFORMAS DEL HOGAR?
ME QUEDA POCO. OTROS 20 MINUTOS O ASÍ.
BIEN.
PORQUE TENEMOS QUE HABLAR.

20.30 H.
ESTÁ BIEN. AQUÍ ME TIENES. Y ADEMÁS AL VOLANTE, PORQUE ESTÁS SIN BLANCA, COMO SIEMPRE.
YA. BONITO COCHE, POR CIERTO.
ES DE SUSTITUCIÓN. DIME, ¿POR QUÉ TE HAS METIDO EL VIAJE?
Y QUE ME LO PREGUNTES TÚ...
¿QUÉ QUERÍAS QUE PENSARA? PRIMERO ME DICES QUE ESTÁS TRABAJANDO PARA UN TRAFICANTE USURERO...
...DESPUÉS NO RESPONDES AL TELÉFONO. DESAPARECES DE LA FAZ DE LA TIERRA. ¿A QUÉ TE SUENA ESO?
¿VAS A SOLTARME UN SERMÓN?
NO BROMEES, TÍO.
OYE, LO SIENTO, ¿VALE? ES QUE... HE ESTADO MUY OCUPADO, ¿SABES?
TENGO A MI PADRE ENCIMA A TODAS HORAS. Y CON EL CURRO NUEVO... HE PERDIDO UN POCO EL NORTE.
¿"MUY OCUPADO"? ¿QUÉ SOY, TU NOVIA? DÉJATE DE ROLLOS.
¿ME LLAMAS MENTIROSO?
¡NO HE TENIDO TIEMPO PARA HABLAR, NADA MÁS!

TE CONOZCO DESDE HACE NUEVE AÑOS, JASON. MIENTES TAN MAL COMO JUEGAS AL BALONCESTO.
Y ESTÁS EMPEZANDO A MOS-QUEARME.
HUY, QUÉ MIEDITO.
CREÍA QUE ÉRAMOS AMIGOS, MICK.
¡Y YO, TÍO! ¿QUÉ LECHES TE PASA?
¡NADA! NO ME PASA NADA, ¡DEJA DE DAR LA TABARRA!
VALE, TE LO DIRÉ MÁS CLARO. ESTÁS OCULTANDO ALGO. LO SÉ.
Y TEMO QUE SEA ALGO QUE PUEDA ARRUINAR-TE LA VIDA.
ERES UN HERMANO PARA MÍ, TÍO.
NO QUIERO VERTE CAER Y TOCAR FONDO.
QUÉ CONSIDE-RADO.
ES OBVIO QUE NO SÉ CUIDAR DE MÍ. ASÍ QUE TIENES QUE VENIR DESDE LA UNI PARA HACER DE CANGURO CONMIGO.
OYE, NO ES ESO...
¿ASÍ QUE NO PUEDO ESTAR OCU-PADO? ¿NO PUEDO, NO SÉ, HABER CONOCIDO A UNA CHICA?
O ALGO AÚN MÁS INCREÍBLE... ¡A LO MEJOR HAY CIERTAS COSAS QUE NO TE INCUMBEN!
VENGA, JASON.
OYE, MICK, SÉ QUE SIEMPRE TE HE DA-DO LÁSTIMA.
POBRE JASON, NO ENCUENTRA NOVIA. POBRE JASON, NO SABE DEFENDERSE. POBRE JASON, SU PADRE LE PONE FINO.
EH, CÁLMATE, TÍO, ESTÁS FUERA DE CONTROL.
MICK...
...ESTÁS MUY EQUI-VOCADO.

20.30 H.
ESTÁ BIEN. AQUÍ ME TIENES. Y ADEMÁS AL VOLANTE, PORQUE ESTÁS SIN BLANCA, COMO SIEMPRE.
YA. BONITO COCHE, POR CIERTO.
ES DE SUSTITUCIÓN. DIME, ¿POR QUÉ TE HAS METIDO EL VIAJE?
Y QUE ME LO PREGUNTES TÚ...
¿QUÉ QUERÍAS QUE PENSARA? PRIMERO ME DICES QUE ESTÁS TRABAJANDO PARA UN TRAFICANTE USURERO...
...DESPUÉS NO RESPONDES AL TELÉFONO. DESAPARECES DE LA FAZ DE LA TIERRA. ¿A QUÉ TE SUENA ESO?
¿VAS A SOLTARME UN SERMÓN?
NO BROMEES, TÍO.
OYE, LO SIENTO, ¿VALE? ES QUE... HE ESTADO MUY OCUPADO, ¿SABES?
TENGO A MI PADRE ENCIMA A TODAS HORAS. Y CON EL CURRO NUEVO... HE PERDIDO UN POCO EL NORTE.
¿"MUY OCUPADO"? ¿QUÉ SOY, TU NOVIA? DÉJATE DE ROLLOS.
¿ME LLAMAS MENTIROSO?
¡NO HE TENIDO TIEMPO PARA HABLAR, NADA MÁS!

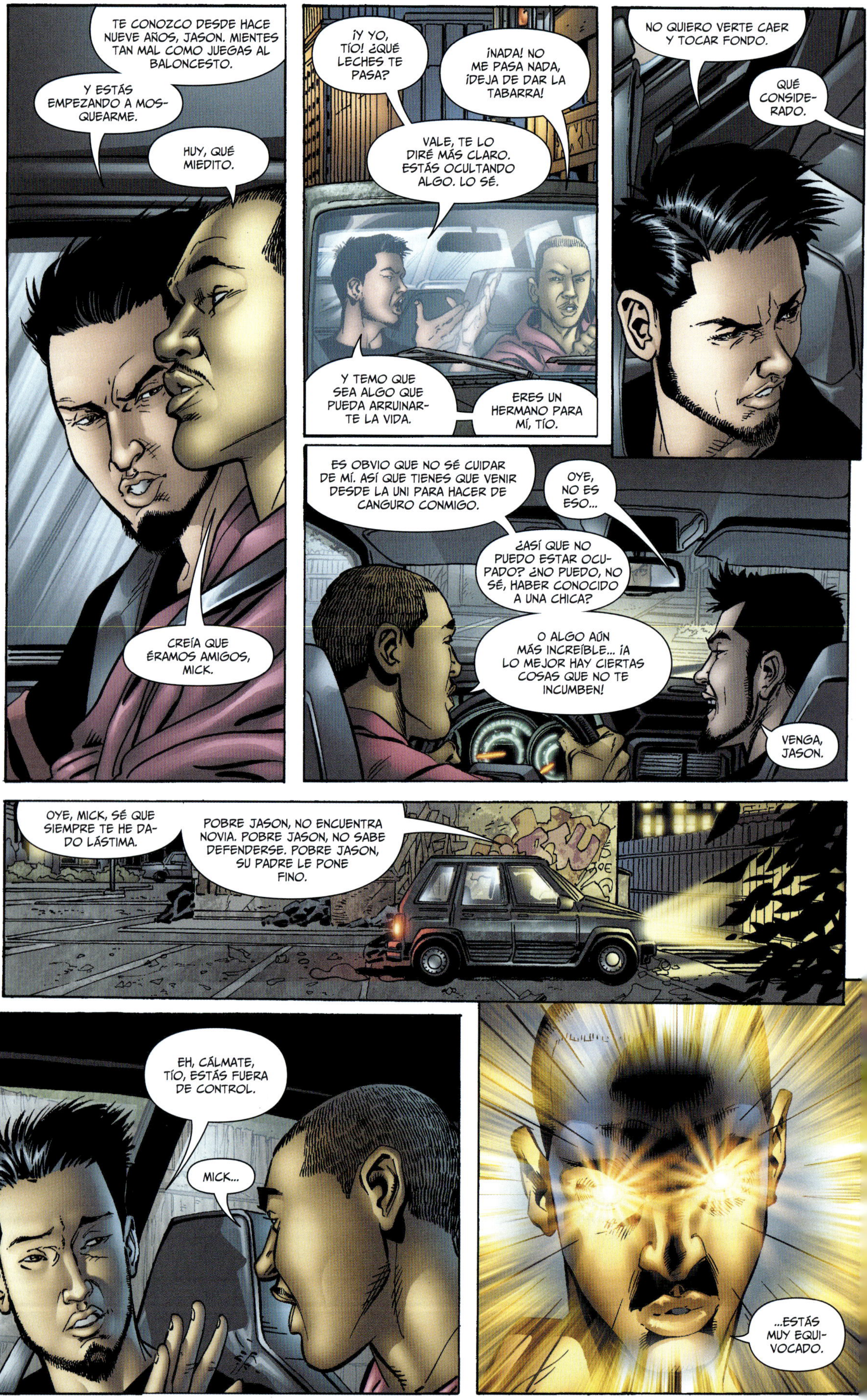
TE CONOZCO DESDE HACE NUEVE AÑOS, JASON. MIENTES TAN MAL COMO JUEGAS AL BALONCESTO.
Y ESTÁS EMPEZANDO A MOSQUEARME.
HUY, QUÉ MIEDITO.
CREÍA QUE ÉRAMOS AMIGOS, MICK.
¡Y YO, TÍO! ¿QUÉ LECHES TE PASA?
¡NADA! NO ME PASA NADA, ¡DEJA DE DAR LA TABARRA!
VALE, TE LO DIRÉ MÁS CLARO. ESTÁS OCULTANDO ALGO. LO SÉ.
Y TEMO QUE SEA ALGO QUE PUEDA ARRUINARTE LA VIDA.
ERES UN HERMANO PARA MÍ, TÍO.
NO QUIERO VERTE CAER Y TOCAR FONDO.
QUÉ CONSIDERADO.
ES OBVIO QUE NO SÉ CUIDAR DE MÍ. ASÍ QUE TIENES QUE VENIR DESDE LA UNI PARA HACER DE CANGURO CONMIGO.
OYE, NO ES ESO...
¿ASÍ QUE NO PUEDO ESTAR OCUPADO? ¿NO PUEDO, NO SÉ, HABER CONOCIDO A UNA CHICA?
O ALGO AÚN MÁS INCREÍBLE... ¡A LO MEJOR HAY CIERTAS COSAS QUE NO TE INCUMBEN!
VENGA, JASON.
OYE, MICK, SÉ QUE SIEMPRE TE HE DADO LÁSTIMA.
POBRE JASON, NO ENCUENTRA NOVIA. POBRE JASON, NO SABE DEFENDERSE. POBRE JASON, SU PADRE LE PONE FINO.
EH, CÁLMATE, TÍO, ESTÁS FUERA DE CONTROL.
MICK...
...ESTÁS MUY EQUIVOCADO.

PETE'S CAFETERÍA
PETE'S CAFETERÍA
FAAASH
MADRE MÍA.
¡LA MADRE QUE TE PARIÓ, JASON! ¿ES ESTO? ¿ESTO TE PASABA?
¡ERES EL PUÑETERO FIRESTORM!
SÍ. Y ESTÁS DENTRO DE MI CABEZA.
¿POR QUÉ ESTOY...? ¡EH! ¿QUÉ HAGO PEGADO A UN ÁRBOL?
¿SABES QUÉ, MICK? TE RECOMIENDO QUE CIERRES EL PICO Y...
...DISFRUTES DEL VIAJE.

SÍ... VAIS BIEN... A VER ESAS LENGUAS...
...YYYY, LISA, QUÍTATE EL SUJETADOR. TERRI, QUIERO QUE...
¿...QUÉ DIABLOS?
OH, SÍ.
AHORA EMPIEZA LA FIESTA.
¿PU-PUPUEDO AYUDARLE...?
¿...SEÑOR?
HACE UN PAR DE NOCHES VI LO QUE TIENES MONTADO AQUÍ.
PENSÉ EN PASARME PARA VER LAS VISTAS.

¿QUIERES, EH... QUIERES MIRAR?
BUENO, SI CHARLIE SHEEN PUEDE HACERLO, YO TAMBIÉN.
ADEMÁS, PODRÍA DARLES INDICACIONES A TUS ACTRICES. SOY UN TIPO SOFISTICADO.
¿"SOFISTICADO"? ¿QUÉ DICES? ¡JASON, SI TÚ NO ERES VIRGEN, MI SEGUNDO NOMBRE NO ES LAWRENCE!
JASON NO PINTA NADA AQUÍ, MICK.
ASÍ ES, SOY FIRESTORM. ¿Y VOSOTRAS OS LLAMÁIS...?
LISA.
TERRI.
A VER, NO NOS PRECIPITEMOS, HOY VAMOS MUY PILLADOS. PERO... SI QUIERES TRABAJAR CON NOSOTROS EN EL FUTURO...
ATRÁS, TÍO. YO MARCO MI PROPIO RITMO.
FWOOSH
Y LO QUE QUIERO SABER ES DÓNDE PUEDO QUEDAR CON VOSOTRAS MÁS TARDE.
HM... LAS DOS BAILAMOS EN LA SALA GATO NEGRO ESTA SEMANA. PODRÍAS PASARTE.
CUANDO QUIERAS.
PERFECTO.
¿QUÉ? ¿NOS VAMOS? ¿ESTÁS LOCO? ¡QUERÍAN QUE NOS QUEDÁSEMOS!
NO, QUERÍAN QUE ME QUEDARA YO. TÚ VAS DE PAQUETE. Y YA TE HE DICHO QUE TE CALLES.
AHORA MANDAS TÚ, ¿EH? YA LO PILLO.
NO. NO LO ENTIENDES... Y SIGO CABREADO.

"AUNQUE ACABO DE PENSAR EN EL TIPO IDEAL PARA DESQUITARME."
"¿EH? ¿DESQUITARTE...? ¿QUÉ QUIERES DECIR?"
"OYE, ESE ES... EH, ¿QUÉ DIABLOS? ¿CÓMO SABES DÓNDE VIVE? AY, DIOS. ¿LE HAS ESTADO ESPIANDO?"
"NO ES ESPIAR. SE LLAMA PRESTAR ATENCIÓN. ANTES NO PODÍA HACER NADA... AHORA SÍ."
"OH, NO. JASON, NO. NO LO HAGAS. NO SÉ QUÉ ESTÁS PENSANDO, ¡PERO NO LO HAGAS!"
"TÚ ESTUVISTE AHÍ, TÍO."
"SE LA TENGO GUARDADA."
¿QUÉ?
AGENTE TREY THURBER.
WHAM

HHHHNNH... ¿QUÉ...? ¿QUÉ ES LO QUE...?
¡ES UN POLI! ¡OLVÍDALO, TÍO! ¡ES AGUA PASADA!
NO, NO ES AGUA PASADA.
PARA NADA.
¿QUÉ QUIERES DE MÍ?
HACE DOS AÑOS, VISTE A DOS CHAVALES CERCA DE UNA CASA DE EMPEÑOS QUE HABÍA SIDO ATRACADA. UNO NEGRO, OTRO ASIÁTICO.
¿EH...?
NO TENÍAS MOTIVOS PARA SOSPECHAR DE ELLOS, PERO LOS PARASTE DE TODOS MODOS.
UNO DE ESOS CHICOS LLEVA DOS DIENTES POSTIZOS.
POR CULPA TUYA. DE TU PORRA.
Y DE TU PLACA.
PERO TODO ESO VA A CAMBIAR.
¡UNH!
SLAM
JASON... ¿QUÉ VAS A HACER?
LO QUE DEBERÍA HABER HECHO YA.

¡NO! ¡POR FAVOR, NO ME MATES, NO ME MATES, NO ME MATES!
ESCUCHA, SE TERMINÓ LO DE SER POLI. MAÑANA A PRIMERA HORA DIMITIRÁS.
Y AL FINAL DEL DÍA, SI NO HAS DEJADO TU PUESTO... TE ENCONTRARÉ.
Y DERRETIRÉ TODA LA CARNE DE TU CUERPO.
PERO... NO PUEDO... ASÍ SIN MÁS...
PUEDES Y LO HARÁS.
Y POR SI INTENTAS CONVENCERTE DE QUE ESTO SOLO HA SIDO UNA PESADILLA...
¡MI CASA! ¿QUÉ LE HAS HECHO A MI CASA...?
MAÑANA, THURBER. ¿OÍDO? SI LO ENTIENDES, DI "SÍ, SEÑOR".
SÍ, SÍ, SEÑOR...
¡NO TE HE OÍDO!
¡SÍ, SEÑOR! ¡SÍ, SEÑOR!
BIEN... ¿VES AHORA POR QUÉ NO TE LLAMABA, MICK? ¿POR QUÉ HE ESTADO UN PELÍN RAYADO ÚLTIMAMENTE?
BUF, SÍ. NO... NO TENGO PALABRAS. LO SIENTO, TÍO. DE VERAS.
VALE... ARREGLADO, ENTONCES.
OYE, ME SIENTO GENIAL. ¿QUIERES APROVECHAR PARA HACER ALGO MÁS?

OH... OH, TÍO. ¡OH, TÍO! YA LO TENGO... ¡QUIERO CONOCER A LA JLA!
PORQUE... NO NECESITAS RESPIRAR, ¿VERDAD?
PUEDES HACERLO, ¿NO? SUBIR AHÍ A SALUDAR.
BUENO... LO HE PENSADO. PERO...
¿PERO? PERO ¿QUÉ? ¿QUÉ TE LO IMPIDE?
EN EL PEOR DE LOS CASOS, SI VES QUE NECESITAS RESPIRAR, VOLVEMOS A BAJAR Y YA ESTÁ. ¿NO?
SU... SUPONGO...
¡VENGA, TÍO! ¿A QUÉ ESPERAS? ATRÉVETE. CON UN PAR.
BAH... AL CUERNO.
¡ESO! ¡ESO!
¡YUUUJUUU! ¡MIRA ESO!
MADRE MÍA... TENÍAS RAZÓN... ¡PUEDO HACERLO! ¡PUEDO HACERLO!
Y TANTO QUE PUEDES.
OSTRAS... ¿A QUÉ VELOCIDAD ESTAMOS YENDO?
NI IDEA... PERO LA SUFICIENTE COMO PARA NO TARDAR MUCHO EN ENCONTRAR LA... EH...

...LA ATALAYA.
¿CÓMO CREES QUE IRÁ ESTO? SUPONGO QUE TENDRÁN UNA SEGURIDAD TOCHÍSIMA. NO PUEDO LLAMAR SIN MÁS.
¿NO HAY UN INTERFONO?
RONALD RAYMOND
BIENVENIDO, FIRESTORM.
UAU, QUÉ MOVIDA, JASON... NUNCA HABÍAS ESTADO AQUÍ, ¿VERDAD? ¿CÓMO ES QUE TE CONOCEN?
NO... NO LO SÉ.
¿HOLA? ¿HAY ALGUIEN?
¿ALGUIEN ME OYE?
PARECE QUE NO HAY NADIE.
¿CREES QUE... DEBERÍAMOS IRNOS YA?
¿ESTÁS LOCO? ¡ES LA ATALAYA DE LA JLA! ¡AL MENOS ECHA UN VISTAZO, TÍO!
VENGA. LA PUERTA ESTABA ABIERTA.
BUENO... SUPONGO QUE PODEMOS CURIOSEAR UN RATO.
SIEMPRE HE QUERIDO VER ESA SALA CON LA MESA REDONDA.

UAU...
AQUÍ ES DONDE SE SIENTAN. TODOS ELLOS, AQUÍ MISMO.
VALE... AHÍ ESTÁ LA MESA. ¿QUÉ MÁS HAY? ¡QUIERO VER LAS CABINAS DE TELE-TRANSPORTE!
DISCUTÍ CON FREDERICK DURANTE DOS HORAS SOBRE SU FUNCIONAMIENTO. CASI LLEGAMOS A LAS MANOS.
OOH, ¿Y SI TIENEN UNA SALA DE TROFEOS O ALGO ASÍ? CON EXTRAÑAS ARMAS ALIENÍGENAS Y...
AY, MADRE. HAN ENTRADO EN TU CABEZA.
HOLA DE NUEVO, JOVEN-CITO.
BIENVENIDO A LA ATALAYA.
JLA

YO, YO, YO...
LO SIENTO, LO SIENTO MUCHO, SÉ QUE NO DEBERÍA ESTAR AQUÍ, PERO...
HAS SIDO OPORTUNO. HEMOS COMPLETADO LA INVESTIGACIÓN...
...Y DEBERÍAS SABER QUÉ LE PASÓ A TU PREDECESOR.
YO, UH...
UN ASESINO LLAMADO LADRÓN-SOMBRA USÓ UNA ESPADA CON PROPIEDADES ÚNICAS PARA APUÑALAR AL PRIMER FIRESTORM.
ESO ROMPIÓ EL CAMPO DE FUERZA QUE CONTENÍA EL PODER DE FIRESTORM.
CONSCIENTE DE QUE IBA A ESTALLAR, FIRESTORM SE FUE VOLANDO, SE ALEJÓ TODO LO POSIBLE DE SUS COMPAÑEROS.
Y DESPUÉS, SI LAS CONCLUSIONES SON CORRECTAS... EXPLOTÓ.
NO HEMOS CONFIRMADO QUÉ PASÓ LUEGO.
ES POSIBLE QUE LA ESENCIA RESIDUAL DE FIRESTORM ENTRARA EN TI, ACTIVANDO TAL VEZ UN METAGÉN LATENTE...
SEA COMO SEA, ESTOY SEGURO DE QUE NO PODRÉ ENCONTRAR NI RASTRO DEL PRIMER FIRESTORM EN TU MENTE.
TENÍAMOS LA ESPERANZA DE QUE FIRESTORM HABITARA EN TI... QUE SE MANIFESTARA DE ALGÚN MODO.
PERO CADA VEZ RESULTA MÁS IMPROBABLE. Y HEMOS EMPEZADO A ACEPTAR QUE NUESTRO AMIGO Y COMPAÑERO... HA MUERTO.

YO... LO SIENTO. NO SÉ QUÉ... UH...
NO SÉ QUÉ DECIR... NI HACER... ¿QUÉ DEBERÍA HACER?
EN TU CASO, ES MÁS BIEN LO QUE NO DEBERÍAS HACER.
EL HOMBRE CUYOS PODERES POSEES UTILIZABA SUS HABILIDADES CON RESPONSABILIDAD. Y COMPASIÓN.
NO GASTABA BROMAS PUERILES. NO PRESUMÍA. NO BUSCABA VENGANZA.
TÓMALO COMO UN AVISO.
"EN FIN. DE MOMENTO NO TENEMOS NADA MÁS PARA TI. SERÁ MEJOR QUE TE MARCHES."
¿Y BIEN?
LE HE PUESTO UN RASTREADOR PSÍQUICO. ALLÁ DONDE VAYA EL NUEVO "FIRESTORM", YO LO SABRÉ.
AUNQUE NO PERCIBO BIEN SUS PENSAMIENTOS... ES COMO OÍR VOCES EN OTRA HABITACIÓN, MURMULLOS ININTELIGIBLES.
¿ALGUNA PISTA SOBRE RAYMOND?
"HE PUESTO TODO MI EMPEÑO, PERO... OJALÁ PUDIERA DECIRTE QUE SÍ."
ESTOY FLIPANDO EN COLORES.

¡ESE ERA BATMAN! Y... Y... ¡Y EL DETECTIVE MARCIANO! ¡COLECCIONO SUS FIGURAS DE ACCIÓN DESDE HACE AÑOS! ¡GAAAH!
MICK, CIERRA EL PICO UN RATO.
OYE, ¿CADA CUÁNTO PUEDES HACER ESTO? ¿CUÁNDO REPETIMOS? PUEDO VOLVER A CASA TODOS LOS FINDES, SIN PROBLEMA.
MENOS EN EXÁMENES. ¡ES INCREÍBLE! ¡SOY LA MITAD DE UN SUPERHÉROE!
ESCUCHA, IBA A DISCULPARME POR ESTO. OJALÁ HUBIERA OTRO MODO.
¿EH?
PERO DE PRONTO NO ME SIENTO TAN MAL.
UUHHH... ¿JASON? ¿QUÉ HA PASADO?
NO ME... ¿QUÉ HAGO AQUÍ...? NO ME ACUERDO...
ES LO QUE PASA CUANDO TE BEBES UNA BOTELLA DE JÄGER TÚ SOLO.
¿QUÉ...? ¿EN SERIO? ¿ME EMBORRACHÉ?
COMO UNA CUBA, TÍO. SIENTO NO HABERTE PARADO.
BAH... NO PASA NADA...
TE LLEVARÉ A CASA. PUEDES, EH... DORMIR EN EL SUELO DE MI CUARTO.
GRACIAS, JASON. ERES EL MEJOR.
¿EL MEJOR? YO NO DIRÍA ESO, TÍO. PARA NADA.
VENGA, VAMOS... TENGO COSAS EN QUE PENSAR.

BARRY ALLEN, MI TÍO Y EL ANTERIOR FLASH, GUARDABA UN SECRETO.
CUANDO LOS ENEMIGOS DE LA LIGA DE LA JUSTICIA SE ENTERARON DE LAS IDENTIDADES DE SUS MIEMBROS, BARRY Y ALGUNOS MÁS DECIDIERON ELIMINAR SUS RECUERDOS.
ZATANNA, UNA DE LAS MEJORES ILUSIONISTAS DEL MUNDO, SE ENCARGÓ DE ELLO.
POR DESGRACIA, SURGIERON CIERTOS IMPREVISTOS CON UN VILLANO. EL DOCTOR LUZ PASÓ DE REPRESENTAR UNA PELIGROSA AMENAZA A VOLVERSE UN COMPLETO IDIOTA. ALTERARON SU PERSONALIDAD POR COMPLETO.
PARA COLMO, SOSPECHABAN QUE NO ERA LA PRIMERA VEZ QUE SUCEDÍA ALGO SIMILAR DURANTE EL PROCESO.
SIMPLEMENTE NO SE HABÍAN DADO CUENTA HASTA ENTONCES.
AUNQUE DESPUÉS DE LO QUE LE SUCEDIÓ A LUZ JURARON QUE JAMÁS VOLVERÍAN A HACERLO, BARRY VOLVIÓ A TRANSGREDIR LOS LÍMITES.
ROSCOE DILLON, TAMBIÉN CONOCIDO COMO TOP, RECOPILÓ INFORMACIÓN SOBRE LA VIDA PRIVADA DE BARRY Y AMENAZÓ A SUS PADRES Y SUS AMIGOS.
PERO MI TÍO NO QUERÍA VENGARSE DE TOP.
QUERÍA AYUDARLE.
ZATANNA TOMÓ EL CONTROL DE SU CONSCIENCIA Y AJUSTÓ LOS DESEQUILIBRIOS DE SU MENTE.
TOP SE CONVIRTIÓ EN EL ALIADO DE FLASH DURANTE UNA TEMPORADA.
PERO NO PUDO ENFRENTARSE A SU PASADO. LE VENCIÓ LA PRESIÓN DE LOS REMORDIMIENTOS.
SE VOLVIÓ LOCO Y DESAPARECIÓ.
BARRY ESTABA SEGURO DE QUE VOLVERÍA, Y DE QUE ME TOCARÍA A MÍ LIDIAR CON ÉL.
TOP REGRESÓ LOCO DE REMATE.
NO LE PRESTÉ ESPECIAL ATENCIÓN. DESPUÉS DE TODO, NO ESCASEAN LOS SUPERVILLANOS CON PROBLEMAS MENTALES.
PERO BARRY ME PIDIÓ DESDE LA TUMBA QUE LO ENCONTRARA Y LE DEVOLVIERA LA CORDURA.
ÉL FUE COMO UN PADRE PARA MÍ, CONSAGRÓ SU VIDA A HACER EL BIEN Y LA PERDIÓ POR SALVAR EL MUNDO.
TAN SOLO COMETIÓ UN ERROR.
Y YO VOY A AYUDARLE A ENMENDARLO.
SE ME DA BIEN REPARAR COSAS.

JUGUETES WIGGINS
"LOS JUGUETES WIGGINS NO SOLO SE ORIENTAN A LOS NIÑOS, ES QUE SE FABRICAN EXCLUSIVAMENTE PARA ELLOS!"
¡LOS BUMERANES DEL CAPITÁN!
¡EXTRAORDINARIAS PEONZAS!
¡MUELLES DE SALTAR MARCA WIGGINS!
¡ALEGRES HULA-HOPS!
ME LLAMO WALLY WEST.
SOY EL HOMBRE MÁS RÁPIDO DEL MUNDO.
FLASH.
WHISKY GARNEY
EL SECRETO DE BARRY ALLEN
TERCERA PARTE ¡GIRA!
GEOFF JOHNS- guion HOWARD PORTER- dibujo LIVESAY- tinta
JAMES SINCLAIR- color MICHAEL SIGLAIN- editor adjunto JOEY CAVALIERI- editor

TODO EL ASUNTO DEL PASADO OSCURO DE LA LIGA ESTALLÓ CUANDO ASESINARON A LA ESPOSA DE UN BUEN AMIGO, EL HOMBRE ELÁSTICO.
¡OH, CHACHI! ¡TENEMOS VISITA!
DESPUÉS AMENAZARON A NUESTROS SERES QUERIDOS, INCLUSO A LOIS LANE.
CLARK SE VOLVIÓ LOCO DE FURIA CUANDO SE ENTERÓ.
BATMAN ÚLTIMAMENTE ESTÁ MUY IRRITABLE.
MÁS DE LO HABITUAL, QUIERO DECIR.
ALGUIEN CO-NOCE TODOS NUESTROS SECRETOS.
¡BIENVENIDO, FLASH! DE HABER SABIDO QUE VENÍAS... JE, JE... HABRÍA LIMPIA-DO UN POCO ESTO. TRAES A UNA CHICA MUY, MUY GUAPA.
ZATANNA, LA HECHICERA... ¿NOS CONOCEMOS? ¿SÍ? ¿NO?
INTENTABA ENCONTRAR MIS PEONZAS, PERO... ¿QUERÉIS UN PLÁTANO? ESTÁN DELICIOSOS.
ALGUIEN QUIERE GOL-PEARNOS DONDE MÁS DUELE.

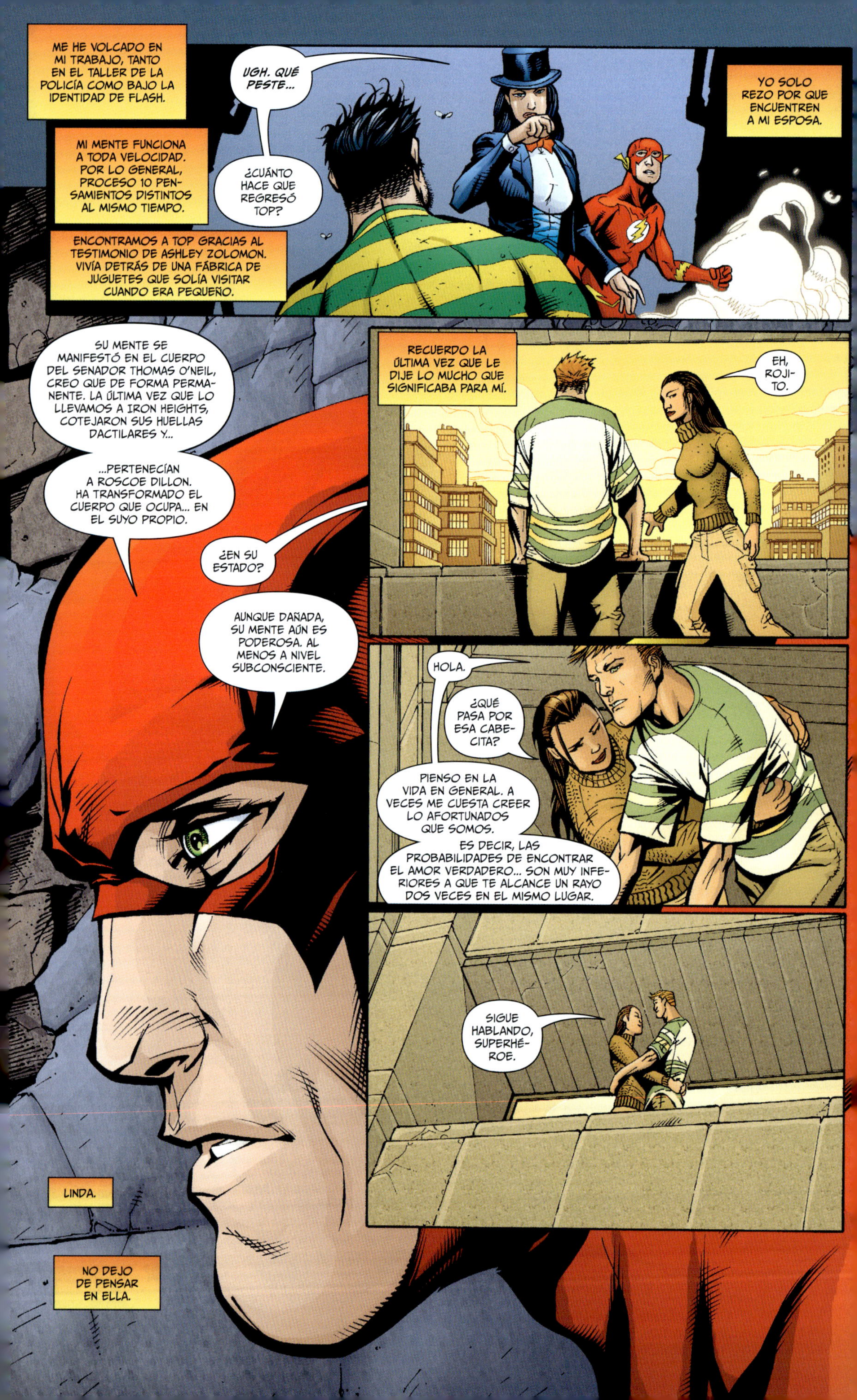
ME HE VOLCADO EN MI TRABAJO, TANTO EN EL TALLER DE LA POLICÍA COMO BAJO LA IDENTIDAD DE FLASH.
MI MENTE FUNCIONA A TODA VELOCIDAD. POR LO GENERAL, PROCESO 10 PENSAMIENTOS DISTINTOS AL MISMO TIEMPO.
ENCONTRAMOS A TOP GRACIAS AL TESTIMONIO DE ASHLEY ZOLOMON. VIVÍA DETRÁS DE UNA FÁBRICA DE JUGUETES QUE SOLÍA VISITAR CUANDO ERA PEQUEÑO.
UGH. QUÉ PESTE...
¿CUÁNTO HACE QUE REGRESÓ TOP?
YO SOLO REZO POR QUE ENCUENTREN A MI ESPOSA.
SU MENTE SE MANIFESTÓ EN EL CUERPO DEL SENADOR THOMAS O'NEIL, CREO QUE DE FORMA PERMANENTE. LA ÚLTIMA VEZ QUE LO LLEVAMOS A IRON HEIGHTS, COTEJARON SUS HUELLAS DACTILARES Y...
...PERTENECÍAN A ROSCOE DILLON. HA TRANSFORMADO EL CUERPO QUE OCUPA... EN EL SUYO PROPIO.
¿EN SU ESTADO?
AUNQUE DAÑADA, SU MENTE AÚN ES PODEROSA. AL MENOS A NIVEL SUBCONSCIENTE.
RECUERDO LA ÚLTIMA VEZ QUE LE DIJE LO MUCHO QUE SIGNIFICABA PARA MÍ.
EH, ROJITO.
HOLA.
¿QUÉ PASA POR ESA CABECITA?
PIENSO EN LA VIDA EN GENERAL. A VECES ME CUESTA CREER LO AFORTUNADOS QUE SOMOS.
ES DECIR, LAS PROBABILIDADES DE ENCONTRAR EL AMOR VERDADERO... SON MUY INFERIORES A QUE TE ALCANCE UN RAYO DOS VECES EN EL MISMO LUGAR.
SIGUE HABLANDO, SUPERHÉROE.
LINDA.
NO DEJO DE PENSAR EN ELLA.

FLASH HACE TODO LO QUE ESTÁ EN SUS MANOS PARA AYUDAR A ESTA CIUDAD, PERO NADIE SUELE ACUDIR EN SU RESCATE.
TÚ ME SALVASTE, LINDA.
ME HICISTE PERDER EL MIEDO A AMAR A ALGUIEN.
Y DESPUÉS DE HABERME CRIADO EN UN ENTORNO COMO EL DE LA CASA DE MIS PADRES... JAMÁS PENSÉ QUE SERÍA POSIBLE.
VEN AQUÍ.
YA NO ME PREOCUPA QUE NO REGRESE.
SINO SABER SI SIGUE VIVA.
ME DEJÓ PORQUE EL ESPECTRO MANIPULÓ SUS RECUERDOS. CUANDO LOS RECUPERÓ, SE ALEJÓ DE MÍ PARA PONER EN ORDEN SUS PENSAMIENTOS.
EN COMPARACIÓN CON LO QUE YO HE TENIDO QUE HACER PARA MANTENER MI IDENTIDAD SECRETA... BARRY ALLEN ES TODO UN SANTO.
VOSOTROS DOS...
...SABÉIS EL SECRETO, ¿VERDAD?
¡DECÍDMELO! ¡RECORDÁDMELO!
¡CONTADME TODO LO QUE SEPÁIS!
NO SOY EL HÉROE PERFECTO QUE QUERRÍA SER.
PERO LO INTENTO.
COMO MI TÍO.

¡DECÍDMELO!
EL... SECRETO. ¡JA, JA, JA, JA!
EMREUD, POT.
JA...
¿YA... YA ESTÁ?
NO, SOLO LO HE DORMIDO.
HACE MUCHO TIEMPO QUE NO ME ADENTRO EN LA MENTE DE ALGUIEN, WALLY.
TE HE VISTO CONVERTIR OCÉANOS DE LAVA EN CAMPOS DE MARGARITAS, ZETA. TU PODER ES INCONMENSURABLE. PUEDES HACERLO.
¿ERES CONSCIENTE DE QUE VAMOS A LIBERAR A UN PSICÓPATA? ¿A UN MANÍACO OBSESIONADO CON VENGARSE DE FLASH?
TÚ NO TE ENFRENTASTE A TOP CUANDO SUS PODERES SE INCREMENTARON, NO TIENES NI IDEA DE LO QUE ES CAPAZ. BARRY ME LO CONTÓ TODO.
YO ME ENCARGO DE ÉL. ASUMO LA RESPONSABILIDAD.
YO NO PRETENDÍA HACERLE DAÑO A NADIE.
LO SÉ.
ENTONA UNOS CÁNTICOS.
SE ME SECAN LOS OJOS Y LA GARGANTA. VEO COLORES QUE DANZAN FRENTE A MIS OJOS.
ALGO PASA.

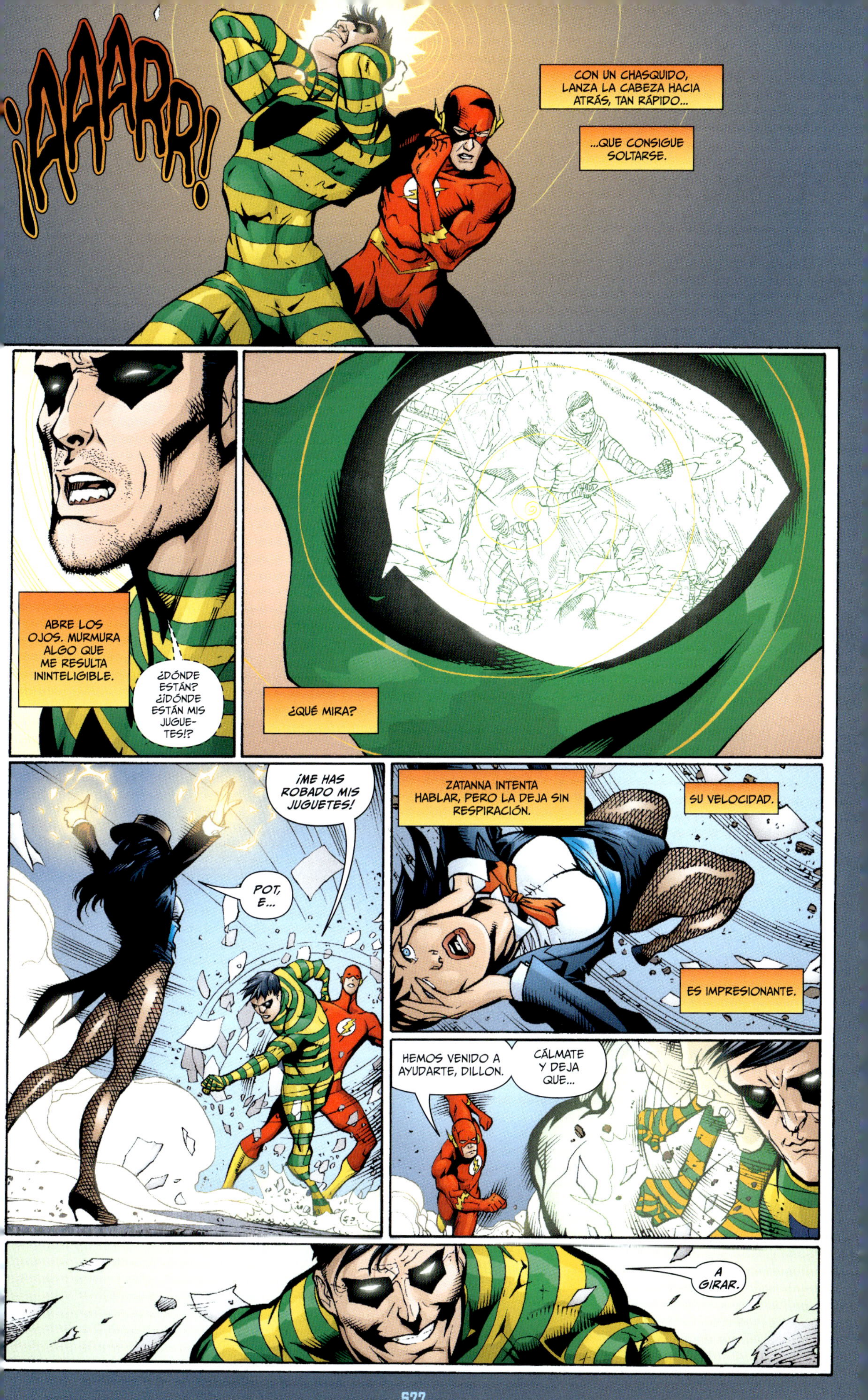
¡AAARR!
CON UN CHASQUIDO, LANZA LA CABEZA HACIA ATRÁS, TAN RÁPIDO...
...QUE CONSIGUE SOLTARSE.
ABRE LOS OJOS. MURMURA ALGO QUE ME RESULTA ININTELIGIBLE.
¿DÓNDE ESTÁN? ¿DÓNDE ESTÁN MIS JUGUE-TES!?
¿QUÉ MIRA?
¡ME HAS ROBADO MIS JUGUETES!
POT, E...
ZATANNA INTENTA HABLAR, PERO LA DEJA SIN RESPIRACIÓN.
SU VELOCIDAD.
ES IMPRESIONANTE.
HEMOS VENIDO A AYUDARTE, DILLON.
CÁLMATE Y DEJA QUE...
A GIRAR.

SÉ LO QUE ME HIZO BARRY.
PERO NI TÚ NI NADIE...
...SE PUEDE IMAGINAR...
...LO QUE LES HE HECHO YO A ELLOS.

FLASH...
HNNRRGG.
QUÉ POCO... DIGNO.
SÍ...
MEJOR ASÍ.
MI MENTE ESTÁ ADORMECIDA. ME SIENTO COMO SI HUBIERAN ENCERRADO TODOS MIS SUEÑOS Y MIS DESEOS EN UNA CAJA FUERTE, OCULTA EN ALGÚN RECOVECO DE MI CABEZA, PARA QUE NADIE LOS DESCUBRIERA JAMÁS.
SECRETOS.
SÉ LO QUE PRETENDÍA TU PREDECESOR.
MODIFICAR LA NATURALEZA HUMANA.
MEJORARME.
NADIE PUEDE MEJORARME, FLASH.

EMREUD...
HNNN.
N-NO.
NO DORMIRÉ.
ESTA VEZ NO.
HE DICHO.
KRAKK
QUE TE DUERMAS.

¡EUQ LE OLEIH ELEG-NOC A POT!
KRANG
VZOOOM
OH.
OH, NOS LO VAMOS A PASAR COMO NUNCA.
LA FIESTA NO HA HECHO MÁS QUE EMPEZAR.
NO VAS A NINGUNA PARTE, DILLON.

¡NO TENÉIS NI IDEA DE LO QUE HICE!
¿EL QUÉ? ¡DEJA DE FANFARRONEAR Y DILO DE UNA VEZ!
CUANDO YO ERA UN HÉROE, FLASH...
...TU MENTOR ME MANEJÓ COMO A UNA MARIONETA. ME VI MANIPULADO POR TODOS ESOS HÉROES SANTURRONES QUE PROCLAMAN LA PAZ Y LA JUSTICIA EN LA TIERRA...
...MENOS PARA SUS ENEMIGOS. NOS NEGARON LA VERDAD.
Y CUANDO SUCEDE ALGO ASÍ, LA JUSTICIA SE CONVIERTE EN UNA MENTIRA.
¿NO OS HABÉIS PREGUNTADO NUNCA POR QUÉ SE HAN INTENTADO REFORMAR TANTOS ENEMIGOS DE FLASH?
¿POR QUÉ TANTOS SUPERMATONES HECHOS A SÍ MISMOS DESEABAN CONVERTIRSE EN HÉROES DE LA NOCHE A LA MAÑANA?
ANTES DE PERDER LA CORDURA POR INTENTAR RECOMPONER MI MENTE FRAGMENTADA, HICE CON LOS VILLANOS LO MISMO QUE ZATANNA ME HIZO A MÍ.
FLASH NO QUERÍA ENEMIGOS, SINO ALIADOS.
ASÍ QUE YO LOS REHABILITÉ.

¡Y UN CUERNO!
CONOZCO A LOS VILLANOS, SOBRE TODO A LOS QUE SE HAN ESFORZADO AL MÁXIMO PARA RESARCIRSE.
THOOM
NO ERES TAN PODEROSO COMO CREES.
SIEMPRE LO HE SIDO.
AUNQUE CON ALGUNOS NO LLEGUÉ A CONSEGUIRLO. LA MENTE DEL CAPITÁN FRÍO RECHAZÓ MI REPROGRAMACIÓN, IGUAL QUE BUMERÁN Y EL HECHICERO DEL CLIMA.
OH, SÍ. A VECES SE ENCONTRABAN EN UNA ENCRUCIJADA, SE PREGUNTABAN QUÉ HACER Y SE DECANTABAN POR LA VÍA MÁS NOBLE Y VIRTUOSA.
PERO RECHAZARON MIS SUGERENCIAS.
EN CUANTO AL RESTO...
...MUCHOS AÚN ACTÚAN BAJO EL EFECTO DEL HECHIZO.
SOLO QUERÍA QUE LO SUPIERAS.
NO TE PUEDES FIAR DE NADIE, FLASH. PORQUE NO SERÁ MAÑANA, NI PASADO... PERO TEN POR SEGURO QUE ALGÚN DÍA...
...LES ARREBATARÉ SU BONDAD Y SU RACIONALIDAD.
Y TODO TU MUNDO SE DERRUMBARÁ.

CHICAGO.
...CON ESTE CONTAMOS YA SEIS ASESINATOS DURANTE LOS ÚLTIMOS TRES MESES EN KEYSTONE, CENTRAL CITY Y LOS BARRIOS DE LA PERIFERIA.
ESTAMOS SEGUROS DE QUE EL DOCTOR MICHAEL CHRISTIAN AMAR, TAMBIÉN CONOCIDO COMO MURMULLO, ESTÁ DETRÁS DE TODO ESTO.
SU *MODUS OPERANDI* SALTA A LA VISTA POR TODA LA ESCENA DEL CRIMEN. SU OBJETIVO HAN SIDO CONFERENCIANTES Y LOCUTORES DE RADIO.
NO VA A SER TAREA FÁCIL, OLA DE CALOR.
LO SÉ, ES UNA PRUEBA. PONES A PRUEBA MIS HABILIDADES.
CREES QUE HE PERDIDO FACULTADES, PERO TE VOY A DEMOSTRAR QUE TE EQUIVOCAS.
¿Y CUÁNDO ENTRAMOS EN JUEGO NOSOTROS, JAMES?
LLEVAS SEMANAS ECHÁNDONOS EL DISCURSO DE QUE TUS JEFES QUIEREN TERMINAR DE UNA VEZ POR TODAS CON LOS VILLANOS. Y SEGÚN TÚ, DEPENDE DE NOSOTROS.
ME MUERO DE GANAS... QUIERO VER OTRA VEZ AL RARITO DE CHATARRA. SE DICE QUE AÚN MERODEA POR AHÍ, AUNQUE PUSE TODO MI EMPEÑO EN IMPEDIRLO.
LOS VILLANOS LLEVAN SEMANAS EN BOCA DE TODO EL MUNDO.
LA DESPIADADA PERSECUCIÓN DEL DOCTOR LUZ Y OTROS SOSPECHOSOS DEL ASESINATO DE SUE DIBNY QUE HA LLEVADO A CABO LA LIGA HA CAUSADO REVUELO HASTA EN LAS ALTAS ESFERAS.
LOS VILLANOS CONSTITUYEN EL MEJOR EJEMPLO DE QUE "LOS MALOS" SE PUEDEN ORGANIZAR. SON UNA PRUEBA EVIDENTE DE QUE PUEDEN COLABORAR ENTRE ELLOS.
NECESITAMOS ATAJARLOS ANTES DE QUE ALGUIEN MÁS LES COPIE LA IDEA.
¿ALGUNA PREGUNTA?
¿PODEMOS EMPLEAR LA FUERZA LETAL SI ES NECESARIO?
SOLO SI ES NECESARIO, FLAUTISTA.
RECUERDA QUE TODOS ESTÁIS REHABILITADOS.
LOS AQUÍ PRESENTES SOIS AUTÉNTICOS HÉROES.
ASÍ QUE ACTUAD COMO TAL.

¿ESTÁS SEGURO DE QUE HAS RECIBIDO INFORMACIÓN VERAZ?
PROVIENE DE ORÁCULO, Y ELLA NUNCA SE EQUIVOCA.
DEATHSTROKE SE ENCUENTRA EN STAR CITY, AL MENOS HACE CINCO MINUTOS.
ME BUSCA COMO UN PERRO RABIOSO.
LE FASTIDIASTE UN OJO, PAPÁ.
TÉCNICAMENTE YA ESTABA TUERTO.
SOLO SE LO QUERÍA RECORDAR.
FWOOOSH
HOLA, CONNOR.
WALLY, ¿CÓMO LO LLEVAS?
¿ME PERMITES QUE HABLE CON TU PADRE?
EN PRIVADO.

¿TOP NO HA DICHO A QUIÉNES?
EN ESTOS AÑOS SE HAN REHABILITADO MUCHOS VILLANOS: TRICKSTER, OLA DE CALOR...
PODRÍA SER CUALQUIERA. O TODOS.
INCLUSO EL FLAUTISTA.
¿EL FLAUTISTA? ¡SI ESE ME HACE PARECER CONSERVADOR A MÍ!
SE CONVIRTIÓ EN EL ROBIN HOOD DE KEYSTONE, ROBABA COMIDA Y ROPA PARA LOS POBRES.
HASTA QUE LO INCRIMINARON POR ASESINAR A SUS PADRES. DESDE ENTONCES SE ENCUENTRA EN PARADERO DESCONOCIDO. YO CONFIABA CIEGAMENTE EN EL FLAUTISTA.
ME TEMO QUE AL DEVOLVERLE A TOP SU CONCIENCIA...
...HE ABIERTO LA CAJA DE PANDORA.
¿PODRÁS ENCARGARTE DE ESTO?
POR BARRY.
PUEDO CON TODO.

NOTICIAS DE ÚLTIMA HORA SOBRE GOTHAM CITY: EL CADÁVER DEL VILLANO CONOCIDO COMO CAPITÁN BUMERÁN HA APARECIDO EN EL ESCENARIO DE UN INTENTO DE ROBO...
SÍ... LO ESTOY VIENDO POR LA TELE.
CLARO, LLAMARÉ A McCULLOCH. ¿CUÁNDO SE CELEBRARÁ EL FUNERAL?
QUÉ DICES... ¿EN SERIO? ¿UN HIJO?
SÍ, EXACTO... GAJES DEL OFICIO.
GRACIAS, GAMBI.
TOTAL, LLEVABA UN DISFRAZ DEMASIADO SOSO. ¡VALIENTE DISEÑO PARA UNA CAMISA! POR NO HABLAR DE LA BUFANDA...
PARECÍA MÁS BIEN LA SEÑORA BUMERÁN...
KRAK
FWUMP
DIGGER ESTABA EN LAS ÚLTIMAS, FRÍO. ¿DE VERDAD TE SORPRENDE LA NOTICIA?
TIENE UN HIJO.
¿QUÉ?
ESO ME ACABA DE DECIR GAMBI. ESTÁ CON ÉL AHORA MISMO. SE LLAMA OWEN.
NO LO SÉ.
PERO ¿QUIÉN SE IBA A ACOSTAR CON DIGGER CON ESAS GREÑAS Y ESA JETA? ADEMÁS, TENÍA MENOS TACTO QUE UN ERIZO...
¿QUÉ QUIERES QUE HAGAMOS?
CUIDAR DE LOS NUESTROS, MARDON.
VAMOS A VER AL CHAVAL.

NO ME PUEDO CREER LO QUE HIZO GREEN ARROW. LO QUE HICIERON TODOS.
HAWKMAN, ZATANNA, EL ÁTOMO, CANARIO NEGRO, HAL JORDAN Y BARRY.
PARA OCULTARLE A BATMAN LO SUCEDIDO CON EL DOCTOR LUZ...
...LE BORRARON LA MEMORIA A PROPÓSITO.
YO HICE LO MISMO PARA RECUPERAR MI IDENTIDAD SECRETA, PERO LUEGO ME SENTÍ FATAL POR JUGAR ASÍ CON LAS MENTES. HICE TODO LO QUE ESTUVO EN MIS MANOS PARA DEVOLVER LOS RECUERDOS A SUS PROPIETARIOS.
COMO BARRY.
A PESAR DE ESTO, O DE LO DE ZOOM, BARRY NO SOLO ERA UNA FIGURA PATERNA PERFECTA.
SINO TAMBIÉN UN SER HUMANO.
SER UN HÉROE IMPLICA UNIR TUS FUERZAS CON LOS DEMÁS PARA HACER DE ESTE MUNDO UN LUGAR MEJOR. SI PERTENECES A LA LIGA DE LA JUSTICIA DE AMÉRICA...
...SE DA POR HECHO QUE TU MORALIDAD ES INTACHABLE.
COMO ESTO SALGA A LA LUZ... COMO ALGUIEN SE ENTERE...
CONFIAMOS AL MÁXIMO EN NUESTROS COMPAÑEROS. NO NOS QUEDA MÁS REMEDIO CUANDO SERES COMO DESPERO, LA LLAVE O PROMETEO ANDAN SUELTOS POR AHÍ.
EL MUNDO YA ES LO BASTANTE PELIGROSO COMO PARA ENCIMA TENER QUE DESCONFIAR DE TUS ALIADOS.
AQUÍ ESTAMOS, SENTADOS A LA MESA DE REUNIONES, SOBRE LA SUPERFICIE LUNAR, CON NUESTROS TRAJES COLORIDOS. TENEMOS PODERES DIVINOS. ALGUNAS PERSONAS INCLUSO NOS CONSIDERAN DIOSES.
PERO NO SOMOS MÁS QUE HOMBRES Y MUJERES.
Y NECESITAMOS ASPIRAR A MÁS.

GREEN ARROW Y LOS DEMÁS CREEN QUE EL CAPITÁN BUMERÁN ERA EL ARTÍFICE DE TODO ESTE CAOS.
AL PRINCIPIO PENSÉ QUE QUIZÁ TUVIERAN RAZÓN, PERO AHORA... SÉ QUE NO ES ASÍ. CONOZCO BIEN A LOS VILLANOS.
SON INTELIGENTES, POR ESO NO SE INMISCUYEN EN LA VIDA PRIVADA DE LOS DEMÁS.
Y POR ESO NUNCA FUERON A POR MI ESPOSA CUANDO SE REVELÓ MI IDENTIDAD. EL AMO DE LOS ESPEJOS LE ASEGURÓ A JAY QUE NO TUVIERON NADA QUE VER CON AQUEL ASUNTO.
HAY UN JUGADOR MÁS EN EL TABLERO QUE SABE TODOS NUESTROS SECRETOS Y PRETENDE UTILIZAR A LOS VILLANOS PARA MATAR A NUESTROS SERES QUERIDOS.
POR FIN LLEGO A MI EDIFICIO. HAY MUCHA GENTE ALREDEDOR... ¿QUÉ...?
¡ATRÁS, POR FAVOR! ¡ATRÁS!
QUÉ DESASTRE, CHYRE.
LO SÉ.
¡HE DICHO QUE RETROCEDAN!

POR EL AMOR DE DIOS, SE SUPONÍA QUE ESTO HABÍA TERMINADO. HE HECHO TODO LO QUE ME PIDIÓ BARRY... SE SUPONÍA... QUE YA... NO...
¡FLASH!
NO.
¿¡FLASH!? ¡JASON, GRABA AQUÍ!
POR FAVOR... POR FAVOR, NECESITO QUE ME DEJEN PASAR...
NO.
¡FLASH! ¿SON CIERTOS LOS RUMORES DE QUE LOS VILLANOS SE ESTÁN MOVILIZANDO?
¿QUIÉN CREES QUE SERÁ LA SIGUIENTE VÍCTIMA DE MURMULLO?
¿CÓMO TE HA SENTADO LA MUERTE DEL CAPITÁN BUMERÁN? ¿CREES QUE SE LO MERECÍA?
8 DIRECTO
NO.
LO SIENTO... NO PUEDO HABLAR AHORA... YO...
8 DIRECTO
HUELO SU PERFUME DESDE AQUÍ... OH, DIOS MÍO...

¡AGENTE CHYRE!
¡DÉJEME VER EL CADÁVER!
¡FLASH!
¿¡QUÉ CADÁVER!?
UNOS NIÑOS HAN VERTIDO LATAS DE PINTURA DESDE EL TEJADO PARA QUE ALCANZARA EL COCHE DE LOS VECINOS, ¡PERO LE HAN DADO AL NUESTRO!
NOS ENCONTRAMOS EN LA ESCENA DE UN CRIMEN, SÍ, PERO NO DE UN HOMICIDIO.
¿QUÉ?
POLICÍA
¡EH, ROJITO!

CUÁNTO TIEMPO SIN VERTE. LINDA PARK-WEST, DE LAS NOTICIAS DEL CANAL CUATRO.
¿ME CONCEDERÍAS UNA ENTREVISTA?

En los días de la II Guerra Mundial, un grupo de justicieros se reunió para formar el primer equipo de superhéroes de todos los tiempos y también el mejor. Ahora, junto a los supervivientes de la formación original, una nueva generación de héroes ha nacido con la promesa de preservar el legado de sus antecesores e inspirar a otros a lo largo y ancho del mundo.

¡Hoy, la **SOCIEDAD DE LA JUSTICIA DE AMÉRICA** vive de nuevo!

LA AUTOPSIA

GEOFF JOHNS - GUION **DAVE GIBBONS** - DIBUJO **JAMES HODGKINS** - TINTA

JOHN KALISZ - COLOR

STEPHEN WACKER - EDITOR ADJUNTO **PETER TOMASI** - EDITOR

...PORQUE TENÍAMOS TRABAJO QUE HACER.

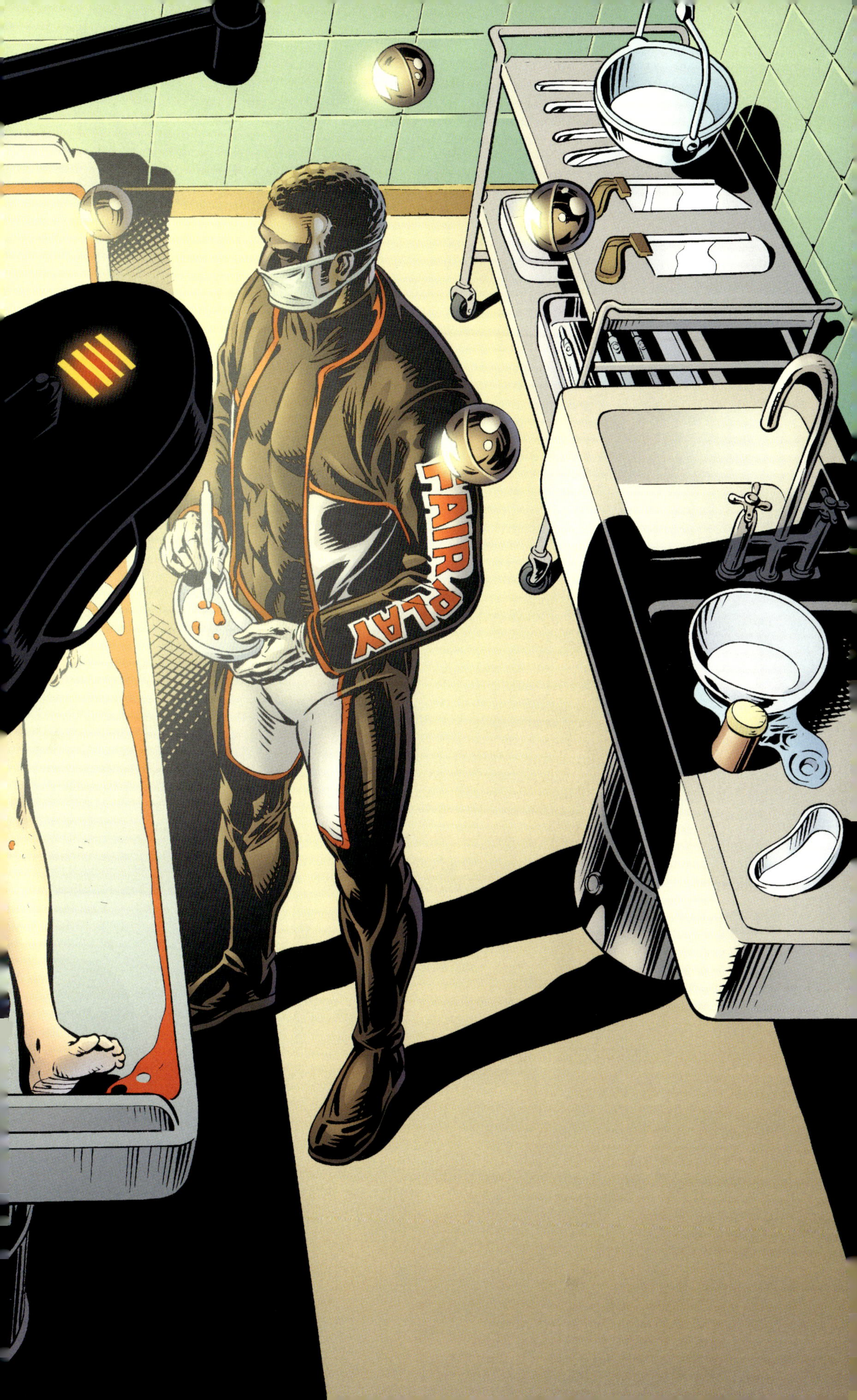
FAIR PLAY

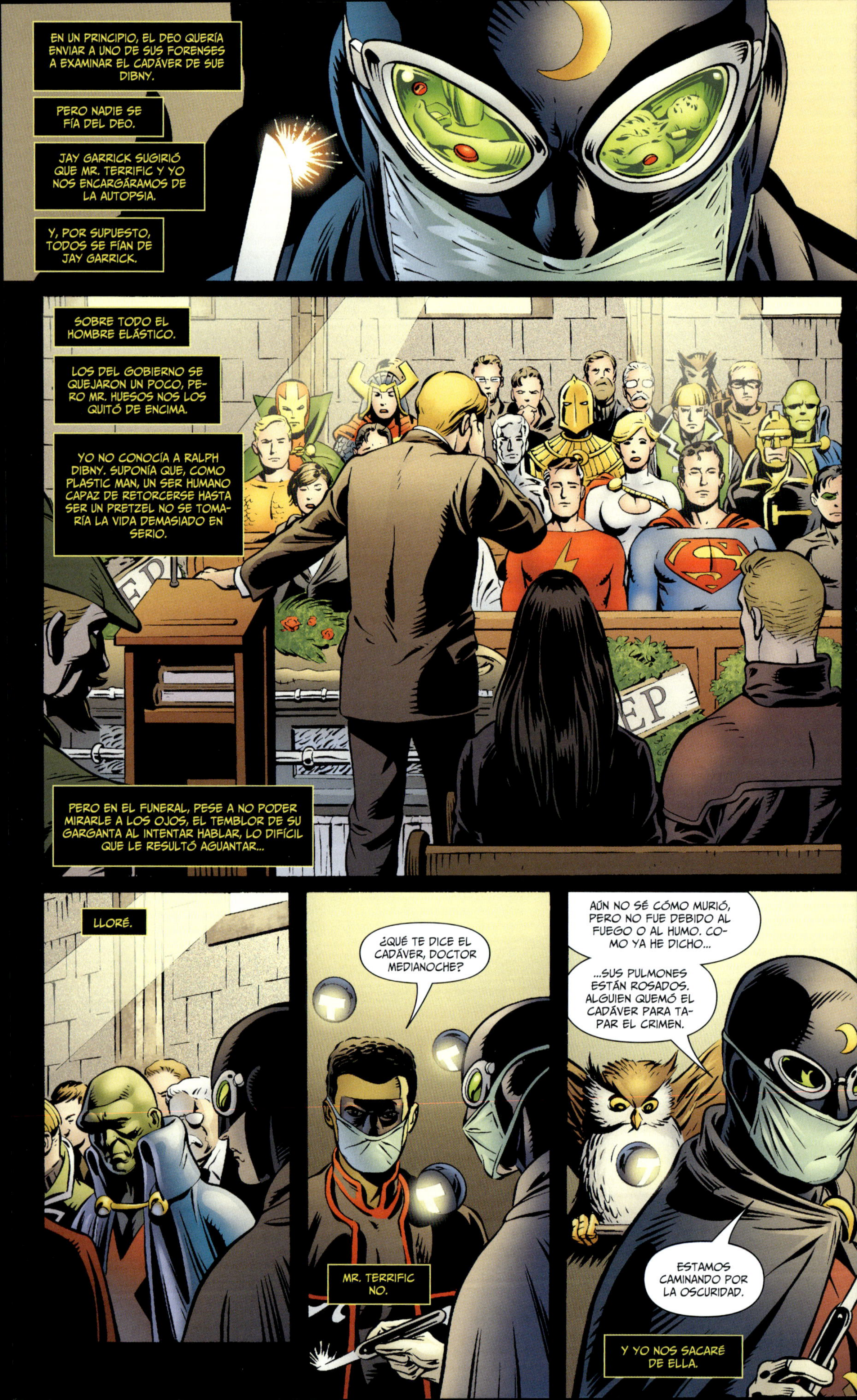
EN UN PRINCIPIO, EL DEO QUERÍA ENVIAR A UNO DE SUS FORENSES A EXAMINAR EL CADÁVER DE SUE DIBNY.
PERO NADIE SE FÍA DEL DEO.
JAY GARRICK SUGIRIÓ QUE MR. TERRIFIC Y YO NOS ENCARGÁRAMOS DE LA AUTOPSIA.
Y, POR SUPUESTO, TODOS SE FÍAN DE JAY GARRICK.
SOBRE TODO EL HOMBRE ELÁSTICO.
LOS DEL GOBIERNO SE QUEJARON UN POCO, PERO MR. HUESOS NOS LOS QUITÓ DE ENCIMA.
YO NO CONOCÍA A RALPH DIBNY. SUPONÍA QUE, COMO PLASTIC MAN, UN SER HUMANO CAPAZ DE RETORCERSE HASTA SER UN PRETZEL NO SE TOMARÍA LA VIDA DEMASIADO EN SERIO.
PERO EN EL FUNERAL, PESE A NO PODER MIRARLE A LOS OJOS, EL TEMBLOR DE SU GARGANTA AL INTENTAR HABLAR, LO DIFÍCIL QUE LE RESULTÓ AGUANTAR...
LLORÉ.
¿QUÉ TE DICE EL CADÁVER, DOCTOR MEDIANOCHE?
MR. TERRIFIC NO.
AÚN NO SÉ CÓMO MURIÓ, PERO NO FUE DEBIDO AL FUEGO O AL HUMO. COMO YA HE DICHO...
...SUS PULMONES ESTÁN ROSADOS. ALGUIEN QUEMÓ EL CADÁVER PARA TAPAR EL CRIMEN.
ESTAMOS CAMINANDO POR LA OSCURIDAD.
Y YO NOS SACARÉ DE ELLA.

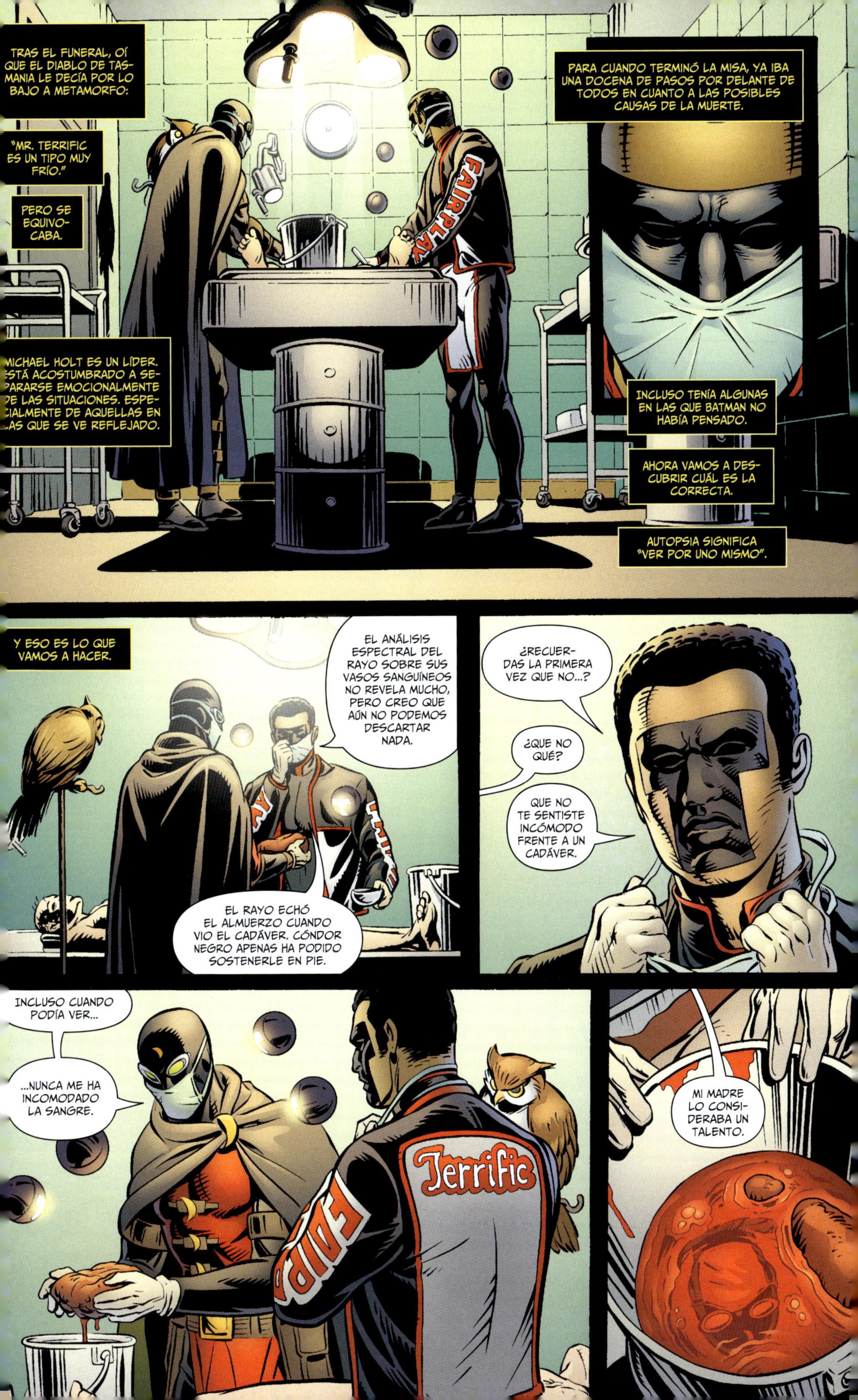

TRAS EL FUNERAL, OÍ QUE EL DIABLO DE TASMANIA LE DECÍA POR LO BAJO A METAMORFO:
"MR. TERRIFIC ES UN TIPO MUY FRÍO."
PERO SE EQUIVOCABA.
MICHAEL HOLT ES UN LÍDER. ESTÁ ACOSTUMBRADO A SEPARARSE EMOCIONALMENTE DE LAS SITUACIONES. ESPECIALMENTE DE AQUELLAS EN LAS QUE SE VE REFLEJADO.
FAIR PLAY
PARA CUANDO TERMINÓ LA MISA, YA IBA UNA DOCENA DE PASOS POR DELANTE DE TODOS EN CUANTO A LAS POSIBLES CAUSAS DE LA MUERTE.
INCLUSO TENÍA ALGUNAS EN LAS QUE BATMAN NO HABÍA PENSADO.
AHORA VAMOS A DESCUBRIR CUÁL ES LA CORRECTA.
AUTOPSIA SIGNIFICA "VER POR UNO MISMO".
Y ESO ES LO QUE VAMOS A HACER.
EL ANÁLISIS ESPECTRAL DEL RAYO SOBRE SUS VASOS SANGUÍNEOS NO REVELA MUCHO, PERO CREO QUE AÚN NO PODEMOS DESCARTAR NADA.
EL RAYO ECHÓ EL ALMUERZO CUANDO VIO EL CADÁVER. CÓNDOR NEGRO APENAS HA PODIDO SOSTENERLE EN PIE.
¿RECUERDAS LA PRIMERA VEZ QUE NO...?
¿QUE NO QUÉ?
QUE NO TE SENTISTE INCÓMODO FRENTE A UN CADÁVER.
INCLUSO CUANDO PODÍA VER...
...NUNCA ME HA INCOMODADO LA SANGRE.
Terrific
MI MADRE LO CONSIDERABA UN TALENTO.

ESTA VEZ, INTENTA NO GIRAR EL CUELLO CUANDO MIRA, PERO SUS ESFERAS T ESTÁN PROGRAMADAS PARA SEGUIR TODOS SUS MOVIMIENTOS.
MR. TERRIFIC SIGUE AFERRÁNDOSE A SU MÁSCARA.
COMO HACEMOS TODOS. COMO DEBERÍAMOS HACER TODOS.
¿TIENES QUE IR A ALGÚN SITIO?
EL PROGRAMA DE PERMISO LABORAL HA EMPEZADO HOY.
HA SALIDO POR BUEN COMPORTAMIENTO.
NO HARÉ LA INCISIÓN INTERMASTOIDAL HASTA QUE JAY TRAIGA EL INFORME TOXICOLÓGICO DE LABORATORIOS S.T.A.R.
Y TÚ LLEVAS MESES ESPERANDO PARA HABLAR CON ESE HOMBRE.
VOLVERÉ EN CUANTO PUEDA.
FAIR PLAY
LA IRONÍA NUNCA ME ABANDONA.
LA IDEA DE CÓMO PERDÍ LA VISTA, DROGADO Y OBLIGADO A CONDUCIR UN COCHE...
...Y CÓMO PERDIÓ TERRIFIC A SU ESPOSA. LA MATÓ UN CONDUCTOR BORRACHO MIENTRAS ELLA IBA A LA IGLESIA.
BORRACHO A LAS OCHO DE LA MAÑANA, UN DOMINGO.
LA JSA ES UN EQUIPO QUE FOMENTA LAS CONEXIONES PERSONALES. JAY Y ALAN, E INCLUSO TED, QUIEREN QUE NOS DEDIQUEMOS TIEMPO UNOS A OTROS. QUE NOS QUITEMOS LAS MÁSCARAS EN LA PRIVACIDAD DEL CUARTEL.
PARA LA MAYORÍA DE NOSOTROS, SOBRE TODO HAWKGIRL, NO ES UN INSTINTO NATURAL.
MICHAEL.
PERO LO INTENTAMOS.
BUENA SUERTE.

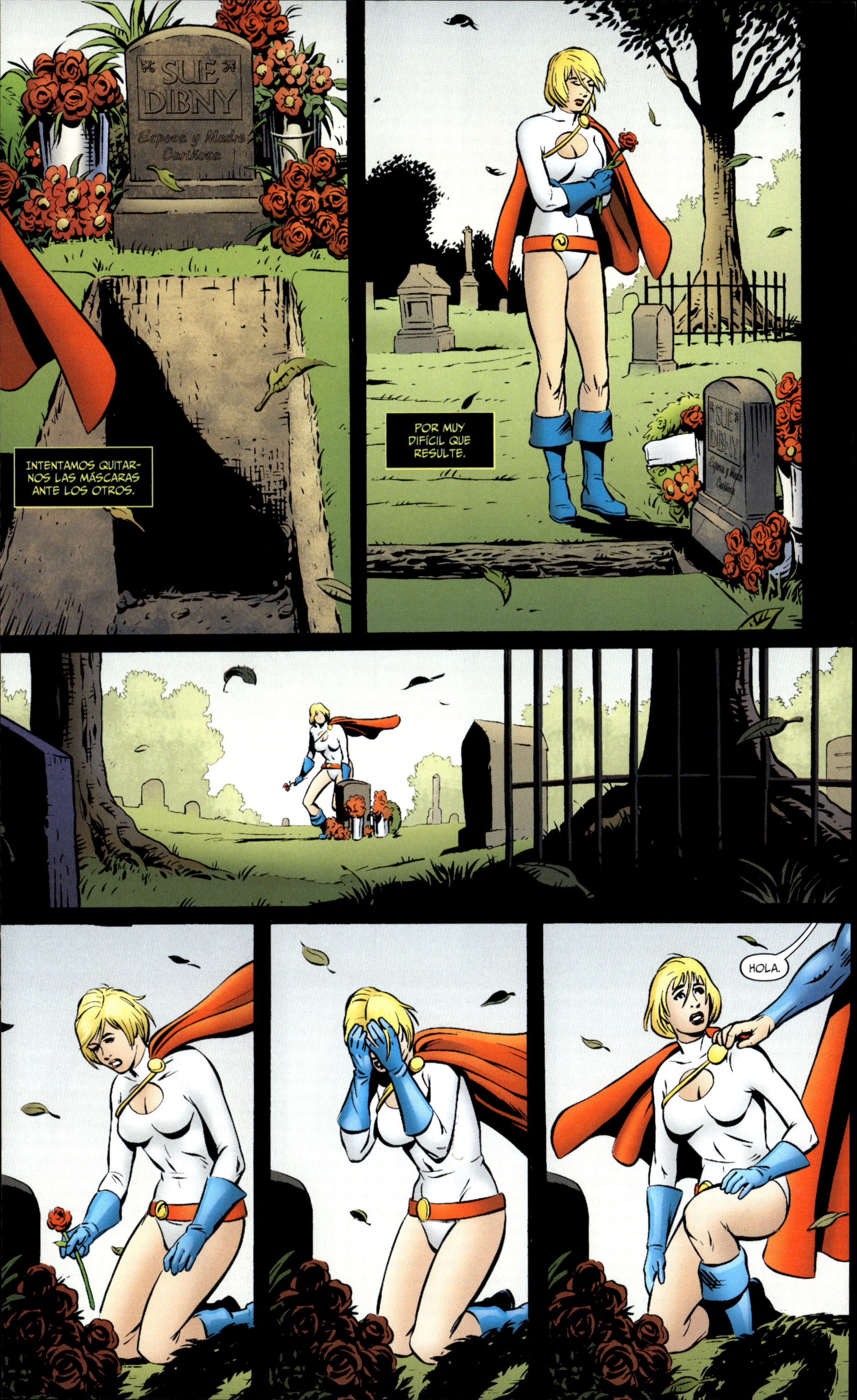
SUE DIBNY
Esposa y Madre Cariñosa
INTENTAMOS QUITARNOS LAS MÁSCARAS ANTE LOS OTROS.
POR MUY DIFÍCIL QUE RESULTE.
HOLA.

¿SUPERMAN?
¿QUÉ HACES AQUÍ?
ACABO DE HABLAR CON DEADSHOT EN NUEVA YORK...
ESO ESTÁ A CASI 1.000 KILÓMETROS.
TE HE OÍDO LLORAR. QUERÍA ASEGURARME DE QUE ESTABAS BIEN.
NO ESTABA LLORANDO.
NO TENGO TIEMPO PARA MENTIRAS. NI SIQUIERA PEQUEÑAS.
TE CONTÉ LO DE LA NOTA.
LA AMENAZA QUE RECIBIÓ LOIS. EL QUE ESTÉ HACIENDO ESTO... LO SABE TODO, ¿NO?
SABE DÓNDE ESTÁ LA FAMILIA DE TODOS.
¿POR QUÉ TUVO QUE SER SUE? NUNCA LE HIZO DAÑO A NADIE. ESPERABA UN BEBÉ...
Y EL DAILY PLANET ACABA DE ANUNCIÁRSELO AL MUNDO, GRACIAS A JACK RYDER.
POR SI LAS COSAS NO FUERAN SUFICIENTEMENTE COMPLICADAS PARA RALPH, AHORA TIENE QUE SOPORTAR...
¿A PERIODISTAS?
EL PERDER UN HIJO.

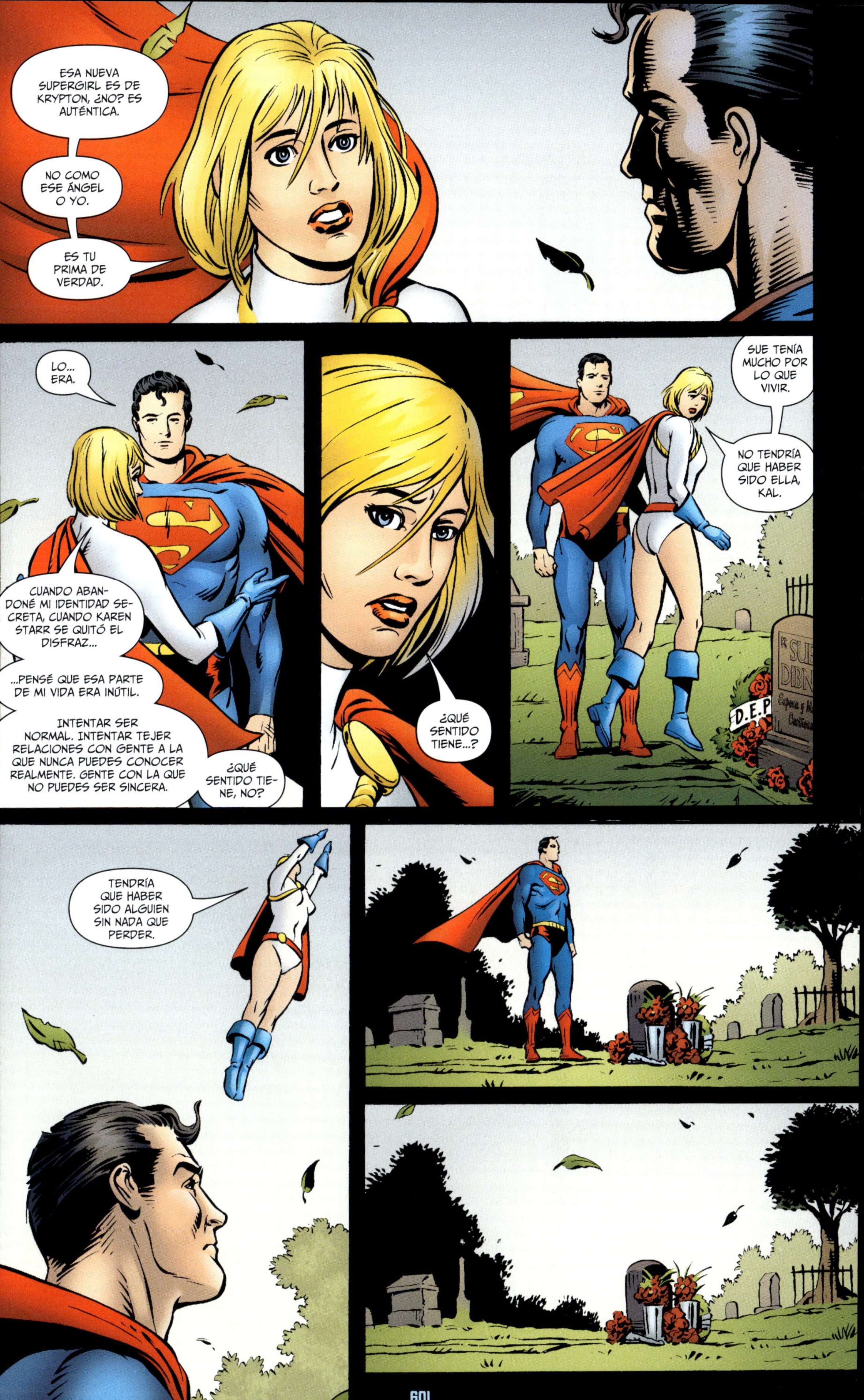
ESA NUEVA SUPERGIRL ES DE KRYPTON, ¿NO? ES AUTÉNTICA.
NO COMO ESE ÁNGEL O YO.
ES TU PRIMA DE VERDAD.
LO... ERA.
CUANDO ABANDONÉ MI IDENTIDAD SECRETA, CUANDO KAREN STARR SE QUITÓ EL DISFRAZ...
...PENSÉ QUE ESA PARTE DE MI VIDA ERA INÚTIL.
INTENTAR SER NORMAL. INTENTAR TEJER RELACIONES CON GENTE A LA QUE NUNCA PUEDES CONOCER REALMENTE. GENTE CON LA QUE NO PUEDES SER SINCERA.
¿QUÉ SENTIDO TIENE, NO?
¿QUÉ SENTIDO TIENE...?
SUE TENÍA MUCHO POR LO QUE VIVIR.
NO TENDRÍA QUE HABER SIDO ELLA, KAL.
D.E.P.
TENDRÍA QUE HABER SIDO ALGUIEN SIN NADA QUE PERDER.

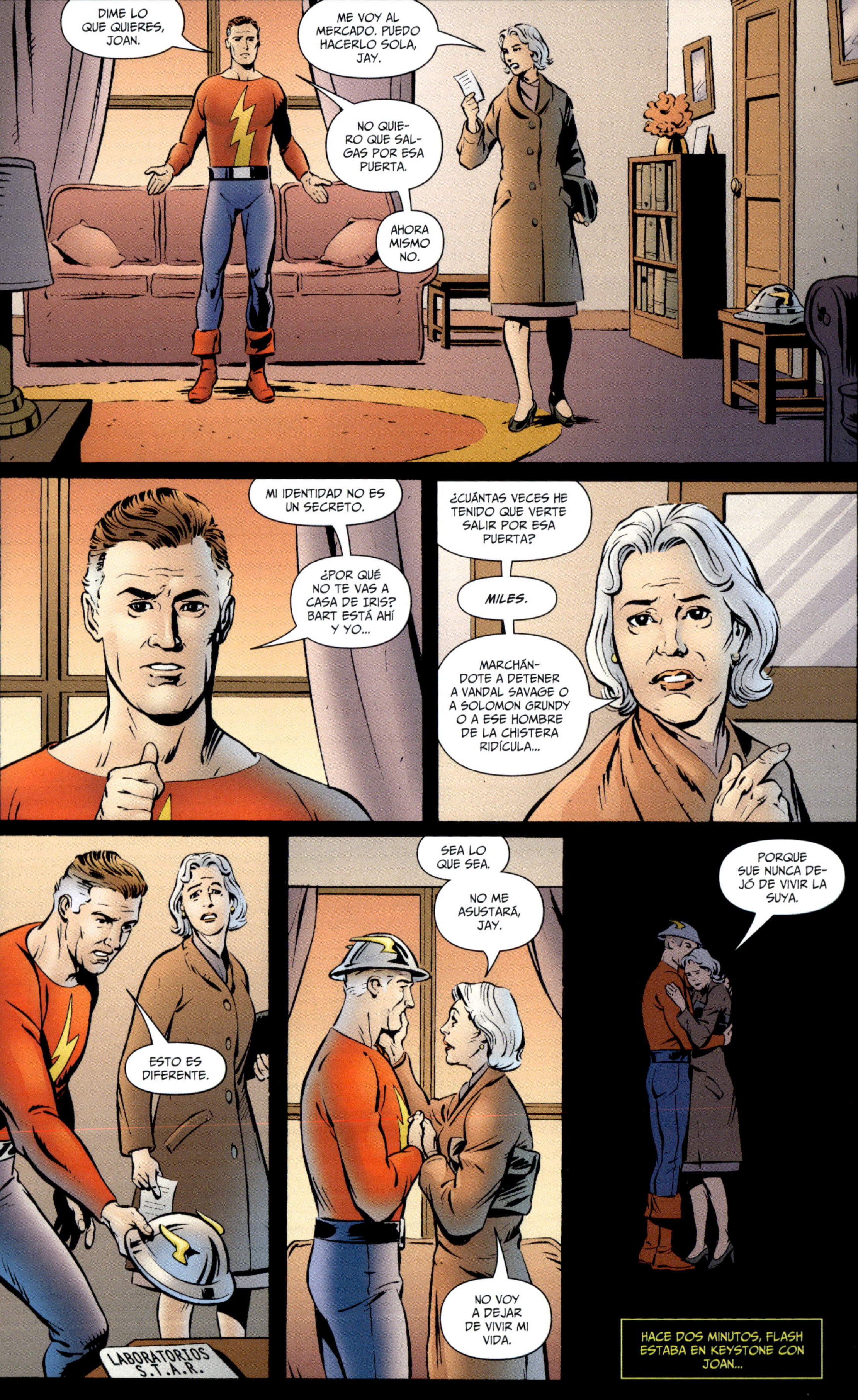
DIME LO QUE QUIERES, JOAN.
ME VOY AL MERCADO. PUEDO HACERLO SOLA, JAY.
NO QUIERO QUE SALGAS POR ESA PUERTA.
AHORA MISMO NO.
MI IDENTIDAD NO ES UN SECRETO.
¿POR QUÉ NO TE VAS A CASA DE IRIS? BART ESTÁ AHÍ Y YO...
¿CUÁNTAS VECES HE TENIDO QUE VERTE SALIR POR ESA PUERTA?
MILES.
MARCHÁNDOTE A DETENER A VANDAL SAVAGE O A SOLOMON GRUNDY O A ESE HOMBRE DE LA CHISTERA RIDÍCULA...
ESTO ES DIFERENTE.
LABORATORIOS S.T.A.R.
SEA LO QUE SEA.
NO ME ASUSTARÁ, JAY.
NO VOY A DEJAR DE VIVIR MI VIDA.
PORQUE SUE NUNCA DEJÓ DE VIVIR LA SUYA.
HACE DOS MINUTOS, FLASH ESTABA EN KEYSTONE CON JOAN...

...AHORA ESTÁ EN NUEVA YORK, CON EL INFORME TOXICOLÓGICO DE LABORATORIOS S.T.A.R.
ES NEGATIVO.
SE LO HE ENVIADO A NITE-LITE Y AL ÁTOMO PARA QUE SE ASEGUREN. NOTO QUE JAY CREE QUE ESTOY PERDIENDO EL TIEMPO.
TODOS LOS VELOCISTAS SON IGUALES CUANDO ESTÁN IMPACIENTES.
OFERTA
SE DESDIBUJAN LIGERAMENTE. COMO SI ESTUVIERAN EN DOS LUGARES A LA VEZ.
ME PREGUNTO DÓNDE MÁS ESTARÁ.
BARRY YA TENDRÍA LOS RESULTADOS.
ES LA SÉPTIMA VEZ QUE MENCIONA A BARRY EN LOS ÚLTIMOS DOS DÍAS.
LO SIENTO, HIJO. NO QUERÍA ALTERARME.
SÉ QUE HACES TODO LO QUE PUEDES.
Y LA SÉPTIMA VEZ QUE SE DISCULPA.
NO TE PREOCUPES, JAY. SÉ QUE ESTÁS SOMETIDO A MUCHA PRESIÓN.
SE HA QUEJADO DE QUE HAWKMAN NO NOS DEVUELVA LAS LLAMADAS. CREE QUE PASA ALGO CON LA LIGA, Y HAWKMAN SUELE SER QUIEN NOS LO CUENTA.
PERO ESTA VEZ NO.
JAY HA TENIDO QUE PONER BUENA CARA DESDE QUE MURIÓ SUE.
AQUÍ, ESE ES SU TRABAJO. INSPIRARNOS AL RESTO. SER FUERTE.
NECESITA UN DESCANSO.

CRISTALES ACME
SAL, SAL...
TH FOUN
¡...DONDE-QUIERA QUE ESTÉS!
SKRASH
DIABLOS...
...RRRG.
VALE, AMO DE LOS ESPEJOS.
¿¡QUÉ ES LO QUE SABES!?

¿QUÉ SÉ? PUES NADA, "CAMPEÓN".
LOS VILLANOS SIEMPRE ESTÁIS ENTERADOS, AUNQUE NO SEÁIS EL CENTRO DE ESTE FREGADO.
TIENES SUERTE DE QUE TE HAYA ENCONTRADO ANTES QUE AQUAMAN O EL DETECTIVE MARCIANO. SE LAS HICIERON PASAR CANUTAS A FELIX FAUST.
EL MARCIANO PERDIÓ LOS ESTRIBOS. LE ROMPIÓ LA CLAVÍCULA CON EL MEÑIQUE...
ANDA YA. ESE ALIENÍGENA ES UN TROZO DE PAN. FRÍO DICE QUE ES DEMASIADO MIEDICA O IDIOTA PARA DEMOSTRARLE AL MUNDO LO QUE PUEDE HACER.
¿CREES QUE ME ASUSTAS? ¿UN VIEJO DISFRAZADO DE GATITO?
ME PARTO.
SLK
SLK
LUCHAR CONTRA CUALQUIERA FUERA DE KEYSTONE CITY...
...ES COMO LUCHAR A CÁMARA LENTA.
FAAASH
¿QUIERES SABER LO QUE HE OÍDO?
...HAY MÁS DE UNA FORMA...
HE OÍDO QUE...
...DE DESPELLEJAR A UN GATO.

¿TE GUSTA LA LUZ, AMO DE LOS ESPEJOS?
FAAASH
CHIQUILLA IDIOTA.
LOS VI-LLANOS NO HAN TENIDO NADA QUE VER CON ESTO.
ASEGURAOS DE QUE JAY GA-RRICK LO SEPA, ¿VALE?
CHOOM
SKRITCHH
¿EH?
¿Y QUÉ DIABLOS SE SUPONE QUE ERES TÚ?

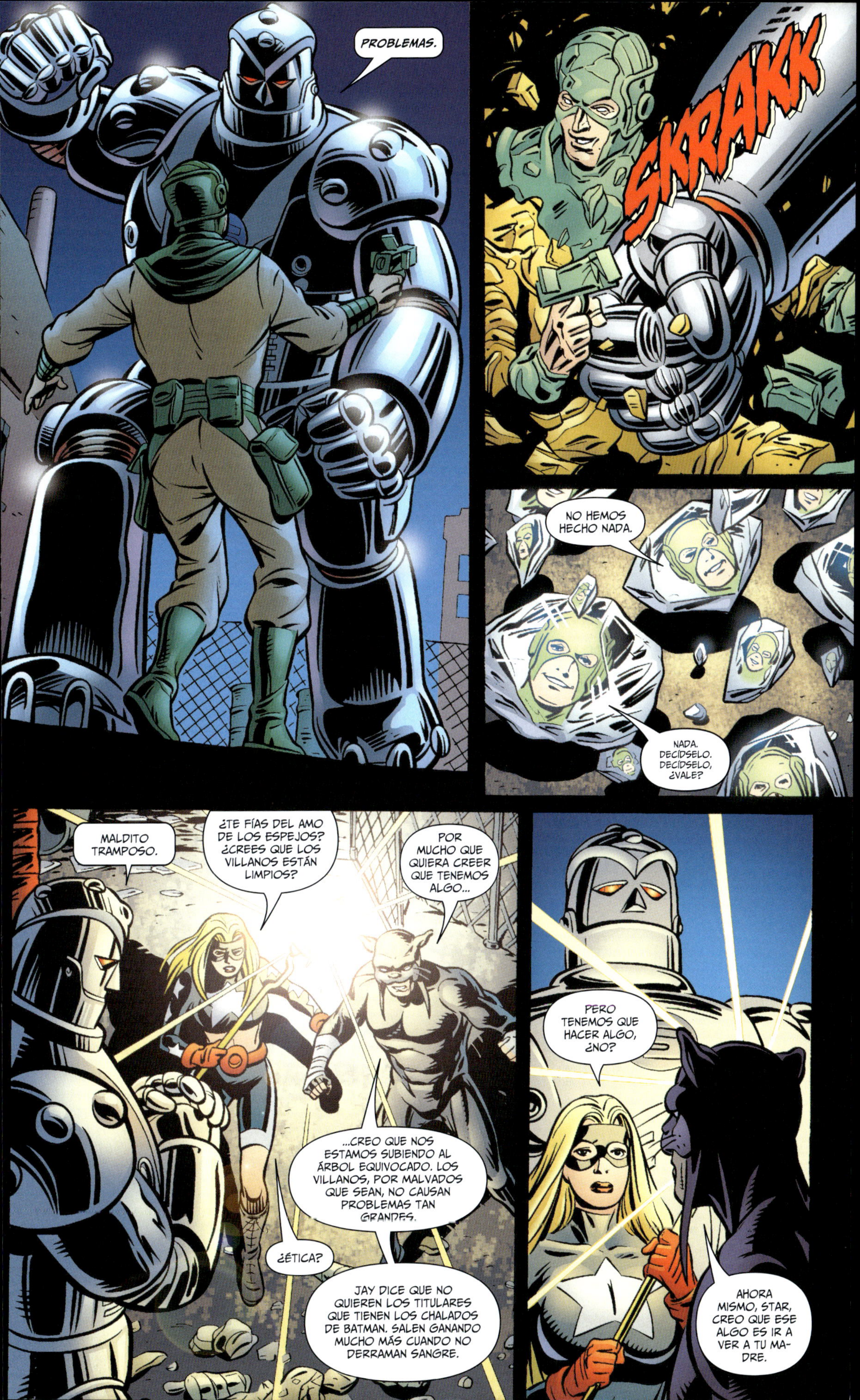

PROBLEMAS.
SKRAKK
NO HEMOS HECHO NADA.
NADA. DECÍDSELO. DECÍDSELO, ¿VALE?
MALDITO TRAMPOSO.
¿TE FÍAS DEL AMO DE LOS ESPEJOS? ¿CREES QUE LOS VILLANOS ESTÁN LIMPIOS?
POR MUCHO QUE QUIERA CREER QUE TENEMOS ALGO...
...CREO QUE NOS ESTAMOS SUBIENDO AL ÁRBOL EQUIVOCADO. LOS VILLANOS, POR MALVADOS QUE SEAN, NO CAUSAN PROBLEMAS TAN GRANDES.
¿ÉTICA?
JAY DICE QUE NO QUIEREN LOS TITULARES QUE TIENEN LOS CHALADOS DE BATMAN. SALEN GANANDO MUCHO MÁS CUANDO NO DERRAMAN SANGRE.
PERO TENEMOS QUE HACER ALGO, ¿NO?
AHORA MISMO, STAR, CREO QUE ESE ALGO ES IR A TU MADRE.

¿NO PODEMOS IR MÁS DEPRISA, PAT? PENSABA QUE ACERO TE HABÍA AYUDADO A MEJORAR ESTA LATA.
S.T.R.I.P.E., ACTIVA PROPULSORES SEIS A OCHO.
ACTIVANDO PROPULSORES.
AGÁRRATE, COURTNEY.
BOOM
PARECES ANSIOSA POR LLEGAR A CASA.
LA ÚNICA PROTECCIÓN QUE TIENE MI MADRE AHORA MISMO ES MI HERMANASTRO DE 12 AÑOS. Y SU PERRO.
UGH.
CREO QUE ME HE TRAGADO UN BICHO.

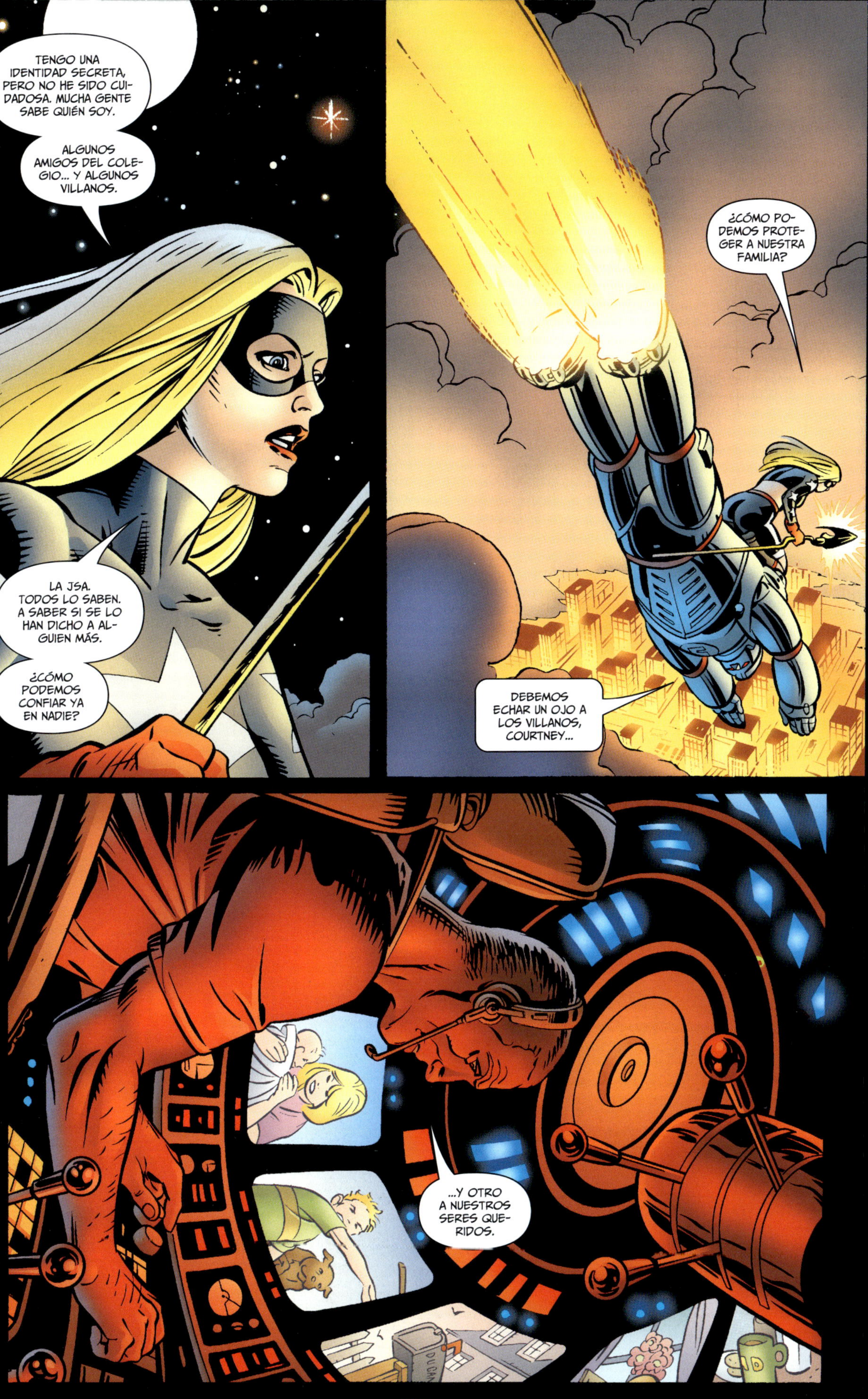
TENGO UNA IDENTIDAD SECRETA, PERO NO HE SIDO CUIDADOSA. MUCHA GENTE SABE QUIÉN SOY.
ALGUNOS AMIGOS DEL COLEGIO... Y ALGUNOS VILLANOS.
LA JSA. TODOS LO SABEN. A SABER SI SE LO HAN DICHO A ALGUIEN MÁS.
¿CÓMO PODEMOS CONFIAR YA EN NADIE?
¿CÓMO PODEMOS PROTEGER A NUESTRA FAMILIA?
DEBEMOS ECHAR UN OJO A LOS VILLANOS, COURTNEY...
...Y OTRO A NUESTROS SERES QUERIDOS.

LABORATORIOS S.T.A.R.
LAS LUCES PARPADEAN. OIGO EL ZUMBIDO DE LAS ESFERAS T FLOTANDO POR EL PASILLO.
HA REGRESADO...
...PRONTO.
¿HAS HABLADO CON ÉL?
CON TODO LO QUE HA PASADO...
...PENSABA QUE ESTARÍA LISTO.
PERO NO LO ESTOY.
NO FUE UN ASESINATO. FUE UN ERROR.
HE PODIDO PASAR PÁGINA EN ALGUNOS ASUNTOS. EN OTROS...
...QUIZÁS NO PUEDA.
ESTOY A PUNTO DE IR TRAS TERRIFIC. PREGUNTARLE SI QUIERE TOMAR UN CAFÉ Y CHARLAR.
ÉL LO NECESITA, Y YO NECESITO UN DESCANSO.
PERO ALGO ME DICE...
...QUE SIGA TRABAJANDO.

SE ME ERIZA EL VELLO DE LA NUCA ANTES DE REPARAR EN ELLO.
E INCLUSO ENTONCES... MI MENTE SE NIEGA A RECONOCER LA POSIBILIDAD.
¿QUÉ ES...?
NO. NO PUEDE SER...
NO TIENE NINGÚN...
DIOS MÍO.
SÉ QUIÉN MATÓ A SUE DIBNY.

¡PAPÁ!
TIM, SI ESTÁ LA POLICÍA...
¡YA VOY, PAPÁ!
BARBARA, ¿ESTÁ...?
TIM, TIENES QUE EN-TENDER...
DIOS MÍO.
...QUE NO HABÍA NADA QUE NINGUNO PUDIÉRAMOS HACER.

¡SAL, POR FAVOR!
POR FAVOR...

¡PAPÁ!
NO LE TOMA EL PULSO.
GRACIAS A SU ENTRENAMIENTO, CONOCE EL RESULTADO.
AUN ASÍ, NO HACE CASO.
SAL...
POR FAVOR...
TRANQUI-LO, TIM.
TRAN-QUILO.

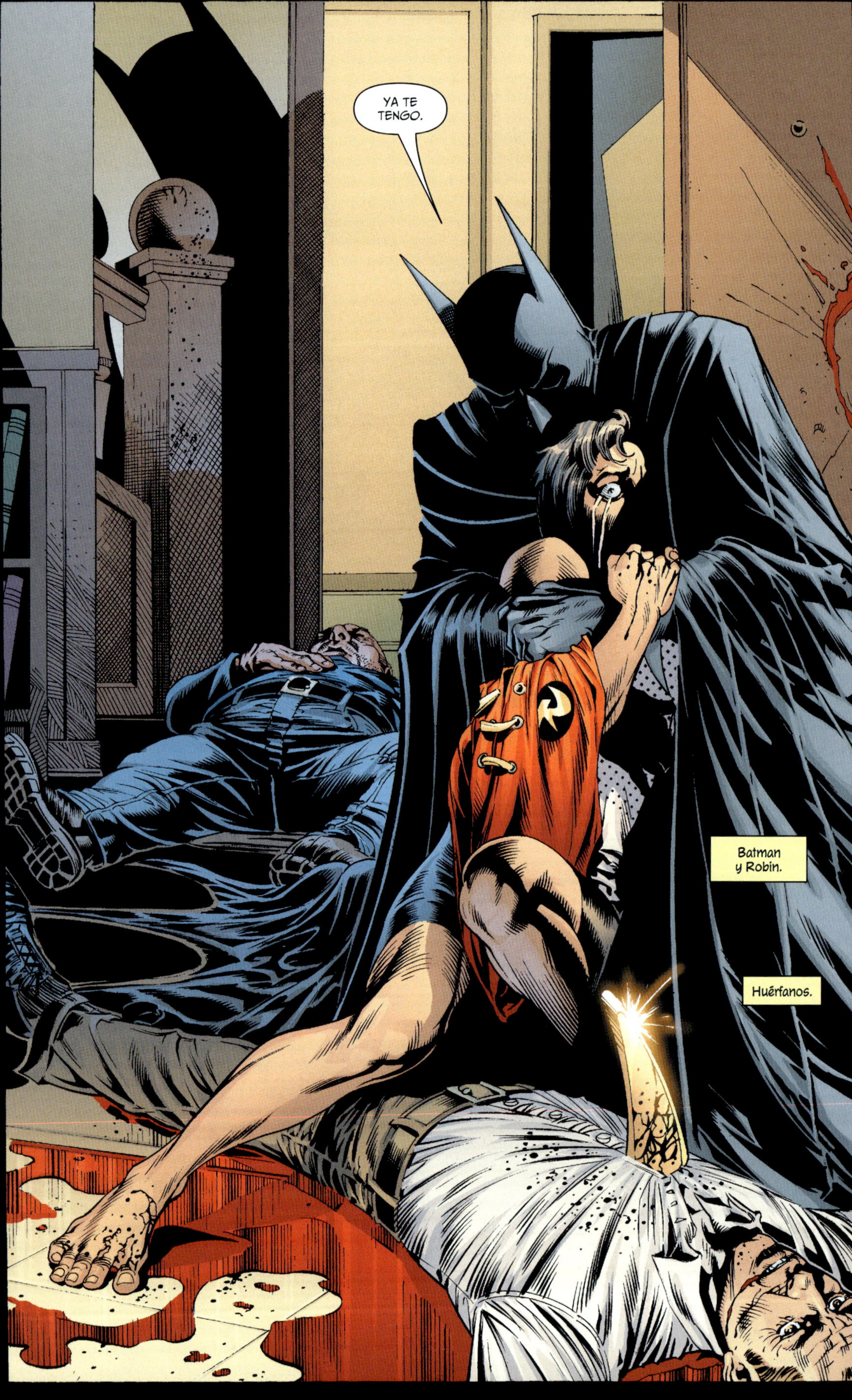
YA TE TENGO.
Batman y Robin.
Huérfanos.

...EN LO QUE LA POLICÍA CONSIDERA UN ROBO FRUSTRADO, EL CADÁVER DEL CAPITÁN BUMERÁN SE HA...
LES HA INFORMADO TERI PHYLLIS DESDE EL CENTRO DE GOTHAM.
Y CORTEN...
POLICIAL
CORDÓN POLICIAL PROHIBIDO EL PASO CORDÓN POLICIAL PROHIBIDO EL PAS
MENUDA MIERDA, JOEL... ME DIJISTE QUE YA NO CUBRIRÍA MÁS LOCURAS.
BUSCO A MI PADRE.
AL CAPITÁN BUME... A DIGGER HARKNESS.
¿DE VERDAD? PORQUE EN ESE CASO, TENDRÍA QUE ESTAR SENTADA EN LA REDACCIÓN EN VEZ DE HACIENDO ESTAS CONEXIONES ABSURDAS.
¿CÓMO QUE NO PUEDO VER EL CADÁVER? ES MI PADRE. ¡DÍGANME ADÓNDE SE LO HAN LLEVADO!
HIJO, ¿TE PARECEMOS TONTOS? ¿CUÁNTAS VECES HEMOS PASADO POR LO MISMO?
OS DEJAMOS ACERCAROS A TOP, Y RESUCITÓ... EL CAPITÁN FRÍO, OLA DE CALOR, INCLUSO TU PADRE... TODOS RESUCITAN MÁGICAMENTE, NO SÉ CÓMO.
SIEMPRE QUE UNO DE VOSOTROS...
¿DE VOSOTROS?
NO SOMOS IDIOTAS, HIJO. TU PADRE ESTÁ MUERTO. LO SIENTO. DE VERDAD.
PERO ESTA VEZ, ASÍ SE QUEDA.
SI TIENES ALGÚN PROBLEMA, ESCRIBE AL CONGRESO.

¿QUÉ HACE ÉL AQUÍ?
NO SÉ A QUÉ TE REFIERES.
¡A ÉL!
NO SÉ A QUÉ TE REFIERES.
¡A BATMAN! ¡SI ESTÁ AHÍ!
PROTÉGETE
TE LO REPITO, HIJO.
NO. SÉ. A. QUÉ. TE. REFIERES.
AQUÍ NO HAY MÁS QUE AGENTES.
HIJO, NO BUSQUES PELEA. AQUÍ NO.
HAZME CASO. LO MEJOR QUE PUEDES HACER ES IRTE A CASA, TOMARTE TU TIEMPO...

"...Y DAR GRACIAS POR EL TIEMPO QUE PASASTEIS JUNTOS."
NECROLÓGICA
En recuerdo de
JACK DRAKE, DE 43 AÑOS, EMPRESARIO Y AVENTURERO
SEGÚN BRUCE, EL FUNERAL ES DISCRETO.
DE 55 AÑOS, PANADERO
CASI NINGUNO ESTAMOS INVITADOS.
CONNOR, VEN.
¿AÚN NO ESTÁS VESTIDO? ¿NO ÍBAMOS A CASA DE TED?
Le sobrevive su hijo Tim.
NO... HOY NO QUIERO PELEAR.
¿SABES CUÁNTO TE...?
PAPÁÁÁ...
HAZME UN FAVOR: ABRÁZAME Y CALLA.
PERO ESO NO SIGNIFICA QUE NO GUARDEMOS LUTO A NUESTRA MANERA.

TODOS HEMOS PERDIDO A HERMANOS...
...HERMANAS...
...HIJOS...
...SOLO EL SONIDO DE SU RISA...
...HIJAS...
TE ASEGURO QUE TE COMPRENDO, ARTHUR.
...ESPOSAS...

Enlace de Barry Allen y Iris West
THE PICTURE NEWS
FLASH DERROTA A KADABRA
...ESPOSOS...
...MADRES...
REINA HIPÓLIT
...Y, POR SUPUESTO, PADRES.
LO LAMENTO, SEÑOR BRUCE.
LO LAMENTO, DICK.
LO LAMENTO, TIM.

Y ESO SIN CONTAR A TODOS LOS AMIGOS PERDIDOS.
...DONDE HALLARON MUERTO AL CAPITÁN BUMERÁN...
SÍ, LO ESTOY VIENDO EN ESTOS MOMENTOS.
CLARO, LLAMARÉ A McCULLOCH. ¿CUÁNDO ES EL FUNERAL?
NO... ¿DE VERDAD? ¿TENÍA UN HIJO?
SÍ, EXACTO... BIENVENIDO A ESTA VIDA.
EN PORTADA, PAPÁ.
DIGGER HARKNESS
PADRE
COMO TÚ QUERÍAS.
tham Gazette
EDADA ONTRA LOS CARLINI
Muere el Capitán Bumerán durante un hurto
LA ÚNICA NOTICIA BUENA ES QUE, CON BUMERÁN MUERTO, NO TENEMOS QUE PREOCUPARNOS POR SI LE CONTABA NUESTROS DATOS PERSONALES AL CHIFLADO CON QUIEN PUDIERA HABER COMPARTIDO CELDA.

Y AUNQUE AÚN NO SEPAMOS DE DÓNDE SACÓ LA INFORMACIÓN SOBRE LOIS, AHORA QUE ESTÁ RESUELTO...
¿QUÉ TAL EL DÍA?
DURO.
HACÍA TIEMPO QUE NO LO ERA TANTO.
...LAS COSAS VAN VOLVIENDO A LA NORMALIDAD.
...ALIAS MERLYN... JONATHAN CHEVAL, ALIAS MONÓCULO... Y FLOYD LAWTON, ALIAS DEADSHOT. EL CASO QUEDA ARCHIVADO.
PUEDEN MARCHARSE.
SEÑORÍA, TODOS LOS ACUSADOS TIENEN EXTENSOS ANTECEDENTES PENALES...
...QUE NO TIENEN RELEVANCIA PARA ESTA VISTA, SRTA. SPENCER.
PERO EL SR. LAWTON... ESTÁ CONDENADO POR POSESIÓN DE ARMAS DE FUEGO. SOLO CON ESO YA QUEBRANTA LA CONDICIONAL...
SRTA. SPENCER, COMO BIEN SABE, LA IMPLICACIÓN DEL SR. LAWTON EN EL PROGRAMA DE "RESARCIMIENTO"...
EL ESCUADRÓN SUICIDA.
...DICTAMINA QUE SU CONDICIONAL QUEDA RESUELTA. CABALLEROS, SE PUEDEN MARCHAR.
PROSEGUIMOS CON NUESTRA VIDA...

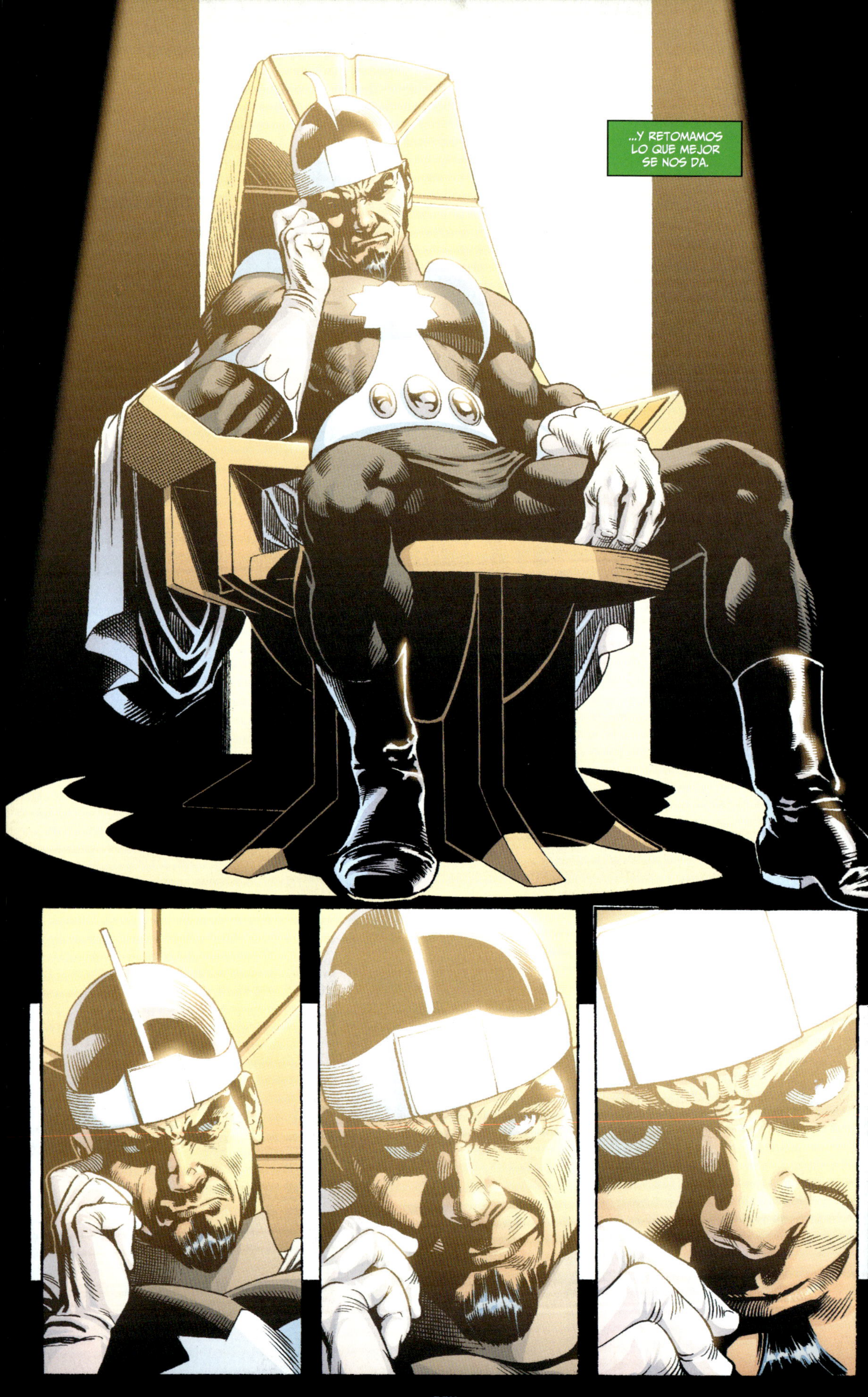
...Y RETOMAMOS
LO QUE MEJOR
SE NOS DA.

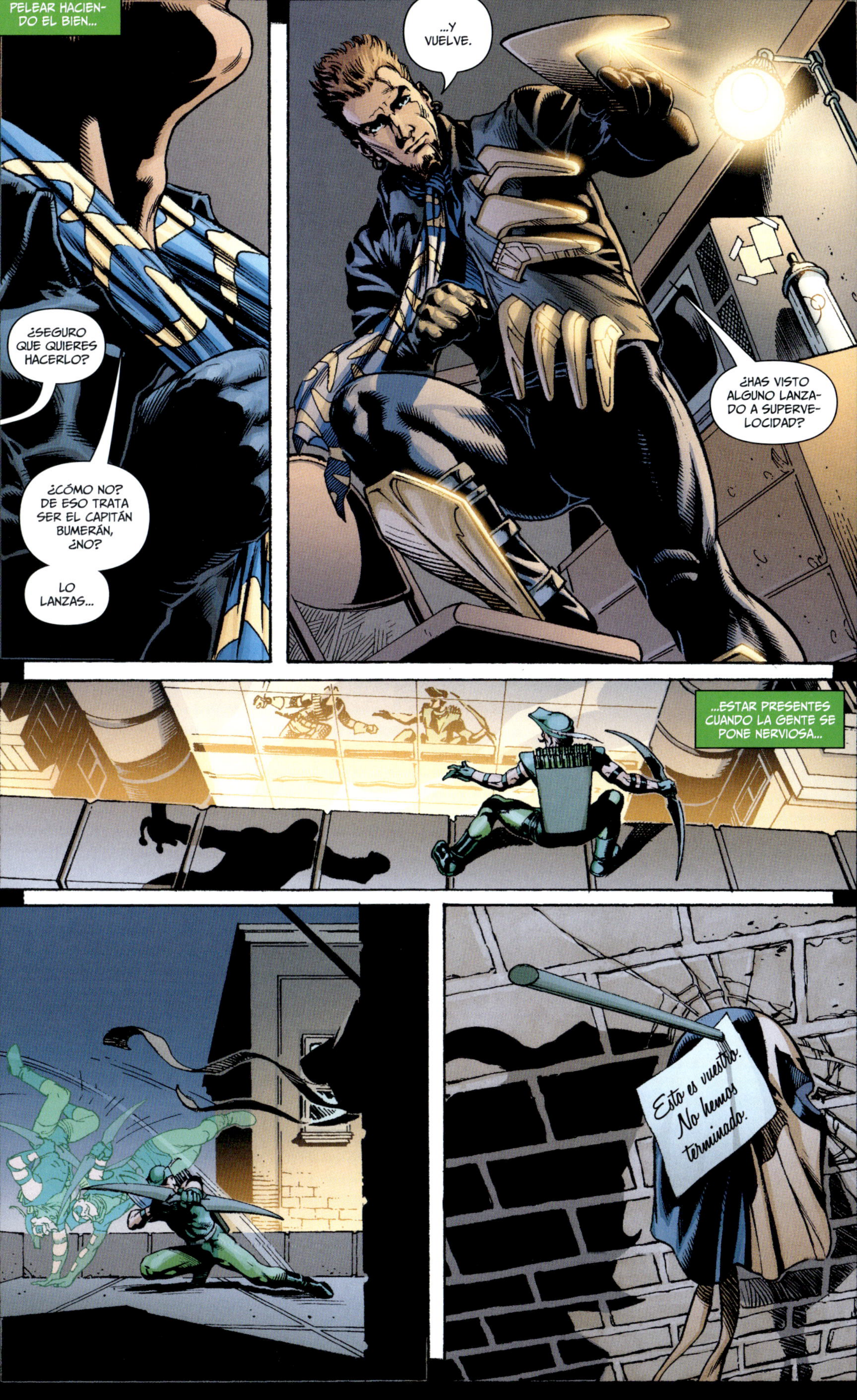
PELEAR HACIENDO EL BIEN...
¿SEGURO QUE QUIERES HACERLO?
¿CÓMO NO? DE ESO TRATA SER EL CAPITÁN BUMERÁN, ¿NO?
LO LANZAS...
...Y VUELVE.
¿HAS VISTO ALGUNO LANZADO A SUPERVELOCIDAD?
...ESTAR PRESENTES CUANDO LA GENTE SE PONE NERVIOSA...
Esto es vuestro. No hemos terminado.

...Y SOBRE TODO...
...PROTEGER A LOS INOCENTES.
YA SE HA MARCHADO.
LO HE COMPROBADO.
¿SE SABE ALGO DE BUMERÁN?
EL GOBIERNO VA A ENTERRAR EL CADÁVER. CORRE EL RUMOR DE QUE LOS VILLANOS PREPARAN UN FUNERAL.
TUS CHICOS SON UNOS PLASTAS, ¿LO SABES?
O SEA... ¿BUMERÁN? ¿NOS HA PILLADO DESPREVENIDOS BUMERÁN?
NOS HA DADO UNA BUENA, ¿VERDAD?
PEOR QUE EL DR. LUZ Y DEATHSTROKE JUNTOS.

SÍ...
EL CHAVAL HA VENIDO CORRIENDO HASTA AQUÍ.
MIENTE PEOR QUE SU TÍO.
¿A QUÉ HAS VENIDO EN REALIDAD, WALLY?
"A NADA... ES QUE..."
DR. ARTHUR LIGHT
"CUANDO PELEAMOS CON EL DR. LUZ Y DEATHSTROKE... Y LUZ RECUPERÓ LOS RECUERDOS..."
"BUENO, CUANDO ME CONTASTEIS LA HISTORIA DE CÓMO VOTASTEIS PARA BORRARLE LA MENTE AL DR. LUZ AQUELLA NOCHE..."
"...PUDE VER LO MISMO QUE ÉL... COMO SI TUVIERA LA IMAGEN EN LA CABEZA."

"...DIJISTEIS QUE ERAIS SIETE."
"¿Y QUÉ?"
"QUE CUANDO LUZ SE PUSO EN PLAN SUPERNOVA, EN LA IMAGEN QUE PROYECTÓ... ESTABA BRUCE."
"CON BATMAN, ERAIS OCHO."
¿CÓMO ES QUE NO MENCIONASTEIS A BATMAN?

¿QUÉ?
ESTUVO PRESENTE, ¿VERDAD?
¿QUÉ PASÓ, OLLIE? ¿QUÉ TE ESTÁS GUARDANDO?
VALE, SÉ TOZUDO. VOY A LLAMAR A BRUCE Y A...
TIENES QUE ENTENDER...
NO TENGO QUE ENTENDER NADA. DIME QUÉ PASÓ.
NO SEAS IMPERTINENTE. ESTO NO ES UNA PELEA DE PATIO DE COLEGIO.

"CUANDO EL DR. LUZ AGREDIÓ A SUE, VOTAMOS BORRARLE LA MENTE..."
...PERO NO FUE LO ÚNICO QUE VOTAMOS AQUELLA NOCHE.
UN MO-MENTO.
DIOS MÍO.
¿LE BORRASTEIS LA MEMORIA A BRUCE?

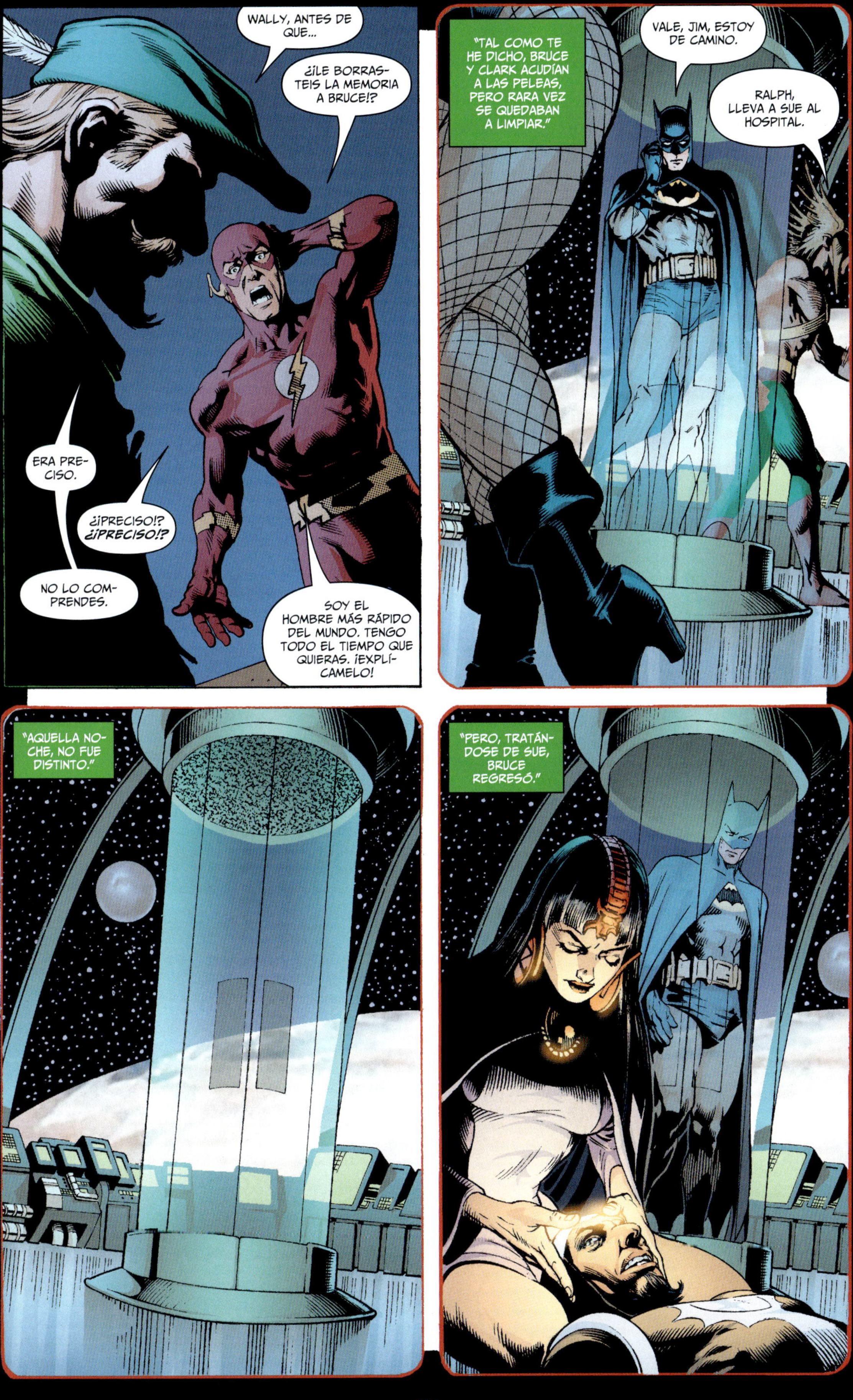
WALLY, ANTES DE QUE...
¿¡LE BORRASTEIS LA MEMORIA A BRUCE!?
ERA PRECISO.
¿¡PRECISO!? ¿¡PRECISO!?
NO LO COMPRENDES.
SOY EL HOMBRE MÁS RÁPIDO DEL MUNDO. TENGO TODO EL TIEMPO QUE QUIERAS. ¡EXPLÍCAMELO!
"TAL COMO TE HE DICHO, BRUCE Y CLARK ACUDÍAN A LAS PELEAS, PERO RARA VEZ SE QUEDABAN A LIMPIAR."
VALE, JIM, ESTOY DE CAMINO.
RALPH, LLEVA A SUE AL HOSPITAL.
"AQUELLA NOCHE, NO FUE DISTINTO."
"PERO, TRATÁNDOSE DE SUE, BRUCE REGRESÓ."

"Y JUSTO EN AQUEL MOMENTO, TERMINÓ TODO."
¿QUÉ HACÉIS?
BRUCE, NO LO ENTIENDES. HA DICHO QUE...
"SI CREES QUE LO HAS VISTO CABREADO..."
"...JAMÁS LO HAS VISTO CABREADO. TANTO NO."
"CLARO QUE NOS ASUSTAMOS."
¡NAMTAB, OTLA!
"PERO CARTER TENÍA RAZÓN. CON BRUCE, EL SECRETO NUNCA ESTARÍA A SALVO."
"ERA UNA LIGA DENTRO DE LA LIGA. SOLO NOSOTROS SIETE."
"Y ENTONCES, VOTAMOS POR SEGUNDA VEZ AQUELLA NOCHE."
NO TE ATREVAS A...
¡PIENSA UN POCO, OLLIE!
"EN AQUELLA OCASIÓN, EL VOTO FUE UNÁNIME."

"FUE UNA NOCHE DIFÍCIL PARA TODOS."
"NOS ATACÓ CON RABIA."
¡SOL-TADLO! ¡YA!
"REACCIONAMOS IGUAL."
"BRUCE JAMÁS LO ACEPTARÍA. SIN SU CONSEN-TIMIENTO, NO."
SUÉLTALO.
DIOS MÍO.
¿¡QUÉ DEMONIOS TE PASA POR LA CABEZA!?
"LA ALTERNATIVA HABRÍA SUPUESTO LA DESTRUCCIÓN DE LA LIGA."
ES SOLO ESTE MOMENTO... LOS ÚLTIMOS 10 MINUTOS...
¡COMO LE HAGA DAÑO...!
"Y AUNQUE ÉL NO QUIERA CREERLO, HAY COSAS MÁS IMPORTANTES QUE BATMAN."

PE... PERO... ¿CÓMO PUDISTEIS HACERLO?
"WALLY, TE ASEGURO QUE TOMAR LA DECISIÓN NO FUE FÁCIL."
"PERO POR SI NO TE HAS FIJADO... EN ALGUNAS BATALLAS... LOS DOS BANDOS SALEN PERDIENDO."
¡PERO DISTE MEDIA VUELTA, OLLIE! ¡LES DEJASTE HACERLO!
¡ESTAMOS HABLANDO DE BATMAN! ¡NO SE LE PUEDE HACER ESO A BATMAN!
¿TÚ CREES QUE ÉL NO NOS HA HECHO LO MISMO A NOSOTROS?

ÉL NO LO HA-RÍA JAMÁS.
CREE LO QUE QUIERAS.
¿DICES QUE ME EQUIVO-CO?
¿AÚN NO HAS APRENDIDO NADA? PIENSA EN TU VIDA, WALLY.
EN TODO LO QUE HAS HECHO PARA PRESERVAR TUS SECRETOS.
NO LLEVAS LA MÁSCARA SO-LO POR TI.
ES POR TU MUJER, POR TUS PADRES E INCLUSO, ALGÚN DÍA, POR TUS HIJOS.
AHÍ FUERA HAY ANIMALES, WALLY.
Y CUANDO SE TRATA DE LA FAMILIA, NO SIEMPRE ESTAREMOS PRE-SENTES PARA DE-FENDERLOS.
PERO LA MÁSCA-RA SÍ.

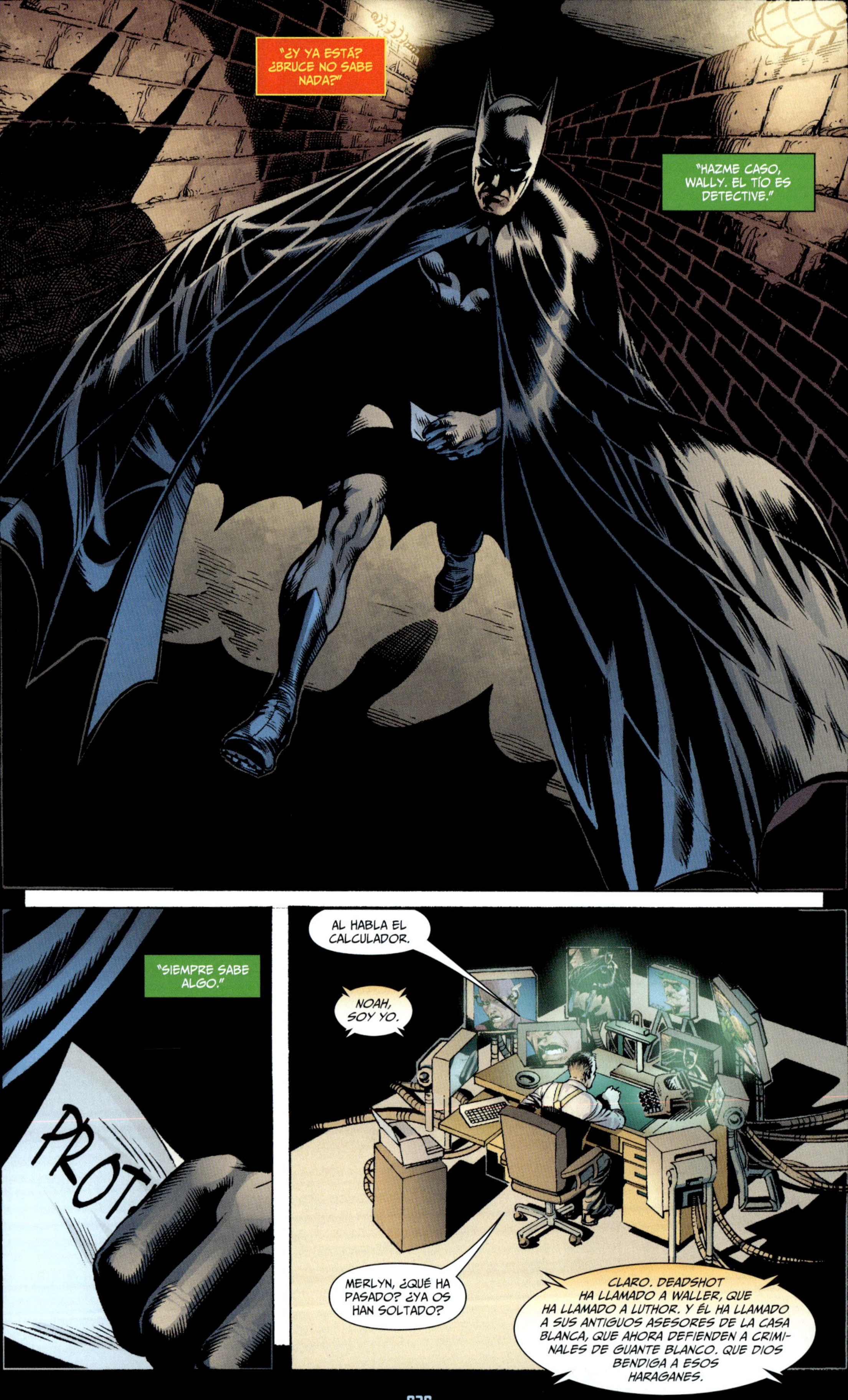
"¿Y YA ESTÁ? ¿BRUCE NO SABE NADA?"
"HAZME CASO, WALLY. EL TÍO ES DETECTIVE."
"SIEMPRE SABE ALGO."
PROT
AL HABLA EL CALCULADOR.
NOAH, SOY YO.
MERLYN, ¿QUÉ HA PASADO? ¿YA OS HAN SOLTADO?
CLARO. DEADSHOT HA LLAMADO A WALLER, QUE HA LLAMADO A LUTHOR. Y ÉL HA LLAMADO A SUS ANTIGUOS ASESORES DE LA CASA BLANCA, QUE AHORA DEFIENDEN A CRIMINALES DE GUANTE BLANCO. QUE DIOS BENDIGA A ESOS HARAGANES.

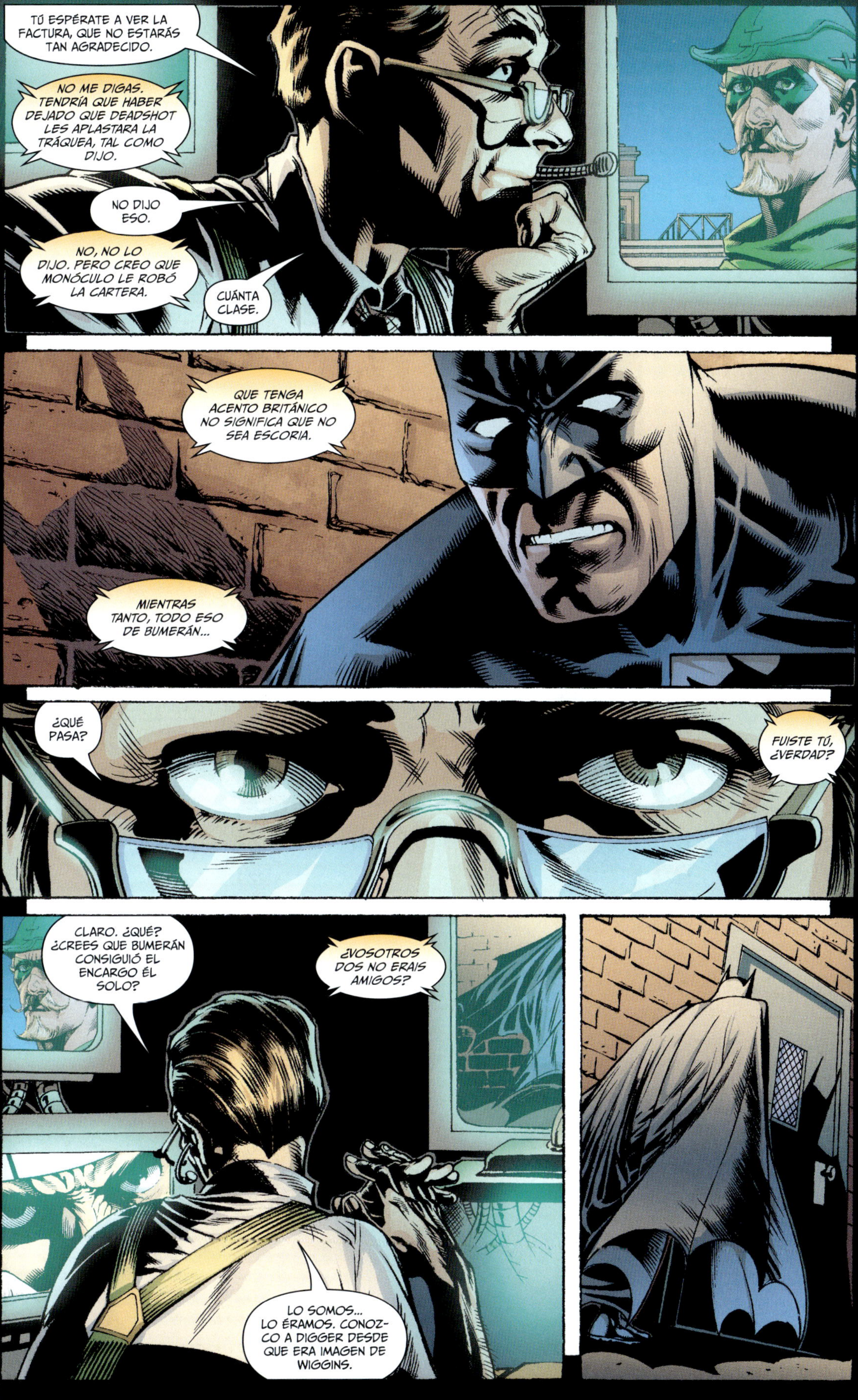
TÚ ESPÉRATE A VER LA FACTURA, QUE NO ESTARÁS TAN AGRADECIDO.
NO ME DIGAS. TENDRÍA QUE HABER DEJADO QUE DEADSHOT LES APLASTARA LA TRÁQUEA, TAL COMO DIJO.
NO DIJO ESO.
NO, NO LO DIJO. PERO CREO QUE MONÓCULO LE ROBÓ LA CARTERA.
CUÁNTA CLASE.
QUE TENGA ACENTO BRITÁNICO NO SIGNIFICA QUE NO SEA ESCORIA.
MIENTRAS TANTO, TODO ESO DE BUMERÁN...
¿QUÉ PASA?
FUISTE TÚ, ¿VERDAD?
CLARO. ¿QUÉ? ¿CREES QUE BUMERÁN CONSIGUIÓ EL ENCARGO ÉL SOLO?
¿VOSOTROS DOS NO ERAIS AMIGOS?
LO SOMOS... LO ÉRAMOS. CONOZCO A DIGGER DESDE QUE ERA IMAGEN DE WIGGINS.

NO LO PILLO. ENTONCES, ¿POR QUÉ HICISTE QUE LO MATARAN?
¿QUE LO MATARAN? YO SOLO LE CONSEGUÍ EL ENCARGO.
CRACK
UN MOMENTO... ENTONCES, ¿A JACK DRAKE NO LE ENVIASTE LA PISTOLA TÚ? NO LO ENTIENDO.
TE ASEGURO QUE YO TAMPOCO.
ME LLAMARON PARA PEDIR QUE MATARAN A DRAKE. QUERÍAN QUE FUERA ANÓNIMO (A LO QUE ESTOY ACOSTUMBRADO), Y QUE LO HICIERA ALGUIEN BARATO.
SUPUSE QUE BUMERÁN ERA BUENA ELECCIÓN. Y LO SIGUIENTE QUE SÉ ES QUE ESTOY LEYENDO SU ESQUELA.
ENTONCES, QUIENES QUERÍAN MATAR A DRAKE...
TE ASEGURO QUE LOS BUSCO DESDE QUE SE HIZO PÚBLICA LA HISTORIA. LA CUENTA BANCARIA CON LA QUE ME PAGARON ESTABA ASOCIADA A UN NOMBRE FALSO.
Todos no somos bobos, Batman. +-X-+
¿CREES QUE LE TENDIERON UNA TRAMPA A BUMERÁN?
LO QUE SÉ ES QUE, AUNQUE IGNORE QUIÉN LE ENVIÓ LA PISTOLA A DRAKE... ES LA ÚNICA RAZÓN POR LA QUE BUMERÁN TERMINÓ CON UNA BALA EN EL PECHO.
ENTONCES, ¿TÚ NUNCA...?
MERLYN, LO ÚLTIMO QUE QUIERO ES ENVIAR A MIS AMIGOS A LA MUERTE.
NO ES FORMA DE LLEVAR UN NEGOCIO.
YA LO SÉ, PERO SI NO FUISTE TÚ...

La base de la JSA.
La autopsia de Sue Dibny.
MICHAEL, VEN A VER ESTO.
¡MICHAEL!
ME PASO LAS HORAS SIGUIENTES EN LA CUEVA MIRANDO LAS PIEZAS DEL ROMPECABEZAS.
PROCESAR LA INOCENCIA DEL CALCULADOR ES MÁS DIFÍCIL DE LO PREVISTO.

¿LO VES?
¿QUÉ ESTOY MIRANDO?
SU MÉDULA OBLONGA.
¿ES SU CEREBRO?
QUEMARON EL CUERPO DE SUE DESPUÉS DE MUERTA.
ESO SOLO SE HACE PARA OCULTAR ALGO.
DESHAGO LOS BORDES DEL ROMPECABEZAS Y EMPIEZO DE NUEVO.
ES LA MÉDULA OBLONGA... MÁS CONCRETAMENTE, EL LOCUS CERÚLEO, QUE ES, QUE YO SEPA, DONDE SUFRIÓ EL INFARTO.

¿EL INFARTO?
ESO SON PUNTOS NEGROS... NÚCLEOS DIMINUTOS.
TENÍA UN TAPÓN EN EL TORRENTE SANGUÍNEO DE LA MÉDULA OBLONGA... QUE CORTÓ EL SUMINISTRO DE SANGRE DEL CEREBRO.
UN TAPÓN EN EL CEREBRO. ¿POR ESO MURIÓ?
POR ESO MURIÓ.
HE COMPROBADO TODOS LOS PUNTOS DE ENTRADA... HE TENIDO EN CUENTA A LOS TELETRANSPORTADORES E INCLUSO HE LLAMADO A JASON BLOOD PARA QUE BUSQUE RASTROS DE MAGIA.
LAS HABITACIONES DE LOS ANTIGUOS MIEMBROS DE LA LIGA SON PRÁCTICAMENTE HERMÉTICAS. SE CONTROLA INCLUSO LA PRESIÓN DEL AIRE. TENEMOS CUBIERTA HASTA LA ÚLTIMA...
...MOLÉCULA.
NO.

NO LO ENTIENDO. ¿PUEDE PROVOCAR ALGUIEN UN TAPÓN EN EL CEREBRO O SE DEBE A CAUSAS NATURALES?
AHÍ ESTÁ LA CUESTIÓN, ¿NO?
SINCERAMENTE, CREÍA QUE ERA LO SEGUNDO... HASTA QUE TOQUETEÉ ESTA BONITA LENTE Y HALLÉ ESTO.
¿Y ESAS DOS HENDIDURAS DIMINUTAS?
SON HUELLAS, MICHAEL.
¿QUÉ?
HUELLAS. ESO LE CAUSÓ EL TAPÓN EN EL TORRENTE SANGUÍNEO. POR ESO MURIÓ SUE DIBNY.
ALGUIEN ESTUVO AHÍ DENTRO.
¿EN SU CEREBRO?
ALGUIEN ESTUVO AHÍ DENTRO, MICHAEL. ES LO QUE TODOS PASAMOS POR ALTO. PLANTÉATELO. UN ASESINATO MICROSCÓPICO.
CONQUE QUIEN LO HIZO PODÍA REDUCIRSE A...
DIOS MÍO. NO CREERÁS QUE ÉL...

¡J'ONN, LOCALIZA A RAY!
¿VA TODO BIEN?
NO RES-PONDE.
LLAMA A LA ATALAYA.
¡J'ONN, SAL DE MI CABEZA!
¡LOCA-LÍZALO! ¡YA!

"¡Y QUE NO SE MUEVA DE DONDE ESTÉ!"
CELSIUS Y EL JEFE: ¡Amor verdade
Person
LA SEÑORA DEL ÁTOMO
NOS HABLA DEL DIVORCIO, DE HACERLO PÚBLICO Y DEL PEQUEÑÍN
Ray Palmer y Jean Loring.
Amantes.
NO LO PUEDO CREER. EL CAPITÁN BUMERÁN...
O SEA, ¿A SUE LA MATÓ ÉL? ¿FUE QUIEN ME AGREDIÓ? ¿EL CAPITÁN BUMERÁN?
¿POR QUÉ TE EXTRAÑA? HACE AÑOS QUE INTENTA MATARNOS A TODOS.
PERO ¿EL CAPITÁN BUMERÁN?
ME ALEGRO DE QUE HAYA TERMINADO.

LA VERDAD ES... QUE ME ALEGRO DE MÁS COSAS.
DR. PALMER...
...NO SÉ SI ME GUSTA ESA MIRADA.
¿QUÉ MIRADA?
YO NO VEO NADA.
PARTE SEIS
ESPOSOS Y ESPOSAS
GUION BRAD MELTZER DIBUJO RAGS MORALES
TINTA MICHAEL BAIR COLOR ALEX SINCLAIR

PARTE SEIS

ESPOSOS Y ESPOSAS

GUION BRAD MELTZER DIBUJO RAGS MORALES
TINTA MICHAEL BAIR COLOR ALEX SINCLAIR

PARTE SEIS

ESPOSOS Y ESPOSAS

GUION BRAD MELTZER DIBUJO RAGS MORALES
TINTA MICHAEL BAIR COLOR ALEX SINCLAIR

CELSIUS Y EL JEFE: ¿Amor verdade
Person
LA SEÑORA DEL ÁTOMO
NOS HABLA DEL DIVORCIO, DE HACERLO PÚBLICO Y DEL PEQUEÑÍN
Ray Palmer y Jean Loring.
Amantes.
NO LO PUEDO CREER. EL CAPITÁN BUMERÁN...
O SEA, ¿A SUE LA MATÓ ÉL? ¿FUE QUIEN ME AGREDIÓ? ¿EL CAPITÁN BUMERÁN?
POR H'RONMEER...
¿ESTÁIS CHIFLADOS? ¿DECÍS QUE EL ÁTOMO MATÓ A SUE DIBNY?
ME ALEGRO DE QUE HAYA TERMINADO.
LA VERDAD ES... QUE ME ALEGRO DE MÁS COSAS.

DR. PALMER, ¿ME ESTÁ TIRANDO LOS TEJOS?
ESO INTENTO. ¿CÓMO VOY?
LOS HE VISTO MEJORES.
¿LO VES? LO QUE HACES ES TRATAR DE PROVOCARME.
¿Y POR QUÉ NO? ¿ACASO NO QUIEREN TODAS LAS MUJERES QUE LAS PROVOQUEN?
ME ALEGRO DE HABERTE RECUPERADO, JEAN.
Y DE QUE ESTÉS A SALVO.
A TODO ESTO, ¿AVERIGUASTEIS QUIÉN ENVIÓ A JACK DRAKE LA NOTA QUE DECÍA "PROTÉGETE"?

NO, ES LO...
¿CÓMO SABES QUE HABÍA UNA NOTA?
¿RAY? NO ES RAY.

¿LA NOTA? SALIÓ EN LA PRENSA.
NO ES VERDAD. LA NOTA SE LA LLEVÓ BATMAN.
LA PRENSA NO LA VIO.
TE... TE ESTOY DICIENDO QUE...
¿CÓMO SABES QUE HABÍA UNA NOTA, JEAN?
RAY, ¿QUÉ ESTÁS...?
DIOS MÍO.
LA SEÑORA
DE ATOMO
NOS HABLA D
RAY, NO ES LO QUE...
DIOS MÍO...
¿ENVIASTE TÚ LA NOTA Y LA PISTOLA?
CÁLMATE, RAY...
¡CONTESTA!
RAY...

¡¡QUE CONTESTES!!
¿ESTÁS LOCO? CLARO QUE NO.
SI ESTÁ MINTIENDO, LA CARA NO LA DELATA.
PERO CONOZCO A MI MUJER.
Y SÉ POR QUÉ PASÓ A SER MI EX.
ENCONTRASTE MIS ANTIGUOS TRAJES EN EL SÓTANO, ¿VERDAD?
"POR ESO NO HABÍA PRUEBAS FÍSICAS."
"FUE TODO MICROSCÓPICO."

SANTO DIOS.
POR FAVOR, DIME QUE TÚ NO MATASTE A SUE.
YO NO... NO PRETENDÍA...

ES QUE... TE ECHABA DE MENOS, RAY...
TE ECHABA MUCHO DE MENOS.
DIOS MÍO...
"NO... NO PRETENDÍA MATARLA, TE LO JURO."
"LO QUE QUERÍA ERA NOQUEARLA... PARA... EN FIN... DAR UN BUEN SUSTO A TODOS."
"SUPUSE QUE, CUANDO SE CORRIERA LA VOZ, RALPH LLEGARÍA CORRIENDO... Y CLARK IRÍA A BUSCAR A LOIS A TODA PRISA..."
"...Y QUIZÁ, CON SUERTE... SÉ QUE SUENA ESTÚPIDO Y PUERIL, PERO... SE ME OCURRIÓ..."
¿QUE VOLVERÍA CORRIENDO CONTIGO?
Y ESO HICISTE, RAY. ESO HICISTE.
ESTABA PREOCUPADA POR SI NO SURGÍA LA CHISPA, PERO EN CUANTO LLEGASTE...

...FUE TODO COMO EN LOS VIEJOS TIEMPOS, ¿VERDAD?
DIOS MÍO. ESTÁS LOCA.
NO, RAY... SÉ LO QUE PARECE, PERO LA VERDAD ES... QUE FUE UN ACCIDENTE.
"O SEA, PRACTIQUÉ MUCHO, PERO CUANDO LLEGUÉ..."
¿DIGA? ¿DIGA...?
RALPH, ¿ERES TÚ?

"...ME DESORIENTÉ POR COMPLETO."
"O SEA, SOLO AUMENTÉ MI MASA ATÓMICA UNA DO-CEAVA PARTE..."
"...PERO, DE PRONTO, SUE ESTABA DE RODILLAS Y SUFRÍA CONVULSIONES."
RA... RALPH... POR... POR FAVOR, ¿ESTÁS AHÍ?
"YO HABÍA ENCOGIDO MÁS ARMAS... POR SI ACASO."
"ME ASUSTÉ... ES QUE NO QUERÍA IR A LA CÁRCEL."
ADIÓS, SUE...

MIENTRAS JEAN PRONUNCIA ESAS PALABRAS, EL ESTÓMAGO SE ME BAJA A LOS TESTÍCULOS.
¿QUIÉN SE BENEFICIA?
GRACIAS POR QUEDARTE EN CASA ESTA NOCHE, CLARK.
¿QUIÉN SE BENEFICIA?
TE ECHABA DE MENOS, RAY.

BRUCE LLEVA UNA SEMANA PLANTEANDO LA MISMA PREGUNTA UNA Y OTRA VEZ.
LA ÚNICA PREGUNTA QUE NO PODÍAMOS RESPONDER.
¿QUIÉN SE BENEFICIA?
TE QUIERO, PAPÁ.
¿QUIÉN SE BENEFICIA CUANDO MATAN A UN FAMILIAR DE UN HÉROE?
LOS FAMILIARES DE LOS DEMÁS HÉROES.
LA... LA MATASTE. MATASTE A SUE.
¡ERA AMIGA NUESTRA, JEAN!

TE ASEGURO QUE FUE UN...
¡NO DIGAS QUE FUE UN ACCIDENTE! ¡NO LA INSULTES ASÍ!
PERO LO FUE, RAY... IGUAL QUE LO DEL PADRE DE TIM.
¡CONTRATASTE A BUMERÁN Y LE ENVIASTE UNA PISTOLA AL PADRE DE TIM PARA QUE LE PEGARA UN TIRO!
¿¡TAN ENGAÑADA ESTÁS!? ¿QUÉ TIENE ESO DE ACCIDENTE?
NO DEFIENDAS A BUMERÁN. HA MATADO A MÁS PERSONAS QUE...
¡MATASTE AL PADRE DE TIM! ¡AHORA EL CHAVAL ES HUÉRFANO!
¡NO DIGAS ESO! ¡YO CREÍA QUE NO MORIRÍA!
"¿POR QUÉ CREES QUE CONTRATÉ A UN MATÓN DE POCA MONTA? CREÍA QUE EL PADRE DE TIM APRETARÍA EL GATILLO Y SE PONDRÍA A SALVO."
SÍ, CLARO QUE TENGO A UNO BARATO.

¿¡TIENES IDEA DE LO QUE HAS HECHO!?
CLARO, NOS HE VUELTO A UNIR. ES COMO...
ES COMO...
ES COMO ERA ANTES.
¿QUÉ? ¿AHORA ESTÁS CABREADO?
NO ME MIRES ASÍ, RAY. TENDRÍAS QUE DARME LAS GRACIAS.
AH, CLARO, AHORA VIENE LA REPULSA.
ANDA YA, RAY. QUE TÚ NO ERES BRUCE.
¿QUÉ? ¿QUÉ VAS A HACER?
¿PEGARME EN LA MANDÍBULA Y NOQUEARME DE UN PUÑETAZO FUERTE?
¿ENTREGARME A LA POLI Y ENCERRARME?
¡QUE SOY TU MUJER!
¡NO ME PUEDES ENCERRAR EN UNA CELDA SIN MÁS Y ARROJAR LA LLAVE!

Asilo Arkham para Criminales Dementes.
...DETERMINARÁ LA MEDICACIÓN ADECUADA.
DICHO LO CUAL, NO CONCIBO LO DIFÍCIL QUE LE DEBE DE RESULTAR, DR. PALMER.
¿SE ENCUENTRA BIEN?
SÍ.

ZZTTT
ZZTTT
EL TRANSMISOR DE LA LIGA DE LA JUSTICIA.
DOCTOR, ¿ME SOSTIENE ESTO?
ZZTTT
ZZTTT
PE... PERO DR. PALMER... LA LIGA... A... AQUÍ PONE QUE LO NECESITA.
NO, QUÉ VA.
DR. PALMER, AÚN FALTAN DOCUMENTOS QUE...
¿ADÓNDE VA?
BUENA PREGUNTA.
NO LE DOY RESPUESTA.
CUIDE A MI MUJER.

LO ÚNICO QUE SÉ AHORA MISMO ES QUE NECESITO SALIR.
ARKHAM
Y MAR-CHARME.
SOLO.
MI EXMUJER MATÓ A UNA DE NUESTRAS ME-JORES AMIGAS.
POR MÍ.
NO ME HABÍA SENTIDO TAN PEQUEÑO EN MI...
PIP

LOS DÍAS SIGUIENTES NO SON FÁCILES.
¿AÚN NO TIENES NOTICIAS SUYAS?
NI UNA PALA-BRA.
LORING 015273
Y NO TIENEN POR QUÉ SERLO.
PERO, COMO DECÍA... AL FINAL, POCO A POCO... TODOS SEGUIMOS CON NUESTRA VIDA.
DICEN QUE TE HAS VUELTO A PONER EL DISFRAZ.
DICEN QUE HAS ESTADO BLANDIENDO LA ESPADA.
NO PORQUE SEA-MOS VALIENTES.
ES NORMAL QUE TE INQUIETE, CLARK.
NI NOBLES.
CONQUE MI-CROSCÓPICO.
NO, TIENE MUCHO SENTIDO.
NI SIQUIERA PORQUE SEAMOS HÉROES.
ELLEN, ¿QUIERES DEJAR DE LEER ESAS CHORRADAS?
THE NATIONAL
INQUIRER

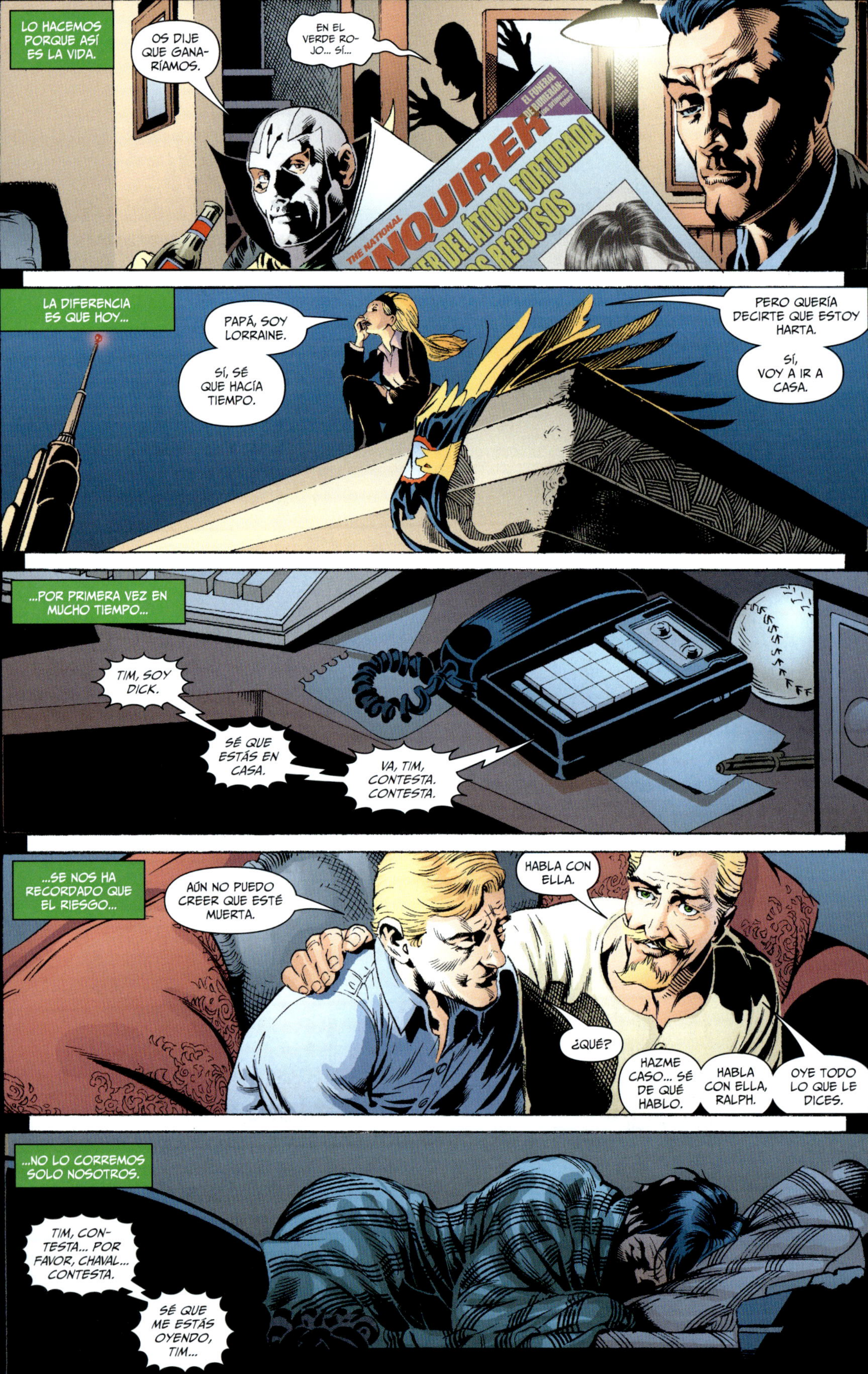
LO HACEMOS PORQUE ASÍ ES LA VIDA.
OS DIJE QUE GANA-RÍAMOS.
EN EL VERDE RO-JO... SÍ...
THE NATIONAL
INQUIRER
LA DIFERENCIA ES QUE HOY...
PAPÁ, SOY LORRAINE.
SÍ, SÉ QUE HACÍA TIEMPO.
PERO QUERÍA DECIRTE QUE ESTOY HARTA.
SÍ, VOY A IR A CASA.
...POR PRIMERA VEZ EN MUCHO TIEMPO...
TIM, SOY DICK.
SÉ QUE ESTÁS EN CASA.
VA, TIM, CONTESTA. CONTESTA.
...SE NOS HA RECORDADO QUE EL RIESGO...
AÚN NO PUEDO CREER QUE ESTÉ MUERTA.
HABLA CON ELLA.
¿QUÉ?
HAZME CASO... SÉ DE QUÉ HABLO.
HABLA CON ELLA, RALPH.
OYE TODO LO QUE LE DICES.
...NO LO CORREMOS SOLO NOSOTROS.
TIM, CON-TESTA... POR FAVOR, CHAVAL... CONTESTA.
SÉ QUE ME ESTÁS OYENDO, TIM...

"Se puede decir que una era se termina cuando las ilusiones se han agotado."

Arthur Miller

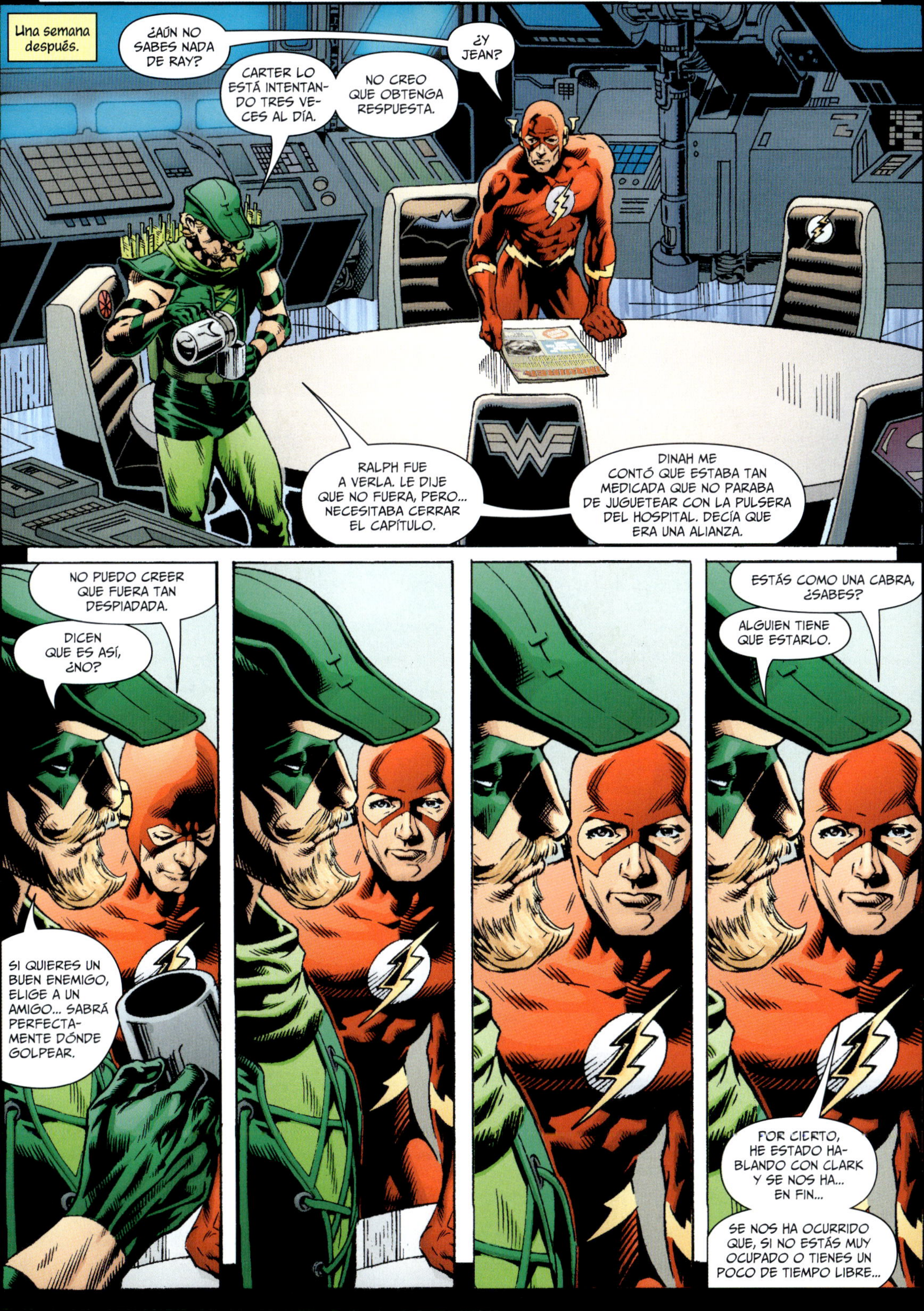

WALLY, ¿CUÁNTAS VECES OS LO TENGO QUE DECIR? SOY RESERVISTA.
NO TENGO MOTIVOS PARA VOLVER A UNIRME A LA LIGA.
LA VERDAD ES QUE QUERÍAMOS SABER SI VENDRÍAS A CENAR CON NOSOTROS ALGÚN DÍA.
COMO HACÍAS CON CLARK Y BARRY.
SÍ, ESTARÍA MUY BIEN.
FENO-MENAL.
LA NOTICIA ES BUENA, PERO EL CHAVAL NO SE PERMITE SONREÍR.
GENIAL.
AÚN TE CRISPA QUE LE BORRÁ-SEMOS LA MEN-TE A BRUCE, ¿VERDAD?

"NO TENDRÍAIS QUE HABERLO HECHO."
"NO NOS JUZGUES, WALLY."
"PERO LA PIFIASTEIS. ¿ES QUE NO LO ENTIENDES? LA PIFIASTEIS."
"YA, YO OPINÉ LO MISMO DURANTE AÑOS. PERO LA LIGA PERDURA."
"PARA ESO ESTÁ HECHA."
"LA LIGA SIEMPRE PERDURA."
"A MENOS QUE..."
"NO QUIERO DISCUTIR, WALLY. ESTA NOCHE, NO."

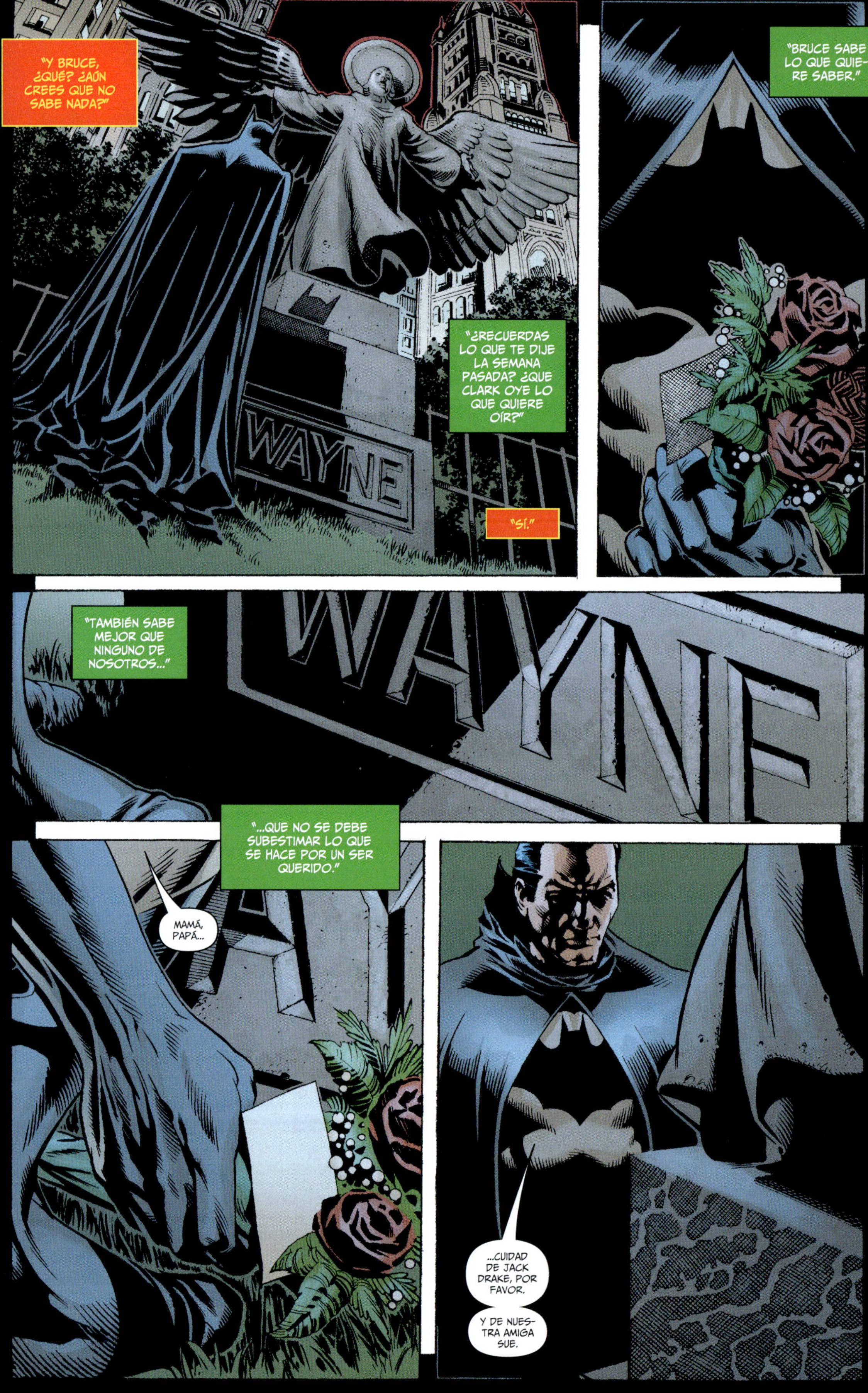
"Y BRUCE, ¿QUÉ? ¿AÚN CREES QUE NO SABE NADA?"
"¿RECUERDAS LO QUE TE DIJE LA SEMANA PASADA? ¿QUE CLARK OYE LO QUE QUIERE OÍR?"
"SÍ."
"BRUCE SABE LO QUE QUIERE SABER."
WAYNE
"TAMBIÉN SABE MEJOR QUE NINGUNO DE NOSOTROS..."
"...QUE NO SE DEBE SUBESTIMAR LO QUE SE HACE POR UN SER QUERIDO."
MAMÁ, PAPÁ...
...CUIDAD DE JACK DRAKE, POR FAVOR.
Y DE NUESTRA AMIGA SUE.

Smallville.
Ahora.
Martha y Clark Kent.
Madre e hijo.
MA...
¿SEGURO QUE TE ENCUENTRAS BIEN?
SÍ, CREO QUE SÍ...
A LO MEJOR NECESITAS TIEMPO LIBRE.
...YA SABES QUE NO PUEDO. YO NO HAGO ESO.
LO SÉ.
SOLO LO HAS DICHO PARA QUE ME PONGA EL TRAJE, ¿VERDAD?
PARA ESO ESTÁN LAS MADRES.
PERO ESTÁS GUAPO, LA VERDAD.

TE QUIE-RO, MA.
PASE LO QUE PASE.
EXACTO, CLARK.
PASE LO QUE PASE.
MA NI SIQUIERA SE MOLESTA EN LEVANTAR LA VOZ.
SABE QUE OIGO CADA PALABRA.

La Atalaya de la JLA.
Ahora.
LAS PALABRAS DE MA RESUENAN POR TODA LA TROPOSFERA.
INCLUSO EN LOS PEORES MOMENTOS...
...TODO VUELVE A LA NORMALIDAD.
ENTONCES, EL ÁTOMO Y FIREHAWK YA NO SON RESERVISTAS... ¿ALGUIEN MÁS?
¿CUÁNDO ES LA CENA CON LA JSA?
EN ACCIÓN DE GRACIAS.
SIENTA BIEN VERLOS A TODOS.
SOBRE TODO SI NO ES EN UN FUNERAL.
DEBO MENCIONAR... QUE LOS TITANES DESEAN UNA SESIÓN CONJUNTA DE ENTRENAMIENTO SI ALGUNO TIENE TIEMPO.

INCLUSO BRUCE PARECE CONTENTO. PARA SER ÉL.
¿LO ORGANIZAS TÚ, FLASH?
FLASH...
FLASH, ¿HAS OÍDO LO QUE HE...?
¿TE PASA ALGO, WALLY?
NO, NADA. ES QUE...
DI LO QUE ESTABAS PENSANDO.
NADA.
ES QUE... NO PASA NADA.
ZZTTT ZZTTT
SEÑOR, CLAYFACE ESTÁ...
VOY, ALFRED.
J'ONN, ME TENGO QUE IR.
YO TAMBIÉN. EL ANILLO DICE QUE SE HA PRODUCIDO UN ATENTADO EN...
SE LEVANTA LA SESIÓN.
COMO DECÍA, VUELTA A LA NORMALIDAD.

Epílogo

Opal City.
Ahora.
¿ESTÁS LOCA? NO LE PUEDO DECIR ESO.
PORQUE ES... NO SÉ. PORQUE ES CLARK.
SÍ, PERO ES POR ESO. NO LE PUEDES DECIR A SUPERMAN QUE SU MUJER COCINA DE PENA.
NO, NO... YA LO SÉ.
QUE YA LO SÉ...
CLARO, HAN SIDO MUY AMABLES AL INVITARME.
Nuestro más sentido pésame
¿MAÑANA?
NO PUEDO... MAÑANA CENO CON WALLY Y CON KYLE.

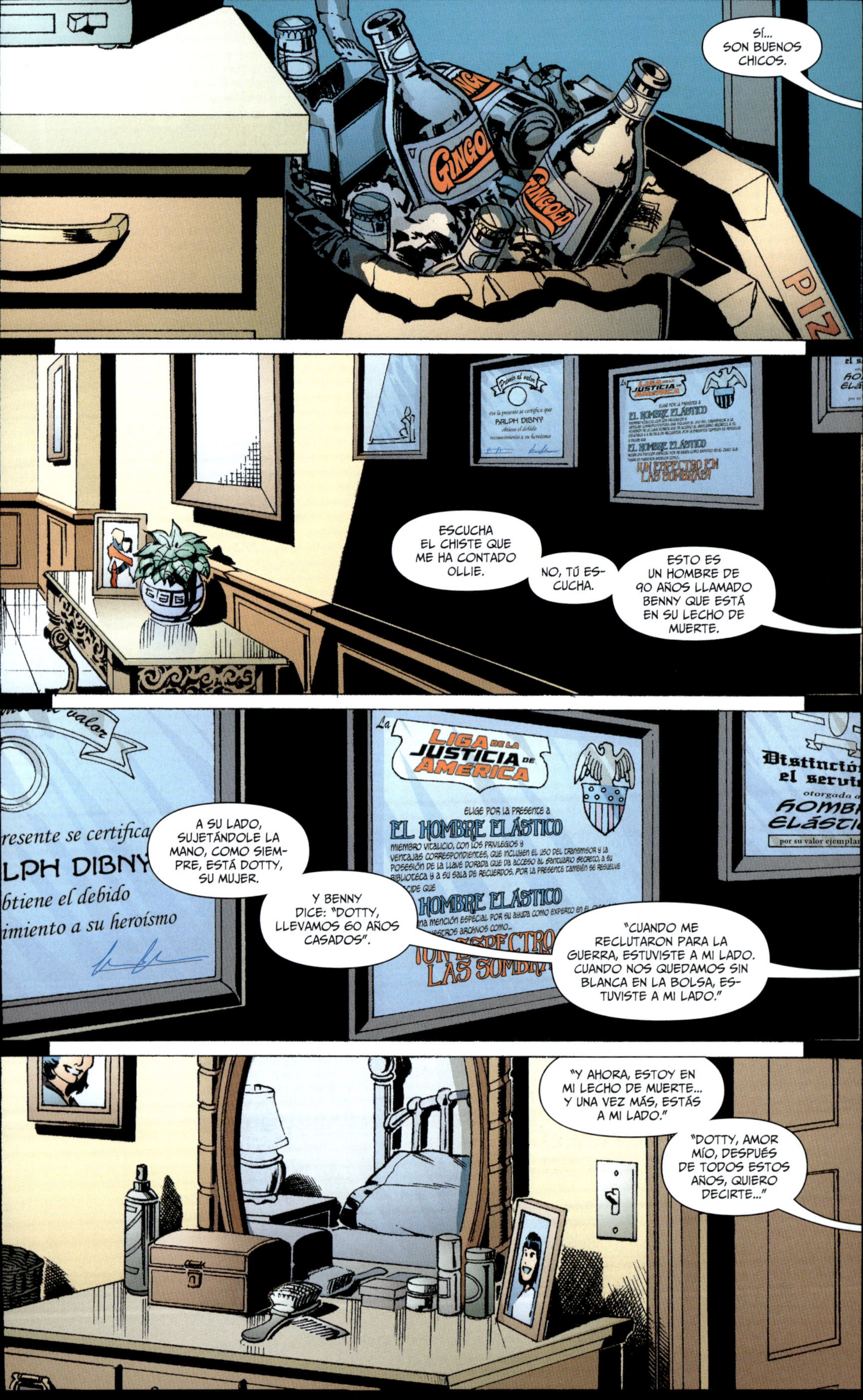
SÍ... SON BUENOS CHICOS.
GINGOLD
PIZ
ESCUCHA EL CHISTE QUE ME HA CONTADO OLLIE.
NO, TÚ ES- CUCHA.
ESTO ES UN HOMBRE DE 90 AÑOS LLAMADO BENNY QUE ESTÁ EN SU LECHO DE MUERTE.
LIGA DE LA JUSTICIA DE AMÉRICA
ELIGE POR LA PRESENTE A
EL HOMBRE ELÁSTICO
Distinción el servi
otorgada
HOMBR ELÁSTI
por su valor ejemplar
resente se certifica
LPH DIBNY
btiene el debido
imiento a su heroísmo
A SU LADO, SUJETÁNDOLE LA MANO, COMO SIEM- PRE, ESTÁ DOTTY, SU MUJER.
Y BENNY DICE: "DOTTY, LLEVAMOS 60 AÑOS CASADOS".
"CUANDO ME RECLUTARON PARA LA GUERRA, ESTUVISTE A MI LADO. CUANDO NOS QUEDAMOS SIN BLANCA EN LA BOLSA, ES- TUVISTE A MI LADO."
"Y AHORA, ESTOY EN MI LECHO DE MUERTE... Y UNA VEZ MÁS, ESTÁS A MI LADO."
"DOTTY, AMOR MÍO, DESPUÉS DE TODOS ESTOS AÑOS, QUIERO DECIRTE..."

"¡...QUE ERES GAFE!"
¿VERDAD QUE ES BUENO?
ANDA YA, QUE ESE NO LO SABÍAS.
¿QUE POR QUÉ LO SÉ? PUES PORQUE SOY TU MARIDO.

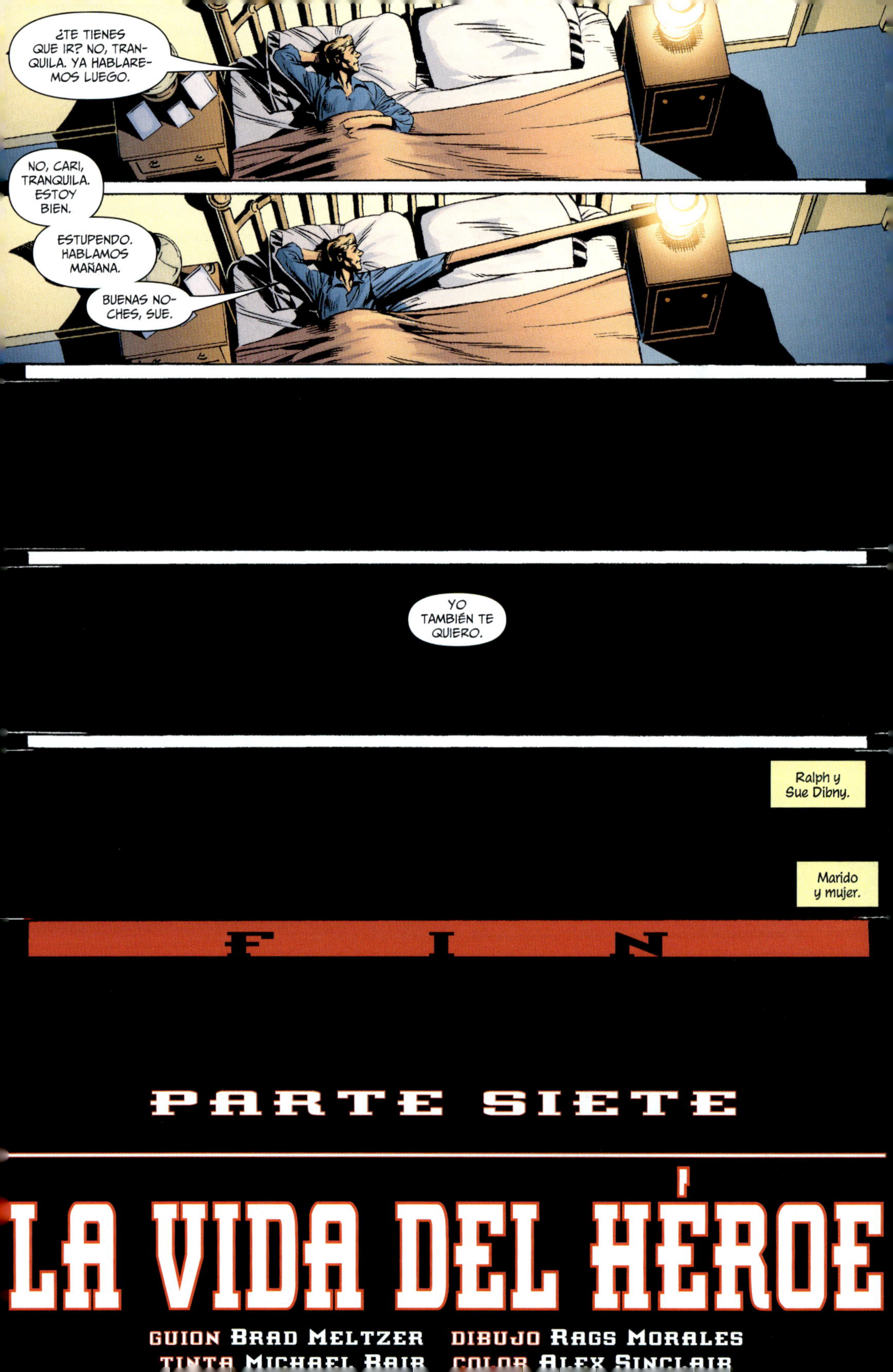
¿TE TIENES QUE IR? NO, TRANQUILA. YA HABLAREMOS LUEGO.
NO, CARI, TRANQUILA. ESTOY BIEN.
ESTUPENDO. HABLAMOS MAÑANA.
BUENAS NOCHES, SUE.
YO TAMBIÉN TE QUIERO.
Ralph y Sue Dibny.
Marido y mujer.
FIN
PARTE SIETE
LA VIDA DEL HÉROE
GUION BRAD MELTZER DIBUJO RAGS MORALES
TINTA MICHAEL BAIR COLOR ALEX SINCLAIR

¿POR QUÉ CREES QUE SE RESPIRA TANTA TRANQUILIDAD HOY? ¿DÓNDE ESTÁN LOS VILLANOS?
HAY RUMORES SOBRE TU RECIENTE ENCUENTRO CON EL CONSTRUCTO, ¿ALGUNA DECLARACIÓN?
CONOCES A BATMAN, ¿VERDAD? EXISTE, ¿NO ES ASÍ? DICEN QUE LO HAN CONSEGUIDO GRABAR EN VÍDEO EN GOTHAM...
HOLA, SEÑORITA PARK.
ES SEÑORA PARK, SEGURO QUE YA LO SABES.
¿ME CONCEDES LA ENTREVISTA, FLASH...?
¿...O TE VAS A QUEDAR AHÍ DE PIE SONRIENDO?
¡UAU!
FZZZSHH
KEYSTONE
1KF 02

POSCRISIS
GEOFF JOHNS – guion
HOWARD PORTER - dibujo
LIVESAY - tinta
JAMES SINCLAIR - color
RACHEL GLUCKSTERN - editora adjunta
JOEY CAVALIERI - editor

NO ME LO PUEDO CREER.
SUE DIBNY. EL PADRE DE ROBIN.
DE HECHO, LO DE ROBIN NO LO SABEN LOS DEMÁS.
BATMAN HA PEDIDO DISCRECIÓN.
Y EL ÁTOMO. DIOS MÍO...
DEBERÍAMOS INVITARLO A VENIR A CASA. Y A RALPH TAMBIÉN.
A CENAR O ALGO ASÍ.
CLARO, AUNQUE NADIE SABE DÓNDE ESTÁ EL ÁTOMO, NI SIQUIERA HAWKMAN.
Y SUPERMAN CREE QUE SEGUIRÁ SIN DAR SEÑALES DE VIDA.
¿NO VAN A BUSCARLO NI NADA?
NO.
AHORA MISMO... NECESITA TIEMPO PARA DIGERIRLO TODO.
KEYSTONE CITY GAZETTE
¡MATAN AL CAPITÁN BUMERÁN EN UN ROBO FRUSTRADO!
LINDA...
SÉ QUE LO HAS PASADO MAL, SOY CONSCIENTE DE LO QUE SUCEDIÓ ENTRE NOSOTROS.
PERO ESTE ÚLTIMO MES SIN TI...
...HA SIDO, CON DIFERENCIA, LO PEOR A LO QUE ME HE ENFRENTADO EN MI VIDA.
LO QUE SIENTO POR TI... POR NOSOTROS... HA COBRADO MÁS FUERZA QUE NUNCA.
AUNQUE ATRAPARON AL ASESINO, TODOS TIENEN MIEDO...
EL RAYO LO DEJÓ CON SU PROMETIDA, METAMORFO SE HA ALEJADO VOLUNTARIAMENTE DE SU HIJO Y MR. MILAGRO Y BARDA SE ESTÁN REPLANTEANDO LO DE TENER HIJOS.
YO...
YO QUIERO QUE LO NUESTRO FUNCIONE.
TENEMOS QUE ENSEÑARLES... QUE DEMOSTRARLES, A ELLOS Y A NOSOTROS MISMOS, QUE PODEMOS SEGUIR ADELANTE CON NUESTRAS VIDAS.
LOS VILLANOS GANAN DESDE EL MOMENTO EN EL QUE NOS ARREBATAN LA LIBERTAD.
QUÉ PATRIÓTICO HA SONADO ESO.
YA ME ENTIENDES.

NO ME FUI POR GUSTO, WALLY. LO NECESITABA.
ERA INCAPAZ DE DISTINGUIR LO QUE ERA REAL Y LO QUE NO.
ME DEDIQUÉ A VIAJAR Y A REFLEXIONAR, ME TOMÉ UN TIEMPO PARA RECONCILIAR MI VIDA CON TU NUEVA IDENTIDAD SECRETA.
ES CURIOSO. AHORA QUE NADIE SABE QUE ERES FLASH, MIS PADRES PIENSAN QUE ME CASÉ CON... NO TE OFENDAS... CON UN CHICO DE KEYSTONE DE PURA CEPA.
Periódicos Leon
¿CÓMO?
ALGUIEN DE CLASE OBRERA.
PARA EL RESTO DEL MUNDO, WALLY WEST ES UN VEINTEAÑERO QUE ABANDONÓ LA UNIVERSIDAD, SE TOMÓ VARIOS AÑOS SABÁTICOS Y AHORA TRABAJA COMO MECÁNICO PARA EL DEPARTAMENTO DE POLICÍA DE KEYSTONE CITY.
¿Y A TI TE MOLESTA?
SI TE SOY SINCERA...
PARA MÍ, LO DE LA IDENTIDAD SECRETA TIENE SU ENCANTO.
Y ASÍ PUEDO DEDICARME A LO QUE MÁS ME GUSTA, AL PERIODISMO. NADIE ME MIRARÁ NI ME SEÑALARÁ CON EL DEDO POR ESTAR CASADA CON FLASH.
PODRÉ TRABAJAR.
PODRÉ...
¿ES USTED LINDA PARK?
CHICLE CHICLE CHICLE
¡OH, SOY UNA GRAN ADMIRADORA SUYA! LA HE VISTO... LA HE SEGUIDO SIEMPRE EN EL CANAL CUATRO. QUÉ SONRISA MÁS BONITA TIENE. ¡ME ALEGRA MUCHO QUE HAYA VUELTO!
CARIÑO, ES LINDA PARK, LA CHICA DE LA TELE.
QUÉ BIEN TENERLA DE VUELTA, SEÑORA PARK.
¡OH! ¿USTED ES EL SEÑOR PARK?
EH... SÍ. EL MISMO.
...SEGUIMOS CON LAS NOTICIAS TRAS LA PAUSA PUBLICITARIA...
WWWSSHH
PERO ¿QUÉ...?

KRAKOOOOM
¿LLUVIA?
¡SE SUPONE QUE IBA A HACER SOL TODO EL FIN DE SEMANA! ME ENCANTARÍA HABER IDO A LA FERIA AGRÍCOLA ESTA TARDE.
NO CREO QUE LLUEVA EN PARÍS.
HE RESERVADO MESA ESTA NOCHE PARA CENAR EN TU RESTAURANTE PREFERIDO.
¿PARÍS? ¿A QUÉ ESPERAS, ROJITO?
¡LLÉVAME POR LOS AIRES!
FOOZH

...EH... POR EXTRAÑO QUE PAREZCA, SE ACABA DE DECRETAR UNA ALERTA DE INUNDACIÓN EN LAS INMEDIACIONES DE KEYSTONE Y CENTRAL. PARECE QUE LOU SE HA EQUIVOCADO CON EL PARTE METEOROLÓGICO DE ESTA MAÑANA.
CREO QUE LO MEJOR ES QUE SE QUEDEN EN CASA HOY.
LEAN UN BUEN LIBRO...
KRAKOOOOM
EH, MARDON.
TE LO VAS A PERDER. SOLO YO PUEDO LLEVARTE HASTA ALLÍ, IGUAL QUE SAQUÉ A TODOS DE IRON HEIGHTS.
ESTÁ BIEN, McCULLOCH.
VAMOS ALLÁ.
FWASSH

¿SEGURO QUE NO HAY PELIGRO?
LOS CAPAS NO LO ENCONTRARÁN. NUNCA LO HAN HECHO Y NUNCA LO HARÁN.
ESTE LUGAR, NO.
EL HOMBRE PLEGADO ABRIÓ UN PORTAL AL ESPACIO EN 4D Y COLOCÓ EL CEMENTERIO ENTERO EN UNA PARCELA DE TIERRA, TUMBA POR TUMBA. GRODD HA EMPLEADO TECNOLOGÍA DE CAMUFLAJE DE CIUDAD GORILA PARA OCULTAR LA ENTRADA.
¿QUIÉN ME IBA A DECIR QUE UN MONO TENDRÍA SENTIMIENTOS?
NO LOS TIENE, LO HA HECHO PORQUE FRÍO LE HA PROMETIDO UN TROZO DEL PASTEL. SE HA PEDIDO EL CORAZÓN DE FLASH.
¿CÓMO LO LLEVA EL CHICO?
LA IRA LE CONSUME, SUS OJOS REFLEJAN SED DE SANGRE. CREO QUE TIENE MUY MAL CARÁCTER, COMO SU PADRE.
¿Y TÚ? ¿CÓMO ESTÁS?
LLEVO DOS SEMANAS SIN METERME NADA. LIMPIO.
ME RESULTA MUY DIFÍCIL VIVIR CON UN PIE EN LA REALIDAD.
PERO PUEDO PENSAR MEJOR, MUCHO MEJOR. OS AGRADEZCO LA AYUDA.
HADES
ESTIGIA
NO TE CREAS.
SOIS BUENA GENTE.
BIENVENIDO AL AVERNO.
LA SEMANA PASADA MURIÓ UN HOMBRE.

...SIMPLEMENTE QUERÍA SER UN BUEN PADRE.
BONITA BUFANDA.
¿QUÉ HAS DICHO?
¿QUIÉN, YO?
LAS BUFANDAS SE LLEVAN, AXEL. LO QUE ESTÁ PASADO DE MODA ES TU PELO.
LO QUE TÚ DIGAS, GAMBI.

GEORGE "DIGGER" HARKNESS. EL CAPITÁN BUMERÁN.
ÉL NO PRETENDÍA CONQUISTAR EL MUNDO, TAN SOLO PEDÍA UN POCO DE RESPETO.
PERO EN EL FONDO, CREO QUE...
LA MUERTE ES UNA VIEJA CONOCIDA DE LOS VILLANOS.
SÉ QUE NO SOLEMOS TRABAJAR JUNTOS.
PERO TODOS HABÉIS OÍDO LA HISTORIA QUE NOS CONTÓ EL AMO DE LOS ESPEJOS SOBRE EL DOCTOR LUZ.

GGGRRRFFFFF.
¡QUE INTENTEN JUGAR CON MI MENTE!
YO NO LE DARÍA MUCHA CREDIBILIDAD A ESA HISTORIA, CAPITÁN.
ME CONSTA, CABALLEROS, QUE NO SON TAN ERUDITOS COMO YO...
...PERO ADMIRO SU CAPACIDAD DE INVENCIÓN, POR NO HABLAR DE SU HONESTIDAD. SIN EMBARGO, LA LIGA DE LA JUSTICIA... SE ENORGULLECE DE SUS ANTICUADOS VALORES MORALES.
FAUSTO
RECONSIDÉRELO UN MOMENTO, DR. ALQUIMIA.
TODOS HEMOS TENIDO DÍAS MALOS.
QUIZÁ ME HAN HECHO LO MISMO...
...A MÍ.
MURMULLO, ALQUITRÁN, CHATARRA Y LOS DEMÁS.... DESDE VUESTRA LLEGADA A KEYSTONE, OS HABÉIS DESVIADO UN POCO DE LAS NORMAS, Y LAS DEJAMOS MUY CLARAS...
OS HEMOS INVITADO PARA QUE VEÁIS DE PRIMERA MANO... A LO QUE PERTENECÉIS AHORA. NO FORMÁIS PARTE DEL GRUPO EN SÍ...
...PERO MIENTRAS NOS RESPETÉIS, OS RESPETAREMOS A VOSOTROS.
Y OS CUBRIREMOS LAS ESPALDAS EL DÍA D.
¡EH! ¿Y NOSOTROS QUÉ? ¿POR QUÉ NUNCA NOS HACEN CASO...?
CÁLLATE, AZUL. PRECISAMENTE IBA A DECIR ALGO AHORA.
TODOS LOS VILLANOS TIENEN LO QUE LES CORRESPONDE, ROJO. ¿POR QUÉ NO IBAN A PODER TAMBIÉN LOS NUEVOS RAINBOW RAIDERS?
CUIDADO, ÍNDIGO.
¡COMPUTRON, SOY VIOLET!
YO SOY ÍNDIGO.
IMBÉCILES.

FWP
FWP
FWP
FWP
SHRAKK
FWP FWP FWP
FWP FWP FWP
EL ATAÚD ESTÁ VACÍO.
EL FBI SE QUEDÓ CON SU CUERPO.
ESTO ES UNA PÉRDIDA DE TIEMPO. DE MI TIEMPO.

¿HABÉIS VISTO ESO? EL CHICO ES UN... VELOCISTA.
¿TU SOBRINO ES UN MALDITO VELOCISTA?
¿HA PERMITIDO QUE UN VELOCISTA FORME PARTE DE NUESTRA ASOCIACIÓN, SEÑOR SNART? SE TRATA DE UN IMITADOR DE MI SEÑOR, FLASH.
MTTDLLL.
QUIETOS.
ÉL NO ES COMO FLASH. SOLO PUEDE REALIZAR BREVES ACELERONES DE VELOCIDAD PARA LANZAR Y RECOGER RÁPIDAMENTE LOS BUMERANES.
PERO NO ES UN CORREDOR.
Y SI LO FUERA, ¿QUÉ? ¿VA CONTRA VUESTRAS "NORMAS"?
ENTONCES...
...LO... QUE... SALIÓ... EN... LOS... TABLOIDES...
...SU... MADRE...
...LA... PATINADORA...
DORADA. LA PATINADORA DORADA. DEMONIOS, VIEJO, ¡DILO DE UNA VEZ!
SE DICE QUE ELLA ES LA MADRE, Y TAMBIÉN TU HERMANA, ¿NO, FRÍO? ESTÁ CRIANDO MALVAS, ¿VERDAD?
SÍ.
NO SÉ QUIÉN ES MI MADRE NI POR QUÉ TENGO SUPERVELOCIDAD, PERO TAMPOCO ME IMPORTA.
Y VOSOTROS...
...POR MÍ, OS PODÉIS IR TODOS AL INFIERNO.
¿CREÉIS QUE HE VENIDO AQUÍ POR GUSTO? ¿QUE DESEO LLEVAR ESTE TIPO DE VIDA?
NO OS NECESITO PARA NADA, IDIOTAS.
ESA BOCA, CHICO BUMERÁN.
A VER SI VOY A TENER QUE CONVERTIRTE LA LENGUA EN UNA COBRA ESCUPIDORA...

FSSSSSSH
FWP FWP FWP
BOOM
SNTCH
AHÓRRATELO, MANDRAKE.
NO ME EXTRAÑA QUE MI PADRE FUERA TAN RIDÍCULO SI SE RODEABA DE GENTE COMO VOSOTROS.
¡NIÑATO DE...!
¡BASTA!
NO HEMOS VENIDO AQUÍ A LUCHAR.
SINO A RENDIR HOMENAJE.
SHNNG
DESPUÉS, CADA UNO POR SU LADO.

PENITENCIARÍA DE IRON HEIGHTS.
HUNTER.
HUNTER.
SAL DE AHÍ, MI AMOR...
...SAL PARA QUE PODAMOS JUGAR...
¿QUÉEEEE QUIERES, CHEE-TAHHHHHHH?
¿QUÉQUIERESDEMÍ?
TE HACÍAS EL MUERTO, ¿VERDAD? PODÍA OÍR CÓMO SE ACELERABA TU CORAZÓN, CADA VEZ MÁS.
¿NO SABES LO QUE QUIE-RO, ZOOM?
A TI.

SOLO ME HE AUSENTADO UNA HORA.
¿QUÉ HA PASADO AQUÍ?
HA OCURRIDO TODO MUY RÁPIDO.
LOS VILLANOS APARECIERON ARMADOS CON BUMERANES.
BANCO DE KEYSTONE CITY
HAN SAQUEADO LA CIUDAD, SE HAN PASEADO POR AHÍ LANZANDO BUMERANES CONTRA LOS CIVILES. SUPONGO QUE SE TRATA DE SU FORMA DE HOMENAJEAR AL CAPITÁN BUMERÁN.
"ALGUNOS ERAN AFILADOS, OTROS EXPLOSIVOS."
"UNO INCLUSO CHIRRIABA DE FORMA ESPANTOSA. NOS HIZO AÑICOS EL PARABRISAS."
HICIERON LO MISMO UNA SEMANA DESPUÉS DE QUE EL PRIMER AMO DE LOS ESPEJOS MURIERA. COMETIERON CRÍMENES EN HONOR A SAM SCUDDER Y EMPLEARON SUS ARMAS PARA HACERLO.
A WHEELER NO LE VA A HACER NINGUNA GRACIA. LO ACABABA DE PINTAR.
ES UNA ESPECIE DE... TRADICIÓN. LOS TITANES Y LA LIGA TUVIERON QUE ACTUAR PARA CONSEGUIR APACIGUARLOS.
BUENO, FLASH...
ESPEREMOS QUE NADIE MÁS LA PALME.
VAYA DESEO, ¿EH, MORILLO?

...ESOS TIPOS SE HAN VUELTO A CARGAR OTRO COCHE, WEST...
NO SEAS DURO CON ELLOS, WHEELER.
CHYRE Y MORILLO SON BUENOS AGENTES DE POLICÍA.
Y LO DICE EL TIPO AL QUE CASI DETIENEN.
ASHLEY ZOLOMON NO PRESENTÓ CARGOS, LES CONVENCIÓ PARA QUE ARCHIVARAN EL CASO...
...Y AHORA QUE MI ESPOSA HA REGRESADO...
TE HACEN LOS OJOS CHIRIBITAS. ESTÁS ENAMORADO HASTA LAS TRANCAS, ¿EH, WEST?
¿TÚ NUNCA LO HAS ESTADO, REECE?
MÁS VECES DE LAS QUE DEBERÍA.
TENGO SUERTE DE QUE NO ME HAYAN DESPEDIDO. NO VOLVERÉ A COMETER OTRO ERROR, WHEELER.
LO SÉ.
NO SÉ POR QUÉ... PERO LO SÉ.
TRÁEME UN PAR DE NEUMÁTICOS DE BANDA BLANCA. ESTOS ESTÁN MÁS PELADOS QUE YO.
VOY.
WALLY.

¿¡BRUCE!?
¿BRUCE, QUÉ HACES EN KEYSTONE?
TENEMOS QUE HABLAR.
PODRÍAS HABERME LLAMADO POR TELÉFONO. ESTOY TRABAJANDO.
LA SEMANA PASADA MATARON AL PADRE DE TIM DRAKE.
LO SÉ. LO SIENTO MUCHO.
LO HIZO EL CAPITÁN BUMERÁN.
JEAN LORING LO CONTRATÓ PARA QUE NOS DESPISTARA. PARA CONFUNDIRNOS.
Y FUNCIONÓ.
TEMPORALMENTE.
ME HE ENTERADO DE QUE LOS VILLANOS DIERON AYER UNA FIESTA EN SU HONOR.
¿Y QUÉ QUIERES QUE...?
EL CAPITÁN BUMERÁN, WALLY.
ES DE LOS TUYOS.

SI NO PUEDES OCUPARTE DE TUS PROPIOS VILLANOS...
...SI NO ERES CAPAZ DE CONTRO-LARLOS...
...ENTONCES TENDRÉ QUE HACERLO YO.
¿HAS TERMINADO YA?
QUE QUEDE CLARA UNA COSA.
ME HAS TOCADO POR-QUE TE LO HE PERMITIDO.
¿CREES QUE ES FÁCIL LIDIAR CON ESTOS VILLANOS? ¿PIENSAS QUE SOLO PORQUE NO ESTÁN COMO UNA MALDITA CHOTA SON MÁS FÁCILES DE ATRAPAR?
LOS TUYOS SON DISTINTOS, BRUCE. SE MUEVEN A NIVEL PSICO-LÓGICO. DEJAN PISTAS, LES ENCANTA MATAR.
LOS MÍOS...
...SE ORGANI-ZAN MUY BIEN.
QUE TENGAN NOMBRES RIDÍCULOS Y SE VISTAN DE COLORES CHILLONES NO LOS HACE MÁS IDIOTAS. NI MUCHO MENOS.
HA PERDIDO A SU PADRE, WALLY. POR CULPA DEL CAPITÁN BUMERÁN.
Y PARA TI HABRÍA SIDO MÁS LÓGICO QUE LO HUBIERA HECHO EL JOKER O DOS CARAS, ¿VERDAD?
¿LO ASIMILARÍAS MEJOR ASÍ?
...
HAGO TODO LO QUE ESTÁ EN MIS MANOS, BRUCE. TE LO ASEGURO.

¿BRUCE...?
¿CUÁL ES LA MORALEJA? ¿QUE NO SIEMPRE GANAMOS NOSOTROS?
¿O QUE DEBEMOS DESISTIR Y ABANDONAR TODA VIDA MÁS ALLÁ DE LA MÁSCARA?
SUPERMAN, GREEN LANTERN, TÚ. HASTA WONDER WOMAN TIENE A SUS AMIGOS DE LA EMBAJADA.
YA NO SÉ QUÉ DECIRLE, WALLY... NO BASTA CON UN "LO SIENTO".
PUES DILE LO MISMO QUE A DICK EL DÍA QUE SE FUE PARA UNIRSE A LOS TITANES.
SOLO SE LO DIJISTE UNA VEZ DESPUÉS DE TANTOS AÑOS.
Y ÉL LO VALORÓ MÁS QUE CUALQUIER OTRA COSA EN ESTE MUNDO.

¡JA, JA, JA, JA, JA!
¿VISTEIS EL CARETO DEL TIPO AQUEL CUANDO LE REVENTÉ EL COCHE?
DESCANSA EN PAZ, DIGGER.
TIENES TALENTO.
LO SÉ.
¡EH, TÍO! PERDONA POR LO DE LA BUFANDA. ¡MOLAS MUCHO, ERES EL AMO!
UN MALDITO COCHE BLINDADO Y SIMPLEMENTE HIZO... ¡BOOM!
SÍ.
SÍ... HA SIDO... DIVERTIDO.
LA OFERTA SIGUE EN PIE, OWEN.
SI QUIERES, ESTÁS DENTRO.
LO HAGO POR TU PADRE, NO POR TI.
NO SE LO PIDE A CUALQUIERA, CAPITÁN BUMERÁN.
PIENSA EN TODO LO QUE PODRÍAMOS ENSEÑARTE... CUANDO SUPERES EL RITO DE INICIACIÓN, CLARO.
UF, NO ME LO RECUERDES.
Y YO TE CONTARÉ MUCHAS HISTORIAS... SOBRE TU PADRE.
LE CONSIDERABA UNO DE MIS... AMIGOS.
YO...
SI ACEPTO...
...PRIMERO NECESITO QUE HAGÁIS ALGO POR MÍ.
PIDE POR ESA BOCA, HIJO.

CHICAGO.
FBI.
IRRADIACIÓN
NOS PODRÍAMOS GUARDAR A ESTOS DOS EN LA MANGA. WOLFE NOS PONDRÁ ALGUNA PEGA, PERO SI LLAMO A LOS JEFES EN WASHINGTON Y...
ESCONDITE
DEBERÍAMOS HABER IDO AL FUNERAL.
NI SIQUIERA SABÍAMOS DÓNDE SE CELEBRABA, FLAUTISTA.
¿Y DESDE CUÁNDO ESA RATA...?
HSSSH
PERDÓN.
¿DESDE CUÁNDO ESE TIPO TE PREOCUPA TANTO? SOBRE TODO DESPUÉS DE LOS COMENTARIOS OFENSIVOS QUE DIGGER HA HECHO SOBRE TI A LO LARGO DE LOS AÑOS... DE LOS INSULTOS, LAS PELEAS...
SÉ QUE HEMOS CREADO LAZOS PROFUNDOS CON ELLOS, QUE CUANDO NECESITAMOS A UNA FAMILIA LOS VILLANOS ESTUVIERON AHÍ PARA AYUDARNOS. PERO... NO IRÁS A ECHARLE DE MENOS PRECISAMENTE, ¿NO?
NO LO SÉ...
CREO QUE ESTO ESTÁ MAL, JAMES. NOS ESTAMOS PASANDO DE LA RAYA...
ESTAMOS HACIENDO LO QUE HAY QUE HACER, FLAUTISTA. CUMPLIMOS ÓRDENES.

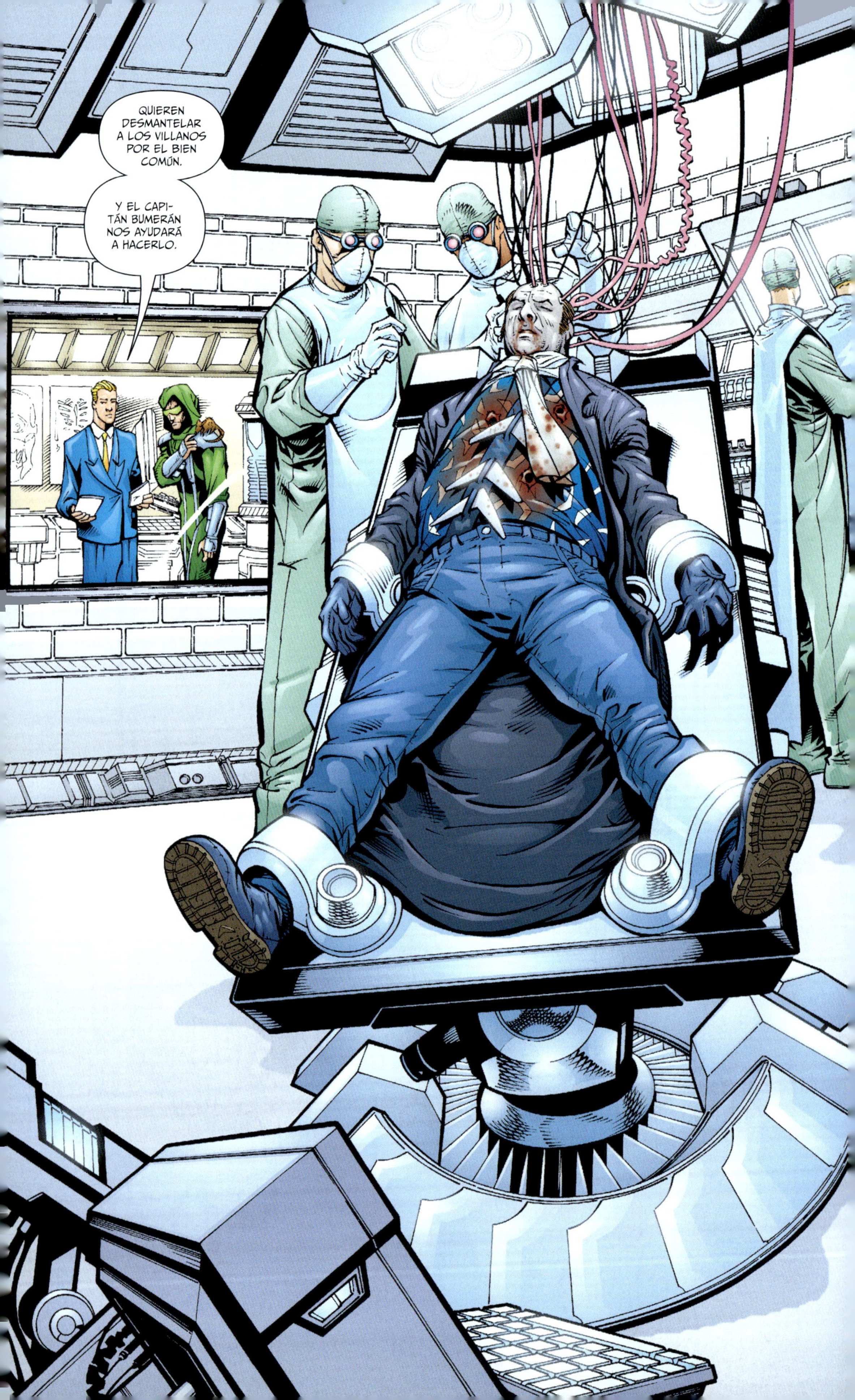
QUIEREN DESMANTELAR A LOS VILLANOS POR EL BIEN COMÚN.
Y EL CAPI-TÁN BUMERÁN NOS AYUDARÁ A HACERLO.

POBLADO DEL OESTE DE PAONE. 50 KILÓMETROS AL NORTE DE LOS ÁNGELES.
DEBO DARLE LA RAZÓN A DYLAN. ES UN LUGAR INTERESANTE PARA ENTRENAR.
HAN RODADO TODO TIPO DE PELIS CLÁSICAS AQUÍ. ME SIENTO COMO SI FUERA CALAMITY JANE.
CREO QUE MIS PADRES ME TRAJERON AQUÍ CUANDO ERA PEQUEÑA. LES CHIFLABAN LOS WESTERNS.
BONANZA, VALLE DE PASIONES, INCLUSO LA CASA DE LA PRADERA.
BUF, ANDA QUE NO LAS PASARON CANUTAS LOS INGALLS, ¿EH? INCENDIOS, PERROS RABIOSOS, ADICCIONES A LA MORFINA...
¡UHHNNN...!
BOOM
A RAS DE SUELO
MARC ANDREYKO - Guion
JESÚS SAIZ - Dibujo
JIMMY PALMIOTTI - Tinta
STEVE BUCCELLATO - Color
RACHEL GLUCKSTERN - Editora adjunta
JOAN HILTY - Editora

¿CHEETAH? CREÍA QUE ERA... EN FIN, UNA CHICA. CUESTA ESTAR AL DÍA DE LOS CAMBIOS DE GÉNERO EN LA COMUNIDAD SUPERVILLANA. NO IMPORTA.
A VER SI ESPABILAS, KATE. ODIO QUE ME TIREN DE LOS TEJADOS.
KLANG
ZZT ZZT
VALE, ¿QUIÉN SIGUE?
TOK
WHUMP

SALOON
VAMOS, VAMOS, SAL DE DONDE...
THOOMP
...ESTÉS.
¡GRUNDY... ODIA... MUJER ROJA! ¡MUJER ROJA... HACE DAÑO... A CHICO GATO!
CRACK
¡TÚ... GOLPEAR... GRUNDY!
ZZT
ZZT
¡UAK!
FWOOM
SALOON
CREO QUE TIENES ALGO QUE ME PERTENECE...

...MI NOMBRE.
Y QUIERO RECUPE-RARLO.
FWOOSH
¡ERES UNA DESHONRA PARA EL LEGADO DE LOS MANHUNTERS!
Y TÚ ERES UN *CASTRATO*, CHAVAL.
¿EH?

OH.
¡¡OYE!!
TOK
BONITO DISFRAZ, DYLAN.
GRACIAS. ME COSTÓ ELEGIR UNO SOLO. ¿SABÍAS QUE HA HABIDO COMO UN MILLÓN DE MANHUNTERS?
PARECE QUE MIS MODIFICACIONES EN EL TRAJE FUNCIONAN BIEN.
TE LO DIRÉ CUANDO ME ENFRENTE A UN PSICÓPATA DE VERDAD Y NO A UNOS ROBOTS CUTRES. ¿DE DÓNDE LOS HAS SACADO? ¿DEL MUSEO DE CERA DE HOLLYWOOD?
NO TE PASES, ¿EH? SOLO ME AVISASTE CON UN DÍA. TIENES SUERTE DE QUE GRUNDY NO LLEVARA UNA TOSTADORA POR CABEZA.
SI CENTRARAS TU TALENTO EN CURAR EL CÁNCER, IMAGINA LO QUE PODRÍAS HACER.
YA, BUENO, IMAGINA SI TÚ LIDIARAS CON TU RABIA INTERIOR COMO UNA PERSONA NORMAL.
¿Y POR QUÉ ESTÁS TAN CABREADA? ¿PAPI NO TE LLEVABA AL CIRCO?
MI VIDA PERSONAL ESTÁ FUERA DE LOS LÍMITES. ¿ENTENDIDO?
AHORA DIME QUÉ LE HAS HECHO AL TRAJE.

MERCADO DE ARNE
SOLO NECESITABA AJUSTARLO A TU CAMPO BIOELÉCTRICO ESPECÍFICO. EL TRAJE SE VINCULA DIRECTAMENTE CON EL SISTEMA NERVIOSO DEL PORTADOR.
POTENCIA LOS REFLEJOS, AMPLIFICA LA FUERZA, OFRECE INCLUSO UN ESCUDO PSÍQUICO RUDIMENTARIO. ESTÁ ALINEADO CONTIGO, ASÍ QUE CUANDO TE LO PONES, LO PETAS.
NOTO LA DIFERENCIA. ES COMO UNA SEGUNDA PIEL. ME GUSTA.
Y SI LO AJUSTO UN POCO MÁS, SERÁ COMO EXPERIMENTAR UN CONTINUO ORG...
DEMASIADA INFORMACIÓN, DYLAN.
¿QUÉ MÁS HAS HECHO?
EL TRAJE TENÍA RESTOS DEL PRINGUE DEL LADRÓN-SOMBRA TRAS VUESTRA LUCHA, ASÍ QUE LO APROVECHÉ PARA PREPARARTE UNA SORPRESA...
¡...TACHÁÁÁN!
¿GUANTELETES NUEVOS? ES TODO UN DETALLE.
HMM, ¿ESTA ESTRELLITA SE HA PUESTO A BRILLAR POR ALGO?
ES UN DISPOSITIVO DE LOCALIZACIÓN. APUNTA AL LADRÓN-SOMBRA Y ESTÁ REACCIONANDO ANTE EL PRINGUE QUE REVISTE LOS GUANTELETES. CUANDO ESTÉS A MENOS DE 3 KM DE ÉL, SE ACTIVARÁ. Y CUANTO MÁS CERCA, MÁS LUCIRÁ.
¿Y LOS GUANTELETES?
¿VES ESOS BOTONCITOS? CUANDO LE PONGAS LAS MANOS ENCIMA AL LADRÓN-SOMBRA, LITERALMENTE, PÚLSALOS Y DARÁS LUZ A SU VIDA. YA VERÁS.
¿PREPARO A LOS "VILLANOS" PARA OTRA RONDA?
EL LADRÓN CASI TE MATA Y AHORA SE HA CARGADO A FIRESTORM. TE VENDRÍA BIEN ENTRENAR...
TE AVISARÉ SI TE NECESITO.

¡ESTÁ MUERTO! ¡LO HICE YO! ¡AHORA ME BUSCARÁN! ¿QUÉ DEBO HACER?
¡DI ALGO! ¡LO HICE POR TI! ¡¡NO TE LIMITES A MIRARME!!
NO, NO CREO QUE NADIE MÁS QUIERA AYUDARME. POR ESO ESTOY AQUÍ. TÚ ERES MI ÚNICO AMIGO. PUEDES HACER QUE SE CALLEN. QUE DEJEN DE GRITARME.
ESTE SITIO ES SEGURO. Y TRANQUILO. Y OSCURO. NO SÉ QUÉ VOY A HACER...

ESPERO QUE ESTA VEZ ESTÉ DESPIERTO. NECESITO SABER QUÉ RECUERDA.
Y ESPERO PODER MIRARLE A LOS OJOS SIN LLORAR. UF, ODIO LOS HOSPITALES...
OH, GENIAL. MIRA QUIÉN ESTÁ AQUÍ.
LLEGAS TARDE. LAS VISITAS SE TERMINARON Y RAMSEY ESTÁ DORMIDO.
BUENO, PUES DEJARÉ ESTO EN LA HABITACIÓN...
NO, NI HABLAR.
TENGO UNA ORDEN DE ALEJAMIENTO TEMPORAL CONTRA TI, KATE. VOY A PEDIR LA CUSTODIA PLENA.

WHUMP
¡EH!
MALDITO HIJO DE... ESTÁS DISFRUTANDO, ¿VERDAD? SI CREES QUE VOY A PERMITIR QUE...
¡UHN!
THUMP
ES LA REACCIÓN MÁS PASIONAL QUE TE HE VISTO EN AÑOS. SI HUBIERA SIDO SIEMPRE ASÍ, TAL VEZ NUESTRO MATRIMONIO NO SE HABRÍA IDO AL GARETE.
ESTO NO ES POR RAMSEY, ¿VERDAD, KATE? ES POR TI Y TU MIEDO AL FRACASO. POR UNA VEZ, PIENSA EN TU HIJO. HAZ DE MADRE.
YO... YO... ¡MIERDA! DILE QUE... DILE QUE SU MAMI LO QUIERE...
...Y QUE LO SIENTE.
SÉ QUE PETER TIENE RAZÓN. ENTONCES, ¿QUÉ HAGO AHORA?

REFUGIARME EN EL TRABAJO PARECE UN BUEN PLAN.
EDIFICIO FEDERAL DE LOS ÁNGELES. 7.45 H.
BIEN, EH, SI ME ACOMPAÑAN POR AQUÍ...
ELLA SUELE LLEGAR A LAS OCHO. LOS LLEVARÉ A SU DESPACHO PARA QUE LA ESPEREN Y...
¡VAYA! PARECE QUE YA ESTÁ AQUÍ. PERMITAN QUE LES PRESENTE A LA MEJOR FISCAL FEDERAL DEL PAÍS, LA SRTA. KATE SPENCER. KATE, HA VENIDO LA...
¿LIGA DE LA JUSTICIA?
¡BONK!

TRANQUILA, SRTA. SPENCER, LO TENGO.
SÉ LO CAROS QUE SON ESTOS CAFÉS CON LECHE.
¿CUÁNTO TIEMPO SE QUEDARÁN EN LA CIUDAD? CONOZCO UN SITIO DE *SUSHI* GENIAL EN WEHO Y...
SRTA. SPENCER, VENIMOS A HABLAR DE UNOS SUCESOS RECIENTES RELACIONADOS CON FIRESTORM.
YA ME OCUPO YO, DAMON. GRACIAS.
YA, PERO...
LO SIENTO. ESTÁ UN POCO DESLUMBRADO. NO SUELEN VISITARNOS MUCHOS SUPERHÉROES.
¿PIDO QUE TRAIGAN MÁS SILLAS?

NO TARDAREMOS MUCHO, SRTA. SPENCER. HEMOS VENIDO POR LA MUERTE DE FIRESTORM Y POR SU ASESINO...
...LADRÓN-SOMBRA.
SÍ. ESTAMOS SIGUIENDO CUALQUIER PISTA SOBRE SU PARADERO. SABEMOS QUE FUE VISTO EN LOS ÁNGELES JUNTO CON... EL NUEVO MANHUNTER.
¿PUEDO PREGUNTAR QUÉ TIENE QUE VER ESO CONMIGO?
CÁLLATE, KATE. ¡CÁLLATE, CÁLLATE, CÁLLATE!
ESTO ES UNA VISITA DE CORTESÍA. ESTAMOS NOTIFICANDO A TODAS LAS FUERZAS DE LA LEY NUESTRA PRESENCIA AQUÍ.
SE LO AGRADEZCO, PERO SI ENCUENTRAN AL LADRÓN-SOMBRA EN L.A., RECUERDEN, SE QUEDARÁ AQUÍ.
TENGO AUTORIDAD GUBERNAMENTAL, Y PRETENDO HACER CAER TODO EL PESO DE LA LEY SOBRE EL SR. CARL SANDS.
MI TARJETA.
SI ENCUENTRO A SANDS PRIMERO, NO GARANTIZO QUE QUEDE ALGO DE ÉL QUE PUEDAN JUZGAR.
SRTA. SPENCER, TENDRÁ QUE DISCULPAR A HAWKMAN. EL ASESINATO DE FIRESTORM NOS HA AFECTADO MUCHO A TODOS.
LO ENTIENDO PERFECTAMENTE. GRACIAS POR EL AVISO. Y AHORA, SI ME DISCULPAN, TENGO MUCHO TRABAJO. LLÁMENME SI AVERIGUAN ALGO.
POR SUPUESTO. ADIÓS, SRTA. SPENCER.
ME VA A DAR UN ANEURISMA.

YA SÉ POR QUÉ HAY TAN POCOS METAHUMANOS ACTIVOS EN L.A.
TODO ESTÁ MUY DESPERDIGADO. NO PUEDES BALANCEARTE DE UN RASCACIELOS A OTRO.
¡CONTACTO!
BING
BING
BING
VEAMOS QUÉ TAL FUNCIONA ESTE RASTREADOR, DYLAN.
ESTO ES PATÉTICO. NECESITO UNOS PROPULSORES.
HOLA, SEÑORITA. BONITO TRAJE.
GRACIAS.
AL MENOS NO TENDRÉ QUE IRME LEJOS A ENTERRARLO...
HOLLYWOOD FOREVER
CEMENTERIO
CERRADO
...DIJO ELLA, Y CASI SE LO CREYÓ.

WHUMP
CALIENTE... CALIENTE...
¿AQUÍ? MALDITA SEA. FALSA ALARMA. DEMASIADO BONITO PARA SER CIERTO...
THOOM
¡¡¡JODER!!!
THUD

NO. ES IMPOSIBLE. LE ABRÍ UN AGUJERO...
¿¿¡OTRA VEZ TÚ!?? ¿¡POR QUÉ NO NOS DEJAS EN PAZ!? COPPERHEAD... ¡TODA TUYA!
¡...EN LA CABEZA! ¡UF, CÓMO HUELE!
¡QUIERO AYUDAR A MATARLA! ¿PUEDO? ¿¡POR FAVOR!? ¿DE VERAS? ¡QUÉ BUENO ERES!
AAA... ¡¡UURGH!!

PUAJ.
SPLOOTCH
SNAP
CHINK
¿POR QUÉ NO TE MUERES...?
¿¿¡...DE UNA VEZ!??
THOK
CRACK
RETIRO MIS DUDAS SOBRE LAS HABILI-DADES DE DYLAN.
¡¡EN CUANTO A TI...!!
ESTOY HARTA DE RECIBIR PALOS.

¡VAYA! ¡TIENE AGALLAS! ¡VAMOS A ARRANCÁRSELAS!
ESO, DEJA QUE ME ACERQUE, IDIOTA.
KA-CHUK
¡TE TENGO!
KLICKA
¡¡AAAAAAA...!!
THWA-BOOM

¿¿¡¡QUÉ... ME... HAS... HECHO!!??
¡A-A-AYÚ-DANOS...!
SÍ, AHORA MISMO TE AYUDO...
THWACK
SMASH

JOHN, ¿TU ANILLO CAPTA ALGÚN RASTRO?
PARA NADA.
ESTO ES UNA PÉRDIDA DE TIEMPO. AHÍ ABAJO HAY ALGUIEN QUE SABE DÓNDE ESTÁ SANDS. SOLO ES CUESTIÓN DE SACUDIR AL INFORMADOR ADECUADO.
CARTER, NO BUSCAMOS VENGANZA, SINO HACER JUSTICIA POR NUESTRO AMIGO.
PARA TI ES FÁCIL DECIRLO, J'ONN. TÚ NO VISTE A FIRESTORM ENSARTADO Y EXPLOTANDO DELANTE DE TUS NARICES.
NO SE ME PARTIRÍA EL CORAZÓN SI LADRÓN-SOMBRA NO SOBREVI...
¡OYE! LA PRÓXIMA VEZ AVISA, ¿VALE?
LO SIENTO, PERO ESTOY CAPTANDO ALGO DESDE HOLLYWOOD.

¿QUÉ VOY A HACER AHORA?
ZWOOM
¡¡¡YEAAARRRGGHH!!!
¿NO PODRÍAN HABERSE ESPERADO 10 SEGUNDOS MÁS?
HOLA, CARL. CUÁNTO TIEMPO, ¿VERDAD?
Ayudadme, ayudadme, ayudadme, ayudadme, ayudadme...
¿QUIERES AYUDA?
¿¡TE VALE CON ESTO!?
CRACK

¡LO APUÑALASTE, SABANDIJA DESPIADADA!
SLIISH
...POR FAVOR... PARAD...
VIXEN... YA ES SUFICIENTE.
YA NO SUPONE UNA AMENAZA.
SIGILO, KATE. MUCHO SIGILO.

SUBE AL COCHE...
...PIENSA EN COSAS BONITAS...
...Y CONFÍA EN QUE LOS ESCUDOS PSÍQUICOS QUE MENCIONÓ DYLAN FUNCIONEN.
LOS ESCOLTAREMOS HASTA LA PRISIÓN, AGENTES. TENEMOS QUE HABLAR CON...
¿...EH?
ESE PENSAMIENTO... ME ES FAMILIAR...
SI NO PUEDO MATAR A SANDS ESTA NOCHE, SUPONGO QUE LO HARÉ A LA VIEJA USANZA.
CON UN JUICIO.
Y UNA CONDENA A MUERTE.

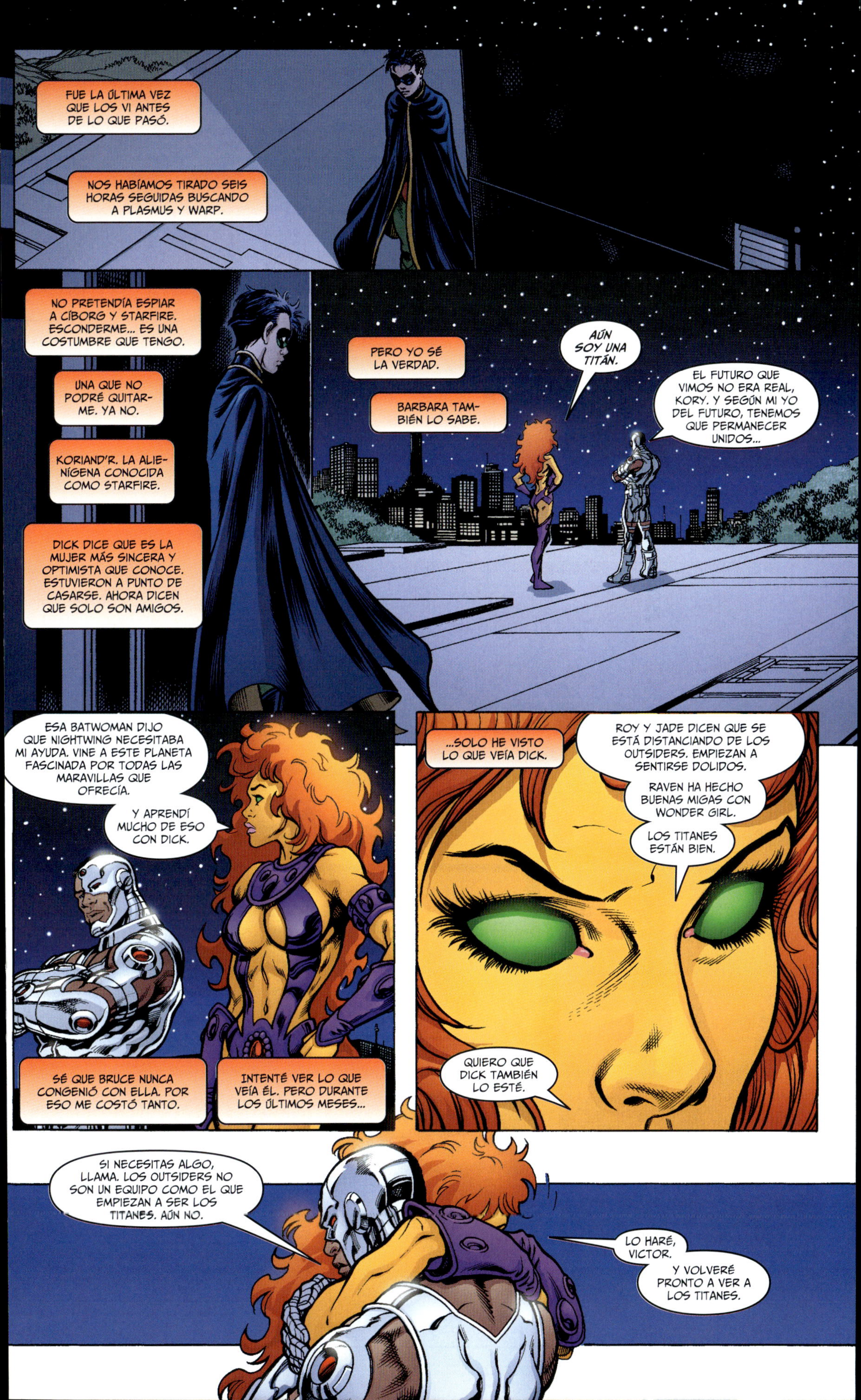
FUE LA ÚLTIMA VEZ QUE LOS VI ANTES DE LO QUE PASÓ.
NOS HABÍAMOS TIRADO SEIS HORAS SEGUIDAS BUSCANDO A PLASMUS Y WARP.
NO PRETENDÍA ESPIAR A CÍBORG Y STARFIRE. ESCONDERME... ES UNA COSTUMBRE QUE TENGO.
UNA QUE NO PODRÉ QUITARME. YA NO.
KORIAND'R. LA ALIENÍGENA CONOCIDA COMO STARFIRE.
DICK DICE QUE ES LA MUJER MÁS SINCERA Y OPTIMISTA QUE CONOCE. ESTUVIERON A PUNTO DE CASARSE. AHORA DICEN QUE SOLO SON AMIGOS.
PERO YO SÉ LA VERDAD.
BARBARA TAMBIÉN LO SABE.
AÚN SOY UNA TITÁN.
EL FUTURO QUE VIMOS NO ERA REAL, KORY. Y SEGÚN MI YO DEL FUTURO, TENEMOS QUE PERMANECER UNIDOS...
ESA BATWOMAN DIJO QUE NIGHTWING NECESITABA MI AYUDA. VINE A ESTE PLANETA FASCINADA POR TODAS LAS MARAVILLAS QUE OFRECÍA.
Y APRENDÍ MUCHO DE ESO CON DICK.
SÉ QUE BRUCE NUNCA CONGENIÓ CON ELLA. POR ESO ME COSTÓ TANTO.
INTENTÉ VER LO QUE VEÍA ÉL. PERO DURANTE LOS ÚLTIMOS MESES...
...SOLO HE VISTO LO QUE VEÍA DICK.
ROY Y JADE DICEN QUE SE ESTÁ DISTANCIANDO DE LOS OUTSIDERS. EMPIEZAN A SENTIRSE DOLIDOS.
RAVEN HA HECHO BUENAS MIGAS CON WONDER GIRL.
LOS TITANES ESTÁN BIEN.
QUIERO QUE DICK TAMBIÉN LO ESTÉ.
SI NECESITAS ALGO, LLAMA. LOS OUTSIDERS NO SON UN EQUIPO COMO EL QUE EMPIEZAN A SER LOS TITANES. AÚN NO.
LO HARÉ, VICTOR.
Y VOLVERÉ PRONTO A VER A LOS TITANES.

LO PROMETO.
OÍ EL PITIDO DEL OJO ELECTRÓNICO DE CÍBORG CUANDO EMPEZÓ A GRABAR.
OBSERVÓ A SU AMIGA MIENTRAS SE IBA VOLANDO.
DIVIDIDO ENTRE LOS TITANES DE AYER Y DE HOY.
SUPERBOY DICE QUE CÍBORG ES EL PILAR DE LOS JÓVENES TITANES.
POR MAL QUE VAYA TODO, SI ÉL ESTÁ DE NUESTRO LADO... SABEMOS QUE VAMOS A GANAR.
ÉL ME TRAJO A LOS TITANES. TRAJO A TODOS LOS NUEVOS.
CREO QUE NUNCA LE HEMOS DADO LAS GRACIAS.
¡AU!
WHAM
¿¡ROBIN!?
NO TE HABÍA VISTO.
¿ESTÁS BIEN?
CÍBORG SE SENTÍA FATAL.
AQUEL CODAZO INVOLUNTARIO HIZO QUE SE SINTIERA PEOR.
ESTOY BIEN, CÍBORG.
SOLO QUERÍA DECIRTE QUE ESTARÉ FUERA ESTE FINDE.
ME VOY DE *CAMPING* CON MI PADRE. A UN SITIO AL QUE IBA DE PEQUEÑO. HACE AÑOS QUE NO VAMOS Y... DESPUÉS DE TODO LO QUE HA PASADO...
NECESITO AIREARME UN POCO.
ESTABA DESEANDO HACER ESE VIAJE.

ESCONDIDO

GEOFF JOHNS *GUION* **TOM GRUMMETT** *DIBUJO* **NELSON** *TINTA*

JEROMY COX *COLOR* **TOM PALMER JR.** *EDITOR ADJUNTO* **EDDIE BERGANZA** *EDITOR*

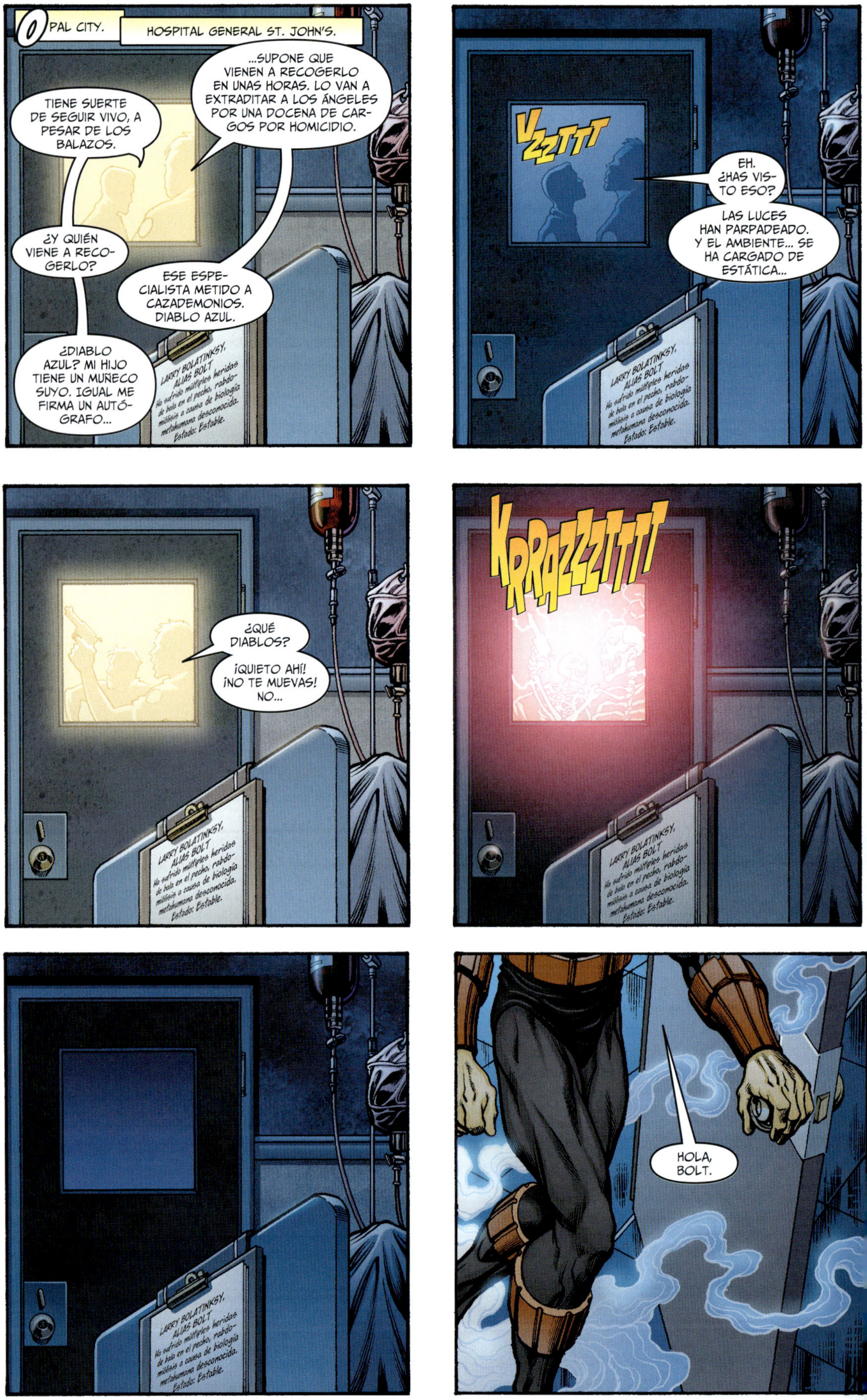
OPAL CITY.
HOSPITAL GENERAL ST. JOHN'S.
TIENE SUERTE DE SEGUIR VIVO, A PESAR DE LOS BALAZOS.
...SUPONE QUE VIENEN A RECOGERLO EN UNAS HORAS. LO VAN A EXTRADITAR A LOS ÁNGELES POR UNA DOCENA DE CARGOS POR HOMICIDIO.
¿Y QUIÉN VIENE A RECOGERLO?
ESE ESPECIALISTA METIDO A CAZADEMONIOS. DIABLO AZUL.
¿DIABLO AZUL? MI HIJO TIENE UN MUÑECO SUYO. IGUAL ME FIRMA UN AUTÓGRAFO...
LARRY BOLATINKSY, ALIAS BOLT
Ha sufrido múltiples heridas de bala en el pecho, rabdomiólisis a causa de biología metahumana desconocida.
Estado: Estable.
VZZTTT
EH. ¿HAS VISTO ESO?
LAS LUCES HAN PARPADEADO. Y EL AMBIENTE... SE HA CARGADO DE ESTÁTICA...
¿QUÉ DIABLOS?
¡QUIETO AHÍ! ¡NO TE MUEVAS! NO...
KRRAZZZTTTT
HOLA, BOLT.

EL CALCULADOR TE MANDA RECUERDOS.
KZZZTT
DESPIERTA.
¿NN?
OYE, ¿CUÁNTAS VAN? ¿DOS, TRES VECES QUE ESCAPAS DE UNA MUERTE SEGURA?
TIENES SUERTE, BOLT.
S-SOC...
¿SOCORRO? NO ME PAGAN LO SUFICIENTE COMO PARA MATARTE. ALÉGRATE DE QUE MERLYN NO ACEPTARA ESTE ENCARGO.
NECESITO INFORMACIÓN. SOBRE ESA CAJA QUE BUSCABAS.
TENGO UN NUEVO COMPRADOR.
KRRAZZZZTTTTT
CALCULADOR DIJO QUE LOS DOS CRÍOS QUE TE DISPARARON SE LARGARON CON ELLA. TENGO SUS NOMBRES. SÉ DÓNDE ESTÁ LA CAJA, PERO QUIERO ESTAR PREPARADO... NO COMO TÚ.
ASÍ PUES, DIME, MI HERMANO ELÉCTRICO. ¿QUÉ ME ESPERA?
¿QUÉ HABÍA EN ESA CAJA?

TORRE DE LOS TITANES.
SAN FRANCISCO.
¡BAJA LA MÚSICA!
¡BART!
COMO NO LA BAJES, USARÉ LA TELEQUINESIS PARA HACER TRIZAS ESE CACHARRO... Y TU CARA TAMBIÉN.
YA TE HICE CASO LAS OTRAS TRES VECES.
ESTOY CON LOS DEBERES DE TRIGONOMETRÍA.
YO NO TENGO LA CULPA DE TU SUPEROÍDO.
BA... JA... LA...
FZZSH
TOMA. TE HE HECHO LOS DEBERES.
VAYA.
TAMBIÉN ME VALE.
SUPERBOY ES MI MEJOR AMIGO.
KID FLASH EL SEGUNDO, DE CERCA.
PERO NO VOY A CONTARLES LO QUE LE PASÓ A MI PADRE.
NO NECESITO HABLAR DE ELLO...
...COMO BRUCE.

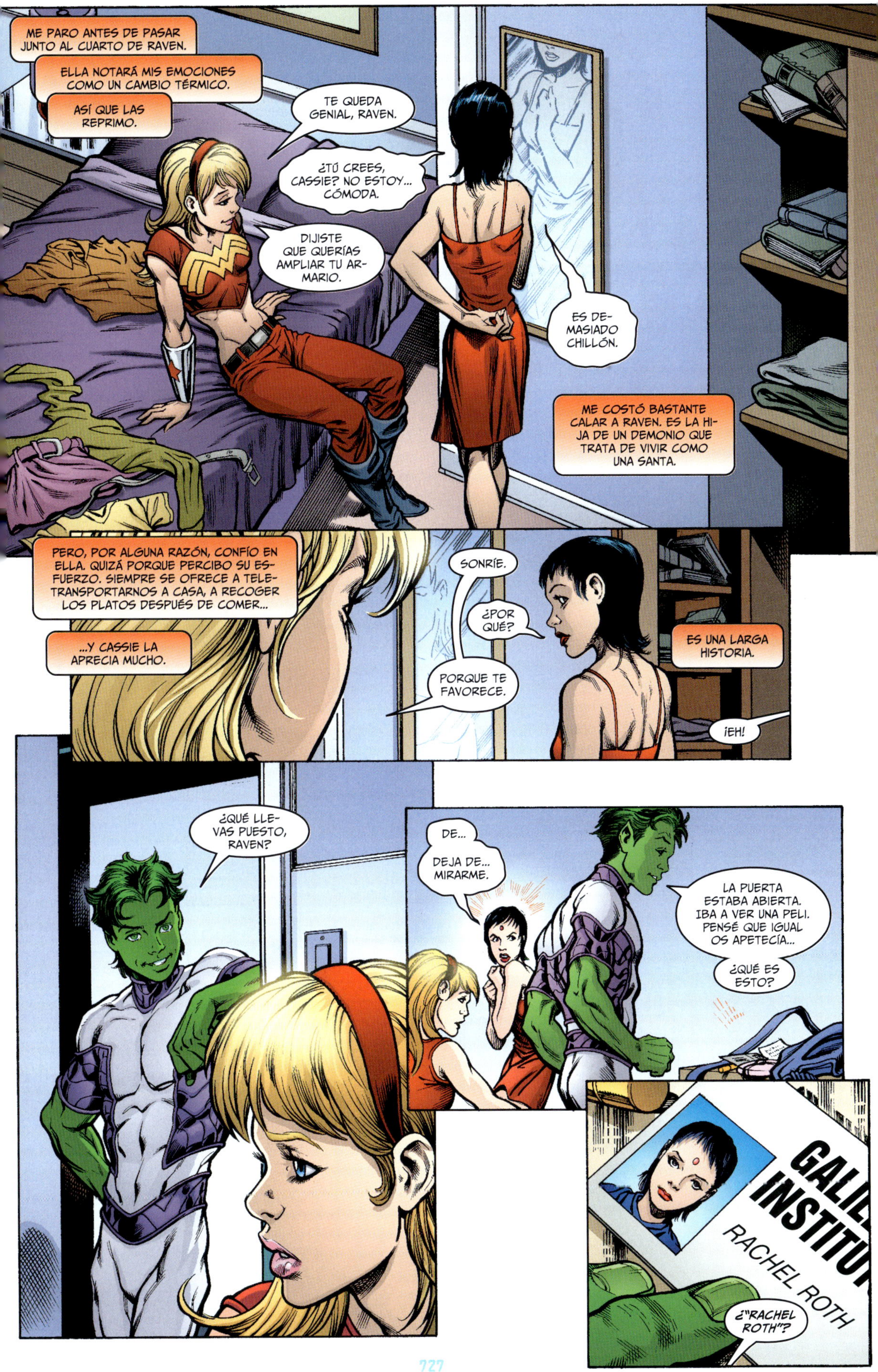
ME PARO ANTES DE PASAR JUNTO AL CUARTO DE RAVEN.
ELLA NOTARÁ MIS EMOCIONES COMO UN CAMBIO TÉRMICO.
ASÍ QUE LAS REPRIMO.
TE QUEDA GENIAL, RAVEN.
¿TÚ CREES, CASSIE? NO ESTOY... CÓMODA.
DIJISTE QUE QUERÍAS AMPLIAR TU ARMARIO.
ES DEMASIADO CHILLÓN.
ME COSTÓ BASTANTE CALAR A RAVEN. ES LA HIJA DE UN DEMONIO QUE TRATA DE VIVIR COMO UNA SANTA.
PERO, POR ALGUNA RAZÓN, CONFÍO EN ELLA. QUIZÁ PORQUE PERCIBO SU ESFUERZO. SIEMPRE SE OFRECE A TELETRANSPORTARNOS A CASA, A RECOGER LOS PLATOS DESPUÉS DE COMER...
...Y CASSIE LA APRECIA MUCHO.
SONRÍE.
¿POR QUÉ?
PORQUE TE FAVORECE.
ES UNA LARGA HISTORIA.
¡EH!
¿QUÉ LLEVAS PUESTO, RAVEN?
DE...
DEJA DE... MIRARME.
LA PUERTA ESTABA ABIERTA. IBA A VER UNA PELI. PENSÉ QUE IGUAL OS APETECÍA...
¿QUÉ ES ESTO?
RACHEL ROTH
¿"RACHEL ROTH"?

ES EL NOMBRE QUE USA EN EL INSTITUTO.
COMO UNA IDENTIDAD SECRETA. CUANDO VA DE RAVEN, LLEVA CAPUCHA. Y VIC PENSÓ QUE SERÍA BUENA IDEA, DESPUÉS DE TODO LO QUE ESTÁ...
¿RACHEL?
QUÉ GRACIOSO.
¿POR QUÉ TE HACE TANTA GRACIA? MI NOMBRE. MI ROPA. SOLO QUIERO TENER LA OPORTUNIDAD DE HACER COSAS SIN TENER QUE ESCONDERME TRAS ESA CAPA.
¿POR QUÉ TE... RÍES?
NO ES ESO, ES QUE... NO ESTOY ACOSTUMBRADO A VERTE COMO UNA CHICA NORMAL.
¡VETE DE MI CUARTO!
¡GLUBS!
SLAMM
BEAST BOY. CUANDO LO CONOCÍ, LO PRIMERO QUE PENSÉ FUE QUE OLÍA A PERRO MOJADO.
NO CREO QUE MUCHA GENTE PERCIBA SUS CUALIDADES.
PERO YO ESTOY ENTRENADO PARA DETECTAR SUTILEZAS.
HOLA, TIM.
OJITO CON LAS CHICAS.
ESA FORMA DE RASCARSE LA OREJA. DE MIRAR A TODOS LADOS.
SIEMPRE ESTÁ BUSCANDO APROBACIÓN. YA SEA DEL PÚBLICO O DE LOS TITANES.
NECESITAN INTIMIDAD.
¿ES POR SU PERSONALIDAD? ¿O POR LOS ANIMALES QUE LLEVA DENTRO?

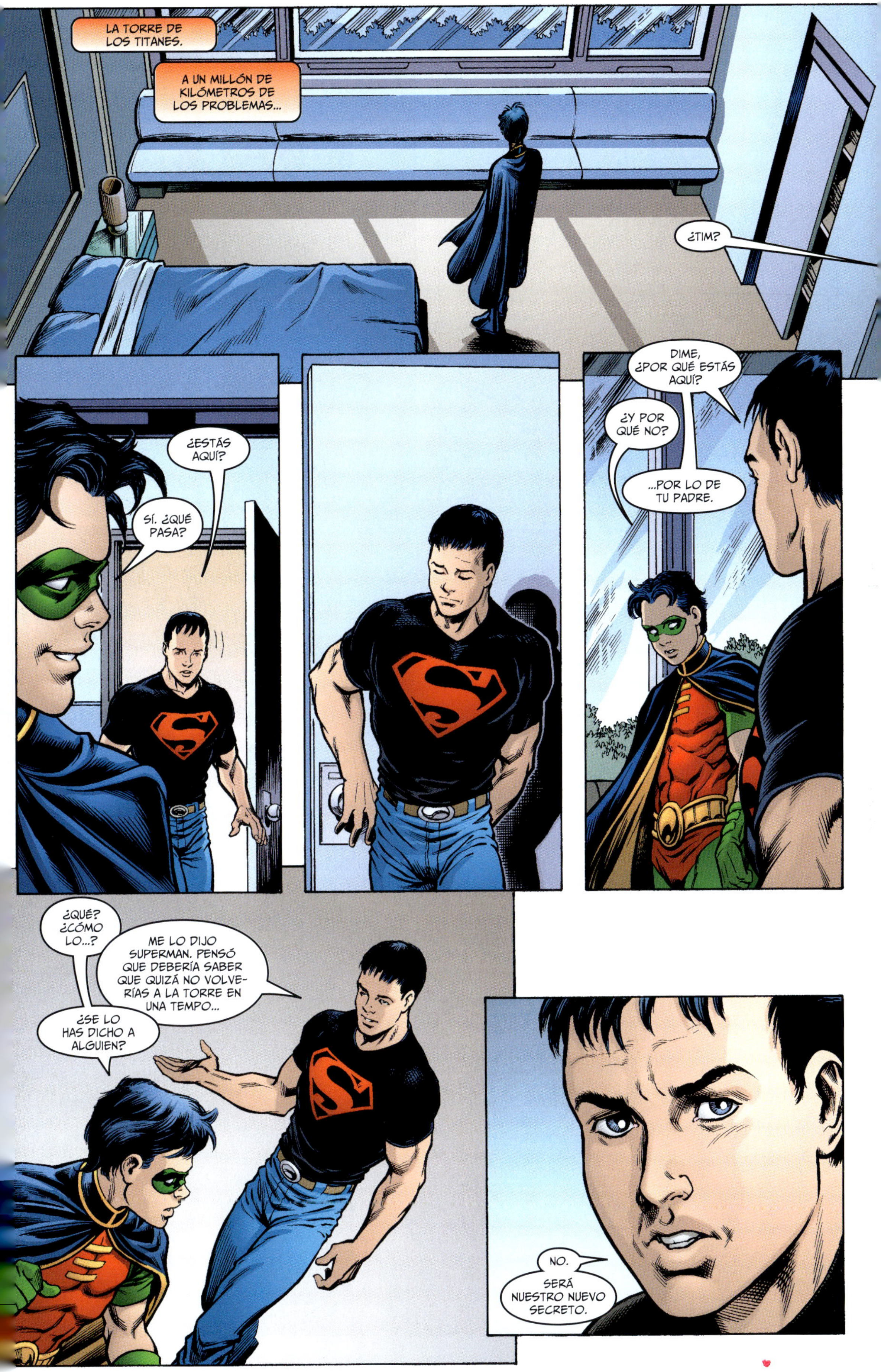
LA TORRE DE LOS TITANES.
A UN MILLÓN DE KILÓMETROS DE LOS PROBLEMAS...
¿TIM?
¿ESTÁS AQUÍ?
SÍ. ¿QUÉ PASA?
DIME, ¿POR QUÉ ESTÁS AQUÍ?
¿Y POR QUÉ NO?
...POR LO DE TU PADRE.
¿QUÉ? ¿CÓMO LO...?
ME LO DIJO SUPERMAN. PENSÓ QUE DEBERÍA SABER QUE QUIZÁ NO VOLVERÍAS A LA TORRE EN UNA TEMPO...
¿SE LO HAS DICHO A ALGUIEN?
NO.
SERÁ NUESTRO NUEVO SECRETO.

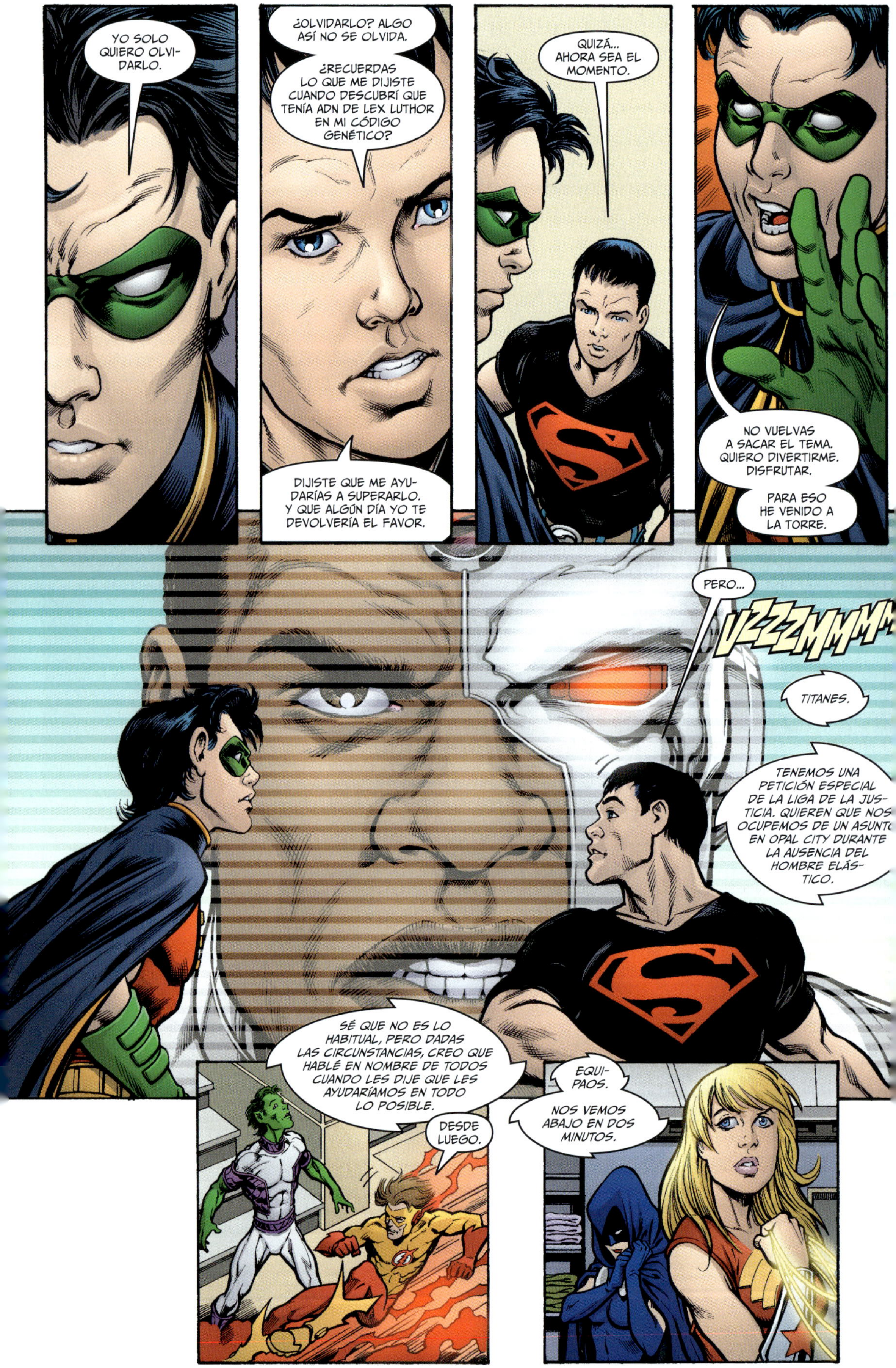
YO SOLO QUIERO OLVIDARLO.
¿OLVIDARLO? ALGO ASÍ NO SE OLVIDA.
¿RECUERDAS LO QUE ME DIJISTE CUANDO DESCUBRÍ QUE TENÍA ADN DE LEX LUTHOR EN MI CÓDIGO GENÉTICO?
DIJISTE QUE ME AYUDARÍAS A SUPERARLO. Y QUE ALGÚN DÍA YO TE DEVOLVERÍA EL FAVOR.
QUIZÁ... AHORA SEA EL MOMENTO.
NO VUELVAS A SACAR EL TEMA. QUIERO DIVERTIRME. DISFRUTAR.
PARA ESO HE VENIDO A LA TORRE.
PERO...
VZZZMMMM
TITANES.
TENEMOS UNA PETICIÓN ESPECIAL DE LA LIGA DE LA JUSTICIA. QUIEREN QUE NOS OCUPEMOS DE UN ASUNTO EN OPAL CITY DURANTE LA AUSENCIA DEL HOMBRE ELÁSTICO.
SÉ QUE NO ES LO HABITUAL, PERO DADAS LAS CIRCUNSTANCIAS, CREO QUE HABLÉ EN NOMBRE DE TODOS CUANDO LES DIJE QUE LES AYUDARÍAMOS EN TODO LO POSIBLE.
DESDE LUEGO.
EQUIPAOS.
NOS VEMOS ABAJO EN DOS MINUTOS.

OPAL CITY.
OYE, TREY. ME TOCA A MÍ.
PERO SI AÚN NO HE HECHO NADA.
HAS VOLADO. YO TAMBIÉN QUIERO.
QUIERO PROBARME EL TRAJE.
YA LO SÉ, BENNY. OSTRAS, ESTO ES... ES LA BOMBA, TÍO.
ES UN SUBIDÓN BRUTAL. MEJOR QUE CUANDO LE DISPARÉ A ESE TAL BOLT.
NOTO LOS ORDENADORES Y LOS CHISMES QUE TIENE DENTRO. ESTÁN HABLANDO ENTRE SÍ... CREO QUE ME DICEN ALGO.
¡MÍRAME! ¡SOY UN SUPERVILLANO, BENNY!
VRZZZZ
BASTA PENSARLO Y...
VZZOOOOOO
KROOOMMM

¡JA, JA, JA, JA!
VALE, ME TOCA. ME...
¿SABES, BENNY?
CREO QUE VOY A QUEDÁRMELO. PARA MÍ SOLITO.
¿QUÉ, TÍO? ¿QUÉ ESTÁS...?
KRRAZZZZZZAATTT
¡AAAARRR!
BOOOM
ESO NO ES UN JUGUETE, CHICOS.
¿QU-QUIÉN ERES?
EL ELECTRO-CUTADOR.
ESE TRAJE ES DE UN CLIENTE. TE DOY 10 SEGUNDOS PARA QUE SAQUES EL TRASERO DE TU AMIGO DE AHÍ.
TITANES

¡...UNIDOS!
¡VAMOS A POR ELLOS, CHICOS!
¿QUÉ LE PASA? LO VEO UN POCO... ENTUSIASTA.
TREY, COLEGA. ¡ESPABILA!
¿LOS TITANES?
CALCULADOR HABLÓ DE DAMA FANTASMA O CÓNDOR NEGRO, NO DIJO QUE EN OPAL ESTUVIERAN LOS...
ESTÁS MUY LEJOS DE BLÜDHAVEN, ELECTROCUTADOR.
KRRAK
¡TOMA, MOCOSO!
KRRAKZZT

BENNY...
EH...
CUIDADO, CHAVAL.
¡ESE TRAJE ESTÁ AL ROJO!
¿QUÉ HACÉIS AQUÍ ARRIBA? OS VAIS A HACER DAÑO.
VRZZZZZ
¡ESTÁ PASANDO ALGO, BENNY! ESTO SUELTA MUCHOS PITIDOS Y...
¡SUPERBOY!
CHOOOOMM
ESTÁ HERIDO. Y ASUSTADO.
ES COMO DESLIZAR LAS UÑAS POR UNA PIZARRA.
RA...
RAYO DE KRYPTONITA.
TRANQUILA. ME PONDRÉ BI...
...HGGGG.

NO... NO PUEDO EVITARLO. ALGO LO ESTÁ CONTROLANDO.
¡NO SOY...!
VRRRRR
¡...YO!
CHOOOOMMM
¡AUU!
YEEOOOOOO
¡VOY YO!
FWOOOMMM
AY, DIOS, ¡NO PUEDO APAGARLO! NO PUEDO...
BONJOUR.
¿QUÉ...?
¿¡WARP!?
DILE AL ELECTROCUTADOR QUE LLEGA TARDE, ¿NON?
¡NO!

KRRAZZZZTT
NO PODRÁS ESQUIVARLO SIEMPRE, CHICO MARAVILLA.
NO TE CONFÍES.
¿QUÉ VAS A LANZARME?
¿UN BATARANG?
AGUA.
¿VA EN SERIO?
¿CREES QUE NO ME ANTICIPO A ESAS COSAS?
LE PAGUÉ CUATRO DE LOS GRANDES A MANTA NEGRA POR UN TRAJE IMPERMEABLE.
Y MIRA DÓNDE ESTÁS TÚ. SOBRE UNA ESCALERA METÁLICA.
VOY A MATAR AL CRÍO DE BATMAN.
VOY A HACER LLORAR A PAPÁ. NO PUEDE SER FÁCIL TENER UN PADRE ASÍ.
FIJO QUE ERA COMO EL MÍO, ¿EH?
FIJO QUE TU PADRE ES FRÍO COMO EL HIELO.

¡CÁLLA-TE!
THOKK
¡UGHH!
¡NO CONOCES A MI PADRE!
¿¡ME OYES!?
¡NO...!
KRAKK
¡...SABES...!
KRRNNKK
¡...NADA DE ÉL!
ROBIN...

...YA BASTA.
¡NO!
¡¡YA BASTA!!
OYE.
¿TIM? TIM, ¿ESTÁS BIEN?
¿ROBIN?
SÉ QUE ESTÁS INTENTANDO REPRIMIRLO, PERO...
NO TIENES POR QUÉ ESCONDERLO. AQUÍ NO.
¿EL QUÉ?
RAVEN NO DEBERÍA SENTIR ESTO.
Y YO TAMPOCO.
YO...
MI PADRE HA MUERTO.

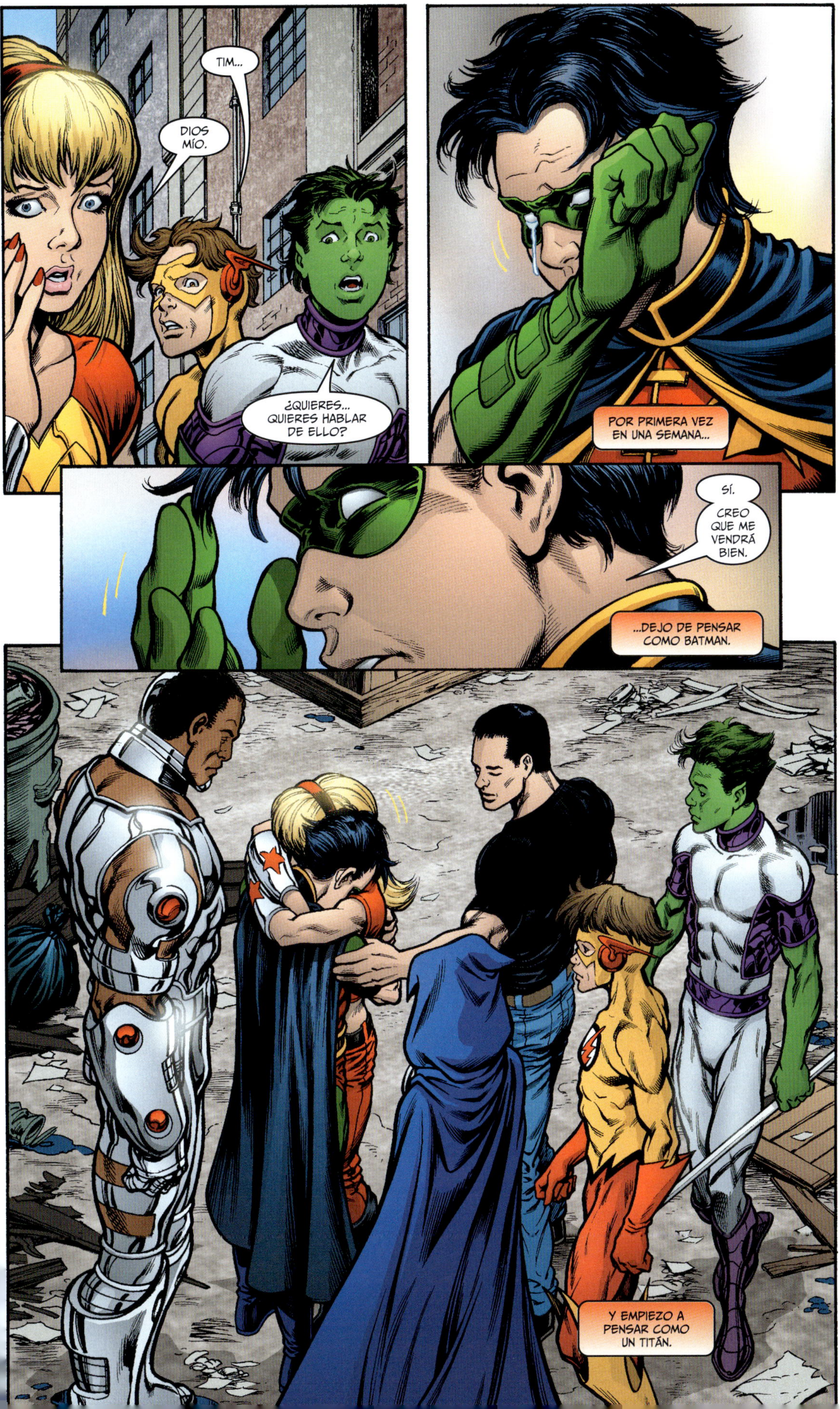
TIM...
DIOS MÍO.
¿QUIERES... QUIERES HABLAR DE ELLO?
POR PRIMERA VEZ EN UNA SEMANA...
SÍ.
CREO QUE ME VENDRÁ BIEN.
...DEJO DE PENSAR COMO BATMAN.
Y EMPIEZO A PENSAR COMO UN TITÁN.

EPÍLOGO UNO

...LA PRÓXIMA VEZ QUE QUIERAS ALGO, TE SUGIERO UNA VÍA DIFERENTE.
OFRECÍ UNA RECOMPENSA POR RECUPERAR EL TRAJE.
NO ES CULPA MÍA QUE TUS EMPLEADOS SE PELEARAN POR ELLA.
CONTRATASTE A WARP POR OTROS MEDIOS. A BOLT Y ELECTROCUTADOR A TRAVÉS DE MÍ...
ESTOY CUBRIENDO MIS PASOS.
¿Y LA BONIFICACIÓN?
TODAVÍA SIGO DE INCÓGNITO, LOS FONDOS SE TRANSFERIRÁN A TU CUENTA MAÑANA.
PERO NO USES ESE TONO CONMIGO, NOAH.
PUEDE QUE ESTÉS EN LA ONDA... PERO YO TAMBIÉN. YA SABES LO QUE QUIERO DECIR. CONOCES A MI SOCIO...
¿POR QUÉ NO... NOS OLVIDAMOS DE LOS HONORARIOS?
ESPERO QUE ESTO TE AYUDE, SR. LUTHOR.
LO HARÁ.
ME AYUDARÁ A...
...AYUDAR A MI CHICO.

EPÍLOGO DOS

STAR CITY.
VIERNES, 4.45 H.
...AGRADEZCO QUE ME PIDA MI OPINIÓN...
...PERO NO SÉ SI SOY LA PERSONA APROPIADA PARA HABLAR DE LOS TITANES, SR... EH, ARROW.
USTED ES LA MADRE DE WONDER GIRL, SRA. SANDSMARK. ESO LE DA MUCHO PESO A SU OPINIÓN.
YO TAMBIÉN TENGO UNA... HIJA, POR DECIRLO ASÍ. SE LA PRESENTÉ AL EQUIPO LA SEMANA PASADA.
VA A PASAR UN FIN DE SEMANA EN LA TORRE DE LOS TITANES.
LE VENDRÁ BIEN ENTRENAR.
Y HACER AMIGOS.
¡NO TE MUEVAS, ESCORIA!
¿DISCULPE?
NO ERA A USTED... PERDONE. ESTOY TRABAJANDO.
LE AGRADEZCO SU TIEMPO.
NO HAY... DE QUÉ.
KRAKKLL
¿HOLA? ¿HOL...?
OH, MIERDA.

RECUERDO...
¡AAAHH!
...LO QUE ME HICISTEIS.
HNN.
NO ERAS PRECISAMENTE... INOCENTE, LIGHT.
NO, SUPONGO QUE NO.
PERO SABÍA APRECIAR LA INOCENCIA.
TU HIJA VA A MORIR.
NO TENGO NINGUNA HIJA, IDIOTA.
PERO TIENES A... SPEEDY.
NO PENSARÁS QUE HE ELEGIDO ESTE DÍA AL AZAR, ¿VERDAD?
PAGUÉ UNA BUENA SUMA AL CALCULADOR PARA SABER CUÁNDO SE UNIRÍA TU PUPILA A LOS TITANES.
Y ERA HOY.
NO METAS A LOS CRÍOS.
LA LIGA DE LA JUSTICIA ME BORRÓ LA MENTE Y ME AZUZÓ A SUS RETOÑOS.
ME CONVIRTIERON EN UN JUGUETE PARA FORTALECER SU AUTOCONFIANZA.
¿NO LO ENTIENDES, GREEN ARROW?
A ESOS CRÍOS... LOS HABÉIS METIDO VOSOTROS EN ESTO.
LOS PUSISTEIS EN EL PUNTO DE MIRA.

SAN FRANCISCO.
17.30 H.
GRACIAS.
Y... HM, QUÉDESE EL CAMBIO.
EN FIN, MIA.
VAMOS ALLÁ.
VA A SER TU PRIMERA ESTANCIA OFICIAL EN LA TORRE DE LOS TITANES.
SIN OLLIE. SIN CONNOR, SIN ROY.
SOLO TÚ Y UNA PANDA DE DES-CONOCIDOS.

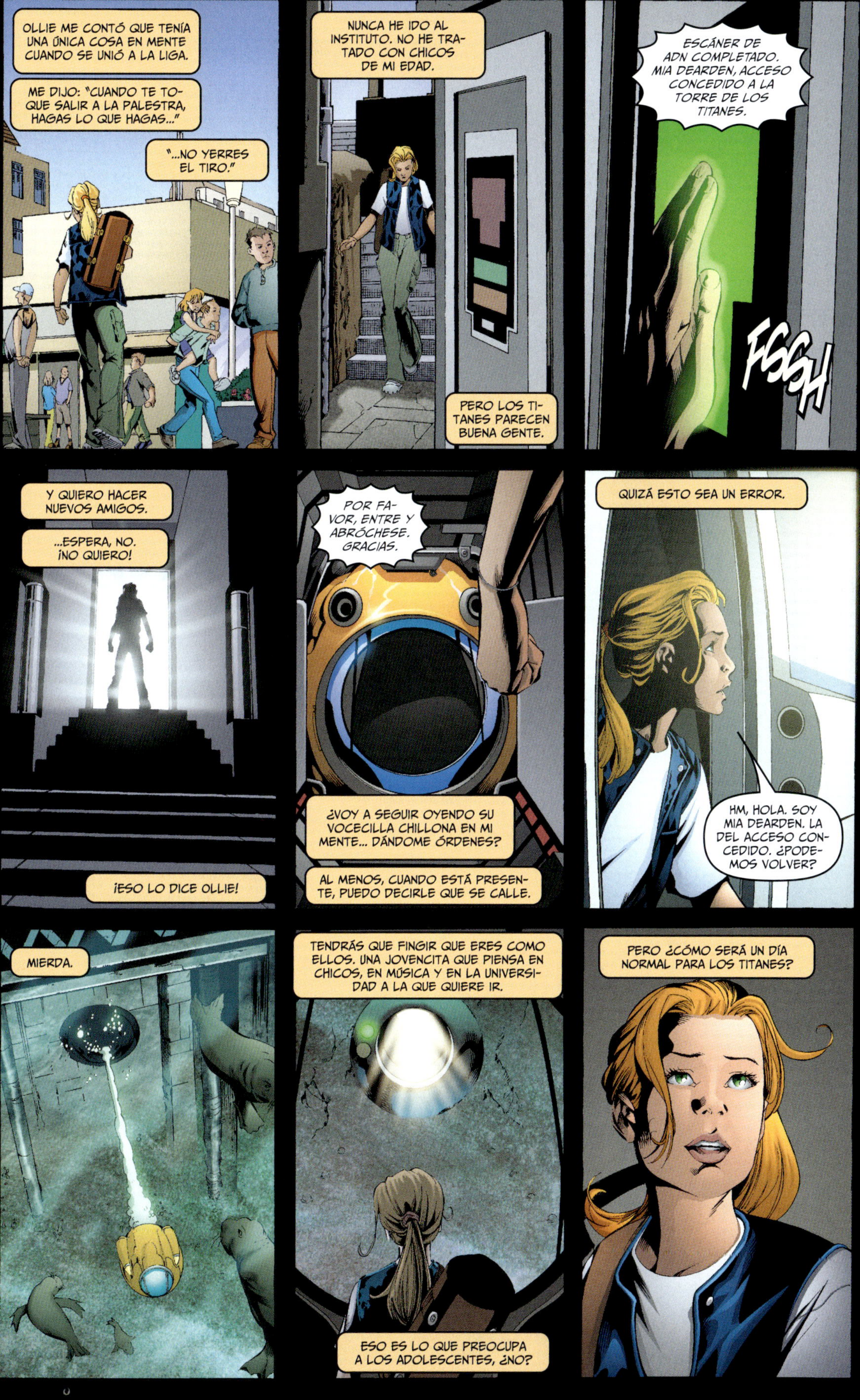
OLLIE ME CONTÓ QUE TENÍA UNA ÚNICA COSA EN MENTE CUANDO SE UNIÓ A LA LIGA.
ME DIJO: "CUANDO TE TOQUE SALIR A LA PALESTRA, HAGAS LO QUE HAGAS..."
"...NO YERRES EL TIRO."
NUNCA HE IDO AL INSTITUTO. NO HE TRATADO CON CHICOS DE MI EDAD.
PERO LOS TITANES PARECEN BUENA GENTE.
ESCÁNER DE ADN COMPLETADO. MIA DEARDEN, ACCESO CONCEDIDO A LA TORRE DE LOS TITANES.
FSSH
Y QUIERO HACER NUEVOS AMIGOS.
...ESPERA, NO. ¡NO QUIERO!
¡ESO LO DICE OLLIE!
POR FAVOR, ENTRE Y ABRÓCHESE. GRACIAS.
¿VOY A SEGUIR OYENDO SU VOCECILLA CHILLONA EN MI MENTE... DÁNDOME ÓRDENES?
AL MENOS, CUANDO ESTÁ PRESENTE, PUEDO DECIRLE QUE SE CALLE.
QUIZÁ ESTO SEA UN ERROR.
HM, HOLA. SOY MIA DEARDEN. LA DEL ACCESO CONCEDIDO. ¿PODEMOS VOLVER?
MIERDA.
TENDRÁS QUE FINGIR QUE ERES COMO ELLOS. UNA JOVENCITA QUE PIENSA EN CHICOS, EN MÚSICA Y EN LA UNIVERSIDAD A LA QUE QUIERE IR.
ESO ES LO QUE PREOCUPA A LOS ADOLESCENTES, ¿NO?
PERO ¿CÓMO SERÁ UN DÍA NORMAL PARA LOS TITANES?

GEOFF JOHNS GUION
MIKE McKONE DIBUJO
MARLO ALQUIZA TINTA
KID FLASH ES EL FAVORITO DE OLLIE ENTRE ESTOS CHICOS NUEVOS. DICE QUE LE RECUERDA A BARRY, PERO SIN LA ACTITUD CONSERVADORA.
KRRRZZZTTT
BIODESCARGA ELÉCTRICA. KID FLASH ESTARÁ FRITO UN RATO.
¿QUÉ ME DICES, WONDER GIRL?
¿PUEDES VOLAR MÁS RÁPIDO QUE EL SONIDO?
NO ME HAC FALTA.
JEROMY COX COLOR
TOM PALMER JR. EDITOR ADJUNTO
EDDIE BERGANZA EDITOR

LA CHICA NUEVA
LUCES FUERA - PARTE UNO
WONDER GIRL ME INTIMIDA, SUPONGO.
IGUAL QUE ROBIN, PERO A UN NIVEL FÍSICO.
¿NO SABES... RNNN... HACERLO MEJOR?
SPUT
IMPRESIONAR A ESTOS TITANES VA A RESULTAR MÁS DIFÍCIL DE LO QUE CREÍA.

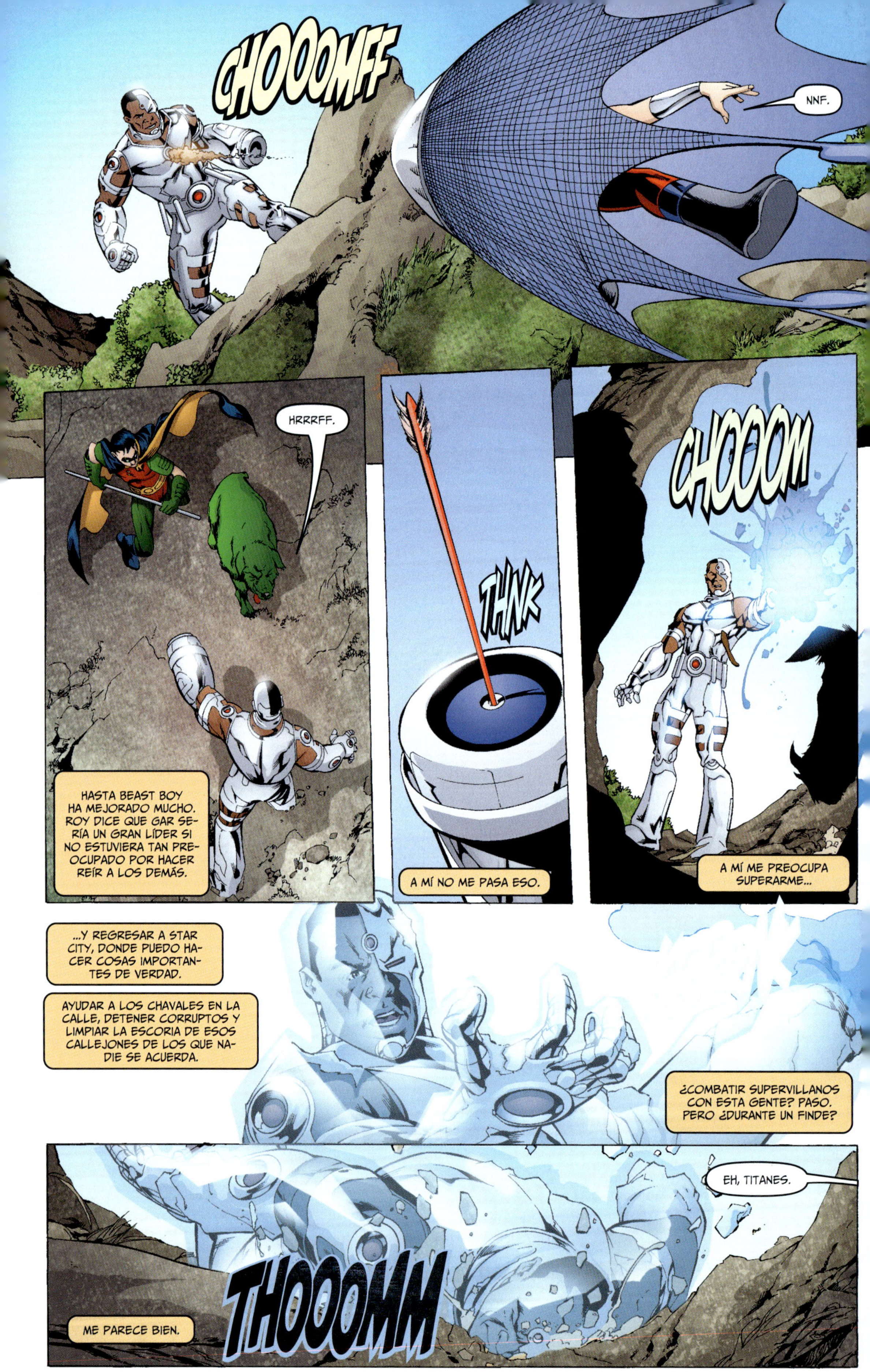
CHOOOMFF
NNF.
HRRRFF.
HASTA BEAST BOY HA MEJORADO MUCHO. ROY DICE QUE GAR SERÍA UN GRAN LÍDER SI NO ESTUVIERA TAN PREOCUPADO POR HACER REÍR A LOS DEMÁS.
THNK
A MÍ NO ME PASA ESO.
CHOOOM
A MÍ ME PREOCUPA SUPERARME...
...Y REGRESAR A STAR CITY, DONDE PUEDO HACER COSAS IMPORTANTES DE VERDAD.
AYUDAR A LOS CHAVALES EN LA CALLE, DETENER CORRUPTOS Y LIMPIAR LA ESCORIA DE ESOS CALLEJONES DE LOS QUE NADIE SE ACUERDA.
¿COMBATIR SUPERVILLANOS CON ESTA GENTE? PASO. PERO ¿DURANTE UN FINDE?
EH, TITANES.
ME PARECE BIEN.
THOOOMM

¿ESTÁIS TODOS BIEN?
TORRE DE LOS TITANES EST. 2004
¿¡SPEEDY!?
¿QUÉ DIABLOS ESTÁS HACIENDO?
OS ESTOY... AYUDANDO, SUPERBOY.
CÍBORG SUFRIÓ UN CORTOCIRCUITO O ALGO ASÍ, ¿NO?
UH...
...NO.
Y YA LE TENÍA DOMINADO.
BUENO, CASI LO TENÍA.
CREO QUE ESTÁS EDULCORANDO LA VERDAD, CONNER.
ERA UN EJERCICIO DE ENTRENAMIENTO, MIA. COMO EL QUE HICIMOS TÚ Y YO LA SEMANA PASADA.
¿QUÉ LE HAS LANZADO?
UNA... FLECHA CRIÓNICA.
HELIOPOLISULFICATO Y RESTIHIELO. MOLA.
SON LAS SUSTANCIAS QUE USA MR. FRÍO.

PENSABA QUE HABÍA OCURRIDO ALGO RARO.
COMO... ¡EL REGRESO DE JERICÓ! QUE HABÍA POSEÍDO SU CUERPO O ALGO ASÍ.
¿JERICÓ?
UN TITÁN CON PELO AFRO.
ME HE TIRADO TODA LA SEMANA LEYENDO SOBRE VOSOTROS. SÉ INCLUSO QUIÉNES SON ESPEJISMO Y FLAMEBIRD.
¿QUIÉNES?
ES GUAPO. AUNQUE NO HAY GRAN COSA DETRÁS DE ESOS OJOS AZULES, ¿VERDAD?
NO ERA MI... ¿EL SR. STONE SE PONDRÁ BIEN?
PUES CLARO.
ESTAMOS HABLANDO DE CÍBORG.
QUE ES EL ÚNICO TITÁN AL QUE NO TERMINO DE CALAR. ES UN VEINTEAÑERO, HA SIDO UN TITÁN.
TRANQUILA, MIA. SU SISTEMA YA SE ESTÁ REACTIVANDO.
VRREEEP
Y NO HAY DAÑOS PERMANENTES EN SU ORGANISMO.
RAVEN ME MIRA... ME DAN GANAS DE VOLVER A PONERME LA CAPUCHA...
...Y HUNDIR LA CABEZA EN LA TIERRA. ¿ES PROBLEMA MÍO... O SUYO?
¿QUÉ ME HA DADO?
HM...
¿PERDÓN?
YA VES, OLLIE.
JUSTO EN EL BLANCO.

VA A SER UN FINDE MUY LARGO.
PERDÓN.
YA PUEDES DEJAR DE DISCULPARTE, MIA.
HE CORTOCIRCUITADO A MI LÍDER Y HE QUEDADO COMO UNA IDIOTA DELANTE DE LOS TITANES.
PERDÓN, PERDÓN, PERDÓN.
MI SISTEMA NERVIOSO ESTÁ TERMINANDO EL REINICIO, VUELVO A SENTIR LOS BRAZOS. Y NO QUEDASTE COMO UNA IDIOTA.
NO QUIERO SER, YA SABES, EL MIEMBRO "MOLESTO". SÉ LO QUE OPINA LA LIGA DE GREEN ARROW. ES BOCAZAS, TESTARUDO...
TE IRÁ BIEN.
SER UN HÉROE JOVEN, QUE BUSCA SU LUGAR EN EL MUNDO, ES DURO.
SOBRE TODO CUANDO HAY GENTE COMO GREEN ARROW Y SUPERMAN VIGILANDO TODOS TUS MOVIMIENTOS.
"PERO ESE ES EL MOTIVO POR EL QUE NIGHTWING FUNDÓ LOS JÓVENES TITANES CUANDO ERA ROBIN. JUNTO CON ARSENAL CUANDO ERA SPEEDY, EL PRIMER KID FLASH, LA WONDER GIRL ORIGINAL Y AQUALAD."
"CONVIRTIERON EL EQUIPO EN UN LUGAR DONDE PODÍAN SER ELLOS MISMOS, SIN TENER QUE APARENTAR NI MEDIR TODAS SUS PALABRAS."
AÑOS DESPUÉS, RAVEN AYUDÓ A REUNIR AL EQUIPO PARA LUCHAR CONTRA SU PADRE, TRIGON. TRAJO A NUEVOS MIEMBROS COMO KORY, GAR Y YO.
FUE UNA ÉPOCA MARAVILLOSA.
"PERO AHORA HAY UNA NUEVA GENERACIÓN DEL EQUIPO. LOS NUEVOS JÓVENES TITANES."
"Y ERES BIENVENIDA A FORMAR PARTE DE ELLO, MIA."

YA... BUENO, YA VEREMOS.
AHÍ ESTÁ LA PISCINA. ESTÁ CLIMATIZADA, PERO TEN CUIDADO SI BEAST BOY LA USA ANTES QUE TÚ.
NADA CONVERTIDO EN PINGÜINO, CON LA TEMPERATURA A 10 GRADOS.
TU TAQUILLA...
IMAGINO QUE ES LA DE LA FLECHA.
SÍ.
¿QUIÉN GANÓ TODOS ESTOS TROFEOS?
FUI YO.
¿TÚ...?
ANTES DEL ACCIDENTE. ERA UN GRAN COMPETIDOR.
ME ENCANTABAN LOS DEPORTES.
HHN.
Y ERA BUENO.
¿LO AÑORAS?
A DIARIO.
PERO SI MI VIDA FUERA DISTINTA, AÑORARÍA MÁS SER UN TITÁN.
HAY UN... UN MONTÓN DE TAQUILLAS.
HAY UN MONTÓN DE TITANES POR EL MUNDO.
SOLO QUE AÚN NO LOS CONOCES.

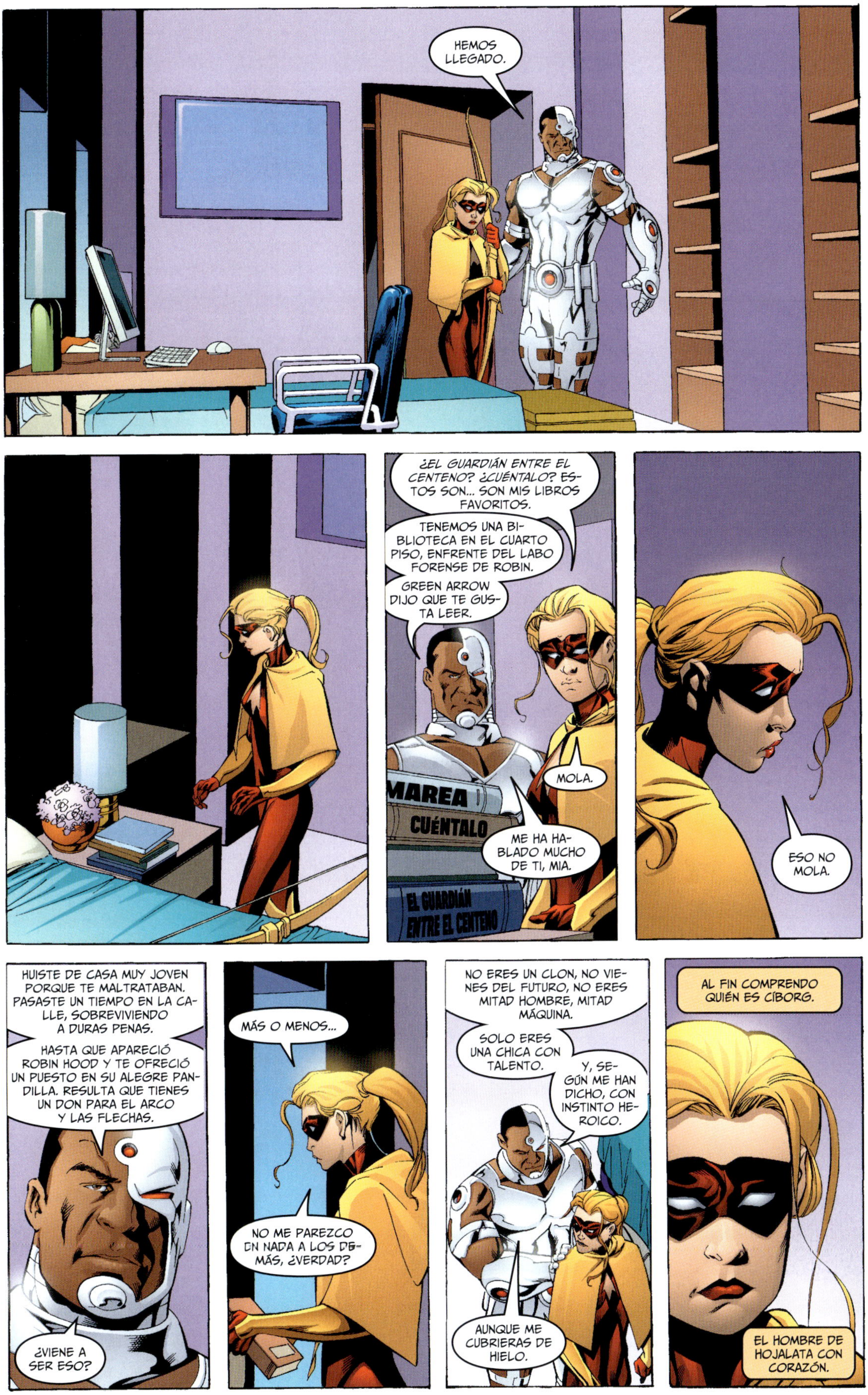
HEMOS LLEGADO.
¿EL GUARDIÁN ENTRE EL CENTENO? ¿CUÉNTALO? ESTOS SON... SON MIS LIBROS FAVORITOS.
TENEMOS UNA BIBLIOTECA EN EL CUARTO PISO, ENFRENTE DEL LABO FORENSE DE ROBIN.
GREEN ARROW DIJO QUE TE GUSTA LEER.
MAREA
CUÉNTALO
EL GUARDIÁN ENTRE EL CENTENO
MOLA.
ME HA HABLADO MUCHO DE TI, MIA.
ESO NO MOLA.
HUISTE DE CASA MUY JOVEN PORQUE TE MALTRATABAN. PASASTE UN TIEMPO EN LA CALLE, SOBREVIVIENDO A DURAS PENAS.
HASTA QUE APARECIÓ ROBIN HOOD Y TE OFRECIÓ UN PUESTO EN SU ALEGRE PANDILLA. RESULTA QUE TIENES UN DON PARA EL ARCO Y LAS FLECHAS.
¿VIENE A SER ESO?
MÁS O MENOS...
NO ME PAREZCO EN NADA A LOS DEMÁS, ¿VERDAD?
NO ERES UN CLON, NO VIENES DEL FUTURO, NO ERES MITAD HOMBRE, MITAD MÁQUINA.
SOLO ERES UNA CHICA CON TALENTO.
Y, SEGÚN ME HAN DICHO, CON INSTINTO HEROICO.
AUNQUE ME CUBRIERAS DE HIELO.
AL FIN COMPRENDO QUIÉN ES CÍBORG.
EL HOMBRE DE HOJALATA CON CORAZÓN.

TENGO ALGO PARA TI.
¿QUÉ ES...?
PERTENECIERON A SPEEDY ANTES DE QUE CAMBIARA LAS FLECHAS POR SU IDENTIDAD DE ARSENAL.
ROY QUERÍA QUE LAS TUVIERAS. DICE QUE SE PERDIÓ TU 17º CUMPLEAÑOS.
FUE HACE UNA SEMANA.
MENCIONÓ QUE LAS BALIZAS DE MAGNESIO ESTARÁN CADUCADAS. SEAN CUALES SEAN.
ESTAS. LAS DEL BULBO DE CRISTAL EN LA PUNTA.
OYE.
¿PARA QUÉ SIRVE LA AZUL?
NI IDEA.
USAR SOLO EN CASO DE EMERGENCIA
¿"EN CASO DE EMERGENCIA"?
CÍBORG.
VERÁS... TENGO QUE CONTAROS ALGO MÁS A TODOS...
¡EH!
¡AAAAH!
PERDONA, SPEEDY, PERO...
TENÉIS QUE VER ESTO.

...MIKE DAVIS INFORMANDO EN DIRECTO FRENTE AL INSTITUTO FRANKLIN. AÚN NO CONOCEMOS CON EXACTITUD LA CIFRA DE HERIDOS, PERO DOCENAS DE PERSONAS PADECEN QUEMADURAS DE TERCER GRADO. OTROS ESTÁN CEGADOS.
Y HA MUERTO UN GUARDIA DE SEGURIDAD.
¿QUÉ ES ESO?
¿QUÉ ESTÁ PASANDO?
LA ÚLTIMA VEZ QUE VIMOS AL DOCTOR LUZ FUE HACE VARIOS MESES... CUANDO FUE ARRESTADO POR EL RAYO POR ROBAR EN UN SUPERMERCADO A TRES MANZANAS DE AQUÍ.
Plátan
PATATAS
UNAS SEMANAS ANTES, EL DOCTOR LUZ ESTUVO IMPLICADO EN UN ATAQUE A LA LIGA DE LA JUSTICIA.
PERO HACE 30 MINUTOS, TODAS LAS EMISORAS DE NOTICIAS DE LA CIUDAD RECIBIERON UNA LLAMADA DEL DOCTOR LUZ, CUANDO TOMÓ EL CONTROL DEL MUSEO.
CONVOCÓ AQUÍ A TODOS LOS REPORTEROS Y CÁMARAS DE LA CIUDAD. ¿POR QUÉ? AÚN NO...
ESPEREN. ESPEREN, HAY UNA LUZ. ES BRILLANTE E... INTENSA.
ES...

ME LLAMO ARTHUR LIGHT.

TENGO A GREEN ARROW.
¡DIOS MÍO!
¡OLLIE!
QUIERO RECUPERAR MI REPUTACIÓN.
QUIERO A LOS JÓVENES TITANES.
Y SOLO A ELLOS.
SI APARECE ALGUIEN QUE NO SEAN LOS JÓVENES TITANES, GREEN ARROW MORIRÁ.
VENID A POR MÍ.
AHORA.
OLLIE...
FFSSSHHHH
¡NO!

¿¡QUÉ HACEMOS!?
IR CORRIENDO A FILADELFIA, ¿NO?
Y TERMINAR CON LIGHT.
¿CÓMO HA PODIDO ESE IDIOTA CAPTURAR A GREEN ARROW?
VEET
¡VIC!
¡LOS OUTSIDERS HAN VISTO EL MENSAJE DEL DOCTOR LUZ.
MIA, TRANQUILA. VAMOS DE CAMINO...
¿¡ARSENAL!? ¿NO LO HAS OÍDO?
HA DICHO QUE SOLO LOS TITANES.
TIENE RAZÓN, ROY.
NO PUEDO QUEDARME DE BRAZOS CRUZADOS, RAVEN. SE... SE TRATA DE OLLIE.
ESTEMOS DONDE ESTEMOS, AÚN SOMOS TITANES.
VICTOR.
TENGO UNA IDEA.
VEET

OYE, VIC. LA LIGA ESTÁ LUCHANDO CON EL SINDICATO DEL CRIMEN AHORA MISMO, PERO HEMOS VISTO A LIGHT, Y MIS COMPAÑEROS SABEN QUE...
...LOS TITANES SON LO PRIMERO.
TE LO AGRADEZCO. PERO YA NOS OCUPAMOS NOSOTROS.
EL DOCTOR LUZ NO ES...
¿QUÉ NO ES, WALLY?
RECUERDO PONERLE APODOS. BURLARME DE ÉL MIENTRAS SE LO LLEVABAN EN UN COCHE PATRULLA.
"DOCTOR GILI."
PERO YA NO ES... UN CHISTE.
¿QUÉ ME ESTÁS OCULTANDO?
TÚ FÍATE DE MÍ.
TENEMOS UNA DOCENA DE LLAMADAS MÁS.
CANARIO NEGRO, LA JSA, LOS METAL MEN. ¡NO DOY ABASTO!
GRACIAS POR VUESTRO INTERÉS.
PERO LOS TITANES TIENEN LA SITUACIÓN BAJO CONTROL.

EL HIJO DE OLLIE ESTÁ PREOCUPADO. ¿POR QUÉ NO NOS TELETRANSPORTA RAVEN HASTA ALLÍ? SERÍA MÁS RÁPIDO...
RAVEN TIENE QUE RESERVAR FUERZAS PARA LUEGO SACARNOS DE ALLÍ. EL T-JET ES MUY VELOZ, MIA. ES UN VIEJO CAZA TAMARANO QUE RECONSTRUÍ. LLEGAREMOS EN 10 MINUTOS.
HE PEDIDO QUE EVACÚEN LOS EDIFICIOS A DOS MANZANAS DEL INSTITUTO FRANKLIN.
¿DE VERDAD CREES QUE SE PONDRÁ FEO, VIC? SE TRATA DEL DOCTOR LUZ.
POR LO QUE ME HA CONTADO FLASH, PARECE UN PRINGADO TOTAL.
SÍ. LOS JÓVENES TITANES ORIGINALES LE ZURRABAN UNA VEZ POR SEMANA, ¿VERDAD? SEGÚN BEAST BOY, SOLÍA ECHARSE A LLORAR.
¡COMO UN BEBÉ, S-BOY!
¿Y POR QUÉ SE PONE ASÍ WALLY DE REPENTE? ÉL NUNCA CAMBIA DE IDEA.
ALGO LE HA OCURRIDO AL DOCTOR LUZ.
PERO ¿QUÉ?
SI SE LO PREGUNTAMOS, QUIZÁ NOS LO CUENTE.
Y CON PREGUNTAR QUIERO DECIR APORREAR.

DOC LUZ FUE EL PRINCIPAL SOSPECHOSO DEL ASESINATO DE SUE DIBNY, ¿VERDAD?
SÍ.
Y HA HABIDO RUMORES ENTRE LA COMUNIDAD DE SUPERVILLANOS...
¿ENTRE LA "COMUNIDAD DE SUPERVILLANOS"?
¿ES QUE ELLOS TAMBIÉN SE AGRUPAN?
PUES CLARO, CONNER.
SOLO QUE NO EN UN EDIFICIO CON FORMA DE "T".
¿Y QUÉ HAS OÍDO?
QUE EL DOCTOR LUZ NO SIEMPRE FUE UN TIPEJO PATÉTICO AL QUE ZURRABAN UNOS CRÍOS EN MALLAS.
ERA UN PSICÓPATA, UNA GRAN AMENAZA, HASTA QUE PEGÓ EL BAJÓN.
¿"EL BAJÓN"? ¿QUÉ SIGNIFICA ESO?
PERDIÓ LO QUE LE HACÍA INTELIGENTE, CASS.
¿CÓMO FUE? ¿DE TANTO RECIBIR GOLPES EN LA CABEZA?
¿CREES QUE LOS RUMORES SON CIERTOS?
BUENO... BATMAN NO SABÍA NADA AL RESPECTO.
ESO DICE ÉL.

CALLE 20
¿ESTARÁ AHÍ DENTRO CON GREEN ARROW?
SI NOS ACERCAMOS, PODRÉ USAR MI ESCÁNER DE INFRARROJOS.
EH, OYE. SI ME... HIEREN... DEJA QUE ME APAÑE YO SOLA, ¿VALE?
¿QUÉ? ¿TIENES ALGO QUE DEMOSTRAR...?
¡EH! ¿Y LOS HELICÓPTEROS DE LAS NOTICIAS?
DIJO QUE QUERÍA RECUPERAR SU REPUTACIÓN.
¿REPUTACIÓN? SI NUNCA LA TUVO.
SÍ. LIGHT INTENTA LLAMAR LA ATENCIÓN A TODA COSTA. SOLO BUSCA GLORIA.
MANTÉN LOS OJOS ABIERTOS, GAR...
KRRRKKZZZTT
BIENVENIDOS, TITANES.

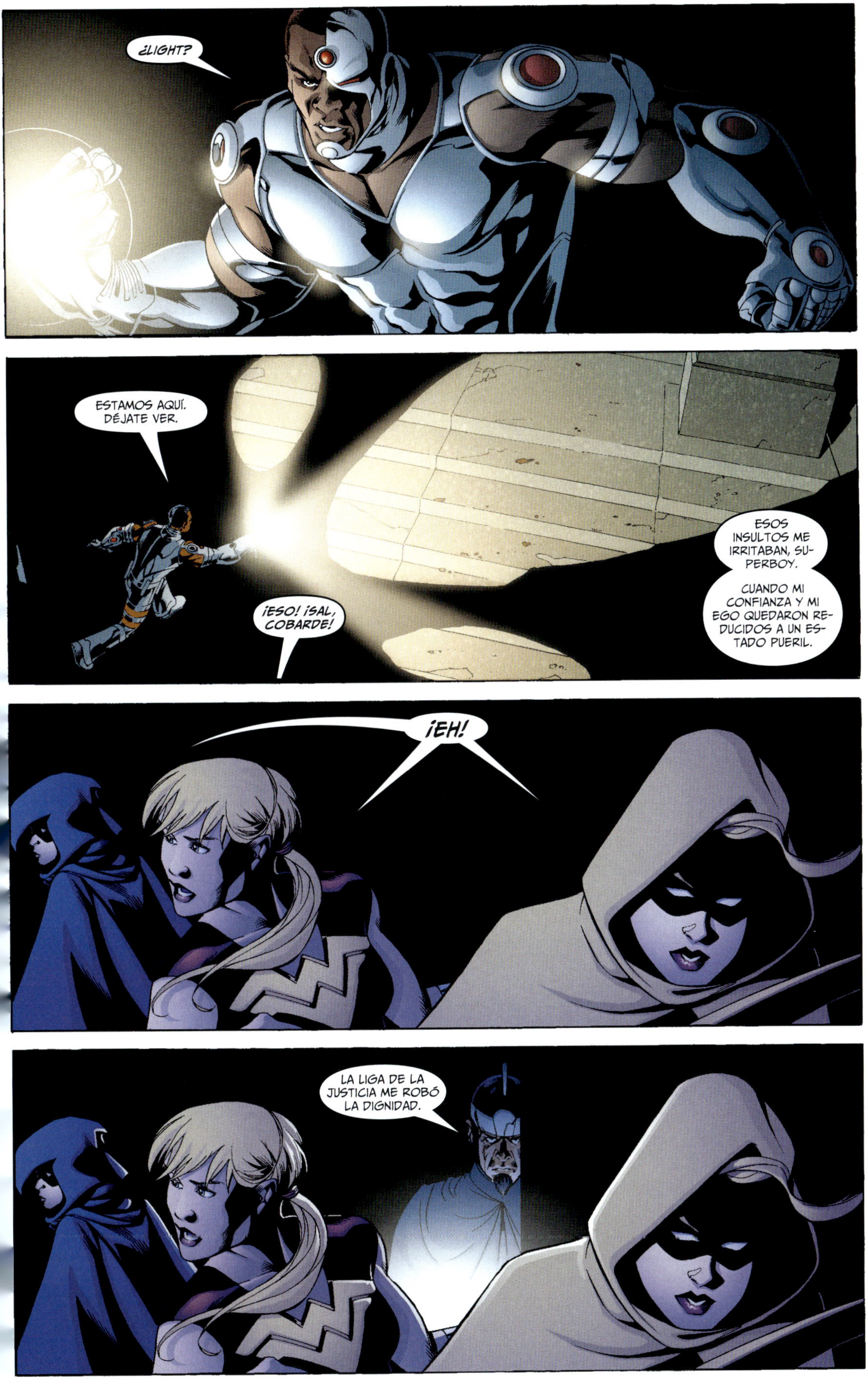
¿LIGHT?
ESTAMOS AQUÍ. DÉJATE VER.
¡ESO! ¡SAL, COBARDE!
ESOS INSULTOS ME IRRITABAN, SUPERBOY.
CUANDO MI CONFIANZA Y MI EGO QUEDARON REDUCIDOS A UN ESTADO PUERIL.
¡EH!
LA LIGA DE LA JUSTICIA ME ROBÓ LA DIGNIDAD.

AHORA ME TOCA A MÍ.

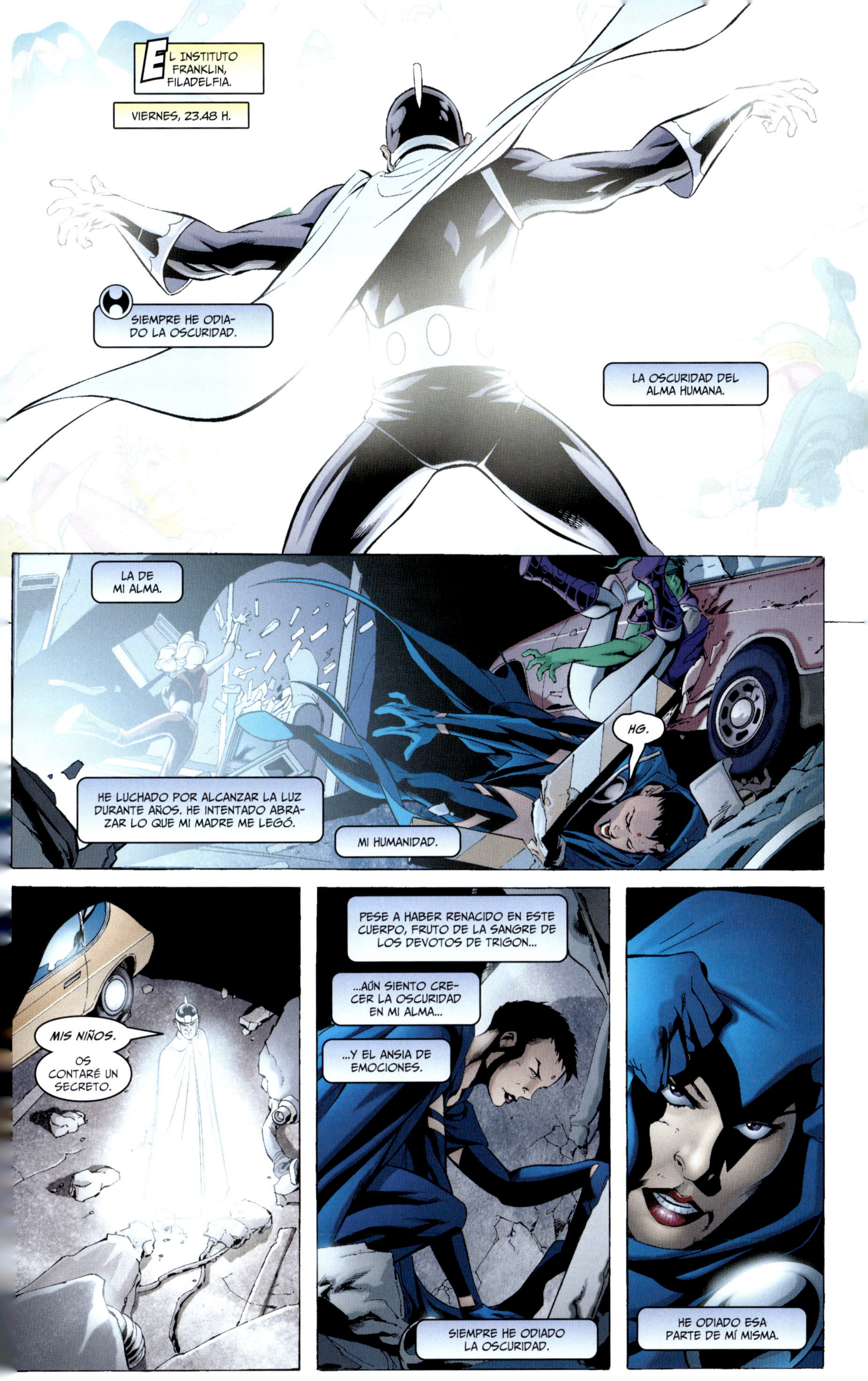
EL INSTITUTO FRANKLIN, FILADELFIA.
VIERNES, 23.48 H.
SIEMPRE HE ODIA-DO LA OSCURIDAD.
LA OSCURIDAD DEL ALMA HUMANA.
LA DE MI ALMA.
HE LUCHADO POR ALCANZAR LA LUZ DURANTE AÑOS. HE INTENTADO ABRAZAR LO QUE MI MADRE ME LEGÓ.
MI HUMANIDAD.
HG.
MIS NIÑOS.
OS CONTARÉ UN SECRETO.
PESE A HABER RENACIDO EN ESTE CUERPO, FRUTO DE LA SANGRE DE LOS DEVOTOS DE TRIGON...
...AÚN SIENTO CRECER LA OSCURIDAD EN MI ALMA...
...Y EL ANSIA DE EMOCIONES.
SIEMPRE HE ODIADO LA OSCURIDAD.
HE ODIADO ESA PARTE DE MÍ MISMA.

GEOFF JOHNS GUION
MIKE McKONE DIBUJO
MARLO ALQUIZA TINTA
POR ESO ME ENFRENTO AL MAL QUE ME RODEA.
NO ME REFIERO A PODERES O HABILIDADES.
ME REFIERO A LA MORALIDAD.
VENERÁIS A UNOS FALSOS HÉROES.
NO VEO BIEN.
LAS LENTES DE MI ANTIFAZ ABSORBIERON PARTE DEL FULGOR, BART. NO TE ALEJES.
AÚN HUELO SU COLONIA BARATA. CÓMO APESTA.
CREO QUE TE HA OÍDO, GAR.
HUY, NO VAYAS A HERIR SUS SENTIMIENTOS.

LUCES FUERA - PARTE DOS
GUERRA Y PAZ
SOY RAVEN.
SOY UNA JOVEN TITÁN. EL ÚNICO SITIO DONDE PUEDO ESTAR ES A SU LADO.
SOIS MEJORES QUE LA LIGA DE LA JUSTICIA.
SOLO CON ELLOS PODRÉ HALLAR CIERTA... FELICIDAD.
JEROMY COX COLOR TOM PALMER JR. EDITOR ADJUNTO EDDIE BERGANZA EDITOR
AL ATAQUE.
¿¡DÓNDE ESTÁ GREEN ARROW!? SI LE HACES DAÑO...
¿SI LE HAGO DAÑO, SPEEDY?

¿¡SI LE HAGO DAÑO!?
KKRRRAAKKKKAAAA
ME ABRASA LA PIEL.
ME CURO.
Y REZO.
AUNQUE MIS ORACIONES NUNCA LLEGAN A OÍDOS...
...DE NADIE BUENO.
MÁS OS VALE TENER CUIDADO.
SI APRENDÉIS ALGO INDEBIDO, O SI AMENAZÁIS CON REEMPLAZAR A VUESTROS MENTORES ANTES DE TIEMPO...
...PODRÍAN HACEROS LO QUE A MÍ.
BORRAROS LA MENTE.
POR LIMITADA QUE PUEDA SER.

AUNQUE HAY ALGO VALIOSO EN TU INTERIOR, SUPERBOY.
LA VEO A NUESTRO ALREDEDOR, PUEDO TEJERLA COMO UNA ARAÑA CON SU TELA.
¿QU-QUÉ...?
LA LUZ.
TU VISIÓN CALORÍFICA, SUPERBOY.
DÉJAME VERLA.
DÁMELA.
¡AAARRRRGG!
FWPP

¿TE GUSTAN LAS COSAS BRILLANTES, DOCTOR? TOMA...
¿INTENTAS USAR TU "LAZO MÁGICO", WONDER GIRL?
NO ME AFECTA. SOY UNO CON EL RELÁMPAGO.
¡ARRZZ!
KZZZAAATTT
AUNQUE SEA DE UN DIOS...
KOOOOMMMMM
...PUEDO DOMINARLO.
VAIS A SUFRIR, TITANES.
VAIS A MORIR.
Y LA LIGA DE LA JUSTICIA LLORARÁ.

HNN.
SFTCH
BUEN TIRO.
EN REALIDAD, APUNTABA MÁS ABAJO.
AÚN VEO CHIRIBITAS.
KRRRAKKOOMM
EL MISMO DISFRAZ. LA MISMA PERILLA. NO ENGAÑAS A NADIE.
ERES EL MISMO DOCTOR LUZ DE SIEMPRE.
GRRRRG

EL MIEDO AUMENTA A MI ALREDEDOR. LO IRRADIAN LOS TITANES.
Y DEL DOCTOR LUZ MANAN OTRAS EMOCIONES.
WHAMM
RÍNDETE, FANTOCHE.
JÚBILO.
FU...
ENTUSIASMO ENFERMIZO.
FFOOOMMMMM
FUERA.

Y MÁS ODIO.
KID FLASH.
¿QUÉ RODI-LLA ERA?
FFFZZPP
AAN.
KRRKKKAAAMMM
LO SU-PONÍA.
DE-TENLO.
DETÉN EL ODIO.

¡AAH!
NO PUE-
DO... CONSUMIR
MÁS...
¡...ODIO!
RRRNN.
NO...
NO
PUEDO
PARARLO,
RAVEN.
ES
LO QUE
SOY.
KRRSKKKSH
ME ROBARON
AÑOS.
ME ROBARON
MI IDENTIDAD.

ANDA, PRUÉBA-LO.
PRUEBA MI ODIO.
BRILLAN-TE COMO EL SOL.
SPEEDY.
VEN.

...COMBATE PARECE HABERSE INTERRUMPIDO POR EL MOMENTO, LA DEVASTACIÓN ALCANZA UNA MANZANA ENTERA. EL HUMO NO NOS DEJA VER, PERO LO QUE SÍ SABEMOS ES QUE...
EL DOCTOR LUZ SIGUE EN PIE.
WPHL – DIRECTO
LA EVACUACIÓN SE AMPLÍA A OTRAS SEIS MANZANAS, PERO CON EL SUMINISTRO CORTADO EN PLENA NOCHE, LLEGAN INFORMES DE DISTURBIOS Y ALTERCADOS...
EL PLAN DE STARFIRE ESTÁ EN MARCHA.
¿Y EL DOCTOR LUZ?
CUANDO ESTO TERMINE...
SHHNGGG
...LO QUIEREN ELLOS.

GREEN ARROW.
DES-PIERTA.
¿NNN?
FWASHHH
¿LIGHT...?
DÉJALA EN... PAZ, ES-CORIA.
CIERRA LA BOCA POR UNA VEZ...
...Y ES-CUCHA.
FWPP
ARR.
ME PREGUN-TO A QUIÉN MÁS LE HABRÉIS HE-CHO ESTO.
¿AL DOC-TOR POLARIS, A FELIX FAUST O AL HOMBRE TA-TUADO?
¿SOLO HAN SIDO VI-LLANOS?
¿O TAMBIÉN HABÉIS CHOCADO CON OTROS HÉ-ROES?

¿ASÍ MANTENÉIS A LOS RETOÑOS A RAYA?
¿ASÍ ASEGURÁIS SU OBEDIENCIA?
CON ALGUNOS ES EL ÚNICO MODO, SIN DUDA.
SOBRE TODO CON LOS TUYOS. SÉ ALGUNOS DE TUS SECRETOS.
MIRA LO QUE LE PASÓ AL PRIMER SPEEDY. Y A ESTA.
NO TIENES SUERTE CON LOS AYUDANTES. PERO TRANQUILO...
...PRONTO ENCONTRARÁS A OTRO AL QUE LAVAR EL CEREBRO.
TE METES CON UNA ESTUDIANTE DE INSTITUTO. UNA CHICA DE 17 AÑOS.
DA IGUAL LO QUE HAGAS, LIGHT. EN EL FONDO...
...SIGUES SIENDO UN COBARDE.
VUUUAKK
OJALÁ NO ME HUBIERAS OBLIGADO.
QUERÍA QUE LA VIERAS ARDER...
¡AHÍ ESTÁ!

SE CREE MUY DURO, ¿VERDAD?
ZURRANDO A UNA PANDA DE CRÍOS.
¿QUÉ ESTÁS HACIENDO, HOLLY?
TENEMOS QUE ESPERAR A LOS DE-MÁS.
BAH... ¡ESTE DOCTOR LUZ ES UN AFICIO-NADO!
¡EH, EINSTEIN! ¿POR QUÉ NO DEJAS A RED ARROW EN PAZ Y NOS DICES POR QUÉ LLEVAS LOS GAYUMBOS POR EN-CIMA DE LOS PAN-TALONES?
¿NO TIENES NADA DEBAJO QUE SOSTENER?
CHICAS.
POR FAVOR.
PASAD.
FOOOMM
¿QUÉ PASA?
¿YA NO DECÍS NADA?
YO TENGO ALGO QUE DECIR.
COMO SIEMPRE.
VAMOS, HERMA-NITA.

HALCÓN.
PALOMA.

¿QUIÉN...?
REPRESENTANTE DEL CAOS. PARA SUMIRTE UN POCO EN ÉL.
NNGG.
MORID.
FFZZZLOOOOMM
¡SUÉLTAME, DAWN!
CASI TE CHAMUSCA LA CARA.
HABRÍA PODIDO CON ÉL.
FFZZOOMM
¿IGUAL QUE PUDISTE CON KESTREL Y BUITRE SIN AYUDA?
¿ESOS FLOJOS? TUVIERON SUERTE. PEGARON A ESTA DAMA CUANDO ESTABA DISTRAÍDA.
ES LA PRIMERA VEZ QUE TE TILDAS DE DAMA.

ESTO ES UNA ALIANZA. ACTÚA COMO TAL.
NO ES MI PROBLEMA QUE CAOS Y ORDEN LA PIFIARAN Y ME NOMBRASEN LA NUEVA HALCÓN.
LO SÉ.
ES MÍO.
AL MENOS A MAMÁ LE GUSTA QUE PASEMOS MÁS TIEMPO JUNTAS.
QUÉ ALEGRÍA.
ES MEJOR QUE CUANDO ME OBLIGÓ A PASAR UNA SEMANA CONTIGO EN GEORGETOWN. O PEOR...
...CON PAPÁ.
POR FAVOR.
ERA CRECER EN CONNECTICUT O EN LONDRES. ELEGÍ EL MEJOR SITIO.
TÚ TE EQUIVOCASTE.
FZZP
FZZP
FZZP
FZZP
¡..AU!
CHOOOOMM
FOOMM

SUELTA A MI HERMANA.
KRAKK
NO PUEDE VOLAR COMO TÚ, ¿VERDAD?
PPKANGGG
VUFFFF
KOOOMMM
AGRADECE...
...QUE HAYA TENIDO UN FINAL PLÁCIDO.
¡LIGHT!

SUELTA A MI HERMANA.
KRAKK
NO PUEDE VOLAR COMO TÚ, ¿VERDAD?
PPKANGGG
VUFFFF
KOOOMMM
AGRADECE...
...QUE HAYA TENIDO UN FINAL PLÁCIDO.
¡LIGHT!

¿QUERÍAS A LOS TITANES? AQUÍ LOS TIENES.

¿Y BIEN? ¿A QUÉ ESTÁS ESPERANDO, NIGHT-WING?
SÉ QUE TE MUERES POR DECIRLO.
¡TITANES UNIDOS!

FILADELFIA.
SÁBADO, 00.12 H.
ESE CHAVAL DE AHÍ ES EL CAPITÁN MARVEL JÚNIOR.
ES BUEN CHICO, AUNQUE SU GUSTO POR LO RETRO ES EXCESIVO.
WPHL
GRACIAS POR LA AYUDA, PERO YA LO TENÍA.
¿¡YA LO TENÍAS!?
LE VA EL ROLLO *ROCKABILLY*. CAMISAS LLAMEANTES Y HEBILLAS DE DADOS.
LO QUE TÚ DIGAS, MARVEL. ¿QUÉ HACEN TODOS AQUÍ?
NOS LLAMÓ STARFIRE. PUEDE QUE NO ESTEMOS EN EL PLANTEL ACTIVO, PERO SEGUIMOS SIENDO TITANES.
Y ESO ES LO QUE QUERÍA EL DOCTOR LUZ, ¿VERDAD?
VEO QUE NO CONOCE EL DICHO: "HAZ LO QUE QUIERAS, PERO SIEMPRE SIN HACER DAÑO A NADIE".
¿QUIÉN DIABLOS DIJO ESO?
ELVIS PRESLEY.
EN MI OPINIÓN, EL MEJOR FILÓSOFO MODERNO.
YO SOY MÁS DE SID VICIOUS.
GRACIAS POR LA AYUDA, CHICOS. SEGURO QUE LOS TRIPULANTES TAMBIÉN OS LO AGRADECERÁN.
¿QUIÉN ERES...?
SOY HALCÓN, S-BOY. MI HERMANA ES AMIGA DE LOS TITANES. POR ESO VINIMOS.
PERO DEBO IRME YA.
NO SÉ QUIÉN ES ESTA TÍA INGLESA...
...PERO ME CAE BIEN.
¡QUIERO UN TROZO DE LA CAPA DE LIGHT PARA MI COLECCIÓN!
EL DOCTOR LUZ SECUESTRÓ A GREEN ARROW Y LUEGO CONVOCÓ A TODAS LAS EMISORAS DE NOTICIAS AL CENTRO DE LA CIUDAD.
DESAFIÓ A LOS TITANES Y DIJO QUE, SI VENÍA ALGUIEN QUE NO FUERAN ELLOS, MATARÍA A ARROW.
NOSOTROS FUIMOS LA FASE UNO.

NIGHTWING Y STARFIRE TRAJERON LA FASE DOS.
ES LO NORMAL CUANDO NIGHTWING APARECE.
QUE INCLUYE A TODO EL QUE HAYA SIDO UN TITÁN.
STARFIRE. ABRE CAMINO.
DICHO Y HECHO.
NINGUNO SOMOS CONSCIENTES DE ELLO...
...TENGO A KRYPTO.
¿WONDER GIRL? ¿ESTÁS BIEN?
MI LAZO SIGUE SIN ENERGÍA. ¿QUÉ TAL TUS OJOS?
AÚN VEO BORROSO. PERO BASTA CON IR A POR EL BORRÓN GRANDE DE LUZ.
VAMOS, FLASH.
LIGHT ME HIRIÓ LA RODILLA, PERO... AYY.
SI CORRES ASÍ, TE HARÁS UNA LESIÓN PERMANENTE. TIENE QUE VERTE UN MÉDICO.
QUIERO AYUDAR.
NNN.

LUCES FUERA - PARTE TRES
SECRETOS Y MENTIRAS
...PERO TODOS ESPERAMOS SUS ÓRDENES. ÉL BÁSICAMENTE FUNDÓ EL EQUIPO, LO LIDERÓ DURANTE AÑOS.
ROBIN TIENE SUERTE, TIENE UN "HERMANO MAYOR" EN EL QUE FIJARSE. YO...
GEOFF JOHNS GUION
MIKE McKONE DIBUJO
MARLO ALQUIZA TINTA
JEROMY COX COLOR
TOM PALMER JR. EDITOR ADJUNTO
EDDIE BERGANZA EDITOR
EH, LO HAS HECHO GENIAL, BART.
Y QUE AÚN SIGAS QUERIENDO LUCHAR DICE MUCHO DE TI.
...GRACIAS, WALLY.
MENUDO PRESUMIDO.
HA HECHO VENIR A TODAS ESAS CÁMARAS SOLO PARA SALIR BIEN EN LA TELE.
MIRA QUIÉN HABLA, FLAMEBIRD.
DEJADLO YA, CHICAS, Y CENTRAOS EN LO IMPORTANTE.

AQUA-LAD. CUÁNTO TIEMP...
¡..ARRR!
HE CONGELADO EL AGUA DE SUS OJOS.
Y YO LA DERRETIRÉ.
LOS AGUIJONES NO SIRVEN DE MUCHO, MAL.
RETROCEDE Y TÁPATE LOS OÍDOS, ABEJORRO.
EL HERALDO SALE DE SU RETIRO PARA UN...
...ÚLTIMO...
...CANTO.
KRRRSHHHT
¿QUIERES OLISQUEAR MI FLOR, DOC?
¡JA, JA, JA, JA, JA!
FSSSSSSS
¿A QUIÉN CREES QUE OS ENFRENTÁIS, DUELA?
¿CREES QUE LA VENTAJA NUMÉRICA BASTARÁ?

¿HABÉIS...?
ALGO HA CAMBIADO, NIGHTWING.
NO ES EL MISMO DOCTOR LUZ. BUENO, SÍ, PERO...
¿QUIÉN MÁS?
¿QUIÉN MÁS NECESITA VER LA LUZ?
¡OSTRAS!
¿DÓNDE ESTÁ MIA?
NO LO SÉ, ROY. NO LA HE VISTO DESDE QUE LIGHT NOS LANZÓ SUS RAYOS.
MIERDA.
ESTO NO DEBÍA TERMINAR ASÍ. NO CON EL DOCTOR LUZ.

¡PALOMA, NOS ESTAMOS PERDIENDO LA DIVERSIÓN!
¡DESPIERTA...!
¿DAWN?
ESTÁ... HERIDA.
IGUAL QUE TANTOS OTROS, HALCÓN.
NO. ESTO DEBÍA SER... DIVER... ¿QUÉ LE PASA?
TRAUMATISMO CRANEAL. TRES COSTILLAS ROTAS. NADA LETAL.
ASÍ QUE PUEDO CURARLA.
RÍNDETE Y NO SALDRÁS HERIDO, LIGHT.
¿CREES QUE TUS ILUSIONES ME ENGAÑAN, ESPEJISMO?
LAS DISTINGO A LA LEGUA.
BOOM
PUES DISTINGUE ESTO.
KRRSHHT
FRRZZZZZZ

DOSTAL.
ESTRELLA ROJA.
MI CAMARADA.
THOOM
ALÉJATE DE ELLOS, BOLVAN.
THOOM
THOOM
BWWWOOSSH
KRRK
¡RECORDAD LO QUE DIJE, WILDEBEEST!
HOY SE PER-MITE DERRAMAR SANGRE.
¡GRRRRFF!

MÁS.
DADLE LO QUE PIDE.
KRRRANK
NNG.

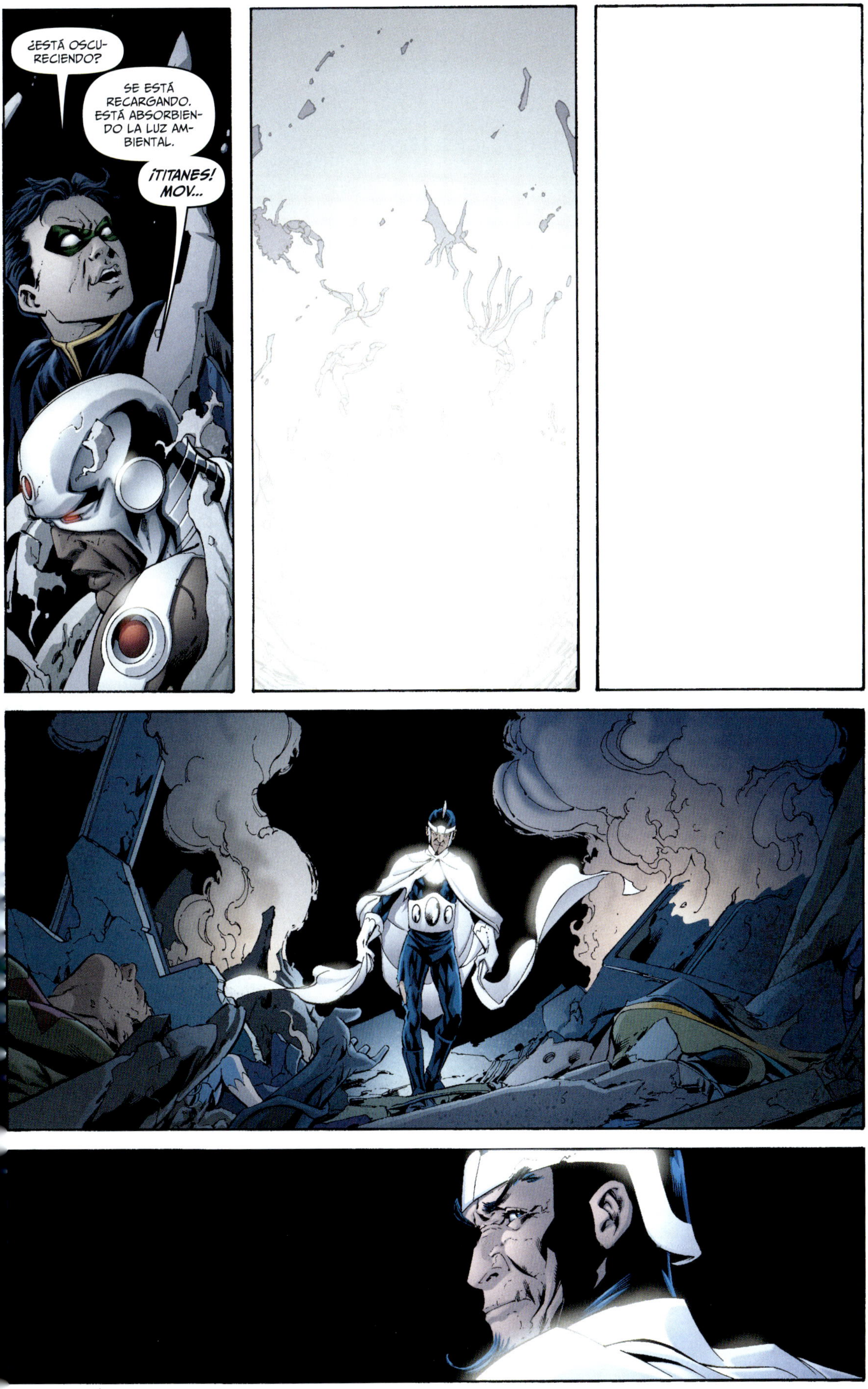
¿ESTÁ OSCURECIENDO?
SE ESTÁ RECARGANDO. ESTÁ ABSORBIENDO LA LUZ AMBIENTAL.
¡TITANES! MOV...

VAMOS, OLLIE... ¡UGGF!
TÍO, TIENES QUE DEJAR LOS PERRITOS CON CHILI.
"EL QUE VIVE DE ESPERANZAS MORIRÁ DE HAMBRE."
BENJAMIN FRANKLIN. EL PADRE DE LA LUZ MODERNA. UN HÉROE DE MI INFANCIA.
TUVE LA OPORTUNIDAD DE SER UN HÉROE. MI MENTE ERA BRILLANTE. PERO... MIS NECESIDADES SE INTERPUSIERON.
MIERDA.
JUNTO CON VOSOTROS. PERO HE ACEPTADO MI DESTINO.
DERRAMAR SANGRE JOVEN.
BIEN, FLECHA MISTERIOSA. CRUCEMOS LOS DE...
¡SPEEDY!

RESÉRVALA.
BOOOOOM
KRRKTCH

NG.
ENCONTRARÉ A TU FAMILIA Y AMIGOS, STONE.
LOS ENCONTRARÉ Y LOS ATERRORIZARÉ...
YA LO HAS HECHO, LIGHT.
ACTIVAR ESCUDOS SOLARES.
VRRR
VRRR
FWWASSSSSHHH

KOOOMMM
RÍNDETE YA.
TUS RIÑONES ANTES ESTABAN AQUÍ.
DIME, STONE.
¿AÚN LOS ECHAS DE MENOS?
KRAKK
E-ERES...
NNRRK.
¿NO... SOPORTAS EL CALOR... STONE?
PUEDO SOPORTAR LO QUE ME ECHES.

SHRKOOMM
NO ME HA-GAS PONERME SERIO.
NO TE LEVANTES.
SKREEEEEEEEEE
NO LO HARÁ.
LO HAN VISTO TODOS...
YA HE... VEN-CIDO, STONE.
HE VEN-CIDO.

POLICÍA
POLICÍA
GRACIAS DE NUEVO, RAVEN.
SÍ. ESTÁS FRESCA COMO UNA LECHUGA, ¿EH?
AUNQUE EN EL FONDO NO ESTABA PREOCUPADA. LO PASAMOS GENIAL, ¿NO?
HURRA POR LOS TITANES.
NO SOY DE VITOREAR. TENGO TRABAJO. OTROS NECESITAN MI AYUDA.
QUÉ RARITA.
NO TE PASES.
MENUDA EXHIBICIÓN, VIC.
¿EL QUÉ?
TU UNO CONTRA UNO CON LIGHT.
LOS DEMÁS LO DESGASTARON. ¿QUÉ TAL ESTÁN?
BIEN. AUNQUE STARFIRE Y NIGHTWING ESTÁN DISCUTIENDO SOBRE QUIÉN INVITÓ A DUELA DENT. ESA CHICA, LA "HIJA DEL JOKER" O LO QUE SEA... ESTÁ CHIFLADA.
NO PARA DE HABLAR DE SU PASO POR LOS TITANES. HE OÍDO QUE ESTUVO EN EL EQUIPO COMO DOS MINUTOS.
ESTÁ MÁS PIRADA QUE DESTRUCTORA.
¿Y QUÉ HACEMOS CON ÉL?
NIGHTWING HA LLAMADO PARA QUE LO RECOJAN.
¿A QUIÉN?
A NOSOTROS.

BATGIRL.
Y BATMAN.
NO HE OÍDO EL BATWING.
Y TAMPOCO DEBERÍAS.
OYE, EH... SABES QUE SIEMPRE TENDRÁS UN SITIO EN LA TORRE.
BATGIRL...
BELLE RÊVE AGUARDA.
GOTHAM NOS NECESITA.
SIEMPRE TAN BORDE, ¿EH? NI SIQUIERA ME HA SALUDADO.
¿Y QUÉ TE ESPERABAS?
A VECES NO SÉ CÓMO LO AGUANTA ROBIN.

...ESTOY BIEN, GRACIAS. SOLO NECESITO UN CAFÉ PARA ESPABILARME.
VIC.
VEO QUE NECESITAS LA CAFEÍNA MÁS QUE YO...
¿ES CIERTO?
¿EL QUÉ?
BEAST BOY PODÍA CON LIGHT ÉL SOLO. HOY HAN HECHO FALTA DOS DOCENAS DE TITANES.
LIGHT DIJO QUE LA LIGA LO DEJÓ TONTO. QUE LE HICISTEIS UNA LOBOTOMÍA.
¿ES CIERTO?
¿ACASO IMPORTA?
CUANDO ESO PONE EN RIESGO LA VIDA DE ESTOS CHICOS, TEN POR SEGURO QUE SÍ.
YA LO SABES, QUEEN.
HABÉIS CREADO UN MONSTRUO. UNO CON EL QUE DEBEMOS LIDIAR.
¡OLLIE!
ESTÁS BIEN.
SÍ, NIÑA.
PERFECTO.
¿OCURRE ALGO?
NADA QUE NO PODAMOS RESOLVER.
BIEN, PORQUE KORY, ROY Y YO DEBEMOS IRNOS...
...ALGUIEN HA IRRUMPIDO EN LA BASE DE LOS OUTSIDERS.

TORRE DE LOS TITANES, SAN FRANCISCO.
EL DOCTOR LUZ NO MENTÍA SOBRE LA LIGA DE LA JUSTICIA.
¿LA LIGA HIZO ESO? ¿LE ALTERARON LA MENTE?
¿Y MI ABUELO...? ¿BARRY ALLEN PARTICIPÓ EN ELLO?
¿WONDER WOMAN...?
GREEN ARROW DIJO QUE ELLA NO ESTABA CUANDO PASÓ. FLASH SÍ.
TODA LA VIDA NOS HAN DICHO QUE SIGAMOS EL EJEMPLO DE LA LIGA DE LA JUSTICIA. SIEMPRE HAN ESTADO AHÍ... MIRÁNDONOS POR ENCIMA DEL HOMBRO...
¿EN QUIÉN NOS FIJAREMOS AHORA?
EN NOSOTROS.
NO CREO QUE BATMAN HICIERA ALGO ASÍ.
Y SUPERMAN TAMPOCO. IMPOSIBLE.
NO PODEMOS HACERLES LA CRUZ.
NO CREO QUE SEA ESO LO QUE QUEREMOS HACER, SUPERBOY.
ESTO ES UNA CUESTIÓN DE CONFIANZA.
NO SÉ QUÉ SERÁ DE LA LIGA CUANDO ESTO SALGA A LA LUZ, QUE SALDRÁ...
...PERO, SEA COMO SEA, NO QUIERO SECRETOS ENTRE NOSOTROS.
TENGO ALGO QUE DECIR.

MI INTENCIÓN ERA CONTÁROSLO... ANTES DE LA MOVIDA CON EL DOCTOR LUZ. CUANDO LLEGUÉ AQUÍ...
ME FUGUÉ DE CASA HACE UNOS AÑOS. SOBREVIVÍ EN LA CALLE. CONOCÍ VILLANOS DE VERDAD. TIPOS COMO EL DOCTOR LUZ, PERO SIN CAPAS NI PODERES.
COMETÍ ERRORES. LO PASÉ MUY MAL.
Y EN ALGÚN PUNTO DEL CAMINO...
DI PO-SITIVO.
¿DICES...?
SÍ.

YO...
CREÍ QUE NO ME COSTARÍA DECÍROSLO.
PERO... NUNCA PENSÉ QUE ME GUSTARÍA ESTAR AQUÍ...
QUE LLEGARÍA A ADMIRAROS TANTO...
YO TAMBIÉN TENGO UN SECRETO.
NO PRETENDO MINIMIZAR LO QUE ESTÁS PASANDO, PERO... YO TAMBIÉN TENGO ALGO DENTRO, MIA.
VARIOS CHICOS ENFERMARON POR CULPA DE LA AFECCIÓN QUE ME CONVIRTIÓ EN ESTA MÁQUINA ANIMAL VERDOSA.
NO SÉ QUÉ ME HARÁ EN EL FUTURO, PERO DESPUÉS DE VER A "ANIMAL MAN"... ESTOY UN POCO ASUSTADO.
YO NO PUEDO DEJAR DE NUTRIRME DE EMOCIONES. CUANDO TODOS DORMÍS EN LA TORRE...
...A VECES ME APROPIO DE VUESTROS SUEÑOS, LOS MALOS Y LOS BUENOS.
YO VIVO UNA FASE DE NEGACIÓN.
HE VISTO MUCHO A ARES. OBSERVÁNDOME A TRAVÉS DEL AGUA O EL CRISTAL. ME DA MIEDO.
ÉL ME DIO EL LAZO Y DIJO QUE ME ESTABA PREPARANDO PARA UNA GRAN GUERRA.
HE INTENTADO DESHACERME DE ESTO, PERO NO PUEDO.
YO TENGO OTRO SECRETO.
AYER ME QUEDÉ SIN CALZONCILLOS LIMPIOS Y LE ROBÉ UNOS A BEAST BOY.
¿CÓMO DICES?

¿NO OS SENTÍS... ESPANTADOS NI NADA?
¿INCÓMODOS? ALGUNOS SÍ, SEGURO.
PERO ¿CÓMO CREÍAS QUE ÍBAMOS A REACCIONAR? ¿CREÍAS QUE ÍBAMOS A ECHARTE?
VAMOS A HACER LAS COSAS BIEN. TOMAREMOS LAS PRECAUCIONES NECESARIAS PARA PROTEGEROS A TI Y A LOS TITANES.
Y SEGURO QUE TENDREMOS DUDAS. MUCHAS, QUIZÁ.
RESPONDERÉ A VUESTRAS PREGUNTAS. NO SERÁ FÁCIL, PERO...
SABEMOS QUÉ SE SIENTE AL SER DIFERENTE, MIA.
POR ESO VINIMOS A LA TORRE.
Y VIC Y YO ESTAMOS AQUÍ SIETE DÍAS POR SEMANA. SI NECESITAS ALGO, VEN A VERNOS.
COMO TODA ESA GENTE QUE HA VENIDO. ¡ERES UNA TITÁN, SPEEDY! ¡AHORA Y SIEMPRE!
¿SOY UNA TITÁN...?
SOY UNA TITÁN.

¿ADÓNDE...?
¿ADÓNDE ME LLEVÁIS?
¿CREÉIS QUE HE PERDIDO? ¿CREÉIS...?
CREO QUE NECESITAS DORMIR MÁS, DOC.
¿LO HE HECHO BIEN, PAPI?
LO HAS HECHO GENIAL, ROSE.
¿QUÉ?
¿¡DEATHSTROKE!? ¿QUÉ ES ESTO?
ES TU DÍA DE SUERTE.
ACABAN DE INVITARTE A LA ALTA SOCIEDAD.

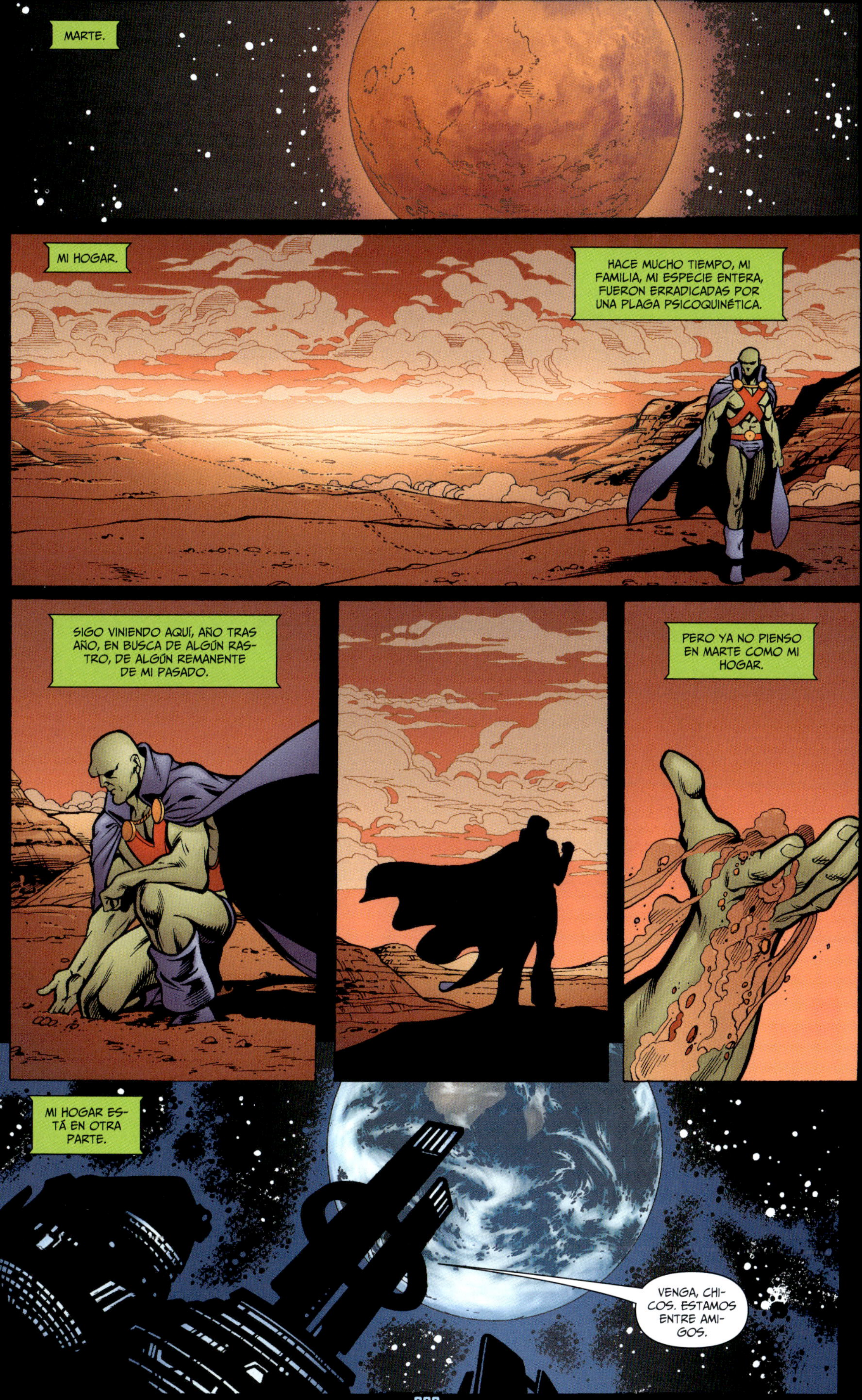
MARTE.
MI HOGAR.
HACE MUCHO TIEMPO, MI FAMILIA, MI ESPECIE ENTERA, FUERON ERRADICADAS POR UNA PLAGA PSICOQUINÉTICA.
SIGO VINIENDO AQUÍ, AÑO TRAS AÑO, EN BUSCA DE ALGÚN RASTRO, DE ALGÚN REMANENTE DE MI PASADO.
PERO YA NO PIENSO EN MARTE COMO MI HOGAR.
MI HOGAR ESTÁ EN OTRA PARTE.
VENGA, CHICOS. ESTAMOS ENTRE AMIGOS.

NO, NO SOMOS AMIGOS.
NUNCA LO FUIMOS.
CRISIS de CONCIENCIA
PARTE UNO
GEOFF JOHNS Y ALLAN HEINBERG
Guion
CHRIS BATISTA
Dibujo
MARK FARMER
Tinta
DAVID BARON – Color
MICHAEL SIGLAIN – Editor adjunto
MIKE CARLIN – Editor
VAMOS A CALMARNOS. PODEMOS HABLARLO.
NO PIENSO HABLAR CON NADIE, Y MENOS CONTIGO.
TÚ NO ESTUVISTE ALLÍ. NO PARTICIPASTE.
Y NO TENÍAS DERECHO A CONVOCARNOS AQUÍ.

ÉRAMOS AMIGOS.
HASTA QUE EMPEZAMOS CON LOS SECRETOS.
FLASH
GREEN LANTERN
DETECTIVE MARCIANO
ZATANNA
GREEN ARROW
BATMAN
ERA PRECISO.
AUNQUE SOLO SEA PARA DECIROS...
...QUE SI NO SE LO CONTÁIS A BATMAN, LO HARÉ...
...YO.
HAWKMAN
CANARIO NEGRO

¿CONTARLE EL QUÉ?
NADA.
¿NADA? PUES NO LO PARECE.
LÉENOS LA MENTE, J'ONN.
DÍNOSLO TÚ.
NO PUEDO.
¿POR QUÉ?
MAGIA.

¿QUÉ ESTÁS HACIENDO AQUÍ, JORDAN?
SÉ QUE TÉC-NICAMENTE YA NO SOY UN MIEMBRO DE LA LIGA...
...Y FIJO QUE MI AFILIA-CIÓN HA SIDO REVOCADA...
...PERO HE VENIDO PORQUE WALLY ME LO PIDIÓ. Y COINCIDO CON ÉL.
HAY QUE AIREAR ESTO Y PASAR PÁGINA.
YA ES TARDE PARA ESO.
NUNCA ES TAR-DE.
VENGA, CARTER. TODOS COMETEMOS ERRORES.
Y TODOS MERE-CEMOS UNA SEGUNDA OPORTUNIDAD.
TÚ ERES EL ÚNICO QUE NECESITA UNA SEGUNDA OPOR-TUNIDAD, JOR-DAN.
Y COMO MIEM-BROS DE LA LIGA, HICIMOS LO QUE DEBÍAMOS.
ESTO NO ES POR MÍ. ES POR LA LIGA.
¿QUÉ FUE LO QUE HICIS-TEIS?

ME LARGO.
CARTER, ESPERA. ¿NO PODEMOS HABLARLO SIQUIERA?
NO SE PUEDE HABLAR CON ÉL. ES HAWKMAN.
ME NIEGO A SEGUIR CON ESTO...
¿VES?
FUE HACE AÑOS, J'ONN. ANTES DE QUE RONNIE SE UNIERA AL EQUIPO.
LA SOCIEDAD SECRETA DE SUPERVILLANOS DESCUBRIÓ NUESTRAS IDENTIDADES CIVILES.
"PARA PROTEGER A NUESTROS ALLEGADOS, TOMAMOS UNA DECISIÓN."
"HICIMOS QUE ZATANNA BORRASE NUESTROS NOMBRES DE SU MEMORIA."
"MÁS TARDE, CUANDO EL DOCTOR LUZ AGREDIÓ A SUE DIBNY... HICIMOS OTRA COSA. NOS PUSIMOS MÁS AGRESIVOS."
"VOTAMOS QUE ZATANNA LO CAMBIARA. COMO DIJO CARTER EN SU MOMENTO, 'LO LIMPIAMOS UN POCO'."
UNA LOBOTOMÍA. ESO LE HICIMOS.

PERO NO TERMINÓ AHÍ.
BATMAN INTENTÓ DETENERNOS...
Y SE LO HICISTEIS A ÉL.
¿Y A MÍ?
SABÍAMOS QUE JAMÁS NOS LEERÍAS LA MENTE SIN PERMISO...
PERO NO PODÍAMOS ARRIESGARNOS A QUE CAPTARAS LOS PENSAMIENTOS AISLADOS DE ALGUNA MENTE MÁS DÉBIL...
ASÍ QUE ME OCULTASTE ESOS RECUERDOS.
NO QUERÍA DECEPCIONARTE.
NI QUE INTENTARAS DAR MARCHA ATRÁS.

YO JAMÁS ALTERARÍA LA MENTE DE OTRA PERSONA.
NO EXISTE MAYOR VIOLACIÓN...
NO ME HABLES DE VIOLACIONES.
NI FLASH NI TÚ VISTEIS LA CARA DE SUE AQUELLA NOCHE. NO VISTEIS LO QUE LE HIZO LIGHT.
DE HABER SABIDO LAS MOLESTIAS QUE TRAERÍA ESTO, LO HABRÍA MATADO ENTONCES.
SE AGOTA EL TIEMPO. LOS VILLANOS ESTÁN HABLANDO. CORREN RUMORES.
Y BATMAN NO HA RESPONDIDO A SU LOCALIZADOR DESDE QUE EL DOCTOR LUZ ATACÓ A LOS TITANES.
HAY QUE DECÍRSELO ANTES DE...
LO SABE.
J'ONN, ¿QUÉ VAS A HACER?
ARREGLARLO.

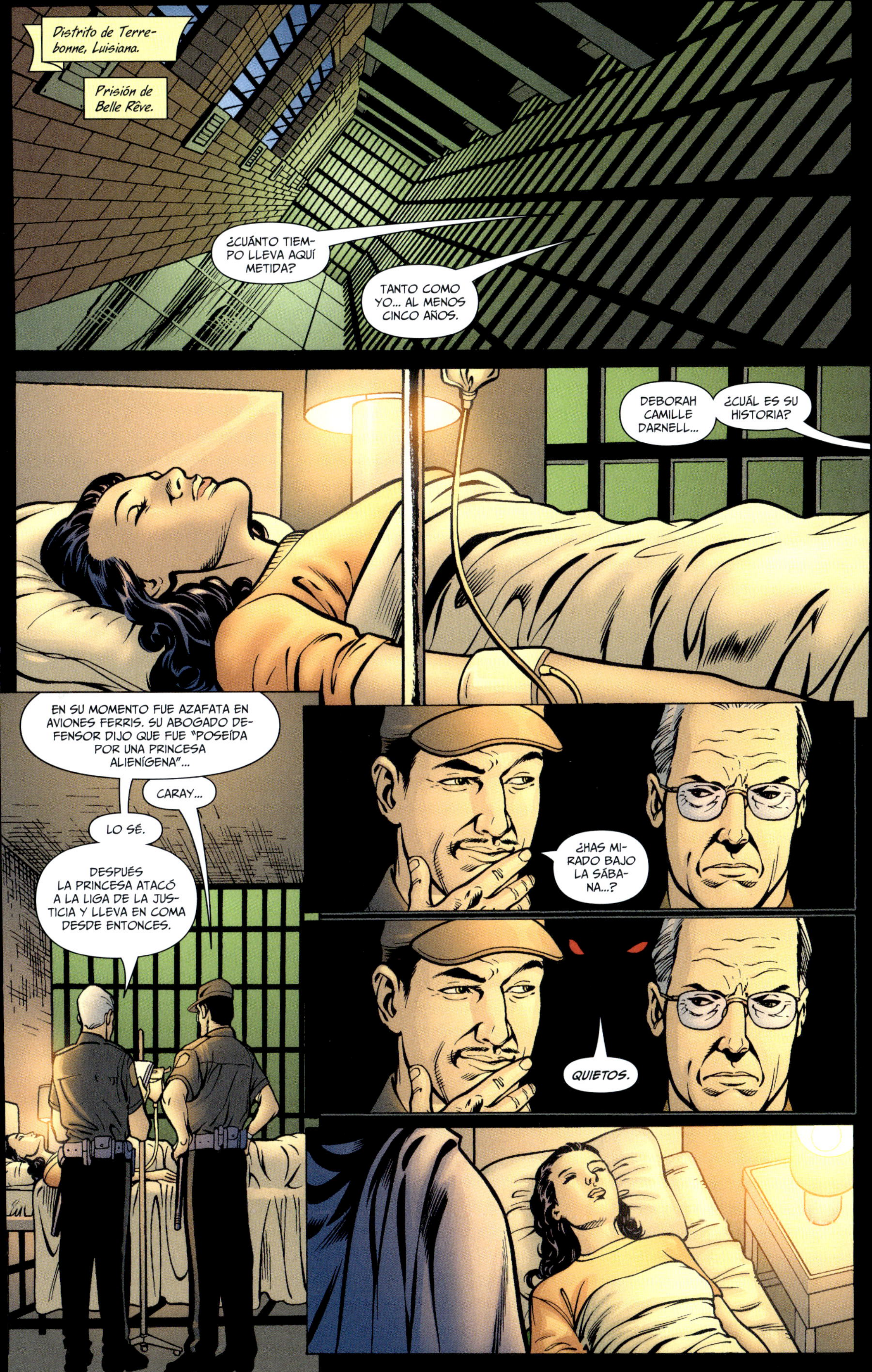

Distrito de Terrebonne, Luisiana.
Prisión de Belle Rêve.
¿CUÁNTO TIEMPO LLEVA AQUÍ METIDA?
TANTO COMO YO... AL MENOS CINCO AÑOS.
DEBORAH CAMILLE DARNELL...
¿CUÁL ES SU HISTORIA?
EN SU MOMENTO FUE AZAFATA EN AVIONES FERRIS. SU ABOGADO DEFENSOR DIJO QUE FUE "POSEÍDA POR UNA PRINCESA ALIENÍGENA"...
CARAY...
LO SÉ.
DESPUÉS LA PRINCESA ATACÓ A LA LIGA DE LA JUSTICIA Y LLEVA EN COMA DESDE ENTONCES.
¿HAS MIRADO BAJO LA SÁBANA...?
QUIETOS.

DES-PIERTA.
ZAFIRO ESTELAR.
¿¿¡TÚ!??
¡HABLA!
¿QUIÉN NOS HIZO ESTO?

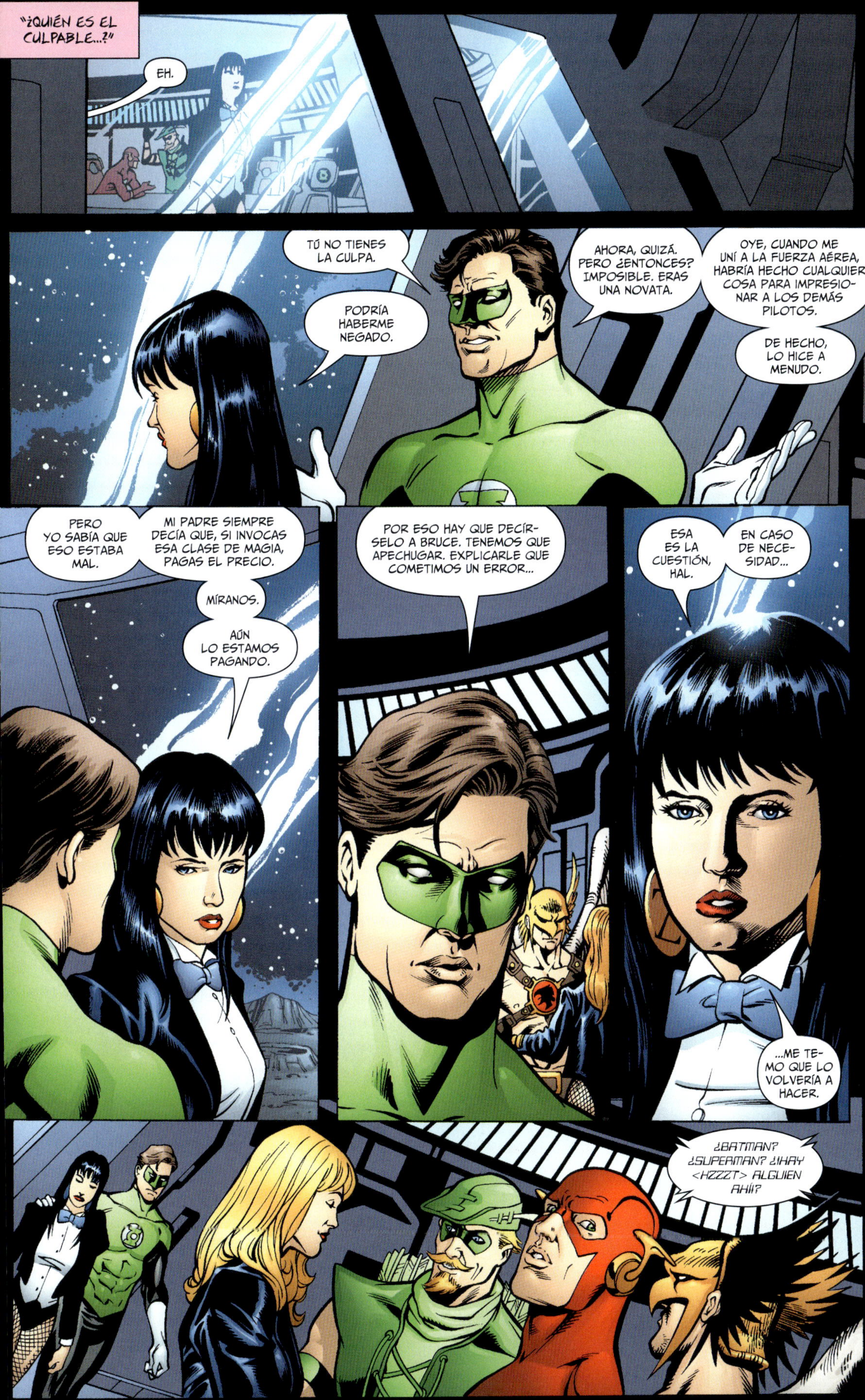
"¿QUIÉN ES EL CULPABLE...?"
EH.
TÚ NO TIENES LA CULPA.
PODRÍA HABERME NEGADO.
AHORA, QUIZÁ. PERO ¿ENTONCES? IMPOSIBLE. ERAS UNA NOVATA.
OYE, CUANDO ME UNÍ A LA FUERZA AÉREA, HABRÍA HECHO CUALQUIER COSA PARA IMPRESIONAR A LOS DEMÁS PILOTOS.
DE HECHO, LO HICE A MENUDO.
PERO YO SABÍA QUE ESO ESTABA MAL.
MI PADRE SIEMPRE DECÍA QUE, SI INVOCAS ESA CLASE DE MAGIA, PAGAS EL PRECIO.
MÍRANOS.
AÚN LO ESTAMOS PAGANDO.
POR ESO HAY QUE DECÍRSELO A BRUCE. TENEMOS QUE APECHUGAR. EXPLICARLE QUE COMETIMOS UN ERROR...
ESA ES LA CUESTIÓN, HAL.
EN CASO DE NECESIDAD...
...ME TEMO QUE LO VOLVERÍA A HACER.
¿BATMAN? ¿SUPERMAN? ¿HAY <HZZZT> ALGUIEN AHÍ?

Happy Harbor, Rhode Island.
SOY TORNADO ROJO.
ME <HZZZT> ESTÁN ATACANDO Y NECESITO AYUDA <HZZT> INMEDIATA.
HAY CIVILES <HZZT> EN PELIGRO. REPITO...
CIVILES EN... <HZZT>...
SANTO CIELO...
¿REDDY? ¿PUEDES OÍRME...!?
OH OH. NOS LLEGA OTRA LLAMADA DE AUXILIO.
DESDE OPAL CITY.
RALPH.

BWOOOSH
KRAKKTCH
KRKKKKKKKK

ANILLO. ¿ES-TADO DE TORNA-DO ROJO?
SISTEMAS EN LÍNEA. NIVEL DE BATERÍA INFE-RIOR AL CINCO POR CIENTO.
AGUANTA, REDDY. VAMOS A SACARTE DE AHÍ.

¿QUIÉN HABRÁ HE-CHO ES-TO?
¿HIEDRA VENENOSA? ¿LA COSA DEL PANTANO?
CREO QUE INTENTA DECÍRNOS-LO...
E-EL...
SECRETO...
AAKKK...
¡CANARIO!
COF
FLAPP FLAPP FLAPP FLAPP FLAPP
FLAPP FLAPPFLAPP
SKRRTCH
¡AARR!

TÚ...
...UUUUUUUUUU...
...UUUUUUUUU...
"EL TIEMPO NO ESPERA A NADIE..."
...SALVO A MÍ.

Opal City, Maryland.
¡BOOM BOOOOM!
GINGOL
VAMOS, RALPH.
LLEGA.
¡BOOM!

CALMA, DIBNY.
TE TENGO.
SETOCSAC AREUF.
¿ESTÁIS TO-DOS BIEN?
LO CIERTO ES QUE...
...NOS SENTIMOS MUCHO MUCHO MEJOR.

Gotham City.
DIME UNA COSA, LUCIÉRNAGA.
¿HACE CALOR AQUÍ?
¿NO?
SERÁ COSA MÍA.
¿DE VERDAD ES NECESARIO?

NO.
PERO ES DÍVER.
¡KRAKK!
¿SABES QUÉ MÁS LO ES?
CAPTURAR DELINCUEN-TES.
ESO HACÍA. DEBERÍAS PENSAR UN MODO DE DARME LAS GRACIAS.
SE ME OCU-RREN ALGUNAS SUGERENCIAS...
DEVUELVE LOS DIAMANTES QUE LE HAS QUITADO A LUCIÉR-NAGA Y QUIZÁ TE DÉ LAS GRACIAS.
OH, BATMAN.
ENTONCES, ¿TENEMOS UNA CI...?
AY.
PERDÓN.

J'ONN...
TENEMOS QUE HABLAR.
CATWOMAN...
POR MÍ NO OS CORTÉIS, MUCHA-CHOS.
ANTES DE IRTE...
GRA-CIAS.
¡FOOOM!
¡FOOM!
¡FOOM!
¡FOOM!

HOLA, BRUCE.
¿NOS RE-CUERDAS?
NOSOTROS LO RECORDAMOS...
...TODO.
ESO QUE QUERÍAS CONTAR-ME, J'ONN...
...TENDRÁ QUE ESPE-RAR.

Gotham City.
NOS ROBASTEIS LA MENTE... LOS RECUERDOS.
NOS QUITASTEIS LO QUE NOS HACE SER COMO SOMOS: LO BUENO Y LO MALO.
ASÍ QUE DIME, BRUCE...
¿...CÓMO TE SENTIRÍAS SI TE LO HICIERAN A TI?
ESTÁN INCONSCIENTES.
NECESITO UNOS MINUTOS PARA DESPERTARLOS.
TE DOY UNO.
¿LES ROBASTEIS LA MENTE?
SHRAKK
ESTA NO ES TU GUERRA, CATWOMAN.
LO SÉ.

CRISIS de CONCIENCIA
PARTE DOS
ENTONCES, ¿ESTO ME CONVIERTE EN UN MIEMBRO DE LA JLA?
EN 55 SEGUNDOS, EL MARCIANO REANIMARÁ A LA LIGA.
54...
¿HAGO QUE LA AZOTEA COBRE VIDA Y LOS ENGULLA?
ME PIDO AL SABUESO DE LOS GUARDIANES.
Y EL MARCIANO PARA NUESTRO BENEFACTOR.
Y EL ÁTOMO PARA MÍ.

FWOOOSH
GEOFF JOHNS Y ALLAN HEINBERG
Guion
CHRIS BATISTA
Dibujo
MARK FARMER
Tinta
DAVID BARON - Color
MICHAEL SIGLAIN - Editor adjunto
MIKE CARLIN - Editor
¿A QUÉ ESPE-RAMOS? SOLO ES FUEGO.
FAUST, TU BRA-ZO.
CUANDO LE HAS ESTRECHA-DO LA MANO AL DIABLO...
EL BRUJO
CRONOS
ZAFIRO ESTELAR
FELIX FAUST
HOMBRE FLORÓNICO
AMO DE LA MATERIA

...EL FUEGO ES TU AMIGO.
QUITA DE AHÍ, SELINA KYLE.
NO TENEMOS NADA CONTRA TI.
NO ACEPTO ÓRDENES DE NADIE. Y MENOS DE TI.
TÚ DECIDES: ¿ESTÁS CON NOSOTROS O CONTRA NOSOTROS?
¡CATWOMAN!

¡AGUANTA! TE...
¡..AKKK!
¿DÓNDE ESTÁ EL ÁTOMO, BATMAN?
¿SOBRE MI HOMBRO? ¿EN MIS VENAS?
¿SABES LO QUE SE SIENTE CUANDO TU CUERPO ES INVADIDO POR UN ENEMIGO MICROSCÓPICO?
ESPERA... TE LO MOSTRARÉ.
AHORA INSPIRA HONDO Y DIME...
¿...RAY PALMER ESTÁ AQUÍ?
¿O ESTÁ TAN AVERGONZADO POR LO QUE SU ESPOSA LE HIZO A SUE DIBNY QUE...?
¿SABES LO QUE SIEMPRE ME HA FASTIDIADO DE TI, WOODRUE?

QUE HA-BLAS DEMA-SIADO.
KRAAACH
AMO DE LA MATERIA, ¿UNA AYUDITA, POR FAVOR?
NO OS BASTÓ CON BORRAR MIS RECUERDOS, HAWKMAN.
TAMBIÉN ME DEJASTEIS MANCO.
¡RRRRN!
SHLMP
ASÍ QUE ME QUEDARÉ TU BRAZO.

DARÍA LO QUE FUERA POR UN POCO DE GINGOLD.
NO HACE FALTA, RALPH. YO TE CUBRO.
MEJOR, PORQUE SABE FATAL.
DE RODILLAS, TERRÍCOLAS.
RESULTA TENTADOR, ¿NO CREES?
NO ERA UNA PETICIÓN.
¿ES UNA EXNOVIA TUYA?
ESTA NO.
AUNQUE ACTÚA COMO TAL.

DEBE DE DOLERTE, HAWKMAN.
NOTO CÓMO TE PULVERIZA EL HUESO.
CALMA. DÉJA-TE LLEVAR...
QUIERO OÍRTE GRITAR.
¿ASÍ TE VALE?
SKREEEEEEEEE
TE VA A DOLER.
HAZLO.
¡UHN!
ESCU-CHA...
LA FLECHA CON TEMPORIZADOR DE TU CARCAJ.
ESTÁ SO-NANDO.
BOOOM
¡AAGH!

¡SORUM, SOARAPER!
¡J'ONN! ¿QUEDA ALGUIEN DENTRO?
NO VEO CON TANTO HUMO...
¿LA VISIÓN MARCIANA NO FUNCIONA, DETECTIVE?
SH-BOOOOM
ES COSA DE MAGIA.
LA MAGIA DE ZATANNA POR POCO NOS DESTRUYE.
AHORA VAMOS A DEVOLVEROS EL FAVOR.
¿CÓMO? SOLO ERES UN ILUSIONISTA DE PACOTILLA, BRUJO. SIEMPRE LO HAS SIDO.
SÍ, PERO ESTA VEZ NO ESTÁ SOLO.

¿TE IMPORTA SI ME UNO?
PARA NADA.
ME VALE CUALQUIER GATO.
¡HNNF!
NO... ME DUELE.
¿QUÉ DIABLOS...?
PRECISAMENTE.
METÁ SCHE MATIZO...
...BAGAHI LACA...
SSSSSSZZ

NO HABRÁ MÁS MAGIA POR HOY.
UN ÚLTIMO TRUCO.
AHO-RA NOS VEIS...
SHEEEEEEEEEEM
...Y AHORA YA NO.

¿DÓNDE SE HAN...?
CALMA. ESTÁS HERIDA.
HE RECORRIDO LA CIUDAD 10 VECES. YA NO ESTÁN EN GOTHAM.
¿PUEDES ENCONTRARLOS, J'ONN?
ALGO INTERFIERE CON MI TELEPATÍA.
GENIAL. MÁS MAGIA.
NO ESTOY TAN SEGURO...
ZETA, ¿QUÉ SIGNIFICA ESTE SÍMBOLO?
ES EL OJO DE LA VERDAD. EL TERCER OJO.
LO VE TODO, LO SABE TODO...
...NUESTROS SECRETOS Y PECADOS...
DEBERÍAMOS IRNOS.
TENGO A TORNADO ROJO. O LO QUE QUEDA DE ÉL. ¿CATWOMAN ESTÁ BIEN?
...
¿DÓNDE ESTÁ CATWOMAN?
SE HA IDO.
CON BATMAN.

Mansión Wayne.
"HA PERDIDO MUCHA SANGRE."
PERO UN POCO DE REPOSO Y ESTARÁ COMO NUEVA.
DORMIRÁ AQUÍ ESTA NOCHE.
MUY BIEN, SEÑOR BRUCE. PREPARARÉ EL CUARTO DE INVITADOS.
GRACIAS, ALFRED.
BRUCE...
TENEMOS QUE HABLAR.
NO TENGO NADA QUE DECIRTE, J'ONN.

ENTONCES, ESCUCHA.

BRUCE...
SABEMOS QUE SABES LO QUE...
LO QUE TE HICE.
Y SÉ QUE POR ESO TE HAS DISTANCIADO DE LA LIGA. PERO LA CULPA NO ES DE LA JLA.
ES MÍA.
LO SIENTO MUCHO.
Y HARÉ LO QUE ESTÉ EN MI MANO POR ENMENDARLO.
POR FAVOR.
DIME QUÉ PUEDO HACER.
PODÉIS IROS.

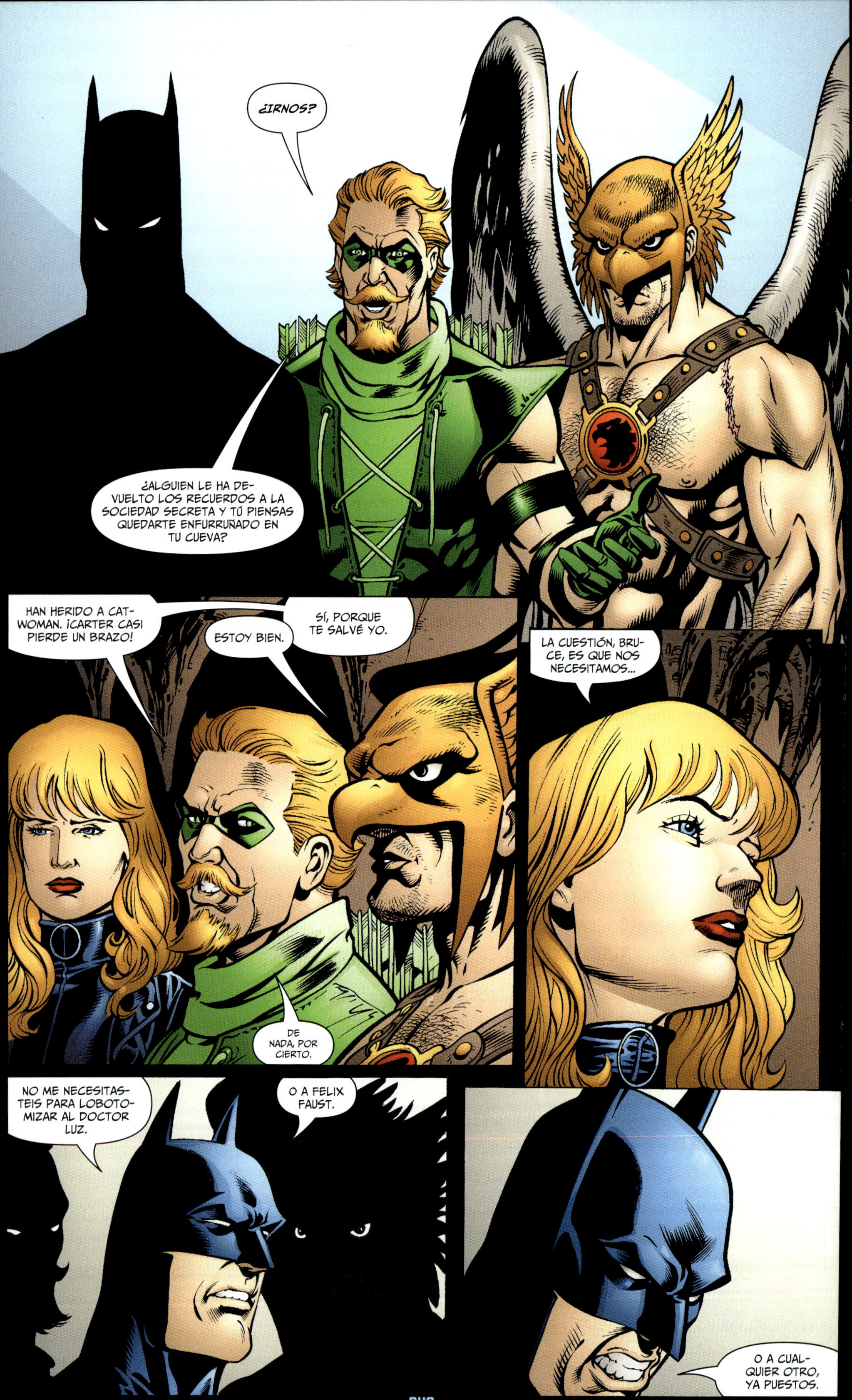
¿IRNOS?
¿ALGUIEN LE HA DEVUELTO LOS RECUERDOS A LA SOCIEDAD SECRETA Y TÚ PIENSAS QUEDARTE ENFURRUÑADO EN TU CUEVA?
HAN HERIDO A CATWOMAN. ¡CARTER CASI PIERDE UN BRAZO!
ESTOY BIEN.
SÍ, PORQUE TE SALVÉ YO.
DE NADA, POR CIERTO.
LA CUESTIÓN, BRUCE, ES QUE NOS NECESITAMOS...
NO ME NECESITASTEIS PARA LOBOTOMIZAR AL DOCTOR LUZ.
O A FELIX FAUST.
O A CUALQUIER OTRO, YA PUESTOS.

TE QUITAMOS 10 MINUTOS.
NADA MÁS.
¿NADA MÁS?
TENÍAMOS QUE PARAR AL DR. LUZ. Y TÚ NOS LO HABRÍAS IM-PEDIDO.
CIERTO. LO HABRÍA HECHO.
ENTONCES LIGHT HABRÍA MATADO A SUE...
...A RALPH...
...Y SABE DIOS A QUIÉN MÁS.
¿QUÉ ES MÁS IMPORTANTE PARA TI, BATMAN?
¿TUS 10 MI-NUTOS? ¿O TUS AMIGOS?

MIS AMIGOS JAMÁS ME HABRÍAN HECHO ESO.

ESPERO QUE ESTÉS SATISFECHO, BATMAN.
PORQUE VOY A DARTE 10 MINUTOS QUE JAMÁS OLVIDARÁS.
BASTA.
YO PENSABA QUE SI LO HABLÁBAMOS...
TE EQUIVOCASTE.
BRUCE, POR FAVOR.
ELLOS SOLO INTENTABAN PROTEGER A SUE.
PUES AHORA NECESITAN PROTEGERSE ELLOS.
PORQUE SI EN LA SOCIEDAD SECRETA RECUERDAN LO QUE LES HICISTEIS...
...ES PROBABLE QUE RECUERDEN POR QUÉ.

TIENE RAZÓN...
CONOCEN NUESTROS NOMBRES. LO SABEN TODO.
TENGO QUE IR A CASA CON LINDA.
TODOS DEBERÍAIS VOLVER CON VUESTROS SERES QUERIDOS.
NOS REUNIREMOS LUEGO EN LA...
...ATALAYA.

VUMMMMM
J'ONN, ME ALEGRA QUE ESTÉS AQUÍ.
ALGUIEN LES HA DEVUELTO SUS RECUERDOS A LA SOCIEDAD SE- CRETA.

ME PREGUNTO QUIÉN HABRÁ SIDO...
DESPERO.

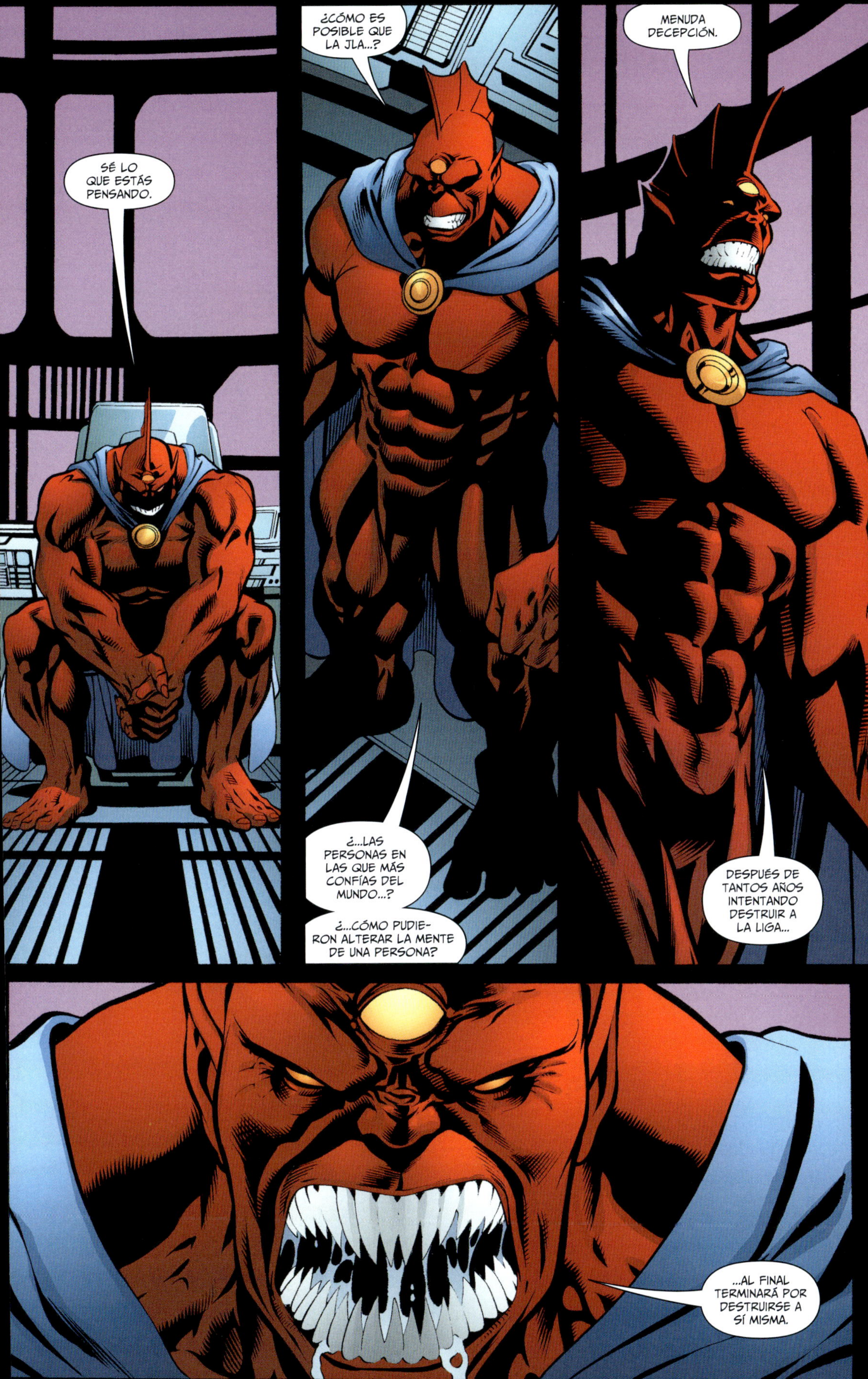
SÉ LO QUE ESTÁS PENSANDO.
¿CÓMO ES POSIBLE QUE LA JLA...?
¿...LAS PERSONAS EN LAS QUE MÁS CONFÍAS DEL MUNDO...?
¿...CÓMO PUDIERON ALTERAR LA MENTE DE UNA PERSONA?
MENUDA DECEPCIÓN.
DESPUÉS DE TANTOS AÑOS INTENTANDO DESTRUIR A LA LIGA...
...AL FINAL TERMINARÁ POR DESTRUIRSE A SÍ MISMA.

FLASH
GREEN LANTERN
DETECTIVE MARCIANO
ZATANNA
GREEN ARROW
BATMAN
HAWKMAN
CANARIO NEGRO
Y ESTA VEZ TÚ NO ESTARÁS ALLÍ PARA ARREGLARLO.

EL BRUJO
CRONOS
ZAFIRO ESTELAR
FELIX FAUST
HOMBRE FLORÓNICO
AMO DE LA MATERIA
CRISIS de CONCIENCIA
PARTE TRES
GEOFF JOHNS Y ALLAN HEINBERG
Guion
CHRIS BATISTA
Dibujo
MARK FARMER
Tinta
DAVID BARON – Color
MICHAEL SIGLAIN – Editor adjunto
MIKE CARLIN – Editor

ME SUBESTIMAS, DESPERO.
SUBESTIMAS A LA LIGA...
"...LO HAS HECHO DESDE EL PRINCIPIO."
"YO NO EMPECÉ ESTA GUERRA. LA LIGA ME EXILIÓ DE MI MUNDO NATAL."
"UN MUNDO QUE CONQUISTASTE Y ESCLAVIZASTE..."
"Y CUANDO VOLVÍ PARA VENGARME, ALTERASTE MI MENTE, COMO HIZO ZATANNA CON EL DR. LUZ."
"Y CON LA SOCIEDAD SECRETA."
"Y CON BATMAN, SI NO ME EQUIVOCO."
"YO NO ALTERÉ TU MENTE. DISPUSE QUE VIERAS LO QUE QUERÍAS VER."
"NO TE PONGAS A LA DEFENSIVA, J'ONN."
"GRACIAS A MÍ, LAS VÍCTIMAS DE ZATANNA LO RECUERDAN TODO."

FWSSSH
KRAASH
NO TE MOLES-TES EN ACCEDER A MI MENTE.
NI EN CONTACTAR TELEPÁTICAMENTE CON LA LIGA.
ESTA VEZ VENGO PREPA-RADO, J'ONN.
Y ME HE ASEGURADO DE QUE TUS AMIGOS ESTÉN OCUPA-DOS.
ASÍ QUE...
SLASHH
...ESTO ES ENTRE TÚ Y YO.

Keystone City.
WALLY, ¿CUÁNTAS VECES TENGO QUE DECÍRTELO? ESTOY BIEN.
CIELO, LA SOCIEDAD SECRETA SABE QUIÉN SOY. CORRES PELIGRO.
CORRO PELIGRO DESDE QUE ME CASÉ CONTIGO. PERO ESO ME DA VIDILLA.
ADEMÁS, RALPH ESTÁ AQUÍ.
RALPH NECESITA UNA BOTELLA DE GINGOLD.
VUELVO ENSEGUIDA. TENGO...
PRENSA
St. Roch.
...QUE...
Star City.
...COMPROBAR...
Aeropuerto Internacional JFK.
...QUE TODOS...
Base Aérea de Edwards.
...ESTÉN...

San Francisco.
¿ZATANNA?
¿QUÉ ESTÁS...?
INTENTO LOCALIZAR A LA SOCIEDAD SECRETA.
¿TU GENTE ESTÁ BIEN? ¿FAMILIA? ¿AMIGOS?
ESTOY SOLA, WALLY.
DESDE HACE MUCHO TIEMPO.
¿Y LO QUE LE HICISTE A LA SOCIEDAD SECRETA...?
¿...FUE PARA PROTEGER...?
DESDE LA MUERTE DE MIS PADRES, LA LIGA ES LA ÚNICA FAMILIA QUE...
WHOOOSH
OH, CIELOS, ESTÁN...
VOY YO. DILE A LA JLA QUE VENGA A...

"...METROPOLIS."
LOIS, SI QUIERES ESE ARTÍCULO SOBRE EL SECUESTRO DE FIRESTORM EN PRIMERA PLANA...
ESTOY EN ELLO, JEFE.
¿Y DÓNDE ESTÁN LOS TESTIMONIOS SOBRE ESOS AVISTAMIENTOS DE CENTURIÓN EN LA BARRIADA SUICIDA?
EN TU MESA.
OLSEN, QUIERO VERTE DE VUELTA EN MI DESPACHO EN 90 SEGUNDOS.
VOY A TARDAR MÁS QUE ESO EN REVELAR EL CARRETE, SR. WHITE.
ILY PLAN
¿QUÉ CARRETE, IDIOTA? ¡QUIERO UN CAFÉ!
CON LECHE Y AZÚ...
SIENTO INTERRUMPIR.
¡HALA! PERO SI ES...
FLASH

¿QUÉ OCURRE, WALLY?
ES UNA EMERGENCIA.
¿ESTÁ CLARK?
CONSERJE
LLAMÓ DESDE GINEBRA Y ME PIDIÓ QUE LE TRAJERA EL TRAJE, ASÍ QUE PODRÍA VOLVER EN CUALQUIER MOMENTO.
¿POR?
PODRÍAS CORRER PELIGRO. UN GRUPO DE SUPERVILLANOS...
ESPERA UN MOMENTO. ¿DEBERÍA TOMAR NOTAS?
BOOOM

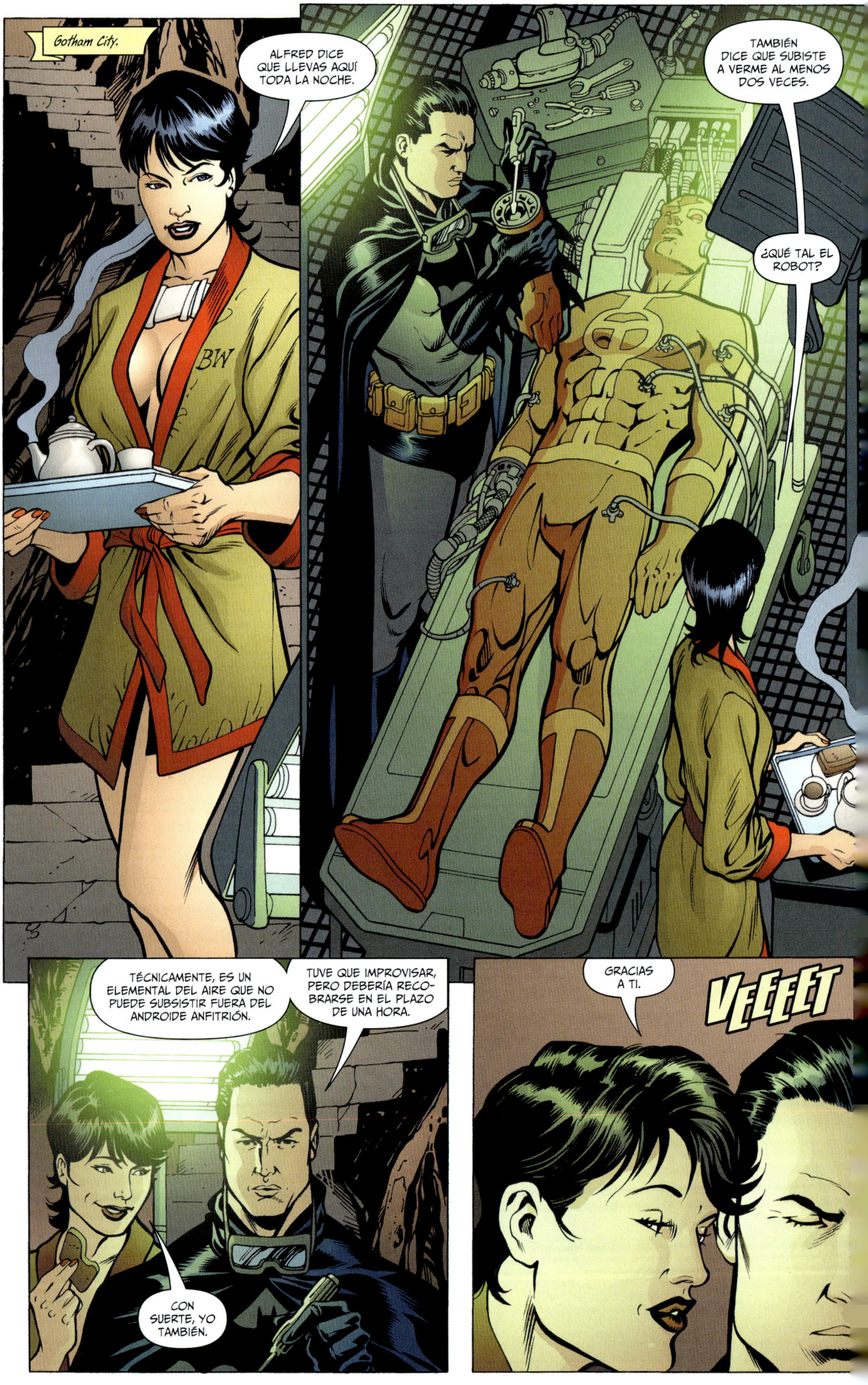
Gotham City.
ALFRED DICE QUE LLEVAS AQUÍ TODA LA NOCHE.
TAMBIÉN DICE QUE SUBISTE A VERME AL MENOS DOS VECES.
¿QUÉ TAL EL ROBOT?
TÉCNICAMENTE, ES UN ELEMENTAL DEL AIRE QUE NO PUEDE SUBSISTIR FUERA DEL ANDROIDE ANFITRIÓN.
TUVE QUE IMPROVISAR, PERO DEBERÍA RECOBRARSE EN EL PLAZO DE UNA HORA.
CON SUERTE, YO TAMBIÉN.
GRACIAS A TI.
VEEEET

MADRE MÍA...
BRUCE...
EL DAILY PLANET...
¿¿BRUCE!??
BOOOOOM
¿A QUÉ ESTÁS ESPERANDO?
¿NO VAS A CONTACTAR CON LA LIGA?
NO.
SUPERMAN, ¿ME RECIBES?
ADELANTE, SUPERMAN.
¿POR QUÉ NO TE RES-PONDE?

DAILY PLANET
¿QUIÉN SIGUE, BRUJO? ¿CAROL FERRIS? ¿JIM JORDAN?
¿JEAN LORING? ¿AUNQUE AHORA SEA DE LOS MALOS?
¿POR QUÉ NO?
DESPUÉS IRIS ALLEN, TIM DRAKE, BARBARA GORDON...
"...TODOS LOS SERES QUERIDOS DE LA LIGA DE LA JUSTICIA."
DAME LA MANO.
PUEDO SUBIR SOLA. VE A COMPROBAR QUE NO SE DERRUMBE EL EDIFICIO.
DAME LA MANO, LOIS. PUEDO HACER LAS DOS CO...
NO...

...SI TE RALENTIZO, NO.
¿FLASH?
¡FLASH!
¿QUÉ LE HABÉIS HECHO?
AH, SRA. KENT. SIEMPRE PENSANDO EN LOS DEMÁS...
...NORMAL QUE SUPERMAN SE CASARA CONTIGO.
LÁSTIMA QUE NO ESTÉ AQUÍ PARA RECOGER LOS PEDAZOS...
...EN CUANTO DESINTEGRE EL MÁSTIL AL QUE ESTÁS AGARRADA.

¿ESTÁS BIEN?
YO SÍ, PERO LA OFI ESTÁ HECHA POLVO.

YO ME OCUPO.
SR. KENT...
...JUSTO A TIEMPO...
KLIK
...AUNQUE YA SEA TARDE.
REVISA BIEN TU RELOJ, CRONOS...

...PORQUE VA ADELANTADO.
TOMA UNA DECISIÓN, HAL JORDAN.
O LUCHAR...
...O SALVAR EL PLANET.

SOY GREEN LANTERN, ZAFIRO ESTELAR...
...EL PLANETA SIEMPRE ES LO PRIMERO.
KLONG
DAILY
AL PLANETA LE IRÁ MUCHO MEJOR...
...CUANDO LA PLAGA HUMANA HAYA SIDO EXTER-MINADA.
GRACIAS, OLLIE.
THNK
KRAKKLE
CRÉEME...
...ES UN PLACER.
THNK
THNK
THNK
KRAKKLE

KRAAWW
¡RRRN!
HAWKMAN, DETRÁS DE TI.
K'KRAKK
YA LO SÉ.
BUENO...
...HASTA AQUÍ EL...
¡...TRABAJO EN EQUIPO!
¡KREEEEEEE!

¡OLSEN, CUIDADO!
GRACIAS, JEFE.
DEJA LA CÁMARA Y SAL DE AQUÍ.
YO ME OCUPARÉ DEL BRUJO.
¿CÓMO? NO PUEDES...
¿¡...VO-LAR!?
NO...
...PERO ÉL SÍ.
¡NO...!
¡IDIOTA!
¡AGGGH!
SUÉLTAME O NO PODRÉ FRENAR LA CAÍDA.
DAME LA GEMA O MORIRE-MOS JUNTOS.

BOOOM
CUANDO TERMINE CONTIGO, BRUJO, DESEARÁS ESTAR MUERTO.
FWOOOSH
UHN...
COMO EN CASA, ¿VERDAD, CLARK?
HE INVOCADO LOS RAYOS DEL SOL ROJO DE KRYPTON...
FWOOOOOSH
...PARA ACHICHARRARTE VIVO.
TSUAF...
¡..ARAP!
ME HA LLAMADO "CLARK".
TENEMOS QUE HABLAR...

BIEN, ¿QUIÉN SE ANIMA A EXPLI- CÁRMELO?
HACE UNOS AÑOS, LA SOCIEDAD SECRETA DESCUBRIÓ NUESTRAS IDENTIDADES CI- VILES...
SÉ LO QUE HICISTEIS CON SUS MENTES, ARROW.
NUNCA DIJE NADA, PERO...
...BATMAN ME CON- TÓ QUE HICISTEIS LO MISMO CON ÉL.
Y POR ESO HA DEJADO LA LIGA.
DEBO DE- CIR QUE...
...ME TIENTA HACER LO MISMO.
SUPERMAN, ESPERA. SI NO HU- BIÉRAMOS UNIDO FUERZAS...
Y SI NO SE HU- BIERAN BORRADO LAS MENTES DE LA SOCIE- DAD SECRETA...
SUS MENTES HAN SIDO RES- TAURADAS.
PARA BIEN O PARA MAL, LO RECUERDAN TODO. QUE TÚ ERES CLARK KENT. QUE ESTÁS CA- SADO CON LOIS LANE...
¿CÓMO?
NO LO SABEMOS.
ENTONCES, LA PREGUN- TA ES...
¿...QUÉ HA- CEMOS CON ELLOS?

VOTE-
MOS.

Metropolis.
¿VOTAR? ¿QUÉ QUIERES DECIR?
SEIS DE LOS PEORES CRIMINALES DEL MUNDO HAN DESCUBIERTO NUESTRO VERDADERO NOMBRE Y LUGAR DE TRABAJO, A NUESTROS SERES QUERIDOS... LO SABEN TODO.
Y EN VISTA DE LO QUE LES HAN HECHO A TU MUJER Y AL DAILY PLANET, SUPERMAN, NO LES ASUSTA USARLO CONTRA NOSOTROS.
HAY QUE BORRARLES LA MENTE. ¿TODOS A FAVOR?
NI HABLAR. OTRA VEZ NO.
TIENE QUE HABER OTRA SOLUCIÓN.
SI LOS ENCARCELAS, HABLARÁN.
PODRÍAMOS ENVIARLOS A LA ZONA FANTASMA, PERO ¿POR QUÉ CONCEDERLES UNA ETERNIDAD EN EL LIMBO...?
¿...CUANDO ZATANNA NO TIENE MÁS QUE BORRAR UNOS CUANTOS NOMBRES DE SU MEMORIA?
CARTER...
NO ME REFIERO A LOBOTOMIZARLOS.
VENGA, ZATANNA, AHORA TIENES MUCHA MÁS EXPERIENCIA QUE CUANDO PASÓ LO DEL DOCTOR LUZ.
¿PUEDES HACER ESO, ZEE?
¿BORRAR LOS NOMBRES Y YA?
CLARO QUE PUEDE. LA CUESTIÓN ES SI ESTÁ DISPUESTA A HACERLO.
ESO NI EN BROMA...
SI NO, YO PODRÍA MATARLOS...
ENTONCES, SIGAMOS CON ESTO.
YO VOTO SÍ.
¿QUIÉN SIGUE?

...YO IBA A DECIR LO MISMO DE TI.
CRISIS de CONCIENCIA
PARTE CUATRO
GEOFF JOHNS Y ALLAN HEINBERG
Guion
CHRIS BATISTA MARK FARMER
Dibujo Tinta
DAVID BARON – Color
MICHAEL SIGLAIN – Editor adjunto
MIKE CARLIN – Editor

LA LIGA ESTÁ DISTRAÍDA.
ESTÁN OCUPADOS TRAICIONÁNDOSE ENTRE SÍ Y PROTEGIENDO A LOS SUYOS COMO PARA PREOCUPARSE POR TI.
¡AAAARRGAA!
ACÉPTALO, J'ONN...
...NO QUEDA NADIE QUE PUEDA SALVARTE.
SHUNKK
¡AHNN!
QUÉ CURIOSO, DESPERO...

CHOOOM
ARRR...
URR...
¿POR QUÉ PIDES AYUDA CUANDO SABES QUE SOY EL ÚNICO QUE PUEDE OÍRTE?
AUNQUE NO BLOQUEASE TU TELEPATÍA, NO HAY NADIE PARA RESPONDER A TU LLAMADA.

Atalaya de la JLA, la luna.
BOOOM
¿ESTÁIS AHÍ...?
¿PODÉIS OÍRME?
NECESITO AYUDA.
SE ACERCA.

YO VOTO NO.
COMO LA OTRA VEZ.
Y YO.
¿OLLIE?
¿OLLIE...?
SI SE LIMITA A QUE OLVIDEN LOS NOMBRES...
¿¿¡QUÉ!??
YA HAS VISTO LO QUE LE HAN HECHO A LOIS. DEBO PENSAR EN CONNOR Y EN MIA.
NO ME CREO QUE DIGAS ESO...
VENGA, NO ESTAMOS HABLANDO DE BATMAN...
WALLY, HAZLE ENTRAR EN RAZÓN. POR FAVOR.
SÉ QUE ES INDEBIDO. SÉ QUE ESTÁ MAL.
PERO NO DEJO DE PENSAR EN MI ESPOSA... Y EN LO QUE PADECIÓ CUANDO MI IDENTIDAD SALIÓ A LA LUZ...
...Y CREO QUE NO TENEMOS ELECCIÓN.
CLARO QUE SÍ.
LA SOCIEDAD SECRETA NO PUSO EN PELIGRO A NUESTROS ALLEGADOS.
NOSOTROS SÍ.
CUANDO DECIDIMOS DEDICAR LA VIDA A LUCHAR POR LA JUSTICIA, CONVERTIMOS A NUESTROS SERES QUERIDOS EN OBJETIVOS.
¿Y AHORA QUEREMOS QUE LA SOCIEDAD PAGUE POR NUESTRAS DECISIONES? NI HABLAR.
YO VOTO NO.
EMPATE A TRES. FALTA UN VOTO.
¿ZATANNA...?

DA IGUAL LO QUE VOTE, PORQUE...
...NO PIENSO VOLVER A HACERLO.
¿QUÉ?
LO QUE LE HICE A LA SOCIEDAD SECRETA... Y A BATMAN... FUE UN ERROR. ABUSÉ DE LA MAGIA QUE HEREDÉ DE MI PADRE.
NO ARREGLÉ NADA. SOLO CONSEGUÍ DINAMITAR LA CONFIANZA QUE NOS CONVIERTE EN UN EQUIPO.
ASÍ QUE, POR EL BIEN DE LA LIGA...
...QUITADME DE LA RESERVA.
LO DEJO.
WOOSH

San Diego.
KRAAANTCH
HACED...
...QUE...
...SAN-
GRE.
ARTHUR.
J'ONN...
¿...DÓNDE
ESTÁ EL RESTO
DE LA LIGA?

FUERA DE ONDA.
APENAS HE PODIDO CONTACTAR CONTIGO.
RECUERDA...
...DESPERO ES UN TELÉPATA.
SI NO PUEDE VENCERTE POR LA FUERZA...
...HARÁ TODO LO POSIBLE POR DOMINAR TU MENTE.
QUE LO INTENTE.

SWOOOSH
¿ESTÁS BIEN?
LO ESTARÉ. CUANDO VENZAMOS A DESPERO.
DIME CÓMO.
HAY QUE DESCONECTAR SU MENTE. PARA ESO HE VENIDO.
LA SUMA DE NUESTRAS HABILIDADES PSIÓNICAS PODRÍA BASTAR PARA SOBRECARGARLO.
VAMOS A COMPROBARLO.
VOHHHHMMMMMMMMMMMN
"PARECE QUE EL MUNDO ENTERO SE VIENE ABAJO...

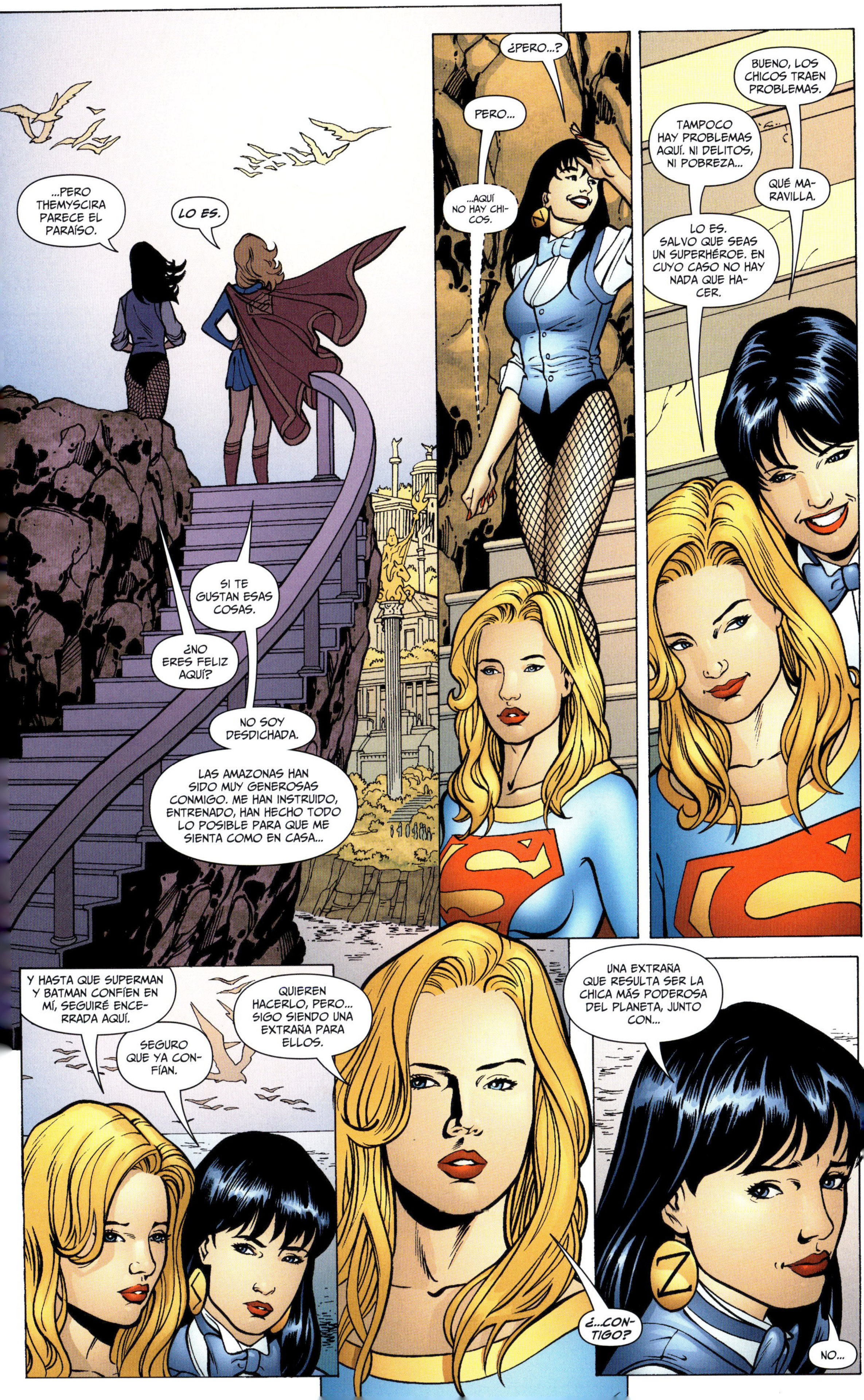
...PERO THEMYSCIRA PARECE EL PARAÍSO.
LO ES.
SI TE GUSTAN ESAS COSAS.
¿NO ERES FELIZ AQUÍ?
NO SOY DESDICHADA.
LAS AMAZONAS HAN SIDO MUY GENEROSAS CONMIGO. ME HAN INSTRUIDO, ENTRENADO, HAN HECHO TODO LO POSIBLE PARA QUE ME SIENTA COMO EN CASA...
¿PERO...?
PERO...
...AQUÍ NO HAY CHICOS.
BUENO, LOS CHICOS TRAEN PROBLEMAS.
TAMPOCO HAY PROBLEMAS AQUÍ. NI DELITOS, NI POBREZA...
QUÉ MARAVILLA.
LO ES. SALVO QUE SEAS UN SUPERHÉROE. EN CUYO CASO NO HAY NADA QUE HACER.
Y HASTA QUE SUPERMAN Y BATMAN CONFÍEN EN MÍ, SEGUIRÉ ENCERRADA AQUÍ.
SEGURO QUE YA CONFÍAN.
QUIEREN HACERLO, PERO... SIGO SIENDO UNA EXTRAÑA PARA ELLOS.
UNA EXTRAÑA QUE RESULTA SER LA CHICA MÁS PODEROSA DEL PLANETA, JUNTO CON...
¿...CONTIGO?
NO...

...WONDER WOMAN.

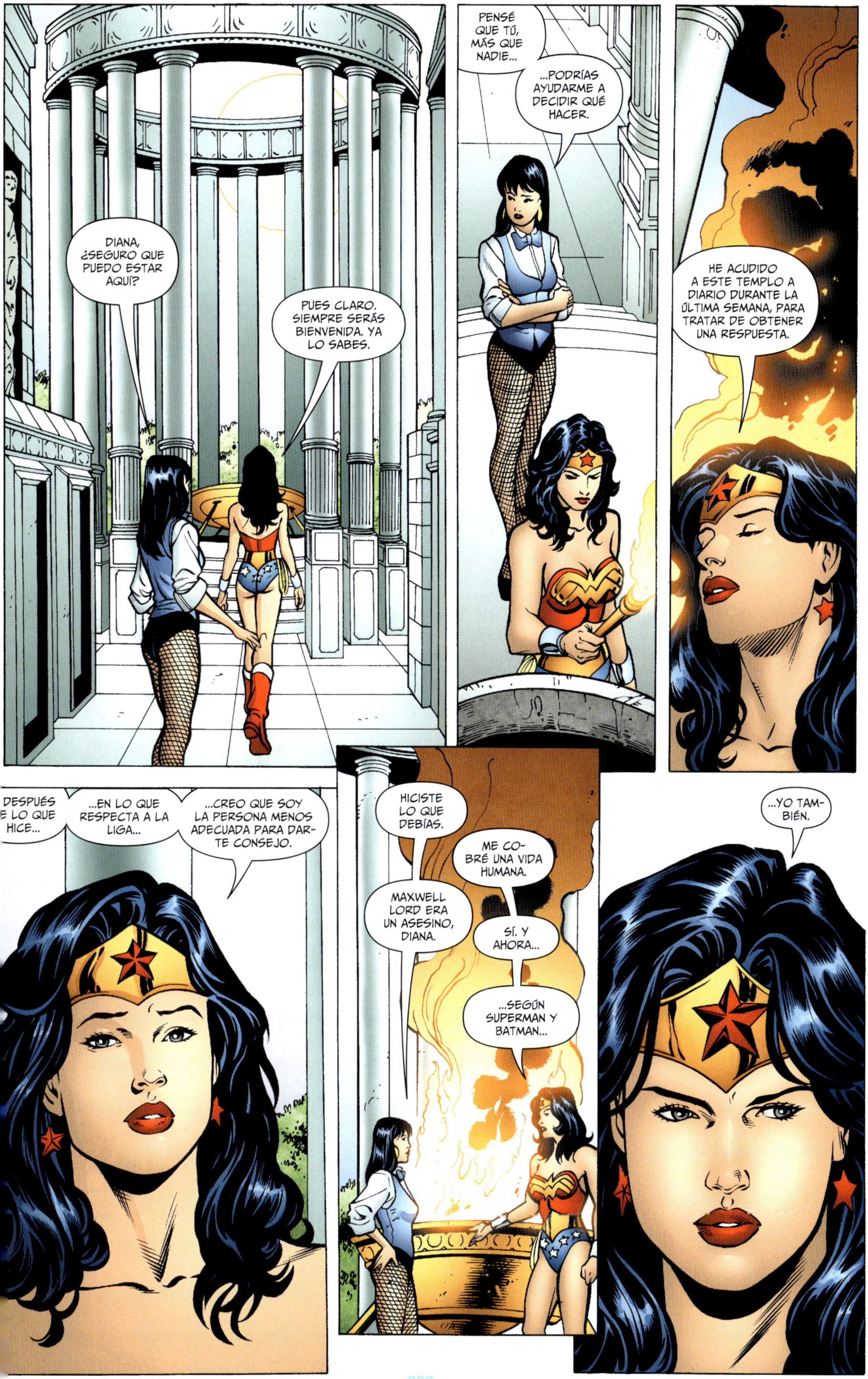
DIANA, ¿SEGURO QUE PUEDO ESTAR AQUÍ?
PUES CLARO. SIEMPRE SERÁS BIENVENIDA. YA LO SABES.
PENSÉ QUE TÚ, MÁS QUE NADIE...
...PODRÍAS AYUDARME A DECIDIR QUÉ HACER.
HE ACUDIDO A ESTE TEMPLO A DIARIO DURANTE LA ÚLTIMA SEMANA, PARA TRATAR DE OBTENER UNA RESPUESTA.
DESPUÉS DE LO QUE HICE...
...EN LO QUE RESPECTA A LA LIGA...
...CREO QUE SOY LA PERSONA MENOS ADECUADA PARA DARTE CONSEJO.
HICISTE LO QUE DEBÍAS.
ME COBRÉ UNA VIDA HUMANA.
MAXWELL LORD ERA UN ASESINO, DIANA.
SÍ. Y AHORA...
...SEGÚN SUPERMAN Y BATMAN...
...YO TAMBIÉN.

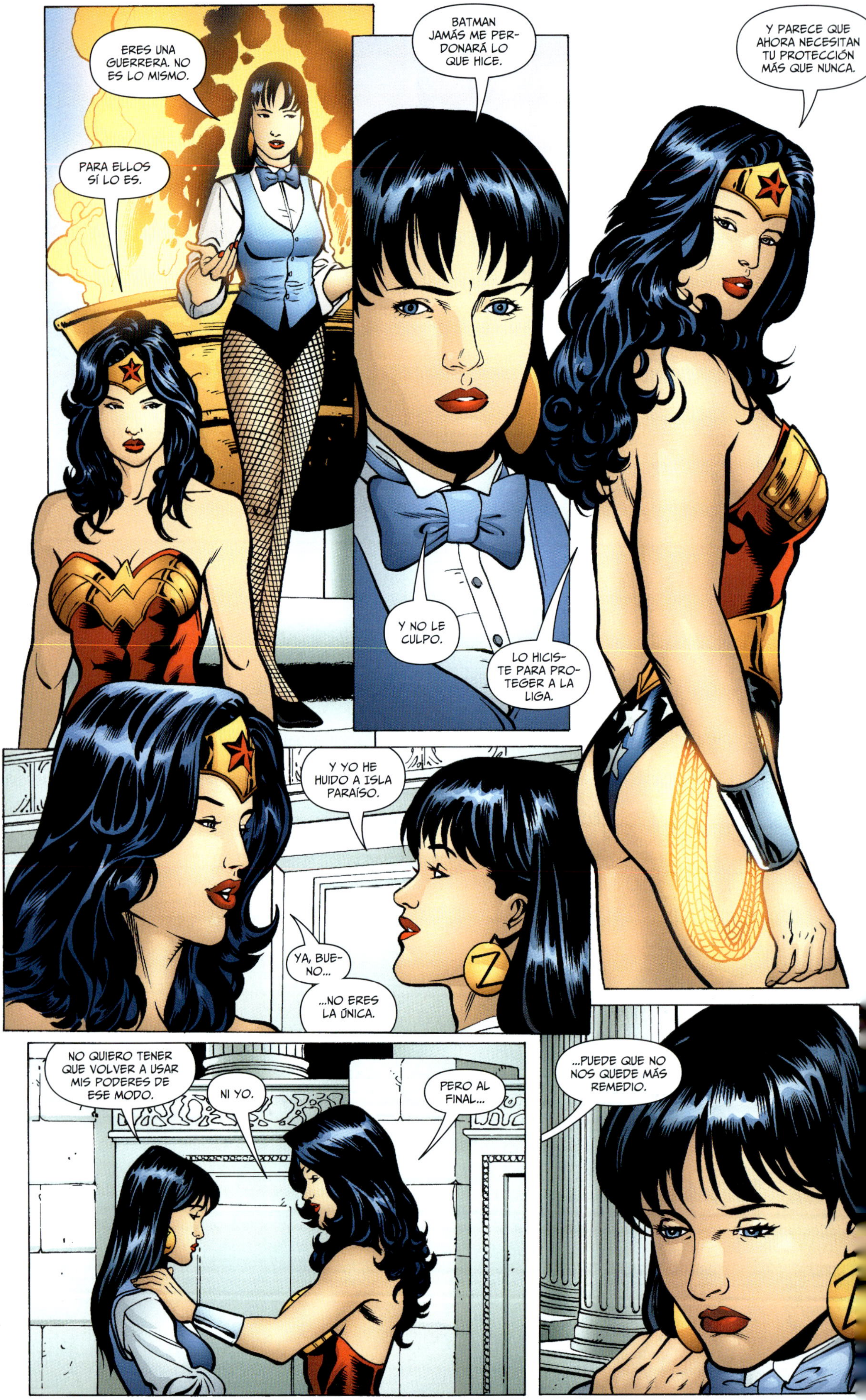
ERES UNA GUERRERA. NO ES LO MISMO.
PARA ELLOS SÍ LO ES.
BATMAN JAMÁS ME PERDONARÁ LO QUE HICE.
Y NO LE CULPO.
LO HICISTE PARA PROTEGER A LA LIGA.
Y PARECE QUE AHORA NECESITAN TU PROTECCIÓN MÁS QUE NUNCA.
Y YO HE HUIDO A ISLA PARAÍSO.
YA, BUENO...
...NO ERES LA ÚNICA.
NO QUIERO TENER QUE VOLVER A USAR MIS PODERES DE ESE MODO.
NI YO.
PERO AL FINAL...
...PUEDE QUE NO NOS QUEDE MÁS REMEDIO.

La Atalaya.
J'ONN VA A VOTAR "NO".
NO ESTÉS TAN SEGURO.
YA VISTEIS SU CARA CUANDO SE FUE.
YA, PERO CUANDO VEA CUÁLES SON LAS OPCIONES...
OÍD, AUNQUE J'ONN ACCEDA A HACERLO...
...QUE NO LO HARÁ...
¿...SERÁ CAPAZ?
J'ONN ES UNO DE LOS TELÉPATAS MÁS PODEROSOS DEL PLANETA.
ES UNO DE LOS SERES MÁS PODEROSOS DEL PLANETA.
Y UNO DE LOS MÁS RESPONSABLES.
J'ONN HA SIDO MIEMBRO DE CASI TODAS LAS ENCARNACIONES DE LA LIGA.
Y A VECES CREO QUE ÉL ES LO ÚNICO QUE LA MANTIENE UNI...
SANTO CIELO...

¿QUÉ HA PASADO AQUÍ?
¿QUIÉN HABRÁ SIDO?
¿EL CULPABLE SEGUIRÁ CERCA?
ANILLO, REGISTRA LA ATALAYA.
EXAMINANDO.
MI VISIÓN DE RAYOS X NO ENCUENTRA NADA.
HE INSPECCIONADO LA ZONA.
NO HAY NADIE MÁS AQUÍ.
¿Y DÓNDE NARICES ESTÁ J'ONN?

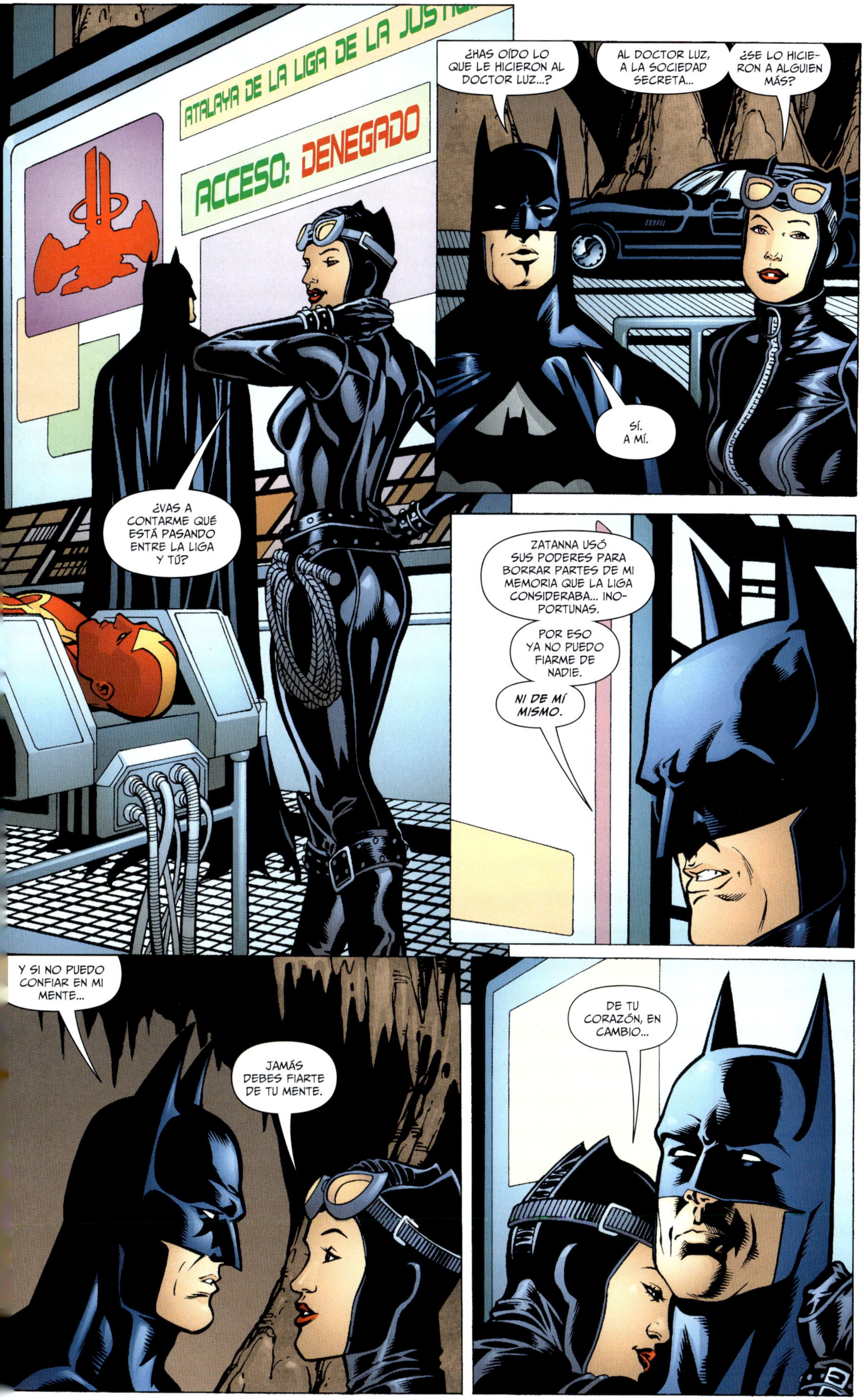
ATALAYA DE LA LIGA DE LA JUSTICIA
ACCESO: DENEGADO
¿VAS A CONTARME QUÉ ESTÁ PASANDO ENTRE LA LIGA Y TÚ?
¿HAS OÍDO LO QUE LE HICIERON AL DOCTOR LUZ...?
AL DOCTOR LUZ, A LA SOCIEDAD SECRETA...
¿SE LO HICIERON A ALGUIEN MÁS?
SÍ. A MÍ.
ZATANNA USÓ SUS PODERES PARA BORRAR PARTES DE MI MEMORIA QUE LA LIGA CONSIDERABA... INOPORTUNAS.
POR ESO YA NO PUEDO FIARME DE NADIE.
NI DE MÍ MISMO.
Y SI NO PUEDO CONFIAR EN MI MENTE...
JAMÁS DEBES FIARTE DE TU MENTE.
DE TU CORAZÓN, EN CAMBIO...

¿ARTHUR...?
¿J'ONN...?
TENGO
MI REY...
...TENGO MI
TORRE...

Y AHO-
RA...
NNN...
BATMAN, ¿ESTÁS...?
WHAP
¡AHHN!
SLASHHH

...TENGO MI CABALLO.
QUE EMPIECE LA PARTIDA.

¿BATMAN...?
BATMAN ESTÁ BAJO MI INFLUENCIA. IGUAL QUE LOS DEMÁS.
SUS CONFLICTOS EMOCIONALES LES HAN DEJADO LA MENTE FRACTURADA Y VULNERABLE.
COMO A TI, SELINA KYLE.
ESTÁS EN EL BANDO EQUIVOCADO.
UNA OFERTA PARA UNIRME A UN DICTADOR ALIENÍGENA.
POR MÁS QUE ME TIENTE...
...VOY A PASAR.
KLIK
COMUNICADOR DE LA JLA ACTIVADO.
¿HAY ALGUIEN AHÍ? ¡NECESITO AYUDA!
KRRKK
LE DIRÉ A BATMAN QUE TE HAGA COSAS...
...DE LAS QUE NI ÉL SABE QUE ES CAPAZ.
¿COSAS COMO ESTA...?

KKFFF
RESISTE, CANARIO NEGRO.
TUS COM-PAÑEROS T
NECESITAN.

¡J'ONN! ¡SUELTA...!
KREEEEEEE
¿DINAH...?
SAL DE SUS CABEZAS, DESPERO.
TÚ LOS TRAICIONASTE, JORDAN.
HAS TRAICIONADO A LA LIGA, A LOS CORPS Y A TI MISMO TANTAS VECES...
...QUE YA NO SE FÍAN DE TI.
ALGÚN DÍA...
...LO HARÁN.
HOY NO.
KRAK
NI NUNCA.

CRISIS de CONCIENCIA
CONCLUSIÓN
GEOFF JOHNS Y ALLAN HEINBERG
Guion
CHRIS BATISTA
Dibujo
MARK FARMER
Tinta
DAVID BARON – Color
MICHAEL SIGLAIN – Editor adjunto
MIKE CARLIN – Editor

ESTO ES EL FIN.

¿QUERÉIS JUSTICIA?
¡ARRRR!
ESTO ES JUSTICIA.
TENÉIS LA MENTE HECHA POLVO, COMO EL DOCTOR LUZ.
¡AAAAHH!
LO PRÓXIMO SERÁ VUESTRO CUERPO.
SLASSHH
¡!NNNF!¡
KREEEEEEEE

EEEEEE
CRRAAASSSH
BOOOM
¿SUPERMAN...?
¿AL-FRED...?
¿ESTÁ BIEN, SE-ÑOR?
¿SEÑOR BRUCE?
CIELOS...

VAMOS, BRUCE...
KRAKK
¡DESPIERTA!
KRRRAKKTCH
¡CONTRÓLATE!
ESTE NO ERES TÚ. ES DESPERO.
KRAAAK
YO NO ESTARÍA TAN SEGURO DE ESO.

KROOOOM
¡SUPERMAN!
KARRROOOM
ERES EL ÚNICO QUE QUEDA.
FWOOOOOOOSSH
SKRASSH
Y NI SIQUIERA TU MENTE KRYPTONIANA PODRÁ RESISTIRSE A MI TELEPATÍA.
TAL VEZ NO, DESPERO...
...PERO TU TELEPATÍA ES INÚTIL...

...CONTRA UN ANDROIDE.

SUPERMAN, ¿ESTÁS...?
FZZZZM
¡AAAAH!
ESTOY BIEN.
POR POCO TIEMPO.
TE SOMETERÁS.
N-NUNCA... MÁS.
OREPSED...

¡...ARAP!
¡AGIL, DA-TREPSED!
¿ZETA...?

ZATANNA, ¿QUÉ HAS HECHO?
HE USADO LA MAGIA PARA DETENERLO. Y PARA LIBRAROS DE SU INFLUENCIA.
ME LO IMAGINABA.
NO OS HE PEDIDO PERMISO.
TAM-POCO UNA VOTACIÓN.
HE HECHO LO QUE DEBÍA PARA QUE MIS AMIGOS NO SE MATEN EN-TRE ELLOS.
O, AL MENOS, PARA QUE NO USEN A DESPERO COMO EXCUSA PARA MATARSE.
Y AHORA, TENGO OTROS ASUNTOS QUE ATENDER.
YO CAUSÉ ES-TE ESTROPICIO, BATMAN...
¿LA SOCIEDAD SECRETA?
...OY OL ÉRALGE-RRA.
¿ME ECHÁIS UNA MANO?

ESTÁIS HERIDOS. DEJAD QUE...
YA HAS HECHO BASTANTE. CUIDA DE ALFRED.
CATWOMAN...
BRUCE.
¿PODEMOS AYUDAR?
PODÉIS SALIR POR LA PUERTA.
¿QUÉ HACEMOS AHORA?
IRÉ A BUSCAR A JOHN STEWART. LLEVAREMOS A DESPERO A OA PARA CONFINARLO.
CREO QUE J'ONN SE REFERÍA A LA LIGA.
¿LA LIGA?
NO SÉ QUÉ OPINAS TÚ, SUPERMAN. PERO BAJO MI PUNTO DE VISTA...
...LA LIGA NO EXISTE.
Y SI EXISTE... NO ES ESTO.

FUE LA INFLUENCIA DE DESPERO, HAL.
DESPERO APROVECHÓ LA SITUACIÓN, PERO EL DAÑO YA ESTABA HECHO.
BATMAN LO HA DEJADO.
WONDER WOMAN NO VA A VOLVER.
ARTHUR, OLLIE, DINAH, TORNADO ROJO Y YO DEJAMOS DE SER MIEMBROS HACE AÑOS.
Y CARTER COLABORA CON LA JSA.
AHORA MISMO, LA LIGA SOIS JOHN STEWART, WALLY, SUPERMAN Y TÚ.
EN REALIDAD, DESPUÉS DE TODO ESTO... CREO QUE NECESITO TOMARME UN TIEMPO.
LO SIENTO, PERO DESDE QUE NACIERON LOS GEMELOS...
DESPUÉS DE LO QUE HA PASADO, A TODOS NOS VENDRÍA BIEN TOMARNOS UN TIEMPO.
SEPARADOS.

ASÍ QUE YA SOLO QUEDAMOS JOHN STEWART, TÚ Y YO, KAL.
HAS LOGRADO RECONSTRUIR EL GRUPO MÁS DE UNA VEZ, J'ONN.
Y CUANDO LO HAGAS, ESTARÉ AHÍ.
HASTA ENTONCES, SI ME NECESITAS...
SI NOS NECESITAS...
NO ES UNA CUESTIÓN DE "SI", AMIGOS...
...SINO DE "CUÁNDO".

Prisión de Belle Rêve.
¿VAS A HACERNOS LO QUE LE HICISTE AL DR. LUZ?
¿O VOLVERÁS A HACER QUE OL-VIDEMOS QUIÉNES SOMOS?
SOLO QUERÍA HACEROS OLVIDAR LOS SECRETOS QUE LE ROBASTEIS A LA LIGA EN PRIMER LUGAR.
PERO ESO NO FUE LO QUE PASÓ.
NO.
Y LO SIENTO MUCHO.
¿Y CREES QUE CON ESO SE ARREGLA TODO?
CLARO QUE NO.
PERO EN VISTA DE LOS CRÍMENES QUE TUS SOCIOS Y TÚ HABÉIS PERPETRADO...
...LAS PERSO-NAS A LAS QUE HABÉIS MATADO O HERIDO...
...Y EL HECHO DE QUE PODRÍA DEJAROS EN BLANCO CON UNA SOLA PALABRA PRONUNCIA-DA AL REVÉS...
...YO DIRÍA QUE SALÍS GANANDO.
¡SIAV A RADIVLO!

PUEDES DEJARTE VER, J'ONN. TE OIGO RESPIRAR.
DISCULPA LA INTROMI-SIÓN...
...PERO NE-CESITO SABER LA VERDAD.
ESTO NO HA SIDO SOLO POR TI, ¿VER-DAD?

HA SIDO POR ELLA.
DURANTE UN TIEMPO, ELLA FORMÓ PARTE DE LA SOCIEDAD SECRETA ORIGINAL...
...FUE UNO DE MIS ENEMIGOS MÁS AGRESIVOS...
...Y DE PRONTO SE CONVIRTIÓ EN...
¿UNA AMIGA?
UNA ALIADA. EN PARTE.
CREÍ QUE HABÍA CAMBIADO, PERO...
...QUIZÁ NO FUE DECISIÓN SUYA.

Cuartel general de la JLA... La Atalaya... La luna terrícola...
¿...QUÉ TAL VIXEN?
ZAURIEL
BLUE BEETLE
NIGHTWING
VIXEN
FUEGO
GITANA
TE HE OÍDO HABLAR BIEN DE ELLA.
METAMORFO
LA CAZADORA
FIRESTORM
BOOSTER GOLD
HAWKGIRL
ANIMAL MAN
¿J'ONN...?
BLUE BEETLE
VEET
BLUE BEETLE
FALLECIDO
TED DEBERÍA ESTAR AQUÍ.
FUI UN NECIO AL NO TOMARME EN SERIO SUS ADVERTENCIAS, Y AHORA...
...NOS ATACAN UNOS CENTURIONES SUPERPODEROSOS...
...NUESTROS VIEJOS ADVERSARIOS SE HAN ORGANIZADO EN UN EJÉRCITO...
...HA ESTALLADO UNA GUERRA INTERGALÁCTICA...
...Y EL MUNDO DE LA MAGIA HA SIDO CORROMPIDO...
¿QUÉ ESTÁS PENSANDO, J'ONN?
TED HABLÓ DE UNA CONSPIRACIÓN EN MARCHA.
QUIZÁ TUVIERA RAZÓN. QUIZÁ ESTO NO SEA UNA COINCIDENCIA.
PERO ¿QUIÉN PODRÍA SER TAN PODEROSO COMO PARA ORQUESTAR...?

VEET
SUPERMAN...
TUBO TELETRANSPORTADOR ACTIVADO/ LLEGADA A CUBIERTA 1
...ME ALEGRA QUE ESTÉS AQUÍ.
ES PRECISO REORGANIZARSE...
...CREO QUE EXISTE LA POSIBILIDAD DE QUE TODO ESTO ESTÉ CONECTADO.
LO SÉ.
ESPERA...
TÚ ERES...

KROOOM

TORRE DE METROPOLIS, CENTRAL DE POLICÍA.
¿...LO QUE HIZO LA LOBA EN LA ISLA DE STRYKER?
ES UN RUMOR, FINK.
SÍ, BUENO, EL RUMOR ES QUE LE DIO UNA PALIZA AL EXPRESIDENTE...
Y SI QUIERES COMENTAR ALGÚN OTRO RUMOR, FINK, SERÁS BIEN RECIBIDO EN MI DESPACHO.
EH, NO, SEÑORA.
YA ME...
...PARECÍA...
CULPA Y REMORDIMIENTO
GREG RUCKA, NUNZIO DEFILIPPIS Y CHRISTINA WEIR guion
DARRYL BANKS, KARL KERSCHL Y ADAM DEKRAKER dibujo
WAYNE FAUCHER, CAM SMITH Y ROBIN RIGGS tinta
TANYA Y RICHARD HORIE color
JEANINE SCHAEFER editora adjunta
EDDIE BERGANZA editor

CASI TODOS LOS MIRONES INTENTAN PILLARME EN CASA...
¡EH!
¡EH! ¡DEVUÉLVEME ESO!
SÉ LO QUE LE HIZO A PETE ROSS.
NO SE MERECE LLEVARLA.

¡MÉTE-
TELO EN
LA CABEZA,
KENT!
¡PETE ROSS
ES RUINA!
AÚN NO LO HAN
CONDENADO...
SUPERMAN
LO ATRAPÓ Y
LO DESENMAS-
CARÓ A PLENA
LUZ DEL DÍA.
B. LOVING, EDITOR
Y A
PROPÓSITO,
¡ESA HISTO-
RIA NO ES
TUYA!
RINNG
NO
TE VAYAS,
KENT...
AQUÍ
LOVING... ¿QUÉ
PROBLEMA
TIENES?
...POR AQUÍ
TENEMOS EL
DESPACHO
DE...
LOVING
UPS. MAL
MOMENTO.
EN REALIDAD,
ES UN MOMENTO
PERFECTO,
JIMMY.
ME
SORPRENDE
VERTE AQUÍ,
JERRY.
BUENO, PUES
ACOSTÚM-
BRATE.
EL SR.
WHITE LA HA
CONTRATADO
HOY.
AVANZANDO
HACIA COSAS
MAYORES Y
MEJORES.
Y MÁS
JÓVENES,
POR LO
QUE VEO.
¿HOLA?
SIGO EN
LA HABI-
TACIÓN.

¿QUÉ QUIERE QUE LE DIGA? ME GUSTAN LOS HOMBRES UN POCO ZUMBADOS.
¡SIGO EN LA HABITACIÓN!
BUENO, ENHORABUENA, JERRY. NO PODRÍAS HABER ENCONTRADO UN EMPLEO MEJOR...
...NI A UN TIPO MEJOR.
ESO TE LO ASEGURO.
¡AHÍ ESTÁS!
¿ESTA ES TU IDEA DE ENSEÑAR EL LUGAR, OLSEN? ¿EL DESPACHO DE LOVING? TE DIJE QUE LE MOSTRARAS TODO ESTO, NO QUE PERDIERAS EL TIEMPO.
LO SIENTO, CLARK. TENGO QUE TERMINAR EL PASEO TURÍSTICO.
OS DEJO QUE SIGÁIS VUESTRA... DISCUSIÓN.
¿POR DÓNDE IBA...?
AH, SÍ. ROSS ES CULPABLE Y NO ES TAREA TUYA.
B. LOVING, EDITOR
NO TIENES INSTINTO, KENT. PARECE QUE SEAS NUEVO EN ESTO.

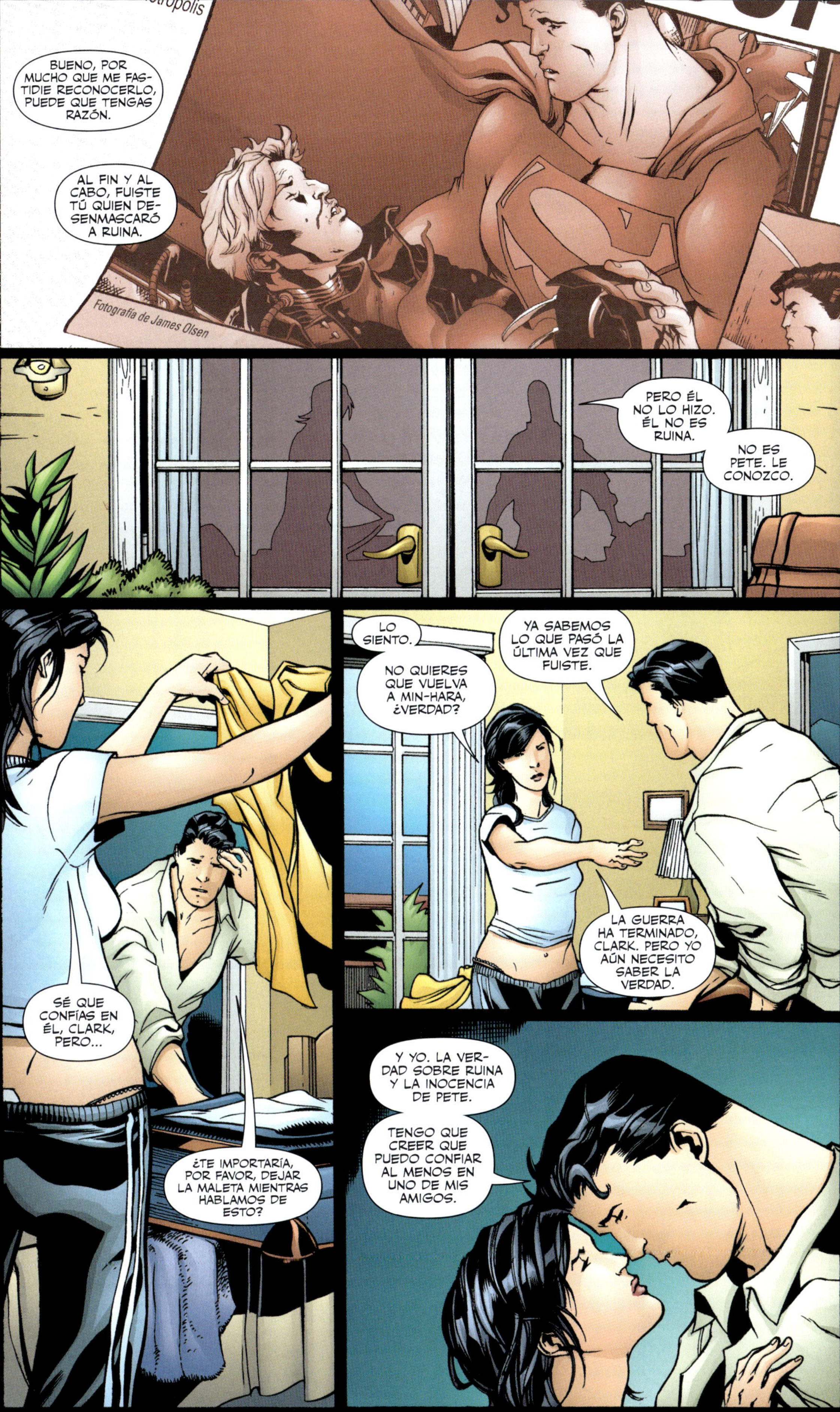
...tropolis
BUENO, POR MUCHO QUE ME FASTIDIE RECONOCERLO, PUEDE QUE TENGAS RAZÓN.
AL FIN Y AL CABO, FUISTE TÚ QUIEN DESENMASCARÓ A RUINA.
Fotografía de James Olsen
PERO ÉL NO LO HIZO. ÉL NO ES RUINA.
NO ES PETE. LE CONOZCO.
SÉ QUE CONFÍAS EN ÉL, CLARK, PERO...
¿TE IMPORTARÍA, POR FAVOR, DEJAR LA MALETA MIENTRAS HABLAMOS DE ESTO?
LO SIENTO.
NO QUIERES QUE VUELVA A MIN-HARA, ¿VERDAD?
YA SABEMOS LO QUE PASÓ LA ÚLTIMA VEZ QUE FUISTE.
LA GUERRA HA TERMINADO, CLARK. PERO YO AÚN NECESITO SABER LA VERDAD.
Y YO. LA VERDAD SOBRE RUINA Y LA INOCENCIA DE PETE.
TENGO QUE CREER QUE PUEDO CONFIAR AL MENOS EN UNO DE MIS AMIGOS.

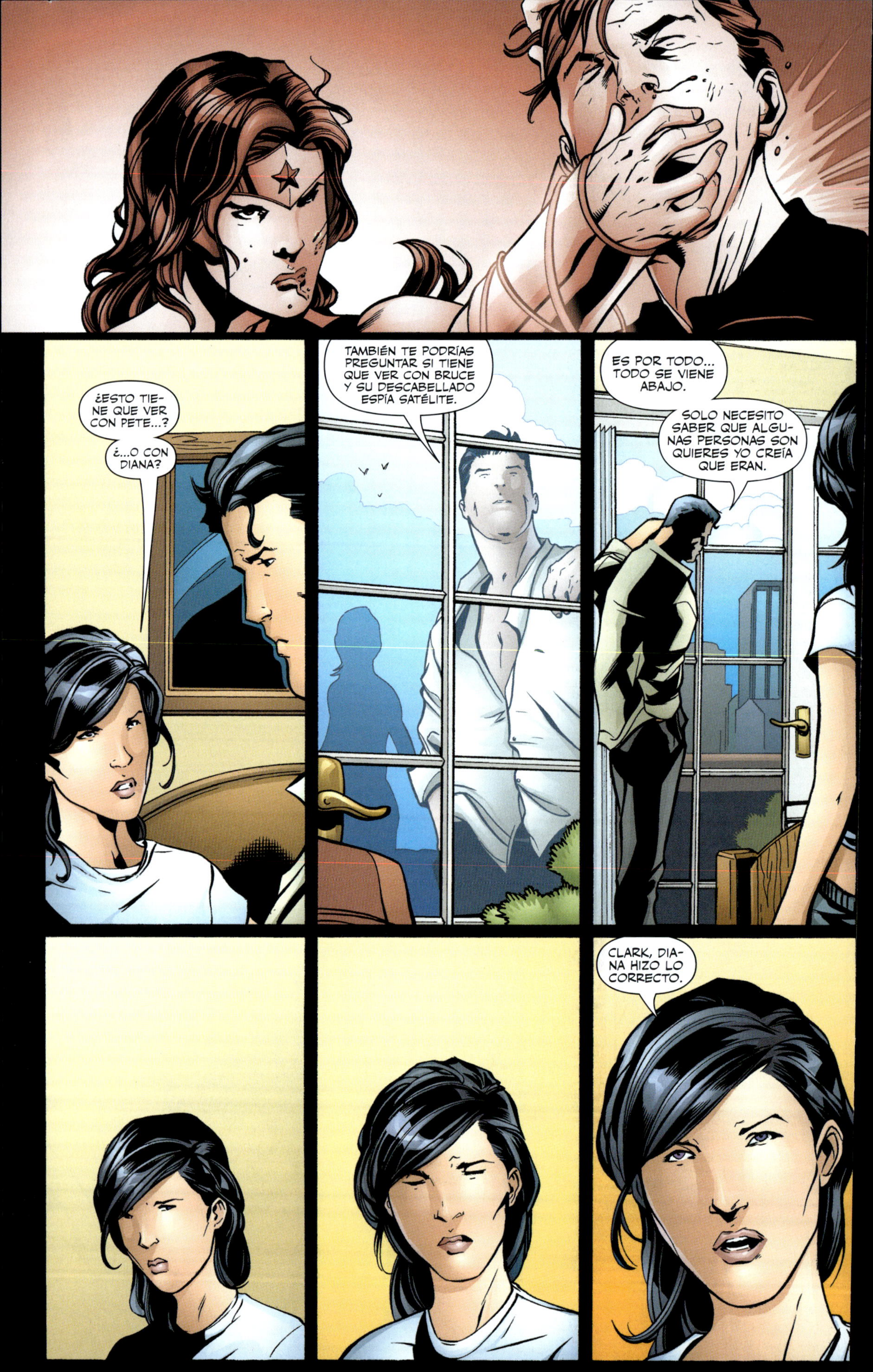
¿ESTO TIENE QUE VER CON PETE...?
¿...O CON DIANA?
TAMBIÉN TE PODRÍAS PREGUNTAR SI TIENE QUE VER CON BRUCE Y SU DESCABELLADO ESPÍA SATÉLITE.
ES POR TODO... TODO SE VIENE ABAJO.
SOLO NECESITO SABER QUE ALGUNAS PERSONAS SON QUIERES YO CREÍA QUE ERAN.
CLARK, DIANA HIZO LO CORRECTO.

¡DIANA MATÓ A UN HOMBRE, LOIS!
¡UN HOMBRE QUE TE HABÍA CONTROLADO! ¡QUE TE HABÍA CONVERTIDO EN UN PELIGRO PARA TODO EL MUNDO, INCLUIDO TÚ MISMO!
HIZO LO QUE TENÍA QUE HACER PARA SALVAR A SU AMIGO Y PUEDE QUE AL MUNDO.
¡CRUZANDO UNA LÍNEA QUE JAMÁS DEBEMOS CRUZAR!
¡NO TUVO ELECCIÓN!
¡SIEMPRE HAY ELECCIÓN!
TÚ NO LA VISTE. LE PARECIÓ BIEN LO QUE HIZO. NO DUDÓ. NO TUVO REMORDIMIENTOS.
NO SE SINTIÓ CULPABLE POR LO QUE HIZO.
PERO TÚ SÍ. TÚ CARGAS LA CULPA POR TODO. INCLUSO POR LO QUE ESCAPA DE TU CONTROL.
COMO LAS COSAS QUE TE HIZO HACER MAX.

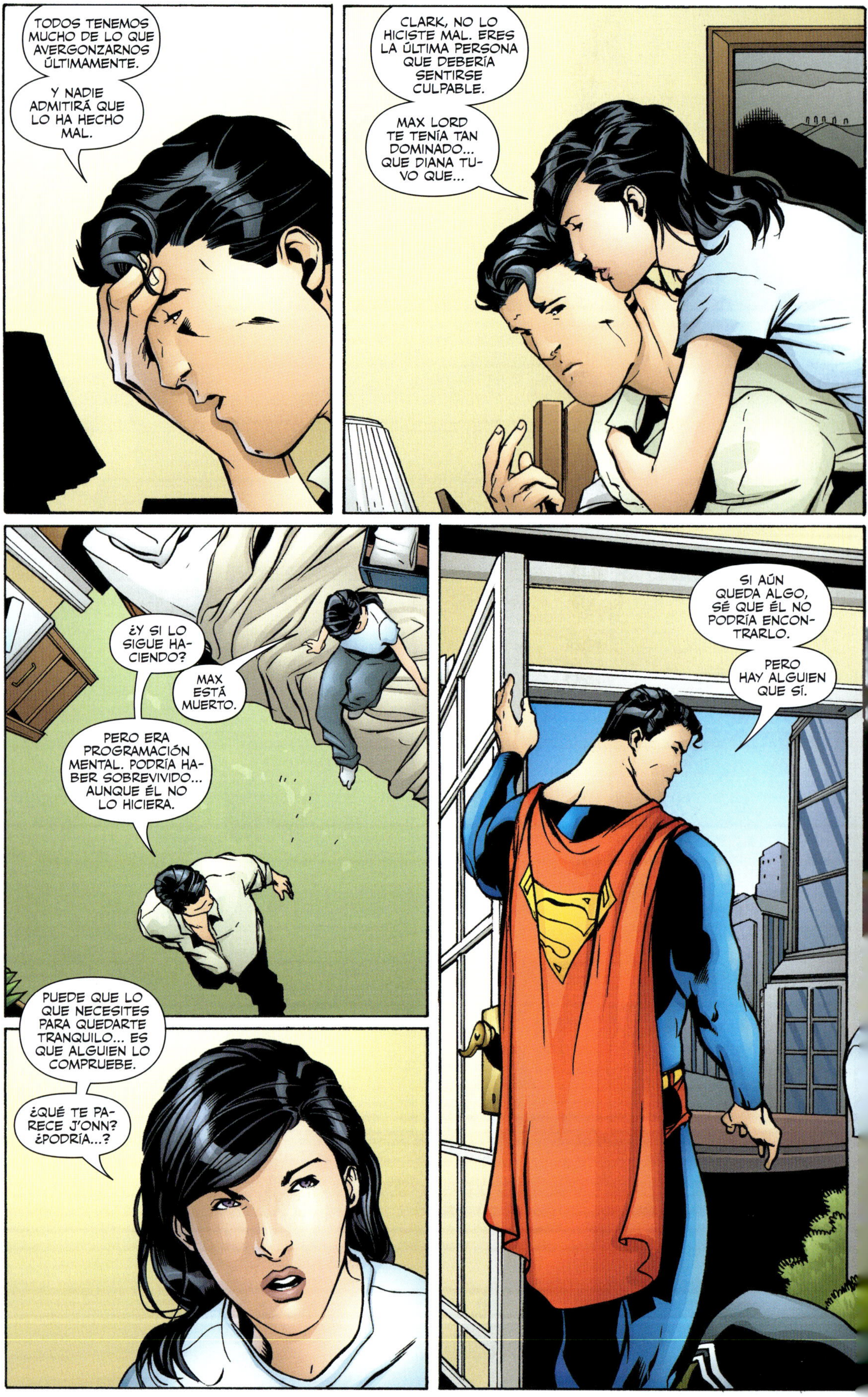
TODOS TENEMOS MUCHO DE LO QUE AVERGONZARNOS ÚLTIMAMENTE.
Y NADIE ADMITIRÁ QUE LO HA HECHO MAL.
CLARK, NO LO HICISTE MAL. ERES LA ÚLTIMA PERSONA QUE DEBERÍA SENTIRSE CULPABLE.
MAX LORD TE TENÍA TAN DOMINADO... QUE DIANA TUVO QUE...
¿Y SI LO SIGUE HACIENDO?
MAX ESTÁ MUERTO.
PERO ERA PROGRAMACIÓN MENTAL. PODRÍA HABER SOBREVIVIDO... AUNQUE ÉL NO LO HICIERA.
PUEDE QUE LO QUE NECESITES PARA QUEDARTE TRANQUILO... ES QUE ALGUIEN LO COMPRUEBE.
¿QUÉ TE PARECE J'ONN? ¿PODRÍA...?
SI AÚN QUEDA ALGO, SÉ QUE ÉL NO PODRÍA ENCONTRARLO.
PERO HAY ALGUIEN QUE SÍ.

"ALGUIEN CON DEMASIADA EXPERIENCIA EN METERSE EN LA CABEZA DE LA GENTE."
ECURB ENYAW... ADIVLO.
ZETA... ME VAS A PROVOCAR UN INFARTO. LA GENTE HA PAGADO PARA VER MAGIA.
EN VIVO EN EL TEATRO DE LAS ESTRELLAS
ZATANNA
NO PUEDO HACERLO.
YA HE TENIDO MÁS MAGIA DE LA QUE PUEDO SOPORTAR.
NO FUE ESO LO QUE DIJISTE CUANDO NOS OCUPAMOS DE LA SOCIEDAD SECRETA.

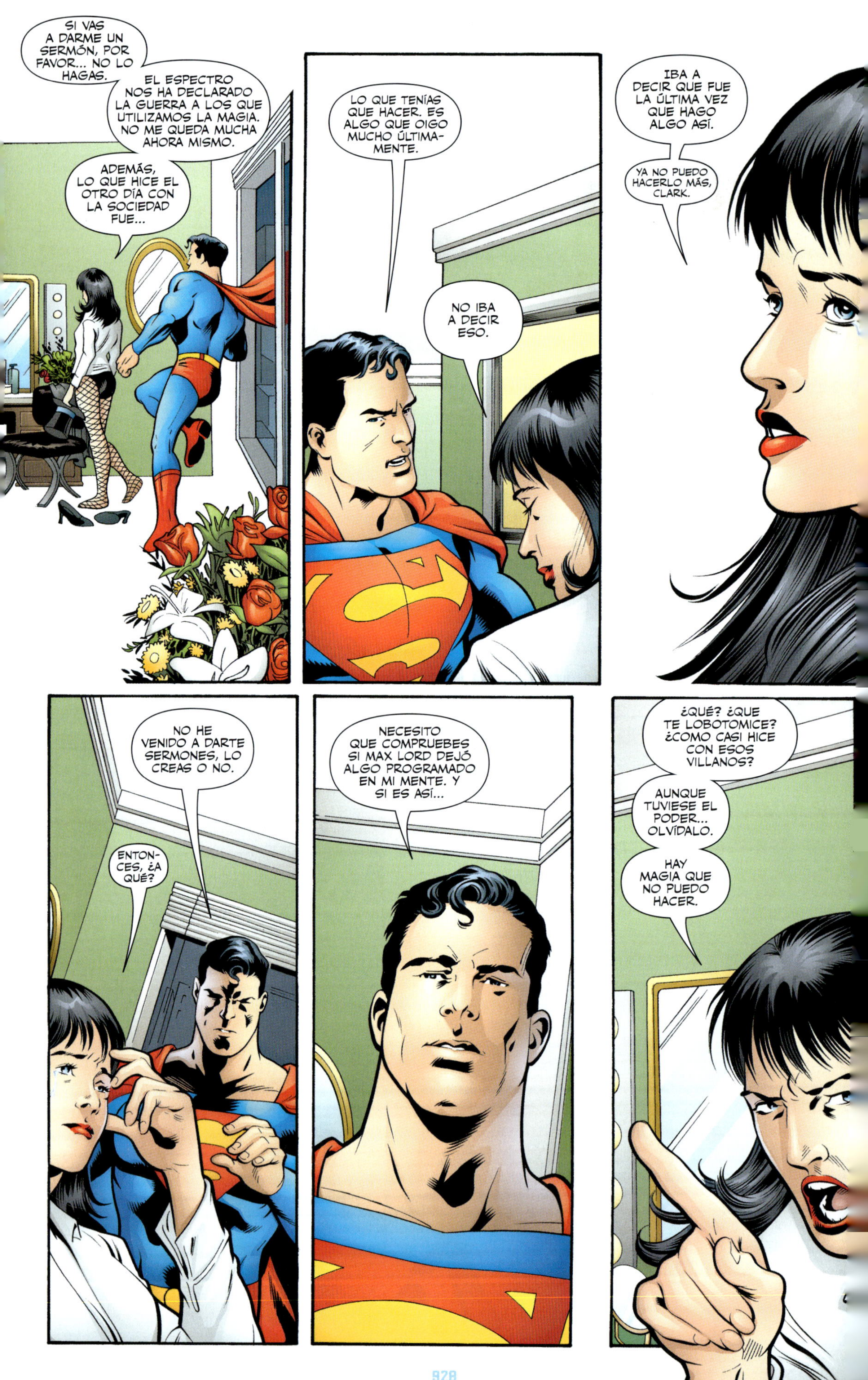
SI VAS A DARME UN SERMÓN, POR FAVOR... NO LO HAGAS.
EL ESPECTRO NOS HA DECLARADO LA GUERRA A LOS QUE UTILIZAMOS LA MAGIA. NO ME QUEDA MUCHA AHORA MISMO.
ADEMÁS, LO QUE HICE EL OTRO DÍA CON LA SOCIEDAD FUE...
LO QUE TENÍAS QUE HACER. ES ALGO QUE OIGO MUCHO ÚLTIMAMENTE.
NO IBA A DECIR ESO.
IBA A DECIR QUE FUE LA ÚLTIMA VEZ QUE HAGO ALGO ASÍ.
YA NO PUEDO HACERLO MÁS, CLARK.
NO HE VENIDO A DARTE SERMONES, LO CREAS O NO.
ENTONCES, ¿A QUÉ?
NECESITO QUE COMPRUEBES SI MAX LORD DEJÓ ALGO PROGRAMADO EN MI MENTE. Y SI ES ASÍ...
¿QUÉ? ¿QUE TE LOBOTOMICE? ¿COMO CASI HICE CON ESOS VILLANOS?
AUNQUE TUVIESE EL PODER... OLVÍDALO.
HAY MAGIA QUE NO PUEDO HACER.

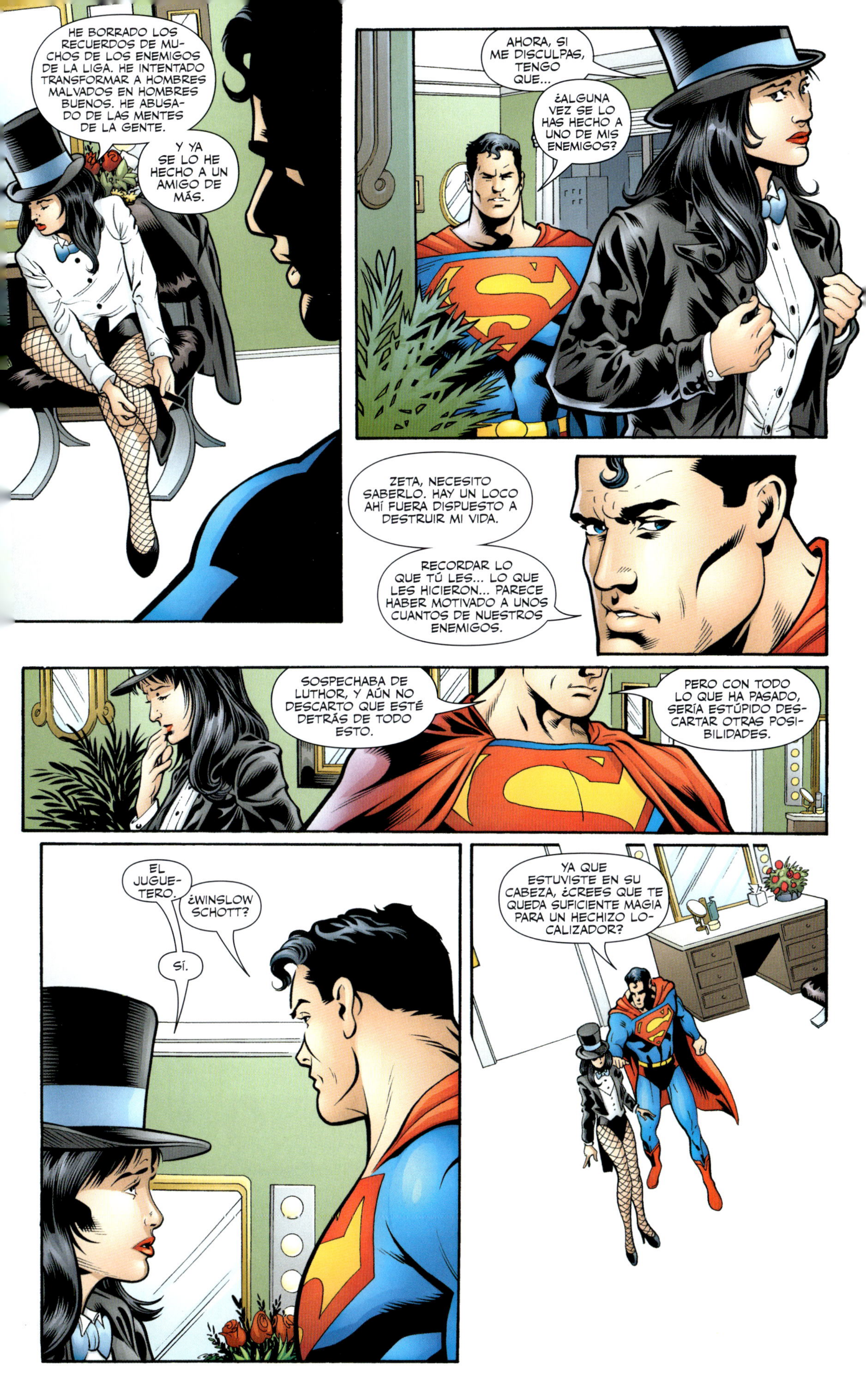
HE BORRADO LOS RECUERDOS DE MUCHOS DE LOS ENEMIGOS DE LA LIGA. HE INTENTADO TRANSFORMAR A HOMBRES MALVADOS EN HOMBRES BUENOS. HE ABUSADO DE LAS MENTES DE LA GENTE.
Y YA SE LO HE HECHO A UN AMIGO DE MÁS.
AHORA, SI ME DISCULPAS, TENGO QUE...
¿ALGUNA VEZ SE LO HAS HECHO A UNO DE MIS ENEMIGOS?
ZETA, NECESITO SABERLO. HAY UN LOCO AHÍ FUERA DISPUESTO A DESTRUIR MI VIDA.
RECORDAR LO QUE TÚ LES... LO QUE LES HICIERON... PARECE HABER MOTIVADO A UNOS CUANTOS DE NUESTROS ENEMIGOS.
SOSPECHABA DE LUTHOR, Y AÚN NO DESCARTO QUE ESTÉ DETRÁS DE TODO ESTO.
PERO CON TODO LO QUE HA PASADO, SERÍA ESTÚPIDO DESCARTAR OTRAS POSIBILIDADES.
EL JUGUETERO.
¿WINSLOW SCHOTT?
SÍ.
YA QUE ESTUVISTE EN SU CABEZA, ¿CREES QUE TE QUEDA SUFICIENTE MAGIA PARA UN HECHIZO LOCALIZADOR?

¡NIÑOS! ¡AQUÍ ESTOY!
¡SR. SCHOTT!
¡SR. SCHOTT!
¡TRANQUILOS! ¡HE TRAÍDO JUGUETES PARA TODOS!
¡SR. SCHOTT!
¡SR. SCHOTT!
¿ES VERDAD QUE HA ESTADO EN LA CÁRCEL, SR. SCHOTT?
SALIDA
SÍ, AIDAN, HE ESTADO EN LA CÁRCEL.
PERO SUPERMAN SE DIO CUENTA DE QUE LO ÚNICO QUE YO QUERÍA ERA HACER FELICES A LOS NIÑOS. POR ESO HIZO POSIBLE TODO ESTO.
NO SABÍA QUE SUPERMAN ERA ASÍ.
NI YO, DENNIS. NI YO.

¿DE VERDAD CREES QUE EL JUGUETERO ES RUINA?
LO DUDO, PERO TENGO QUE ASEGURARME. SI DESCUBRIÓ MI IDENTIDAD, ES LO BASTANTE LISTO COMO PARA HABERSE APROVECHADO DE ELLO.
¿LO SABE, ZETA? ¿POR ESO LE...?
NO. NO LO HICE POR... POR ESO.
QUERÍA CURARLO.
¿CURARLO?
FUE DESPUÉS DE QUE ASESINARA A AQUELLOS NIÑOS.
TÚ ESTABAS AFECTADO. CONOCÍAS A UNO DE LOS NIÑOS Y NO PODÍAS COMPRENDER CÓMO ALGUIEN TAN INOFENSIVO SE HABÍA VUELTO LOCO.
FUI A VISITARLO A LA CÁRCEL. INTENTÉ HACERLE CAMBIAR.
CONVERTIRLE EN EL HOMBRE QUE ERA. EL HOMBRE INOFENSIVO AL QUE LE ENCANTABAN LOS JUGUETES.
OCTUBRE
CADA VEZ QUE DESAPARECE UN NIÑO, TEMO QUE HAYA VUELTO A LAS ANDADAS. PERO NUNCA ES ÉL Y QUEDA FUERA DE MIS SOSPECHAS.
PUEDE QUE FUNCIONASE...
OH, NO.

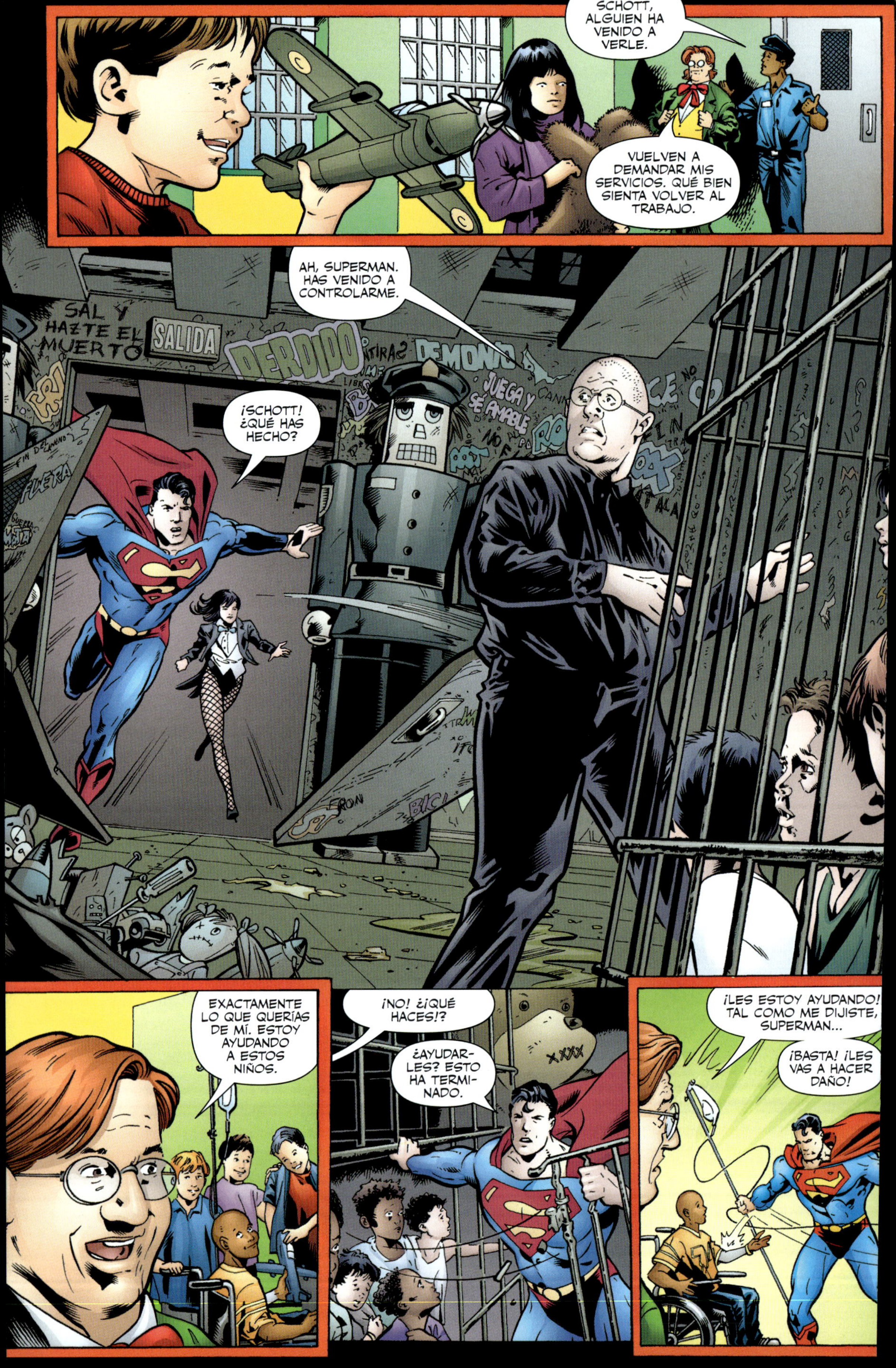
SR. SCHOTT, ALGUIEN HA VENIDO A VERLE.
VUELVEN A DEMANDAR MIS SERVICIOS. QUÉ BIEN SIENTA VOLVER AL TRABAJO.
AH, SUPERMAN. HAS VENIDO A CONTROLARME.
SAL Y HAZTE EL MUERTO
SALIDA
PERDIDO
DEMONIO
JUEGA Y SÉ AMABLE
¡SCHOTT! ¿QUÉ HAS HECHO?
EXACTAMENTE LO QUE QUERÍAS DE MÍ. ESTOY AYUDANDO A ESTOS NIÑOS.
¡NO! ¿¡QUÉ HACES!?
¿AYUDARLES? ESTO HA TERMINADO.
¡LES ESTOY AYUDANDO! TAL COMO ME DIJISTE, SUPERMAN...
¡BASTA! ¡LES VAS A HACER DAÑO!

¡DETENEDLO! ¡POR FAVOR!
¡ESTÁ HACIENDO DAÑO A LOS NIÑOS!
KRAKOOM
¡AGH!
SUPERMAN!
BLAM BLAM
¡NO! ¡NO LO PERMITIRÉ!
OLVÍDATE DE MÍ. ¡SACA A LOS NIÑOS DE AQUÍ!
SOÑIN...
NO.
SILENCIO.
ESTO TE RETENDRÁ, PERO NO TE HARÁ DAÑO...
...YA NO LE HAGO DAÑO A NADIE...
ZZZAAP

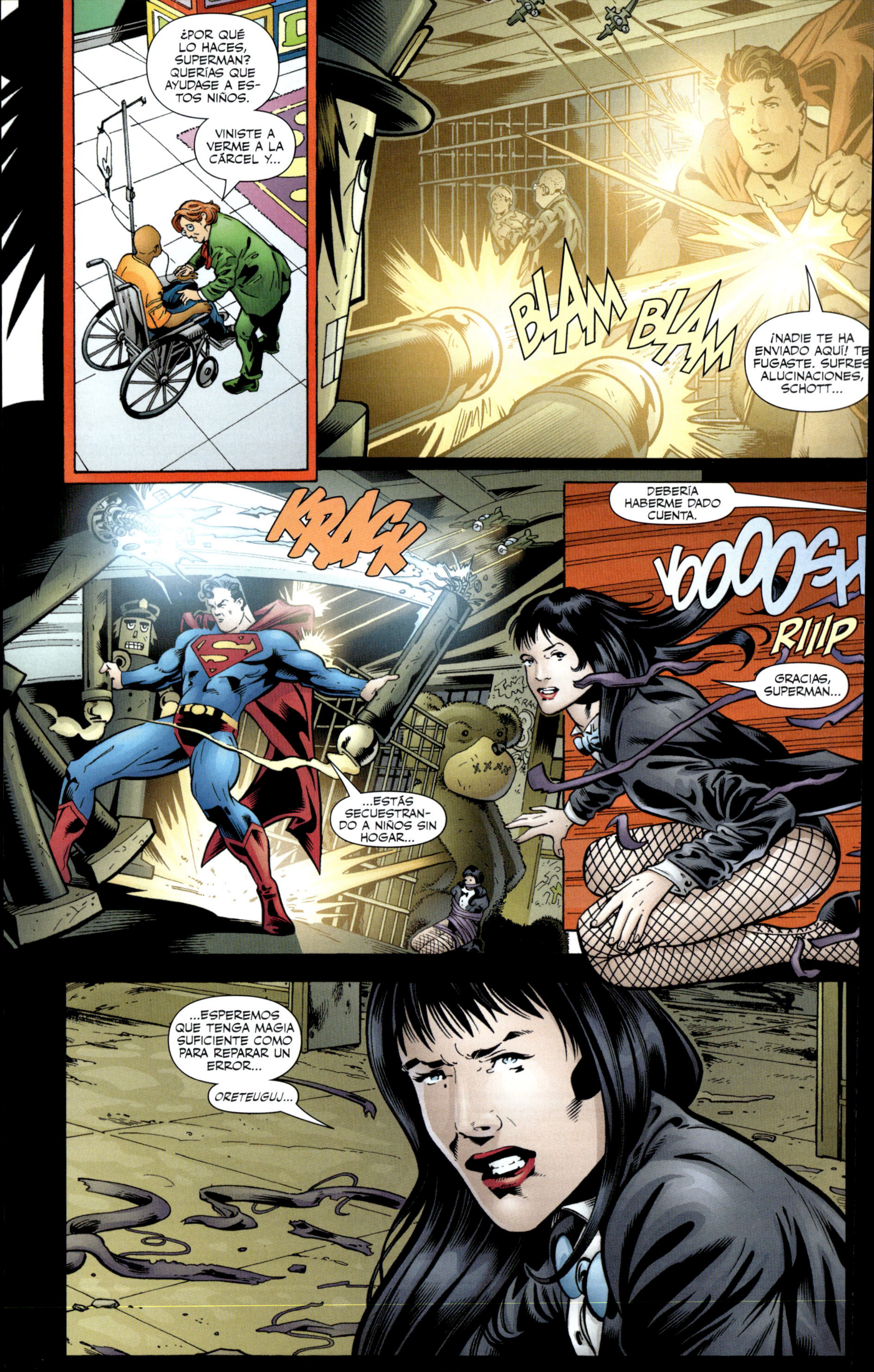
¿POR QUÉ LO HACES, SUPERMAN? QUERÍAS QUE AYUDASE A ESTOS NIÑOS.
VINISTE A VERME A LA CÁRCEL Y...
BLAM BLAM
¡NADIE TE HA ENVIADO AQUÍ! TE FUGASTE. SUFRES ALUCINACIONES, SCHOTT...
KRACK
...ESTÁS SECUESTRANDO A NIÑOS SIN HOGAR...
DEBERÍA HABERME DADO CUENTA.
VOOOOSH
RIIIP
GRACIAS, SUPERMAN...
...ESPEREMOS QUE TENGA MAGIA SUFICIENTE COMO PARA REPARAR UN ERROR...
ORETEUGUJ...

¡...EDNERPMOC!
ESPERA, YO...
¡NO! NO...
...YO ADORO A LOS NIÑOS...
...TODO... TODO LO HAGO...
...PARA HACERLOS FELICES...
...YO NO HARÍA...
...NO PODRÍA...
...NO...

¿QUÉ HE HECHO?
DIOS MÍO, ¿QUÉ HE HECHO?
BLAM BLAM
TOOOMM
FWOOOSH
UNNHH.
¡ATRÁS! ¡LOS DOS!
SCHOTT, TIENES QUE VOLVER A...
¡ZETA!
FWOOOSH
WHAM
SCHOTT, CONTRÓLATE. ZATAN...
ESTE LUGAR... LO QUE LES HE HECHO... A ESOS POBRES Y HERMOSOS NIÑOS...
TODO TIENE QUE DESAPARECER.
AGUANTAD, VOY A...
CRSH

¡NGH!
KR-KOOM
¡AYÚDANOS!
SR. SCHOTT... WINSLOW...
LO SIENTO.
¿SEÑORITA...?
ACERCAOS, NIÑOS. NO ME QUEDA SUFICIENTE PARA HACERLO DOS VECES.
¡APACSE!
KRASHHHH

KA-POW
SCHOTT SIGUE AHÍ.
VOY...
RRMMMBBLLL
¡¡SCHOTT!!

¿NI RASTRO DE ÉL?
NO, HA DESAPARECIDO. NO ES DE EXTRAÑAR.
CRÉEME, SÉ CÓMO DEBE DE SENTIRSE.
CON TU HECHIZO, NO PUEDE ESCONDERSE TRAS SUS DELIRIOS. AHORA QUE PUEDE VERSE A SÍ MISMO, VER LO QUE HA HECHO...
EXISTE UNA DIFERENCIA ENTRE ACEPTAR LA CULPA POR LO QUE HAS HECHO Y ATORMENTARSE POR ELLO, ZATANNA.
VAS A TENER QUE PERDONARTE.
ESO SERÍA TODO UN TRUCO...
...PERO COMO TE HE DICHO, HAY MAGIA QUE NO PUEDO HACER.
ENTONCES YO LA HARÉ POR TI.

BAJO METROPOLIS...
¿HAS CAÍDO TAN BAJO Y TAN RÁPIDO? RUINA SE AVERGONZARÍA DE TI.
AHORA VEN, PARÁSITO...
...VEAMOS SI PODEMOS ENCONTRARTE ALGO MÁS SUSTANCIOSO PARA COMER.
CONTINÚA EN CRISIS INFINITA

Portada *Secret Society of Super-Villains* núm. 15 USA
Dibujo: **Rich Buckler**

Portada *Justice League of America* núm. 166 USA
Dibujo: **Ross Andru**

Portada *Justice League of America* núm. 167 USA
Dibujo: **Dick Dillin**

Portada *Justice League of America* núm. 168 USA
Dibujo: **Dick Dillin**

Portada *Sword of the Atom Special* 1 USA
Dibujo: **Gil Kane**

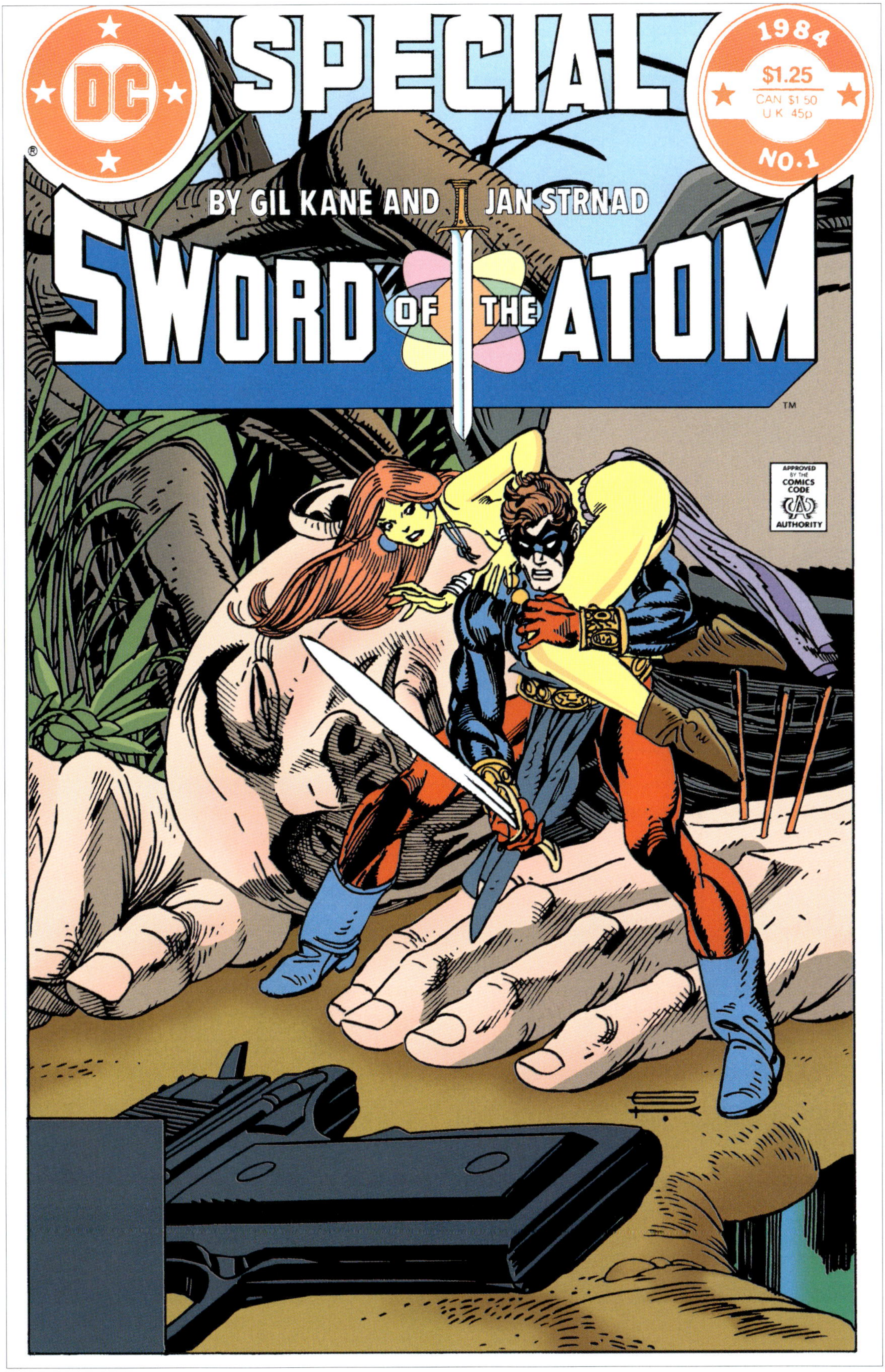

Portada *Manhunter* núm. 1 USA
Dibujo: **Jae Lee**

Portada *Manhunter* núm. 2 USA
Dibujo: **Jae Lee**

Portada *Manhunter* núm. 3 USA
Dibujo: **Jae Lee**

Portada *Manhunter* núm. 4 USA
Dibujo: **Jae Lee**

Portada *Manhunter* núm. 5 USA
Dibujo: **Jae Lee**

Portada *The Flash* núm. 213 USA
Dibujo: **Ethan Van Sciver**

Portada *The Flash* núm. 214 USA
Dibujo: **Ethan Van Sciver**

Portada *The Flash* núm. 215 USA
Dibujo: **Howard Porter**

Portada *The Flash* núm. 216 USA
Dibujo: **Howard Porter**

Portada *The Flash* núm. 217 USA
Dibujo: **Howard Porter**

Portada *Identity Crisis* núm. 1 USA
Dibujo: **Michael Turner**

Portada *Identity Crisis* núm. 2 USA
Dibujo: **Michael Turner**

Portada *Identity Crisis* núm. 3 USA
Dibujo: **Michael Turner**

Portada *Identity Crisis* núm. 4 USA
Dibujo: **Michael Turner**

Portada *Identity Crisis* núm. 5 USA
Dibujo: **Michael Turner**

Portada *Identity Crisis* núm. 6 USA
Dibujo: **Michael Turner**

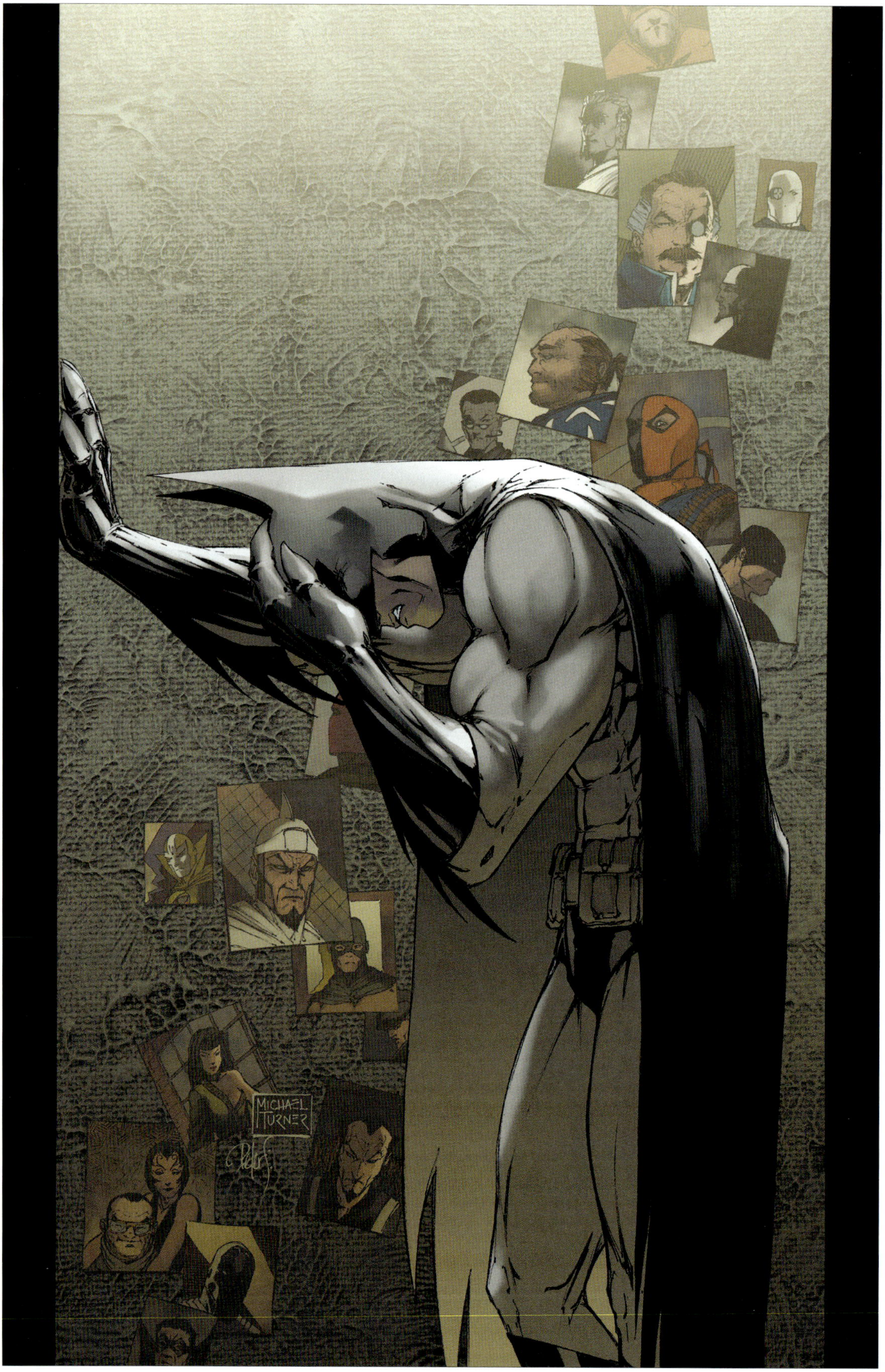

Portada *Identity Crisis* núm. 7 USA
Dibujo: **Michael Turner**

Portada *Firestorm* núm. 1 USA
Dibujo: **ChrisCross**

Portada *Firestorm* núm. 2 USA
Dibujo: **ChrisCross**

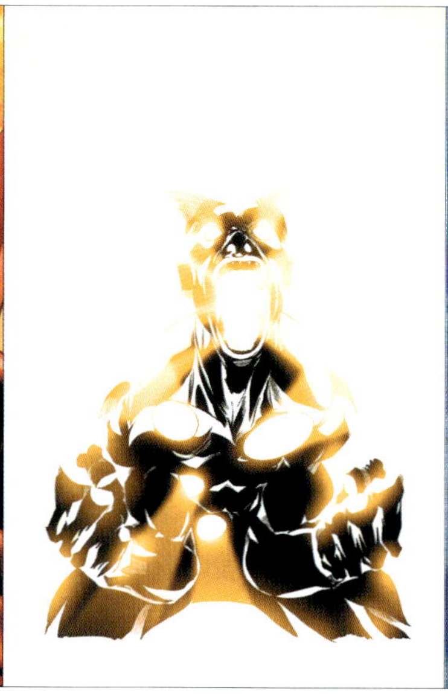

Portada *Firestorm* núm. 3 USA
Dibujo: **ChrisCross**

Portada *Firestorm* núm. 4 USA
Dibujo: **ChrisCross**

Portada *Firestorm* núm. 5 USA
Dibujo: **Luke Ross**

Portada *Firestorm* núm. 6 USA
Dibujo: **ChrisCross**

Portada *JSA* núm. 67 USA
Dibujo: **J.H. Williams II**

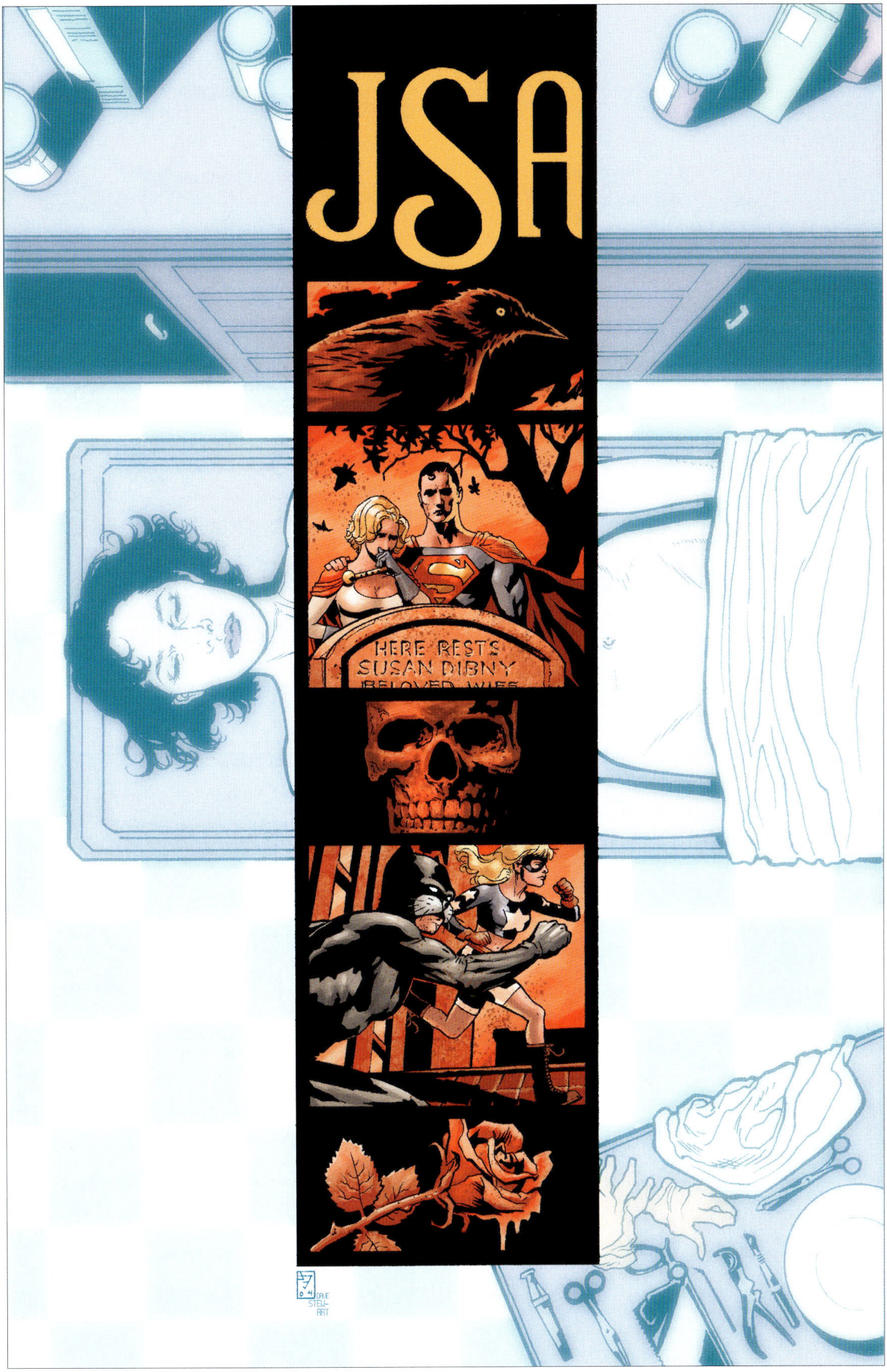

Portada *Teen Titans* núm. 20 USA
Dibujo: **Duncan Rouleau**

Portada *Teen Titans* núm. 21 USA
Dibujo: **Mike McKone**

Portada *Teen Titans* núm. 22 USA
Dibujo: **Mike McKone**

Portada *Teen Titans* núm. 23 USA
Dibujo: **Mike McKone**

Portada *JLA* núm. 115 USA
Dibujo: **Rags Morales**

Portada *JLA* núm. 116 USA
Dibujo: **Rags Morales**

Portada *JLA* núm. 117 USA
Dibujo: **Rags Morales**

Portada *JLA* núm. 118 USA
Dibujo: **Rags Morales**

Portada *JLA* núm. 119 USA
Dibujo: **Rags Morales**

Portada *Adventures of Superman* núm. 644 USA
Dibujo: **Karl Kerschl**

PROTECT YOURSELF